Conditio Judaica 51
Studien und Quellen zur deutsch-jüdischen Literatur- und Kulturgeschichte

Herausgegeben von Hans Otto Horch
in Verbindung mit Alfred Bodenheimer, Mark H. Gelber und Jakob Hessing

D1723320

Rachel Heuberger

Aron Freimann und die Wissenschaft des Judentums

Max Niemeyer Verlag
Tübingen 2004

Bibliografische Information der Deutschen Bibliothek

Die Deutsche Bibliothek verzeichnet diese Publikation in der Deutschen Nationalbibliografie;
detaillierte bibliografische Daten sind im Internet über *http://dnb.ddb.de* abrufbar.

ISBN 3-484-65151-2   ISSN 0941-5866

Druck: Laupp & Göbel GmbH, Nehren
Einband: Nädele Verlags- und Industriebuchbinderei, Nehren

Inhalt

Vorwort

Diese Arbeit ist entstanden aus der Beschäftigung mit der Geschichte der Hebraica- und Judaica-Sammlung der Frankfurter Stadt- und Universitätsbibliothek, die von Prof. Dr. Aron Freimann begründet wurde und deren Leitung ich im Oktober 1991 übernommen habe. Ich danke Herrn Dr. Samuel Dresner, s. A., dem Ehemann von Aron Freimanns Enkelin Ruth, der mich ermuntert und mit Informationen unterstützt hat.

Von großem Vorteil war für mich, daß ich die herausragenden Bestände der Stadt- und Universitätsbibliothek Frankfurt am Main nutzen konnte. Darüber hinaus danke ich allen Institutionen im In- und Ausland für ihre Unterstützung.

Die vorliegende Arbeit wurde im Frühjahr 2003 von der Philosophischen Fakultät der Rheinisch-Westfälischen Technischen Hochschule Aachen als Dissertation angenommen und für den Druck geringfügig überarbeitet. Herrn Prof. Dr. Armin Heinen, der die Betreuung dieser Arbeit ohne Zögern übernahm und als Historiker auch an den bibliothekswissenschaftlichen Aspekten von Anfang an großes Interesse zeigte, danke ich für seine konstruktiven Anregungen.

Mein ganz besonderer Dank gilt Herrn Prof. Dr. Hans Otto Horch, der als Korreferent viel zum Endergebnis beigetragen und diesen Band in die Reihe *Conditio Judaica* aufgenommen hat. Ohne seine fachliche und menschliche Unterstützung wäre diese Arbeit nicht geschrieben worden.

Herzlichst gedankt sei hier auch Frau Monika Richter für ihre Korrekturarbeit, Herrn Till Schicketanz für die routinierte und mit Umsicht erstellte Druckvorlage sowie allen Kollegen und Freunden, mit denen ich mich in anregenden Diskussionen austauschen konnte.

Dank gebührt der Georg und Franziska Speyer'schen Hochschulstiftung für die Gewährung eines Druckkostenzuschusses.

Meiner Familie danke ich für ihr großes Verständnis und ihre jahrelange Geduld.

Es erfüllt mich mit großer Genugtuung und schließt einen historischen Kreis, daß ich nach der Vernichtungspolitik der Nationalsozialisten das Werk von Aron Freimann fortführen und damit meinen Beitrag zur Wiederbelebung der Jüdischen Studien in Deutschland leisten darf.

1 Einleitung

1.1 Die Bedeutung der Bibliographie für die Entwicklung der Wissenschaft des Judentums am Beispiel Aron Freimanns

Über Aron Freimann gibt es eine sehr lebendige Charakterisierung von seinem Freund und Kollegen Gershom Scholem:

> Viele Stunden verbrachte ich in der Stadtbibliothek an der Schönen Aussicht, die die bedeutendste hebräische Sammlung von Deutschland in ihren Mauern hütete – ein unvergleichlicher Schatz, der im Zweiten Weltkrieg mit dem Großteil dieser ganzen Bibliothek verbrannt ist. Der Leiter dieser Abteilung, Professor Aron Freimann, der diese Sammlung verwaltete und im wesentlichen auch erst zusammengebracht hatte, war eine Figur, die direkt aus einem Roman von Anatole France hervorgestiegen schien. Er wirkte wie ein Bruder seines Kollegen, den France am Eingang von *La révolte des anges* geschildert hat. Wer bei ihm einen Stein im Brett hatte, und ich hatte das seltene Glück, dazu zu gehören, der bekam große Seltenheiten und die ausgefallensten Kuriosa zu sehen. Wer nicht zu diesen Glücklichen gehörte, hatte nichts zu lachen. Der Katalog der hebräischen Sammlung stand nämlich nicht etwa im allgemein zugänglichen Katalograum, sondern in seinem Zimmer. Jeder Bestellzettel ging durch seine Hände und er entschied, wenn es sich nicht um Wald- und Wiesenliteratur handelte, ob das Buch als vorhanden ausgeliehen werden dürfe. Das hat manchmal zu gar nicht angenehmen Szenen geführt. Für Bücherliebhaber wie Agnon und mich hatte er freilich ein offenes Herz. Aber auch mich ließ er nicht etwa an die vielen Hunderte noch nicht katalogisierten Handschriften heran, die er in 25 Jahren dem katalogisierten Grundstock hinzugefügt hatte, sondern brachte mir hier und da etwas aus den unbekannten, sozusagen geheimgehaltenen Schätzen an: »Das wird Sie wohl interessieren.« Er hatte auch einen großen Vorrat von kuriosen Anekdoten aus der Geschichte der Wissenschaft vom Judentum, nicht zum letzten über Frankfurter Gelehrte. Von ihm, der selber streng gesetzestreu war, lernte ich den Ausspruch Raphael Kirchheims, eines entschiedenen Reformers, den die Frommen wie den Gottseibeiuns fürchteten, weil er besser »lernen« konnte als sie selbst: »Nichts geht über den Genuß, den man am Schabbes Nachmittag mit einer guten Zigarre über einem Blatt Gemore [Talmud] hat.[1]

---

[1] Gershom Scholem: Von Berlin nach Jerusalem, Frankfurt a. M.: Suhrkamp 1977 (Bibliothek Suhrkamp; 555), S. 196–197. Im orthodoxen Judentum ist das Anzünden von Feuer und deshalb auch das Anzünden einer Zigarre am Schabbat strengstens untersagt. Raphael Kirchheim (1804–1889) war ein bekannter Frankfurter Privatgelehrter und entschiedener Verfechter des Reformjudentums, der u. a. auch mehrere Kataloge verfaßt hat. Zu Kirchheim vgl. Encyclopaedia Judaica. Begr. von Cecil Roth und Geoffrey Wigoder, 16 Bde, Jerusalem: Keter 1971, Bd 10, Sp. 1044–

In seinen autobiographischen Aufzeichnungen *Von Berlin nach Jerusalem.*
Eine Jugenderinnerung hat Gershom Scholem, einer der überragenden Vertre-
ter der Wissenschaft des Judentums, Aron Freimann und die Hebraica- und
Judaica-Sammlung der Frankfurter Stadtbibliothek beschrieben und dessen
Bedeutung für die Wissenschaft des Judentums festgehalten. Scholem hatte
Freimann kennengelernt, als er zu Beginn der zwanziger Jahre auf Einladung
des Pädagogen Ernst Simon nach Frankfurt gekommen war, um am dortigen
Freien Jüdischen Lehrhaus einige Kurse abzuhalten. Seinen Aufenthalt in
Frankfurt hatte Scholem für die Weiterführung seiner kabbalistischen Studien
genutzt und zu diesem Zwecke viele Stunden in der Hebraica- und Judaica-
Abteilung der Stadtbibliothek zur Erforschung der kabbalistischen Handschrif-
ten verbracht.[2]

In seiner Schilderung wird Aron Freimann als ein Bibliothekar dargestellt,
der sich voller Hingabe um die fachmännische Betreuung und die sorgfältige
Pflege der ihm anvertrauten Sammlung kümmerte, zu deren Aufbau er selbst
wesentlich beigetragen hatte. Freimann hatte über Jahre an der Katalogisierung
der einzelnen Bestände, insbesondere der Handschriften gearbeitet und kannte
die Sammlung bis ins Detail. Er war für alles, was mit der Sammlung zusam-
menhing, verantwortlich und hatte die alleinige Entscheidungsgewalt, was ihm
ermöglichte, eigenständig darüber zu befinden, ob ein Forscher seine Bestellungen erhielt, oder ob konservatorische Gründe gegen die Benutzung des
Buches oder der Handschrift sprachen. Nach Scholems Schilderung scheint
Freimann seine Entscheidungsbefugnis nach eigenem Gutdünken und abhän-
gig von seiner persönlichen Einschätzung der wissenschaftlichen Befähigung
des Benutzers angewandt zu haben. Während er in den Fällen, in denen er
nicht von der wissenschaftlichen Qualifikation der Benutzer überzeugt war, die
Anfragen nach seltenen Büchern und kostbaren Handschriften strikt ablehnte,
was mitunter auch zu Auseinandersetzungen mit den Benutzern der Bibliothek
geführt haben muß, war er andererseits gegenüber denjenigen, von deren
Ernsthaftigkeit und Leistungsfähigkeit er überzeugt war, äußerst großzügig
und unterstützte ihre Arbeit mit wichtigen Hinweisen und ohne Vorbehalt.

In der Pflege des wertvollen und reichhaltigen Bestandes voller außerge-
wöhnlicher Einzelstücke sah Freimann, laut Scholem, seine Lebensaufgabe. Er
fühlte sich nicht in erster Linie den Nutzern der Sammlung verpflichtet, sondern vor allem den ihm anvertrauten Büchern und Handschriften, die er soweit
wie möglich schonen und vor Beschädigungen schützen wollte. Seine Aufgabe
verstand er nicht im modernen Sinne einer Mittlerfunktion zwischen den Benutzern der Sammlung und den Büchern, sondern sein vorrangiges Interesse

---

1045; Bibliographie zur Geschichte der Frankfurter Juden 1781–1945. Hg. von der
   Kommission zur Erforschung der Geschichte der Frankfurter Juden. Bearb. von Hans-
   Otto Schembs mit Verwendung der Vorarbeiten von Ernst Loewy und Rosel Andernacht. Frankfurt a. M.: Kramer 1978, 1978, S. 511.
[2] Scholem, Von Berlin nach Jerusalem (Anm. 1), S. 194.

diente dem Schutz der Sammlung, ganz so wie die Romanfigur des Bibliothekars Julien Sarette von Anatole France, an welche Scholem sich erinnert fühlte.[3]

Zwischen Freimann, der zu dieser Zeit bereits den Ruf eines bedeutenden Bibliographen genoß, und dem jungen Scholem, der sich von Jugend an intensiv in den verschiedensten jüdischen Bibliotheken mit hebräischen Büchern und Handschriften beschäftigt hatte, entwickelte sich in der Zeit von Scholems Aufenthalt in Frankfurt eine enge fachliche und persönliche Freundschaft. Diese wurde noch verstärkt, als Scholem nach seiner Auswanderung nach Palästina im Oktober 1923 eine Stelle als Bibliothekar der Hebräischen Abteilung der National- und Universitätsbibliothek in Jerusalem antrat und damit für kurze Zeit Freimanns Kollege wurde. Im Oktober 1925 wurde Scholem als Dozent an das neugegründete Institut für Judaistik der Hebräischen Universität berufen und verließ die Bibliothek. Zu seinen Fürsprechern im Kuratorium der Universität zählte Aron Freimann, der diesem als Mitglied angehörte.[4]

Freimann war in den Jahren in der Frankfurter Stadtbibliothek nicht nur der Leiter der Hebraica- und Judaica-Sammlung, die er selbst systematisch zu einer der bedeutendsten in Europa aufgebaut hatte und für deren stetigen Ausbau als Fundament der wissenschaftlichen Beschäftigung mit dem Judentum er verant-

---

[3] Anatole France: Aufruhr der Engel. Berlin, Weimar: Aufbau 1986, S. 14–17, zeichnet in fast schon grotesker Weise das Bild des Bibliothekars Julien Sariette, der die ihm anvertraute Bibliothek wie einen kostbaren Schatz hütet und alles unternimmt, um sie der Nutzung durch den Leser zu entziehen: »Monsieur Sariette liebte seine Bibliothek. Er liebte sie mit eifersüchtiger Leidenschaft. Jeden Morgen begab er sich schon um sieben an seinen großen Mahagonischreibtisch und katalogisierte. Die von seiner Hand geschriebenen Karteikarten füllten die neben ihm stehende Kartothek [...]. Von seinem Schreibtisch aus schleuderte er jedem Eintretenden einen Medusenblick entgegen, aus Furcht, er könnte ein Buchentleiher sein. Am liebsten hätte er mit diesem Blick nicht nur die Verwaltungsbeamten, Politiker und Prälaten in Stein verwandelt, die aus ihrer näheren Bekanntschaft mit dem Herrn des Hauses das Recht ableiteten, das eine oder andere Werk zur Ansicht zu verlangen, sondern sogar Monsieur Gaétan, den Wohltäter der Bibliothek [...]. Wer auch nur den belanglosesten Schmöker entlieh, der riß ihm das Herz aus dem Leibe. Um sogar denen, die das meiste Anrecht darauf hatten, Bücher zu verweigern, erfand Monsieur Sariette tausend einfallsreiche oder plumpe Lügen und scheute sich nicht, seine eigene Verwaltung und Wachsamkeit in Frage zu stellen, indem er behauptete, einen Band verlegt oder verbummelt zu haben, den er noch einen Augenblick zuvor mit den Augen verschlungen oder ans Herz gedrückt hatte. Und wenn er dann schließlich ein Buch unbedingt herausgeben mußte, nahm er es dem Entleiher noch zwanzigmal wieder aus den Händen, ehe er es ihm überließ. Er zitterte unausgesetzt davor, daß eines der seiner Sorgfalt anvertrauten Stücke verlorengehen könnte. Als Hüter von dreihundertsechzigtausend Bänden hatte er ständig dreihundertsechzigtausend Möglichkeiten, in Schrecken zu geraten. Manchmal fuhr er in der Nacht schweißgebadet und mit einem Angstschrei aus dem Schlafe auf, weil er im Traum eine Lücke in einer der Reihen in seinen Schränken hatte klaffen sehen [...]. Dank seinem ausdauerndem Fleiß, seiner Wachsamkeit, seinem Diensteifer, mit einem Wort: seiner Liebe, war der Bibliothek d'Esparvieu während der sechzehn Jahre seiner Verwaltung, die am 9. September 1912 abgelaufen war, kein einziges Blatt abhanden gekommen.«

[4] Scholem, Von Berlin nach Jerusalem (Anm. 1), S. 219.

wortlich zeichnete. Durch seine zahlreichen wissenschaftlichen, insbesondere bibliographischen Arbeiten, sowie seine organisatorische Tätigkeit gehörte er zu den zentralen Persönlichkeiten der Wissenschaft des Judentums in Deutschland zu Beginn des 20. Jahrhunderts. Gershom Scholem hat zur Wissenschaft des Judentums in zwei grundsätzlichen theoretischen Aufsätzen Stellung genommen. Im Jahre 1944 veröffentlichte er im literarischen Almanach der Zeitung *Haaretz* auf hebräisch einen Aufsatz mit dem Titel »Überlegungen zur Wissenschaft vom Judentum«, in dem er seine prinzipielle Kritik an der Wissenschaft des Judentums zum Ausdruck brachte.[5] Ca. fünfzehn Jahre später wiederholte Scholem in einem Vortrag über die Wissenschaft vom Judentum vor den Mitgliedern der Leo-Baeck-Gesellschaft seine Fundamentalkritik in gemäßigterer Form, ohne jedoch seine früher gefaßten Aussagen zu revidieren.[6] In seinen Ausführungen bezog sich Scholem explizit auf einen Aufsatz von Salman Rubaschoff (d. i. Zalman Shazar), in dem dieser die Begründer der Wissenschaft des Judentums, die den ersten Versuch der Selbstbesinnung unternahmen, das Judentum in der Moderne neu zu definieren, als »Erstlinge der Entjudung« bezeichnet und ihnen in einer vernichtenden Kritik vorgeworfen hat, ihrem Bestreben sei von Anbeginn an die Tendenz zur Selbstzerstörung des Judentums als lebendigem Organismus inhärent gewesen.[7]

Scholems These lautete, die Gründer der Wissenschaft des Judentums hätten sich von Anfang an in drei Widersprüche verstrickt: Zum einen in den Widerspruch zwischen dem von ihnen deklarierten Ideal der reinen und objektiven Wissenschaft und einer von ihnen betriebenen Instrumentalisierung ihrer Forschungen zum Zwecke der Widerlegung antijüdischer Vorurteile. Auf diese Weise hatte die Wissenschaft des Judentums von Anfang an einen apologetischen Charakter und stand im Dienst ihrer politischen Ziele im Sinne der Emanzipation. Zweitens war die Wissenschaft des Judentums geprägt von dem Wi-

---

5   Gershom Scholem: Mitok hirhurim al hokmat Yisrael [hebr.]. In: Luah Ha-Ares 4 (1944/45), S. 94–112; ders., Überlegungen zur Wissenschaft vom Judentum. In: ders., Judaica 6: Die Wissenschaft vom Judentum. Hg., übers. und mit einem Nachwort versehen von Peter Schäfer. Frankfurt a. M.: Suhrkamp 1997 (Bibliothek Suhrkamp; 1269), S. 9–52. Vgl. Christian Wiese: Wissenschaft des Judentums und protestantische Theologie im wilhelminischen Deutschland. Ein Schrei ins Leere? Tübingen: Mohr 1999 (Schriftenreihe wissenschaftlicher Abhandlungen des Leo-Baeck-Instituts; 61), S. 1–3, 361–370. Wiese setzt sich in seiner jüngst erschienenen Arbeit mit dem Urteil Scholems zur Wissenschaft des Judentums und seinem Diktum zur deutsch-jüdischen Symbiose auseinander und gelangt zu Recht zur Auffassung, daß die Kritik Scholems aus der Perspektive nach der Shoah zwar verständlich, den Intentionen und Leistungen der Wissenschaft des Judentums im Kaiserreich und in der Weimarer Republik jedoch nicht gerecht wird.

6   Gershom Scholem: Wissenschaft vom Judentum einst und jetzt. In: ders., Judaica [Bd 1]. Frankfurt a. M: Suhrkamp 1963 (Bibliothek Suhrkamp; 106), S. 147–163; zuerst in: Bulletin des Leo Baeck Instituts 3 (1960), S. 10–20. Vgl. Peter Schäfer: Nachwort. In: Scholem, Judaica 6 (Anm. 5), S. 69–110, hier S. 106.

7   Salman Rubaschoff: Erstlinge der Entjudung. Einleitung zu den drei Reden von Eduard Gans im Kulturverein. In: Der jüdische Wille 1 (1918/19), S. 30–35; vgl. Scholem, Überlegungen zur Wissenschaft vom Judentum (Anm. 5), S. 13.

derspruch zwischen dem ererbten aufklärerischen Rationalismus ihrer Vertreter und den neuen Idealen der Romantik, und drittens war sie gekennzeichnet von dem Widerspruch zwischen konstruktiven und destruktiven Tendenzen.[8] Während die konstruktive Tendenz, die unter dem Einfluß der deutschen Romantik eine Verklärung des Judentums zur Folge hatte, sich nicht durchsetzen konnte, führten die destruktiven Tendenzen zu einer systematischen Zerstörung des Judentums als lebendiger Organismus. Diese Widersprüche waren für Scholem der Grund dafür, daß das Vorhaben der Gründer der Wissenschaft des Judentums, eine kritisch-wissenschaftliche Auseinandersetzung mit dem Judentum in seiner ganzen Vielfalt und seiner Geschichte vorzunehmen und infolgedessen eine objektive, normativ unabhängige Kenntnis des eigentlichen Kerns des Judentums zu erlangen, zwangsläufig zum Scheitern verurteilt war.

Den drei führenden und stellvertretend namentlich erwähnten Protagonisten der Wissenschaft des Judentums Leopold Zunz, Moritz Steinschneider und Abraham Geiger warf Scholem vor, ihre Forschungen seien einseitig und dienten lediglich dem Ziel, die Wissenschaft des Judentums unter Weglassung aller Bereiche, die nicht in das aufgeklärte rationale Weltbild paßten, sowie das Judentum insgesamt in die allgemeine europäische Kultur zu überführen. Damit hatte die Wissenschaft des Judentums für Scholem das Judentum selbst aufgegeben und mit ihrer Arbeit die Zerstörung der geistigen Basis des Judentums vorangetrieben. Hierbei beschuldigte er insbesondere die zweite Generation jüdischer Forscher, denen er lediglich wissenschaftliche Mittelmäßigkeit zugestand, den eingeschlagenen Weg der Selbstzerstörung des Judentums zu befördern, indem sie mit ihren Arbeiten nichts Eigenständiges schufen, sondern lediglich die bis dahin erhaltenen Grundlagen der jüdischen Religion zerstörten. Abraham Geiger, den Begründer der Reformbewegung, der bereits zur zweiten Generation der Wissenschaft des Judentums zu zählen ist, titulierte Scholem als den »begabteste[n] unter all den gelehrten Liquidatoren«.[9]

Scholems These der Selbstzerstörung des Judentums durch die bedeutendsten Vertreter der Wissenschaft des Judentums, die von einem radikal-zionistischen Standpunkt aus formuliert ist, wurde in den letzten Jahrzehnten von grundlegenden Forschungen zur deutsch-jüdischen Geistesgeschichte widersprochen.[10]

---

[8]   Vgl. Peter Schäfer: Judaistik – jüdische Wissenschaft in Deutschland heute, historische Identität und Nationalität. In: Saeculum 42 (1991), Nr 2, S. 199–216, hier S. 205ff.

[9]   Scholem, Überlegungen zur Wissenschaft vom Judentum (Anm. 5), S. 27.

[10]   Diese Arbeiten haben sich nicht explizit als eine Revidierung der These von Scholem verstanden, was zum Teil daran gelegen haben mag, daß die moderne Forschung sich Scholems Kritik an der Wissenschaft des Judentums nur im Hinblick auf seinen zentralen Vorwurf der apologetischen Tendenz gestellt und diesen als begründet übernommen hat und dabei die theoretische Aufarbeitung seiner weiteren Vorwürfe, insbesondere den der Selbstzerstörung des Judentums in der Auseinandersetzung zurückgestellt wurde. Zum Teil hat dazu auch die Tatsache beigetragen, daß Scholems harsche Kritik bis zur Übersetzung durch Peter Schäfer im Jahre 1997 nur in hebräisch vorgelegen hat, während in seinem in deutsch veröffentlichen Aufsatz »Wissenschaft vom Judentum einst und jetzt« (Anm. 6), S. 147–164, die Kritik viel schwächer zum

In diesen Arbeiten werden die konstruktiven Tendenzen der Wissenschaft des Judentums und ihre Bedeutung für die Entstehung eines neuen jüdischen Selbstverständnisses als Grundlage des modernen Judentums herausgearbeitet. Ausführlich wird dargelegt, wie jüdische Tradition in der wissenschaftlichen Vorgehensweise reflektiert und zu jüdischem Wissen transformiert wurde. Das historische Bewußtsein, das im 19. Jahrhundert unter den emanzipierten Juden entstand, hat Yosef Haim Yerushalmi im Detail nachgezeichnet, wobei er den Stellenwert herausgearbeitet hat, den die profane jüdische Geschichte für die Juden an Stelle der jüdischen Religion eingenommen hat, die von ihm als eine Ersatzfunktion, als der »Glaube der ungläubigen Juden« bezeichnet wurde.[11] Dem Judentum, das seit der jüdischen Aufklärung damit beschäftigt war, sich nicht nur religiös zu reformieren, sondern auch seine Kultur neu zu definieren, lieferte dieser neue Glaube die Legitimation seiner religiösen Fortexistenz.

In der identitätsstiftenden Wirkung für das jüdische Kollektiv und in der »Erfindung einer Tradition«, welche die jüdische Überlieferung in eine mit modernen aufgeklärten Denkmethoden nachvollziehbare Form brachte, liegt heute für die Forschung der wesentliche Beitrag der Wissenschaft des Judentums.[12] Als Ergebnis der Auseinandersetzung mit den eigenen Traditionen entstand ein neues Selbstverständnis, welches auf der Grundlage des eigenen Textkanons und der religiösen Praxis eine Neubewertung des bislang unreflektierten geistigen Erbes vornahm. Der Zwang zur Neubestimmung der jüdischen Identität angesichts des Akkulturations- und Säkularisierungsprozesses, der für die deutschen Juden mit der Emanzipation und dem Eintritt in die christliche Gesellschaft begann, die sich selbst auch in einem Modernisierungsprozeß befand, setzte neue kreative Kräfte frei, die zur Ausprägung unterschiedlicher Strömungen im Judentum führten.[13] Als Hinwendung zur Geschichte, »the Turn to History«, hat Ismar Schorsch diesen Prozeß der Reflektion der eigenen religiösen Tradition bezeichnet, der in der Ausbildung eines

---

Ausdruck kommt. Die Darstellung von Zunz und Steinschneider fällt blasser aus und von ihrem »daimonion, das sich, fehlgeleitet, allein auf die Zerstörung richtet«, ist nicht mehr die Rede, siehe Schäfer, Nachwort (Anm. 6), S. 103.

[11] Yosef Hayim Yerushalmi: Zachor. Erinnere Dich! Jüdische Geschichte und jüdisches Gedächtnis. Berlin: Wagenbach 1988, S. 92.

[12] Shulamit Volkov: Die Erfindung einer Tradition. In: Historische Zeitschrift 253 (1991), S. 603–628. Vgl. Nils Roemer: The Emergence of the Wissenschaft des Judentums and the Question of Collective Memory. In: Jewish Studies in a New Europe. Proceedings of the Fifth Congress of Jewish Studies in Copenhagen 1994 under the Auspices of the European Association for Jewish Studies. Ed. by Ulf Haxen. Kopenhagen: Reitzel u. a. 1998, S. 640–653. Vgl. für die Funktion des modernen historischen Bewußtseins in der Entstehung des modernen Nationalismus und als Legitimationsbasis der modernen Nationen Benedict Anderson: Die Erfindung der Nation. Zur Karriere eines folgenreichen Konzeptes, Frankfurt a. M.: Campus 1996.

[13] Vgl. das Standardwerk von Michael A. Meyer: Von Moses Mendelssohn zu Leopold Zunz. Jüdische Identität in Deutschland 1749–1824. München: Beck 1994.

neuen jüdischen Selbstbewußtseins mündete, das sich auf wissenschaftliche Erkenntnisse begründete.[14]

Die Funktion des kollektiven historischen Bewußtseins in der Herausbildung einer modernen jüdischen Identität hat in den letzten Jahren einen der Schwerpunkte der Erforschung der Wissenschaft des Judentums gebildet. Weitere Schwerpunkte waren die Charakterisierung der unterschiedlichen religiösen Strömungen des Judentums sowie die Darstellung ihrer führenden Vertreter, die zu einer Neubewertung von deren Leistungen geführt haben. Ein grundlegendes Thema, das von der Forschung zum historischen Kontext der Wissenschaft des Judentums bislang nicht aufgegriffen worden ist, stellt die Rolle der Bibliographen und die Disziplin der Bibliographie der jüdischen Literatur dar.

Dabei war die bibliographische Arbeit, welche die genaue Feststellung und Auflistung der schriftlichen Werke der Juden zum Inhalt hatte, für die Vertreter der Wissenschaft des Judentums in der Entwicklung des eigenen historischen Bewußtseins unerläßlich und wurde auf diese Weise zum immanenten Bestandteil ihrer Forschungstätigkeit. Die Wissenschaft des Judentums, die auf bibliographisch definierten Texten aufbauen konnte, schuf gleichzeitig ihre theoretischen Grundlagen und wurde von Zunz und Steinschneider, den Begründern der Wissenschaft des Judentums, vorangetrieben. Eine nach wissenschaftlichen Regeln erstellte Bibliographie bildete die unverzichtbare Grundlage für die Entwicklung einer inhaltlich-jüdischen Forschung, die den Anforderungen der modernen Wissenschaft gerecht werden wollte. Bereits der Begründer der Wissenschaft des Judentums im deutschsprachigen Raum, Leopold Zunz, hatte mit seinen Veröffentlichungen über die *Literatur des Judentums* bedeutende bibliographische Grundlagen erarbeitet. Moritz Steinschneider, bei Scholem einer der drei »Großen der Wissenschaft vom Judentum«, hat mit seinen Forschungen den methodologischen Standard für die zukünftigen bibliographischen Unternehmen vorgegeben.[15] Sein Nachfolger Aron Freimann hat die Disziplin der Bibliographie in der Epoche der Institutionalisierung der Wissenschaft des Judentums fortgesetzt und sie entsprechend den geänderten Bedingungen des 20. Jahrhunderts weiterentwickelt.

Diese Studie hat sich zum Ziel gesetzt, den Beitrag von Aron Freimann zur Bibliographie des Judentums als einen wichtigen Bestandteil der Wissenschaft des Judentums herauszuarbeiten. Während mittlerweile eine Fülle von Arbeiten über die unterschiedlichsten Aspekte der Geschichte und Literatur der deutschen Juden im Kaiserreich, in der Weimarer Republik und zur Zeit des Nationalsozialismus vorliegen, ist die Zahl der Studien, die die Wissenschaft des Judentums in der wissenschaftsgeschichtlichen Aufarbeitung der Disziplin zum Thema haben

---

14 Ismar Schorsch: From Text to Context. The Turn of History in Modern Judaism. Hanover: Brandeis University 1994 (The Tauber Institute for the Study of European Jewry Series; 18).

15 Scholem, Überlegungen zur Wissenschaft vom Judentum (Anm. 5), S. 24.

und eine Darstellung und Analyse ihrer Methodik, ihrer Träger und ihrer institutionellen Entwicklungen leisten wollen, vergleichsweise gering.[16]

Aron Freimann ist bislang noch nicht Thema einer wissenschaftlichen Untersuchung geworden, sein Wirken mit den verschiedenen Facetten seiner bibliothekarisch-bibliographischen, historisch-buchwissenschaftlichen und gesellschaftlich-wissenschaftsorganisatorischen Tätigkeiten sind deshalb in der deutschen Nachkriegsforschung fast gänzlich unbekannt geblieben. Mit Freimanns Vertreibung durch die Nationalsozialisten wurde auch die Kenntnis über seine Leistungen aus dem öffentlichen Bildungsgut getilgt und ein Verdrängungsprozeß begonnen, der bis zum heutigen Tag andauert.[17] Aus der historischen Perspektive hat Werner Schochow in seiner 1966 erschienenen Dissertation zur deutsch-jüdischen Geschichtswissenschaft zum ersten Mal im deutschsprachigen Raum das Werk von Aron Freimann thematisiert.[18] In dieser Arbeit, die schwerpunktmäßig die institutionelle Entwicklung der deutsch-jüdischen Geschichtswissenschaft, ihre Organisationsformen und ihre bibliographischen Vorhaben zum Inhalt hat, beschränkt sich die Analyse auf einen Teil der Arbeiten von Freimann, sein Werk wird nur im engen Rahmen der deutsch-jüdischen Geschichtsbibliographie berücksichtigt und entsprechend zugeordnet.[19] In der Regel blieben bislang in den deutschen Publikationen Freimanns Arbeiten zur hebräischen Bibliographie auf Grund der oftmals bei deutschen Wissenschaftlern fehlenden hebräischen Sprachkenntnisse unberücksichtigt.

---

[16] Michael A. Meyer: Recent Historiography on the Jewish Religion. In: Leo Baeck Institute Year Book 35 (1990), S. 3–16 gibt einen Forschungsüberblick; zur Wissenschaft des Judentums. Vgl. Wiese, Wissenschaft des Judentums und protestantische Theologie im wilhelminischen Deutschland (Anm. 5), S. 59ff., dort auch weitere Literaturangaben. Siehe insbesondere Christoph Schulte: Über den Begriff einer Wissenschaft des Judentums. Die ursprüngliche Konzeption der Wissenschaft des Judentums und ihre Aktualität nach 175 Jahren. In: Aschkenas 7 (1997), S. 277–303; Wissenschaft des Judentums. Anfänge der Judaistik in Europa. Hg. von Julius Carlebach. Darmstadt: Wissenschaftliche Buchgesellschaft 1992, S. 153–164. Für einen historischen Überblick sowie über die Entwicklung nach 1945 vgl. Wissenschaft vom Judentum. Annäherungen nach dem Holocaust. Hg. von Michael Brenner und Stefan Rohrbacher. Göttingen: Vandenhoeck & Ruprecht 2000. Der Titel »Wissenschaft vom Judentum« im Gegensatz zu »Wissenschaft des Judentums« wurde bewußt gewählt, um auf den Bruch hinzuweisen, der durch den Holocaust eingetreten ist (ebd., S. 8). Damit wurde die Terminologie von Scholem übernommen.

[17] Vgl. Der große Brockhaus. Handbuch des Wissens ins 20 Bänden, 15., völlig neubearb. Aufl. von Brockhaus Konversationslexikon (nebst. Ergänzungs-Band und Atlas). Leipzig: Brockhaus 1928–1937, Bd 5 (1930), S. 579, dort hat Freimann einen Eintrag als Bibliothekar und Bibliograph. Dagegen wird er in der 16. Aufl. von 1953 und allen folgenden nicht mehr erwähnt.

[18] Werner Schochow: Deutsch-jüdische Geschichtswissenschaft. Eine Geschichte ihrer Organisationsformen unter besonderer Berücksichtigung der Fachbibliographie. (Diss.) Berlin 1966.

[19] So wird lediglich der Stellenwert des Freimann-Kataloges, 1932, der für die Stadtbibliothek erstellt wurde, analysiert. Vgl. ebd., S. 104–107.

Dagegen sind in den fachspezifischen Studien aus dem Ausland auch die hebräischen Arbeiten von Freimann genannt, allerdings wurden diese nicht als eine Einheit erfaßt, sondern sind gemäß der in bibliographischen Werken geltenden Typologisierung den unterschiedlichen Kategorien zugeordnet. In der Regel bedeutet dies eine Aufteilung seiner Arbeiten nach den behandelten Materialien, und zwar in Handschriften, Inkunabeln und Druckwerke, nach der Erscheinungsweise und nach der Art der bibliographischen Erschließung, so wie es auch in dem als Standardwerk der hebräischen Bibliographie geltenden, auf drei Bände angelegten Werk *Jewish Research Literature* von Shimeon Brisman der Fall ist.[20] Auf diese Weise ist bislang eine Darstellung des Gesamtwerkes von Freimann nicht erfolgt, und die jeweilige Bedeutung der bibliographischen Arbeiten wurde losgelöst von dem Kontext der Wissenschaft des Judentums in Deutschland festgelegt. In dieser Studie wird zum ersten Mal die Zusammenführung beider Komponenten in der Forschungstätigkeit von Freimann beabsichtigt, und eine Untersuchung sowohl seiner Arbeiten zur deutschjüdischen Forschung als auch seiner Studien zur hebräischen Bibliographie vorgenommen. Beide Themenkomplexe waren nicht nur integrale Forschungsbereiche von Aron Freimann, sondern bildeten gemeinsam die Grundlage der Wissenschaft des Judentums, an der Freimann maßgeblich mitgewirkt hat.

1.2 Vorgehensweise

Die vorliegende Arbeit besteht aus zwei gleichwertigen Teilen, in denen sowohl der Lebensweg von Freimann als auch sein wissenschaftliches Werk umfassend aufgearbeitet werden sollen. Im ersten Teil wird die Biographie von Freimann, die aufs engste mit der Entwicklungsgeschichte der Wissenschaft des Judentums in der ersten Hälfte des 20. Jahrhundert verwoben ist, im Detail nachgezeichnet, wobei der theoretische Ansatzpunkt befolgt wird, daß die persönliche Biographie, zusätzlich zum Informationswert, den sie vermittelt, auch den geschichtlichen Stoff als ganzes strukturiert und damit einen wesentlichen Anteil an der Formulierung des wissenschaftlichen Erkenntnisinteresses hat.[21] Darüber hinaus stehen Person und Biographie Aron Freimanns exemplarisch für ein Segment deutsch-jüdischen Lebens im 20. Jahrhundert. Freimann kann als Prototyp des orthodoxen deutschen Juden dienen, an dem untersucht werden soll, in welcher Form das Spannungsverhältnis von jüdischer Identität

---

[20] Shimeon Brisman: Jewish Research Literature. Bd 1: A History and Guide to Judaic Bibliography; Bd 2: A History and Guide to Judaic Encyclopedias and Lexicons; Bd 3,1: History and Guide to Judaic Dictionnaries and Concordances. Cincinnati: Hebrew Union College Press 1977, 1987, 2000.

[21] Vgl. Olaf Haehner: Historische Biographik. Die Entwicklung einer geschichtswissenschaftlichen Darstellung von der Antike bis ins 20. Jahrhundert. Frankfurt a. M.: Lang 1999 (Europäische Hochschulschriften – Reihe 3: Geschichte und ihre Hilfswissenschaften; 829), S. 1–13, dort auch Literaturangaben.

– auf der Basis eines fundierten jüdischen Wissens und Glaubens – und deutscher Identität – im Sinne der Verbundenheit zur deutschen Kultur sowie der ganz konkreten beruflichen Eingliederung in einen Beruf des deutschen Bildungsbürgertums – zum Ausdruck kam. Unerläßlich ist es deshalb, die gesellschaftlichen Begleitumstände, die geistigen Strömungen und die wichtigsten historischen Ereignisse, die sein Leben prägten, mit zu berücksichtigen. In der Verknüpfung der biographischen Darstellung mit allgemeineren sachorientierten Gesichtspunkten können übergeordnete ideen- und gesellschaftsgeschichtliche Entwicklungen veranschaulicht werden, die auf eine ganze Generation orthodoxer jüdischer Gelehrter zutrafen. Zum anderen erhebt die Arbeit den Anspruch, über das Biographische hinaus einen Beitrag zur jüdischen Geistes- und Wissenschaftsgeschichte zu leisten. Deshalb wird im zweiten Teil eine Detailstudie seines wissenschaftlichen Werkes und seines Wirkens im Rahmen der Wissenschaft des Judentums unternommen, die als Grundlage einer Einordnung seines Stellenwertes im Kontext der Wissenschaftsgeschichte dienen soll.

Kapitel 2 vermittelt als Einleitungskapitel einen historischen Überblick über die Entstehung und Entfaltung der Wissenschaft des Judentums und soll den geistigen und gesellschaftlichen Hintergrund darstellen, auf dessen Basis Freimann agierte und seine Forschungs- und Organisationstätigkeiten durchführte. Insbesondere sollen die kontinuierliche Entwicklung der Wissenschaft des Judentums als einer jüdischen, d. h. einer von Juden betriebenen und sich inhaltlich mit dem Judentum auseinandersetzenden sowie zugleich einer wissenschaftlichen Beschäftigung mit dem Judentum nachgezeichnet und die entscheidenden Merkmale ihrer Konzeptionen herausgearbeitet werden. Hierbei werden die wichtigsten Vertreter der ersten und zweiten Generation der Wissenschaft des Judentums dargestellt, auf deren Arbeiten Freimann aufbauen konnte, und ihr jeweiliger spezieller Forschungsgegenstand unter Bezug auf die Gesamtkonzeption erläutert. Vor allem soll auf die verschiedenen Identitätsentwürfe als Beitrag zu einem sich neu herausbildenden kollektiven Selbstverständnis der Juden im 19. Jahrhundert eingegangen werden. Freimann muß als Vertreter der dritten Generation der Gelehrten der Wissenschaft des Judentums angesehen werden. Ihre wissenschaftliche Tätigkeit führte dazu, daß sich die Wissenschaft des Judentums von einer »Rabbinerwissenschaft«, in der die religiösen Autoritäten eine führende Rolle spielten, zu einem differenzierten Forschungsunternehmen wandelte, in dem professionell ausgebildete Laien die Forschungsschwerpunkte und -methoden prägten.[22]

Kapitel 3 geht der Biographie von Aron Freimann nach. Die Sozialisationseinflüsse seiner familiären Abstammung und seiner Herkunft aus der polnisch-deutschen Provinz Posen, in der bis in die zweite Hälfte des 19. Jahrhunderts hinein rabbinische Autorität und Gemeindedisziplin intakt geblieben waren und sich dadurch ein jüdisch-traditionalistisches Milieu erhalten hatte, übten einen

---

[22] Ismar Schorsch: Das erste Jahrhundert der Wissenschaft des Judentums (1818–1919). In: Wissenschaft vom Judentum (Anm. 16), S. 11–24, hier S. 20ff.

großen Einfluß auf seine lebenslange Beibehaltung des orthodoxen Ritus aus und ermöglichten ihm gleichzeitig ein Verständnis und eine geistige Nähe zu den ostjüdischen Intellektuellen, die aus ähnlichem Milieu stammten. Durch seine Abstammung, sein Studium am Rabbinerseminar in Berlin sowie seine Heirat mit der Tochter des Frankfurter Gemeinderabbiners Markus Horovitz zählte er zur geistigen und gesellschaftlichen Elite der deutschen Neo-Orthodoxie, woraus die Verpflichtung seines langjährigen gemeindepolitischen Engagements in Frankfurt erwuchs. In Freimanns Amtszeit – er war der letzte Vorsitzende der Israelitischen Gemeinde in Frankfurt vor der Schoah – erfolgte die vollständige Enteignung der Gemeinde und ihre Zerschlagung durch die Nationalsozialisten.

Die Entstehungsgeschichte und das spätere Schicksal der Hebraica- und Judaica-Sammlung der Stadtbibliothek in Frankfurt am Main, deren Leitung er 35 Jahre innehatte und die er zu einer der bedeutendsten Sammlungen ihrer Art in Europa aufbaute, ist untrennbar mit seinem Lebensweg verbunden. Durch seine herausragenden Fachkenntnisse sowie sein langjähriges bibliothekarisches Wirken und gesellschaftliches Engagement war Freimann für die Bildung dieser Sammlung von ausschlaggebender Bedeutung, indem es ihm gelang, von den Frankfurter Juden große Privatspenden für die Bibliothek zu initiieren und die Sammlung mit umfangreichen und wertvollen Ankäufen wesentlich zu erweitern. Auf diese Weise ist nicht nur eine in sich geschlossene wissenschaftliche Fachbibliothek von höchster Qualität entstanden, in der alle Forschungszweige der Wissenschaft des Judentums vertreten waren, sondern gleichzeitig wurden auch die Voraussetzungen für eine universitäre Einbindung der Wissenschaft des Judentums geschaffen, indem die Sammlung als Grundlage der zukünftigen Forschung dienen konnte. In der vorliegenden Arbeit wird im einzelnen auch auf die Entwicklung der Sammlung vor dem Amtsantritt von Freimann und nach seiner Dienstentfernung durch die nationalsozialistischen Stadtbehörden eingegangen und dargestellt, daß Freimanns Tätigkeit und insbesondere sein Bestandskatalog ausschlaggebend dafür waren, daß die Sammlung auch unter nationalsozialistischem Regime in Frankfurt verblieb und sich auf diese Weise bis zum heutigen Tag in der Bibliothek erhalten hat. Seine bibliographischen Studien und wissenschaftlichen Forschungen sowie seine Aktivitäten im Dienste der Organisationen der Wissenschaft des Judentums in seiner Frankfurter Zeit werden in diesem Kapitel nicht chronologisch berücksichtigt, sondern typologisch im zweiten Teil der Arbeit, der Freimanns Werk zum Inhalt hat, abgehandelt.

Die Darstellung von Freimanns langwierigen Bemühungen um die Emigration in die USA, bei denen er von gänzlich unterschiedlichen Institutionen im Ausland unterstützt wurde, soll über die konkreten Erfahrungen der Einzelperson hinaus wie eine Brennpunktfunktion die Einwirkungen der Zeitumstände auf das Individuum kristallisieren. Freimanns Schicksal im Nationalsozialismus war charakteristisch für viele der deutschen jüdischen Akademiker, denen noch Ende der dreißiger Jahre die Emigration ins Ausland gelang. Seine Aufnahme in den USA und sein dortiges Arbeitsfeld stehen gleichermaßen exemplarisch für die Verlagerung des Zentrums der Wissenschaft des Judentums von Deutschland in die

Neue Welt. Thematisch gehört dieser Teil der Arbeit in den Komplex der Wissenschaftsemigration und -transfers aus Nazi-Deutschland und dem besetzten Europa in die USA, der als ein Kapitel der deutschen Geschichte in letzter Zeit aufgearbeitet wird.

Kapitel 4, das einen Überblick über das Entstehen und die Entwicklung der hebräischen Bibliographie vermittelt, um Freimanns Arbeit in ihren wissenschaftlich-historischen Kontext einordnen zu können, steht zu Beginn des zweiten Teils der Arbeit, in dem das wissenschaftliche Werk von Aron Freimann und sein Wirken im Rahmen der Wissenschaft des Judentums herausgearbeitet wird. Begründet wurde die hebräische Bibliographie zu Beginn des 17. Jahrhunderts von Johannes Buxtorf und weiteren christlichen Hebraisten in seiner Folge, die zum besseren Verständnis der christlichen Theologie einen direkten Zugang zu den biblischen Quellen in hebräischer Sprache erstrebten und oftmals missionarische Ziele verfolgten. Zu Beginn des 18. Jahrhunderts schuf der Orientalist Johann Christoph Wolf, ein Vertreter der Voraufklärung in Deutschland, das letzte Standardwerk der hebräischen Bibliographie eines christlichen Gelehrten.

Die Beschäftigung der jüdischen Gelehrten mit der hebräischen Bibliographie setzte erst nach jahrzehntelanger Verzögerung gegen Ende des 17. Jahrhunderts ein. Sabbatai Bass, der als erster jüdischer Bibliograph gilt, wurde von einem mystisch-religiösen Selbstverständnis geleitet und verfaßte sein Werk als Hilfsmittel zur Erfüllung der religiösen Gebote. Im Laufe des 18. Jahrhunderts wurde die traditionell-religiöse Begründung des Nutzens der Bibliographie durch eine historische Argumentation ersetzt, so in den Werken von Julius Fürst und Isaac Benjacob, die durch die Bestimmung der jüdischen literarischen Werke eine Identifizierung der Juden mit ihrer Geschichte und über diese mit ihrem kulturellen Erbe anstrebten. Interessant ist, daß sich die jüdischen Gelehrten in der Regel auf Arbeiten der eigenen Glaubensgenossen bezogen und die Arbeiten der christlichen Bibliographen erst spät zur Kenntnis genommen wurden. Im 19. Jahrhundert legte Moritz Steinschneider, der als unbestrittener Meister der hebräischen Bibliographie gilt, die Normen und die Methodik der hebräischen Bibliographie als einer wissenschaftlichen Disziplin fest und schuf damit die Grundlage der Wissenschaft des Judentums. Steinschneider war Lehrer und Vorbild für Aron Freimann, der dessen Werk fortsetzte und in vielen literarischen und bibliographischen Projekten seine direkte Nachfolge antrat.

In Kapitel 5 wird die umfangreiche Tätigkeit von Aron Freimann als Verfasser, Herausgeber und Mitarbeiter an Hand seiner bedeutendsten bibliographischen Arbeiten und Kataloge im Detail untersucht und systematisch geordnet. Dabei erfolgt die Zusammenstellung seiner Arbeiten nicht chronologisch oder thematisch, sondern wird nach den formalen Kriterien vorgenommen, die für bibliographische Forschungen richtungsweisend sind. Es werden die von ihm herausgegebene *Zeitschrift für Hebräische Bibliographie*, die über Jahre als periodische Fachbibliographie der Wissenschaft des Judentums fungierte, eingehend analysiert sowie seine zahlreichen personen- und themenbezogenen bibliographischen Arbeiten, die alle Forschungszweige der Wissenschaft des Judentums abdecken, in den Zusammenhang der Entwicklungsgeschichte der hebräischen Bibliographie in Deutschland zu Beginn des 20. Jahrhunderts eingeordnet. Auf dem Gebiet der hebräischen Handschriftenkunde, der Inkunabeln und der Erstdrucke schuf Freimann Standardwerke, die bis heute nicht überholt sind, hierzu gehören vor allem der erste Gesamtkatalog hebräischer Handschriften, das Typenrepertorium der hebräischen Inkunabeln sowie das Verzeichnis der hebräischen Erstdrucke. Auch auf dem Gebiet der Judaica-Bibliographie hat Freimann Pionierarbeit geleistet, der von ihm erstellte Judaica-Katalog der Frankfurter Stadtbibliothek, der als sein Meisterwerk gilt, ist bis heute der einzige gedruckte Katalog geblieben, der die Judaica sachlich gliedert und daher weiterhin ein bibliographisches Hilfsmittel der Wissenschaft bleibt. Einzelne prototypische Beispiele seiner zahlreichen Bibliographien sind im Anhang tabellarisch aufgeführt.

Kapitel 6 konzentriert sich auf Freimanns Aktivitäten als Wissenschaftsorganisator zu einem Zeitpunkt, in dem die Wissenschaft des Judentums einen Prozeß der Spezialisierung sowie der zunehmenden Säkularisierung und Popularisierung durchmachte. Als Initiator von wissenschaftlichen Großprojekten, so des historisch-topographischen Nachschlagewerkes *Germania Judaica* und als Herausgeber der *Zeitschrift für die Geschichte der Juden in Deutschland* hat Freimann eine entscheidende Rolle in der Organisation der deutsch-jüdischen Geschichtswissenschaft gespielt, deren Bedeutung im Gesamtspektrum der Wissenschaft des Judentums und für das Selbstverständnis des deutschen Judentums herausgearbeitet wird. Mit der Wiederbelebung des Vereins Mekize Nirdamim, einem wissenschaftlichen Editionsprojekt hebräischer Handschriften, war er maßgeblich an der Schaffung eines institutionellen Rahmens für das Studium und die Neuaneignung der traditionellen hebräischen Quellen beteiligt. Im Rahmen der Soncino-Gesellschaft setzte sich Freimann für die jüdische Bibliophilie ein und trug zur Renaissance der hebräischen Buchkunst bei.

Im Schlußwort werden die bibliographischen Vorhaben der Wissenschaft des Judentums nach 1945 in Deutschland und im Ausland untersucht, um eine Standortbestimmung von Freimanns Werk und seinem Einfluß auf den heutigen Forschungsstand vorzunehmen. In Deutschland mußten die durch den Nationalsozialismus zu einem abrupten Ende gelangten bibliographischen Arbeiten der Wissenschaft des Judentums, wie die gesamte wissenschaftliche Erforschung des Judentums, in den Nachkriegsjahren unter gänzlich veränderten Bedingungen wieder aufgenommen und fortgeführt werden. Im Ausland dagegen sind die Arbeiten zur hebräischen Bibliographie ungebrochen fortgesetzt worden und haben mit der Emigration der Wissenschaftler einen Aufschwung erlebt. Wissenschaftliche Einrichtungen im Ausland bestimmen heute den für die hebräische Bibliographie geltenden bibliographischen Standard, der als Maßstab auch für die in Deutschland neuaufgenommenen Projekte Gültigkeit erlangt hat. Zudem hat die Entwicklung der elektronischen Datenverarbeitung und der Einsatz des modernen Mediums Computer auch im Bereich der biblio-

graphischen Erfassung und der bibliothekarischen Praxis neue Möglichkeiten
der Informationsverwaltung und -vermittlung eröffnet und zu weitreichenden
qualitativen Veränderungen in den Anforderungen an bibliographische Nachweise und Kataloge geführt.

Im Anhang findet sich erstmals eine vollständige Bibliographie der Schriften von Aron Freimann, die auf dem von Hanna Emmrich erstellten Verzeichnis für die Jahre 1893–1931 basiert sowie seine Veröffentlichungen nach 1931 und die Neuauflagen seiner Arbeiten umfaßt.

Zur Klärung der in der Arbeit verwandten Bezeichnungen, die durch Überschneidungen einerseits und umgangssprachliche Ungenauigkeiten andererseits in unterschiedlicher Weise benutzt werden, ist folgendes festzuhalten. Der Begriff Judaica-Bibliographie bezieht sich auf Verzeichnisse von Werken, die in nicht-hebräischen Lettern zu jüdischen Themen erschienen sind, während der Begriff Hebraica-Bibliographie die Gesamtbezeichnung für alles Schrifttum in hebräischen Lettern bedeutet. Für die vorliegende Arbeit ist allerdings nur der Teil des hebräischen Schrifttums von Interesse, der sich inhaltlich auf das Judentum im weitesten Sinn bezieht, so daß die Literatur in hebräischen Lettern zu allen anderen Themenbereichen, wie sie heutzutage aus der modernen israelischen Buchproduktion in hebräischer Sprache resultiert, nicht miteinbezogen wird. In diesem Sinne, nämlich einerseits beschränkt auf die Literatur zum Judentum in hebräischen Lettern, aber andererseits nicht begrenzt auf den religiösen Bereich, sondern das gesamte Spektrum des Judentums umfassend, wird in dieser Arbeit der Terminus Hebraica-Bibliographie oder hebräische Bibliographie verwandt. Damit ist er synonym mit dem Begriff der hebräischen Bibliographie, wie es dem Selbstverständnis der Gelehrten in der Wissenschaft des Judentums und Aron Freimanns entsprach, zu deren Zeit die hebräische Buchproduktion fast ausschließlich in den Bereich der Wissenschaft des Judentums fiel. In der Verwendung der Begrifflichkeiten folgt die Arbeit damit den Definitionen von Shimeon Brisman, wie er sie in seinem lexikalischen Standardwerk festgelegt hat und wie sie allgemein anerkannt sind.[23] Die beiden formal unterschiedenen Bereiche der Judaica- und Hebraica- oder hebräischen Bibliographie werden in ihrer Gesamtheit als jüdische Bibliographie oder Bibliographie des Judentums bezeichnet.[24]

Die Transliteration der hebräischen Begriffe, Personennamen und der Sachtitel erfolgt im Text zum besseren Verständnis nach der allgemein bekannten Form oder nach der deutschen Aussprache, in den Fußnoten und im Literaturverzeichnis nach den Regeln der alphabetischen Katalogisierung im wissenschaftlichen Bibliothekswesen (RAK-WB).[25] Da sich in Deutschland die Deutsche Industrie-Norm (DIN) jedoch bislang nicht als einheitliches verbindliches

---

[23] Brisman, Jewish Research Literature (Anm. 20), Bd 1, S. 2–36.
[24] Mangels einer eigenen deutschen Bezeichnung wird die Übersetzung des im Englischen gebräuchlichen »Jewish Bibliography« für den Gesamtbegriff übernommen.
[25] RAK-WB Transkriptionsregeln, DIN 31636. Bei hebräischen Büchern mit einem englischen Parallelsachtitel wird dieser als Literaturnachweis angegeben.

Transliterationssystem, das von Bibliotheken, Verlagen und wissenschaftlichen
Instituten gleichermaßen eingehalten wird, durchgesetzt hat und eine Vielzahl
von Transliterationsvarianten hebräischer Namen und Begriffe im Umlauf ist,
wurde dieser Weg gewählt, um einerseits das Erkennen der historischen Persönlichkeiten und Sachverhalte zu erleichtern, andererseits das Auffinden der Bücher im Katalog einer wissenschaftlichen Bibliothek zu gewährleisten.[26]

1.3 Die Quellenlage

Generell gesehen sind die Quellen zur jüdischen Geschichte in Deutschland,
insbesondere wenn es sich um Personen und Institutionen der Zeitgeschichte
handelt, die wegen des Nationalsozialismus emigrieren und ihre Unterlagen
zurücklassen mußten, äußerst lückenhaft und nur mühsam durch Nachfragen
im Ausland zusammenzustellen. Zahlreiche Dokumente sind durch die Nationalsozialisten bewußt zerstört oder im Krieg vernichtet worden. Nur wenigen
Emigranten ist es geglückt, ihren persönlichen und wissenschaftlichen Nachlaß
unversehrt mitzunehmen. Nach anfänglichen Recherchen hat sich jedoch her-
ausgestellt, daß zu Aron Freimann eine Fülle an unveröffentlichtem Material
vorhanden ist, das sich in verschiedenen Archiven in Deutschland, Israel, den
USA und im Vatikan befindet und bisher nicht erschlossen wurde. Der Grund
für die fehlende Erarbeitung mag daran gelegen haben, daß die Dokumente
über die ganze Welt verstreut und zu einem Großteil in hebräischer Sprache
verfaßt sind, die für die meisten der deutschen Wissenschaftler ein Hindernis
darstellt.

An erster Stelle ist der Nachlaß von Aron Freimann zu nennen, der sich im
Hebrew Union College in Cincinatti/Ohio befindet und der gesichtet wurde.
Dieser enthält neben Manuskripten und persönlichen Zeugnissen insbesondere
die zahlreichen Schreiben zur Emigration aus Deutschland, so daß sich die
unternommenen Anstrengungen der Ausreise fast lückenlos belegen lassen.
Allerdings finden sich hierin keine persönlichen Aufzeichnungen und Briefe,
die über Freimanns Gefühlslage und Einstellungen Auskunft geben könnten.
Leider umfaßt der Nachlaß auch nur einen geringen Teil des Briefwechsels,
den Freimann über die Jahre mit den bedeutendsten Gelehrten und Rabbinern

---

[26] Die Transkriptionsregeln für das Hebräische gemäß den Preußischen Instruktionen
unterscheiden sich von denen der DIN 31636, und diese wiederum von denen der im
anglo-amerikanischen oder im französischen Sprachraum angewandten Regeln der
Katalogisierung. Dies hat zur Folge, daß hebräische Namen von älterer Literatur in
deutschen Bibliotheken anders transkribiert sind als moderne hebräische Literatur
oder hebräische Namen von englischen, amerikanischen oder französischen Veröffentlichungen. Konkret führt dies in den unterschiedlichen Bibliothekskatalogen zu
einer Vielzahl von Varianten desselben Begriffs oder Namens, so z. B. im Falle von
Osar oder Otsar, Quntres, Kuntress oder Kontress, Raschi, Rashi oder Rachi, die in
der Arbeit originalgetreu beibehalten und nicht vereinheitlicht wurden.

geführt hat und dessen Zeugnisse er aus Angst vor der Gestapo vor seiner
Auswanderung im Mai 1939 vernichtete. Viel Material ist durch die Vertrei-
bung und Verfolgung der Wissenschaftler verlorengegangen, so daß sich die
Korrespondenz nur zu einem geringen Maße erhalten hat. Dafür wurden die
Nachlässe seiner bekanntesten Briefpartner und Kollegen in der Wissenschaft
des Judentums wie z.B. Agnon, Bialik, Poznanski und Scholem, die sich zum
Teil im Archiv der Nationalbibliothek in Jerusalem und in eigenen Archiven
befinden, gesichtet.

Nicht herangezogen werden konnte der Briefwechsel zwischen Aron Freimann und Alexander Marx, Bibliothekar am Jewish Theological Seminary in
den Jahren 1903–1953, der zu den engsten Freunden von Freimann gehörte.[27]
Hierbei handelt es sich um ein größeres Konvolut von Postkarten, die sich
ungeordnet im Jewish Theological Seminary befinden.[28] Herangezogen wurden die Akten seiner diversen Arbeitsstätten, vor allem seine Personalakte im
Institut für Stadtgeschichte Frankfurt am Main und in der New York Public
Library sowie Briefe aus dem Archiv der Vatikanischen Bibliothek. Unterlagen zur Emigration sowie zur Entschädigung und Wiedergutmachung befinden
sich im Hessischen Hauptstaatsarchiv in Wiesbaden. Auskünfte, die zur Kenntnis des Privatlebens von Aron Freimann beigetragen haben, konnten bei der
Enkelin Ruth Rapp Dresner und ihrem inzwischen verstorbenen Ehemann Samuel Dresner eingeholt werden.

Als Primärquelle für den zweiten Teil der Arbeit dienen die Veröffentlichungen von Aron Freimann.[29] Hinzu kommen als weitere Quellen die zahlreich
vorhandenen zeitgenössischen Abhandlungen über die Wissenschaft des Judentums, die in der Bibliographie im Einzelnen vermerkt sind. In den Veröffentlichungen seiner Kollegen sowie den institutionellen Stellungnahmen und Gutachten dokumentiert sich das Selbstverständnis der Wissenschaftsdisziplin und
ihrer Träger, in deren Rahmen Freimanns Forschungen einzuordnen sind.

---

[27] Brief von Samuel Dresner an Rachel Heuberger vom 12. Mai 1986.

[28] Brief von Jerry Schwarzbard, Ltd. Bibliothekar am Jewish Theological Seminary,
New York, an Rachel Heuberger vom 22. September 1999. Der über Jahrzehnte ge-
führte Briefwechsel zwischen Freimann und Marx diente der Klärung fachspezifi-
scher Fragen der hebräischen Bibliographie, deren Ergebnisse in die Veröffentlichungen von Freimann eingegangen sind. Eine Untersuchung der Fülle von Einzelheiten dieses Meinungsaustausches hätte den Rahmen dieser Arbeit gesprengt.

[29] Vgl. »Anhang: Aron Freimann-Bibliographie« in der vorliegenden Arbeit.

2 Die Entstehung der Wissenschaft des Judentums in Deutschland im 19. Jahrhundert

Mit der Wissenschaft des Judentums, die zu Beginn des 19. Jahrhunderts in Deutschland begründet wurde, wurden auch die theoretischen Grundlagen für die Entwicklung der Bibliographie des Judentums geschaffen. Die Wissenschaft des Judentums entstand infolge des Emanzipationsprozesses und der tiefgreifenden Veränderungen, die das jüdische Leben mit der sich anbahnenden bürgerlichen und sozialen Gleichberechtigung erfaßten.[1] Im Laufe dieses Akkulturations- und Säkularisierungsprozesses, der für die deutschen Juden mit dem Fall der letzten Ghettomauern und dem Eintritt in die christliche Gesellschaft begann, wurden die jüdischen Intellektuellen vor die Frage ihres jüdischen Selbstverständnisses in einer nichtjüdischen Umwelt gestellt und zu einer Neubestimmung ihrer jüdischen Identität gezwungen.[2] Der geistesgeschichtliche Ausgangspunkt der Wissenschaft des Judentums war in der Aufklärung begründet, welche die kritischen emanzipatorischen und pädagogischen Impulse beisteuerte, die zu einem Übergang von der christlichen zu einer jüdischen Erforschung des Judentums führten.[3] Von Anfang an wurde die Wissenschaft des Judentums von einzelnen Disziplinen, insbesondere der klassischen Philologie und der Geschichtswissenschaft geprägt, die im 19. Jahrhundert ihren

---

[1] Vgl. Michael A. Meyer: Jüdisches Selbstverständnis. In: Deutsch-jüdische Geschichte in der Neuzeit. Hg. von Michael A. Meyer. 4 Bde, München: Beck 1996–1997, Bd 2: Emanzipation und Akkulturation 1780–1871 (1996), S. 135–176. Zum neuesten Diskussionsstand und zur Bibliographie vgl. Christoph Schulte: Über den Begriff einer Wissenschaft des Judentums. Die ursprüngliche Konzeption der Wissenschaft des Judentums und ihre Aktualität nach 175 Jahren. In: Aschkenas 7 (1997), S. 277–303.

[2] Michael A. Meyer: Jüdische Wissenschaft und jüdische Identität. In: Wissenschaft des Judentums. Anfänge der Judaistik in Europa. Hg. von Julius Carlebach. Darmstadt: Wissenschaftliche Buchgesellschaft 1992, S. 3–20.

[3] Ismar Schorsch: Das erste Jahrhundert der Wissenschaft des Judentums (1818–1919). In: Wissenschaft vom Judentum. Annäherungen nach dem Holocaust. Hg. von Michael Brenner und Stefan Rohrbacher. Göttingen: Vandenhoeck & Ruprecht 2000, S. 11–24, hier S. 11. Als weitere Merkmale der Wissenschaft des Judentums definiert Schorsch den Übergang von einer dogmatischen zu einer undogmatischen Betrachtung des Judentums, von einem partiellen zu einem umfassenden Konzept jüdischer Kreativität und von einer exegetischen zu einer konzeptionellen Denkweise und betont die Tatsache, daß der deutsche Ursprung der Wissenschaft des Judentums bis in die dreißiger Jahre des 20. Jahrhunderts trotz kontinuierlichem Wachstum und zunehmender Spezialisierung von anhaltender Bedeutung verblieb.

Aufschwung erlebten und mit ihren Methoden für die moderne Wissenschaft richtungweisend wurden. Bis zu ihrem Ende blieb insbesondere der Einfluß der Philologie mit ihren grammatikalisch-textkritischen Methoden auf die Wissenschaft des Judentums in Deutschland bestehen, wie die Werke von Leopold Zunz oder Moritz Steinschneider als den herausragendsten Vertretern belegen.

Zu Beginn des 19. Jahrhunderts erfolgte an den deutschen Universitäten in Abkehr vom ahistorischen Aufklärungsrationalismus die Hinwendung zur Philosophie Hegels und seiner Wissenschaftslehre.[4] Unter dem Einfluß der Romantik mit ihrem organischen Geschichtsverständnis bedeutete diese Neuorientierung für die jüdischen Intellektuellen die Rückbesinnung auf die Geschichte des jüdischen Volkes und die Suche nach den eigenen Wurzeln. In Anlehnung an Herders historistisches Ideal des Volksgeistes, das jedem Volk einen ihm eigenen Wesenszug, einen Volksgeist zusprach, wollten sie die Geschichte des jüdischen Volksgeistes und seiner Beziehungen zur europäischen Geschichte offenlegen und das Wesen des Judentums, seine Quintessenz, erkennen.[5] Bei den jüdischen Intellektuellen entwickelte sich nach der Rezeption der Aufklärungskritik und des Historismus ein neues jüdisches Geschichtsbewußtsein, das die jüdische Geschichte als Teil der Weltgeschichte verstand und durch das Studium der jüdischen Vergangenheit zur Entstehung eines neuen kollektiven jüdischen Selbstverständnisses beitragen sollte, welches das identitätsstiftende Band aller Juden bilden würde.[6]

Begonnen hatte die geistige Auseinandersetzung der Juden mit ihrer nichtjüdischen Umwelt mit der Haskala, der jüdischen Aufklärung, und den Lehren von Moses Mendelssohn, dessen Pentateuch-Übersetzung in die deutsche Sprache den Anfang der Akkulturation der deutschen Juden und die Verdrängung des Hebräischen und des Jiddischen als ihre besondere Sprachen darstellte. Immer mehr religiöse Texte, sogar Frauen-Gebetbücher, die traditionell in jiddisch gedruckt worden waren, erschienen danach zweisprachig, in hebräisch und deutsch. Im Jahre 1799 richtete der jüdische Gelehrte Wolf Heidenheim eine Druckerei in Rödelheim ein, die später von Lehrberger fortgeführt wurde und in welcher über Jahrzehnte hindurch peinlich akkurate hebräische Gebetbücher und andere liturgische Texte, wie z. B. die Pessach-Haggada mit deutscher Übersetzung, veröffentlicht wurden.[7]

---

4 Zum Einfluß der Hegelschen Philosophie auf die Wissenschaft des Judentums und als deren »geistiger Katalysator« vgl. Hans Günther Reissner: Eduard Gans. Ein Leben im Vormärz. Tübingen: Mohr 1965 (Schriftenreihe wissenschaftlicher Abhandlungen des Leo Baeck Instituts; 14), S. 58ff.

5 Zur Sprach- und Kulturtheorie Herders vgl. Jeffrey A. Grossman: The Discourse on Yiddish in Germany. From the Enlightenment to the Second Empire. Rochester u. a.: Camden House 2000 (Studies in German Literature, Linguistics, and Culture), S. 32–51, der die ambivalente Einstellung von Herder zu den Juden herausarbeitet.

6 Michael A. Meyer: Von Moses Mendelssohn zu Leopold Zunz. Jüdische Identität in Deutschland 1749–1824. München: Beck 1994.

7 Die Rödelheimer Drucke waren die am häufigsten genutzten Gebetbücher der deutschen Juden, auch der strenggläubigen, und dienen noch heute als Vorlage für Nachdrucke.

Der Beginn der Wissenschaft des Judentums in Deutschland wird auf ein Ereignis im Jahre 1819 datiert, als eine kleine Gruppe junger jüdischer Männer, die akademisch gebildet waren und sich als geistige Elite des modernen Judentums verstanden, im November in Berlin den Verein für Cultur und Wissenschaft der Juden gründeten.[8] Die Hinwendung zu den eigenen Wurzeln und die Beschäftigung mit ausschließlich jüdischen Themen erfolgte zum Teil auch als spontane Reaktion auf die wachsende antijüdische Stimmung im nachnapoleonischen Deutschland, die im Jahr 1819 mit dem Ausbruch der krawallartigen »Hep-Hep-Unruhen« gegen die Juden ihren Höhepunkt erreichte.[9]

---

[8] Ismar Schorsch: Breakthrough into the Past. The Verein für Cultur und Wissenschaft der Juden. In: Leo Baeck Institute Year Book 33 (1988), S. 2–28; ders., From Text to Context. The Turn of History in Modern Judaism. Hanover: Brandeis University 1994 (The Tauber Institute for the Study of European Jewry Series; 18), S. 205ff.; zur Gründungsgeschichte des Vereins mit ausführlichen Zitaten aus den Akten des Vereins, die sich im »Zunz-Archiv« in der Jüdischen National- und Universitätsbibliothek in Jerusalem befinden, vgl. Siegfried Ucko: Geistesgeschichtliche Grundlagen der Wissenschaft des Judentums (Motive des Kulturvereins vom Jahre 1819). In: Zeitschrift für die Geschichte der Juden in Deutschland 5 (1934/35), S. 1–34; wieder in: Wissenschaft des Judentums im deutschen Sprachbereich. Ein Querschnitt. Hg. von Kurt Wilhelm. 2 Bde, Tübingen: Mohr 1967 (Schriftenreihe wissenschaftlicher Abhandlungen des Leo-Baeck-Instituts; 16,1/2), Bd 1, S. 315–353. Die erste Darstellung findet sich bei Heinrich Graetz: Geschichte der Juden von den ältesten Zeiten bis auf die Gegenwart. 11 Bde, 2. Aufl., Leipzig: Leiner 1900, Bd 11, S. 409–418; zur Vereinsgeschichte vgl. Michael Graetz: Renaissance des Judentums im 19. Jahrhundert. ›Der Verein für Cultur und Wissenschaft der Juden‹ 1819–1824. In: Bild und Selbstbild der Juden Berlins zwischen Aufklärung und Romantik. Hg. von Marianne Awerbuch und Stefi Jersch-Wenzel. Berlin: Colloquium 1992 (Einzelveröffentlichungen der Historischen Kommission zu Berlin; 75), S. 211–227; Alfred A. Greenbaum: The ›Verein für Cultur und Wissenschaft der Juden‹ in Jewish Historiography. An Analysis and some Observations. In: Texts and Responses. Studies presented to Nahum N. Glatzer on the Occasion of his Seventieth Birthday by his Students. Ed. by Michael A. Fishbane and Paul R. Mendes-Flohr. Leiden: Brill 1975, S. 173–185; Rachel Livné-Freudenthal: Der ›Verein für Cultur und Wissenschaft der Juden‹ (1819–1824). Zwischen Staatskonformismus und Staatskritik. In: Tel Aviver Jahrbuch für Deutsche Geschichte 20 (1991), S. 103–125; Max Wiener: The Ideology of the Founders of Jewish Scientific Research. In: YIVO Annual of Jewish Social Science 5 (1950), S. 184–196.

[9] Eduard Gans, neben Leopold Zunz eine der führenden Persönlichkeiten in der Gründung des Vereins, hat den aktuellen Anlaß und direkten Impuls zur Vereinsgründung folgendermaßen beschrieben: »Es war gegen Ende des achtzehn hundert neunzehnten Jahres, als wir uns zum erstenmale versammelten. In vielen Städten des deutschen Vaterlandes waren jene grausen Scenen vorgefallen, die manchen eine unvorhergesehene Rückkehr des Mittelalters vermuten ließen. Wir kamen zusammen, um zu helfen, wo es Noth täte, um über die Mittel, wie dem tief gewurzelten Schaden am besten beizukommen sey, zu beratschlagen. Eine mehr ins Einzelne gehende Absicht hatten wir nicht.« In: Eduard Gans: Halbjähriger Bericht im Verein für Cultur und Wissenschaft der Juden. Am 28. April 1822 abgestattet. In: Norbert Waszek: Eduard Gans (1797–1839). Hegelianer – Jude – Europäer. Texte und Dokumente. Frankfurt a. M.: Lang 1991 (Hegeliana; 1), S. 62; vgl. auch Grossman, The Discourse on Yiddish in Germany (Anm. 5), S. 91–113, der die Haltung der Vertreter der Wissenschaft des Judentums zur jiddischen Sprache thematisiert.

Durch seine programmatischen und methodischen Veröffentlichungen gilt Leopold Zunz (1794–1886) als der eigentliche Begründer der Wissenschaft des Judentums im deutschsprachigen Raum.[10] Geboren in Detmold, besuchte er in Wolfenbüttel die jüdische Samsonsche Freischule und danach als erster jüdischer Schüler das dortige Gymnasium. Von 1815 bis 1819 studierte er an der Berliner Universität Klassische Altertumswissenschaften, Philosophie und Mathematik und promovierte 1821 an der Universität Halle. Nach verschiedenen Tätigkeiten, u. a. als Prediger in der neuen liberalen Synagoge in Berlin, als Leiter der dortigen jüdischen Gemeindeschule (1826–1829) und als Fremdsprachenredakteur der Berliner Tageszeitung *Haude-Spenersche Zeitung* in den Jahren 1824–1831, übernahm Zunz im Jahre 1840 die Leitung des neugegründeten Berliner jüdischen Lehrerseminars. Im Vormärz engagierte er sich zunehmend in der revolutionären Bewegung, in der ihm zahlreiche Ämter übertragen wurden, so u. a. als Wahlmann für den Landtag und die Nationalversammlung. Mit der Auflösung des Lehrerseminars im Jahre 1850 verlor Zunz seinen Posten und blieb fortan ohne feste Anstellung. Er lebte von einer Pension der jüdischen Gemeinde Berlin, widmete den Rest seines Lebens der wissenschaftlichen Erforschung des Judentums und veröffentlichte zahlreiche Abhandlungen insbesondere über die jüdische Liturgie.

Als zeitweiliger Präsident des Vereins fungierte Eduard Gans (1797–1839), der in Berlin geboren, seit 1816 an den Universitäten Berlin, Göttingen und in Heidelberg Jura und Geschichte bei Hegel studiert hatte und schließlich dessen enger Vertrauter und Herausgeber seiner Schriften wurde.[11] Als Gans im Jahre 1819 nach Berlin zurückkehrte, wurde ihm als Jude im damaligen Preußen die Anstellung an der Berliner Universität verweigert, und er widmete sich vor allem rechtshistorischen und rechtsphilosophischen Studien. Sein Engagement im Verein war Ausdruck seiner persönlichen Situation und seiner existentiellen Selbstzweifel bezüglich seiner jüdischen Identität. Ein Jahr nach der Auflösung des Vereins ließ sich Gans im Jahre 1825 taufen, worauf er bereits im März 1826 zum außerordentlichen Professor und 1828 zum Ordinarius für Völkerrecht, Preußisches Recht und Kriminalrecht ernannt wurde. Gans war einer der erfolgreichsten akademischen Lehrer seiner Zeit und stand inmitten vielfältiger Aktivitäten, als er im Jahre 1839, erst 42jährig, einem Schlaganfall erlag.

---

[10] Zu Leopold Zunz vgl. die jüngste Veröffentlichung von Celine Trautmann-Waller: Philologie allemande et tradition juive. Le parcours intellectuel de Leopold Zunz. Paris: Éditions du Cerf 1998 (Bibliothèque franco-allemande); ebd. S. 320ff. eine ausführliche Primär- und Sekundär-Bibliographie; Nahum N. Glatzer: Einleitung: Das Werk von L. Zunz. In: Leopold Zunz: Jude, Deutscher, Europäer. Ein jüdisches Gelehrtenschicksal des 19. Jahrhunderts in Briefen an Freunde. Hg. und eingeleitet von N. N. Glatzer. Tübingen: Mohr 1964 (Schriftenreihe wissenschaftlicher Abhandlungen des Leo Baeck Instituts; 11), S. 3–72. Für Schorsch, From Text to Context (Anm. 8), S. 2, ist Zunz der bedeutendste deutsche Jude des 19. Jahrhunderts.

[11] Vgl. Reissner, Eduard Gans (Anm. 4) und Waszek, Eduard Gans (Anm. 9).

Von August 1822 bis Mai 1823 gehörte auch Heinrich Heine offiziell dem Verein an, beteiligte sich aktiv an der Organisation und fungierte zeitweilig als Sekretär.[12] Nach der Auflösung des Vereins ließ Heine sich – als »Entreebillet« in die christliche Gesellschaft – ebenfalls taufen. Zu den ursprünglichen Gründungsmitgliedern des kurzlebigen Vereins zählten neben Zunz und Gans noch Josef Hillmar, Joel Abraham List, Isaac Levin Auerbach, Immanuel Wolf, Moses Moser und der Historiker Isaac Marcus Jost. Jost (1793–1860), der über viele Jahre am Philanthropin in Frankfurt als Lehrer tätig war und zu den führenden Köpfen der Reformbewegung gehörte, legte den Grundstein zur modernen Erforschung jüdischer Geschichte, indem er als erster den Versuch unternahm, eine Gesamtdarstellung der Geschichte der Juden zu verfassen. Trotz ihrer zahlreichen Mängel bildete diese Darstellung den Ausgangspunkt für die weitere Entwicklung der jüdischen Geschichtsschreibung, der sie methodische Ansätze und wertvolles Quellenmaterial lieferte. In Anpassung an die Grundprinzipien der Emanzipation verstand Jost die jüdische Geschichte nicht als die Geschichte eines Volkes, sondern als Entwicklung einer religiösen Idee und ihrer Anhänger.[13] David Friedländer und Lazarus Bendavid, die Vorreiter der Haskala, der jüdischen Aufklärung, gehörten dem Verein ebenfalls an und veröffentlichten ihre Arbeiten in der vom Verein herausgegebenen und von Zunz redigierten *Zeitschrift für die Wissenschaft des Judenthums*. Diese Publikation war die erste wissenschaftliche Zeitschrift zu jüdischen Themen in deutscher Sprache, von der allerdings nur ein Jahrgang veröffentlicht wurde.

---

[12] Vgl. Norbert Waszek: Hegel, Mendelssohn, Spinoza. Beiträge der Philosophie zur ›Wissenschaft des Judentums‹? Eduard Gans und die philosophischen Optionen des ›Vereins für Kultur und Wissenschaft der Juden‹. In: Menora 10 (1999), S. 187–215; Eine faktenreiche, aber ohne philosophisches Verständnis geschriebene Arbeit ist Edith Lutz: Der »Verein für Cultur und Wissenschaft der Juden« und sein Mitglied H. Heine. Stuttgart, Weimar: Metzler 1997 (Heine-Studien), vgl. die Kritik von Waszek, ebd., S 187, der Lutz vor allem Mangel an Gespür und Interesse für die »intellektuellen Auseinandersetzungen innerhalb des Kulturvereines und für die philosophischen Quellen dieser Debatten« vorwirft sowie weitere Fehler nachweist (S. 208, Anm. 2).

[13] Michael Brenner: Geschichte als Politik – Politik als Geschichte. Drei Wege jüdischer Geschichtsauffassung in der ersten Hälfte des 20. Jahrhunderts. In: Erinnerung als Gegenwart. Jüdische Gedenkkulturen. Hg. von Sabine Hödl und Eleonore Lappin. Berlin, Wien: Philo 2000, S. 55–78, hier S. 60. Den mit nationalen Charakteristika behafteten Begriff »Jude« ersetzte Jost durch den Begriff »Israelit« und nannte sein monumentales Geschichtswerk Isaac Marcus Jost: Geschichte der Israeliten seit der Zeit der Maccabäer bis auf unsre Tage nach den Quellen bearbeitet. 9 Bde, Berlin: Schlesinger 1820–1847. Zu Jost vgl. Reuven Michael: Jewish Historiography from the Renaissance to the Modern Time [hebr.]. Jerusalem: Bialik Institute 1993. Dort, S. 74, wird die Antwort von Jost an seine Kritiker zitiert: »Er [Zunz] greift mich ohne Unterlaß an, daß ich so ein umfassendes Werk geschrieben habe – dessen Fehler und Mängel mir nicht entgehen konnten – bevor ich dazu reif wäre. Darauf muß ich antworten, daß zur Zeit der Vorbereitung der jungfräulichen Erde ich auf die Perfektion verzichte und die Erstlingsfrüchte meiner Arbeit gerne zur Disposition stelle, um der Wissenschaft zu dienen. Die Fehler kann man verbessern, wenn die Untersuchung erst begonnen wird.«

Auf dem Titelblatt erschien auch zum ersten Mal die Bezeichnung »Wissenschaft des Judentums«.[14] Im ersten Heft der *Zeitschrift für die Wissenschaft des Judenthums* vom März 1822 veröffentlichte Immanuel Wolf als ersten Beitrag seinen programmatischen Aufsatz mit dem Titel: *Über den Begriff einer Wissenschaft des Judenthums*, der die gemeinsame Plattform und das Selbstverständnis der Gründergeneration der Wissenschaft des Judentums wiedergab.[15]

Erklärtes Ziel der Vereinsmitglieder war es, sich kritisch-wissenschaftlich mit dem Judentum und seiner Geschichte auseinanderzusetzen und eine objektive und wertfreie Kenntnis der eigenen Tradition zu erlangen, um den eigenen existentiellen Standort zu bestimmen. Damit stellten sie sich bewußt in den Gegensatz zur traditionellen über all die Jahrhunderte ausgeübten jüdischen Gelehrsamkeit, der das Studium der religiösen Schriften, deren Autorität nicht angezweifelt werden durfte, die Erfüllung eines göttlichen Gebotes bedeutete. Zunz und seine Kollegen wollten ihre Erforschung des Judentums ohne Rücksicht auf religiöse Glaubensgrundsätze und in Ablehnung sakraler Deutungsmuster durchführen und auf diese Weise das Judentum von der jahrhundertealten Bevormundung durch die rabbinische Tradition befreien. Nur so, glaubten sie, würde das Judentum wieder in der Gesamtheit seiner kulturellen und historischen Erscheinungsformen begriffen werden, wie es Wolf definierte:

> Wenn von einer Wissenschaft des Judenthums die Rede ist, so versteht es sich von selbst, daß hier das Judenthum in seiner umfassendsten Bedeutung genommen wird, als Inbegriff der gesammten Verhältnisse, Eigenthümlichkeiten und Leistungen der Juden, in Beziehung auf Religion, Philosophie, Geschichte, Rechtswesen, Literatur überhaupt, Bürgerleben und alle menschlichen Angelegenheiten; nicht aber in jenem beschränkten Sinne, in welchem es nur die Religion der Juden bedeutet.[16]

In diesem Sinne formulierte auch Leopold Zunz die prinzipiell neue Art der Auseinandersetzung mit der Vergangenheit:

> Hier wird die ganze Literatur der Juden, in ihrem größtem Umfange, als Gegenstand der Forschung aufgestellt, ohne uns darum zu kümmern, ob ihr sämmtlicher Inhalt auch Norm für unser eigenes Urtheilen sein soll oder kann.[17]

---

[14] Laut Christian Wiese: Wissenschaft des Judentums und protestantische Theologie im wilhelminischen Deutschland. Ein Schrei ins Leere? Tübingen: Mohr 1999 (Schriftenreihe wissenschaftlicher Abhandlungen des Leo-Baeck-Instituts; 61), S. 60, wurde der Begriff »Wissenschaft des Judentums« von Eduard Gans geprägt.

[15] In ausdrücklicher Anerkennung der Bedeutung dieses Aufsatzes von Immanuel Wolf, der sich später Immanuel Wohlwill nannte, betitelte Schulte seinen Aufsatz ebenfalls »Über den Begriff einer Wissenschaft des Judentums« (Anm. 1), S. 284.

[16] Immanuel Wolf: Über den Begriff einer Wissenschaft des Judenthums. In: Zeitschrift für die Wissenschaft des Judenthums 1 (1822/23), S. 1–24, hier S. 1.

[17] Leopold Zunz: Etwas über die rabbinische Literatur. Nebst Nachrichten über ein altes bis jetzt ungedrucktes hebräisches Werk. In: ders., Gesammelte Schriften. 3 Bde, Berlin: Gerschel 1875/1876, Bd 1 (1875), S. 1–31, hier S. 5.

Dementsprechend sprach er sich auch ausdrücklich dafür aus, bislang vernach-lässigte Themenbereiche wie Geschichte, Sprachen, Geographie, Kunst, Recht, Soziologie, Psychologie oder etwa die Astrologie, Geographie, Mathematik und Medizin zum Gegenstand der Forschung zu erheben. Er war der Auffas-sung, daß auch diese Inhalte zu den Grundlagen des Judentums gehörten, und schloß damit alle Werke nachbiblischer hebräischer Literatur und nicht nur die rabbinischen Schriften ein. Zunz selbst konzentrierte sich auf die Erforschung der Geschichte der Synagoge, einer Institution, die er als den Ausdruck jüdi-scher Nationalität und als den Garanten ihrer religiösen Existenz betrachtete.[18]

In einem so weit gefaßten Verständnis von Judentum mußten die Rabbiner, die bislang die einzige legitime Autorität der Quelleninterpretation gewesen waren, ihre Bedeutung verlieren. An ihre Stelle traten die Historiker, die allein auf Grund ihrer Ausbildung und Kenntnisse fähig waren, die Entstehungsge-schichte und den Inhalt dieser so verschiedenartigen Quellen zu deuten. Das Judentum als Gegenstand der wissenschaftlichen Untersuchung, die »Verwis-senschaftlichung« des Judentums war das angestrebte Ziel des Vereins, dessen Mitglieder dem traditionellen Judentum entfremdete Intellektuelle waren, die alle an der Universität studiert hatten und die Auslegungen der Rabbiner ab-lehnten. Sie bestanden darauf, daß das Judentum »um seiner selbst willen« erforscht werden und nicht als Mittel zu anderen theologischen und ideologi-schen Zwecken dienen sollte.

Gleichzeitig waren die Vereinsmitglieder davon überzeugt, daß nur durch die Anwendung wissenschaftlicher Methoden auf die eigene Tradition eine unverzerrte und wahrheitsgetreue Darstellung des Judentums erreicht werden könnte, in der die geistigen Leistungen des Judentums für Juden wie Christen gleichermaßen objektiv herausgearbeitet würden. Mit der wissenschaftlichen Erforschung des Judentums wollten die Vereinsmitglieder ihre Religion und Geschichte aus der jüdischen Perspektive heraus ausführlich erläutern und auf diese Weise auf die kulturellen Errungenschaften der Juden und ihren Beitrag zur Entwicklung der Menschheit unter Beweis stellen. Ismar Schorsch hat als ein zentrales Handlungsmotiv des Vereins das Fehlen jeglicher korrigierender jüdischer Forschung gegen die vorherrschende Diskriminierung des Judentums durch christliche Wissenschaftler zu Beginn des 19. Jahrhundert hervorgehoben und als einen symptomatischen Fall die Haltung der Vertreter der Altertums-wissenschaft analysiert, die sich ausschließlich mit den Griechen und Römern

---

[18] Vgl. Leopold Zunz: Die gottesdienstlichen Vorträge der Juden, historisch entwickelt. Ein Beitrag zur Alterthumskunde und biblischen Kritik, zur Literatur- und Religions-geschichte. Berlin: Asher 1832. Dieses Werk von Zunz wurde zwischen 1855–1865 durch drei weitere vervollständigt: Leopold Zunz: Die synagogale Poesie des Mittel-alters. Berlin: Springer 1855; ders., Der Ritus des synagogalen Gottesdienstes, ge-schichtlich entwickelt. Berlin: Springer 1859; ders., Die Literaturgeschichte der syna-gogalen Poesie. Berlin: Gerschel 1865. Der letzte Band befaßte sich mit ca. 600 litur-gischen Gedichten und identifizierte nahezu 1.000 jüdische Dichter.

befaßten und das antike Judentum »akademisch wie auch philosophisch« auf
die primitive Stufe des Orients degradierten.[19]

Zunz und seine Vereinsfreunde glaubten, eine ausführliche und faktenreiche
Darstellung des Judentums würde die Kenntnisse der Nichtjuden über die jüdische Kultur und ihrer Werte wesentlich vermehren, was wiederum die Vorurteile und falschen Vorstellungen über die Juden widerlegen und damit auch ein
besseres Verständnis der Juden und des Judentums bei den Nichtjuden fördern
würde. Er war davon überzeugt, daß nur die Anerkennung der kulturellen Leistungen des Judentums zu einer Anerkennung der lebenden Juden als gleichwertige Bürger führe, was ihre Diskriminierung beenden, den Emanzipationsprozeß
beschleunigen und eine dauerhafte soziale Integration ermöglichen würde.[20]
Wolf hatte in seinem Aufsatz weiter ausgeführt, daß »die wissenschaftliche
Kunde des Judenthums über den Werth und Unwerth der Jüden, über ihre Fähigkeit und Unfähigkeit, andern Bürgern gleich geachtet und gleich gestellt zu
werden, entscheiden« müsse.[21] Zunz verstand ebenfalls die Hochachtung vor
der jüdischen Kultur als eine unverzichtbare Voraussetzung für die Akzeptanz
der Juden als gleichberechtigte Bürger und formulierte deshalb folgendermaßen:

> So räume man denn dem Geiste sein Recht ein; der Anerkennung des Geistes wird
> die der Personen folgen. [...] Die Gleichstellung der Juden in Sitte und Leben wird
> aus der Gleichstellung der Wissenschaft des Judenthums hervorgehen.[22]

Für die Mehrzahl der Vertreter der ersten Stunde ging das Eintreten für die
Rechte der Juden einher mit der Überzeugung, daß das Judentum durch Assimilation an sein schöpferisches Ende gekommen und die jüdische Literatur,
analog zur klassischen Literatur, ein abgeschlossenes Kapitel sei. Es ging ihnen
nicht um die Wiederbelebung der jüdischen Kultur und ihrer Kreativität als
Matrix für zukünftige authentisch-jüdische Identifikationsentwürfe, sondern um
das Festhalten vergangener Errungenschaften des jüdisch-geistigen Erbes zum
Zwecke der Integration der Juden in die Gesellschaft. In diesem Sinne hat Zunz
die oft zitierten Sätze geschrieben:

> Aber gerade weil wir zu unserer Zeit die Juden – um nur bei den deutschen stehen
> zu bleiben – mit grösserem Ernst zu der deutschen Sprache und der deutschen Bil-
> dung greifen und so – vielleicht oft ohne es zu wollen oder zu ahnen – die neuhe-
> bräische Literatur zu Grabe tragen sehen, tritt die Wissenschaft auf und verlangt Re-
> chenschaft von der geschlossenen [Entwicklung].[23]

Für Zunz war die sich im innerjüdischen Rahmen vollziehende' Entwicklung
ein für alle Mal abgeschlossen, und er sah keine Anzeichen einer Regenerati-

---

[19] Schorsch, Das erste Jahrhundert der Wissenschaft des Judentums (Anm. 3), S. 12.
[20] Thomas Rahe: Leopold Zunz und die Wissenschaft des Judentums. Zum hundertsten
Geburtstag von Leopold Zunz. In: Judaica 42 (1986), Nr 3, S. 188–199.
[21] Wolf, Über den Begriff einer Wissenschaft des Judenthums (Anm. 16), S. 11.
[22] Leopold Zunz: Zur Geschichte und Literatur. Berlin: Veit 1845, Bd 1 [mehr nicht
erschienen], S. 21.
[23] Zunz, Etwas über die rabbinische Literatur (Anm. 17), S. 4.

onsfähigkeit des Judentums als eigenständige Kultur. Da er in der hebräischen Sprache und bei den althergekommenen religiösen Traditionen eine kulturelle Renaissance für unmöglich erachtete, war er auch davon überzeugt, daß diese nur im Rahmen der allgemeinen Kultur stattfinden könnte. Dies war mit ein Grund dafür, daß die Veröffentlichungen der Wissenschaft des Judentums in deutsch – für Juden als auch für Nichtjuden – und nicht etwa in hebräisch verfaßt wurden.[24] Auch Moritz Steinschneider, der dem Verein nicht angehörte, aber als einer der bedeutenden Vertreter der Wissenschaft des Judentums die Grundlagen der hebräischen Bibliographie schuf, hat gegenüber einem seiner Schüler eine ähnliche Meinung vertreten und diese in bezug auf seine umfangreiche Sammlung hebräischer Bücher in radikaler Weise geäußert:

> Wir haben nur noch die Aufgabe, den Überresten des Judentums ein ehrenvolles Begräbnis zu bereiten.[25]

Dieser Satz ist stets dahingehend interpretiert worden, daß Steinschneider davon ausging der letzten Generation von Juden anzugehören, für die das jüdische Wissen noch von Bedeutung war, und der es deshalb als seine Aufgabe ansah, die Ergebnisse der vergangenen kulturellen Tätigkeit im Detail für die Nachwelt festzuhalten.[26] Die Vereinsmitglieder glaubten, daß die zukünftige Existenzberechtigung des Judentums nur in der Teilnahme an der allgemeinen Zivilisation und Kultur liegen könne und die Merkmale des jüdischen Partikularismus aufgegeben werden müßten. Im Hegelschen Sinne formulierte Eduard Gans:

---

[24] Vgl. Heinrich Simon: Wissenschaft vom Judentum in der Geschichte der Berliner Universität. In: Wissenschaft des Judentums (Anm. 2), S. 153–164, hier S. 153f., der diesen »vielzitierten und absichtlich mißverstandenen Satz« dahingehend interpretiert, daß für Zunz nach der Emanzipation »die Ära der hebräischen Literatur der Juden im wesentlichen beendet sei und daß die Wissenschaft des Judentums [...] die Ergebnisse ihrer wissenschaftlichen Arbeit in deutscher Sprache der Allgemeinheit zugänglich machen müsse«.

[25] Gotthold Weil über ein Gespräch mit Steinschneider in dessen Bibliothek, zitiert in Gershom Scholem: Wissenschaft vom Judentum einst und jetzt. In: ders., Judaica [Bd 1]. Frankfurt a. M: Suhrkamp 1963 (Bibliothek Suhrkamp; 106), S. 147–163, hier S. 152f. »In jugendlicher Begeisterung – wahrscheinlich kam er [Weil] frisch enthusiasmiert vom Verein jüdischer Studenten – schwärmte er von den uralten Herrn von den Ideen der jüdischen Renaissance und des neuen Aufbaus eines Judentums als einer lebendigen Sache. Aber der alte Steinschneider hielt das für Unsinn.« Zu Weil vgl. S. 90, Anm. 167.

[26] Vgl. Kurt Wilhelm: Zur Einführung in die Wissenschaft des Judentums. In: Wissenschaft des Judentums im deutschen Sprachbereich (Anm. 8), Bd 1, S. 1–58, hier S. 15–18. Für Wilhelm war Moritz Steinschneider vor Zunz und Geiger der größte »Eigenbrödler« unter den drei Gründern der Wissenschaft des Judentums. Wilhelm charakterisierte seine Forschertätigkeit als die Sammelleidenschaft eines Besessenen: »Er sammelt und erforscht, um zu Grabe zu tragen. So entstand das Lebenswerk des großen Einsamen.« (Ebd., S. 18)

Darum können weder die Juden untergehen, noch kann das Judentum sich auflösen; aber in die große Bewegung des Ganzen soll es untergegangen scheinen und dennoch fortleben, wie der Strom fortlebt in dem Ocean.[27]

Indem Zunz, Gans und ihre Freunde mit diesem Verein auch die Aufgabe erfüllten, die politische und soziale Integration der Juden in Deutschland voranzutreiben und antijüdische Vorurteile zu widerlegen, verfolgten sie einen politischen Zweck und stellten die Wissenschaft des Judentums in den Dienst des tagespolitischen Geschehens. Damit befanden sie sich von Anfang an in Widerspruch zu dem von ihnen selbst deklarierten Ideal einer objektiven Wissenschaft, ein Widerspruch, der unaufgelöst bestehen blieb.[28]

Mehrere Jahre nachdem sich der Verein aufgelöst hatte, verfolgte Zunz dann ganz bewußt das Ziel, in die tagespolitische Debatte für die Rechte der Juden in Deutschland einzugreifen.[29] Zum einen veröffentlichte er 1832 in Berlin seine Schrift *Die gottesdienstlichen Vorträge der Juden* und bezog damit in der damals sehr umstrittenen Frage, ob die Juden eine eigene Predigtliteratur besäßen, öffentlich Stellung.[30] Entgegen der Haltung der preußischen Regierung, die das Abhalten von Predigten in der Synagoge als Neuerung für unzulässig erklärte, erbrachte Zunz den Nachweis, daß die Juden eine homiletische Tradition besaßen und das Abhalten der Predigt in der jeweiligen Landessprache im jüdischen Gottesdienst seine historische Berechtigung habe. Damit versuchte er auch die Erneuerung der Predigt in moderner Form zu rechtfertigen. Zum zwei-

---

27 Eduard Gans, zitiert nach Adolf Strodtmann: H. Heine's Leben und Werke. Berlin: Duncker 1867, Bd 1, S. 261; vgl. Heinz Hermann Völker: Die Wissenschaft des Judentums. Ihre Entwicklung in Deutschland von 1821 bis 1933. In: Tribüne 25 (1986), Nr 100, S. 251–262, hier S. 256, Anm. 26.

28 Dieser Widerspruch zwischen Objektivitätsanspruch und Zweckgebundenheit hat zu den unterschiedlichen Einschätzungen der Wissenschaft des Judentums in ihrer Anfangsphase geführt. Gershom Scholem hat die bis heute schärfste Kritik von einem radikal zionistischen Standpunkt aus formuliert und in der apologetischen Funktion den Grund für das Scheitern der Wissenschaft des Judentums festgemacht (vgl. Kap. 1 dieser Arbeit, Anm. 5, insbesondere Peter Schäfer: Nachwort. In: Gershom Scholem: Judaica 6: Die Wissenschaft vom Judentum. Hg., übers. und mit einem Nachwort versehen von Peter Schäfer. Frankfurt a. M.: Suhrkamp 1997 [Bibliothek Suhrkamp; 1269], S. 69–110). Dagegen betonen Meyer, Von Moses Mendelssohn zu Leopold Zunz (Anm. 6), S. 166–211 und Ismar Schorsch: The Ethos of Modern Jewish Scholarship. In: Leo Baeck Institute Year Book 35 (1990), S. 55–71 die Bedeutung der Wissenschaft des Judentums für die »Verankerung der gegenwärtigen jüdischen Identitätssuche in der Geschichte« und ihre Funktion als »Widerstand gegen eine Selbstauflösung der jüdischen Gemeinschaft«. Vgl. Wiese, Wissenschaft des Judentums und protestantische Theologie (Anm. 14), S. 63.

29 Wiese führt ebd., S. 61, das Scheitern des Vereins im Jahre 1824 darauf zurück, daß er seine geistige Isolierung innerhalb des Judentums nicht überwinden konnte und in einer »restaurativen Zeitstimmung« an dem Dilemma zerbrach, die Eingliederung des Judentums in die deutsche Kultur gerade durch die wissenschaftliche Vergegenwärtigung jüdischer Traditionen erreichen zu wollen.

30 Zunz, Die gottesdienstlichen Vorträge der Juden (Anm. 18).

ten dokumentierte er fünf Jahre später mit seiner von der jüdischen Gemeinde in Berlin in Auftrag gegebenen Untersuchung *Namen der Juden*, daß Juden auch in der Vergangenheit bereits Namen aus ihrer jeweiligen kulturellen Umwelt getragen hatten.[31] Dies geschah als Reaktion auf einen königlich-preußischen Erlaß, den Juden die Verwendung christlicher Namen zu verbieten. Im Kampf um die Gleichberechtigung spielte die Apologetik in der Wissenschaft des Judentums eine ungeheuer wichtige Rolle und gab den Vereinsmitgliedern die Themen ihrer wissenschaftlichen Arbeiten vor.

Der Verein für Cultur und Wissenschaft der Juden hatte nur knappe fünf Jahre bestanden und war von einer raschen Fluktuation der Mitglieder gekennzeichnet. Nach seiner Auflösung im Mai 1824 waren viele seiner Mitglieder unter dem Druck der repressiven antijüdischen Gesetzgebung zum Christentum übergetreten, um ihre Karrieren fortsetzen zu können. Die Zielsetzungen des Vereins, das Judentum wissenschaftlich zu erforschen, die eigene Identität neu zu definieren und die rechtliche und gesellschaftliche Integration der Juden in die deutsche Gesellschaft voranzutreiben, wurden in den folgenden Jahren von zahlreichen Vertretern des Judentums aufgegriffen und auf unterschiedlichste Weise weiterverfolgt. Das Vermächtnis des Vereins lag in der Schaffung einer neuen Konzeption als Grundlage der Wissenschaft des Judentums, die den traditionellen Kanon der jüdischen Literatur mit kritischen exegetischen Methoden erforschte und in bezug zu frühen Quellen, unterschiedlichen literarischen Stilen und formenden externen Einflüssen hinterfragte. Damit stellte die Wissenschaft des Judentums in ihrer Entstehungsphase eine säkulare Geisteshaltung dar, die den gesamten Kodex des jüdischen Schrifttums den neuen quellenkritischen Methoden der Wissenschaft unterwerfen wollte und die religiöse, autoritätsgläubige Gelehrsamkeit prinzipiell in Frage stellte.

Wiederholt forderte Zunz, die Wissenschaft des Judentums müsse sich »von den Theologen emancipieren« und den »Talmud stürzen«.[32] Gleichzeitig dienten seine Schriften über die Entwicklung des jüdischen Gottesdienstes und der Predigt jedoch auch als stärkste Begründung für die Reformierung der jüdischen Religion. So wurde die Wissenschaft des Judentums mit ihren Angriffen gegen das traditionelle Talmudstudium und die orthodoxen Autoritäten sehr schnell zur Triebkraft der jüdischen Reformbewegung und lieferte die theoretischen Grundlagen für deren religiöses Selbstverständnis, auch wenn Zunz sich in späteren Jahren gegen die Vereinnahmung durch die Reformbewegung zur Wehr setzte. Zumindest für die ersten Jahrzehnte ihres Bestehens ging die

---

[31] Leopold Zunz: Namen der Juden. Eine geschichtliche Untersuchung. Leipzig: Fort 1837. Vgl. Marie Simon: Zunz als Begründer der Onomastik im Rahmen der Wissenschaft des Judentums. In: Wissenschaft des Judentums (Anm. 2), S. 165–179, hier S. 165, die feststellt: »Seine [Zunz] bis heute grundlegende Arbeit ist zugleich eine Tendenzschrift.«

[32] Rahe, Leopold Zunz und die Wissenschaft des Judentums (Anm. 20), S. 193, 195.

Wissenschaft des Judentums im jüdischen Bewußtsein mit der jüdischen Reformbewegung eine Allianz ein.[33]

Abraham Geiger (1810–1874), einer der herausragenden Vertreter der Wissenschaft des Judentums, war gleichzeitig der Begründer und wichtigste Theoretiker der jüdischen Reformbewegung in Deutschland.[34] Er gehörte einer jüngeren Generation von Rabbinern an, die im zweiten Jahrzehnt des 19. Jahrhunderts geboren waren und die fast ohne Ausnahme zusätzlich zur traditionellen Talmudschulung in den Jeschiwot bereits auch ein säkulares Studium an einer Universität abgeschlossen hatten. In Frankfurt am Main geboren, hatte Geiger in Heidelberg und Bonn studiert und war seit 1832 als Rabbiner in Wiesbaden, seit 1838 als zweiter Rabbiner in Breslau und von 1863 bis 1870 als Rabbiner der Frankfurter Gemeinde tätig. Im Jahr 1870 übernahm er das Rabbinat der jüdischen Gemeinde in Berlin. Er verstand sich in erster Linie als Theologe und wollte das Judentum wieder auf seinen rein-religiösen Inhalt zurückführen, wobei er zwischen den universalen Elementen der jüdischen Religion, wie sie in den ethischen Grundsätzen und der Lehre der Propheten zum Ausdruck kamen und welche für ihn die eigentlichen Inhalte des Judentums darstellten, und den historisch bedingten religionsgesetzlichen Vorschriften des rabbinischen Judentums, die den Anforderungen der Zeit anzupassen wären, unterschied. Das Ritualgesetz verstand er nicht als eine Offenbarung Gottes, sondern lediglich als die von Menschen geschaffene Hülle, um die Lehre zu bewahren.

Geiger war von der Weiterentwicklung des Judentums im Laufe der Jahrhunderte überzeugt und davon, daß nicht das jüdische Gesetz, sondern der jüdische Geist für das Fortbestehen des Judentums sorgten. Geiger erkannte den jüdischen Messianismus nur in seiner universalistischen und nicht in seiner jüdisch-nationalen Ausformung an und trat für eine ungehinderte wissenschaftliche Erforschung der biblischen Schriften und der rabbinischen Texte ein. In seinen Forschungen befaßte er sich mit allen Gebieten der jüdischen Geschichte und insbesondere mit der Bibel und ihren Übersetzungen, wobei seine Auswertung der historischen Kritik sowohl zu einer Korrektur des durch das Neue Testament verzerrt dargestellten Bildes der rabbinischen Gelehrten führen als auch eine historische Grundlage für die religiöse jüdische Identität schaffen sollte.

Der Reformrabbiner Samuel Hirsch (1815–1889), ein Mitbegründer der jüdischen Reformbewegung in Deutschland und in den USA, gehörte zu den

---

[33] Schorsch, From Text to Context (Anm. 8), S. 302ff.

[34] Susannah Heschel: Abraham Geiger and the Jewish Jesus. Chicago u. a.: University of Chicago Press 1998 (Chicago Studies in the History of Judaism), ist eine Widerlegung der Scholem'schen Kritik an Geiger. Heschel vertritt die Auffassung, Geiger habe in der Wissenschaft des Judentums in rebellischer Auflehnung eine Neudefinition des Judentums geschaffen. Zu Geiger vgl. Abraham Geiger and Liberal Judaism. The Challenge of the Nineteenth Century. Compiled with a Biographical Introduction by Max Wiener. Philadelphia: The Jewish Publication Society 1962.

systematischen jüdischen Theoretikern, die sich in ihren Werken mit der deutschen Philosophie auseinandersetzten. In seinem wichtigsten Werk *Die Religionsphilosophie der Juden* versuchte er in kritischer Anlehnung an Hegel, den religiösen Wert des Judentums und dessen universale Bedeutung zu ergründen.[35] Zum Fundament der Reformbewegung entwickelten sich Hirschs Ideen, als sie in populärer Form in Predigten und Zeitschriftenaufsätzen veröffentlicht wurden.

Zu einem wichtigen Sprachrohr der Reformbewegung entwickelte sich die *Allgemeine Zeitung des Judenthums*, die 1837 von dem Rabbiner und Prediger Ludwig Philippson gegründet wurde und in ihren Leitartikeln vehement für religiöse Reformen und die gesellschaftliche Gleichstellung der Juden eintrat. Nach dem Tode von Ludwig Philippson wurde die Zeitschrift von Gustav Karpeles und Ludwig Geiger herausgegeben und stellte mit einem Erscheinungszeitraum bis zum Jahre 1922 die am längsten in Deutschland erscheinende jüdische Zeitschrift dar.[36] In der Praxis führte die Umsetzung der propagierten Ideen zu weitgehenden Reformen des Judentums, zu einer Abschaffung der strikten Regeln des jüdischen Religionsgesetzes und zu einer Anpassung der jüdischen Liturgie an ihre christliche Umwelt. So forderte und erlangte die Reformbewegung im Laufe des 19. Jahrhunderts die Umgestaltung des Synagogengottesdienstes durch Einführung von Orgelmusik sowie die Veränderung und Übersetzung der Gebete in die Landessprache.[37]

In den 1840er Jahren begannen jüdische Gelehrte, als Reaktion auf die Verwendung der Wissenschaft im Dienste der Reform, verstärkt neue Positionen innerhalb des Judentums zu definieren, die sich von der Reformbewegung absetzten und eine Anbindung der jüdischen Tradition an die wissenschaftliche Beschäftigung herbeiführen sollten. Dadurch verlor die Wissenschaft des Judentums ihre einseitige Bindung an die Reformbewegung und übte nun einen entscheidenden Einfluß auch auf das Selbstverständnis der sich herausbildenden Strömungen des »positiv-historischen« oder konservativen Judentums von

---

[35] Samuel Hirsch: Die Religionsphilosophie der Juden oder das Prinzip der jüdischen Religionsanschauung und sein Verhältniß zum Heidenthum, Christenthum und zur absoluten Philosophie dargestellt und mit den erläuterten Beweisstellen aus der heiligen Schrift, den Talmudim und Midraschim. Leipzig: Hunger 1842. Sein Hauptwerk ist eine apologetische Streitschrift gegen die Vorurteile christlicher Theologie und deutscher Philosophie. Hirsch stellte das Judentum als religiöses Fundament der Moderne dar und kehrte die Anschauungen Hegels über den Stellenwert des Judentums und des Christentums um. Vgl. Michael A. Meyer: Judentum und Christentum. In: Deutsch-jüdische Geschichte in der Neuzeit (Anm. 1), Bd 2, S. 177–207, hier S. 196ff.

[36] Vgl. Hans Otto Horch: Auf der Suche nach der jüdischen Erzählliteratur. Die Literaturkritik der »Allgemeinen Zeitung des Judentums« (1837–1922). Frankfurt a. M. u. a.: Lang 1985 (Literarhistorische Untersuchungen; 1).

[37] Michael A. Meyer: Response to Modernity. A History of the Reform Movement in Judaism. New York, Oxford: Oxford University Press 1988 (Studies in Jewish History), S. 123ff.

Zacharias Frankel und der Neo-Orthodoxie aus, wie sie von Samson Raphael Hirsch und Esriel Hildesheimer vertreten wurde.[38] In den folgenden Jahren erfolgte ein Funktionswandel der Wissenschaft des Judentums, der dazu führte, daß die angewandten exegetischen Methoden nicht mehr der Auflehnung gegen die religiösen Institutionen dienten, sondern als integraler Bestandteil in die religiöse Identität und Norm eingebunden wurden.

Die Konzeption der Wissenschaft des Judentums wurde in den einzelnen religiösen Strömungen des Judentums in unterschiedlichem Maße integriert. Zacharias Frankel (1801–1875), der führende Repräsentant des konservativen Judentums und erste Direktor des in Breslau ansässigen Jüdisch-Theologischen Seminars, versuchte zwischen den religiösen Glaubenssätzen und der historischen Kritik zu vermitteln.[39] Das Jüdisch-Theologische Seminar Fraenckel'scher Stiftung in Breslau war die erste jüdische wissenschaftliche Hochschule in Deutschland und hatte im August 1854 ihre Arbeit aufgenommen. Das Seminar gründete sich auf die großzügige Spende des Breslauer Kommerzienrates Jonas Fraenckel, dessen Namen es trug. Zum ersten Direktor des Seminars wurde der Dresdner Oberrabbiner Zacharias Frankel bestimmt, der das Seminar bis zu seinem Tode im Jahr 1875 leitete und selbst als Dozent für Talmud und Bibelexegese fungierte. Im Jahre 1851 begründete er die *Monatsschrift für Geschichte und Wissenschaft des Judentums*, die sich bis zum gewaltsamen Ende 1938 zum dauerhaftesten und wichtigsten deutschsprachigen wissenschaftlichen Organ mit internationalem Ansehen entwickelte.[40] Seine originellen wissenschaftlichen Leistungen lagen auf dem Gebiet der Septuagintastudien und des hellenistischen Judentums sowie der Mischna- und Talmudkritik.[41]

Frankel und die Vertreter des konservativen Judentums hielten an der göttlichen Offenbarung als dem »positiven« Kern des Judentums fest und nahmen diesen von der rationalen Kritik aus. Dagegen vertraten sie die Überzeugung, daß sich das nachbiblische Judentum im Laufe der Geschichte fortentwickelt und seine Traditionen einschließlich der nachbiblischen Gesetze stetige Ver-

---

[38] Meyer, Jüdische Wissenschaft und jüdische Identität (Anm. 2).

[39] Zum Seminar vgl. Markus Brann: Geschichte des Jüdisch-Theologischen Seminars (Fraenckel'sche Stiftung) in Breslau. Festschrift zum 50jährigen Jubiläum der Anstalt. Breslau: Schatzky 1904; Das Breslauer Seminar (Jüdisch-Theologisches Seminar Fraenckel'scher Stiftung) in Breslau 1854–1938. Hg. von Guido Kisch. Tübingen: Mohr 1963; Wiese, Wissenschaft des Judentums und protestantische Theologie (Anm. 14), S. 65ff., ebd. auch weitere ausführliche Literaturangaben.

[40] Barbara Suchy: Die jüdischen wissenschaftlichen Zeitschriften in Deutschland von den Anfängen bis zum Ersten Weltkrieg. In: Wissenschaft des Judentums (Anm. 2), S. 180–198.

[41] Zacharias Frankel: Darke ha-Misna [Die Wege der Mischna, hebr.]. Leipzig: Hunger 1859; ders., Additamenta et Index. Leipzig 1867; ders., Mavo ha-Jeruschalmi [Breslau 1870], eine Einleitung in den palästinensischen Talmud, gilt als eine wissenschaftliche Pionierleistung, vgl. Michael A. Meyer: Jewish Religious Reform and Wissenschaft des Judentums. The Position of Zunz, Geiger and Frankel. In: Leo Baeck Institute Year Book 16 (1971), S. 19–41.

änderungen erfahren hatten, welche sich auch zukünftig fortsetzen würden. Während Frankel den Talmud und das rabbinische Gesetz der entwicklungsgeschichtlichen Erklärung unterwarf, wurde der Pentateuch bewußt von einer quellengeschichtlichen Analyse ausgenommen. Für Frankel und seine Mitarbeiter am Seminar sollte die Wissenschaft nur in beschränkten Bereichen angewandt werden, dennoch wurde sie gleichzeitig für das Judentum als unerläßlich erachtet, denn sie enthüllte das innere Leben der Juden, ihre »Geistestätigkeit«, durch die Jahrhunderte und schuf damit die Verbindung zwischen Vergangenheit und Gegenwart. Ohne Wissenschaft, schrieb Frankel, gibt es »kein Judentum; es verfällt, so die Liebe zu seiner Wissenschaft sich verliert«.[42]

Heinrich Graetz (1817–1891), der als »der Historiker« unter den Begründern der Wissenschaft des Judentums gilt und seit 1853 am Breslauer Jüdisch-Theologischen Seminar Jüdische Geschichte und Bibelkunde unterrichtete, wurde zum wichtigsten Verbündeten von Frankel in seinem Kampf gegen die Reformbewegung und für die Ausbildung des historisch-positiven Judentums. Im Unterschied zu seinem Vorgänger Isaac Marcus Jost, der mit seiner neunbändigen *Geschichte der Israeliten* vor allem antijüdische Vorurteile beseitigen und die Juden bei den Nichtjuden in ein günstiges Licht stellen wollte, schrieb Graetz für die Juden, damit diese sich ihre eigene Vergangenheit aneignen sollten.[43] Als erster Wissenschaftler vereinigte er in seinem Werk die geistesgeschichtlichen Entwicklungen des Judentums mit der Geschichte der handelnden Personen, den Juden, die er als Volksgruppe rein religiös definierte. Jüdische Geschichte war für ihn »der Reflex der religiösen Idee des Judentums, das jüdische Volk in der Zerstreuung der Träger dieser Idee«.[44] In seiner Geschichtsschreibung, für die bis heute die Eigencharakterisierung von Graetz als »Leidens- und Gelehrtengeschichte« gilt, schilderte er die äußeren Ereignisse als Abfolge von Verfolgungen der Juden und beschränkte sich bei den inneren Aspekten auf die Geschichte der Gelehrten. Seine äußerst lebendig geschriebenen Bücher erlangten am Ende des 19. Jahrhunderts hohe Auflagen und den Status eines fast kanonischen Geschichtswerkes, das in der Regel im Bücherschrank des jüdischen Bildungsbürgers zu finden war.[45]

---

[42] Zacharias Frankel: Einleitendes. In: Monatsschrift für Geschichte und Wissenschaft des Judentums 1 (1852), S. 1–6, hier S. 5.

[43] Heinrich Graetz: Geschichte der Juden von den ältesten Zeiten bis auf die Gegenwart. 11 Bde, Leipzig: Leiner 1853–1876.

[44] Brenner, Geschichte als Politik – Politik als Geschichte (Anm. 13), S. 63.

[45] Vgl. Nils Roemer: Nachwort. In: Heinrich Graetz: Die Konstruktion der jüdischen Geschichte. Hg. von Nils Roemer. Düsseldorf: Parerga 2000 (Jüdische Geistesgeschichte; 2), S. 79–90, hier S. 79. Der Erstdruck dieser programmatischen Schrift über die jüdische Geschichte erschien in: Zeitschrift für die religiösen Interessen des Judenthums 3 (1846), S. 81–97, 121–132, 361–381, 413–421. Insbesondere die dreibändige gekürzte Version erfreute sich großer Beliebtheit. Vgl. Andreas Gotzmann: Eigenheit und Einheit. Modernisierungsdiskurse des deutschen Judentums der Emanzipationszeit. Leiden u. a.: Brill 2002 (Studies in European Judaism; 2), S. 126.

Mit der »Neuartigkeit der Methode sowohl der Quellenbehandlung, wie der großzügigen Darstellung« erwarb sich Graetz trotz der bei ihm festgestellten Mängel »Verdienste von dauerndem Wert«, so daß seine Arbeiten einen »gewaltigen Fortschritt« nicht nur in der Entwicklung der jüdischen Historiographie, sondern in der Wissenschaft des Judentums insgesamt darstellten.[46] Die jüngeren Arbeiten zur jüdischen Historiographie heben das Verdienst von Heinrich Graetz für die moderne jüdische Geschichtsschreibung im Entstehungsprozeß einer neuen Tradition als Grundlage des modernen Judentums in Deutschland hervor.[47] Seine Veröffentlichung der *Geschichte der Juden von den ältesten Zeiten bis auf die Gegenwart* wird als das »zweifellos [...] wichtigste intellektuelle Ereignis im Zusammenhang mit der deutsch-jüdischen Kultur des 19. Jahrhunderts« aufgefaßt.[48]

Die Vertreter des konservativen Judentums um das Breslauer Seminar nahmen eine Mittelposition ein zwischen den radikaleren Reformbestrebungen von Abraham Geiger einerseits und dem Bemühen der orthodoxen Rabbiner andererseits, jegliche Neuerungen des jüdischen Religionsgesetzes abzuwehren. Die Anhänger von Samson Raphael Hirsch, die sich als Hüter des jüdischen Religionsgesetzes verstanden, lehnten alle Versuche ab, die Methoden der Geschichtskritik auf die religiösen Grundsätze des Judentums anzuwenden, und versuchten die überlieferten Traditionen unverändert zu bewahren. Die Torah und der Talmud wurden als Emanation der göttlichen Offenbarung verstanden und konnten als solche nicht Gegenstand menschlicher Kritik sein. Auf diese Weise versuchten die Vertreter der Neo-Orthodoxie die religiösen Quellen des Judentums von der historischen Kritik auszunehmen. Doch auch die orthodoxen Kreise blieben von der Übernahme der Wissenschaft des Judentums durch

---

[46] Salo W. Baron: Graetzens Geschichtsschreibung. Eine methodologische Untersuchung. In: Wissenschaft des Judentums im deutschen Sprachbereich (Anm. 8), Bd 1, S. 353–360, hier S. 345, 355. Diese positive Sicht wurde übernommen von Schorsch, From Text to Context (Anm. 8), S. 192ff., für den das Werk von Graetz auch hundert Jahre später nichts von seiner Qualität verloren hat: »His comprehensive eleven-volume ›History of the Jews‹ [...] still remains, a century later, the best single introduction to the totality of Jewish history.« (Ebd., S. 266). G. Scholem: Überlegungen zur Wissenschaft vom Judentum. In: ders., Judaica 6 (Anm. 28), S. 9–52, hier S. 28ff. kritisierte das Werk von Graetz für seine rein am Rationalismus beeinflußten Auswahlkriterien und seine negative Sichtweise der mystischen Strömungen in Osteuropa. Vgl. Margarete Schlüter: Jüdische Geschichtskonzeptionen der Neuzeit. Die Entwürfe von Nachmann Krochmal und Heinrich Graetz. In: Frankfurter Judaistische Beiträge 18 (1990), S. 175–205 sowie dies., Heinrich Graetzens ›Konstruktion der Jüdischen Geschichte‹. In: ebd. 24 (1997), S. 107–127.

[47] Gotzmann, Eigenheit und Einheit (Anm. 45), S. 157ff., arbeitet den Beitrag von Graetz in der Schaffung eines neuen Denkmodells der jüdischen Geschichte als nationale Geschichte heraus.

[48] Shulamit Volkov: Die Erfindung einer Tradition. In: Historische Zeitschrift 253 (1991), S. 603–628, hier S. 613.

die jüdischen Intellektuellen und Gelehrten nicht unberührt und mußten ihre Glaubenssätze zu dieser Wissenschaft in Bezug setzen.[49]

Innerhalb der Neo-Orthodoxie entwickelten sich verschiedene Haltungen zur Wissenschaft des Judentums, wobei Samson Raphael Hirsch zu ihren frühen Kritikern zählte.[50] Gegen die Vertreter der Wissenschaft des Judentums erhob Hirsch den Vorwurf, sie ersetzten gelebtes Judentum – welches für ihn gleichbedeutend war mit einem auf religionsgesetzlicher Basis geführten Leben – durch das Studium über das Judentum. Indem sie sich nicht mehr an die Vorschriften der jüdischen Religion hielten und die tagtäglichen Gebote nicht mehr ausführten, waren sie im Begriff ihre Identität als Juden aufzugeben und sich an die christliche Umwelt anzupassen. Für Hirsch stand fest, daß es den Vertretern der Wissenschaft des Judentums nicht gelungen war, ihre selbstgesetzten Ziele zu erfüllen, nämlich die jüdische Identität auf der Basis des Wissens vor der Assimilation zu bewahren. Außerdem bemängelte er, daß die Wissenschaft des Judentums elitär sei und ihre Ergebnisse deshalb notwendigerweise auf einen kleinen Teil jüdischer Intellektueller beschränkt bleiben müsse. Demgegenüber hatte die althergebrachte Tradition des »Lernens« im Judentum alle männlichen Juden umfaßt und alle in dem Bemühen geeint, ein gottesfürchtiges und frommes Leben zu führen. Hirsch vertrat die Ansicht, daß die Wissenschaft des Judentums mit der Infragestellung der Einhaltung der religiösen Verpflichtungen die Rechtfertigung dafür lieferte, das orthodoxe Judentum zu verlassen. Dies war nur der erste Schritt, der den Weg dazu ebnete, das Judentum ganz aufzugeben. Auf dieser Grundlage kam Hirsch zu dem Schluß:

> Sie [die kritischen Gelehrten] erblicken in allem diesen nur die allerdings willkommene wissenschaftliche Legalisierung ihres längst in der Praxis für sich und ihre Kinder vollzogenen Bruchs mit dem jüdischen Gesetz.[51]

Demgegenüber nahmen Esriel Hildesheimer und sein Kollegium am orthodoxen Rabbinerseminar in Berlin die liberalste Position innerhalb der deutschen Neo-Orthodoxie ein. Sie distanzierten sich nicht gänzlich vom kritischen Studium der Quellen und ließen gewisse Interpretationen des rabbinischen Schrifttums zu. Für Hildesheimer konnten die Torah, das göttliche Gebot und die Wissenschaft, die Erforschung der jüdischen Religionsquellen, nebeneinander bestehen, wobei die Entstehung des Religionsgesetzes als Emanation göttlicher Offenbarung niemals in Frage gestellt wurde. Die Professoren am Rabbinerseminar in Berlin verfaßten selbst Bibliographien und wissenschaftlich-kritische Editionen

---

[49] Meyer, Jüdische Wissenschaft und jüdische Identität (Anm. 2), S. 8.

[50] Mordechai Breuer: Jüdische Orthodoxie im Deutschen Reich 1871–1918. Die Sozialgeschichte einer religiösen Minderheit. Frankfurt a. M.: Jüdischer Verlag bei Athenäum 1986, S. 164ff.

[51] Samson Raphael Hirsch: Wie gewinnen wir das Leben für unsere Wissenschaft? In: Jeschurun 8 (1862), S. 73–91, hier S. 89.

der rabbinischen Literatur und setzten sich mit den Arbeiten ihrer nicht-orthodoxen Kollegen auseinander.[52]

Seit den dreißiger Jahren des 19. Jahrhunderts hatte sich die Gründergeneration der Wissenschaft des Judentums in Deutschland, allen voran Leopold Zunz, Moritz Steinschneider, Abraham Geiger und Ludwig Philippson, wiederholt für die Gründung einer jüdisch-theologischen Fakultät eingesetzt. Geiger stellte im Jahre 1836 an den Anfang des zweiten Jahrgangs seiner *Wissenschaftlichen Zeitschrift für jüdische Theologie* den programmatischen Aufsatz »Die Gründung einer jüdisch-theologischen Facultät, ein dringendes Bedürfniß unserer Zeit«. Darin forderte er die Einrichtung einer jüdisch-theologischen Abteilung an einer Universität, analog zu den vorhandenen christlich-theologischen Fakultäten, oder zumindest die Gründung eines Seminars für die Rabbiner- und Religionslehrer-Ausbildung, um die Gleichstellung der Wissenschaft des Judentums mit den anderen Wissenschaften zu erreichen.[53] Unabhängig von dieser Forderung hatte Ludwig Philippson bereits im Jahr zuvor den Wunsch nach einem jüdischen Seminar geäußert und in seiner neu begründeten *Allgemeinen Zeitung des Judenthums* im Oktober 1837 die »Aufforderung an alle Israeliten Deutschlands« erlassen, die notwendigen Mittel für die Gründung einer jüdisch-theologischen Fakultät oder eines jüdischen Seminars zu sammeln.[54]

Zunz setzte sich ebenfalls für die Zulassung der Wissenschaft des Judentums an der Universität ein, wobei er sie jedoch nicht bei den Theologen, sondern innerhalb der Geisteswissenschaften angesiedelt sehen wollte und deshalb einen jüdischen Lehrstuhl innerhalb der philosophischen Fakultät forderte. In zwei Versuchen, zuerst im Jahr 1843 und dann erneut im Revolutionsjahr 1848, wandte er sich an das preußische Ministerium für Erziehung und religiöse Angelegenheiten mit dem Antrag, eine ordentliche Professur für jüdische Geschichte und Literatur an der Berliner Universität einzurichten.[55] Zunz begründete sein Gesuch mit den sozialen und wissenschaftlichen Interessen des Staates und der Notwendigkeit, den künftigen Beamten und Gesetzgebern die Möglichkeit zu geben, sich objektive, wissenschaftlich-fundierte Kenntnisse über das Judentum anzueignen. Unter Mißachtung der wirklichen Gegebenhei-

---

[52] Am Berliner Rabbinerseminar sind bedeutende Untersuchungen zur rabbinischen Frühliteratur entstanden, vgl. z. B. die grundlegende Arbeit zur Midraschforschung von David Hoffmann: Zur Einleitung in die halachischen Midraschim. Berlin: Driesner 1887 (Jahresbericht des Rabbiner-Seminars zu Berlin: Beilagen; 1887/5647).

[53] Abraham Geiger: Die Gründung einer jüdisch-theologischen Facultät, ein dringendes Bedürfniß unserer Zeit. In: Wissenschaftliche Zeitschrift für jüdische Theologie 2 (1836), S. 1–21. Vgl. Ludwig Geiger: Abraham Geiger. Leben und Lebenswerk. Berlin: Reimer 1910, S. 13ff.

[54] Dieser Aufruf war der Anlaß für eine weitere Schrift von Abraham Geiger: Über die Errichtung einer jüdisch-theologischen Facultät. Wiesbaden: Riedel 1838.

[55] Vgl. die Dokumentation von Ludwig Geiger: Zunz im Verkehr mit Behörden und Hochgestellten. In: Monatsschrift für Geschichte und Wissenschaft des Judentums 60 (1916), S. 245–262, 321–347; Simon, Wissenschaft vom Judentum in der Geschichte der Berliner Universität (Anm. 24), S. 153ff.

ten der preußischen Universitäten als Träger des christlichen Abendlandes sandte
der Minister einen abschlägigen Bescheid an Zunz, in dem mit der Argumentation, die Universität sei Ort der allgemeinen Lehre und könne keine Partikularin-
teressen zulassen, das Gesuch abgelehnt wurde. In dem Schreiben hieß es:

> Eine Professur, die mit dem Nebengedanken gestiftet würde, das jüdische Wesen in
> seiner Besonderheit, in seinen entfremdeten Gesetzen und Gebräuchen geistig zu stüt-
> zen und zu kräftigen, widerspräche dem Sinne der neuen, die starren Unterschiede
> ausgleichenden Freiheit, sie wäre eine Bevorrechtung der Juden, ein Mißbrauch der
> Universität [...].[56]

Die Bemühungen von Moritz Steinschneider, der sich gleichfalls für die wissenschaftliche Anerkennung jüdischer Studien einsetzte, blieben ebenso ohne
Erfolg.

Mit der Verweigerung der öffentlichen Zulassung der Wissenschaft des Ju-
dentums an den Universitäten war das Ziel der führenden Exponenten der
Wissenschaft des Judentums nach Anerkennung des wissenschaftlichen Charakters ihrer Studien und ihre Gleichstellung mit christlichen Wissenschaftlern
gescheitert.[57] Zunz und Steinschneider hatten sich für die Anbindung an die
Universität eingesetzt, da für sie die Unabhängigkeit der Wissenschaft des
Judentums als objektive Wissenschaft immer außer Frage gestanden hatte.
Beide hielten ihr Leben lang vergeblich an ihrer Forderung fest, die Loslösung
der wissenschaftlichen Studien von den jüdischen religiösen Einrichtungen
sicherzustellen und lehnten als Konsequenz für sich selbst alle Stellen ab, die
ihnen später von den neugegründeten jüdischen höheren Lehranstalten angeboten wurden.

Im Gegensatz dazu setzten sich Geiger und Philippson nach den fehlgeschlagenen Versuchen der Eingliederung der Wissenschaft des Judentums in die
Universitäten für die Errichtung eigenständiger jüdischer Lehranstalten ein, in
denen die Wissenschaft des Judentums zusammen mit der Rabbiner-Ausbildung
betrieben werden sollte. Mit der Eröffnung des konservativen Breslauer Rabbinerseminars im Jahre 1854 und den knapp zwei Jahrzehnten danach in Berlin
errichteten Lehranstalten, der Hochschule für die Wissenschaft des Judentums
im Jahre 1872 und des Rabbinerseminars für das orthodoxe Judentum im Jahre
1873 erfolgte dann die institutionelle Ausformung der Wissenschaft des Judentums. Die Studenten, die sich an diesen Institutionen einschrieben, mußten sich
parallel dazu für ein Studium an der Universität immatrikulieren, so daß diese

---

[56] Brief des preußischen Kultusministers Adalbert von Ladenburg an Zunz vom 4. Dezember 1848, zitiert in: Geiger, Zunz im Verkehr mit Behörden und Hochgestellten
(letzte Anm.), S. 337.

[57] Vgl. Wiese, Wissenschaft des Judentums und protestantische Theologie (Anm. 14),
S. 63, der das Scheitern als Zeichen des in Preußen herrschenden Willens interpretiert, die privilegierte Stellung des Christentums an der Universität zu bewahren und
der Gleichstellung des Judentums als Religion keinen Vorschub zu leisten.

Einrichtungen dem Ideal einer jüdisch-theologischen Fakultät nahe kamen, wenn auch außerhalb der Universität.[58]

Mit der Institutionalisierung der Wissenschaft des Judentums wurden die Weichen für ihre Breitenwirkung gestellt. Bereits das Breslauer Jüdisch-Theologische Seminar hatte mit der Konzentration bedeutender Gelehrter und ihrer auf einer gemeinsamen ideellen Grundlage ausgeführten Forschungstätigkeit rasch einen fühlbaren Einfluß auf die Gemeinden in Deutschland und in den Nachbarstaaten gewonnen. Mit der Gründung der beiden anderen Hochschulen erweiterte sich der Einflußbereich der Wissenschaft des Judentums und bezog rasch die Mehrzahl der Rabbiner, Prediger, Lehrer und viele Angehörige des jüdischen Bildungsbürgertums mit ein, die ihr Judentum in Deutschland weiterhin religiös definierten.

Mit der Errichtung der Rabbinerseminare als eigenständige jüdische Lehranstalten und der Konsolidierung der Wissenschaft des Judentums trat in der zweiten Generation der Gelehrten eine Entwicklung ein, die in der Forschung als »Theologisierung« bezeichnet wird.[59] Der Forschungsbereich Judentum wurde in gewisser Weise zu einer »Rabbinerwissenschaft«, wobei diese Bezeichnung sich nicht aus der inhaltlichen systematisch-theologischen Forschungstätigkeit herleiten läßt, sondern lediglich soziologisch begründet war, da fast alle Träger der Wissenschaft des Judentums Rabbiner waren. Bis zur Gründung des Deutschen Reiches waren jüdische Akademiker in den deutschen Staaten, von wenigen Ausnahmen abgesehen, von der Laufbahn des Hochschullehrers ausgeschlossen.[60] Selbst nach der vollendeten Emanzipation der Juden wurden sie als Akademiker an der deutschen Universität diskriminiert und errangen, gemessen am Zugang zum Ordinariat, niemals die Chancengleichheit. So blieb den meisten jüdischen Gelehrten keine andere Studienwahl als an den Rabbinerseminaren, um sich intensiv mit der geistigen Erforschung des Judentums zu beschäftigen. Diese Entwicklung führte mit den Jahren in Deutschland zur Herausbildung eines neuen ganz speziellen Typus von Rabbiner, des sogenannten »Rabbiner Doktor«, eines wissenschaftlich ausgebildeten

---

[58] Vgl. den Überblick bei Werner Schochow: Deutsch-jüdische Geschichtswissenschaft. Eine Geschichte ihrer Organisationsformen unter besonderer Berücksichtigung der Fachbibliographie. (Diss.) Berlin 1966, S. 50–62 sowie Völker, Die Wissenschaft des Judentums (Anm. 27), S. 251ff.

[59] Über die zweite Generation der Vertreter der Wissenschaft des Judentums vgl. Heinz Mosche Graupe: Die Entstehung des modernen Judentums. Geistesgeschichte der deutschen Juden 1650–1942. 2., rev. und erw. Aufl., Hamburg: Buske 1977, S. 198, sowie ausführlich bei Wilhelm, Zur Einführung in die Wissenschaft des Judentums (Anm. 26), S. 22ff.

[60] Zur Situation der Juden an den Universitäten vgl. Monika Richarz: Der Eintritt der Juden in die akademischen Berufe. Jüdische Studenten und Akademiker in Deutschland 1678–1848. Tübingen: Mohr 1974 (Schriftenreihe wissenschaftlicher Abhandlungen des Leo Baeck Instituts; 28), insbes. S. 207–217. 1859 wurde der Mathematiker Moritz Stern als erster Jude Ordinarius an der Universität Göttingen.

Rabbiners, der in der zweiten Hälfte des 19. Jahrhunderts für alle religiösen Richtungen zur Alltagserscheinung wurde.[61]

Durch die Ausgrenzung der Wissenschaft des Judentums von den Universitäten und ihre Anbindung an jüdische Lehranstalten wurde die klar definierbare Zuordnung der einzelnen jüdischen Einrichtungen zu den religiösen Strömungen des deutschen Judentums zementiert, und gleichzeitig wurde mit der Wahrnehmung der Aufgabe, Rabbiner zu ordinieren, die Verflechtung von Wissenschaft und religiöser Autorität herbeigeführt.[62] Im Rahmen von religiösen Institutionen diente die Wissenschaft des Judentums der theoretischen Begründung der unterschiedlichen religiösen Strömungen, wobei die Unterschiede keineswegs in der wissenschaftlichen Methode lagen, sondern in den vorgefaßten gegensätzlichen religiösen Grundannahmen. Allen gemeinsam war die Abhängigkeit von modernen Wissenschaftsbegriffen, wohingegen die Aussagen zum geistigen Inhalt des Judentums divergierten.[63] Die Wissenschaft des Judentums hatte sich zum Bildungsinstrument gewandelt und wurde in vielfältigster Weise eingesetzt, sie diente der Legitimierung der religiösen Reform ebenso sehr wie der Formulierung eines traditionellen und der Verteidigung des orthodoxen Standpunktes.

Um die Jahrhundertwende vollzog sich der Wandel der Wissenschaft des Judentums von einer »Rabbinerwissenschaft« zu einem differenzierten Forschungsunternehmen, das gekennzeichnet war durch geographische Ausweitung und fachliche Vertiefung.[64] Mit der großen gegen Ende des 19. Jahrhunderts zahlenmäßig stark anwachsenden jüdischen Wanderbewegung von Ost nach West gelangte die Wissenschaft des Judentums auch in die Vereinigten Staaten, wo in den achtziger Jahren des 19. Jahrhunderts wichtige Lehr- und Forschungsinstitutionen entstanden sind.[65] Die Entstehung neuer Forschungszweige und eine ungeheure Produktivität, die sich in einer Fülle von Einzelstu-

---

[61] Alexander Altmann: The German Rabbi 1910–1939. Introductory Remarks. In: Leo Baeck Institute Year Book 19 (1974), S. 31–47; Herbert A. Strauss: The Emergence of the Modern Rabbinate. A Comment. In: ebd., S. 249–253.

[62] Trotz der Intention der Begründer, mit der Hochschule für die Wissenschaft des Judentums eine richtungsmäßig ungebundene, rein wissenschaftliche Lehranstalt zu etablieren, war auch diese Institution richtungsmäßig gebunden und wurde in der Praxis als die Ausbildungsstätte für Rabbiner des Reformjudentums gesehen. Vgl. Graupe, Die Entstehung des modernen Judentums (Anm. 59), S. 196.

[63] Herbert A. Strauss: Das Ende der Wissenschaft des Judentums in Deutschland. Ismar Elbogen und Eugen Täubler. In: Bibliographie und Berichte. Festschrift für Werner Schochow, dem langjährigen Redakteur der Bibliographischen Berichte. Hg. von Hartmut Walravens. München u. a.: Saur 1990, S. 280–298, hier S. 285.

[64] Für den Begriff »Rabbinerwissenschaft« vgl. Wilhelm, Zur Einführung in die Wissenschaft des Judentums (Anm. 26), S. 47.

[65] Vgl. Michael Brenner: Jüdische Studien im internationalen Kontext. In: Wissenschaft vom Judentum (Anm. 3), S. 42–57; Paul Ritterband / Harold S. Wechsler: Jewish Learning in American Universities. The First Century. Bloomington: Indiana University Press 1994 (The Modern Jewish Experience).

dien in Zeitschriften und Monographien, von Quellenausgaben, kritischen Text-editionen und Vergleichsuntersuchungen niederschlug, gehören zu den ein-drucksvollsten Errungenschaften der Wissenschaft des Judentums im letzten Drittel des 19. Jahrhunderts und belegen, daß sie sich zu einer leistungsstarken und kreativen akademischen Forschungsdisziplin entwickelte, obwohl ihr die universitäre Anerkennung versagt blieb. Von da an umfaßte die Wissenschaft des Judentums ein thematisch weitgefaßtes Spektrum an Forschungsarbeiten und stand für einen Pluralismus an Disziplinen, der sich mit dem Entstehen ganz neuer wissenschaftlicher Forschungszweige an den Universitäten gegen Ende des 19. Jahrhunderts ständig erweiterte. Wie von den führenden Vertretern der Wissenschaft des Judentums bereits festgestellt wurde, integrierte sie eine Viel-zahl von Methoden, Problemstellungen und Kenntnissen anderer Wissenschaften und definierte sich nicht über eine spezifische Methode, sondern über ihren Bezugspunkt zum Judentum.[66] Das Ausschlaggebende war das Judentum als Forschungsgegenstand und die Anwendung wissenschaftlich-kritischer For-schungsmethoden. Zahlreiche neue Unternehmen, deren Schwerpunkt im Be-reich der Erforschung der Geschichte der Juden in Deutschland lag, wurden ins Leben gerufen und waren Ausdruck einer zunehmenden Säkularisierung.

Den Anfang machte die im Jahre 1885 gegründete Historische Commission für die Geschichte der Juden in Deutschland, die das erste jüdische Forschungs-institut in Deutschland mit streng historischer Zielsetzung darstellte. Im Okto-ber 1905 folgte die Einrichtung des Gesamtarchivs der deutschen Juden, des-sen erster Direktor der Althistoriker Eugen Täubler wurde und das sich ebenso wie die Kommission thematisch auf die Geschichte der deutschen Juden kon-zentrierte. Die im Jahre 1902 in Berlin erfolgte Gründung der Gesellschaft zur Förderung der Wissenschaft des Judentums und die 1918 ins Leben gerufene Akademie für die Wissenschaft des Judentums waren zwei weitere Einrichtun-gen, die zur Intensivierung der wissenschaftlichen Arbeit beitrugen, da in die-sen Institutionen Quelleneditionen gefördert, Einzel- und Gemeinschaftsunter-

---

[66] Vgl. Schulte, Über den Begriff einer Wissenschaft des Judentums (Anm. 1), S. 301ff., der sich auf Martin Buber, Ismar Elbogen und Siegmund Maybaum bezieht. Schulte übernimmt deren Aussage, daß sich die Wissenschaft des Judentums über ihren For-schungsgegenstand definiert: »Sie [die Wissenschaft des Judentums] ist eine Wissen-schaft nicht vermöge einer einzigen oder einer abgrenzbaren Anzahl von Methoden, einer einheitlichen Leitidee oder Arbeitsweise wie andere Wissenschaften, z. B. Astro-nomie oder Kernphysik. Sie ist *eine* Wissenschaft vermöge ihres Gegenstandes in all seinen Phänomenen: des Judentums. Der Gegenstand Judentum ist das Band, das die Pluralität von Disziplinen und Methoden in der Wissenschaft des Judentums zusam-menhält.« Vgl. Martin Buber: Jüdische Wissenschaft. In: ders., Die jüdische Bewe-gung. Gesammelte Aufsätze und Ansprachen 1900–1915. Berlin: Jüdischer Verlag 1916, S. 45–51; Ismar Elbogen: Ein Jahrhundert Wissenschaft des Judentums. In: Fest-schrift zum 50jährigen Bestehen der Hochschule für die Wissenschaft des Judentums. Hg. von Ismar Elbogen. Berlin: Philo 1922, S. 101–144; Siegmund Maybaum: Die Wissenschaft des Judentums. In: Monatsschrift für Geschichte und Wissenschaft des Judentums 51 (1907), S. 643–645.

nehmen zur wissenschaftlichen Weiterverwertung organisiert und die Veröffentlichung und Verbreitung der wissenschaftlichen Resultate gezielt vorangetrieben wurden. Damit sollten diese Einrichtungen für die Entwicklungsgeschichte
der Wissenschaft des Judentums in der Weimarer Republik eine wegweisende
Funktion übernehmen.[67]

Gleichzeitig erfolgte die Öffnung der Wissenschaft des Judentums für die
breite jüdische Öffentlichkeit und ihre allgemeine Anerkennung unter den deutschen Juden, wie sie insbesondere in der Gründung des Verbandes der Vereine
für jüdische Geschichte und Literatur im Jahre 1883 zum Ausdruck kam.[68] Ziel
dieses Zusammenschlusses der zahlreichen, in vielen kleinen Gemeinden in
der Zwischenzeit eingerichteten Vereinen zur jüdischen Bildungsarbeit war es,
mit öffentlichen Vortragsreihen und kontinuierlicher Tätigkeit, die Kenntnis
des Judentums in weiten Teilen der jüdischen Bevölkerung zu verbreiten und
somit zur Wiederbelebung des Judentums beizutragen, wie ein Zeitgenosse es
formulierte:

> Wir wollen die Wissenschaft des Judentums in den Dienst des Bildungsbedürfnisses
> unserer Gemeinden stellen.[69]

Zu Beginn des 20. Jahrhunderts erfuhr die Wissenschaft des Judentums auf
Grund ihres kontinuierlichen Wachstums und ihrer zunehmenden Spezialisierung, der Einführung und Belebung zahlreicher gänzlich neuer wissenschaftlicher Disziplinen wie Volkskunde, jüdische Kunst und Soziologie sowie der
Einrichtung eigenständiger Institutionen einen entscheidenden Wandel und trat
in eine Aufbruchsphase ein, die mit dem Begriff der »Professionalisierung«
charakterisiert wird.[70] Wissenschaftlich ausgebildete Fachgelehrte, Historiker,
Bibelwissenschaftler, Orientalisten und Philologen übernahmen nun führende

---

[67] Schochow, Deutsch-jüdische Geschichtswissenschaft (Anm. 58), S. 29–44.

[68] Vgl. ebd., S. 23ff.; Michael Brenner: Jüdische Kultur in der Weimarer Republik, München: Beck 2000, S. 115ff.; Schorsch, From Text to Context (Anm. 8), S. 360ff. Für
Schorsch waren die »Vereine für jüdische Geschichte und Literatur« entscheidend
an der Umwandlung der jüdischen Religion in eine Kultur beteiligt. Schochow und
Brenner heben die Breitenwirkung der Wissenschaft des Judentums hervor, wobei
Schochow, Deutsch-jüdische Geschichtswissenschaft (Anm. 58), S. 26, in der »Anerkennung der Ergebnisse außerhalb der engen Fachwelt« eines der Charakteristika
der sich ausweitenden Wissenschaft des Judentums sieht und Brenner, ebd., S. 115ff.,
vor allem die »Popularisierung der Wissenschaft des Judentums« hervorhebt. Im
Gegensatz dazu vertritt Wiese, Wissenschaft des Judentums und protestantische Theologie (Anm. 14), S. 78, die Ansicht, daß die Wissenschaft des Judentums entgegen
ihrem Anspruch »nicht zu einem Anliegen breiterer Schichten des deutschen Judentums wurde«.

[69] Leopold Lucas: Die Wissenschaft des Judentums und die Wege zu ihrer Förderung.
Berlin: o. V. 1906 (Schriften der Gesellschaft zur Förderung der Wissenschaft des
Judentums), S. 13; Wilhelm, Zur Einführung in die Wissenschaft des Judentums
(Anm. 26), S. 44 definierte diese Phase als Wiederbelebung des Judentums.

[70] Schorsch, Das erste Jahrhundert der Wissenschaft des Judentums (Anm. 3), S. 21–24.

Positionen in der Wissenschaft des Judentums. Sie stellten einen neuen Typus des jüdischen Wissenschaftlers dar, der in dieser Arbeit als die »dritte Generation« bezeichnet wird. In ihrer überwiegenden Mehrheit wurden sie in den siebziger Jahren des 19. Jahrhunderts geboren und waren bereits seit ihren frühesten Studienjahren mit einer um sich greifenden Säkularisierung der Wissenschaft des Judentums konfrontiert. Sie sahen sich in ihrer Berufswahl nicht mehr auf den des Rabbiners oder auf eine Karriere ausschließlich innerhalb des institutionellen Rahmens der Rabbinerseminare beschränkt, sondern strebten eine akademische Laufbahn in den allgemeinen deutschen Bildungsinstitutionen an. Sie spezialisierten sich in einzelnen Teildisziplinen der Wissenschaft des Judentums und entschieden sich ganz bewußt für die typische Karriere eines Mitglieds des Bildungsbürgertums, indem sie sich gezielt um Stellen in den Einrichtungen außerhalb der jüdischen Gemeinden bewarben.

Aron Freimann, dessen Leben und Werk den Inhalt dieser Untersuchung darstellt, ist dieser Gruppe der dritten Generation zuzurechnen, die sich durch einen unerschütterlichen Glauben an die Fortschrittsidee der Wissenschaft und an die Vereinbarkeit von allgemeiner und jüdischer Bildung auszeichnete.

3   Aron Freimann – die Biographie eines Gelehrten

3.1   Kindheit und Studium (1871–1897)

3.1.1 Der Stammbaum von Aron Freimann – eine Familie von Rabbinern

Aron Freimann stammt aus einer Familie, die über Generationen bedeutende Rabbiner hervorgebracht hat und die im 19. Jahrhundert zur geistigen Elite der deutschen Juden zählte. Sein Großvater und Vater gehörten zu den führenden Persönlichkeiten einer neuen Generation von Rabbinern, die traditionelle Gelehrsamkeit mit säkularer Bildung verbanden und die Herausbildung der neuen Strömung der Neo-Orthodoxie entscheidend prägten.

a) Der Großvater Jakob Ettlinger

Sein Großvater mütterlicherseits war der berühmte Altonaer Rabbiner Jakob Ettlinger, der als Begründer der modernen Orthodoxie in Deutschland gilt.[1] Jakob Ettlinger wurde im Jahre 1798 in Karlsruhe geboren und war der Sohn des bekannten Talmudgelehrten und Klausrabbiners von Karlsruhe, Aaron Ettlinger, und dessen Ehefrau Rechel, die beide wiederum Nachfahren des Isaak von Ettlingen, eines frommen Gelehrten, waren.[2] In seinem Elternhaus und von dem Karlsruher Rabbiner Ascher Wallerstein erhielt er eine traditionelle jüdische Erziehung und die Einführung in das analytische Studium des Talmuds, gleichzeitig lernte er in der Schule die profanen Fächer. Ettlinger zählte zu den ersten Juden, die von der Universität Würzburg zum Studium der Philosophie zugelassen wurden, welches er jedoch nach Ausbruch der antisemitischen Hep-Hep-Unruhen im August 1819 aufgeben mußte.[3]

---

[1]   Vgl. Judith Bleich: Jacob Ettlinger, his Life and Works. The Emergence of Modern Orthodoxy in Germany. (Diss.) New York 1974. Dies ist eine umfangreiche und die bislang einzige wissenschaftliche Biographie über Jakob Ettlinger, in der zu Recht Betonung gelegt wird auf die spätere herausragende Stellung, die Ettlinger als Autorität der reinen Talmudgelehrsamkeit einnahm, und die seine Bedeutung und Wirksamkeit als Sprecher für die gesamte Orthodoxie begründete. Ettlingers Hauptwerk mit dem Titel Aruk lan-ner zählt bis heute zu den Standardwerken des Studiums in den religiösen Hochschulen.

[2]   Aron Freimann: Aus dem Stammbaum der Familien Ettlinger – Freimann – Horowitz. Berlin: Marx 1925, Privatdruck.

[3]   Akiba Posner / Ernest Freimann: Rabbi Jacob Ettlinger. In: Guardians of our Heritage. Ed. by Leo Jung. New York: Bloch 1958, S. 231–243, hier S. 233 schildern wie seine

Im Jahre 1825 wurde Ettlinger als Klausrabbiner von Mannheim und zwei Jahre später zusätzlich als Kreisrabbiner von Ladenburg mit einem festen jährlichen Gehalt angestellt.[4] Im Jahre 1836 wurde er auf Grund seines Rufes als herausragender Talmudist zum Oberrabbiner von Altona ernannt und behielt dieses Amt bis zu seinem Tode im Jahre 1871. Altona gehörte damals noch zu Dänemark, und die Zuständigkeit des Oberrabbiners umfaßte sowohl die örtliche jüdische Gemeinde als auch die Nachbargemeinde Wandsbek und die der Provinz Schleswig-Holstein. Zu seinen Aufgaben als Oberrabbiner gehörte auch der Vorsitz als Richter des autonomen Rabbinatsgerichts, welches die bürgerliche Gerichtsbarkeit über alle Juden in Altona und Schleswig-Holstein hatte und offiziell von der dänischen Regierung anerkannt wurde.[5]

In seiner Funktion als oberster Richter für religiöses und weltliches Recht mußte sich Ettlinger – unter Berücksichtigung der neuen Lebensumstände der Juden – mit allen Fragen der Konsequenzen des technischen Fortschritts für das orthodoxe Judentum auseinandersetzen. Zu diesem Zweck führte er eine internationale Korrespondenz in religionsgesetzlichen Angelegenheiten. Seine Responsen, die alle Bereiche des Lebens umfaßten und in denen sich der religiös-kulturelle Wandel der deutschen Juden widerspiegelt, belegen, wie Ettlinger seine talmudischen Kenntnisse in konkrete Handlungsanweisungen umsetzte und zu den aktuellen Problemen seiner Zeit Stellung bezog, so auch zu Fragen aus dem Bereich der Medizin, u. a. zur Problematik der Autopsie und der Schwangerschaftsverhütung.[6] Nachdem Altona und Schleswig-Holstein im Jahre 1864

    Unterkunft am 2. August 1819 von einem Studentenmob überfallen wurde und er nur durch einen Sprung aus dem Fenster den Angriffen entkam.

[4] Franz M. Hundsnurscher / Gerhard Taddey: Die jüdischen Gemeinden in Baden. Denkmale, Geschichte, Schicksale. Stuttgart: Kohlhammer 1968 (Veröffentlichungen der Staatlichen Archivverwaltung Baden-Württemberg; 19), S. 145. Nach der religiösen Gleichstellung der Juden Badens durch den Erlaß vom 14. August 1807 waren die Rabbiner, ebenso wie die christlichen Geistlichen, staatliche Beamte.

[5] Mit dem Edikt vom 14. Juli 1863 wurde die Zuständigkeit des Rabbinatsgerichts für weltliche Angelegenheiten beendet und die Juden wurden der bürgerlichen Gerichtsbarkeit unterstellt. Vgl. Oskar (Yeshayahu) Wolfsberg-Aviad u. a.: Die Drei-Gemeinde. Aus der Geschichte der jüdischen Gemeinden Altona – Hamburg – Wandsbek. München: Ner-Tamid 1960, S. 67ff.; zur Geschichte der Juden in Hamburg und Altona vgl. Eduard Duckesz: Iwoh Lemosaw. Enthaltend Biographien und Grabstein-Inschriften der Rabbiner der 3 Gemeinden Altona, Hamburg, Wandsbeck [hebr. mit kürzeren deutschen Eintragungen]. Mit Anm. von Salomon Buber. Hg. von Eisig Gräber. Krakau: Gräber 1903; Peter Freimark: Die Drei-Gemeinde Hamburg – Altona – Wandsbek im 18. Jahrhundert als jüdisches Zentrum in Deutschland. In: Das alte Hamburg (1500–1848/49). Vergleiche, Beziehungen. Hg. von Arno Herzig. Berlin, Hamburg: Reimer 1989 (Hamburger Beiträge zur öffentlichen Wissenschaft; 5), S. 191–208; ders., Das Oberrabbinat Altona – Hamburg – Wandsbek. In: Die Juden in Hamburg 1590–1990. Wissenschaftliche Beiträge der Universität in Hamburg zur Ausstellung »Vierhundert Jahre Juden in Hamburg«. Hg. von Arno Herzig. Hamburg: Dölling und Galitz 1991 (Die Geschichte der Juden in Hamburg ; 2), S. 177–185.

[6] Jakob Ettlinger: Binyan Siyyon [Responsen, hebr.]. Altona 1868 (Nachdruck Jerusalem 1988/89).

an Preußen gefallen waren, behielt Ettlinger sein Amt bei und wurde von den orthodoxen deutschen Rabbinern als oberster »Possek«, d. i. die oberste richterliche Instanz im jüdischen Religionsgesetz angesehen.[7] Sein Bemühen galt dem Erhalt des traditionellen Judentums inmitten veränderter gesellschaftlicher und politischer Bedingungen und der Stärkung orthodoxer Sichtweisen angesichts grundlegender religiöser Neuorientierungen auch innerhalb des Judentums.

Ettlinger war einer der ersten orthodoxen Rabbiner in Deutschland, die ihre Predigten und ihre religiösen Abhandlungen in Deutsch verfaßten und so gegen den anfänglichen Widerstand orthodoxer Kreise die Verwendung der deutschen Sprache einführten, die dann im Laufe des 19. Jahrhunderts von der gesamten deutschen Orthodoxie übernommen wurde.[8] Er war dafür verantwortlich, daß in den Schulen, die während seiner Amtszeit als Oberrabbiner in Altona gegründet wurden, Jungen und Mädchen auch in profanen Fächern unterrichtet wurden. Gleichzeitig hielt er jedoch streng am orthodoxen Judentum fest und ordnete das säkulare Wissen, dessen Vermittlung er befürwortete, stets den religiösen Studien unter, die für ihn weiterhin die zentrale geistige Beschäftigung blieben.

Während seiner Amtszeit in Mannheim und Altona gründete er jeweils Jeschiwot, religiöse Hochschulen, deren Schüler später Führungspositionen in der deutschen Orthodoxie übernahmen und mittels derer er einen unschätzbaren Einfluß auf die Entwicklung der Neo-Orthodoxie in Deutschland gewann. Samson Raphael Hirsch zählte zu seinen Schülern in Mannheim, und Esriel Hildesheimer, der spätere Gründer des Rabbinerseminars in Berlin, mit dem ihn sein Leben lang eine enge Beziehung verband, besuchte die von ihm eingerichtete Jeschiwah in Altona.[9]

Obwohl Ettlinger an der Unantastbarkeit der religiösen Texte festhielt, betrieb er als einer der wenigen orthodoxen Rabbiner kritische Textanalysen und war sowohl an der wissenschaftlichen Erforschung der Texte als auch an der Veröffentlichung bislang unbekannter rabbinischer Handschriften interessiert. Er selbst beteiligte sich an der wissenschaftlichen Edition einer Handschrift und förderte die Arbeit seines Schwiegersohns Israel Meir Freimann.[10] Ettlinger blieb zeitlebens ein unnachgiebiger Traditionalist und kämpfte vehement gegen die Reformbewegung. Nach den Beschlüssen der Konferenz der Reformrabbiner in Braun-

---

[7] Vgl. Encyclopaedia Judaica. Begr. von Cecil Roth und Geoffrey Wigoder, 16 Bde, Jerusalem: Keter 1971, Bd 6, Sp. 955–956, in der festgehalten wird, daß es Ettlingers gutem Eindruck auf den preußischen König Wilhelm I. während seines Besuches in Altona im Jahre 1865 zu verdanken ist, daß der König die Rechte der jüdischen Gemeinde aus der Regierungszeit der Dänen, erneut bestätigte.

[8] Thomas Kollatz: Modernity and Tradition as Reflected in German Sermons Delivered by Orthodox Rabbis. In: Jewish Studies 39 (1999), S. 35–41.

[9] David Ellenson: Rabbi Esriel Hildesheimer and the Creation of a Modern Jewish Orthodoxy. Tuscaloosa: University of Alabama Press 1990 (Judaic Studies Series), S. 118ff.

[10] Vgl. Bleich, Jacob Ettlinger (Anm. 1), S. 74. Das Werk Sefer Qoves ma'ase yede geonim qadmonim, hg. von Judah Rosenberg, Berlin: Friedländische Buchdruckerei 1856, enthält auch die von Ettlinger edierte Handschrift eines Kommentars des R Hai Gaon zum Talmudtraktat Taharot.

schweig im Jahre 1844 übernahm er die Führungsrolle im orthodoxen Lager und
deren Ablehnungshaltung. Gleichfalls zur Verteidigung der Interessen des orthodoxen Judentums gründete er die erste Zeitschrift *Der Treue Zionswächter*, die
gemeinsam mit einer in hebräisch verfaßten Beilage zweiwöchentlich erschien.[11]
Diese Zeitschrift diente als Sprachrohr der orthodoxen Rabbiner in Deutschland und wurde, wie die Register zeigen, von einer großen Anzahl dazu genutzt, ihre Meinungen über kommunale und halachische Probleme auszutau-
schen sowie ihre Kommentare zu talmudischen Streitfragen zu publizieren.

Unter Ettlingers militantem Kampf für die Orthodoxie entwickelte sich Altona zu einem Zentrum der orthodoxen Gemeinden, bis diese Vorreiterstellung
unter der Leitung seiner Schüler Hirsch und Hildesheimer um die Mitte des
19. Jahrhunderts auf Frankfurt am Main und Berlin überging. Sein Sohn und
fünf seiner Schwiegersöhne – darunter auch Israel Meir Freimann – amtierten
als Rabbiner in wichtigen Gemeinden und sorgten gemeinsam mit seinen Schülern für die Verbreitung seiner Lehre. Als Person hat sich Ettlinger, wie in der
Literatur stets vermerkt wird, bis zu seinem Lebensende durch große Beschei-
denheit ausgezeichnet und sich nicht von seinem Ruhm als das geistige Ober-
haupt der Orthodoxie in Deutschland beeinflussen lassen.[12]

b) Der Vater Israel Meir Freimann

Aron Freimann war auch väterlicherseits über mehrere Generationen von rabbinischer Abstammung. Sein Vater war der Rabbiner Israel Meir Freimann, der im
Jahre 1830 in Krakau als Sohn des dortigen Rabbiners Yehuda Löb Binczizer,
eines Talmudisten alten Stils, geboren wurde.[13] Israel Meir Freimann erhielt von

---

[11] Der Treue Zionswächter (Hamburg) 1 (1845) – 10 (1854), Beil.: Somer siijon han-
ne'eman. Miktab le-harim qeren hat-tora we-hat-te'uda u-le-hasir miksol mid-derek
ha-emuna [Ein Brief, um den Strahl der Torah und des Bewußtseins zu heben und
Hindernisse aus dem Weg des Glaubens auszuräumen]. Diese Zeitschrift wird behandelt in der im Entstehen begriffenen Dissertation von Johannes Valentin Schwarz:
Entstehung und Entwicklung der deutsch-jüdischen Presse in den deutschen Staaten
1806–1871. Zum Strukturwandel der jüdischen Öffentlichkeit in der Moderne. Vgl.:
Arbeitsinformationen über Studienprojekte auf dem Gebiet der Geschichte des deutschen Judentums und des Antisemitismus 17 (1998), S. 118. Vgl. auch das Disserta-
tionsvorhaben von Thomas Kollatz: Konsolidierung und Apologie. Die Entwicklung
der Orthodoxie in den Jahren 1845–1854 am Beispiel der ersten orthodoxen Wochenzeitung »Der Treue Zionswächter«.

[12] Vgl. Bleich, Jacob Ettlinger (Anm. 1), S. 48f.; Posner / Freiman, Rabbi Jacob Ettlinger
(Anm. 3), S. 241f. Ettlinger verfügte in seinem Testament, jegliche Ehrbezeugungen
auf seinem Grabstein zu unterlassen und keine lobende Trauerpredigt abzuhalten.
Auf seinem Grabstein sollten lediglich sein Name, die Jahre seiner Amtszeit und die
Titel seiner Bücher festgehalten werden.

[13] Freimann, Aus dem Stammbaum der Familien Ettlinger – Freimann – Horovitz (Anm.
2). Vgl. dagegen die Encyclopaedia Judaica (Anm. 7), Bd 7, Sp.135, dort wird Isaac
Freimann als Vater von Israel Meir Freimann genannt, gest. 1886, zwei Jahre nach
dem Tod des Sohnes Israel Meir.

Hause aus eine traditionelle religiöse Erziehung und studierte den Talmud in den Jeschiwot in Ungarn, bevor er sich im Gegensatz zu seinem Vater auch säkularen Studien zuwandte und einer Gruppe junger Gelehrter in Krakau anschloß, die traditionelle Talmudgelehrsamkeit mit moderner Bildung verbanden. Diese jungen Studenten wurden schon bald das Angriffsziel einflußreicher orthodoxer Kreise, die einen militanten Kampf gegen all jene zu führen begannen, welche die engen Grenzen des traditionellen Lernens erweitern wollten. Als der Kampf der Orthodoxen gegen die aufklärerischen Tendenzen in Krakau besonders radikale Züge annahm und unter der Leitung von Israel Meisels, dem Sohn des Oberrabbiners, regelrechte Hetzjagden auf Studenten der Jeschiwah unternommen wurden, die es wagten, Bücher profanen Inhalts zu lesen, verließen um das Jahr 1850 zahlreiche jüdische Studenten, unter ihnen auch Israel Meir Freimann und sein Bruder Isaak Eisik, die Stadt, um der engstirnigen Atmosphäre zu entfliehen.[14]

Nach einem einjährigen Aufenthalt in Leipzig zog Israel Meir Freimann weiter nach Breslau, wo er am Gymnasium das Abitur ablegte. An der dortigen Universität studierte er in den Jahren 1856 bis 1860 Philosophie und orientalische Sprachen und promovierte im Jahre 1860 in Jena mit einer Arbeit über die Ophiten.[15] Im selben Jahr heiratete er Helene Ettlinger, die Tochter von Jakob Ettlinger aus dessen erster Ehe mit Nanette Wormser, und trat eine Stelle als Rabbiner in Filehne an, einer der älteren jüdischen Gemeinden in der Provinz Posen. Am 21. Mai 1871 wurde Israel Meir Freimann einstimmig zum Rabbiner von Ostrowo gewählt und wirkte dort bis zu seinem frühen Tod am 21. August 1884.[16]

Israel Meir Freimann war als Rabbiner, Seelsorger und Wissenschaftler tätig und verfaßte zahlreiche religionsgesetzliche Aufsätze und Kommentare.[17] Als sein wissenschaftliches Hauptwerk gilt seine kritische Edition von *Wehishir*, einem mittelalterlichen Midrasch, d. i. ein Kommentarwerk zu den wöchentlichen Torah-Lesungen, das die Gesetze der einzelnen Wochenabschnitte zum Inhalt hat.[18]

---

[14] Sefer Qraqa [Das Buch Krakau. Muttergemeinde in Israel, hebr.]. Hg. von Arieh Bauminger, Meir Bosak und Natan Michael Gelber. Jerusalem: Harav Kook Institute 1959, S. 101.

[15] Aron Freimann: Geschichte der israelitischen Gemeinde Ostrowo. Ostrowo: Haym 1896, S. 16; Aron Heppner / Isaac Herzberg: Aus Vergangenheit und Gegenwart der Juden und der jüdischen Gemeinden in den Posener Landen. Nach gedruckten und ungedruckten Quellen. 2 Bde, Koschmin: Luch 1909/1929, Bd 1, S. 383.

[16] Ebd., Bd 2, S. 674, beziehen sich im Artikel Ostrowo weitgehend auf Freimann.

[17] Vgl. Salomon Winninger: Grosse juedische National-Biographie. Mit mehr als 8.000 Lebensbeschreibungen namhafter juedischer Maenner und Frauen aller Zeiten und Laender. Ein Nachschlagewerk fuer das juedische Volk und dessen Freunde. 6 Bde, Cernauti: Orient 1925–1933, Bd 2 (1925), S. 308. In den Responsen seines Schwiegervaters Jakob Ettlinger Binyan Siyyon (Anm. 6) sind einige der Aufsätze von Israel Meir Freimann enthalten.

[18] Vgl. Israel Meir Freimann: Wehishir. Bd 1, Leipzig: Vollrath 1873; Bd 2, Warschau 1880, Bd 1, S. III–IV, zitiert im Brief von Samuel Dresner vom 19. Juli 1983 sowie bei Bleich, Jakob Ettlinger (Anm. 1), S. 73. Freimann war von seinem Schwiegervater auf das Manuskript hingewiesen worden. Ettlinger war ein enger Freund des Schriftgelehrten Raphael Nathan Rabbinovicz, der in der Bibliothek in München an hebräischen

Unter dem Titel *Anfei Yehuda* veröffentlichte Freimann einen langen Kommentar, den er zusammen mit dem kommentierten Quellenband in zwei Bänden herausbrachte und in welchem er Anregungen und Hinweise seines Schwiegervaters verarbeitete.[19] Mit seinen wissenschaftlichen Arbeiten erlangte er den Ruf eines bedeutenden Gelehrten unter den deutschen Rabbinern, und so wurde ihm nach dem Tod von Zacharias Frankel im Jahre 1875 das Amt des Rektors des Jüdisch-Theologischen Seminars in Breslau angetragen, das er jedoch aus Pflichtgefühl gegenüber der Gemeinde in Ostrowo ablehnte.

Vor seinem Amtsantritt war die Stelle des Rabbiners in Ostrowo seit dem Tod seines Vorgängers Aron Stössel 1861 über Jahre unbesetzt geblieben, und die rabbinischen Funktionen waren nur aushilfsweise von zwei Rabbinatsassessoren übernommen worden. So sah er es als seine vorrangige Aufgabe an, seine vier Jahre zuvor mit viel Engagement begonnene Tätigkeit der Stärkung des religiösen Lebens fortzusetzen, so wie die Gemeinde es sich mit seiner Berufung erhofft hatte. Er führte die Erweiterung der im Jahre 1860 gegründeten Religionsschule durch und erteilte den jüdischen Religionsunterricht am Königlichen Gymnasium in Ostrowo in den Jahren 1874 bis 1884. Nach langen Verhandlungen gelang es ihm, eine Ausnahmeregelung zu erwirken, durch welche die jüdischen Abiturienten in den christlichen Schulen vom Zwang befreit wurden, während der Unterrichtsstunden am Schabbat mitzuschreiben. In seiner Gemeinde erfreute er sich großer Beliebtheit, und nach seinem Tod wurde in Ostrowo im Jahre 1900 eine Straße in der Nähe der Synagoge nach ihm benannt.

c) Der Cousin und Schwager Jakob Freimann

Enge persönliche wie auch intellektuelle Beziehungen unterhielt Aron Freimann zu zwei weiteren Verwandten, die ebenfalls zu den bedeutenden jüdischen Gelehrten ihrer Zeit zählten. Es waren dies sein Cousin und Schwager, der Rabbiner Jakob Freimann, der ihm zeitweilig den Vater ersetzte, sowie dessen Sohn Alfred (Abraham Chaim) Freimann, mit dem er über Jahre intensive freundschaftliche und wissenschaftliche Kontakte hatte und gelegentlich zusammenarbeitete.[20]

Jakob Freimann wurde am 1. Oktober 1866 als Sohn des Abraham Chaim Freimann, eines Bruders von Israel Meir Freimann, in Krakau geboren.[21] Er wurde

---

Handschriften arbeitete und dieses dort befindliche Manuskript, das seiner Meinung nach aus der frühen geonischen Periode stammte, zur Edition vorschlug.

[19] Freimann, Wehishir (letzte Anm.), Teil 1 zu Exodus, 1873, Teil 2 zu Leviticus und Numeri, 1880.

[20] Vgl. Encyclopaedia Judaica (Anm. 7), Bd 7, Sp. 135; Wininger, Grosse juedische National-Biographie (Anm. 17), Bd 6 (1933), S. 599. Beide werden in der Literatur des öfteren mit Aron Freimann verwechselt oder in einem Zusammenhang dargestellt. Vgl. auch die gemeinsame Besprechung der Festschriften von Aron Freimann und Jakob Freimann: Isaak Markon: Zwei Freimann-Festschriften. In: Monatsschrift für Geschichte und Wissenschaft des Judentums 81 = N. F. 45 (1937), S. 449–452.

[21] Vgl. Festschrift Dr. Jakob Freimann zum 70. Geburtstag, gewidmet von der Jüdischen Gemeinde zu Berlin und dem Rabbinerseminar zu Berlin sowie einem Kreise seiner

von seinem Vater in den Grundlagen der jüdischen Religion unterrichtet, besuchte dann verschiedene Jeschiwot in Krakau und Pressburg und setzte schließlich seine Talmudstudien bei seinem Onkel Israel Meir Freimann in Ostrowo fort, wo er auch das Gymnasium besuchte. Nach dessen Tod im Jahre 1884 blieb er zunächst in Ostrowo und kümmerte sich um die weitere Schulbildung seines fünf Jahre jüngeren Cousins Aron. Seit 1888 studierte Jakob Freimann zuerst an der Universität in Berlin, dann in Tübingen Orientalistik, Germanistik und Philosophie und promovierte im Jahr 1890 in Tübingen. Unbelegt ist, ob er während seines Studiums in Berlin auch das dortige orthodoxe Rabbinerseminar besuchte.[22] 1891 heiratete er Aron Freimanns Schwester Regina. Im Jahr 1890 wurde er als Rabbiner nach Kanitz berufen und amtierte seit 1893 in Holleschau, in Mähren, wo er zugleich als Religionsinspektor für die jüdischen Schulen Nordmährens und als langjähriger Vorsitzender des Verbandes der Rabbiner von Mähren und Schlesien tätig war. Im Jahre 1913 trat er die Nachfolge des verstorbenen Wolf Feilchenfeld als Oberrabbiner der Jüdischen Gemeinde Posen an.

Mit seinem überragendem halachischen Wissen und seiner Organisationsfähigkeit gelang es ihm, die dominierende Stellung des Posener Rabbinats in den Ostgebieten Deutschlands und auch gegenüber den polnischen Gemeinden zu sichern, so daß seine religionsgesetzlichen Entscheidungen widerspruchslos anerkannt wurden. Am 1. Februar 1929 wurde er zum Gemeinderabbiner und Vorsitzenden des Rabbinatsgerichts in Berlin ernannt und unterrichtete in den folgenden Jahren auch am Berliner Rabbinerseminar jüdische Geschichte, Literaturgeschichte und Einführung in die rabbinische Praxis. Er verstarb während eines Kuraufenthaltes in den böhmischen Bergen und wurde auf eigenen Wunsch in Holleschau begraben.[23]

Jakob Freimann war auf dem Gebiet der Wissenschaft des Judentums tätig und war, wie einige Jahre später sein Cousin Aron Freimann, ebenfalls Vorstandsmitglied des Vereins Mekize Nirdamim, in dessen Rahmen er zahlreiche hebräische Handschriften wissenschaftlich ediert hat.[24] Für die Eshkol-Encyclopädie,

---

Freunde und Verehrer. Berlin: Selbstverlag 1937, S. VI–XI; Jecheskel Eppstein: Jakob Freimann. In: Hokmat Jisrael Be-ma'arab Eropa. Hg. von Simon Federbush. Jerusalem: Ogen 1958, S. 522; Jakob Freimann: Geschichte der Juden in Holleschau. In: Die Juden und Judengemeinden Mährens in Vergangenheit und Gegenwart. Ein Sammelwerk. Hg. von Hugo Gold. Brünn: Jüdischer Buch- und Kunstverlag 1929, S. 233–240; Heinrich Flesch: Geschichte der Juden in Kanitz. In: ebd., S. 267–278. Die südmährische Stadt Kanitz heißt heute auf deutsch Konitz, auf tschechisch Konice.

[22] Mordechai Eliav / Esriel Hildesheimer: Bet Midras le-Rabbanim be-Berlin 1873–1938 [Das Rabbinerseminar in Berlin 1873–1938, hebr.]. Jerusalem: Leo Baeck Institute 1996, S. 46 stellen fest, daß nicht bekannt ist, ob und wann er im Rabbinerseminar lernte.

[23] Jonathan Wittenberg: Undressing our Scroll Story. In: Manna 62 (1999), o. pag. ⟨http://www.refsyn.org.uk/manna/manna62/m062-31.htm⟩ (12.07.2002); Wittenberg ist der Urenkel von Jakob Freimann und berichtet über das Wiederauffinden einer Torahrolle von Jakob Freimann, die heute in seiner Synagoge in London verwendet wird.

[24] So gab er u. a. für den Verein Mekize Nirdamim folgende Werke heraus: Leqet yoser des Joseph b. Mose (2 Bde, Berlin 1903/1904), Ma'aseh hag-geonim (Berlin 1909), Machkim d. Natan b. Jehuda (Krakau 1909), Siddur Raschi, Ritualwerk, R. Salomo ben Isaak zugeschrieben (Berlin 1911). Eine Bibliographie seiner Werke siehe: Alfred

ein Lexikon für Judaica in Deutsch und Hebräisch, fungierte er als Berater für
den Themenbereich der rabbinischen Literatur. Jakob Freimann wurde als ein
»hervorragender Gelehrter auf halachischem Gebiete« und als »einer der besten Kenner der mittelalterlichen hebräischen Literatur« bezeichnet.[25] Er war
mit Aron Freimann an der Bearbeitung des historisch-topographischen Handbuchs *Germania Judaica* beteiligt und Verfasser mehrerer Arbeiten zur Geschichte der Juden in verschiedenen Gemeinden in Mähren.

d) Der Neffe Alfred (Abraham Chaim) Freimann

Alfred Freimann, der Sohn von Jakob Freimann, war der Neffe von Aron Freimann und ebenfalls ein bedeutender Wissenschaftler und Jurist.[26] Alfred Freimann wurde 1898 in Holleschau geboren und von seinem Vater in das Talmudstudium eingeführt. An den Universitäten in Frankfurt am Main und Marburg
studierte er Rechtswissenschaft und amtierte zunächst als Richter in Marburg,
danach als Landgerichtsrat in Braunsberg, in Ostpreußen. Er war ein überzeugter
Zionist und bereits in seiner Jugend in Posen in der Misrachi-Bewegung, der
religiösen Sektion der zionistischen Bewegung, aktiv gewesen. Nach der Machtübernahme der Nationalsozialisten wanderte er im Jahre 1933 nach Palästina
aus und war dort als Rechtsberater einiger großer Versicherungsfirmen tätig.
Sein wissenschaftliches Interesse galt der mittelalterlichen rabbinischen Literatur
und – beeinflußt von seiner Tätigkeit als Richter – insbesondere den großen
Kodifikatoren unter den jüdischen Gelehrten. Im Jahre 1918 erschien seine erste
wissenschaftliche Arbeit über den bedeutenden Talmudgelehrten Ascher ben
Jechiel.[27] Ähnlich wie sein Onkel Aron Freimann war auch er an der hebräischen Bibliographie interessiert und entwickelte sich im Laufe seines Lebens
zu einem Fachmann auf diesem Gebiet.[28]

Freimann / Daniel Lewin: Schriften und Aufsätze von Dr. Jakob Freimann. In: Festschrift Dr. Jakob Freimann (Anm. 21), S. XII–XVI. Vgl. auch die Besprechung der
Festschrift: Markon, Zwei Freimann-Festschriften (Anm. 20), S. 451–452.

[25] Flesch, Geschichte der Juden in Kanitz (Anm. 21), S. 278.

[26] Vgl. Encyclopaedia Judaica (Anm. 7), Bd 7, Sp. 136; Ephraim E. Urbach: Dr. Abraham Hayyim Freimann – Kawim ledmuto [Linien zu seiner Persönlichkeit, hebr.]. In:
ders., Studies in Judaica [hebr.]. Hg. von Moshe D. Herr und Jonah Fraenkel. 2 Bde,
Jerusalem: Magnes Press 1998, Bd 2, S. 870–871.

[27] Alfred Freimann: Ascher ben Jechiel. In: Jahrbuch der Jüdisch-Literarischen Gesellschaft 12 (1918), S. 237–317; ders., Die Ascheriden (1267–1391). In: ebd. 13 (1920),
S. 142–254; beide Werke erschienen auch als Sonderdrucke. Vgl. Aron Freimann: Katalog der Judaica und Hebraica. Stadtbibliothek Frankfurt am Main. Band Judaica. Frankfurt a. M.: Lehrberger 1932, S. 48.

[28] Vgl. Urbach, Dr. Abraham Hayyim Freimann (Anm. 26), S. 870ff.: »seine [Alfred Frei-
manns] bibliographischen Kenntnisse waren überraschend, auch in Fächern mit denen
er sich nicht besonders beschäftigte.« Alfred hatte seinem Onkel Aron Freimann bei
der Zusammenstellung des Verzeichnisses »Die hebräischen Inkunabeln der Stadtbibliothek zu Frankfurt am Main«, in: Festgabe für Friedrich Clemens Ebrard zur Voll-

Alfred Freimann beschäftigte sich mit den religionsgesetzlichen Texten des Maimonides und veröffentlichte mehrere wissenschaftliche Editionen wichtiger Responsen-Sammlungen von Moses Maimonides und dessen Sohn Abraham Maimonides sowie zahlreiche Aufsätze über die Geschichte der Familie.[29] Ein weiterer Schwerpunkt seiner wissenschaftlichen Arbeit lag in der Erforschung der Entwicklung des jüdischen Rechts seit seiner Festlegung im Talmud im fünften Jahrhundert, und zwar insbesondere der Themenbereich des Personenstandsrechtes. Sein Hauptinteresse galt der Frage der Umsetzung eines von Rabbinern im Mittelalter festgelegten Gesetzeswerkes in eine neue Gesetzgebung und seine Anpassung an die Bedürfnisse eines modernen jüdischen Staates, in der er das zentrale Problem sah, das vorrangig gelöst werden mußte, um die mit der Staatsgründung zusammenhängenden rechtlichen Sachverhalte zu klären.

Im Jahr 1942 wurde er in Jerusalem zum Dozenten für Jüdisches Recht an der Hebräischen Universität ernannt, und seit 1947 war er der Vorsitzende des Beratungskomitees für die Umsetzung des Jüdisches Rechtes bezüglich des Personenstatus im zukünftigen Staat Israel.[30] Am 13. April 1948 kam er bei einem arabischen Terrorangriff auf einen Konvoi von Dozenten der Hebräischen Universität auf ihrem Weg in die Universität ums Leben.[31] Sein Tod hat Aron Freimann kurz vor seinem eigenen Tod schwer getroffen, da er sich ihm eng verbunden fühlte und in ihm »den Erben seines Geistes« sah.[32]

3.1.2 Der traditionelle Charakter der jüdischen Gemeinden in Posen

Aron Freimann wurde im Jahr 1871 in Filehne geboren und verbrachte seine Kindheit und Jugend in Ostrowo, beides Kleinstädte in Posen, in denen die jüdischen Gemeinden bis weit in die zweite Hälfte des 19. Jahrhunderts ihren

---

endung seines 70. Lebensjahres gewidmet von seinen Freunden. Frankfurt a. M.: Baer 1920, S. 129–144, geholfen. Vgl. Danksagung von Aron Freimann, ebd., S. 131: »Meinem Neffen, dem cand. Jur. Alfred Freimann, danke ich für die Mithilfe bei Aufnahme der Titel und dem Lesen der Korrektur.« Für die Festschrift von Aron Freimann lieferte er ebenfalls einen bibliographischen Beitrag, vgl. Alfred Freimann: Zur Bibliographie der hebräischen Responsen des Maimonides. In: Festschrift für Aron Freimann zum 60. Geburtstage. Hg. von Alexander Marx und Herrmann Meyer. Berlin: Soncino-Gesellschaft der Freunde des jüdischen Buches e. V. 1935, S. 121–124.

29 Alfred Freimann: Tesuvot ha-Rambam [Responsen des Moses Maimonides]. Jerusalem: Meqise Nirdamim 1934; ders., Tesuvot Avraham ben ha-Rambam [Responsen des Abraham Maimonides]. Jerusalem: Meqise Nirdamim 1937.

30 Alfred Freimann: Seder qiddusin we-nissuin ahre hatimat hat-talmud. Jerusalem: Harav Kook Institute 1945. Dies war seine erste Veröffentlichung zu Personenstandsfragen im Jüdischen Recht und behandelt die Veränderungen in den jüdischen Eheschließungsgesetzen im Mittelalter.

31 Encyclopaedia Judaica (Anm. 7), Bd 7, Sp. 136. Nachruf und vollständige Bibliographie von Ephraim E. Urbach, in: Kiryat Sepher 25 (1948/49), S. 105–108.

32 Adolf Kober: Aron Freimann. In: Aufbau 14 (1948), 11. Juni 1948, S. 8.

traditionellen Charakter beibehielten. In der Literatur werden die Posener Juden als eine gesonderte Gruppe unter den deutschen Juden dargestellt, die sich auf Grund ihrer besonderen geschichtlichen Entwicklung von den übrigen Juden im Deutschen Reich unterschieden und ein »besonderes Element innerhalb der deutschen Judenheit« bildeten.

> Es herrschte eine besondere geistige Atmosphäre in diesen Gemeinden, in denen das Licht des alten *Beth Hamidrash* noch nicht ausgelöscht worden war, und in denen die Juden, die alles andere als wohlhabende Bürger waren, sich beidem – dem Studium der jüdischen religiösen Tradition und dem weltlichen Wissen – widmeten.[33]

Die Assimilation und Säkularisierung hatten sich in Posen in viel geringerem Maße als im übrigen Preußen ausgebreitet, und die jüdischen Gemeinden blieben in ihrer traditionellen Form erhalten.[34] Im Folgenden wird die gesonderte Geschichte der Posener Juden kurz dargestellt, um das Milieu, in dem Freimann aufwuchs und das ihn in seiner frühesten Sozialisation prägte, zu veranschaulichen.

Posen war der westlichste Teil des historischen Kerngebiets Polens, auch Großpolen genannt, und fiel im Jahre 1807, nachdem es zwischen 1795 und 1806 für die kurze Zeitspanne von elf Jahren zu Preußen gehört hatte, als Teil des Herzogtums Warschau wieder unter polnische Herrschaft. Seit den Beschlüssen des Wiener Kongresses im Jahr 1815 gehörte Posen zu Preußen, zuerst als Großherzogtum und seit 1849 unter der Bezeichnung Provinz Posen. Mit der Reichsgründung im Jahr 1871 wurde die preußische Provinz Posen ein Teil des Deutschen Reiches. Mit der Wiedererrichtung des polnischen Staates nach dem Ersten Weltkrieg wurde Posen 1918 erneut polnisch.

Die Juden in Preußen waren mit dem im Jahr 1812 erlassenen »Edikt betreffend die bürgerlichen Verhältnisse der Juden in dem Preußischen Staate« zu »Staatsbürgern« geworden, denen alle wirtschaftlichen Freiheiten gewährt, der Zugang zu Staatsämtern jedoch verwehrt wurde.[35] Die Gleichstellung der Juden in Posen erfolgte dagegen erst nach der Revolution von 1848, da die preußische

---

[33] Kurt Wilhelm: The Jewish Community in the Post-Emancipation Period. In: Leo Baeck Institute Year Book 2 (1959), S. 47–75, hier S. 55. Beth Hamidrasch ist das traditionelle Lehrhaus, das sowohl als Talmud-Torah-Schule als auch als Bethaus dienen kann.

[34] Mordechai Breuer: Jüdische Orthodoxie im Deutschen Reich 1871–1918. Die Sozialgeschichte einer religiösen Minderheit. Frankfurt a. M.: Jüdischer Verlag bei Athenäum 1986, S. 50ff. nennt als Gründe die physische Isolierung der Provinz infolge schlechter Verkehrsverbindungen sowie die gesellschaftliche Distanz der Juden zur polnischen Bevölkerung. – Sophia Kemlein: Die Posener Juden 1815–1848. Entwicklungsprozesse einer polnischen Judenheit unter preußischer Herrschaft. Hamburg: Dölling und Galitz 1997 (Hamburger Veröffentlichungen zur Geschichte Mittel- und Osteuropas; 3), S. 236 hebt den intakten Charakter der Gemeinden hervor und sieht in der großen Zahl der auf engem Raum beieinander liegenden jüdischen Gemeinden die Ursache für die spät einsetzenden Veränderungen.

[35] Zur preußischen Emanzipationspolitik vgl. Annegret H. Brammer: Judenpolitik und Judengesetzgebung in Preußen 1812 bis 1847. Mit einem Ausblick auf das Gleichberechtigungsgesetz des Norddeutschen Bundes von 1869. Berlin: Schelzky & Jeep 1987.

Regierung die Gültigkeit des Emanzipationsediktes von 1812 im Hinblick auf die große Zahl der dortigen jüdischen Bevölkerung nicht auf die reokkupierten Gebiete ausweitete. So waren die Juden in Posen in der ersten Hälfte des 19. Jahrhunderts preußische Untertanen, die sich in einer schlechteren rechtlichen Lage befanden als ihre Glaubensbrüder in den übrigen preußischen Provinzen. Gleichwohl wurde auch im Großherzogtum Posen das aufgeklärt etatistische »preußische Modell« der Emanzipation durchgeführt, welches eine Politik der schrittweisen Aufhebung der bestehenden Beschränkungen gegenüber den Juden als einen langsamen »von oben« gesteuerten Prozeß vorsah, allerdings mit deutlicher Verzögerung zu den alten preußischen Provinzen.[36]

Im Gegenzug dazu sollten sich die Juden an die christliche Gesellschaft anpassen, so daß die rechtliche Gleichstellung und soziale Integration der Juden den Abschluß eines Assimilationsprozesses bilden würden.[37] Die erste Änderung erfolgte unter der Regierung des Oberpräsidenten Eduard Flottwell mit der »Vorläufigen Verordnung wegen des Judenwesens im Großherzogtum Posen vom 1. Juni 1833«. Sein Ziel war die Gewinnung des jüdischen Bürgertums für die preußische Polenpolitik im Großherzogtum Posen. Die Verordnung teilte die dort lebenden Juden in zwei Klassen ein: in die der Naturalisierten und die der Geduldeten.[38] Wohlhabende Juden, die Boden, Immobilien oder Kapital besaßen, Intellektuelle und Gelehrte sowie Personen, die sich um den preußischen Staat verdient gemacht hatten, erhielten unter der Voraussetzung »fließender Beherrschung des Deutschen« das Recht, sich um die »Naturalisation« zu bewerben. Die naturalisierten Juden waren in bezug auf ihre bürgerlichen und privatrechtlichen Verhältnisse den christlichen Einwohnern nahezu gleichgestellt. Sie erhielten das Recht ihr Gewerbe frei zu wählen, Grundstücke zu kaufen und das städtische Bürgerrecht zu erwerben, das ihnen einen beschränkten Zugang zu Ämtern in der Selbstverwaltung ermöglichte. Allerdings durften sie ihren Wohnort nur innerhalb der Provinz Posen frei wählen, und eine Übersiedlung in die alten Provinzen bedurfte der Genehmigung des Innenministers.

---

[36] Vgl. Reinhard Rürup: Emanzipation und Antisemitismus. Studien zur »Judenfrage« der bürgerlichen Gesellschaft. Göttingen: Vandenhoeck & Ruprecht 1975 (Kritische Studien zur Geschichtswissenschaft; 15), S. 11; ders., Jüdische Geschichte in Deutschland. Von der Emanzipation bis zur nationalsozialistischen Gewaltherrschaft. In: Zerbrochene Geschichte. Leben und Selbstverständnis der Juden in Deutschland. Hg. von Dirk Blasius. Frankfurt a. M.: Fischer Taschenbuch-Verlag 1991 (Fischer Taschenbücher; 10524: Geschichte), S. 79–101, hier S. 83ff.

[37] Stefi Jersch-Wenzel: Zur Geschichte der jüdischen Bevölkerung in der Provinz Posen im 19. Jahrhundert. In: Juden in Ostmitteleuropa. Von der Emanzipation bis zum Ersten Weltkrieg. Hg. von Gotthold Rhode. Marburg: Herder-Institut 1989 (Historische und landeskundliche Ostmitteleuropa-Studien; 3), S. 73–84.

[38] Vgl. Kemlein, Die Posener Juden (Anm. 34), S. 103ff.; Witold Molik: Sozialer Aufstieg durch Bildung. Jüdische Abiturienten im Großherzogtum Posen und die Richtungen ihrer Berufskarrieren in der zweiten Hälfte des 19. und zu Beginn des 20. Jahrhunderts. In: Bildung und Nationalismus. Die Schule in ethnischen Mischgebieten (19. und 20. Jahrhundert). Lüneburg: Institut Nordostdeutsches Kulturwerk 1992 (Nordost-Archiv; N. F. 1,2), S. 461–485, hier S. 461ff.

Über viele Jahre wurde so zwangsweise die Abgeschlossenheit der Posener Juden aufrechterhalten. Die übrigen Juden blieben geduldete Juden, die weiterhin der strengen staatlichen Kontrolle unterlagen und vielen Restriktionen ausgesetzt waren; u. a. durften sie erst im Alter von 25 Jahren heiraten oder sich auf dem Land nur dann niederlassen, wenn sie einen Bauernhof bewirtschafteten oder sich bei einem Gutsbesitzer verdingten. Alle anderen Erwerbstätigen mußten sich in den Städten niederlassen, wo sie aber von den städtischen Bürgerrechten ausgeschlossen blieben. Der Ein- und Verkauf im Umherziehen war ihnen ebensowenig gestattet wie die Ausübung des Schankgewerbes auf dem Lande. Der auf diese Weise eingeleitete Prozeß der Einbürgerung verlief langsam und umfaßte nur die wohlhabenden und gebildeten Juden. Die Zweiteilung der Juden blieb auch nach Erlaß des Gesetzes über die Verhältnisse der Juden vom 23. Juli 1847 aufrechterhalten, mit dem die naturalisierten Juden den übrigen preußischen Juden gleichgestellt wurden. Erst die Verfassung vom 5. Dezember 1848 sowie die preußische Verfassung vom 31. Januar 1850 enthielten keine territorialen Sonderregelungen mehr und stellten die Posener Juden den übrigen in Preußen gleich. Mit dem im Juli 1869 erlassenen »Gesetz betreffend die Gleichberechtigung der Konfessionen in bürgerlicher und staatsbürgerlicher Beziehung« in Folge des Beitritts Preußens zum Norddeutschen Bund gelangte die Emanzipation der Juden in Preußen zu ihrem Abschluß.

Bei der jüdischen Bevölkerung vollzog sich mit der Einverleibung Posens in Preußen im Laufe des 19. Jahrhunderts eine tiefgehende Wandlung. Zu Beginn des Jahrhunderts hatten die Posener jüdischen Gemeinden noch einen integralen Bestandteil der polnisch-litauischen Judenheit gebildet. Der Alltag wurde durch die Einhaltung der religiösen Gesetze bestimmt, und das Torah- und Talmudstudium beschränkte sich nicht allein auf die Rabbiner und Gelehrten, sondern wurde von weiten Kreisen der jüdischen Gesellschaft als erstrebenswertes Ideal angesehen. Indem die Talmudgelehrsamkeit ihren zentralen Stellenwert im Alltagsleben beibehielt, waren rabbinische Autorität und Gemeindedisziplin über Jahre hinweg weitgehend intakt geblieben.[39] Erst im Laufe des 19. Jahrhunderts gelangten die Ideen der von Berlin ausgehenden jüdischen Aufklärung, der Haskala, zu den Posener Juden, und allmählich gewann auch die jüdische Reformbewegung Anhänger in der Provinz. Die Verbindungen zum polnischen Judentum blieben weiterhin bestehen und kamen auch in der Alltagssprache zum Ausdruck, in welcher der jüdisch-deutsche Dialekt in Posen dem Jiddisch der polnischen Juden ähnlicher war als dem Jüdisch-Deutschen der Juden im alten Reich. Dies lag unter anderem auch daran, daß noch am Ende des 19. Jahrhunderts eine beträchtliche Anzahl von traditionalistischen Rabbinern und Talmudgelehrten in den Gemeinden im Amt waren.[40]

Mit den Jahren verloren die Juden in Posen ganz allmählich ihren inneren Zusammenhalt mit den nach den Teilungen Polens in den anderen Herrschafts-

---

[39] Kemlein, Die Posener Juden (Anm. 34), S. 43ff.
[40] Breuer, Jüdische Orthodoxie im Deutschen Reich (Anm. 34), S. 51, erwähnt ausdrücklich auch Ostrowo.

gebieten lebenden Juden. Die unterschiedliche Gesetzgebung in den einzelnen Teilungsgebieten förderte den Desintegrationsprozeß des ehemals polnischen Judentums und schuf ein Zugehörigkeitsgefühl zur neuen Staatsstruktur.[41] Die ehemals polnischen Posener Juden, die sich unter preußischer Herrschaft befanden, lebten unter der modernsten der drei Teilungsmächte und genossen den relativ größten rechtlichen Schutz. Sie befanden sich in einer äußerst schwierigen Lage, da sie als dritte Nationalitätengruppe zwischen der zahlenmäßig dominierenden polnischen Bevölkerung und der deutschen Minderheit standen. Seit der Revolution von 1848 nahmen sie im polnisch-deutschen Nationalitätenkonflikt in Posen eindeutig für die deutsche Seite Stellung.[42] Im Laufe des 19. Jahrhunderts entwickelten sie sich zu loyalen preußischen Bürgern und verstanden sich zunehmend als deutsche Patrioten.[43]

Die deutsche Sprache verbreitete sich rasch und in großem Maße und war bereits in der Jahrhundertmitte zur Verkehrssprache der Juden geworden, die das Jiddische verdrängt hatte. Der Akkulturationsprozeß verlief schneller als im übrigen Deutschland und schloß auch die traditionalistischen Kreise mit ein. Trotz ihrer starken Verwurzelung in der Tradition und der orthodoxen Lebenshaltung konnte der Chassidismus in Posen, im Gegensatz zu Polen, kaum Anhänger gewinnen. Gleichzeitig entwickelte sich in der Provinz Posen aus dem jüdischen Besitzbürgertum auch ein Bildungsbürgertum, das im kulturellen und politischen Leben der Provinz eine zunehmende Rolle einzunehmen begann. Doch trotz des relativ schnell voranschreitenden Akkulturationsprozesses in Sprache und Bildung und trotz der schrittweisen Gleichstellung bewahrten die Posener Juden stärker als alle anderen deutschen Juden eine ausgeprägt jüdische Identität, die in vielen Bereichen des Alltagslebens zum Ausdruck kam. So wurden bis gegen Ende des 19. Jahrhunderts in den Posener

---

41 Arthur Eisenbach: Die Judenemanzipation in den polnischen Gebieten im 19. Jahrhundert vor europäischem Hintergrund. In: Deutsche – Polen – Juden. Ihre Beziehungen von den Anfängen bis ins 20. Jahrhundert. Beiträge zu einer Tagung. Hg. von Stefi Jersch-Wenzel. Berlin: Colloquium 1987 (Einzelveröffentlichungen der Historischen Kommission zu Berlin; 58), S. 169–190, hier S. 180.

42 Peter Pulzer: Jews and the German State. The Political History of a Minority 1848–1933, Oxford u. a.: Blackwell 1992 (Jewish Society and Culture), S. 77. Eines der Ziele der Emanzipationsgesetzgebung der preußischen Regierung in Posen war es, im deutsch-polnischen Nationalitätenkonflikt die Unterstützung der Juden für die deutsche Minderheit zu gewinnen.

43 Vgl. Moritz Lazarus: Treu und Frei. Gesammelte Reden und Vorträge über Juden und Judenthum. Leipzig: Winter 1887, S. 307. Lazarus (1824–1903), der Begründer der Völkerpychologie, war in Filehne geboren und schilderte die Situation folgendermaßen: »[Es] herrschte unter den Juden durchweg ein gut preußischer, altconservativer, strenger, man darf sagen, religiös dynastischer Patriotismus; ganz war man von der, durch die Folie trüber Erinnerungen glänzenden, Zuversicht erfüllt, daß die Regulierung das Recht, den Frieden und die religiöse Übung aller Volkstheile redlich beschütze und der geistigen wie ökonomischen Entwickelung der Juden wohl gewogen und mit väterlicher Fürsorge zugeneigt sei.«

Kleinstädten die religiösen Gesetze, vor allem die Speiseregeln sowie die Vorschriften des Sabbats und der jüdischen Feiertage, noch von der Mehrzahl der
Juden eingehalten. Anders als in der Anonymität der Großstädte herrschte hier
noch ein gemeinsames öffentliches jüdisches Leben, in dessen Zentrum die
Gemeinde stand. Hebräische Vornamen für jüdische Jungen waren die Regel
und der jüdische Kalender blieb in der Provinz in Gebrauch. Die äußerst nied-
rige Taufrate der Posener Juden ist ein weiterer Beleg für den hohen Grad an
Selbstbewahrung.[44]

Um die Jahrhundertmitte wohnte die überwiegende Mehrheit der Juden Posens, nämlich neunzig Prozent, in den größeren und kleineren Städten, während die übrigen zu ca. vier Prozent in Städtchen mit weniger als 1.000 Einwohnern und der Rest auf dem Lande lebte. Im Gegensatz hierzu lebten die
Polen überwiegend auf dem Land, und von den Deutschen wohnte knapp ein
Drittel in den Städten und zwei Drittel auf dem Land.[45] Ostrowo gehörte zu
den größeren Städten Posens, dort befanden sich 1849 unter den 5.472 Einwohnern 1.647 Juden, das waren dreißig Prozent.[46] In der zweiten Hälfte des
19. Jahrhunderts nahm die Zahl der Juden in Posen durch Abwanderung in die
westlichen Provinzen des Reiches und ins Ausland erheblich ab.[47] Im Jahr
1873, kurz nach Freimanns Geburt, lebten noch 1.602 Juden in Ostrowo.[48]
Eine ähnliche Situation war in der Geburtsstadt von Aron Freimann, in Filehne, gegeben, wo bei geringerer Einwohnerzahl, eine gleichgeartete Zusammen-
setzung der Bevölkerung vorherrschte. Im Jahr 1849 lebten insgesamt 3.360
Einwohner in Filehne, von denen ebenfalls ein Drittel, nämlich 1.027 Juden,
waren.[49]

---

[44] Kemlein, Die Posener Juden (Anm. 34), S. 245ff.

[45] Ebd., S. 61.

[46] Ebd., S. 342. Freimann, Geschichte der israelitischen Gemeinde Ostrowo (Anm. 15),
      S. 12, gibt die Zahl der Juden mit 1.645 an.

[47] Zur Auswanderung vgl. Jersch-Wenzel, Zur Geschichte der jüdischen Bevölkerung
      in der Provinz Posen (Anm. 37), S. 75–78; Cornelia Östreich: »Des rauhen Winters
      ungeachtet«. Die Auswanderung Posener Juden nach Amerika im 19. Jahrhundert.
      Hamburg: Dölling und Galitz 1997 (Hamburger Veröffentlichungen zur Geschichte
      Mittel- und Osteuropas; 4), S. 73.

[48] Freimann, Geschichte der israelitischen Gemeinde Ostrowo (Anm. 15), S. 12. Die
      genauen Zahlen lauten: Für das Jahr 1861 – 1.919 Juden, diese Zahl stellt gegenüber
      der Zahl von 1.647 Juden im Jahre 1849 eine einmalige Zunahme und eine Ausnah-
      me in der fallenden Tendenz der jüdischen Einwohnerzahlen dar. Für das Jahr 1873
      lautet die Zahl 1.602 Juden, für 1880 – 1.496 Juden, für 1885 – 1.335 Juden. Für das
      Jahr 1890 macht Freimann zwei verschiedene Zahlenangaben: 1.870 und 1.080.
      Heppner / Herzberg, Aus Vergangenheit und Gegenwart der Juden und der jüdi-
      schen Gemeinden in den Posener Landen (Anm. 15), Bd 2, S. 670, übernehmen von
      Freimann die Zahl 1.870, welche auf Grund der steten Abwanderung sehr hoch und
      daher unwahrscheinlich ist. Ebd., S. 670, Anm. 2 wird zusätzlich das Statistische
      Jahrbuch des Deutsch-Israelitischen Gemeindebundes mit der Angabe der Zahl von
      1.500 Juden gleich 300 Familien zitiert.

[49] Kemlein, Die Posener Juden (Anm. 34), S. 342.

3.1.3 Kinder- und Jugendjahre in Ostrowo

Aron Freimann wurde am 5. August 1871 in Filehne in der Provinz Posen geboren und wuchs in Ostrowo auf, wo sein Vater am 7. September 1871 sein Amt als Rabbiner antrat.[50] Er war das zweitjüngste unter acht Kindern, von denen zwei bereits als Kleinkinder starben.[51] Er wurde in einer orthodoxen Familie und in einer in sich geschlossenen, intakten jüdischen Gemeinde großgezogen, in der die traditionelle Lebensweise, die auf dem jüdischen Religionsgesetz basierte und in einem reichhaltigen Gemeindeleben zum Ausdruck kam, fortgeführt wurde. Seine Kindheit und Jugend verlebte er in einer homogenen Gemeinschaft, die noch nicht von Modernisierungs- und Industrialisierungsprozessen erfaßt worden war. Freimann hat in seiner Veröffentlichung *Die Geschichte der israelitischen Gemeinde Ostrowo* die sozialen und wirtschaftlichen Verhältnisse innerhalb der Gemeinde sehr detailliert dargestellt und auch die Berufe der Gemeindemitglieder im einzelnen aufgeführt.[52] Eine auffallend hohe Anzahl der Juden war als Händler, Kleinkaufleute und Handwerker vor allem im Stoffhandel, Vertrieb sowie im Schneidergewerbe tätig oder verdiente den Lebensunterhalt in religiösen und gemeindlichen Bereichen. Die hohe Konzentration in Berufszweigen, die zu den traditionellen Beschäftigungen der Juden in Osteuropa zählten, belegt, daß die jüdische Gemeinde in Ostrowo im zweiten Drittel des 19. Jahrhunderts in ihrer Struktur noch sehr vergleichbaren jüdischen Gemeinden in Polen ähnelte.

---

[50] Das Geburtsdatum variiert 5. oder 9. August. Im Lebenslauf, eingereicht für den Stellenantritt in der Bibliothek (Institut für Stadtgeschichte (ehemals Stadtarchiv), Frankfurt am Main), ist der 9. August vermerkt und durchgestrichen. In den meisten Dokumenten steht der 5. August als Geburtsdatum, allerdings steht im Lebenslauf am Ende seiner Dissertation der 9. August. Das Antrittsdatum siehe bei Freimann, Geschichte der israelitischen Gemeinde Ostrowo (Anm. 15), S. 12.

[51] Heppner / Herzberg, Aus Vergangenheit und Gegenwart der Juden und der jüdischen Gemeinden in den Posener Landen (Anm. 15), Bd 1, 1909, S. 386 zählen Aron Freimann auf Grund seiner Geburt in Filehne zu den »hervorragenden Männern« des Ortes.

[52] Freimann, Geschichte der israelitischen Gemeinde Ostrowo (Anm. 15), S. 11. Die Angaben beziehen sich auf das Jahr 1835, als 1.256 Juden in Ostrowo lebten. Im Jahre 1873 lebten 1.602 Juden in der Stadt, bei der sehr langsamen Veränderung der wirtschaftlichen Infrastruktur in Posen ist anzunehmen, daß die Angaben, mit gewissen Abstrichen, auch auf das Jahr 1873 zutreffen. »Am 22. März 1835 waren 1.256 Personen (267 Familien) Juden. Darunter waren 2 Lehrer, 1 Rabbiner, 1 Nebenrabbiner, 1 Cantor und Schächter, 2 Synagogendiener, 1 Banquier, 1 Liqueurlieferant, 8 Kaufleute mit Schnittwaren, 2 mit Galanteriewaren, 14 mit Materialhandel, 1 mit Rauchwaren, 1 mit Lederhandel, 3 vom Gewerbe überhaupt lebend, 4 vom Betrieb der Gastwirtschaft mit Acker, 2 vom Getränkeschank, 2 Getreide- und 2 Mehlhändler, 34 Kleiderwarenhändler und Krämer, 8 Rohproduktenhändler, 3 Handelsgehülfen, 13 Makler und Factoren, 2 vom Hausierhandel, 65 Schneider, 11 Kürschner, 9 Fleischer, 3 Bäcker, 1 Goldarbeiter, 1 Tabakspinner, 1 Uhrmacher, 1 Hutmacher, 2 Glaser, 2 Seifensieder, 1 Gerber, 1 Tischler, 1 Posamentier, 1 Buchbinder, 2 Wattenfabrikanten, 4 Gewerbegehülfen, 2 Lohnfuhrleute, 4 von der Fischerei, 3 Milchpächter, 39 durch Gesindedienst und Tagelöhner, 7 von Almosen, 2 von unbestimmten Erwerbsquellen, 1 Lieferant.«

Mit der wachsenden Zahl von Gemeindemitgliedern wurde eine Reihe von Neubauten für die kultischen Angelegenheiten notwendig, die seit Beginn der sechziger Jahre in Angriff genommen wurden. Im Jahr 1860 wurde eine neue Synagoge eingeweiht, die 1868 mit Gasbeleuchtung ausgestattet wurde und zu den »schönsten Gebäuden der Stadt« zählte.[53] An der Stelle der alten, wegen Baufälligkeit abgetragenen Synagoge, stand seit 1869 das Lehrhaus, das Beth Hamidrasch, in dem Talmudstudien betrieben wurden und das auch als Betstube, »Nebensynagoge« genannt, fungierte.[54] Im Jahr 1867 war ein neues Ritualbad, eine Mikwe eingerichtet worden und 1873 wurde eine neue Leichenhalle errichtet. Eine Vielzahl von jüdischen Vereinen kümmerte sich um die Belange der Gemeindemitglieder. Bereits im 18. Jahrhundert war der Verein für Krankenpflege und Leichenbestattung, die Hewra Kadischa gegründet worden, im 19. Jahrhundert kamen dann zwei eigene Beerdigungsbruderschaften, die der Kürschner und die der Schneider hinzu. Des weiteren gab es einen Jugendverein, aus dem der Verein zur Heranbildung jüdischer Handwerker hervorging, einen Studienverein Ez Chajim, einen Mildtätigkeitsverein, mehrere Frauen- und Mädchenvereine, einen Verein für jüdische Geschichte und Literatur, einen Fortbildungsverein und die Egerloge.

In Folge des preußischen Erlasses von 1833, der den Status der Juden im Großherzogtum Posen regelte und den jüdischen Gemeinden auch die Verpflichtung für den Schulunterricht der schulpflichtigen Kinder auferlegte, war 1835 eine aus zwei Klassen bestehende jüdische Elementarschule für die 136 jüdischen Kinder in der Stadt eingerichtet worden. Im Jahr 1841 wurde das Schulhaus errichtet, ein »zweistöckiges massives Gebäude«, in dem auch Aron Freimann zur Schule ging.[55] Sechs Jahre später wurde die Schule auf drei Klassen, während der Jahre 1862 bis 1888 sogar auf vier Klassen erweitert. Einer der Lehrer von Aron Freimann muß der in den Jahren von 1847 bis 1883 an der Schule lehrende Aron Weg gewesen sein. In den Städten und Kleinstädten Posens bestand noch ein jüdisches Milieu, in dem der Einzelne sein Leben in einem jüdischen Rahmen führte. Damit war, stärker als in anderen preußischen Provinzen, der Alltag der Juden in Posen noch durch die jüdischen Gesetze und Bräuche festgelegt. Als Sohn des Gemeinderabbiners traf dies auf Aron

---

[53] Ebd., S. 13ff. Der plötzliche Ausfall der Gasbeleuchtung beim Jom-Kippur-Gottesdienst im Oktober 1872 führte zu einer Panik, bei der 14 Frauen und 4 Kinder starben.

[54] Ebd., S. 14; Kemlein, Die Posener Juden (Anm. 34), S. 216 nimmt die Aufrechterhaltung des Lehrhauses im Jahre 1842 als Parameter für den Beharrungswillen in den jüdischen Gemeinden. Allerdings scheint die Behauptung von Kemlein, es bestehe eine Korrelation von Einführung religiöser Reformen und der wissenschaftlichen Ausbildung der Rabbiner in Posen nicht zuzutreffen. Bereits der Vorgänger von Israel Meir Freimann in Filehne, Rabbiner Dr. Abraham Stein, hatte in Kassel studiert und blieb der Orthodoxie verhaftet, ebenso wie Israel Meir Freimann.

[55] Freimann, Geschichte der israelitischen Gemeinde Ostrowo (Anm. 15), S. 12 gibt die Tatsache an, daß sich die Schule noch 1896 in diesem Gebäude befand. Mangels persönlicher Lebenserinnerungen wird auf die wissenschaftliche Studie seiner Heimatstadt als Ersatz zurückgegriffen.

Freimann in ganz besonderem Maße zu, so daß er von Kind an in den Traditionen des Judentums fest verwurzelt war. Aron Freimann besuchte die jüdische Elementarschule und wurde von seinem Vater, wie dies bei den Orthodoxen Brauch war, zusätzlich in religiösen Studien unterwiesen.[56] Kurz nach seinem 13. Geburtstag, seiner Bar-Mizwa, der religiösen Mündigkeit für jüdische Knaben, starb sein Vater am 21. August 1884. Nach dem Tod des Vaters setzte er seine religiösen Studien bei seinem Cousin und Schwager Jakob Freimann und dem Amtsnachfolger seines Vaters, Rabbiner Dr. Elias Plessner, fort.[57]

Mit zehn Jahren war Freimann 1881 in das katholische Königliche Gymnasium in Ostrowo eingetreten, das 1845 gegründet worden war und an dem fast ein Drittel der Schüler Juden waren.[58] Insgesamt besuchten in den Jahren 1881 bis 1885 109 jüdische Jungen dieses Gymnasium und stellten 27,1 Prozent der Gesamtschülerschaft. Mit der zunehmenden Abwanderung der Juden aus der Provinz Posen sank die Zahl der jüdischen Schüler in den Jahren 1886 bis 1890 auf 93 (23,7 %) und in den folgenden fünf Jahren auf 65 (17,6 %).[59] Dennoch überstieg der Anteil der jüdischen Schüler und Absolventen in den Gymnasien im Großherzogtum Posen, ähnlich wie überall im Deutschen Reich, ihren Anteil an der Gesamtbevölkerung um ein Vielfaches. Allerdings waren die Juden im industriell und urban rückständigen Großherzogtum Posen in den Gymnasien noch deutlicher überrepräsentiert als in den anderen Reichsteilen. Hier war der in der zweiten Hälfte des 19. Jahrhunderts schnell wachsende Zustrom minder begüterter Juden an Gymnasien und Hochschulen Ausdruck des Versuchs, über Bildung ebenso wie ihre Glaubensgenossen im Westen Deutschlands den sozialen Aufstieg innerhalb der Gesellschaft zu erlangen.[60] Als Teil einer zahlenmäßig starken Minderheit konnten Freimann und seine jüdischen Mitschüler auch auf dem katholischen Gymnasium ihren Lebensstil im gewohnt jüdisch-geprägten Rahmen fortsetzen. Nachdem er zweieinhalb Jahre die Prima besucht hatte, erlangte er im September 1893 sein Reifezeugnis. Das Fach Geschichte gehörte bereits auf dem Gymnasium zu seinen Lieblingsfächern, und er schloß es als einziges Fach mit dem Gesamturteil »Gut« ab, der

---

56 Vgl. Moritz Lazarus: Aus meiner Jugend. Autobiographie. Mit Vorwort und Anhang hg. von Nahida Lazarus. Frankfurt a. M.: Kauffmann 1913, S. 27.

57 Mordechai Elias: Prof. Dr. Aharon Freimann. In: Hokmat Jisrael Be-ma'arab Eropa (Anm. 21), S. 407–425, hier S. 407.

58 Krzysztof A. Makowski: Verzeichnis der israelitischen Absolventen von Gymnasien im Großherzogtum Posen in den Jahren 1815–1848. In: Bildung und Nationalismus (Anm. 37), S. 457–460, hier S. 457.

59 Molik, Sozialer Aufstieg durch Bildung (Anm. 38), S. 469, berechnet, daß gegen Ende des 19. Jahrhunderts in der Provinz Posen »auf einen katholischen Schüler 756 Einwohner dieses Bekenntnisses, auf einen evangelischen Gymnasiasten 233 Glaubensbrüder und auf einen jüdischen Schüler nur 54 Einwohner mosaischen Glaubens« entfielen.

60 Norbert Kampe: Studenten und »Judenfrage« im Deutschen Kaiserreich. Die Entstehung einer akademischen Trägerschicht des Antisemitismus. Göttingen: Vandenhoeck & Ruprecht 1988 (Kritische Studien zur Geschichtswissenschaft; 76), S. 87.

besten Note in seinem Abiturszeugnis. Für das Reifezeugnis gab er an, orientalische Sprachen studieren zu wollen. Damit gehörte er zu den ca. fünf Prozent der
jüdischen Abiturienten der Provinz Posen, welche die Philologie als ausgewählte Studienrichtung angegeben hatten, während die meisten der Abiturienten, fast siebzig Prozent, Medizin oder Jura als zukünftige Studien wählten.[61]

3.1.4 Studienjahre in Berlin – Die Verbindung von religiöser Tradition und säkularer Bildung

a) An der Königlichen Friedrich-Wilhelms-Universität

Am 1. November 1893 immatrikulierte sich Freimann an der Königlichen Friedrich-Wilhelms-Universität in Berlin. Die im Jahre 1810 nach den Reformideen
des Preußischen Erziehungsministers Wilhelm von Humboldt gegründete Universität hatte sich gegen Ende des 19. Jahrhunderts auf Grund von großzügigen
Zuwendungen und einer klugen Berufungspolitik zur führenden deutschen Universität entwickelt.[62] Der hervorragende Ruf, den die Universität auch international genoß, zog zudem zahlreiche ausländische Studenten, darunter auch viele
osteuropäische Juden, zum Studium nach Berlin. Noch vor dem Zustrom der
osteuropäischen Juden in den Jahren nach 1890 bildeten die Juden bereits in den
1880er Jahren die zweitstärkste Religionsgruppe an der Friedrich-Wilhelm-
Universität. Im Studienjahr 1887/88 waren von den deutschen Studenten 69,37
Prozent evangelisch, 9,97 Prozent katholisch und 20,18 Prozent jüdisch.[63]
Damit waren die Juden innerhalb der Studentenschaft Preußens um ein vielfaches »überrepräsentiert«, und ihr Anteil an der Studentenschaft war 7,5 mal so
hoch, gemessen an ihrem Anteil in der Gesamtbevölkerung. Für viele jüdische
Abiturienten aus den östlichen Provinzen stellte die Universität Berlin vor allem
wegen ihrer geographischen Lage eine selbstverständliche Wahl dar. Da es in
Posen keine Universität gab, fiel die Entscheidung in den meisten Fällen auf
das nahe gelegene Berlin oder Breslau. [64]
　　Fast die Hälfte (46 %) aller deutsch-jüdischen Studenten an den preußischen
Universitäten stammte in den 1880er Jahren aus den zwei Provinzen Posen und
Schlesien, obwohl dort 1890 etwa nur ein Viertel der preußischen Juden lebte.
Der Zustrom von Juden aus den ländlichen, wirtschaftlich schwächsten Gebieten

---

[61] Molik, Sozialer Aufstieg durch Bildung (Anm. 38), S. 483.

[62] Vgl. Max Lenz: Geschichte der Königlichen Friedrich-Wilhelms-Universität zu Berlin.
　　4 Bde, Halle/Saale: Verlag der Buchhandlung des Waisenhauses 1910–1918, hierzu
　　insbes. Bd 2,2 (1918), S. 334ff.

[63] Vgl. Kampe, Studenten und »Judenfrage« im Deutschen Kaiserreich (Anm. 60), S. 77–
　　99, insbes. die Tabelle 4, S. 83. Diese Zahlenangaben sind ohne Einbezug der theolo-
　　gischen Fakultät. In absoluten Zahlen ausgedrückt, bedeutete dies, daß von den deut-
　　schen Studenten 2.589 protestantisch, 372 katholisch und 753 jüdisch waren.

[64] Kampe, ebd., S. 87 bezweifelt, daß der geographische Aspekt bei der Wahl Berlins
　　ausschlaggebend war und stellt fest: »sie bevorzugten eindeutig Berlin als Studienort.«

Preußens stellte deren Versuch dar, Anschluß an den sozialen Aufstieg ihrer
Glaubensgenossen im Westen Deutschlands zu finden. Norbert Kampe hat diesen Akademisierungsprozeß, der zu Beginn des 19. Jahrhunderts von der jüdischen Bevölkerung im Westen Deutschlands und in Berlin eingeleitet worden
ist und der sich gegen Ende des Jahrhunderts mit dem Zustrom der Juden aus
den preußischen Ostprovinzen an die Bildungsinstitutionen fortsetzte, zu Recht
als die eigentliche Schubkraft zur Entstehung eines breiten jüdischen Bildungsbürgertums im Kaiserreich gewertet. Die jüdischen Studenten entdeckten mit
einem mehrjährigen Vorsprung vor der allgemeinen Bevölkerung den Weg des
sozialen Aufstiegs über die Bildung.[65] Neben Berlin waren es die Universitäten
in Breslau und Königsberg, an denen sich die jüdischen Studenten konzentrierten, und insgesamt studierten 91 Prozent aller deutschen und ausländischen
jüdischen Studenten in Preußen an diesen drei Universitäten.

Diese Universitätsstädte, allen voran Berlin, entwickelten sich zu jüdischen
Zentren, die mit ihrem pluralistischen jüdischen Milieu den jüdischen Studenten die Integration erleichterten. Berlin und Breslau wurden so zum Geburtsort
verschiedener deutsch-jüdischer akademischer Vereinigungen und Studenten-
verbindungen. Gleichzeitig gab die hohe Konzentration jüdischer Studenten an
einigen wenigen Universitäten den bereits vorhandenen antisemitischen Vorurteilen neue Nahrung.[66] Die Andersartigkeit der jüdischen Studenten aus Osteuropa in Sprache und Aussehen wurde als gruppenspezifisches Merkmal auf
alle Juden ohne Unterschied ihrer Staatsangehörigkeit, darunter auch auf die
Juden aus den deutschen Ostprovinzen, übertragen und verstärkte bei der Bevölkerung das negative Stereotyp des »Ostjuden«. Häufig wurde der überpro-
portionale hohe Anteil der jüdischen Studenten an der Berliner Universität als
Argument gegen die unbegrenzte Zulassung jüdischer Studenten genutzt.[67]

---

[65] Ebd., S. 86ff.

[66] Ebd., S. 98.

[67] So auch von Friedrich Paulsen, Professor für Philosophie und Pädagogik an der Berliner Universität. Friedrich Paulsen: Die deutschen Universitäten und das Universitätsstudium. Berlin: Asher 1902, S. 195 gibt die Zahl der jüdischen Studenten in Preußen
in den Jahren 1888–1890 mit 8,94 Prozent an und stellt dann auf S. 200 fest: »Dass wir
hier vor einem wirklichen und schwer aufzulösenden Problem stehen, das wird auch
der, der die Dinge nicht mit den Empfindungen des Antisemitismus ansieht, nicht in
Abrede stellen. Würden die gelehrten Berufe rückhaltlos, wie die übrigen wirtschaftlichen Berufe dem freien Wettbewerb überlassen, dann müsste, so scheint es, allmählich
der Zustand eintreten, dass sie, wenn nicht in monopolistischem Alleinbesitz, so doch
ganz überwiegend in den Händen der durch Wohlstand, Energie und Zähigkeit überle-
genen jüdischen Bevölkerung wären. Dass kein europäisches Volk einen solchen Zustand ertragen würde, dass es ihn als Fremdherrschaft empfinden und mit Gewalt ab-
werfen würde, daran wird nicht zu zweifeln sein. Und also haben alle, auch die Juden,
ein Interesse daran, dass er nicht eintritt. Man wird demnach einen Gegendruck gegen
das Überhandnehmen der Juden in den gelehrten Berufen, so weit sie mit einer öffentlichen Autorität ausgestattet ist, so hart er dem Einzelnen werden mag, nicht überhaupt
verwerflich nennen können.«

Zu Beginn der 1890er Jahre hatte sich der studentische Antisemitismus an den deutschen Universitäten etabliert. Die »illiberale Wende zum akademischen Antisemitismus« wurde größtenteils von den deutschen Studenten initiiert, welche die allgemeine nationalistische Wende des Bildungsbürgertums im deutschen Kaiserreich in einem sehr schnellen und gründlichen Prozeß nachvollzogen.[68] Eine führende Rolle in dieser Entwicklung fiel der Friedrich-Wilhelms-Universität als der größten Hochschule mit der aktivsten Studentenschaft zu. Ausgelöst von der antisemitischen Hetzschrift des populären Berliner Historikers Heinrich von Treitschke im November 1879 in den Preußischen Jahrbüchern, die den sogenannten »Berliner Antisemitismusstreit« zur Folge hatte, hatte sich hier eine stark antisemitisch, nationalistisch und völkisch geprägte Stimmung bei Teilen der Studentenschaft entwickelt.[69] Der Einfluß dieser Minderheit resultierte nicht so sehr aus der Zahl ihrer Anhänger, sondern in erster Linie aus ihrer Organisation, ihrer neuartig geführten Studentenpolitik und vor allem dem Mangel an Gegenwehr von der Mehrheit der Studenten, die politisch uninteressiert blieb. Gleichzeitig befanden sich unter der Studentenschaft an der größten deutschen Universität genug Gegenkräfte in Form von Linksliberalen und Sozialisten, die dafür sorgten, daß insgesamt ein liberales Klima herrschte. Einzelne Rektoren der Universität wie August Hofmann, Wilhelm Foerster und sein Nachfolger Rudolf Virchow waren erklärte Gegner des Antisemitismus und versuchten alles in ihrer Macht stehende zu tun, um der Agitation und Einflußnahme der antisemitischen Studentenverbände Einhalt zu gebieten.[70]

Dies waren die gesellschaftlichen und politischen Verhältnisse an der Universität unter denen Freimann in Berlin in den Jahren 1893 bis 1896 die Fächer Orientalistik, Geschichte, Philosophie, klassische Philologie und deutsche Lite-

---

[68] Konrad H. Jarausch: Deutsche Studenten 1800–1970. Frankfurt a. M.: Suhrkamp 1984 (Edition Suhrkamp; 1258 – Neue historische Bibliothek), S. 82. Ausführlich zur deutschen Studentenschaft vgl. ders., Students, Society and Politics in Imperial Germany. The Rise of Academic Illiberalism, Princeton: Princeton University Press 1982, zum Antisemitismus S. 267ff.

[69] Vgl. Der Berliner Antisemitismusstreit (Hg. von Walter Boehlich. Frankfurt a. M.: Insel 1988 [Insel-Taschenbuch; 1098]), die wichtigste Sammlung von Aufsätzen und Briefen dieser Auseinandersetzung. Für Literatur zum Berliner Antisemitismusstreit siehe zuletzt: Günther Regneri: Salomon Neumann's Statistical Challenge to Treitschke. The Forgotten Episode that Marked the End of the »Berliner Antisemitismusstreit«. In: Leo Baeck Institute Year Book 43 (1998), S. 129–153, hier S. 130, Anm. 6.

[70] Jarausch, Students, Society and Politics in Imperial Germany (Anm. 68), S. 347ff. In der Studentenbücherei, der Akademischen Lesehalle, waren zeitweilig die radikalen Zeitschriften Berliner Freie Presse, der Leipziger Vormärz und das Hamburg-Altonaer Volksblatt abonniert. Dort widersetzten sich die liberalen Studenten den Übernahmeversuchen durch den antisemitischen Verein Deutscher Studenten. Dennoch war die Akademische Lesehalle, das Organ der studentischen Selbstverwaltung (allerdings nur ihrer Mitglieder) seit 1886 »in antisemitischer Hand«, vgl. Kampe, Studenten und »Judenfrage« im Deutschen Kaiserreich (Anm. 60), S. 130ff.

raturgeschichte belegte, wobei der Schwerpunkt eindeutig auf der Orientalistik lag. In seinem ersten Semester, dem Wintersemester 1893/94, hörte er lediglich zwei Kurse, bei dem Neukantianer Eduard Zeller über die »Allgemeine Geschichte der Philosophie« und bei dem Germanisten Erich Schmidt über das »Das Drama im 19. Jahrhundert«.[71] Im zweiten Semester, im Sommer 1894, wandte er sich der Orientalistik zu und belegte bei den Orientalisten Jacob Barth den Kurs »Syrische Grammatik«, bei Ludwig Abel die Kurse »Arabische Grammatik« und »Assyrische Schrift und Sprache« und bei Ermann »Erklärung der altorientalischen Denkmäler«. Das Seminar für Orientalistik war erst sieben Jahre zuvor im Jahre 1887 an der Universität eröffnet worden und bot Theologen, Historikern und vor allem den jüdischen Studenten, die an der Wissenschaft des Judentums interessiert waren, ein reiches Angebot an Themen, die von der Hochschule für die Wissenschaft des Judentums und vom Rabbinerseminar nicht abgedeckt wurden.[72] Freimann konnte hier die arabische Sprache und Geschichte gründlich erlernen und damit Kenntnisse erwerben, die für seine jüdischen Studien sehr wichtig waren. Des weiteren belegte er bei Ludwig Geiger, dem bedeutenden Goethe-Forscher und Sohn des Begründers des Reformjudentums Abraham Geiger, in der Germanistik die Vorlesung »Der junge Goethe« und setzte seine philosophischen Studien mit den Kursen »Über litterarische und historische Kritik« bei Eduard Zeller und »Über Willensfreiheit« bei Georg Runze fort.

Im dritten Semester führte er vor allem seine orientalistischen Studien fort. Bei Jacob Barth belegte er zwei Kurse über die syrischen Chrestomathien und Übungen in targumischen und anderen aramäischen Dialekten und bei C. F. Lehmann weiterhin die »Erklärung der vorderasiatischen Alterthümer«. Bei dem Arabisten Friedrich Heinrich Dieterici, hörte er »Arabische Gedichte« und bei dem Indologen Georg Huth über »Buddhas Leben und Lehre«. In der Philosophie belegte er bei Friedrich Paulsen die Vorlesung über »Philosophische Übungen im Anschluß an Schopenhauers Welt als Wille« und bei Hermann Heymann Steinthal, dem Philologen und Begründer der Völkerpsychologie sowie der *Zeitschrift für Völkerpsychologie und Sprachwissenschaft* die

---

[71] Nachlaß Aron Freimann. Alle Angaben seines Studiums sind seinem Anmeldebuch entnommen.

[72] Lenz, Geschichte der Königlichen Friedrich-Wilhelms-Universität zu Berlin (Anm. 62), Bd 2,2, S. 240. Seine Gründung war aus der politischen Absicht Bismarcks entstanden, den deutschen außenpolitischen und kolonialen Interessen zu dienen und eine Ausbildungsstätte für zukünftige Diplomaten zu schaffen, die infolge der Zunahme der internationalen Beziehungen des Kaiserreichs benötigt werden würden. Das Seminar sollte die Schule für den auswärtigen Dienst sein und die diplomatischen Vertreter des Kaiserreichs in den jeweiligen Fremdsprachen und Landeskulturen unterrichten. Die Anforderungen der Diplomatenlaufbahn gewährleisteten von Anfang an ein weites Spektrum an Fremdsprachen und ein hohes Niveau der einzelnen Lehrveranstaltungen. Der Lehrplan umfaßte mit den Sprachen Chinesisch, Japanisch, Hindustani, Arabisch, Persisch, Türkisch und Suaheli alle möglichen Einsatzgebiete deutscher Diplomaten sowie den Unterricht in der Religion, Kultur, Geographie und Geschichte der einzelnen Länder.

Vorlesung »Über den Ursprung der Sprache«. Sein Interesse an der Psychologie
führte dazu, daß er im vierten Semester bei dem Experimentalpsychologen Carl
Friedrich Stumpf dessen Kurs über »Logik und Erkenntnistheorie« hörte. Er
wandte sich auch wieder verstärkt der Geschichte zu und nahm bei dem Historiker Otto Hirschfeld den Kurs »Zur Geschichte der römischen Kaiserzeit«
sowie bei Adolf Schlatter, im Rahmen der Theologie, »Geschichte des Judenthums von Alexander dem Großen bis Hadrian«. In der Philosophie belegte
er bei August Schmekel die Vorlesung über den Neuplatonismus, und seine
orientalistischen Studien setzte er mit zwei weiteren Kursen über die »Arabische
Syntax und Lectüre« bei Hugo Winckler und der »Erklärung des arabischen
Buchs: Thier und Mensch« bei Dieterici fort.

In seinem vorletzten, dem fünften Semester führte er die Psychologie bei
Stumpf, die römische Geschichte bei Hirschfeld sowie die Arabistik bei Winck-
ler mit einem Kurs über die »Erklärung arabischer Historiker« fort. In der
Germanistik belegte er bei Schmidt die Vorlesung über »Goethe und Schiller«.
Im sechsten Semester wandte er sich noch einmal seinem Studienschwerpunkt
Orientalistik zu. Bei Eduard Sachau, dem Direktor des Seminars für orientalische
Sprachen, belegte er drei Kurse, davon zwei spezielle Lektürekurse über das
Spicilegium Syriacum und die aramäischen Teile der Bücher Ezra und Daniel
sowie einen über arabische Historiker im allgemeinen. Des weiteren schrieb er
sich bei Barth zur »Lectüre der acht Kapitel des Maimonides« ein. Bei dem
Historiker C. F. Lehmann hörte er »Hellenistische Übungen« und bei Schmidt
den Kurs »Das deutsche Volkslied«. In seinem letzten Semester besuchte er
die Vorlesung des bedeutenden und einflußreichen Philosophen Wilhelm Dil-
they mit dem Thema »Übungen auf dem Gebiet der neueren Philosophie«.

In den sechs Semestern belegte Freimann die Mehrzahl seiner Kurse bei
dem bedeutenden Orientalisten Jacob Barth, zu dem er durch seine Studien am
Rabbinerseminar einen engeren persönlichen Kontakt als zu seinen anderen
Dozenten hatte und der wie er selbst ein orthodoxer Jude war.[73] Freimann hatte
innerhalb der Universität keine Berührungsängste mit jüdischen Professoren,
die nicht der orthodoxen Strömung angehörten, sondern Ansichten des liberalen
Judentums vertraten oder an der Hochschule für die Wissenschaft des Judentums lehrten. Er hatte im zweiten Semester eine Vorlesung bei dem Germanisten Ludwig Geiger, einem vehementen Vertreter des Reformjudentums belegt
und im dritten Semester eine bei Hermann Heymann Steinthal, der zusätzlich
auch den Lehrstuhl für Biblische Studien und Religionsphilosophie an der Hochschule für die Wissenschaft des Judentums innehatte. Diese Haltung beruhte
auf der toleranten Einstellung des Gründers des orthodoxen Rabbinerseminars,
Rabbiner Esriel Hildesheimer und seines Lehrkörpers, die zwar selbst jeden

---

[73] Barth war der Schwiegersohn von Esriel Hildesheimer, dem Rektor des Rabbiner-
    seminars und hatte sich insbesondere mit Veröffentlichungen zur Linguistik der semi-
    tischen Sprache einen Namen gemacht. Barth unterrichtete seit 1874 am Rabbiner-
    seminar in Berlin sowie seit 1876 an der Berliner Universität, wurde jedoch wegen
    seines Judentums im Jahre 1880 lediglich zum außerordentlichen Professor ernannt.

offiziellen Kontakt zu den liberalen jüdischen Lehrinstitutionen ablehnten, ihren Studenten jedoch den Zugang zum gesamten Spektrum der Wissenschaft des Judentums ermöglichten.[74]

Im Jahre 1896 promovierte Freimann in Erlangen mit einer Arbeit in der Orientalistik über *Die Isagoge des Porphyrius in den syrischen Übersetzungen.* In einer textkritischen Vergleichsstudie zweier überlieferter arabischer Handschriften des in Griechisch verfaßten Hauptwerkes des Philosophen Porphyrius, der im dritten Jahrhundert in Rom lebte und einer der ersten neuplatonischen Kommentatoren des Aristoteles sowie ein Schüler des Plotin und Herausgeber seiner Schriften war, wies er nach, daß beide syrischen Übersetzungen der Isagoge von ein und demselben Verfasser namens Athanasius von Balad aus dem 7. Jahrhundert stammten.[75] Am 21. Dezember desselben Jahres bestand Freimann seine Promotionsprüfung mit cum laude.[76]

b) Am Rabbinerseminar

Parallel zu seinen allgemeinen Studienfächern an der Berliner Universität setzte Freimann das Studium des rabbinischen und religionsgesetzlichen Schrifttums fort und war seit dem Herbstsemester 1893 am orthodoxen Rabbinerseminar in Berlin eingeschrieben.[77] In den Jahren 1893 bis 1896 war er als Student immatrikuliert, ein weiteres Jahr, bis Ende 1897, war er an der Bibliothek des Rabbinerseminars beschäftigt.[78] Das Rabbinerseminar zu Berlin, das im Jahre 1873 von Esriel (Israel) Hildesheimer begründet worden war, diente als die zentrale Ausbildungsstätte für die Rabbiner der modernen Orthodoxie in Deutschland.[79]

---

[74] Ellenson, Rabbi Esriel Hildesheimer (Anm. 9), S. 149–151.

[75] Die beiden arabischen Übersetzungen der Isagoge waren der Codex Petermann in Berlin und der Codex Paris.

[76] Institut für Stadtgeschichte (ehemals Stadtarchiv), Frankfurt am Main, Personalakte Aron Freimann; Aron Freimann: Die Isagoge des Porphyrius in den syrischen Übersetzungen. Berlin 1897 (Phil. Diss., Erlangen 1896); Ernst G. Löwenthal: In seinen Hörern noch lebendig ... Das Rabbiner-Seminar zu Berlin. In: Emuna 9 (1974), S. 103–111, hier S. 106 hat mit Recht darauf hingewiesen, daß bei den Studenten des Rabbinerseminars Berlin als Promotionsort die Ausnahme war.

[77] Vgl. Jahresbericht des Rabbinerseminars in Berlin vom Jahr 1893/94. Berlin 1896, S. 7. Freimann wird in der Aufzählung der ordentlichen Hörer für die Zeit vom Oktober 1892 – Oktober 1894 genannt. In: Eliav / Hildesheimer, Bet Midras ler-Rabbanim be-Berlin (Anm. 22), S. 45 wird Freimann von Hildesheimer fälschlicherweise als Hospitant, d. h. als außerordentlicher Hörer bezeichnet. Dies liegt möglicherweise darin begründet, daß Freimann das Rabbinerseminar ohne den Erhalt der Rabbinerordination beendete.

[78] Institut für Stadtgeschichte (ehemals Stadtarchiv), Frankfurt am Main, Personalakte Aron Freimann, Brief von Abraham Berliner. Freimann war vom 1. Dezember 1893 bis Ende 1897 an der Bibliothek des Rabbinerseminars beschäftigt.

[79] Am 22. Oktober 1873 war das »Rabbinerseminar für das orthodoxe Judentum«, wie es bis 1880 offiziell hieß, feierlich eröffnet worden. Vgl. Mordechai Eliav: Das orthodoxe Rabbinerseminar in Berlin. Ziele, Probleme und geschichtliche Bedeutung. In: Wissenschaft des Judentums. Anfänge der Judaistik in Europa. Hg. von Julius Carlebach.

Das Ziel von Hildesheimer war es, die traditionelle Erziehung der orthodoxen Juden zu verbessern und durch die Vermittlung von säkularer Bildung den Ansprüchen der modernen Gesellschaft gerecht zu werden.[80]

Freimann befand sich am Rabbinerseminar in einer geistigen Atmosphäre, in der die Vereinbarkeit der Erneuerung eines auf religionsgesetzlicher Basis stehenden Judentums mit der Einbeziehung wissenschaftlicher Forschung und modernen pädagogischen Methoden propagiert wurde. Ebenso wie Samson Raphael Hirsch befürwortete Hildesheimer das System von »Torah im Derech Eretz«, was die Verknüpfung der traditionellen Lehre mit der weltlichen Bildung bedeutete. Im Gegensatz zu Hirsch strebte er jedoch keine vollständige Synthese von Torah-Studium und Wissenschaft an, sondern eine Kombination beider Lehrinhalte, die er weiterhin als zwei in ihrem Wesen durchaus getrennte Gebiete verstand. Für Hildesheimer behielt die profane Bildung stets die Nebenrolle als Zugabe zum tieferen und besseren Verständnis der Torah, der Lehre Gottes, die immer die eigentliche Hauptsache blieb.[81] Angesichts der zunehmenden Säkularisierung und Akkulturation der Juden in der deutschen Kultur stellte er fest, es herrscht

> [...] das dringende Bedürfnis nach einer Anstalt, welche auf dem Boden des gesetzestreuen Judentums stehend, die heranzubildenden Rabbiner vor Allem mit einer gründlichen und umfassenden Kenntniss des biblischen und talmudischen Schriftthums und der daraus hergeleiteten Ritualnormen auszustatten verbürgt, welche andererseits ihre Hörer in allen den Disciplinen der jüdischen Wissenschaft ausbildet und zur selbstständigen Productivität erzieht, deren Studium eine Forderung der heutigen Zeitbildung ist, welche endlich auch die religiöse Erziehung ihrer Hörer ernstlich anstrebt.[82]

Darmstadt: Wissenschaftliche Buchgesellschaft 1992, S. 59–73, hier S. 65, Anm. 23. Vgl. zum Rabbinerseminar Breuer, Jüdische Orthodoxie im Deutschen Reich (Anm. 34), S. 120–133; Jeschurun 7 (1920), S. 199–328; Das Rabbiner-Seminar zu Berlin. Bericht über die ersten 25 Jahre seines Bestehens (1873–1898). Berlin 1898, darin enthalten: Vorlesungsverzeichnisse, Studentenliste, Veröffentlichungen der Dozenten. Die wissenschaftlichen Veröffentlichungen des Seminars und die den Jahresberichten vorangestellten wissenschaftlichen Aufsätze bei Freimann, Katalog der Judaica und Hebraica (Anm. 27), 1932, S. 25ff.

[80] Dieses Konzept hatte Hildesheimer bereits erfolgreich in Eisenstadt im Burgenland durchgeführt, wo er eine Jeschiwah, eine Talmud-Lehranstalt für Jugendliche eingerichtet hatte, die zum ersten Mal auch säkulare Unterrichtsfächer im Lehrprogramm einschloß und zahlreiche Schüler anzog. Hildesheimer, als Leiter der Jeschiwah, lehrte nicht nur Talmud und rabbinische Literatur, sondern auch Mathematik, Griechisch, Latein, Deutsch und klassische Literatur.

[81] Eliav, Das orthodoxe Rabbinerseminar in Berlin (Anm. 79), S. 62. Zu den unterschiedlichen Auffassungen von Hirsch und Hildesheimer bezüglich der Bildungsfrage vgl. Breuer, Jüdische Orthodoxie im Deutschen Reich (Anm. 33), S. 125–128 und S. 168–173. Hildesheimer legte den Schwerpunkt der jüdischen Erziehung in die traditionellen Hochschulen, die Jeschiwot und forderte deren Wiedereinrichtung auch und gerade in Deutschland, wo die Juden sich auf dem Weg der gesellschaftlichen und wirtschaftlichen Integration befanden.

[82] Flugblatt der Vorankündigung der Eröffnung vom 27. September 1873, Drucksachen des Rabbinerseminars in Berlin 1873ff. Die Formulierung wurde übernommen in: Das Rabbiner-Seminar zu Berlin (Amn. 79), S. 7ff.

Das Rabbinerseminar sollte die weit verbreitete Annahme entkräften, Talmud-studium und moderne jüdische Wissenschaft seien unversöhnliche Gegensätze so wie einst Rechtgläubigkeit und Bildung. Es sollte, so hoffte Hildesheimer, eine zukünftige geistige gesetzestreue Elite heranbilden, welche die intellektuelle Führung der orthodoxen Juden übernehmen würde.[83]

Bei der Gründung des Rabbinerseminars bestand das Lehrerkollegium aus vier Lehrkräften, dem Rektor Esriel Hildesheimer, David Zwi Hoffmann, dem Dozenten für Talmud, Ritualkodices und Pentateuch-Exegese, Abraham Berliner, dem Dozenten für nachtalmudische Geschichte, Literaturgeschichte und Hilfswissenschaften sowie dem Philologen und Orientalisten Jacob Barth. Diese »großen Vier« prägten den Charakter des Seminars in den ersten Jahren und gewährleisteten die innere Homogenität.[84] Während seiner ersten beiden Studienjahre konnte Freimann noch bei Esriel Hildesheimer selbst hören, der bis einschließlich Wintersemester 1895 Vorlesungen und Seminare über die Talmudtraktate Schabbat, Baba Kamma und Chulin abhielt. Er besuchte die Vorlesungen und Seminare von David Zwi Hoffmann über ausgewählte Talmudtraktate und die religionsgesetzlichen Standardwerke, und die Vorlesung zur Geschichte der Juden in der Antike, die von Hirsch Hildesheimer gehalten wurde, der seit 1895 seinen Vater als Dozent abgelöst hatte. Außerdem belegte er die Seminare von Salomon Cohn, der über theoretische und praktische Homiletik lehrte.[85] Bei Jacob Barth hörte er Bibelexegese und Hebräisch und bei Abraham Berliner Vorlesungen über die mittelalterliche und moderne jüdische Geschichte insbesondere über die Geschichte der Juden in Deutschland und Frankreich. Jüdische Religionsphilosophie, zu Beginn mit nur einer Wochenstunde von Jacob Barth sehr schwach vertreten, wurde seit der Anstellung von Joseph Wohlgemuth 1895 stärker angeboten und von Freimann besucht.[86]

Am Rabbinerseminar wurden nur die jüdischen Fächer unterrichtet. Im Mittelpunkt des Lehrplanes stand das Studium des Talmuds und der Dezisoren, das von zwei Dozenten, Esriel Hildesheimer und David Zwi Hoffmann gelehrt wurde und dem über die Hälfte der Stunden gewidmet waren. Zusätzlich wurde das Studium des biblischen Quellentextes, das in den traditionellen Jeschiwot Osteuropas vernachlässigt wurde, als wichtig erachtet, um der jüdischen Apologetik gegenüber der modernen kritischen Bibelwissenschaft Argumente zu liefern. Die Studienzeit war auf sechs Jahre festgelegt, konnte jedoch bei entsprechender Leistung verkürzt werden. Die Studenten mußten mündliche und schriftliche Monats- und Semesterprüfungen ablegen und erhielten erst nach erfolgreichem Bestehen der umfassenden Schlußprüfung die Ordination zum

---

[83] Salomo Goldschmidt: Die Gründung und Bedeutung des Rabbinerseminars in Berlin. In: Jeschurun 7 (1920), S. 216–255, hier S. 249. Goldschmidt war selbst Schüler des Rabbinerseminars.

[84] Isi Jacob Eisner: Reminiscences of the Berlin Rabbinical Seminary. In: Leo Baeck Institute Year Book 12 (1967), S. 32–52, hier S. 34.

[85] Das Rabbiner-Seminar zu Berlin (Anm. 79), S. 9.

[86] Ebd., S. 27–31.

Rabbiner. Voraussetzung der Zulassung als »ordentlicher Hörer« war die »als selbstverständlich vorausgesetzte religiöse Lebensführung« sowie die talmudische ebenso wie die gymnasiale Bildung. Von den Studenten wurde erwartet, daß sie zusätzlich an der Berliner Universität immatrikuliert waren und dort ein Studium möglichst mit einer Promotion abschlossen. Die Wahl der Studienfächer war den Studenten freigestellt, in der Regel wählten sie Themenbereiche, die der Judaistik verwandt waren, insbesondere die Orientalistik. In seltenen Ausnahmefällen durften ausländische Schüler, deren profanes Wissen nicht die Ansprüche erfüllten und die in Osteuropa lediglich religiöse Hochschulen besucht hatten, in den ersten Jahren noch als »außerordentliche Hörer« am Unterricht teilnehmen. Studiengebühren wurden nicht erhoben. Im Laufe der Jahre stieg die Zahl der Schüler, die am Rabbinerseminar eingeschrieben waren, rasch an, von zwanzig Studenten im ersten Jahr auf eine durchschnittliche Zahl von fünfzig bis sechzig. Die überwiegende Mehrzahl der Schüler stammte aus Deutschland, der Rest zu einem Drittel aus Ungarn.[87]

Nicht alle Schüler studierten am Seminar mit der Absicht, den Beruf des Rabbiners zu ergreifen. Wie Freimann, der sich schon früh für die Tätigkeit des Bibliographen entschieden hatte, legten manche, die später eine wissenschaftliche Laufbahn einschlugen und sich zu führenden Persönlichkeiten der Wissenschaft des Judentums entwickelten, Wert auf eine Fortsetzung des traditionell jüdischen Studiums nach Beendigung der Schule und verstanden das Rabbinerseminar als eine wissenschaftliche Bildungsstätte, an der sie eine »gediegene jüdisch-wissenschaftliche oder jüdisch-religiöse Bildung« erhalten konnten.[88] Zu den Schülern des Seminars, die später den Beruf des Bibliothekars ergriffen, zählten neben Freimann Alexander Marx, Hermann Chaim Pick und Raphael Edelmann.[89] Gegen Ende des 19. Jahrhunderts etablierte sich das Rabbinerseminar als die unangefochtene wissenschaftliche Ausbildungsstätte für die akademisch gebildeten gesetzestreuen Juden, wodurch das Breslauer Jüdisch-Theologische Seminar als Bildungsinstitution für das orthodoxe Judentum endgültig diskreditiert wurde. Dies kam auch im Werdegang der Freimanns zum Ausdruck, während seinem Vater Israel Meir Freimann die Leitung des Jüdisch Theologischen Seminars in Breslau angetragen worden war, entschied sich Aron Freimann für ein Studium am Rabbinerseminar in Berlin.

In einzelnen Arbeitsgruppen wurde der Lernstoff vertieft und praktisch erprobt, so im Homiletischen Verein, in dem sich die Studenten durch »Predigen und Predigt hören, durch Kritisiert werden und Kritisieren für das Predigeramt« vorbereiteten, und im Mischnajot-Verein, in dem die Arbeit der Seminare

---

[87] Ebd., S. 35. Im ersten Jahr waren von den zwanzig Studenten sieben als ordentliche und dreizehn als außerordentliche eingeschrieben. Den Höhepunkt erreichte die Zahl der Studenten in den Jahren 1891/1892 und 1893/1894 mit 67 Studenten, von denen jeweils lediglich neun, bzw. zehn außerordentliche Hörer waren.

[88] Löwenthal, In seinen Hörern noch lebendig ... (Anm. 76), S. 108.

[89] So aufgezählt bei Eisner: Reminiscences of the Berlin Rabbinical Seminary (Anm. 84), S. 37.

zur Bibelexegese und zur Mischna-Auslegung vertieft wurde. Der Bachurim-
Verein sorgte für das materielle Wohl der Hörer, und der Verein Dibbuk Cha-
werim war ein Geselligkeitsverein mit dem Zweck, »die Annäherung und inni-
ges Zusammenleben unter den Hörern des Rabbinerseminars anzubahnen«.[90]
Zum wissenschaftlichen Programm des Vereins gehörte eine öffentliche Vor-
tragsreihe, die sich mit verschiedenen Bereichen der jüdischen Wissenschaft
befaßte und in der auch durchaus für das orthodoxe Judentum kontroverse
Themen wie das Orgelspiel beim Gottesdienst aufgegriffen und Diskussions-
abende zu politisch brisanten Themen wie die Stellung der orthodoxen Juden
zum Zionismus veranstaltet wurden. Das bewußte Aufgreifen politisch und
kulturell relevanter Themen sollte laut eigener Darstellung beweisen, daß das
orthodoxe Judentum, ebenso wie die anderen jüdischen Strömungen, keinerlei
Berührungsängste mit den modernen religiösen und gesellschaftlichen Entwicklungen hatte. Ebenso wurden wissenschaftliche und literarische Vorträge angeboten, die von den Studenten selbst abgehalten wurden. Freimann beteiligte
sich am intellektuellen Diskurs und hielt im Jahre 1897 einen Vortrag über
»Jüdisch-byzanthinische Beziehungen«.[91]

Das gesellschaftliche Miteinander nahm beim Studentenverein Dibbuk Cha-
werim, so wie bei den allgemeinen Studentenvereinen, einen wichtigen Stellenwert ein. Man feierte gemeinsam zu privaten Anlässen, bei Promotions- oder
Abschiedsfeiern und verpaßte bei Semesterbeginn den neu eingetretenen Studenten die »obligaten Bier- und Kneipnamen«. Einmal im Jahr fand in größe-
rem Rahmen das Stiftungsfest des Vereins statt, zu dem seit 1894 auch Frauen
als Gäste zugelassen wurden. Im Sommer wurden Ausflüge in die Berliner
Umgebung unternommen, wobei die religiösen Vorschriften streng eingehalten
und bei den jüdischen Trauertagen auf das fröhliche Feiern verzichtet wurde.
Als im Jahr 1891 Pogrome in Rußland wüteten, wurde die jährliche Geburtstagsfeier für den Rektor Esriel Hildesheimer annulliert und das Geld als Unterstützung nach Rußland überwiesen. In der Großstadt Berlin bewahrte sich das
Rabbinerseminar den Charakter einer abgeschiedenen »frommen, wenn auch
mit einer lebensfrohen Jugend bevölkerten Klause«, und wurde von Moritz
Lazarus, Dozent an der liberalen Hochschule für die Wissenschaft des Judentums, boshaft wie folgt charakterisiert:

Das Hildesheimersche Seminar liegt zwar in der Gipsstraße, aber nicht in Berlin.[92]

Mit der Zulassungsbedingung zum Rabbinerseminar, die lautete, daß alle Dozenten und Studenten ein religiöses jüdisches Leben gemäß den Normen des orthodoxen Judentums zu führen hatten, war um das Rabbinerseminar eine homogene
Gemeinschaft entstanden, die sich durch gleiche Lebensführung des einzelnen

---

[90] Unser Dibbuk. Eine Festgabe zu dem fünfundzwanzigjährigen Jubiläum des Rabbiner-
      Seminars und dem XX. Stiftungsfest des seminaristischen Vereins Dibbuk-Chawerim,
      Tewet 5659–1898 Dezember. Berlin 1898, S. 3–4.
[91] Ebd., S. 10.
[92] Zit. nach Breuer, Jüdische Orthodoxie im Deutschen Reich (Anm. 34), S. 132.

im Alltag auszeichnete. Die religionsgesetzlichen Vorschriften wurden von allen eingehalten, und die Religion war Teil des öffentlichen Lebens, so wie es Realität in den intakten jüdischen Gemeinden in Osteuropa vor der Assimilation und Akkulturation ihrer Mitglieder gewesen war. Für Aron Freimann, der in einem ausgesprochen orthodox-jüdisch geprägten Milieu aufgewachsen war, bildete das Seminar die natürliche Fortsetzung seiner heimatlichen Atmosphäre, und er verblieb auch während seiner Studienjahre in der Großstadt Berlin in einem gesellschaftlichen und kulturellen Umfeld, das von jüdischer Religiosität und traditionellem Gedankengut geprägt war. Die Beibehaltung der Verwurzelung in der Tradition trug zu einer weiteren Stärkung der jüdischen Identität der einzelnen Studenten bei. Zudem trafen sich hier Gleichgesinnte, die in diesen Jahren ein enges persönliches und professionelles Verhältnis zueinander entwickeln konnten. Viele der späteren Freundschaften zwischen Freimann und seinen Kollegen der Wissenschaft des Judentums rühren aus der gemeinsamen Studienzeit am Rabbinerseminar her. Mit dem Studium an dieser Institution wurde man Teil eines Netzwerkes, das sich auf ein gemeinsames Selbstverständnis der Verbindung von religionsgesetzlicher Lehre mit moderner Bildung begründete. Zeitgleich mit ihm studierten in den Jahren 1893 bis 1896 am Rabbinerseminar auch Jakob und Joseph Horovitz, die Söhne des Frankfurter Gemeinderabbiners Markus Horovitz, die später seine Schwäger werden sollten.

3.2   Jahre in Frankfurt (1898–1939)

3.2.1 Die Schaffung der größten Hebraica- und Judaica-Sammlung auf dem europäischen Kontinent in den Jahren 1898 bis 1933

Am 1. Januar 1898 trat Aron Freimann seine Stelle als Bibliothekar bei der Stadtbibliothek Frankfurt am Main an, die er bis zur erzwungenen Aufgabe durch das nationalsozialistische Regime im Jahre 1933 innehatte. Während seiner Tätigkeit, die er fünfunddreißig Jahre lang ausübte, baute er die Hebraica- und Judaica-Sammlung zu einer der bedeutendsten Spezialsammlungen in Europa aus. Die Entstehungsgeschichte der Hebraica- und Judaica-Sammlung verdeutlicht die konkreten Verhältnisse, die Freimann bei seinem Stellenantritt an der Frankfurter Bibliothek vorgefunden hat. Seine im einzelnen geschilderten Ankäufe und bibliothekarischen Aktivitäten zeigen auf, mit welchen Mitteln es ihm gelang, diese Sammlung im Laufe der Jahre zu vergrößern und ihre Bedeutung für die Wissenschaft des Judentums in einem Maße in der ganzen Welt bekannt zu machen, daß sie noch bis heute unter dem Begriff »Freimann-Bibliothek« mit seinem Namen verbunden wird.[93]

---

[93] Alexander Marx / Boaz Cohen: Necrology. Aron Freimann. In: Proceedings of the American Academy for Jewish Research 17 (1947/48), S. XXIII–XXVIII.

3.2.1.1 Die Anfänge der Hebraica- und Judaica-Sammlung

Die Hebraica- und Judaica-Sammlung entstand durch einige außerordentlich groß-zügige Spenden von Frankfurter Juden in der zweiten Hälfte des 19. Jahrhunderts.[94] Davor hatte es in der Bibliothek nur wenige hebräische Bücher gegeben, die aus dem Besitz Frankfurter Patrizier und Geistlicher in die Bibliothek gelangt waren oder aus dem Nachlaß des zu Beginn des 18. Jahrhunderts verstorbenen Orientalisten und Begründers der äthiopischen Sprachwissenschaft Hiob Ludolf stammten. Nach der Säkularisation der Klosterbibliotheken zu Beginn des 19. Jahrhunderts waren weitere hebräische Werke, vor allem Mischna- und Talmudausgaben sowie Gebetbücher, hinzugekommen.

Die erste einer Reihe von größeren Schenkungen der Frankfurter Juden an die Bibliothek, die den eigentlichen Grundstock der Sammlung bildeten, stammte aus dem Nachlaß des im Jahre 1860 verstorbenen Dr. Isaac Marcus Jost.[95] Jost, der zu den führenden Köpfen der jüdischen Reformbewegung gehörte, hatte als Lehrer am Frankfurter Philantropin unterrichtet und war ein bedeutender Historiker, der mehrere Werke zur jüdischen Geschichte veröffentlicht hatte. Der Bibliothek hinterließ er 868 Werke zur jüdischen Geschichte und Literatur, zur Geschichte der Judenemanzipation und zur jüdischen Reformbewegung. Sechs Jahre später, im Jahre 1867, stiftete der Frankfurter Justizrat Dr. Salomon Fuld zum Gedächtnis an seine verstorbenen Eltern die Bibliothek seines Vaters Aron Moses Fuld.[96] Wie der Katalog der Fuldschen Sammlung zeigt, handelte es sich bei den 694 hebräischen Werken um zahlreiche Talmudausgaben und rabbinische Kommentare, um verschiedene Ausgaben des Schul-

---

[94] Vgl. Rachel Heuberger: Bibliothek des Judentums. Die Hebraica- und Judaica-Sammlung der Stadt- und Universitätsbibliothek Frankfurt a. M. Entstehung, Geschichte und heutige Aufgaben. Frankfurt a. M.: Klostermann 1996 (Frankfurter Bibliotheksschriften; 4); Ernst Loewy: Die Judaica-Sammlung der Frankfurter Stadt- und Universitätsbibliothek. In: Bulletin of the Leo Baeck Institute 8 (1965), S. 55–64; Alwin Müller-Jerina: Germania Judaica. Kölner Bibliothek zur Geschichte des deutschen Judentums. Die Entwicklung und Bedeutung einer wissenschaftlichen Spezialbibliothek. Köln: Greven 1986 (Kölner Arbeiten zum Bibliotheks- und Dokumentationswesen; 8), S. 7–22.

[95] Vgl. Reuven Michael: Jewish Historiography from the Renaissance to the Modern Time [hebr.]. Jerusalem: Bialik Institute 1993, S. 217–278.

[96] Vater und Sohn gehörten zu den führenden Persönlichkeiten der Frankfurter Israelitischen Gemeinde. Aron Moses Fuld (1790–1847) war ein bedeutender Talmudgelehrter, der schon als Dreizehnjähriger das Rabbinerdiplom zuerkannt bekommen hatte und engster Mitarbeiter des letzten Frankfurter Oberrabbiners Salomon Abraham Trier gewesen war. Der Sohn, Salomon Fuld (1835–1911), war ein bekannter Rechtsanwalt und Vertreter der Reformbewegung innerhalb der jüdischen Gemeinde. Bis zum Jahr 1866 zählte er zu den vier jüdischen Mitgliedern des Gesetzgebenden Körpers der Freien Stadt Frankfurt am Main. Vgl. Paul Arnsberg: Die Geschichte der Frankfurter Juden seit der Französischen Revolution. Bearb. und vollendet durch Hans-Otto Schembs. 3 Bde, Darmstadt: Roether 1983, Bd 3, S. 128–129; Encyclopaedia Judaica (Anm. 7), Bd 7, Sp. 217.

chan Aruch – ein Gesetzeskompendium aus dem 16. Jahrhundert – sowie um Rechtsgutachten und Responsen.[97]

Einen weiteren Zuwachs, der bis zum Arbeitsbeginn von Freimann der wichtigste für den Grundstock der Sammlung war, stellte der Erwerb der Privatbibliothek von Nehemias Brüll, des Gemeinderabbiners der Israelitischen Gemeinde Frankfurt, dar.[98] Im Jahre 1892 wurde der Nachlaß, der 9.613 Werke umfaßte, für eine Summe von 10.000 Reichsmark erworben, die zur Hälfte durch Privatspenden Frankfurter Juden und der Israelitischen Gemeinde Frankfurt aufgebracht wurde.[99] Die Einschätzung des damaligen Bibliotheksdirektors Friedrich Clemens Ebrard lautete:

> Die Brüll'sche Bibliothek [stellt] [...] eine der vollständigsten Sammlungen der gesamten jüdischen Literatur im weitesten Sinn dar und bildet daher mit den bereits vorhandenen Werken dieser Art, besonders der Fuld'schen Schenkung, zusammengenommen eine ganz hervorragende Bereicherung unserer Anstalt.[100]

Der Brüll'sche Nachlaß umfaßte besonders viel talmudische Literatur sowie Werke zur Geschichte des jüdischen Gottesdienstes, der synagogalen Poesie und der Predigt von ihren Anfängen bis zur Gegenwart; des weiteren Bücher in deutsch-jüdischem Dialekt und zur Epoche der Aufklärungs- und Reformbestrebungen sowie Werke aus dem Schülerkreis von Moses Mendelssohn und zur Geschichte des jüdischen Schulwesens. Außerdem waren Materialien zur Geschichte der Juden in Frankfurt, in Süddeutschland, Kurhessen, Böhmen und Mähren enthalten. Mit dem Erwerb des Brüll'schen Nachlasses hatte die Hebraica- und Judaica-Sammlung ein solides Fundament an hebräischen, jiddischen und deutschen

---

[97] Raphael Kirchheim: Katalog der Fuldschen Bücher [Ms.]. 41 der Bücher waren in Frankfurt gegen Ende des 17. und zu Beginn des 18. Jahrhunderts gedruckt worden, zum großen Teil bei den bekannten Druckereien Johann Kellner und Johannes Wust. Außerdem umfaßte die Sammlung Fuld 15 kleinere Handschriften, die u. a. drei Rechtsbescheide des Frankfurter Rabbiners Nathan Maas und Manuskripte des Eigentümers Aron Moses Fuld enthielten.

[98] Nehemias Brüll (1843–1891), Sohn des Rabbiners und Schriftstellers Jakob Brüll, stammte aus Mähren. Er amtierte in Nachfolge von Abraham Geiger als Rabbiner der Israelitischen Gemeinde Frankfurt am Main und gehörte wie dieser der Reformbewegung an. Er gab sein Rabbineramt auf und widmete sich ganz der Wissenschaft des Judentums, war Mitherausgeber der Jahrbücher für Geschichte und Literatur des Judentums (6 Bde, 1874–1890) und Herausgeber des Centralanzeiger für Jüdische Litteratur. Vgl. Encyclopaedia Judaica (Anm. 7), Bd 4, Sp. 1415; Paul Arnsberg: Neunhundert Jahre »Muttergemeinde in Israel‹ Frankfurt a. M. 1074–1974. Chronik der Rabbiner, Frankfurt a. M.: Knecht 1974, S. 111ff.; Arnsberg, Die Geschichte der Frankfurter Juden seit der Französischen Revolution (Anm. 96), Bd 3, S. 66–68.

[99] Institut für Stadtgeschichte (ehemals Stadtarchiv), Frankfurt am Main, Magistratsakten S 1481/II. Organisator der Spendenaktion war der Bankier Heinrich Emden, Herausgeber des Finanzherolds, der 2.500 Mark sammelte. Die Israelitische Gemeinde stellte weitere 3.000 Mark zur Verfügung, unter der Bedingung, daß die Bibliothek den Rest übernehmen würde und eventuelle Dubletten, d. h. Werke, die in der Bibliothek bereits vorhanden waren, an die Bibliothek des Philantropins abgeben würde.

[100] Jahresbericht 9 (1892/1893), S. 4.

Büchern erhalten. Der ursprüngliche Bestand hatte sich mit einem Mal um ein vielfaches vergrößert und umfaßte nun alle Wissensgebiete des Judentums.

Mit der Katalogisierung des Brüll'schen Nachlasses wurde der aus Wilna stammende Gelehrte Schabsi Chait beauftragt, der am 17. Oktober 1892 seine Arbeit aufnahm.[101] Die folgenden fünf Jahre war Chait damit beschäftigt, den Brüll'schen Nachlaß, der sich in einem völlig ungeordneten Zustand befand, sowie die weiteren vorhergegangenen Schenkungen für die Hebraica- und Judaica-Sammlung zu katalogisieren.[102] Zu Beginn des Jahres 1896 wandte sich Ebrard an den Magistrat mit der Bitte, die Mittel zur Erstellung eines gedruckten Kataloges der Sammlung zu bewilligen. Nachdem zwei Sachverständige in einem Gutachten den hohen Wert der Sammlung und den sachgemäßen Stand der Katalogisierung bescheinigt sowie den Druck eines Gesamtkataloges in zwei Bänden befürwortet hatten, stimmte der Magistrat dem Gesuch von Ebrard zu.[103] Am 22. Juni 1896 wurde der Beschluß gefaßt, die weiteren Ausgaben der Katalogisierung, die bislang von privaten Spendern getragen worden waren, auf den Bibliotheksetat zu übertragen und der Bibliothek die Summe von 18.000 Mark für den Druck des Kataloges zu bewilligen.[104]

Der Entscheidung des Magistrats, die Kosten für die Katalogisierungsarbeiten in den regulären Jahreshaushalt der Bibliothek aufzunehmen, hatte eine langwierige und harte, in der Öffentlichkeit ausgetragene arbeitsrechtliche Auseinandersetzung zur Folge, in der Chait eine Erhöhung seines bisherigen Honorars forderte, welche die Stadt Frankfurt strikt ablehnte.[105] Nachdem Chait im Mai 1897 seine Kündigung bei der Bibliothek eingereicht hatte, jedoch weiterhin auf einer

---

[101] Chait hatte als Journalist gearbeitet und war 1887 nach Frankfurt gelangt, wo er seinen Unterhalt als Russischlehrer und Mitarbeiter der Buchhandlung Ignaz Kauffmann verdiente.

[102] Die Kosten der Katalogisierung wurden durch private Spenden finanziert, die von Leopold Sonnemann und Emanuel Bloch organisiert wurden. Die größte Spende von 1.000 Mark stammte von Baronin Mathilde von Rothschild.

[103] Institut für Stadtgeschichte (ehemals Stadtarchiv), Frankfurt am Main, Magistratsakten S 1476. Die beiden Sachverständigen waren der Orientalist und zukünftige Direktor der Universitätsbibliothek Straßburg, Prof. Dr. Julius Euting und der Rabbiner Dr. Levy aus Lauterburg, die vom 1. – 4. März 1896 die Sammlung in Frankfurt eingehend untersuchten.

[104] Jahresbericht 12 (1911/1912), S. 3. Dieses Vorhaben konnte allerdings erst nach 36 Jahren verwirklicht werden, und dann für einen anderen Teilbestand. 1932 veröffentlichte Aron Freimann den Judaica-Katalog als ersten Band der Hebraica- und Judaica-Sammlung der Bibliothek (s. Kap. 5.4) Die späte Drucklegung des Kataloges war bedingt sowohl durch das rasche Anwachsen der Sammlung, als auch durch die Festlegung der Mittel und Prioritäten, die von der Bibliotheksleitung bestimmt wurden. Im Jahre 1914 wurde vorerst lediglich der Bestand an Literatur über Juden in Frankfurt veröffentlicht. Vgl. Arthur Richel: Katalog der Abteilung Frankfurt. Hg. von der Stadtbibliothek Frankfurt a. M. 2 Bde, Frankfurt a. M.: Knauer 1914/1929, Kap. 6: Juden in Frankfurt.

[105] Institut für Stadtgeschichte (ehemals Stadtarchiv), Frankfurt am Main, Magistratsakten S 1476.

Nachzahlung für die geleistete Arbeit bestand, wurden seine Forderungen, unter dem Druck der Frankfurter Lokalpresse, die mehrheitlich Chaits Position einnahm, mehrmals in der Stadtverordnetenversammlung behandelt.[106] Der Streitfall zog sich über das gesamte Jahr 1897 bis zur Einstellung von Freimann im Januar 1898 hin, ohne daß eine gütliche Einigung zwischen Chait und der Stadt Frankfurt erreicht wurde. Für einige Monate sorgte die Auseinandersetzung für erheblichen Wirbel in der Lokalpresse, nahm jedoch letztlich auf die Entscheidungsprozesse des Magistrats und die bibliotheksinternen Abläufe keinen Einfluß.[107]

3.2.1.2 Der Ausbau der Sammlung durch jüdisches Mäzenatentum

Am 1. Januar 1898 wurde Aron Freimann als »außeretatmäßiger wissenschaftlicher Hülfsarbeiter« in der Stadtbibliothek in Frankfurt eingestellt und mit der »Ordnung und Katalogisierung der großen Hebraica- und Judaica-Sammlung betraut«.[108] Er sollte die Tätigkeit des bisherigen Bearbeiters Schabsi Chait weiterführen, da durch dessen Weggang kein Bibliothekar mit den notwendigen Fachkenntnissen vorhanden und ein Ersatz dringend erforderlich geworden war. Zudem hatte die Berichterstattung in der Frankfurter Presse über die Umstände der Beendigung des Arbeitsverhältnisses von Chait für einen gehörigen Skandal in der Frankfurter Öffentlichkeit gesorgt, so daß der Bibliotheksleitung sehr daran gelegen war, schnell einen geeigneten Nachfolger für die Betreuung der Sammlung vorweisen zu können. Freimann konnte bereits eine mehrjährige Erfahrung als Bibliothekar, wenn auch nur während seines Studiums, nachweisen, da er vier Jahre lang, von 1893 bis 1897 die Sammlung des Rabbinerseminars betreut hatte.[109] Es ist zu vermuten, daß sein Onkel, der Gemeinderabbiner Markus Horovitz, mit dessen Familie er in engem Kontakt stand, ihn auf die Stelle empfohlen hat. Freimann begann seine Tätigkeit am 1. Januar 1898 unter denselben finanziellen Bedingungen wie Schabsi Chait,

---

[106] Ebd., Akten der Stadtverordnetenversammlung 1.178.

[107] Volksstimme, 8. Juli 1897; Die Kleine Presse, 16. Juli und 3. August 1897; Frankfurter Journal, Abendblatt, 5. August 1897. Besonders polemisch war der Artikel in der Volksstimme, einer der SPD nahestehenden Zeitung. Unter der Überschrift: »Eine Glanzleistung städtischer Sozialpolitik. Lehren des Falles Chait« wurde dem Magistrat vorgeworfen, wie immer in unangenehmen Fällen alles für erlogen zu erklären, was diesem nicht paßte. Nach einer ausführlichen Widerlegung aller Argumente der Stadtverordneten, die zur Ablehnung von Chaits Gesuch vorgetragen worden waren, endete der Artikel mit der Feststellung: »[...] der Fall Chait [sei eine] exemplarische Ausbeutung eines armen wehrlosen Gelehrten.« Auch die Zeitung Die Kleine Presse stellte sich auf die Seite von Chait. Da er nicht vor dem Organisationsausschuß hatte aussagen dürfen, veröffentlichte sie seine Version der Sachlage sowie ihm wohlgesonnene Leserbriefe.

[108] Nachlaß Aron Freimann, Schreiben von Friedrich Clemens Ebrard, 24. November 1902.

[109] Institut für Stadtgeschichte (ehemals Stadtarchiv), Frankfurt am Main, Personalakte Aron Freimann, Brief von Abraham Berliner, 23. Februar 1904.

sein erstes Gehalt betrug monatlich lediglich 100 Mark. Doch schon im Juni desselben Jahres wurde es auf 150 Mark und zum 1. Oktober 1900 auf 225 Mark erhöht.[110] Am 1. November 1904 wurde Freimanns Anstellung in ein festes Dienstverhältnis umgewandelt, und er erhielt die Stelle eines Bibliothekars als Gemeindeangestellter ohne Beamtenstatus.[111] Am 1. April 1928 wurde er zum städtischen Beamten auf Lebenszeit ernannt.

Seine Anstellung und der von ihm betriebene Aufbau der Hebraica- und Judaica- Sammlung fielen in eine Zeit, in der die Bibliothek von der Stadtverwaltung und der Bibliotheksleitung konsequent zu einer modernen wissenschaftlichen Gebrauchsbibliothek umgewandelt wurde. In den Jahren von 1884 bis 1913 stieg der Erwerbungsetat der Bibliothek um das Viereinhalbfache an, weitere Sondermittel wurden von Mäzenen zur Verfügung gestellt, so daß auch die Buchbestände um ein Vielfaches vermehrt werden konnten.[112] Diese Phase der steilen und stetigen Aufwärtsentwicklung wirkte sich auch positiv auf die Hebraica- und Judaica-Sammlung aus, indem Ebrard im Zuge der Reorganisation neue Sammelschwerpunkte festlegte, zu denen von nun an auch die Hebraica und Judaica zählten.

Zum Zeitpunkt seines Tätigkeitsbeginns umfaßte die Hebraica- und Judaica-Sammlung 11.118 Werke, die in ihrer überwiegenden Mehrzahl hebräische Bücher waren. Bereits im Jahr 1899 konnte Freimann die Frankfurter Sammlung zum ersten Mal um einen neuen und sehr wichtigen Zuwachs vergrößern. Für die Stadtbibliothek erwarb er die reichhaltige Privatbibliothek seines Lehrers und Mentors Abraham Berliner, die dieser ihm zum Kauf angeboten hatte. Der Kauf der Sammlung Berliner wurde durch eine private Spendenaktion Frankfurter jüdischer Bürger finanziert, die von dem orthodoxen Rabbiner der Israelitischen Gemeinde Frankfurt Markus Horovitz und dem bekannten Mäzen Charles L. Hallgarten organisiert worden war.[113] Sie wollten auf alle Fälle

---

[110] Ebd., Personalakte Aron Freimann

[111] Nachlaß Aron Freimann; laut Dienstvertrag vom 1. November 1904 war Freimann nun im »Anstellungs- und Dienstverhältnis der nichtbeamteten Personen« und war damit kein Kommunalbeamter. Das Arbeitsverhältnis konnte jederzeit durch eine gegenseitige dreimonatige schriftliche Kündigung beendet werden. Diese Stellen waren gemäß Regulativ vom 30. März 1900 neu geschaffen worden. Der Anspruch auf Pension sowie Witwen- und Waisenversicherung mußte vom Magistrat ausdrücklich verliehen werden, was im Fall Freimann geschah. Freimanns Stelle wurde 1904 im Zuge der Personalvergrößerung der Stadtbibliothek als fünfte Bibliothekarsstelle eingerichtet.

[112] Hartmut Schaefer: Die Stadtbibliothek 1884–1942. In: Bibliotheca Publica Francofurtensis. Fünfhundert Jahre Stadt- und Universitätsbibliothek Frankfurt a. M. Hg. von Klaus-Dieter Lehmann. Frankfurt a. M. 1985, Textband, S. 121–204, hier S. 122ff. In den Jahren 1884–1913 wuchs die Zahl der Bücher von 150.000 auf knapp 366.000 Bände.

[113] Charles L. Hallgarten (1838–1908) stammte aus Mainz und war in den USA als Investment-Banker reich geworden. Seit 1877 lebte er in Frankfurt und gehörte zu den bedeutenden Philanthropen der Stadt. Vgl. Charles Hallgarten. Leben und Wirken eines Frankfurter Sozialreformers und Philanthropen. Hg. von Arno Lustiger. Frankfurt a. M.: Societäts-Verlag 2003, S. 67.

verhindern, daß die Sammlung ins Ausland transferiert würde und appellierten mit Erfolg bei einigen Frankfurter Juden an deren Liebe zur Vaterstadt Frankfurt. In einem Schreiben an den Bürgermeister Heusenstamm aus dem Jahre 1899 erläuterten die Organisatoren die Motive ihrer Spender und stellten fest, daß nachdem sie erfahren hatten, daß »Ausländer sie [die Privatbibliothek] erwerben wollten, [unternähmen] sie alles, um sie [die Bücher] der Stadtbibliothek zu schenken«.[114] In einer privaten Spendenaktion gelang es ihnen, die hierfür benötigte Summe von 21.000 Reichsmark zusammenzutragen.[115] Die Sammlung Berliner zählte 4.880 Titel und war reich an Inkunabeln sowie an seltenen hebräischen Drucken. Außerdem enthielt sie einen einzigartigen Bestand an hebräischen Gebetbüchern aller Riten aus den verschiedensten Ländern. Den Katalog der Privatbibliothek hatte Aron Freimann ebenfalls bereits 1895, als er noch Student am Rabbinerseminar in Berlin war, erstellt; ein Band umfaßte die nichthebräischen Titel, ein zweiter die hebräischen.[116] Nach seinem Tode vermachte Berliner die restlichen Bücher seiner Privatsammlung als Legat der Bibliothek, die auch einen Teil seines Nachlasses erhielt.

Im selben Jahr erhielt die Bibliothek eine weitere Schenkung, welche die Hebraica- und Judaica-Sammlung vergrößerte und die wiederum vom Gemeinderabbiner Markus Horovitz mit der finanziellen Unterstützung einiger Privatleute initiiert worden war. Hierbei handelte es sich um ein Konvolut von 44 Büchern und um 4.314 »Genisa-Fragmente«.[117] Diese hebräischen Handschriftenfragmente stammten aus Fostat, dem alten Kairo, und zwar teils aus der dortigen Genisa der Esra-Synagoge, teils aus derjenigen der Karäer auf ihrem Friedhof.[118] Die Fragmente aus der Esra-Synagoge datierten alle aus dem 11. bis 14. Jahrhundert, die der Karäer reichten bis in die Neuzeit hinein.[119] Neben

---

[114]   Institut für Stadtgeschichte (ehemals Stadtarchiv), Frankfurt am Main, Magistratsakten S 1481/II.

[115]   Ebd. Es spendeten Baron und Baronin Wilhelm von Rothschild, Jakob Schiff aus New York und Charles L. Hallgarten jeweils 5.000 Mark; Georg Speyer und Theodor Stern jeweils 2.000 Mark und Wilhelm Bonn und Eduard Cohen jeweils 1.000 Mark. Diese und andere Spenden belegen erneut den Patriotismus der Frankfurter Juden gegenüber ihrer Vaterstadt, der auch bei manchem Emigranten erhalten blieb, wie in diesem Fall bei Jakob Schiff. Der nach New York ausgewanderte Schiff bestand darauf, daß seine Gabe nirgends öffentlich erwähnt würde. Auch der Magistrat betonte in seinem Beschluß vom 24. Januar 1899, mit dem er das Geschenk annahm, ausdrücklich die Heimatliebe der Frankfurter Juden und stellte fest, daß diese »verdienstvolle patriotische Widmung von dem Magistrat mit dem Ausdruck des wärmsten Dankes angenommen wird«.

[116]   Aron Freimann: Katalog der Dr. A. Berlinerischen Bibliothek [Ms.], 1895.

[117]   Jahresbericht 16 (1899/1900), S. 5.

[118]   Die Genisa ist ein Aufbewahrungsort unbrauchbar gewordener liturgischer und anderer hebräischer Schriften.

[119]   Bei den Karäern handelt es sich um eine jüdische Sekte, die im babylonischen Exil entstand und deren wenige Mitglieder heute vor allem in Südrußland, auf der Krim, in der Türkei und in Ägypten leben. Sie unterscheiden sich von den übrigen Juden dadurch, daß sie die gesamte rabbinische Tradition leugnen. Soweit ihre Literatur nicht in Hebräisch geschrieben ist, benutzen sie den jüdisch-türkischen Dialekt.

biblischen, liturgischen und literarisch-poetischen Texten befanden sich auch Urkunden, Geschäftspapiere und Schriftstücke aller Art in der Kairoer Genisa, die somit für die Erforschung der jüdischen Geschichte in all ihren Aspekten einen unermeßlichen Wert darstellte.[120]

Im Jahre 1901 wuchs die Sammlung erneut durch zwei weitere wichtige Schenkungen. Charles L. Hallgarten, der bereits viele Spendenaktionen organisiert hatte, schenkte der Bibliothek 174 Bände zur synagogalen Musikliteratur und schuf damit die Grundlage einer diesbezüglichen Sammlung.[121] Ebenfalls im Jahre 1901 errichtete Baronin Mathilde von Rothschild eine Stiftung zum Andenken an ihren verstorbenen Mann Wilhelm Carl von Rothschild. Baron Willy, wie er genannt wurde, war der letzte Frankfurter Rothschild.[122] Nach seinem Tode am 25. Januar 1901 bot seine Witwe »Zum Andenken an meinen seligen Gemahl [...] zu Gunsten der Stadtbibliothek« Teile aus seiner hinterbliebenen hebräischen Privatsammlung der Bibliothek als Geschenk an. Baronin Mathilde gestattete es Freimann in seiner Funktion als Bibliothekar der Hebraica- und Judaica-Sammlung, selbst alle wichtigen, in der Bibliothek noch nicht vorhandenen hebräischen Werke auszuwählen. Daraufhin wechselten 3.754 hebräische Einzelschriften den Besitzer, darunter 23 teilweise auf Pergament gedruckte hebräische Inkunabeln, viele Unikate, zahlreiche hebräische Bibelausgaben, jüdisch-deutsche Schriften und Zimelien der hebräischen Typographie.[123]

Nach diesen Stiftungen und Ankäufen verfügte die Hebraica- und Judaica-Sammlung über zahlreiche Schätze, derer sich die Bibliotheksleitung durchaus bewußt war. Die am 7. Juli 1902 in Frankfurt tagende Generalversammlung des Rabbinerverbandes in Deutschland wurde von Freimann zum Anlaß genommen, um eine Ausstellung hebräischer Druckwerke zusammenzustellen. Seine Absicht war es, wie er feststellte:

> [...] der Öffentlichkeit eine Auslese der wertvollsten Literaturschätze der im Laufe des letzten Jahrzehntes zu so großer Bedeutung gelangten Hebraica- und Judaica-Sammlung der Stadtbibliothek vor Augen zu führen.[124]

---

[120] Leider sind die Genisa-Fragmente alle während des Zweiten Weltkrieges verbrannt. Von einigen wenigen Stücken wurden vor dem Krieg jedoch Kopien erstellt, die sich heute im Schocken-Institut zur Erforschung der Hebräischen Poesie in Jerusalem befinden. Vgl. Heuberger, Bibliothek des Judentums (Anm. 94), S. 143.

[121] Jahresbericht 17 (1900/1901), S. 5. In diesem Jahr, wie auch in anderen, überwies Hallgarten zusätzlich weitere Spenden für den Ankauf von Büchern allgemeiner Thematik.

[122] Seine Familie hatte als einzige der Rothschild-Dynastie den traditionellen Lebenswandel beibehalten und war streng orthodox geblieben. Baron Willy war als großzügiger Mäzen in Frankfurt und Palästina bekannt; er unterstützte zahlreiche jüdische Gelehrte und Studenten und besaß eine sehr wertvolle Privatbibliothek. Vgl. die umfassende Bibliographie in: Die Rothschilds. Beiträge zur Geschichte einer europäischen Familie. Hg. von Georg Heuberger. 2 Bde, Sigmaringen: Thorbecke 1994, Bd 2.

[123] Jahresbericht 18 (1901/1902), S. 6.

[124] Jahresbericht 19 (1902/1903), S. 10.

Die Ausstellung bestand aus zwei Teilen. Der erste sollte mit Hilfe der ausgewählten Druckwerke einen Überblick über die Entwicklung des hebräischen Buchdruckes von seinen Anfängen in Italien bis zu seinen Formen in Asien und Afrika vermitteln; im zweiten Teil waren eine Anzahl Zimelien der hebräischen Typographie und einige besonders interessante Handschriften, darunter Exemplare aus der Genisa-Sammlung, zu sehen. Zur Ausstellung erstellte Freimann einen Katalog.[125]

Im Jahre 1903 vergrößerte Freimann den Hebraica- und Judaica-Bestand noch ein weiteres Mal und erwarb die Sammlung Merzbacher. Diese Sammlung des Münchener Bankiers Abraham Merzbacher war mit rund 6.000 Büchern und über hundert hebräischen Handschriften bemerkenswert vollständig und galt daher als eine der wertvollsten Privatsammlungen des 19. Jahrhunderts.[126] Nach dem Tod seines Sohnes und Erben Eugen Merzbacher am 18.September 1903 gelang es einer Gruppe reicher Frankfurter Juden, die sich unter dem Namen »Merzbacher Komitee« zusammengeschlossen hatten und anonym bleiben wollten, die für den Kauf benötigten beträchtlichen Mittel von 34.000 Reichsmark zusammenzutragen. Charles L. Hallgarten fungierte wiederum als Vertreter des Komitees und übergab die Spende der Bibliothek.[127]

Der hohe Wert der Merzbacher-Sammlung beruhte vor allem auf den Talmud-Drucken und Responsen-Werken sowie zahlreichen Schriften der Karäer. Bei den meisten Werken handelte es sich um Erstausgaben, darunter die von Daniel Bomberg in Venedig in den Jahren 1519 bis 1522 gedruckte erste Gesamtausgabe des babylonischen Talmuds. Einige der Erstdrucke des Talmuds waren überhaupt die einzig bekannten Exemplare.[128] Ein Großteil der 156 Handschriften stammte ursprünglich aus der Sammlung von G. D. B., auch Eljakim genannt, Carmoly.[129] Zwanzig der Handschriften waren aus Pergament und einige

---

125　Ausstellung hebräischer Druckwerke. Hg. von der Stadtbibliothek Frankfurt a. M. 2., verm. Aufl., Frankfurt a. M. 1902. Bis zu ihrem Ende im März 1903 hatte die Ausstellung 495 Besucher.

126　Von dem Gelehrten und Herausgeber von Talmuddrucken Raphael N. Rabbinovicz war sie über viele Jahre zusammengetragen und katalogisiert worden. Der unter dem Titel Ohel Abraham im Jahre 1888 in München veröffentlichte Katalog enthält 4.332 hebräische Buchtitel und 156 Handschriften. Nach dem Tod von Abraham Merzbacher am 4. Mai 1885 ging die Sammlung auf seinen Sohn Eugen über.

127　Institut für Stadtgeschichte (ehemals Stadtarchiv), Frankfurt am Main, Magistratsakten S 1481/II.

128　Aron Freimann: Daniel Bomberg und seine hebräische Druckerei in Venedig. In: Zeitschrift für Hebräische Bibliographie 10, S. 32–36, 38–42, 79–88.

129　Raphael Kirchheim: Catalog der reichhaltigen Sammlung hebräischer und jüdischer Bücher und Handschriften aus dem Nachlass des seel. Herrn Dr. G. B. Carmoly [...] Frankfurt a. M.: Baer 1875. Eljakim, eigentlich Goschel David Beer Carmoly (1802–1875), war zunächst Bibliothekar an der Bibliothèque Nationale in Paris, später Rabbiner in Brüssel und lebte seit 1839 in Frankfurt. Nach seinem Tod 1875 wurde seine reichhaltige Sammlung noch im gleichen Jahr versteigert, wobei ein beträchtlicher Teil in den Besitz von Abraham Merzbacher und in Folge an die Bibliothek gelangte.

waren mit zahlreichen Miniaturen versehen, so ein Maimonides-Kodex aus dem 13. Jahrhundert. Eine Bibelhandschrift vom Beginn des 13. Jahrhunderts trug bereits einen Verkaufsvermerk aus dem Jahre 1365 und enthielt eine Reihe bemerkenswerter Vollbilder. Zur Sammlung gehörten auch 43 Inkunabeln, so daß die Zahl der hebräischen Inkunabeln, die sich nun im Besitz der Bibliothek befanden, auf 56 angestiegen war. Mit Stolz stellte Ebrard im Jahresbericht fest:

> Die Hebraica- und Judaica-Sammlung der Stadtbibliothek hat einen Umfang und eine Bedeutung erreicht, welche nur noch von den diesbezüglichen Spezialsammlungen des Britischen Museums und der Bodleiana in Oxford übertroffen wird.[130]

Der Ankauf der Sammlung Merzbacher blieb die letzte von Privatleuten initiierte und finanzierte Schenkung von großem Umfang. In den folgenden Jahren umfaßten die einzelnen Spenden nur noch wenige Werke.[131] Mitglieder der Familie Rothschild fühlten sich weiterhin für die Entwicklung der Sammlung verantwortlich und spendeten weiter kontinuierlich Werke. Im Jahr 1905 schenkte die Baronin Mathilde von Rothschild sechzehn seltene karäische Druckwerke, womit diese Literaturgattung fast vollständig in der Bibliothek vorhanden war, und ein Jahr später einen wertvollen Pergamentdruck aus Saloniki aus dem Jahre 1516. Die Ehefrau von Baron Edmond de Rothschild in Paris, Adelheid, stiftete zur gleichen Zeit den Pentateuchkommentar von Raschi, eine äußerst wertvolle, auf Pergament gedruckte Inkunabel aus Rom. Damit besaß die Bibliothek im Jahre 1908 59 der damals bekannten 104 hebräischen Inkunabeln.[132] Wie die Jahresberichte belegen, wurde die Sammlung zudem auch von Seiten der Bibliothek durch kontinuierliche Ankäufe erweitert.

Innerhalb weniger Jahre war die Hebraica- und Judaica-Sammlung unter Freimanns Leitung zu einer der größten und wichtigsten Sammlungen Europas gewachsen. Ihr Buchbestand hatte sich verdoppelt, die Inkunabeln zahlenmäßig verdreifacht und wertvolle Handschriften und Tausende von Handschriftenfragmenten waren neu hinzugekommen. Durch seine persönlichen Beziehungen zu seinem Lehrer Abraham Berliner konnte Freimann bereits ein Jahr nach seinem Amtsantritt den ersten Zuwachs erreichen. Von seinem Onkel, dem Gemeinderabbiner Markus Horovitz, der sich mit der Organisation einiger größerer Spenden sehr für die Sammlung engagiert hatte, wurde er in seiner Arbeit tatkräftig unterstützt. Freimann erwarb sich einen Ruf als Fachmann für hebräische Handschriften, Inkunabeln und Frühdrucke und konnte durch seinen fachkundigen Umgang mit der Sammlung das Vertrauen zahlreicher Gönner und Mäzene gewinnen. Er verstand es, das Interesse wohlhabender Bürger für diese Sammlung zu wecken und ihre finanzielle Unterstützung für Ankäufe zu gewinnen. Dies wird auch belegt durch das Verhalten der Baronin Mathilde von

---

[130] Jahresbericht 20 (1903/1904), S. 6.
[131] Beispielsweise stiftete Emil Goldschmidt aus Kassel 42 hebräische Briefe, darunter 34 von Moses Mendelssohn; Frau Alfred Geiger, geb. Schiff aus Frankfurt spendete 54 hebräische Werke.
[132] Jahresbericht 25 (1908/1909), S. 5.

Rothschild, die von Freimanns Fähigkeiten, die Sammlung auch in Zukunft optimal zu betreuen, überzeugt war und sich deshalb zu ihrer großzügigen Spende entschlossen hatte. In den folgenden Jahren verblieb Freimann weiterhin in ständigem brieflichen Kontakt mit der Familie Rothschild, vor allem mit dem Pariser Zweig.

Die nachfolgenden Jahre waren vor allem durch die Einarbeitung der großen Menge neuerworbener Bestände, die in so kurzer Zeit in die Bibliothek gelangt waren, gekennzeichnet. Diese mußten bearbeitet und in die vorhandene Hebraica- und Judaica-Sammlung eingegliedert werden, außerdem galt es eine Systematik auszuarbeiten und verschiedene Kataloge zu erstellen, um die Werke nachzuweisen und für die Forschung nutzbar zu machen.[133] Freimann stand ein immenser Arbeitsaufwand bevor, und er war für die Bibliothek unentbehrlich. In diesem Zusammenhang ist auch die Absage von Ebrard an den Präfekten der Vatikanischen Apostolischen Bibliothek zu sehen, als dieser die Beurlaubung von Aron Freimann für ein halbes Jahr beantragte, damit Freimann die Drucklegung des Katalogs der hebräischen Handschriften des Vatikans vorbereiten könne.[134] In Anerkennung seiner Verdienste wurde Freimann am 31. Juli 1919 vom Preußischen Kultusminister die Titularprofessur verliehen.[135]

Freimanns Fachwissen und sein unermüdlicher Arbeitseifer formten die Hebraica- und Judaica-Bestände der Bibliothek zur bedeutendsten Sammlung dieser Art auf dem europäischen Kontinent. Als er im August 1931 seinen 60. Geburtstag feierte, erhielt er viele private und öffentliche Gratulationen, darunter auch ein Glückwunschtelegramm des Oberbürgermeisters Ludwig Landmann, in dem die Wertschätzung für seine jahrelange Tätigkeit an der Bibliothek zum Ausdruck gebracht wurde. Das Telegramm hatte folgenden Wortlaut:

> Sehr geehrter Herr Prof. Freimann! Zu Ihrem 60. Geburtstag bitte ich meine herzlichsten Glückwünsche entgegen zu nehmen. Möge Ihnen noch eine lange und erfolgreiche Wirksamkeit an unserer Stadtbibliothek und in den von Ihnen gepflegten Wissensgebieten beschieden sein. Mit vorzüglicher Hochachtung.[136]

---

[133] Zu den von Freimann erstellten Katalogen siehe Kap. 5.

[134] Aus »Rücksicht auf die Geschäftslage und die Bedürfnisse der Bibliothek« lehnte der Magistrat auf Wunsch von Ebrard am 7. Januar 1909 das Gesuch des Präfekten der Vatikanischen Bibliothek Franz Ehrle ab, vgl. Institut für Stadtgeschichte (ehemals Stadtarchiv), Frankfurt am Main, Magistratsakten S 1472/II.

[135] Ebd., Personalakte Aron Freimann.

[136] Ebd. Vgl. Oscar Sincerus: Professor A. Freimann. Zu seinem 60. Geburtstag. In: Frankfurter Zeitung, 6. August 1931, Stadtblatt, S. 3; Anonym: 60. Geburtstag [von Aron Freimann]. In: Frankfurter Israelitisches Gemeindeblatt 9 (1930/31), Nr 12, S. 375; Anonym: Prof. Aron Freimann 60 Jahre. In: Gemeindeblatt der Israelitischen Religionsgemeinde zu Leipzig 7 (1931), Nr 31, S. 6; Isaak Markon: Zum 60. Geburtstag von Prof. Dr. Aron Freimann, Frankfurt a. M. In: Der Israelit 72 (1931), Nr 31, S. 11; Anonym: Prof. Aron Freimann 60 Jahre. In: Jüdische Wochenzeitung [Wiesbaden] 5 (1931), Nr 32, S. 4.

Freimanns Ruf als ein Bibliothekar, der es verstanden hatte, eine herausragende Spezialsammlung aufzubauen, veranlaßte junge Bibliothekare, die sich in der Wissenschaft des Judentums spezialisieren wollten, ein Volontariat in der Frankfurter Sammlung unter seiner Anleitung zu absolvieren. Vom 1. Februar bis zum 15. März 1931 war Hanna Emmrich, die 1930 in Breslau promoviert hatte, im Rahmen ihrer bibliothekarischen Ausbildung an der Staats- und Universitätsbibliothek Breslau für sechs Wochen als Volontärin bei Freimann beschäftigt und zwar »ohne Entgelt«, wie es der Magistrat der Stadt Frankfurt als Bedingung festgelegt hatte.[137] Rafael Edelmann, der 1933 die Judaica-Abteilung der Königlichen Bibliothek Kopenhagen übernehmen sollte, trat am 1. August 1932 ein sechsmonatiges Volontariat in Frankfurt an.[138] Oftmals wurde Freimann als anerkannter Fachmann um Stellungnahmen zu dem Wert einzelner Handschriften, Inkunabeln oder wertvoller Sammlungen gebeten.[139]

---

[137] Institut für Stadtgeschichte (ehemals Stadtarchiv), Frankfurt am Main, Magistratsakten 6221/I. Vgl. Alexandra Habermann / Rainer Klemmt / Frauke Siefkes: Lexikon deutscher wissenschaftlicher Bibliothekare 1925–1980. Frankfurt a. M.: Klostermann 1985 (Zeitschrift für Bibliothekswesen und Bibliographie; Sonderheft 42), S. 68. Dort wird lediglich der Werdegang bis 1933 angegeben. Weitere Informationen von der Jüdischen National- und Universitätsbibliothek Jerusalem, schriftliche Auskunft von Libi Kahane, Bibliographischer Dienst sowie vom Archiv der Hebräischen Universität Jerusalem. Nach ihrer Auswanderung nach Palästina arbeitete Hanna Emmrich, später verheiratete Oppenheimer, von 1935–1968 in der Jüdischen National- und Universitätsbibliothek in Jerusalem, zuerst in der Abteilung Hebräischer Katalog, dann in der Leitung der Inventarisierung und seit 1955 im Bibliographischen Dienst. Nach der Eröffnung der Bibliotheksschule im Jahre 1956 übernahm Hanna Oppenheimer den Bibliographie-Unterricht. Nach ihrer Pensionierung betreute sie im Institut Yad Ben Zwi die Edition mehrerer wissenschaftlicher Zeitschriften. Sie verstarb am 24. Mai 1983.

[138] Institut für Stadtgeschichte (ehemals Stadtarchiv), Frankfurt am Main, Magistratsakten 6221/I. Encyclopaedia Judaica (Anm. 7), Bd 6, Sp. 362; Edelmann, 1902 in Litauen geboren und in Kopenhagen aufgewachsen, hatte wie Freimann in Berlin Orientalistik und am Rabbinerseminar studiert, ehe er 1933 die Betreuung der nachgelassenen Judaica-Sammlung des Oberrabbiners David Simonsen an der Königlichen Bibliothek Kopenhagen übernahm. 1938 wurde Edelmann Leiter der Judaica-Abteilung und 1948 außerdem Dozent für jüdische Studien und Jiddisch an der Universität Kopenhagen. 1955 gründete er nach langen Vorarbeiten die Arbeitsgemeinschaft der Sammlungen von Judaica und Hebraica in Europa, ein loser Zusammenschluß der wichtigsten europäischen Bibliotheken, dem auch die Frankfurter Bibliothek angehörte, sowie der Nationalbibliothek in Jerusalem. Vgl. Schalom Ben-Chorin: Interview mit Rafael Edelmann. In: Jediot Hadashot, 17. Mai 1957.

[139] Vgl. Peter Landesmann: Rabbiner aus Wien. Ihre Ausbildung, ihre religiösen und nationalen Konflikte. Wien u. a.: Böhlau 1997, S. 202 berichtet über das Einholen eines Gutachten von Freimann zur Schätzung einer hebräischen Handschriftensammlung der Israelitischen Gemeinde Wien. Vgl. auch Kap. 3.2.4, Anm. 249 über seine Beratungstätigkeit für Agnon und Schocken.

3.2.2 Ausharren in der Zeit des Nationalsozialismus (1933–1939)

Mit dem Beginn der nationalsozialistischen Herrschaft trat eine sofortige Änderung in der Situation der Frankfurter Bibliothek ein, die sich ebenso wie die anderen wissenschaftlichen Bibliotheken in Deutschland den neuen politischen Machtverhältnissen anpaßte. Sie diente von nun an den Interessen des NS-Staates und arbeitete an dessen Zielsetzungen mit, indem sie einen Verwaltungsstil entwickelte, der sich im Wesentlichen an der effizienten Erfüllung der gesetzten Normen orientierte. Das wissenschaftliche Bibliothekswesen funktionierte in dieser Hinsicht wie die anderen von Beamten verwalteten Behörden des Deutschen Reiches und ist deshalb »von [der] Mitarbeit [...] in der Zeit der nationalsozialistischen Diktatur nicht freizusprechen.«[140] Dies hatte auch direkte Auswirkungen auf die Hebraica- und Judaica-Sammlung, die naturgemäß von der nationalsozialistischen Propaganda angegriffen wurde und in ihrem weiteren Bestand gefährdet war.

3.2.2.1 Die sofortige Entfernung Freimanns aus dem Dienst

Im März 1933 wurde Aron Freimann mit 62 Jahren, vom neuen, kommissarisch beauftragten nationalsozialistischen Oberbürgermeister Friedrich Krebs aus dem Dienst entfernt. Im vorauseilenden Gehorsam auf das geplante, am 7. April 1933 erlassene »Gesetz zur Wiederherstellung des Berufsbeamtentums«, das als erstes Gesetz den ›Arierparagraphen‹ enthielt und die sogenannten ›Nichtarier‹ vom öffentlichen Dienst ausschloß, erließ Krebs bereits am 28. März die Verfügung über die »Entlassung bzw. Beurlaubung von städtischen Beamten und Angestellten jüdischen Bekenntnisses«.[141] In dieser ordnete er als angebliche »Abwehrmaßnahme gegen die von zumeist aus Deutschland ausgewanderten Juden im Ausland betriebene [...] Greuelpropaganda« die Entlassung sämtlicher jüdischer Angestellten der Stadtverwaltung, der städtischen Gesellschaften sowie die Be-

---

[140]   Hans-Gerd Happel: Das wissenschaftliche Bibliothekswesen im Nationalsozialismus. Unter besonderer Berücksichtigung der Universitätsbibliotheken. München: Saur 1989 (Beiträge zur Bibliothekstheorie und Bibliotheksgeschichte; 1), S. 118. Vgl. Manfred Komorowski: Die wissenschaftlichen Bibliotheken während des Nationalsozialismus. In: Bibliotheken während des Nationalsozialismus. Hg. von Peter Vodosek und Manfred Komorowski. Wiesbaden: Harrassowitz 1989 (Wolfenbütteler Schriften zur Geschichte des Buchwesens; 16), Bd 1, S. 1–23.

[141]   Vgl. Uwe-Dietrich Adam: Judenpolitik im Dritten Reich. Düsseldorf: Droste 1972 (Tübinger Schriften zur Sozial- und Zeitgeschichte; 1), S. 12. Durch das »Gesetz zur Wiederherstellung des Berufsbeamtentums« vom 7. April 1933 (Reichsgesetzblatt 1933 I, S. 175–177) wurden alle »nichtarischen« und sozialdemokratischen Beamten aus dem Dienst entfernt. Juden, die im Ersten Weltkrieg für das Deutsche Reich an der Front gekämpft hatten oder deren Söhne, bzw. Väter im Krieg gefallen waren (die sog. Frontkämpfereigenschaft) waren von der Geltung des Gesetzes ausgenommen.

urlaubung aller jüdischer Beamten an.[142] Am 30. März 1933 wurde Freimann mit sofortiger Wirkung »bis auf weiteres« beurlaubt, und am 4. April mußte er die Bibliotheksschlüssel abgeben. Auch ein Schreiben des Bibliotheksdirektors Oehler vom 4. Juli, in dem er sich für die Aufhebung der Beurlaubung von Freimann aus fachlichen Gründen aussprach, änderte nichts an der Entscheidung des Oberbürgermeisters. Da Freimann nicht am Ersten Weltkrieg teilgenommen hatte, traf auf ihn auch nicht die Sonderregelung zu, die Frontteilnehmer zunächst bis 1935 von den Beschränkungen des ›Arierparagraphen‹ ausnahm.

Durch das neue Regime genötigt, gab Freimann am 18. August 1933 eine Erklärung ab, in der er bestätigte, daß er niemals Beziehungen zur SPD noch zu einer ihrer Hilfs- oder Ersatzorganisationen gehabt habe. Einige Tage später bestätigte er, daß er keinem Bund republikanischer Beamten oder einer ähnlichen Vereinigung angehört habe. Daraufhin wurde Freimann durch Erlaß des Preußischen Ministers des Inneren vom 21. September 1933 ab 1. Januar 1934 in den Ruhestand versetzt. In der Mitteilung hieß es zusätzlich:

> Das Betreten der Dienstgebäude Ihrer Anstellungskörperschaft und der Aufsichtsbehörden zwecks mündlicher Vorstellung aus Anlaß des Ausscheidens aus dem Amte wird Ihnen gemäß Anordnung des Herrn Ministers hiermit verboten.[143]

Schon zuvor scheint es Freimann jedoch untersagt gewesen zu sein, die Bibliothek zu betreten. Als der jüdische Historiker Salo Baron ihn im Sommer 1933 in Frankfurt besuchte, beklagte er sich bei ihm darüber, daß andere jüdische Gelehrte die Bibliothek weiterhin benutzen konnten, während ihm dies untersagt worden sei.[144]

Damit war die weitere Entwicklung der Hebraica- und Judaica-Sammlung vom persönlichen Lebensweg Freimanns zum ersten Mal seit 35 Jahren getrennt worden. Obwohl in der Bibliothek Mitarbeiter mit geeigneten Fachkenntnissen fehlten und daraufhin sowohl die Israelitische Gemeinde als auch der Bibliotheksdirektor Oehler mehrfach bei der Stadtverwaltung intervenierten, blieb es Freimann von diesem Zeitpunkt an verwehrt, die Sammlung weiterhin in irgendeiner Form zu betreuen. Er konnte keinerlei Einfluß mehr auf die Arbeitsabläufe innerhalb der Bibliothek nehmen, sondern mußte sich damit begnügen, als Außenstehender das Geschehen zu beobachten. Die weiteren Entwicklungen zeigen, daß die Sammlung eine wichtige Rolle in den Entscheidungsprozessen der städtischen Gremien spielte. Hierbei wird deutlich, daß die Sammlung, die von Freimann geschaffen und entscheidend geprägt worden ist, eine große Bedeu-

---

142 Dokumente zur Geschichte der Frankfurter Juden 1933–1945. Hg. von der Kommission zur Erforschung der Geschichte der Frankfurter Juden. Frankfurt a. M.: Kramer 1963, S. 65.

143 Institut für Stadtgeschichte (ehemals Stadtarchiv), Frankfurt am Main, Personalakte Aron Freimann.

144 Salo W. Baron: Introduction. In: Aron Freimann: Union Catalog of Hebrew Manuscripts and their Location. New York: American Academy for Jewish Research, 1964–1973, Bd 1 (1973), S. III–V, hier S. III.

tung für die Frankfurter Kommunalpolitik erlangte und daß die Resultate von
Freimanns jahrelanger Tätigkeit in der Bibliothek auch dann noch nachwirkten,
als er selbst schon längst seine Arbeit hatte aufgeben müssen und nichts mehr
zur Förderung der Sammlung beisteuern durfte.

Die Leitung der Frankfurter Bibliothek lag seit 1927 bei Richard Oehler.[145] Er
war Mitglied der NSDAP (Mitgliedsnummer 2393316) und gehörte zu den wenigen Ausnahmen im wissenschaftlichen Bibliothekswesen, die innerhalb und
außerhalb der Partei aktiv für den Nationalsozialismus eintraten.[146] Oehler war
Mitglied in zahlreichen weiteren nationalsozialistischen Organisationen, so im
Kampfbund für Deutsche Kultur, in der nationalsozialistischen Vereinigung Deutscher Bibliothekare und in der nationalsozialistischen Volkswohlfahrt (NSV).
Zudem war er förderndes Mitglied der SS und hatte als Kulturwart für die Alt-
stadt eine politische Leitungsfunktion übernommen.[147] Oehler war Nationalsozialist aus Überzeugung.[148] Seine Parteimitgliedschaft kann nicht nur als Resultat opportunistischer Karrierebestrebungen gedeutet werden, die durchaus bei
manchem eine Rolle gespielt haben mögen, da er bereits seit 1927 das Amt des
Bibliotheksdirektors innehatte. Nach dem Krieg bestätigte Hanns Wilhelm Eppelsheimer die nationalsozialistische Einstellung von Oehler und stellte fest, daß
dies auch in dessen Buch über Nietzsche zum Ausdruck gekommen sei.[149] In der

---

145 Mit seinem Amtsantritt verbunden war auch die neu eingerichtete Gesamtverwaltung
der Städtischen und Universitätsbibliotheken Frankfurt a. M.

146 Happel, Das wissenschaftliche Bibliothekswesen im Nationalsozialismus (Anm. 140),
S. 28. Von den insgesamt 34 Bibliotheksdirektoren, die in den Jahren von 1933 bis
1945 ihr Amt an den 23 deutschen Universitätsbibliotheken in den Grenzen von 1937
ausübten, waren 12 Parteigenossen, von denen die meisten, im Gegensatz zu Oehler,
nicht besonders engagiert waren. Eine Wertung Oehlers auch in: Matthias Nottelmann: Kulturpolitik in Frankfurt a. M. 1933–1945 am Beispiel der städtischen Muse-
en und Bibliotheken. (Magisterarbeit) Frankfurt a. M. 1991, S. 101–105.

147 Institut für Stadtgeschichte (ehemals Stadtarchiv), Frankfurt am Main, Personalakte
Oehler, 71.714 und 71.715. Bei Habermann / Klemmt / Siefkes, Lexikon Deutscher
Wissenschaftlicher Bibliothekare (Anm. 137), S. 237ff. wird im Artikel Oehler seine
NS-Tätigkeit mit keinem Wort erwähnt.

148 Vgl. Happel, Das wissenschaftliche Bibliothekswesen im Nationalsozialismus (Anm.
139), S. 52. Als er sich im Sommer 1934 an der Universität Heidelberg auf die Stelle
des dortigen Bibliotheksdirektors bewarb, schrieb er: »Die Besetzungsfrage von Heidelberg kann meines Erachtens nur im Rahmen der neuen Aufgaben betrachtet werden, die auch für das deutsche Bibliothekswesen aus der nationalsozialistischen Bewegung hervorquellen.«

149 Richard Oehler: Friedrich Nietzsche und die deutsche Zukunft. Leipzig: Armanen-
Verlag 1935. Stellungnahme von Eppelsheimer vom 23. Januar 1946 vor dem Haupt-
untersuchungsausschuß der Militärverwaltung in: Institut für Stadtgeschichte (ehemals Stadtarchiv), Frankfurt am Main, Personalakte Oehler. Oehler, der ein Neffe
von Nietzsche war, wollte dem Buch ursprünglich den Titel »Nietzsche und der
Nationalsozialismus« geben, was ihm jedoch von den Nationalsozialisten untersagt
wurde. Eppelsheimer schrieb: »[...] und weiß mich mit allen anständig Denkenden
einig, wenn ich es [das Buch] als wenig ehrenhaft für den Neffen Nietzsches be-

Frankfurter Bibliothek gab es neben Oehler noch andere Beamte, die bereits in der Zeit der Weimarer Republik mit der nationalsozialistischen Bewegung sympathisiert hatten.[150] Mit den Neueinstellungen, die der Entfernung der jüdischen Beamten und Angestellten, bedingt durch das Gesetz für die Wiederherstellung des Berufsbeamtentums, in den dreißiger Jahren folgten, nahm die Zahl der Anhänger des Nationalsozialismus zu.[151] Der rücksichtsloseste Verfechter des Nationalsozialismus in einer Frankfurter Bibliothek war jedoch ohne Zweifel Joachim Kirchner, der in den Jahren 1928 bis 1941 als Direktor der Freiherrlich Carl von Rothschild'schen Bibliothek amtierte.[152]

Nach der Machtübernahme der Nationalsozialisten setzte Richard Oehler seine nationalsozialistische Weltanschauung sofort in der Bibliothekspraxis um. Am 11. Mai 1933 veranlaßte er aus eigenem Antrieb und ohne dienstliche Aufforderung die Sperrung marxistischer Literatur an den ihm unterstellten wissenschaftlichen Bibliotheken. Außerdem beschwerte er sich in einem Brief an den Oberbürgermeister vom 20. Mai 1933, daß er die ihm zwei Monate zuvor zugesagte Verfügung der »SPERRUNG DER MARXISTISCHEN LITERATUR in den wissenschaftlichen Bibliotheken« (Großdruck im Original) immer noch nicht erhalten habe.[153] Gleichzeitig informierte er den Oberbürgermeister von seiner eigenmächtig getroffenen Anweisung über die zukünftigen Benutzungsbeschränkungen an den ihm unterstellten wissenschaftlichen Bibliotheken und

---

zeichne: als eine durch willkürliche Kürzungen, Zusammenziehungen und absichtsvolle Zusammenstellungen bewerkstelligte Verfälschung Nietzsches, die ihren Zweck der Anbiederung und der Ausnützung der Konjunktur nicht verbergen kann.«

[150] Institut für Stadtgeschichte (ehemals Stadtarchiv), Frankfurt am Main, Magistratsakten S 1472/II. Arthur Richel, der Leiter der Frankfurt-Abteilung und stellvertretender Direktor der Bibliothek, hatte der nationalsozialistischen Bewegung anscheinend schon mehrere Jahre ebenfalls nahegestanden. So schrieb er im Juni 1933 in seiner Eingabe an das Amt für Wissenschaft, Kunst und Volksbildung bezüglich einer Gehaltszulage: »Diese üble Behandlung seitens der früheren Stadtverwaltung dürfte ihre Erklärung in dem Umstand finden, daß ich seit Jahren in der nationalsozialistischen Bewegung stehe; ich war schon Mitglied des nationalsozialistischen Opferrings als die Zugehörigkeit zur NSDAP noch von den Behörden verboten war.«

[151] Im Jahre 1934 übernahm der Bibliotheksrat Robert Diehl, ein überzeugter Nationalsozialist und Mitglied der Partei und ihrer Gliederungen, die Leitung der Frankfurt-Abteilung. Johanna Binder, von 1932 bis 1969 im Bibliotheksdienst, die spätere Leiterin der Handschriftenabteilung und Stellvertreterin des Direktors, übernahm 1936 die Stelle von Ulrich Leo. Im Juli 1934 stellte sie ein Aufnahmegesuch an die NSDAP/Ortsgruppe Bockenheim, das mit der Begründung »die formellen Voraussetzungen des Reichsschatzmeisters [seien] nicht erfüllt«, abgelehnt wurde.

[152] Happel, Das wissenschaftliche Bibliothekswesen im Nationalsozialismus (Anm. 140), S. 47–49.

[153] Institut für Stadtgeschichte (ehemals Stadtarchiv), Frankfurt am Main, Magistratsakten 6200/I; Happel, Das wissenschaftliche Bibliothekswesen im Nationalsozialismus (Anm. 140), S. 87. Die Oehler unterstellten Bibliotheken waren die Stadtbibliothek, die Senckenbergische Bibliothek, die Rothschild'sche Bibliothek, die Bibliothek für Kunst und Technik und die Medizinische Bibliothek.

erwartete, wie er schrieb, eine vom Amt erlassene endgültige Verfügung, um die von ihm durchgeführten Maßnahmen dementsprechend abändern zu können. Bislang hatte der Oberbürgermeister Krebs lediglich eine Kommission, bestehend aus drei Nationalsozialisten eingesetzt, die den Auftrag hatte, »eine Säuberung der Stadtbibliothek von allen kulturfeindlichen und marxistischen Büchern vorzunehmen«.[154] In seiner vorläufigen Maßnahme ordnete Oehler an, »betr. der marxistischen oder sonstigen Literatur der Stadtbibliothek, deren uneingeschränkte Ausleihe nicht angezeigt ist«, auf den Zetteln des Hauptkataloges in roter Farbe einen Stempelvermerk mit der Aufschrift »Gesperrt« anzubringen. Darüber hinaus wurden die Bücher selbst als gesperrte Literatur gekennzeichnet. Grundsätzlich mußte jeder Benutzer, der gesperrte Literatur ausleihen wollte, vom Direktor hierzu eine Genehmigung einholen.

Auf diese Weise wurden innerhalb von vier Monaten an der Bibliothek 1.732 Bände der Ausleihe entzogen, wie Oehler im Oktober 1933 berichtete. In dieser Zahl war die laufende Sperrung von Dissertationen, gewissen en bloc gesperrten Beständen sowie das Ergebnis der noch nicht abgeschlossenen Durchsicht des Lesesaals nicht miteingerechnet worden. In seinen Maßnahmen scheint Oehler vom Vorgehen seines Kollegen Joachim Kirchner, des Leiters der Freiherrlich Carl von Rothschild'schen Bibliothek, beeinflußt worden zu sein, von dem er sich hinsichtlich der Durchsetzung des nationalsozialistischen Interesses unter Druck gesetzt fühlte. Kirchner hatte bereits am 2. Mai, also neun Tage vor Oehlers Anweisung eine Verfügung erlassen, die besagte, daß »sämtliche Bücher jüdischer Autoren sowie Schriften marxistischer, kommunistischer und pazifistischer Tendenz« nur dann ausgeliehen werden durften, wenn der Direktor oder sein Stellvertreter die Genehmigung dazu erteilt hätten und der Benutzer einen wissenschaftlichen Zweck nachweisen konnte.[155] Auffallend ist, daß in Oehlers Anweisung im Unterschied zu der von Kirchner der Begriff »jüdisch« nicht vorkommt. Im März 1933 wurde auch die Erwerbungspraxis der Bibliothek geändert und festgelegt, daß jüdischen Buchhändlern ab sofort keine Bestellungen mehr zu erteilen sei.[156] Auf der Grundlage der oben bereits erwähnten Verfügung des Oberbürgermeisters Krebs vom 28. März 1933, die zur einstweiligen Entlassung aller jüdischen Beamten und Angestell-

---

[154] Institut für Stadtgeschichte (ehemals Stadtarchiv), Frankfurt am Main, Magistratsakten 6200/I, Ausschnitt der Vossischen Zeitung, 14. April 1933.

[155] Franz Fischer: Die Freiherrlich Carl von Rothschild'sche öffentliche Bibliothek (Bibliothek für neuere Sprachen und Musik) 1928–1945. In: Die Rothschild'sche Bibliothek in Frankfurt a. M. Hg. von der Gesellschaft der Freunde der Stadt- und Universitäts-Bibliothek Frankfurt am Main e. V. Red. Jochen Stollberg. Frankfurt a. M.: Klostermann 1988 (Frankfurter Bibliotheksschriften; 2), S. 68–100, hier S. 74ff.

[156] Institut für Stadtgeschichte (ehemals Stadtarchiv), Frankfurt am Main, Magistratsakten 6200/I. Als Lieferanten der Stadtbibliothek waren die Firmen Baer & Co, bislang zuständig für ausländische Literatur, Buch und Bibliothekswesen; Cohn für Rechtswissenschaft; J. Kauffmann und Wahrmann für Orientalia sowie hebräische Literatur für die Hebraica- und Judaica-Sammlung und St. Goar für Francofurtensien betroffen.

ten im städtischen Dienst führte, wurde auch der Einkauf in jüdischen Geschäften aller Art untersagt.

Nach der Entlassung von Aron Freimann verblieb die Hebraica- und Judaica-Sammlung zunächst ohne Betreuung durch einen zuständigen Bibliothekar. Dies veranlaßte den Vorstand der Israelitischen Gemeinde am 27. Oktober 1933 dazu, eine Eingabe an Oehler zu richten und seine Besorgnis darüber zum Ausdruck zu bringen, daß die zukünftige Betreuung der Sammlung mangels einer Fachkraft nicht mehr gewährleistet sei. In dem Schreiben stellte der Vorstand fest, daß die Sammlung von Aron Freimann aufgebaut und verwaltet worden war und zum größten Teil aus jüdischem Besitz stammte oder von jüdischer Seite gestiftet worden war und außerdem eine besondere Bedeutung für die Geschichte und die Wissenschaft des Judentums besaß. Aus diesem Grund fühlte der Vorstand »ein starkes Maß moralischer Verantwortung für das weitere Schicksal dieser Bestände« und wollte sich darüber informieren, auf welche Weise die Sammlung in Zukunft verwaltet werden würde. Gleichzeitig wollte der Vorstand seine Bereitschaft zeigen »der Erhaltung dieses wertvollen Kulturgutes auch von unserer Seite aus zu dienen«.[157]

Oehler bemühte sich daraufhin erneut und vergeblich beim Magistrat, die Beurlaubung von Aron Freimann aufzuheben, und nach der Ablehnung seiner Eingabe, um die Wiederbesetzung der Stelle. Er benutzte den Brief des Gemeindevorstandes sowie mündliche Verhandlungen mit verschiedenen Beauftragten der Israelitischen Gemeinde, um seiner Forderung Nachdruck zu verleihen. In seiner Eingabe an den Magistrat vom 3. Januar 1934 betonte Oehler,

> [...] daß die Israelitische Gemeinde mit Recht großen Wert darauf legt, daß die außergewöhnlich wertvolle Sammlung der Judaica und Hebraica in der Stadtbibliothek weiterhin sachgemäß verwaltet und von einem Sachverständigen so betreut wird, daß die Anforderungen der Benutzer befriedigt werden können.

Dies sei jedoch seit dem »Weggang« von Aron Freimann unmöglich gewesen, da es im gesamten Bereich der städtischen Bibliotheken niemanden gebe, der die Sammlung sachgemäß betreuen und »vor allen Dingen die Bestellungen der Benutzer, soweit es sich um orientalische Titel handelt, erledigen könne«. Oehler betrachtete diese Situation als einen unerträglichen Mißstand und forderte, »es muß also dafür Sorge getragen werden, daß diese Sammlung, die Weltbedeutung hat, ordnungsgemäß verwaltet werden kann«. Als Nachfolger auf die Stelle von Aron Freimann schlug er den in Gießen lebenden Theologen Erwin Schmidt vor.[158]

Oehlers Interesse an einer raschen Wiederbesetzung der Freimannschen Stelle war durch seine Sorge bedingt, daß die Stelle im Rahmen der allgemeinen Umorganisation gestrichen werden könnte. Infolge des Gesetzes zur Wiederherstellung des Berufsbeamtentums vom 7. April 1933 war die Bibliothek einer starken personellen Fluktuation unterworfen und hatte von den städtischen Kulturinstitu-

---

[157] Ebd., 6221/I.
[158] Ebd.

tionen die größte Zahl an Personalwechsel aufzuweisen. Insgesamt hatten acht Beamte des höheren und mittleren Dienstes die Bibliothek verlassen müssen. Zudem waren in den Jahren 1932/33 zwei Bibliotheksräte aus altersbedingten Gründen ausgeschieden, was bedeutete, daß bei sechs der insgesamt sieben Bibliotheksratsstellen mit Leitungsfunktionen ein personeller Wechsel stattgefunden hatte.[159]

Oehler hatte sich beim Magistrat bereits über diesen Personalmangel beschwert und darauf hingewiesen, daß seit dem 1. Oktober 1933 nur noch vier Bibliotheksräte an der Stadtbibliothek im Amt waren. Durch die Einstellung von Schmidt erhoffte er sich die schnelle Wiederbesetzung und damit den Erhalt der ehemals zugeteilten Stelle. Nach vorläufigen Einwänden des Rechnungsprüfungsamtes zogen sich die Verhandlungen mit dem designierten Nachfolger Erwin Schmidt bis Ende Mai hin und scheiterten letztlich an dessen Einstellungsforderungen, da Schmidt nur im Beamtenverhältnis, nicht jedoch als Angestellter eingestellt werden wollte. Im April 1935 wurde Oehler vom zuständigen Kulturamt mitgeteilt, daß die Stelle von Freimann »im Verfolg der Veränderungen in der Leitung des Völkerkundemuseums dem Kustos Prof. Dr. Vatter übertragen worden ist«.[160] Damit war die Stelle von Aron Freimann, deren Tätigkeit mit der Leitung der Abteilung der Judaica und Hebraica ausgewiesen war, haushaltsmäßig umgewidmet und aus der Bibliothek endgültig gestrichen worden.

3.2.2.2 Die ungeklärte Rolle von Freimann bei den Verhandlungen mit Schocken um die Hebraica- und Judaica-Sammlung

Nach dem Machtantritt der Nationalsozialisten wurden mehrere Versuche unternommen, die Hebraica- und Judaica- Sammlung als Ganzes oder in Teilbeständen aus der Stadtbibliothek herauszulösen. Hierbei wurden die Kaufinteressenten von entgegengesetzten Motiven geleitet, die von der Sicherung der Bestände bis hin zu ihrer Ausbeutung im nationalsozialistischen Sinne reichten.

---

[159] Nottelmann, Kulturpolitik in Frankfurt am Main (Anm. 146), S. 72. Im Jahre 1932 war der Bibliotheksrat Paul Wilhelm Hohenemser verstorben; Arthur Richel wurde zum 1. Oktober 1933 in den altersbedingten Ruhestand versetzt. Aus rassischen Gründen wurden im März 1933 die beiden Bibliotheksräte Aron Freimann und Edgar Breitenbach vom Dienst entfernt; Ulrich Leo mußte als sog. Frontkämpfer erst nach den Nürnberger Gesetzen 1935 aus der Bibliothek ausscheiden. Vgl. auch als einen Arbeitsbericht zu einer kollektiven Biographie jüdischer Bibliothekare Alwin Müller-Jerina: Jüdische Bibliothekare in Deutschland 1933 bis 1945, ein Projektbericht. In: Bibliotheken während des Nationalsozialismus (Anm. 140), Bd 1, S. 549–554.

[160] Institut für Stadtgeschichte (ehemals Stadtarchiv), Frankfurt am Main, Magistratsakten 6221/I; Nottelmann, Kulturpolitik in Frankfurt am Main (Anm. 146), S. 83. Ernst Vatter hatte nach der Berufung von Leo Frobenius zum Direktor des Völkerkundemuseums im Oktober 1934 um seine Versetzung gebeten und war vom Kulturamt auf die Stelle von Aron Freimann gesetzt worden. Er nahm am 20. Februar 1935 seinen Dienst auf und bearbeitete fortan die Anschaffungsgebiete Erd-, Völker- und Volkskunde, Kulturgeschichte und Astronomie, Mathematik und theoretische Physik in der Bibliothek.

Bereits Anfang Januar 1934 hatten erneut Verhandlungen zwischen der Israelitischen Gemeinde und dem Bibliotheksdirektor Oehler stattgefunden, in denen es um die leihweise Überlassung der Hebraica- und Judaica-Sammlung an die Gemeinde gegangen war.[161] Nachdem sich diese Verhandlungen zerschlagen hatten, entwickelte der Frankfurter Buchhändler Heinrich Eisemann einen Plan, der den Erwerb der Hebraica- und Judaica-Sammlung durch einen Mäzen vorsah und wandte sich mit diesem Vorschlag an Salman Schocken.[162] Eisemann schlug Schocken, der sich für seltene hebräische Drucke interessierte, vor, der Bibliothek den Gesamtbestand an hebräischen und jüdischen Büchern abzukaufen. Danach sollte er die Judaica-Sammlung der Israelitischen Gemeinde Frankfurts übergeben, womit sichergestellt wäre, daß dieser Teil der Sammlung in Frankfurt verbliebe, während die Hebraica zu seiner freien Verfügung stünden und er sie möglicherweise nach Palästina bringen könnte. Schocken kam daraufhin nach Frankfurt und traf sich am 6. Mai 1934 mit Aron Freimann zu einem ausführlichen Gespräch in dessen Wohnung.[163] Im Verlauf ihres Gespräches überlegten Schocken und Freimann, welche Lösung unter den gegebenen Umstän-

---

[161] The Schocken Institute – Archives, Jerusalem 872/201, Brief von Heinrich Eisemann an Salman Schocken, 7. Mai 1934, zit. nach Silke Schaeper: Toledot osef hassefarim sel Zalman Soqen (1877–1959) [Die Geschichte der Buchsammlung von Zalman Schocken, hebr.]. (Magisterarbeit) Jerusalem 1995, S. 75–121, hier S. 85. Schaeper hat die Verhandlungen zwischen der Stadtbibliothek und den Vertretern von Schocken nach Unterlagen des Schocken-Archivs ausführlich geschildert und zwar aus der Sicht von Schocken und seinen Mitarbeitern. Diese Unterlagen haben sich jedoch nicht vollständig erhalten, ebensowenig wie die entsprechenden Akten der Frankfurter Kulturverwaltung und der Bibliothek. Dagegen hat Dieter Schiefelbein die noch vorhandenen Akten des Frankfurter Magistrats ausgewertet, ohne Berücksichtigung der Unterlagen des Schocken-Archivs. Hier wird zum ersten Mal der Versuch unternommen, die Vorgänge unter Berücksichtigung beider Quellensammlungen zu rekonstruieren. Vgl. Dieter Schiefelbein: Das »Institut zur Erforschung der Judenfrage in Frankfurt a. M.« Vorgeschichte und Gründung 1935–1939, Frankfurt a. M.: Arbeitsstelle zur Vorbereitung des Frankfurter Lern- und Dokumentationszentrums des Holocaust Fritz-Bauer-Instituts 1993 (Materialien / Arbeitsstelle zur Vorbereitung des Frankfurter Lern- und Dokumentationszentrum des Holocaust Fritz-Bauer-Institut in Gründung; 9); ders., Das Institut zur Erforschung der Judenfrage Frankfurt a. M. Antisemitismus als Karrieresprungbrett im NS-Staat. In: »Beseitigung des jüdischen Einflusses ...« Antisemitische Forschungen, Eliten und Karrieren im Nationalsozialismus. Hg. vom Fritz Bauer Institut. Frankfurt a. M. u. a.: New York 1999 (Jahrbuch zur Geschichte und Wirkung des Holocaust; 1998/99), S. 43–71.

[162] Heinrich Eisemann (1890–1972), Buchhändler und Antiquar, vertrat Salman Schocken bei seinen Verhandlungen mit der Bibliothek und fungierte als Gutachter. Er emigrierte 1937 nach London; seine Korrespondenz mit Salman Schocken ab 1926 befindet sich im Schocken-Archiv, zu seiner Lebensbeschreibung vgl. Fried Lübbecke: Fünfhundert Jahre Buch und Druck in Frankfurt am Main. Frankfurt a. M.: Cobet 1948, S. 202.

[163] The Schocken Institute – Archives, Jerusalem 872/210, Gesprächsprotokoll Schocken / Freimann, Frankfurt, 6. Mai 1934. Unklar ist von wem das Gespräch aufgezeichnet wurde.

den anzustreben sei, und erörterten verschiedene Möglichkeiten für die zukünftige Unterbringung der bedeutenden Hebraica- und Judaica-Sammlung, die noch
immer ohne fachmännische Betreuung war.

Schocken erklärte Freimann, daß man an ihn mit der Bitte herangetreten sei,
die Sammlung zu kaufen:

> Das Projekt, das die Buchhändler aufgebracht haben, mit dem Kauf von 500.000. Man
> kauft das der Stadtgemeinde ab und man entschliesst sich, die Judaica der jüd. Gemeinde
> zu schenken und die Hebraica nach Erez Jsr. [Land Israel = Palästina] zu geben.[164]

Schocken war vor allem an den Hebraica interessiert, die er nach Jerusalem
transferieren wollte. Um dies zu bewerkstelligen, war er bereit, auch die Judaica abzukaufen und sie der Gemeinde zur weiteren Betreuung zu überlassen. Er
erläuterte Freimann, daß seine ursprüngliche Absicht darin bestanden hatte, die
Judaica-Sammlung von der Bibliothek gegen eine Entschädigung als Dauerleihgabe zu erhalten und der Israelitischen Gemeinde auf mehrere Generationen
das Verfügungsrecht für die Sammlung zu übergeben. Oehler habe ihm jedoch
eine prinzipielle Absage gegen eine Leihgabe erteilt und mitteilen lassen, daß
er eine Leihgabe ablehne, da dies gleichbedeutend mit einem Verschenken der
Sammlung wäre. Deshalb sei seine Idee einer Dauerleihgabe nicht realisierbar
und es bliebe als letzte Möglichkeit doch nur der Kauf der Sammlung übrig,
allerdings zu einem viel geringeren als dem ursprünglich vorgeschlagenen Preis.
Schocken wollte den Ankauf der Sammlung als Gefälligkeit gegenüber der Bibliothek verstanden wissen, da diese der Sorge um die fachmännische Betreuung enthoben wäre. Gleichzeitig war er bereit, der Bibliothek zuzusichern, daß
auch der Großteil der Hebraica in Frankfurt verbleiben würde und lediglich die
Bücher, die nicht in der Nationalbibliothek in Jerusalem vorhanden wären,
dorthin versandt würden. Er erklärte Freimann:

> Wenn man den Leuten sagt, Ihr wollt das los sein, wir kaufen es Euch ab zu einem
> Minimalpreis, der euch annehmbar erscheint. Wir kaufen es mit der Auflage, daß nicht
> nur die Judaica, sondern auch ein wesentlicher Stock der Hebraica an die jüdische Ge-
> meinde übergeht. Und nur der Teil, der nicht in Jerusalem vorhanden ist, geht dorthin.

Schocken beabsichtigte, diese Transaktion mit seinem in Deutschland festlie-
genden und an Wert verlierenden Sperrmarkvermögen zu finanzieren, und
wollte auf keinen Fall in Devisen dafür bezahlen. Gegebenenfalls war er bereit,
andere Vermögenswerte, an denen die Bibliothek interessiert war, wie z. B. die
Dirmsteinhandschriften, in das Angebot einzubeziehen. Seine größte Sorge bestand darin, daß die Bibliothek ihre Forderungen erhöhen würde, wenn sie sein
Interesse an der Sammlung gewahr würde. Schockens Hauptinteresse galt ohne
Zweifel den hebräischen Drucken, die er nach Jerusalem bringen wollte. Er
beabsichtigte, die bibliographisch relevanten Bände der Nationalbibliothek in
Jerusalem zu übergeben und aus den bibliophilen und historisch wertvollen
Büchern eine Familienstiftung zu gründen.

---

[164]   The Schocken Institute – Archives, Jerusalem 872/201, S. 10.

Mir ist nicht klar, welche Forderung die Leute stellen. Ich habe Angst, dass sie beim Essen Appetit bekommen werden [...] den wertvollen Teil verbinde ich mit einem Teil meiner Bibliothek und mach daraus meine zukünftige Familien-Stiftungs-Bibliothek.[165]

Freimann vertrat in diesem Gespräch nicht vorrangig seine Meinung als Bibliothekar und Fachmann, sondern fungierte als Delegierter für die Interessen des Gemeindevorstandes. Er gab zu, daß es ihm außerordentlich schwer fiel, sich eine Abgabe der Sammlung aus der Bibliothek vorzustellen, wie er Schocken mitteilte:

Sie wissen wie ich Sie schätze. Ich sage es Ihnen durchaus so, wie ich denke. Ich habe nicht gedacht, dass irgend jemand daran denkt, die Sachen fortzugeben. Ich glaubte auch nicht, dass es jemanden gäbe, der es abkauft. Heute sieht Dr. Oehler doch, dass er evtl. Geld dafür bekommen kann. Mit der Tatsache muß ich mich abfinden.[166]

Er hatte jedoch mittlerweile einsehen müssen, daß auf Grund der geänderten politischen und gesellschaftlichen Verhältnisse in Deutschland die Bibliotheksleitung kein Interesse mehr an der Sammlung hatte. In ihrer Handlungsweise ignorierte sie auch die Wünsche der Stifter, von denen einige noch lebten und die ihre Buchsammlungen der Stadt Frankfurt vermacht hatten, damit diese in der Bibliothek aufbewahrt und zugänglich seien. Deshalb fragte sich Freimann auch, ob die Bibliothek überhaupt ein Recht hatte, diese Sammlung zu veräußern, und es widerstrebte ihm eigentlich, sich über die ausdrücklichen Widmungsvermerke der Spender hinwegzusetzen.

Einen triftigen Grund gegen eine Übernahme der Sammlung durch die Gemeinde sah er jedoch in den finanziellen Problemen, die auf die Gemeinde zukommen würden, deren Interessen er zu vertreten hatte. Auf die Vorschläge von Schocken entgegnete er deshalb mit einer Reihe von praktischen Einwänden und hob die prekäre finanzielle Lage der Gemeinde hervor, deren Einnahmen seit 1933 stetig abgenommen hatten und die sich deshalb nicht in der Lage sah, die große Sammlung zu unterhalten. Auf keinen Fall würde die Gemeinde einer Dauerleihgabe zustimmen, da diese ihr nur Kosten verursachen würde, ohne daß überhaupt die Möglichkeit bestünde, in Notsituationen gegebenenfalls Stücke aus der Sammlung zu veräußern, um die laufenden Kosten des Unterhaltes zu decken. Dann, so befürchtete er, wäre die Leihgabe der Sammlung in der Gemeinde nicht zu halten und hätte nur immense Kosten verursacht. Auch er war deshalb der Meinung, daß eine Dauerleihgabe der Sammlung an die Gemeinde nicht praktikabel war und allenfalls der Kauf der Sammlung durch Schocken und die folgende Schenkung an die Gemeinde ein akzeptables Angebot darstellte, welches sich die Gemeinde ernsthaft überlegen müßte. Freimann sagte:

---

[165] Ebd., S. 2.
[166] Ebd., S. 11.

Die Frage ist die Beschaffung der Mittel für den *Weiterbetrieb* [im Orig. unterstrichen] [...] Hier kommt nicht der Bibliograph oder der Bibliophile in Betracht, sondern der Kaufmann. Lassen Sie die Einkünfte der Gemeinde so herabgehen, daß wir nichts mehr dafür ausgeben können ... wir müssen ein Haus haben, einen Lesesaal, einen Beamten, einen Hausverwalter. Das Haus muß eingerichtet werden. Das Risiko ist die hohe Investition und nach einem Jahr, wenn es nicht zu halten ist, müssen wir die Sache wieder hergeben.[167]

Freimann erläuterte Schocken, daß es zudem innerhalb der Gemeindevertretung Stimmen gab, die prinzipiell gegen eine Überführung der Hebraica-Sammlung nach Palästina eingestellt waren und die Büchersammlung unbedingt in Frankfurt erhalten wollten. Zu den Gegnern einer Abgabe zählte auch Prof. Gotthold Weil, der als Fachmann den Wert und die Bedeutung der Sammlung kannte und zudem die Bücher für seine Lehrtätigkeit an der Universität benötigte.[168] Freimann versprach Schocken, trotz der von ihm selbst vorgebrachten Einwände, sich für dessen Plan, der eine Übernahme der Judaica durch die Gemeinde und die Überführung eines Teils der Hebraica nach Jerusalem vorsah, in der für den nächsten Tag angesetzten Sitzung der Gemeindevertretung einzusetzen. Gleichzeitig bereitete er Schocken darauf vor, daß in der Sitzung mit zahlreichen Einwänden zu rechnen sei:

Morgen in der Sitzung werden Blau und ich Schocken sein. Wir werden die Sache so auseinandersetzen, um sie schmackhaft zu machen. [...] Sie verstehen, ich bespreche das alles mit Ihnen, damit man die Einwendungen morgen in der Sitzung zu widerlegen versuchen kann (ob es gelingt, ist eine 2. Sache) [...].[169]

Aus dem Protokoll des Gespräches läßt sich schließen, daß Aron Freimann eine sehr ambivalente Haltung eingenommen hat. Einerseits muß er, der die Sammlung über Jahre aufgebaut und betreut hatte und sie wie kein zweiter kannte, es naturgemäß als sehr schmerzlich empfunden haben, daß die Sammlung zukünftig nicht mehr zur Bibliothek gehören sollte, der die Frankfurter jüdischen Bürger einen Großteil gestiftet hatten. Noch schlimmer muß jedoch die geplante Aufteilung gewesen sein, was die Zerstörung der von ihm über Jahre betreuten Sammlung, deren vorzüglicher Wert gerade in ihrer Vollständigkeit lag, zur Folge gehabt hätte. Teilbestände der Sammlung würden an völlig verschiedenen Standorten untergebracht, wobei die wertvollen Hebraica

---

167   Ebd., S. 7, im Original unterstrichen.
168   Gotthold Eliakim Weil (1882–1960), Arabist, war von 1918 bis 1931 Leiter der Orientalistischen Abteilung der Preußischen Staatsbibliothek in Berlin und seit 1910 Honorarprofessor an der Humboldt-Universität in Berlin. Von 1931 bis 1934 war er Professor für Orientalistik an der Universität Frankfurt am Main. 1935 emigrierte er nach Palästina und war bis 1946 als Direktor der Nationalbibliothek in Jerusalem und als Professor für Orientalistik an der Hebräischen Universität tätig. Vgl. Die Juden an der Frankfurter Universität. Hg. von Renate Heuer und Siegbert Wolf. Frankfurt a. M. u. a.: Campus 1997 (Campus Judaica; 6), S. 387ff.; Arnsberg, Die Geschichte der Frankfurter Juden seit der Französischen Revolution (Anm. 96), Bd 3, S. 516ff.
169   The Schocken Institute – Archives, Jerusalem 872/201, S. 8 und 10.

nach Palästina ausgeführt werden sollten. Auch konnte man davon ausgehen, daß bei einer Aufteilung zahlreiche Bücher verkauft werden würden.

Mit der Realisation des Planes würde sein Lebenswerk vernichtet werden, auch wenn dies bedeuten würde, daß Teilbestände der Sammlung eine bessere Betreuung und Unterbringung erfahren würden, als zum damaligen Zeitpunkt in der Frankfurter Bibliothek zu erwarten war. Dabei muß man allerdings bedenken, daß Freimann, wie alle anderen auch, zu Beginn des nationalsozialistischen Regimes im Mai 1934 die Ausmaße der Judenvernichtung und der Zerstörung jüdischen Kulturgutes nicht vorhersehen konnten. Andererseits war ihm, wie er ausdrücklich sagte, wohl bewußt geworden, daß die Sammlung in der Bibliothek Schaden erleiden könnte, während sie in der Obhut der Gemeinde oder der Jüdischen Nationalbibliothek ihrem Wert entsprechend behandelt würde. Freimann gehörte dem Kuratorium des Instituts für Jüdische Studien der Hebräischen Universität an, und eine Überführung an diese Institution war sicherlich auch in seinem Interesse. Freimann versicherte Schocken, daß der Gemeindevorstand das großzügige Angebot von Schocken zu schätzen wisse und den Plan als solchen gutheiße. Seine Antworten signalisieren eine grundsätzliche Zustimmung zu dem Plan, die möglicherweise aus der Einsicht geboren wurde, daß dies vernünftigerweise die beste Entscheidung wäre.

Wie der weitere Ablauf der Ereignisse zeigt, konnte Schocken seinen ursprünglichen Plan nicht verwirklichen. Die genauen Umstände sowie insbesondere die von Freimann vertretenen Ansichten in der Gemeindevertretung sind leider nicht bekannt.[170] Am 11. Mai 1934 erhielt Schocken einen offiziellen Absagebrief der Israelitischen Gemeinde, in dem diese mitteilte, die Übernahme der Sammlung sei ihr wegen finanzieller Schwierigkeiten nicht möglich. Von seiten der Bibliothek ließ Oehler mitteilen, daß Bürgermeister Krebs sein Veto gegen einen Verkauf oder einen Tausch der Sammlung eingelegt habe.[171] Heinrich Eisemann gab später Freimann die Schuld am Scheitern der Transaktion und behauptete, dieser sei von Anfang an gegen die Abgabe des Sammlung aus der Bibliothek gewesen. Er behauptete, die Realisierung des Vorhabens, das die Rettung der kostbaren Sammlung bedeutet hätte, sei nur an Freimanns Uneinsichtigkeit gescheitert, und lediglich aus Rücksicht auf Freimann und dessen Familie habe er die Angelegenheit nicht publik gemacht.[172]

---

[170] Die entsprechenden Akten der Bibliothek und der Israelitischen Gemeinde haben sich nicht erhalten, lediglich die Briefe Eisemanns an Schocken im Schocken-Archiv sind als einzige Quelle noch vorhanden. Diese geben nur die Sicht von Eisemann wieder.

[171] Schaeper, Toledot osef has-sefarim sel Zalman Soqen (Anm. 161), S. 81.

[172] »Ein zweites Moment [...] kreist um die Person des heimgegangenen Prof. Dr. A. F. [Aron Freimann]. Daß wir ohne ihn schon beim ersten Anhieb zum wirklichen Endziel gekommen wären, ist mir nicht einen Augenblick zweifelhaft«, schrieb Eisemann an Schocken am 12. September 1955, The Schocken Institute – Archives USA, zitiert nach Schaeper, Toledot osef has-sefarim sel Zalman Soqen (Anm. 161), S. 91.

Freimann selbst hat sich zu dieser Transaktion nicht geäußert, und da keine weiteren Quellen vorliegen, wird nicht geklärt werden können, welche Position er in der Gemeindevertretung und bei möglichen Besprechungen mit der Bibliothek eingenommen hat. Darüber hinaus muß die Frage offen bleiben, in welchem Maß seine Meinung in den Verhandlungen und den getroffenen Entscheidungen der Gemeinde von Bedeutung war und wie diese Entschlüsse das Vorgehen der Bibliotheksleitung und den zukünftigen Gang der Dinge beeinflußt hätte.

3.2.2.3 Die Schließung der Sammlung

Mit der nationalsozialistischen Herrschaft und dem sofortigen Ausscheiden von Aron Freimann brach der Bestandsaufbau der Sammlung abrupt ab, und es fand keine Bestandsvermehrung im traditionellen bibliothekarischen Sinne von kontinuierlich gekauften, getauschten oder als Geschenk erhaltenen Büchern auf dem Gebiet der Hebraica und Judaica mehr statt. Die Sammlung vergrößerte sich jedoch weiterhin und zwar einerseits durch den Zuwachs von beschlagnahmten Buchbeständen aus jüdischem Besitz, andererseits durch den Ankauf von antisemitischer Literatur mit der erklärten Zielsetzung, die Sammlung inhaltlich den Propagandabestrebungen der neuen Machthaber anzupassen. Aus den jüdischen Logen, die seit 1933 aufgelöst wurden, gingen große und wertvolle Bestände geschlossen in die Hebraica- und Judaica- Sammlung der Bibliothek ein. Sie vergrößerten den Bestand und sicherten zunächst den Erhalt als Sondersammlung, die nicht aufgelöst, sondern als solche fortgeführt wurde.[173] Im Jahr 1941 erhielt die Bibliothek die »Bücherspende« eines in Paris stationierten Generalmajors, der den Bücherbestand seiner geflohenen jüdischen Hauseigentümer der Bibliothek in Frankfurt übergab.[174]

Die Hebraica- und Judaica-Bestände wurden nicht, wie fälschlicherweise in der Literatur zu lesen ist, sofort ausgesondert, beschlagnahmt oder für die Benutzung generell gesperrt, dafür sind in den Akten keinerlei Hinweise zu finden.[175] Der Zugang zu den Beständen wurde jedoch stark eingeschränkt,

---

[173] Institut für Stadtgeschichte (ehemals Stadtarchiv), Frankfurt am Main, Magistratsakten 6221/I. Im Dezember 1939 wurden aus einem Liquidationsverfahren weitere 28.500 Bände im Wert von 8.500 RM für die Hebraica- und Judaica-Sammlung erworben, wobei es sich um vor allem um Antisemitica handelte.

[174] Ebd., 6223/I. Es handelte sich um insgesamt 36 Bücher, darunter lateinische und hebräische Bibelausgaben, hebräische Gebetbücher und Talmudtraktate, sowie zwei Ausgaben des Hebräisch-Chaldäischen Wörterbuches von Johannes Buxtorf. Oehler schätzte die Bücher nicht als besonders wertvoll ein. Die Bücherspende wurde gleichermaßen zwischen der Bibliothek, die siebzehn Bände, und dem Institut zur Erforschung der Judenfrage, das achtzehn Bände erhielt, aufgeteilt. Ein Band ging an das Stadtarchiv.

[175] Loewy, Die Judaica-Sammlung der Frankfurter Stadt- und Universitätsbibliothek (Anm. 94), S. 59, geht irrtümlicherweise davon aus, daß die Sammlung bereits 1933 der allgemeinen Benutzung entzogen wurde. Diese Aussage wird bis heute in der Literatur übernommen, vgl. Müller-Jerina, Germania Judaica (Anm. 94), S. 13; zuletzt Schaeper, Toledot osef has-sefarim sel Zalman Soqen (Anm. 161), S. 77.

und in zahlreichen Büchern der Sammlung finden sich noch heute die roten Stempel »Gesperrt«, die fortan eine unkontrollierte Ausleihe der so gekennzeichneten Bücher unmöglich machten. Die Sammlung blieb weiterhin Teil des allgemeinen Bibliotheksbestandes, allerdings unterlag der Zugang zu den Büchern strikten Kontrollen, die jedoch der rechtlichen Basis entbehrten, wie ein Schreiben von Krebs vom 22. Oktober 1936 belegt:

> Wegen der Beschränkung der Benutzung der Sammlung durch Juden oder andere Besucher der Stadtbibliothek werde ich alle aus staatspolitischen Gründen für erforderlich erachteten Maßnahmen treffen, sobald mir entsprechende Weisungen vorliegen.[176]

Diese Weisungen lagen zu Beginn des Jahres 1937 jedoch noch nicht vor, wie der folgende Vorfall beweist. Im Januar 1937 wurde Krebs und Oehler vom Gauschulungsleiter Ruder vorgeworfen, daß »die Judaica- und Hebraica-Sammlung der Stadtbibliothek nach wie vor als willkommene Fundgrube von jüdischen Lesern ausgewertet wird«. Ruder beschuldigte den Oberbürgermeister und den Bibliotheksdirektor, dafür verantwortlich zu sein, daß im Lesesaal der Bibliothek alles getan würde, um den jüdischen Benutzern das Studium jüdischen Schrifttums zu erleichtern, und kam zu dem Schluß, daß die Bibliothek den jüdischen Bürgern der Stadt weiterhin als angenehmer Studienplatz diene. Er schrieb:

> So ist denn die Stadtbibliothek durch die von früheren Zeiten übernommene Pflege jüdischen Schrifttums noch heute ein starkes Zugmittel für die Frankfurter Juden.

Der Gauschulungsleiter verlangte von Krebs die sofortige Änderung dieser »Mißstände«.

Am 12. Februar 1937 nahm Oehler zu den Vorwürfen Stellung und schilderte ausführlich die Situation der Judaica-Sammlung in der Bibliothek. Nach seinen Angaben umfaßte die Lesesaalhandbibliothek zum damaligen Zeitpunkt 5.780 Bände, von denen 128 Bände, also 2,2 Prozent auf die Abteilung Judaica entfielen.[177] Oehler bestritt, daß der Lesesaal den Interessen der Juden diene, und betonte die Bedeutung der aufgezählten Nachschlagewerke für die Information der Studenten über das Judentum. Er schrieb:

> Diese Dinge sind unentbehrlich für den, der sich über jüdische Dinge oder Personen unterrichten will. Keineswegs kann gesagt werden, daß diese Abteilung jüdischen Belangen diene; sie bietet vielmehr die unentbehrlichen Hilfsmittel zum Studium der Judenfrage.

---

[176] Dieses und folgende Zitate in: Institut für Stadtgeschichte (ehemals Stadtarchiv), Frankfurt am Main, Magistratsakten 6223/I.

[177] Diese enthielt ein großes hebräisches Wörterbuch (Thesaurus totius hebraitatis), einige Spezialverzeichnisse hebräischer Büchereien, mehrere große Nachschlagewerke (wie z. B. den Wininger, die Jüdische Nationalbibliographie, The Jewish Encyclopedia, Encyclopaedia Judaica, Jüdisches Lexikon), eine Ausgabe des Talmuds in deutscher Übersetzung und Bücher über jüdische Geschichte.

Er wehrte entschieden alle gegen ihn erhobenen Vorwürfe ab und betonte, es sei nicht wahr, daß die Judaica-Sammlung

> [...] traditionsgemäß gepflegt werde und geldliche Aufwendungen für Erhaltung, Neuanschaffung, Fortsetzungswerke und laufende Zeitschriften gemacht würden. Die *eigentliche Pflege* hat seit 1933 aufgehört.

Aufwendungen, so schrieb Oehler, würden nur für die Fortsetzungswerke gemacht, für die man bereits vor Jahren Verpflichtungen eingegangen sei, die erfüllt werden müßten, oder aber für Zeitschriften und Einzelwerke, die nicht den Frankfurter Juden dienten, sondern für die Orientalisten der hiesigen Universität unbedingt notwendig seien. Er gab an, die Sammlung werde deshalb auch vorübergehend von dem Orientalisten Prof. Johann Fück betreut, und betonte, daß außerdem seit Monaten ein »politisch zuverlässiger arischer Fachmann« gesucht würde, der sich um die Sammlung kümmern solle. Oehler legte des weiteren dar, daß die Judaica-Abteilung des Lesesaals und der Magazinbestand an eigentlicher hebräischer Literatur schwach benutzt wurden, da diejenigen jüdischen Besucher, die zu den häufigen Benutzern der Bibliothek zählten, und hierbei handelte es sich lediglich um vier »nichtarische« Leser, andere Abteilungen des Lesesaals benutzten.[178]

Auf der Grundlage der Ausführungen von Oehler forderte das Kulturamt den Oberbürgermeister zwei Wochen später, am 27. Februar 1937 auf, mit den zwei folgenden Maßnahmen einverstanden zu sein: Erstens eine grundsätzliche Sperrung der Judaica- und Hebraica-Sammlung für die öffentliche Benutzung zu erlassen; Einsicht in die Sammlung sollten nur solche Leute erhalten, die den wissenschaftlichen Zweck nachweisen könnten und die »Gewähr dafür bieten, daß die Arbeiten sich nicht gegen den nationalsozialistischen Staat auswirken«. In jedem einzelnen Fall müsse zuvor die Genehmigung des Direktors der Stadtbibliothek eingeholt werden. Zweitens sollte die Benutzung der Bibliothek allgemein solchen Personen untersagt werden, von denen man annehmen konnte, daß sie nicht durch einen beruflichen Auftrag dazu veranlaßt wurden, sondern möglicherweise lediglich ihren Interessen nachgingen.[179]

Krebs stimmte den Vorschlägen des Kulturamtes zu und schrieb in diesem Sinne am 28. Februar 1937 an den Gauschulungsleiter Ruder. Er teilte ihm mit:

---

[178] Vgl. Nottelmann, Kulturpolitik in Frankfurt am Main (Anm. 146), S. 84. Es handelte sich um die Kunsthistorikerin Rosy Schilling, Ehefrau des Kustos Dr. Schilling vom Kupferstichkabinett des Städelschen Kunstinstituts, der am 1. August 1937 wegen seiner Ehe mit einer »nichtarischen« Frau aus dem Dienst entlassen wurde, sowie die drei im Ruhestand befindlichen Beamten, Bibliotheksrat Dr. Schiff, der frühere stellvertretende Direktor der ehemaligen Rothschild'schen Bibliothek, nun in Bibliothek für neuere Sprachen und Musik umbenannt, Amtsgerichtsrätin Brann und Studienrat Dr. Werner.

[179] Institut für Stadtgeschichte (ehemals Stadtarchiv), Frankfurt am Main, Magistratsakten 6200/I.

[...] inzwischen ist nun auch noch die Anordnung ergangen, daß die Judaica- und Hebraica-Abteilungen für die öffentliche Nutzung grundsätzlich gesperrt werden.[180]

Somit war bis zum Februar 1937 die Judaica- und Hebraica-Sammlung doch, wenn auch in einem stark eingeschränkten Maße, öffentlich zugänglich geblieben und hatte mit ihren Bücherschätzen eine der wenigen Möglichkeiten dargestellt, eine objektive Wissenschaft, die frei von nationalsozialistischer Ideologie war, zu betreiben. Wie die Zahl von nur vier Benutzern jedoch zeigt, konnte diese Option letztlich nur noch von wenigen genutzt werden, da die Benutzungsmodalitäten bereits sehr strikt gehandhabt und potentielle Benutzer abgeschreckt wurden. Zudem ist unbekannt, welche persönliche Konsequenzen die Benutzung der Judaica-Abteilung des Lesesaals nach sich zog. Sicher ist, daß es in diesem Klima von Überwachung und Bespitzelung bereits Mut erforderte, sein Interesse an Judaica öffentlich zu bekunden.

Nachdem im Februar 1937 die Judaica-Sammlung generell gesperrt worden war, konnte Bibliotheksrat Dr. Diehl in seinem Gutachten über die Judaica-Sammlung im März schreiben:

Zum weitaus grössten Teil, nämlich soweit es sich um Bücher jüdischer oder im Solde des Judentums stehender Verfasser handelt, ist sie [die Judaica-Sammlung] allerdings heute der öffentlichen Benutzung entzogen, denn es ist undenkbar, dass Deutschland, nachdem es sich von der tödlichen Umschlingung des Judentums befreit hat, dem zersetzenden Geist des jüdischen Schrifttums Gelegenheit gibt, seine Arbeit von neuem zu beginnen.[181]

Krebs bemühte sich um eine rechtliche Grundlage, den Juden generell die Benutzung der Bibliothek zu verbieten. Auf Grund der überörtlichen Bedeutung wandte er sich an den Deutschen Gemeindetag mit der Aufforderung, einen dementsprechenden Erlaß der zuständigen Reichsstellen herbeizuführen. Dieser hielt jedoch die Zeit für derartige Sondermaßnahmen gegen die Juden noch nicht für gekommen.[182] Dagegen bestanden aus der Sicht des Deutschen Gemeindetags keinerlei Bedenken gegen eine völlige Schließung der Judaica- und Hebraica-Abteilung, wie es in Frankfurt bereits im Februar geschehen war, da dies keine Sondermaßnahme gegen Juden darstellte, sondern alle Benutzer betraf. Ein Jahr später, nach dem Novemberpogrom 1938, wurde mit dem Erlaß zum »Ausschluß von Juden an den deutschen Hochschulen« am 8. Dezember 1938 eine reichseinheitliche Regelung getroffen, die Juden von den Universitäten verbannte und ihnen ausdrücklich die Benutzung der Bibliotheken verbot.

---

[180] Ebd., 6223/I.

[181] Ebd.

[182] Vgl. Schiefelbein, Das »Institut zur Erforschung der Judenfrage in Frankfurt am Main« (Anm. 161), S. 20. Der Leiter der kulturpolitischen Abteilung des Deutschen Gemeindetags hielt es für völlig aussichtslos, daß ein Benutzungsverbot für Juden erreicht werden könne und empfahl Einzelmaßnahmen, um bestimmte Benutzer auszuschließen. »Der Bibliotheksdirektor hat es jederzeit in der Hand, einzelne Benutzer, die irgendeinen Mißbrauch mit der Ausleihe treiben, auszuschließen und ihnen das Betreten des Hauses zu verbieten.«

3.2.2.4 NS-Aneignungsversuche der Sammlung in den dreißiger Jahren

Nach dem Machtantritt der Nationalsozialisten wurden in den dreißiger Jahren mehrere Versuche unternommen, die Hebraica- und Judaica-Sammlung ganz oder in Teilbeständen von der Bibliothek zu übernehmen. Hierzu zählen die bereits geschilderten frühen Verhandlungen im Mai 1934 zwischen Schocken und der Bibliotheksleitung, an denen Freimann beteiligt war und die zu keinem Ergebnis geführt hatten. Weitere Versuche wurden sowohl von Schocken als auch von anderen Seiten unternommen und sind ein weiterer Beweis für die Bedeutung der Sammlung sowie deren Auswirkungen auf die Entwicklungen in der Stadt.

Im Januar 1936 nahm der Engländer C. Bertrand Thompson aus London Kontakt mit Oberbürgermeister Krebs und Bibliotheksdirektor Oehler auf, in der Absicht die hebräischen Handschriften und Inkunabeln, gegebenenfalls auch die Judaica, zu kaufen.[183] Oehler holte hierfür die Stellungnahme des für die Handschriften zuständigen Bibliotheksrates Hubert Schiel ein, der sich gegen einen Verkauf an Thompson aussprach.[184] Schiel stellte fest, daß Thompson, der selbst keinerlei Sachkenntnis zu besitzen schien und nicht einmal die hebräischen Buchstaben kannte, die Sammlung nicht aus eigenem wissenschaftlichen Interesse, sondern für den Weiterverkauf erwerben wollte. In Absprache mit Oehler brachte Schiel mehrere Einwände gegen den Verkauf vor. Zum einen hielt er das Angebot von 60.000 Reichsmark für sämtliche hebräische Prachthandschriften, die sich in der Ständigen Ausstellung der Bibliothek befanden, und für die zahlreichen hebräischen Wiegendrucke für viel zu niedrig und war überzeugt, daß bei einem möglichen Verkauf eine viel höhere Summe erzielt werden könne. Zum anderen war er der Meinung, die Sammlung würde auch für zukünftige Forschungsintentionen größte Bedeutung besitzen und sollte nicht veräußert werden.

> Als größte europäische Sammlung für die wissenschaftliche Erforschung aller das Judentum betreffenden Fragen kann die Hebraica- und Judaica-Sammlung der Stadtbibliothek, gerade vom Gesichtspunkt des Nationalsozialismus aus in der einzigartigen Zusammenfassung des Quellenmaterials von besonderer Wichtigkeit werden.

Deshalb dürfte, so Schiel, nicht zugelassen werden, daß die Sammlung durch einen Händler zerstreut werde. Oehler übermittelte dem Oberbürgermeister die prinzipiellen Einwände der Bibliothek, woraufhin dieser am 19. Februar 1936 Thompson eine Absage erteilte.

---

[183] Schiefelbein, ebd., gibt eine detaillierte Beschreibung dieser Verhandlungen sowie der Errichtung des Instituts zur Erforschung der Judenfrage.

[184] Zu Schiel vgl. Habermann / Klemmt / Siefkes, Lexikon Deutscher Wissenschaftlicher Bibliothekare (Anm. 137); Hubert Schiel war Katholik und nicht Mitglied der NSDAP. Er führte auch die Verhandlungen in den Tauschgeschäften mit Schocken, vgl. Schaeper, Toledot osef has-sefarim sel Zalman Soqen (Anm. 161), S. 99.

Im April 1936 unternahm Schocken, der sein Vorhaben nach dem Scheitern seiner Bemühungen im Frühjahr 1934 zunächst zurückgestellt hatte, einen erneuten Versuch und änderte seine Pläne dahingehend, daß er an Stelle eines Ankaufs der gesamten Sammlung nun begrenzte Tauschgeschäfte in Betracht zog. Zwischenzeitlich waren ihm von dem Antiquar Paul Graupe, der von den fehlgeschlagenen Verhandlungen zwischen Schocken, der Bibliothek und der Israelitischen Gemeinde im Jahre 1934 erfahren hatte, die Dirmstein-Handschriften, die sich in dessen Besitz befanden, zum Kauf angeboten worden.[185] Graupe wußte, daß die Bibliothek großes Interesse an diesen Handschriften hatte, und sah deshalb für Schocken eine neue Gelegenheit, über einen Tauschhandel mit den Dirmstein-Handschriften an Teile der hebräischen Buchsammlung zu gelangen.

Die Erwerbung der Dirmstein-Handschriften, zweier wertvoller mittelalterlicher Frankfurter Handschriften, war schon seit vielen Jahren das Ziel der Bibliothek gewesen. Diese nach ihrem Schöpfer, dem Frankfurter Goldschmiedemeister Hans Dirmstein (1435–1494), benannten reich illustrierten Papierhandschriften, die heute die Namen *Die sieben weisen Meister* (1471) und *Salman und Morolf* (1479) tragen, galten jahrelang als verschollen, bis sie im Jahre 1929 in Braunschweig wiederentdeckt wurden.[186] Bereits im Jahre 1930 hatte der Magistrat beschlossen, die Handschriften zu erwerben, dann aber noch im gleichen Jahr den Beschluß aus finanzieller Notlage wieder aufgehoben. Mittlerweile befanden sich die Handschriften im Besitz von Paul Graupe, was Oberbürgermeister Krebs zu Beginn des Jahres 1935 zum Anlaß genommen hatte, die Angelegenheit wieder aufzugreifen, in dem Versuch, die Handschriften beschlagnahmen zu lassen. Im März 1935 hatte er an den Reichs- und Preußischen Minister für Wissenschaft, Erziehung und Volksbildung geschrieben und darauf hingewiesen, daß sich beide Handschriften im Besitz des Antiquars Paul Graupe, einem »Nichtarier« befänden und somit die Gefahr eines Verkaufs ins Ausland bestünde. Krebs hatte den Minister gebeten, die beiden Handschriften auf die Liste derjenigen Kunstwerke zu setzen, deren Ausfuhr verboten sei,

---

[185]   Paul Graupe (1881–1944), war Auktionator und Besitzer eines Buch- und Kunstantiquariats in Berlin-Tiergarten. Im Jahre 1938 emigrierte er nach Paris, anschließend nach London, wo er 1944 vermutlich bei einem deutschen Luftangriff starb. Seit 1924 stand er in Korrespondenz mit Salman Schocken (vgl. Schaeper, Toledot osef has-sefarim sel Zalman Soqen [Anm. 161], S. 97). Vgl. Fritz Homeyer: Deutsche Juden als Bibliophile und Antiquare. Tübingen: Mohr 1963 (Schriftenreihe wissenschaftlicher Abhandlungen des Leo Baeck Instituts; 10), S. 138, demzufolge Graupe 1933 in die USA ging und nach 1949 in Paris starb.

[186]   Vgl. Birgitt Weimann: Die mittelalterlichen Handschriften der Gruppe Manuscripta Germanica, Frankfurt a. M.: Klostermann 1980 (Kataloge der Stadt- und Universitätsbibliothek Frankfurt am Main; 4), S. 31–33; Edith Kiessling: Die Stadt- und Universitätsbibliothek Frankfurt a. M. Blüte, Untergang und Wiederaufbau einer Bibliothek. Frankfurt a. M.: Schmitt 1969, S. 115ff.; Hartmut Schaefer: Die Stadtbibliothek 1884–1942. In: Bibliotheca Publica Francofurtensis (Anm. 112), S. 121–204, hier S. 169. Eine Abbildung aus den Manuskripten, ebd., Tafelband, (1984), Tafel 24.

was kurz danach ausgeführt wurde.[187] In den folgenden Monaten forderte Krebs wiederholt die sofortige Beschlagnahme der Dirmstein-Handschriften, zuletzt im März 1936.

Im Juli 1936 trat Oehler an Graupe wegen der Dirmstein-Handschriften heran, und einen Monat später wurde auch Schocken, der den Tauschhandel für die Bibliothek finanzieren sollte, in die Gespräche einbezogen. Die Verhandlungen waren langwierig und zogen sich über Monate hin. Graupe, der rechtmäßige Besitzer, forderte ursprünglich 75.000 Reichsmark für die Dirmstein-Handschriften und ließ sich erst nach zähen Verhandlungen auf das Tauschgeschäft mit Schocken ein. Die Bezahlung für die Dirmstein-Handschriften sollte folgendermaßen aussehen: Graupe sollte von der Bibliothek eine Barzahlung von 20.000 Reichsmark sowie eine Serie von Dürer-Graphiken aus der Sammlung der Bibliothek erhalten.[188] Schocken sollte von der Bibliothek neun hebräische Inkunabeln im Schätzwert von 20.900 Reichsmark erhalten und dafür an Graupe 25.000 Reichsmark zahlen.[189] Das Kulturamt der Stadt Frankfurt lehnte diese Vereinbarung ab und verweigerte eine Abgabe der Dürer-Graphiken an Graupe mit der Begründung, es handele sich um unveräußerliches deutsches Kulturgut. Außerdem waren die Holzschnitte in der Ständigen Ausstellung der Bibliothek aufgestellt und im Katalog verzeichnet. Schließlich erhielt Graupe statt der Dürer-Graphiken, die auf 5.000 Reichsmark geschätzt wurden, eine finanzielle Entschädigung von 6.000 Reichsmark, von denen 5.000 Reichsmark bar ausgezahlt und die restlichen 1.000 Reichsmark in den Tausch einbezogen werden sollten. Am 11. Januar 1937 wurde das Tauschgeschäft vom Oberbürgermeister genehmigt, und im Februar 1937 konnte das Städtische Anzeigenblatt »den Erwerb der Dirmstein-Handschriften« melden mit dem Hinweis: »jahrelang bestand die Gefahr, daß dieses kostbare rein deutsche Kulturgut nach dem Ausland verkauft würde«.

Gleichzeitig mit dieser Transaktion führte Schocken dank der Vermittlung von Eisemann ein weiteres Tauschgeschäft durch, bei dem es sich um die Hand-

---

[187] Institut für Stadtgeschichte (ehemals Stadtarchiv), Frankfurt am Main, Magistratsakten 6223/I. Im Dezember 1935 verlangte Krebs die »sofortige einstweilige Beschlagnahme«, da »keine genügende Sicherung« gegeben sei, und behauptete, daß Graupe im Begriff sei, sein Geschäft aufzulösen, da bereits ein Liquidationskatalog erschienen sei.

[188] Albrecht Dürer: Apocalipsis cum figuris. Nürnberg 1498. Vgl. Stadtbibliothek Frankfurt am Main. (Katalog der ständigen Ausstellung) Handschriften, Einbände, Formschnitte und Kupferstiche des 15. Jahrhunderts, Druckwerke und Einblattdrucke des 15.–20. Jahrhunderts. Frankfurt a. M. 1920, S. 53, Nr 196.

[189] Außerdem mußte Schocken die Provision für Eisemann in Höhe von RM 4.100 übernehmen. Kurt Ohly / Vera Sack: Inkunabelkatalog der Stadt- und Universitätsbibliothek und anderer öffentlicher Sammlungen in Frankfurt am Main. Frankfurt a. M.: Klostermann 1967 (Kataloge der Stadt- und Universitätsbibliothek Frankfurt am Main; 1), S. XXI-XXII ordnen die in den Jahren 1936/37 getauschten hebräischen Inkunabeln fälschlicherweise dem späteren Tauschgeschäft aus dem Jahre 1950 zu. Im Jahre 1950 wurden jedoch keine hebräischen Inkunabeln, sondern hebräische Handschriften weggegeben.

schrift *Eyn Deutsch Theologia* (1497) handelte, die er wiederum gegen Teile des Hebraica-Bestandes einwechselte.[190] Für die von ihm im Jahre 1930 erworbene Papierhandschrift, die er an die Bibliothek weitergab, erhielt er zwanzig seltene jiddische und hebräische Drucke vorwiegend aus dem 16. Jahrhundert. Diese trafen im April 1937 in Jerusalem ein und befinden sich noch heute in der Schocken-Bibliothek in Jerusalem.[191]

Erfolgreich hatten Krebs und Oehler Bestandteile der Hebraica- und Judaica-Sammlung dazu verwendet, wichtige mittelalterliche Handschriften, an deren Besitz die Stadt schon lange ein großes Interesse gehabt hatte, einzutauschen. Auf diese Weise war es ihnen gelungen, durch die Weggabe hebräischer Bücher, denen diese beiden Nationalsozialisten keine große Bedeutung zumaßen, Exemplare mit hohem ideellen Wert zu erwerben, die als Teile des »rein deutschen Kulturgutes« in ihrer Ideologie eine große Rolle spielten. Die Hebraica- und Judaica-Sammlung war mit diesen Tauschgeschäften in ihrem Wert als Verhandlungsmasse erkannt worden. In dem nachfolgend dargestellten Fall sollte sich die Sammlung als eine Trumpfkarte in den Händen des Oberbürgermeisters Krebs erweisen, die er geschickt einsetzte, um damit seine ideologischen Ziele zu verfolgen.

Eine ernste Gefahr drohte der Hebraica- und Judaica-Sammlung im Jahre 1936 mit der Gründung der Forschungsabteilung ›Judenfrage‹ des Reichsinstituts für Geschichte des neuen Deutschland in München.[192] Der designierte Leiter der Forschungsabteilung Judenfrage, der junge Historiker Dr. Wilhelm Grau, war fest davon überzeugt, daß die Judaica-Sammlung für seine Forschungsabteilung einen unschätzbaren Wert darstellte, und versuchte seine Vorgesetzten von der Notwendigkeit des Ankaufes zu überzeugen.[193] Nach einem Besuch in

---

[190] Zur Beschreibung und Geschichte der Handschrift vgl. Weimann, Die mittelalterlichen Handschriften der Gruppe Manuscripta Germanica (Anm. 186), S. 121ff., Abb. in: Bibliotheca Publica Francofurtensis (Anm. 111), Tafelband, Tafel 25. Vgl. Schaeper, Toledot osef has-sefarim sel Zalman Soqen (Anm. 161), S. 102ff. für die ausführlichen Beschreibungen beider in Transaktion I und II untergliederten Tauschgeschäfte.

[191] Silke Schaeper: Bibliophilie als kultureller Auftrag. Die Geschichte der Schocken-Bibliothek bis 1939. In: Der Schocken-Verlag, Berlin. Jüdische Selbstbehauptung in Deutschland 1931–1938. Essayband zur Ausstellung »Dem Suchenden Leser Unserer Tage« der Nationalbibliothek Luxemburg. Hg. von Saskia Schreuder und Claude Weber. Berlin: Akademie-Verlag 1994, S. 347–361, hier S. 349.

[192] Dov Schidorsky: Das Schicksal jüdischer Bibliotheken im Dritten Reich. In: Bibliotheken während des Nationalsozialismus (Anm. 140), Bd 2, S. 189–217.

[193] Wilhelm Grau hatte Geschichte, Deutsch, Geographie und Englisch studiert und galt durch seine Schriften zum Antisemitismus als Fachmann in Fragen Judentum. Bis 1941 leitete er die Bibliothek des Instituts zur Erforschung der Judenfrage. Vgl. Anja Heuss: Kunst- und Kulturgutraub. Eine vergleichende Studie zur Besatzungspolitik der Nationalsozialisten in Frankreich und der Sowjetunion. Heidelberg: Winter 2000, S. 100ff. Sein Nachfolger wurde 1942 der ehemalige katholische Geistliche Dr. Johannes Joseph Maria Pohl. Vgl. Marie Kühn-Ludewig: Johannes Pohl (1904–1960). Judaist und Bibliothekar im Dienste Rosenbergs. Eine biographische Dokumentation. Hannover: Laurentius-Verlag Dehmlow 2000 (Kleine historische Reihe der Zeitschrift Laurentius. Von Menschen, Büchern und Bibliotheken; 10).

der Bibliothek im Oktober 1935 schrieb er an Walter Frank, den Präsidenten des Reichsinstituts in Berlin:

> Die Sammlung bildet den unerläßlichen Grundstock für jede Forschung zur Geschichte der Judenfrage, zumal sie allein deutschen Forschern zugänglich ist [...]. Für das Institut zur Geschichte der Judenfrage ist der Erwerb dieser ausgezeichneten Bücherei unbedingt erforderlich.[194]

Damit begann eine sich über Monate hinziehende heftige und langwierige Auseinandersetzung zwischen dem Oberbürgermeister Friedrich Krebs und Walter Frank um den Besitz der Judaica-Sammlung. Der Oberbürgermeister weigerte sich fortan hartnäckig die Sammlung zu verkaufen oder als Dauerleihgabe nach München zu überführen, da er sie in Frankfurt für die Zwecke der NS-Bewegung nutzen wollte. Die wahren Hintergründe hierfür teilte Krebs bereits im September 1936 in einem Schreiben an das Kulturamt folgendermaßen mit:

> [...] wonach ich als Ziel gesetzt habe, durch das Vorhandensein der wertvollen Judaica-Abteilung in Frankfurt die geplante Forschungsabteilung Judenfrage des Reichsinstituts für die Geschichte des neuen Deutschlands hierher zu ziehen. Ein Verkauf unserer Abteilung kann m. E. kaum in Frage kommen.[195]

Mit allen Mitteln versuchte Krebs seiner Stadt Frankfurt, die durch die ehemals große Bedeutung der jüdischen Bürger bei den Nationalsozialisten in schlechtem Rufe stand, neue Geltung zu verschaffen. Diesem Zweck sollte auch die Judaica-Sammlung dienen, die nun dazu instrumentalisiert wurde, die Stadt zum Standort eines Forschungsinstituts im Sinne der neuen Rassendoktrin werden zu lassen. Selbst wenn Bibliotheksdirektor Oehler zu einem früheren Zeitpunkt zum Verkauf der Sammlung bereit gewesen sein sollte, was aus der Aktenlage nicht ausgeschlossen werden kann, so bestritt er seit Mitte 1936 im Einklang mit seinem Vorgesetzten, dem Oberbürgermeister, jemals den Verkauf der Sammlung erwogen zu haben.[196] Im Gegenteil betonte er gegenüber dem Kulturamt, er sei nie für einen Verkauf eingetreten, sondern die Stadt habe einen »früheren Versuch von anderer Seite, die Sammlung zu kaufen, abgelehnt«, womit er auf das zeitgleiche Angebot des Engländers Thompson anspielte.

In einer Stellungnahme im Oktober 1936 begründete Krebs ausführlich, warum die Sammlung nicht verkauft werden könne. Eine Veräußerung der Sammlung stelle einen »unersetzlichen Verlust« und eine »schwere Schädigung des Gesamtaufbaus der Bibliothek« dar, da die Bestände der Abteilung Judaica nicht in einer einzigen geschlossenen Gruppe im Bücherspeicher stün-

---

194 BA Potsdam, 2591, Bl. 263ff. zitiert bei Schiefelbein, Das »Institut zur Erforschung der Judenfrage in Frankfurt am Main« (Anm. 161), S. 8.

195 Institut für Stadtgeschichte (ehemals Stadtarchiv), Frankfurt am Main, Magistratsakten 6223/I.

196 Helmut Heiber: Walter Frank und sein Reichsinstitut für Geschichte des neuen Deutschlands. Stuttgart: Deutsche Verlags-Anstalt 1966 (Quellen und Darstellungen zur Zeitgeschichte; 13), S. 430ff.

den, sondern zu einem erheblichen Teil an unterschiedlichen Stellen in der Bibliothek aufgestellt seien, so daß bei einer Abgabe auch in den übrigen Teilen der Bücherspeicher erhebliche Störungen einträten. Außerdem könne eine Bibliothek wie die Frankfurter, welche die Aufgaben einer Universitätsbibliothek zu erfüllen habe, auf weite Teile der jüdischen Bestände nicht verzichten, wie z. B. das Alte Testament, jüdische Philosophie, – Krebs zitierte als Beispiel die Philosophen Maimonides, Spinoza und Mendelssohn, – jüdisches Recht, Landeskunde Palästina und semitische Sprachen. Die Weggabe dieser Bücher würde Neuanschaffungen erfordern, für die keine Mittel vorhanden seien, und Lücken in Hunderten von Zeitschriften, Reihen und Sammlungen reißen. Krebs argumentierte, die Frankfurter Judaica Abteilung sei in der ganzen Welt bekannt, der Freimann-Katalog in allen namhaften Bibliotheken der Welt zu finden:

> Es wäre demgemäß gar nicht zu verhindern, daß eine Wegführung der Abteilung aus Frankfurt im Ausland größeres Aufsehen erregen würde, zumal die Bestände teilweise durch Stiftungen Frankfurter Juden vorwiegend des letzten Jahrhunderts zusammengekommen sind.

Aus diesem Grund schlug Krebs vor, die Sammlung in der Bibliothek zu belassen, dafür jedoch die Forschungsabteilung Judenfrage nach Frankfurt zu verlegen:

> [...] da gerade in einer Stadt wie Frankfurt, die im Laufe der Jahrhunderte wie kaum eine andere Stadt in Deutschland unter jüdischem Einfluß zu leiden hatte, die Quellen für die Forschung besonders reichlich fliessen. [...] Da ich als Gemeindeleiter die gesetzliche Verpflichtung habe, das mir anvertraute Vermögen gewissenhaft, pfleglich und wirtschaftlich zu verwalten, ist es mir leider nicht möglich, meine Einwilligung [zum Verkauf der Sammlung] zu geben.[197]

Nachdem Krebs erfahren hatte, daß Frank trotz seiner Weigerung die Judaica-Sammlung abzugeben, die Absicht hatte, bei den Eröffnungsfeierlichkeiten der Forschungsabteilung Judenfrage in München am 19. November 1936 die Überführung der Judaica nach München zu verkünden, versuchte er dies mit allen Mitteln zu verhindern. Auf Empfehlung von Oehler beauftragte er den Orientalisten Johann Fück mit der einstweiligen Betreuung der Sammlung sowie der Auswahl einer noch einzustellenden wissenschaftlichen Kraft gegen Bezahlung. Damit wollte er dem Vorwurf zuvorkommen, die Sammlung werde nicht fachgerecht betreut. Fück, der arabisch, nicht jedoch Hebräisch beherrschte, hatte sich bereit erklärt, die Sammlung ehrenamtlich zu betreuen, sich um die Lückenergänzungen bei Zeitschriften und Einzelwerken seit 1933 zu kümmern und eine beratende Funktion auszuüben. Er wollte zwar keine regelmäßige Arbeit übernehmen, war jedoch bereit sich zu bemühen, so schnell wie möglich einen jungen Gelehrten für die Stelle zu finden. Damit wäre erstmals seit Freimanns Entlassung wieder jemand für die Sammlung zuständig gewesen. Fücks Bemühungen führten dazu, daß am 27. Dezember 1937 Dr. Kuno Schmidt mit der

---

197 Institut für Stadtgeschichte (ehemals Stadtarchiv), Frankfurt am Main, Magistratsakten 6223/I.

Betreuung der Sammlung beauftragt wurde, der später nach internen Streitig-
keiten vom Institut zur Erforschung der Judenfrage übernommen wurde.[198]

Gleichzeitig ließ Krebs eine Stellungnahme in der Presse veröffentlichen, die
am 17. und 19. November 1936 unter der Überschrift »Die Judaica-Sammlung
bleibt in Frankfurt« in mehreren Zeitungen erschien. Hierbei wies er insbesondere auf die rechtlichen Gefahren hin, die eine erzwungene Abgabe der Judaica-
Sammlung bedeuten würde, nämlich eine Aushöhlung und Auflösung der Selbstverwaltung der Gemeinden. Auch die *Jüdische Rundschau* meldete mit Genugtuung die Tatsache, daß die »Stadtverwaltung von Frankfurt das an sie gestellte
Ansinnen, die Judaica-Sammlung an das Reichsinstitut für Geschichte des neuen
Deutschlands in München zu verkaufen oder ihr als Leihgabe zu überlassen,
abgelehnt« habe.[199]

Um eine Abgabe der Judaica- Sammlung auch zukünftig zu verhindern, benutzte Krebs in seinen weiteren Auseinandersetzungen mit Frank stets das Argument, daß die erzwungene Abgabe der Judaica-Sammlung einen Eingriff in
die Selbstverwaltung der Gemeinden darstelle und daß dieser Konflikt von
prinzipieller Bedeutung für die Stellung der Gemeinden sei. Gleichzeitig be-
teuerte er jedoch seine Bereitschaft, einer eventuellen Frankfurter Zweigstelle
des Instituts Forschungsabteilung Judenfrage die Buchbestände der Judaica-
Sammlung zur Verfügung zu stellen, und trat in den nächsten Monaten weiterhin unermüdlich für die Errichtung einer solchen nationalsozialistischen For-
schungsstätte in Frankfurt ein.

Unerwartete Entwicklungen im Reichsinstitut für Geschichte des neuen
Deutschlands begünstigten die Pläne von Krebs. Am 1. Mai 1938 löste Walter
Frank, Präsident des Instituts, die Forschungsabteilung Judenfrage in München
wegen interner Auseinandersetzungen auf. Nun konnte Krebs zielgerichtet an die
Verwirklichung seines Planes gehen, ein Institut gleicher ideologischer Ausrichtung in Frankfurt zu errichten. Als im Oktober 1939 folgende Notiz im *Zentralblatt für Bibliothekswesen* erschien, hatte er sein ursprüngliches Ziel erreicht:

> Die Stadt Frankfurt am Main hat die in der Stadtbibliothek aufbewahrte große Judaica-
> Sammlung der NSDAP zur uneingeschränkten Benutzung zur Verfügung gestellt.
> Reichsleiter Alfred Rosenberg hat daher beschlossen, in Frankfurt ein Institut der
> NSDAP zur Erforschung der Judenfrage zu errichten.[200]

Im Juni 1939 wurde das Institut zur Erforschung der Judenfrage vertraglich begründet und am 26. März 1941 feierlich eröffnet. Die Aufgabe des Instituts bestand darin, das durch den »Einsatzstab Reichsleiter Rosenberg für die besetzten
Gebiete« requirierte Beutegut an jüdischen Büchern zu sammeln und es für die
antisemitische Propaganda nutzbar zu machen. Gemäß dem Vertrag zwischen
der Stadt Frankfurt und dem Institut stellte die Bibliothek die Bestände der

---

[198] Schiefelbein, Das »Institut zur Erforschung der Judenfrage in Frankfurt am Main«
     (Anm. 161), S. 16.
[199] Jüdische Rundschau, Nr 93, 20. November 1936.
[200] Zentralblatt für Bibliothekswesen (1939), Nr 56, II, S. 507.

Hebraica- und Judaica-Sammlung, die zuvor nominell zu einem Bibliotheksinstitut vereinigt worden waren, der Partei zur wissenschaftlichen und politischen Auswertung zur Verfügung. Dafür wurde ihr zugesichert, daß auch bei einer eventuellen Verlegung des Forschungsinstituts keine Buchbestände von Frankfurt wegverlegt würden.[201] Es ist allerdings sehr fraglich, ob das neue Institut wirklich auf die Benutzung der Frankfurter Hebraica- und Judaica-Sammlung angewiesen war. Während des Zweiten Weltkrieges wurden in allen besetzten Gebieten mit der Ermordung der Juden auch ihre Bibliotheken geplündert, »in Hunderten von Kisten aus Paris und Amsterdam, Saloniki und Belgrad, aus Wilna, Kiew, Riga und Lodz« wurden Bücher und Dokumente angeliefert, so daß die Bibliothek des Instituts schon im April 1943 300.000 Bände umfaßte, also ein vielfaches der Frankfurter Sammlung.

Insgesamt umfaßte die Hebraica- und Judaica-Sammlung vor dem Zweiten Weltkrieg an die 40.000 Bände, die sich etwa zur Hälfte aus Judaica und Hebraica zusammensetzten.[202] Bei Luftangriffen auf Frankfurt am 20. und 21. Dezember 1943 wurde die Bibliothek schwer getroffen, die Bestände zum Großteil vernichtet. Nach weiteren Fliegerangriffen im Januar und März 1944 war das Gebäude völlig zerstört. Dabei verbrannten alle nicht rechtzeitig ausgelagerten Werke, so auch der überwiegende Teil der hebräischen Bücher. Die kostbaren hebräischen Handschriften und Inkunabeln sowie die Judaica-Sammlung gehörten zu den nach Mitwitz in Oberfranken ausgelagerten Beständen und sind bis zum heutigen Tag erhalten geblieben.

3.2.3 Die Ehefrau Therese – Tochter des Gemeinderabbiners Markus Horovitz

Am 13. Februar 1905 heiratete Aron Freimann seine Cousine Therese, die Tochter des Frankfurter Gemeinderabbiners Markus Horovitz. Therese war ebenso wie ihr Bräutigam eine Enkelin des berühmten Oberrabiners von Altona, ihre Mutter Auguste eine Tochter von Jakob Ettlinger aus dessen zweiter Ehe mit Sophie Mayer.[203] Freimann hatte mit seinem Onkel Markus Horovitz und dessen Familie über Jahre in engem Kontakt gestanden, so daß er seine Braut schon lange gekannt haben muß. Therese Horovitz war das achte von elf Kindern des Rabbiners und wurde am 16. November 1882 in Frankfurt am Main geboren, war also zehn Jahre jünger als ihr Mann.[204] Sie hatte zwei Schwe-

---

[201] Schiefelbein, Das »Institut zur Erforschung der Judenfrage in Frankfurt am Main« (Anm. 161), S. 39ff.

[202] Schaefer, Die Stadtbibliothek 1884–1942 (Anm. 185), S. 173.

[203] Nachlaß Aron Freimann, Heiratsurkunde sowie Freimann, Aus dem Stammbaum der Familien Ettlinger – Freimann – Horovitz (Anm. 2).

[204] Nachlaß Aron Freimann. Bei Arnsberg, Die Geschichte der Frankfurter Juden seit der Französischen Revolution (Anm. 96), Bd 3, S. 219 ist das korrekte Geburtsjahr angegeben. Bei Gudrun Maierhof: Selbsthilfe nach dem Novemberpogrom. In:

stern und acht Brüder, von denen zwei bereits als Kinder verstarben.[205] Im Jahre 1906 wurde die einzige Tochter der Freimanns, Helene, geboren, die am 4. August 1925 den späteren Arzt Menny Rapp heiratete.

Therese Freimann war aktiv in der Wohlfahrtspflege innerhalb und außerhalb der Israelitischen Gemeinde engagiert und ehrenamtlich in vielen der zahlreichen jüdischen Hilfsorganisationen in Frankfurt in verantwortlicher Position tätig. Als Tochter des Gemeinderabbiners war sie von klein auf mit den sozialen Problemen der Gemeindemitglieder, die in ihr Elternhaus gekommen waren, um Zuspruch, Rat und Hilfe zu erhalten, vertraut gewesen. Die Übernahme der Verantwortung für die jüdische Wohltätigkeit hatte stets zu den traditionellen Aufgaben eines Gemeinderabbiners gehört, der nicht nur offiziell an der Spitze der Wohltätigkeitsarbeit innerhalb der jüdischen Gemeinschaft stand, sondern die Durchsetzung der Maßnahmen gegebenenfalls auch mit gemeindlichen Sanktionen zu erzwingen hatte.[206] Ihr Vater Markus Horovitz, der für sein soziales Engagement bekannt war, diente ihr als großes Vorbild, wie sie in ihren nach dem Krieg niedergeschriebenen Erinnerungen beschrieb:

> Zwei grosse Persönlichkeiten waren es, die mich von der moralischen Verpflichtung mitzuhelfen, überzeugten, und mir den Weg in die Arbeit gezeigt haben, m/Vater, Rabbiner Dr. Marcus Horovitz und Bertha Pappenheim.[207]

Schon als junges Mädchen wurde sie zu Hause dazu angeleitet, ihren Teil an wohltätigen Pflichten zu übernehmen. Ihre erste Aufgabe bestand in der Betreuung von jungen werdenden Müttern, die sie vor und nach der Entbindung unterstützte.[208] Durch diese Arbeit lernte sie Bertha Pappenheim, die in Frankfurt wirkende Pionierin der jüdischen Frauenbewegung und der jüdischen Wohlfahrtspflege kennen, mit der sie in den weiteren Jahren eng zusammenarbeitete und die für sie, wie aus dem obigen Zitat hervorgeht, neben ihrem Vater zum zweiten großen Vorbild wurde.

      »Nach der Kristallnacht«. Jüdisches Leben und antijüdische Politik in Frankfurt a. M. 1938–1945. Hg. von Monica Kingreen. Frankfurt a. M. u. a.: Campus 1999 (Schriftenreihe des Fritz-Bauer-Instituts; 17), S. 157–186, hier S. 185, Anm. 83 wird das Geburtsdatum fälschlicherweise mit 1892 angegeben.

[205] Über ihre Schulzeit ist in den Akten leider nichts vermerkt.

[206] Vgl. Jonathan Sacks: Wohlstand und Armut. Eine jüdische Analyse. In: Zedaka – jüdische Sozialarbeit im Wandel der Zeit. 75 Jahre Zentralwohlfahrtsstelle der Juden in Deutschland 1917–1992. Hg. von Georg Heuberger. Frankfurt a. M.: Jüdisches Museum 1992, S. 14–27.

[207] Therese Freimann: Erinnerungen aus meiner sozialen Arbeit [1963], Ms. im Jüdischen Museum Frankfurt, A 239.

[208] Dies geschah im Rahmen des Vereins für Haus- und Wöchnerinnen-Pflege, der gemeinsam von ihrer Mutter, als Ehefrau des orthodoxen Rabbiners Dr. Markus Horovitz, der Ehefrau des liberalen Gemeinderabbiners Dr. Caesar Seligmann und der Ehefrau des Gemeindevorsitzenden Dr. Julius Blau gegründet worden war. Dieser Verein ist auch ein Indiz dafür, wie in der Frankfurter Israelitischen Gemeinde die Wohlfahrtspflege ungeachtet religiöser Differenzen durchgeführt wurde.

Bertha Pappenheim hatte im Jahre 1902 den Verein Weibliche Fürsorge gegründet, war in zahlreichen sozialen Organisationen tätig und gewann mit ihrem Engagement viele jüdische Frauen für die Sozialarbeit.[209] Hierbei handelte es sich um jüdische Frauen des Bürgertums, die in der Regel verheiratet waren und in gesicherten, manchmal auch sehr wohlhabenden Verhältnissen lebten und bereit waren, ehrenamtlich für die Fürsorge, die sogenannte »Frauenarbeit« tätig zu sein und einen Teil ihres Vermögens für gute Zwecke zu spenden. Mit zahlreichen Stiftungen setzte sich Pappenheim für Verbesserungen der Lage der Frauen der Unterschicht ein und vertrat insbesondere die Interessen der rechtlich und gesellschaftlich unterdrückten osteuropäischen und orientalischen unverheirateten jüdischen Frauen.

Therese Freimann unterstützte Bertha Pappenheim in ihrem Einsatz für die jüdischen Frauen, ohne sich ihr unterzuordnen, und gemeinsam initiierten sie zahlreiche Fürsorgeeinrichtungen der jüdischen Wohlfahrtspflege, der die Armenpflege der Jüdischen Gemeinde oblag.[210] Freimann übernahm die Organisation der Stellenvermittlung für unverheiratete Frauen und Mädchen und kümmerte sich vor allem um die Unterbringung der unehelichen Kinder und gefährdeten Jugendlichen in Heimen und Pflegestellen. Das große Interesse von Therese Freimann galt der Kinder- und Jugendfürsorge in all ihren Aspekten, und sie wirkte aktiv sowohl bei der Erarbeitung der theoretischen Konzepte als auch bei der Durchführung der praktischen Arbeit im Alltag mit. Sie engagierte sich in der Kinderschutzkommission der Stadt Frankfurt, in der sie später als Vertreterin der Israelitischen Gemeinde fungierte, und arbeitete auf diesem Gebiet auch mit den Vertretern der katholischen und protestantischen Verbände zusammen. Zu ihren Aufgaben zählten die Kontrolle der außer Haus untergebrachten Kinder, die zeitweise Einweisung kranker und erholungsbedürftiger Kinder in die für diese Zwecke bestehenden jüdischen Heime und die Teilnahme an den Sitzungen des Jugendgerichtes.

---

[209] Zu B. Pappenheim vgl. Marion A. Kaplan: The Jewish Feminist Movement in Germany. The Campaigns of the »Jüdischer Frauenbund«, 1904–1938. Westport: Greenwood Press 1979 (Contributions in Women's Studies; 8); Elizabeth Ann Loentz: Negotiating Identity. Bertha Pappenheim (Anna O.) as German-Jewish Feminist, Social Worker, Activist and Author. Columbus: The Ohio State University 1999; Dokumentation zum 50. Todestag von Bertha Pappenheim. Veranstaltungsreihe im Auftrag des Magistrates der Stadt Neu-Isenburg 1986. Neu-Isenburg: o. V. 1986; Daniel Boyarin: Anna O(rthodox). Bertha Pappenheim and the Making of Jewish Feminism. In: Bulletin of the John Rylands University Library 80 (1998), Nr 3, S. 65–87; Amy D. Colin: Metamorphosen einer Frau. Von Anna O. zu Bertha Pappenheim. In: Von einer Welt in die andere. Jüdinnen im 19. und 20. Jahrhundert. Hg. von Jutta Dick und Barbara Hahn. Wien: Brandstätter 1993, S. 197–215; Ruth Rapp Dresner: The Work of Bertha Pappenheim; on Marion A. Kaplan »The Campaigns of the Jüdischer Frauenbund«, 1904–1938, 1979. In: Judaism 30 (1981), No. 2, S. 204–211. Ruth Rapp Dresner ist die Enkelin von Therese Freimann.

[210] Vgl. Rapp Dresner, ebd., S. 205, beschreibt die Zusammenarbeit als ein paralleles Nebeneinander: »My grandmother [Therese Freimann], who had been too self-motivated to work under the direction of Miss Pappenheim – it would be more accurate to say that the two women worked side by side in Frankfurt [...].«

Zu den zahlreichen Institutionen, für die Therese Freimann tätig war und deren Vorständen sie angehörte, zählte auch das von Bertha Pappenheim im Jahre 1907 in Neu-Isenburg gegründete Heim des Jüdischen Frauenbundes, das unverheiratete Frauen und ihre Kinder betreute.[211] Gemeinsam mit Bertha Pappenheim war sie im Jüdischen Frauenbund aktiv und nahm an den zahlreichen Tagungen teil, die regelmäßig in verschiedenen Städten in Deutschland stattfanden. Des weiteren gehörte sie dem Vorstand des Schwesternheimes des Gemeinde-Krankenhauses, des Rothschild'schen Kinderhospitals, des jüdischen Waisenhauses und eines weiteren Kinderhauses der weiblichen Fürsorge an. In den Jahren nach dem Ersten Weltkrieg wurde die Arbeit für Kinder und Jugendliche ausgeweitet, die vorbeugende Fürsorge zur Verhütung gesundheitlicher Schädigung und Gefährdung nahm in Zusammenarbeit mit Schulärzten einen wichtigen Stellenwert innerhalb der Jugendfürsorge ein. Hierzu zählte der Bereich der allgemeinen Gesundheitsförderung der Jugendlichen durch richtige Ernährung und Erholung. Therese Freimann wirkte bei der Einführung der täglichen Schulspeisung, der Ausdehnung bestehender Kindertageshorte und der Einrichtung von Ferienspielen für bedürftige Jugendliche mit. So organisierte sie alljährlich »Ferienspiele [= Ferienaufenthalte] für einige hundert Kinder«.[212]

Als erster Frau wurde Therese Freimann von der Israelitischen Gemeinde Frankfurt ein offizielles Verwaltungsamt übertragen. Im Jahre 1920 wurde sie vom Gemeindevorstand in den Beirat des Krankenhauses der Israelitischen Gemeinde berufen und war gemeindepolitisch für die Verwaltung des Jüdischen Krankenhauses verantwortlich.[213] Sie übte dieses Amt bis zu ihrer Emigration im Mai 1939 aus und übernahm im Laufe der Jahre wichtige Funktionen innerhalb des Beirates. Die Inflation der Nachkriegszeit, in der das Vermögen vieler wohltätiger Einrichtungen vernichtet worden war, sowie die neue staatliche Fürsorgegesetzgebung, die eine geregelte Zusammenarbeit der öffentlichen und privaten Fürsorge erforderte, machte die Einrichtung einer Zentralstelle für alle jüdischen sozialen Belange notwendig. Therese Freimann gehörte zu einer kleinen Gruppe von Gemeindemitgliedern, die ihren Bruder, Rabbiner Dr. Jakob Horovitz, bei dem Aufbau einer zentralisierten jüdischen Wohlfahrtspflege unterstützten, die mit Hilfe der Gemeinde als Verein Jüdische

---

[211]   Vgl. Das Heim des Juedischen Frauenbundes in Neu-Isenburg, 1907–1942. Im Auftrag des Magistrats der Stadt Neu-Isenburg hg. von Helga Heubach. Neu-Isenburg: Kulturamt 1986.

[212]   Nachlaß Aron Freimann, Bestätigung der Gemeinde vom 1. März 1939. Zu Therese Freimann vgl. »Therese Freimann zum 50. Geburtstag«, in: Frankfurter Israelitisches Gemeindeblatt 11 (1932/33), Nr 4, S. 97; Würdigung zum 70. Geburtstag [von Therese Freimann]. In: Aufbau 18 (1952), Nr 47, S. 7; Nachlaß Aron Freimann, Mr. Willy Sundheimer's Address at Mrs. Therese Freimann's Memorial, 17. April 1966.

[213]   Nachlaß Aron Freimann, so in einem Empfehlungsschreiben der Gemeinde vom 1. März 1939. Als Begründung wurde angegeben: »Therese Freimann, geb. am 16.11.1882 als Tochter unseres Gemeinderabbiners Dr. Marcus Horovitz s. A., ist von Haus aus aufs Engste mit allen jüdischen Fragen und Aufgaben, besonders aber mit allen Arbeiten unserer Gemeinde verbunden.«

Wohlfahrtspflege e. V. im Jahre 1928 gegründet und zum Wohlfahrtsamt der jüdischen Gemeinde wurde.[214]

Die neue Organisation übernahm von den bestehenden Einrichtungen alle Aufgabenbereiche der offenen Fürsorge, deren Durchführung den mit beruflichen Sozialarbeitern besetzten Fachabteilungen übertragen wurde. Therese Freimann gehörte von Anfang an dem Vorstand an und trug die Verantwortung für die Abteilung Jugendfürsorge. Dieses Ehrenamt weitete sich zu einer Vollbeschäftigung ohne Bezahlung aus, für das sie »tagtäglich die Amtsstelle besuchte« und so mit der praktischen Arbeit in ständiger Verbindung blieb.

Ihr Bruder, der Rabbiner Dr. Jakob Horovitz, der als Gefängnisgeistlicher fungierte, war es auch, der sie veranlaßte, die Gefangenenfürsorge für jüdische Häftlinge zu übernehmen. Therese Freiman besuchte regelmäßig das Gefängnis in Preungesheim und war vor allem um die Resozialisierung der Häftlinge nach ihrer Entlassung bemüht. Zu diesem Zwecke versuchte sie, soweit möglich, den Häftlingen Arbeitsplätze in anderen Städten zu vermitteln, wo die Tatsache, daß sie vorbestraft waren, unbekannt war. Weiterhin kümmerte sie sich auch um die Altenpflege, indem sie sowohl in der Praxis die Leiter der verschiedenen Altersheime der Israelitischen Gemeinde bei ihrer Arbeit unterstützte als auch auf der Planungsebene im Auftrag der Gemeinde maßgeblich für den Ausbau und die Neueinrichtung von Altersheimen verantwortlich war. In seinem Empfehlungsschreiben für Therese Freimann vor ihrer Emigration schrieb der Vorstand der Jüdischen Wohlfahrtspflege im Jahre 1939:

> [...] es hat kaum eine soziale Einrichtung in Frankfurt [gegeben], die nicht Frau Freimann zu ihrer tätigen Mitarbeiterin gewonnen hat. So kam es, dass Frau Freimann seit Jahren als die Jüdische Frau in Frankfurt angesehen worden ist, in der sich die gesamte Sozialarbeit wiederfindet, mag es sich um Jugendliche oder Erwachsene, mag es sich um Berufsausbildung oder Sicherstellung der Ernährung gehandelt haben.[215]

Therese Freimann war maßgeblich an der Einrichtung der Jüdischen Notstandsküche in Frankfurt beteiligt und gehörte von Anfang an zu deren Vorstand, der sich aus Delegierten des Vorstandes der Jüdischen Wohlfahrtspflege zusammensetzte. Die Jüdische Notstandsküche war im Herbst 1930 gegründet worden, als die Zahl der Hilfsbedürftigen durch die steigende Arbeitslosigkeit und die folgende Verarmung der Gemeindemitglieder im Zuge der Weltwirtschaftskrise stark zugenommen hatte.[216] Ursprünglich war die Notstandsküche

---

[214] Jüdisches Museum Frankfurt a. M., A 239, Therese Freimann: Erinnerungen aus meiner sozialen Arbeit [1963], S. 4.

[215] Nachlaß Aron Freimann, Schreiben der Jüdischen Wohlfahrtspflege vom 15. März 1939 von Ralph Meyer.

[216] Jüdisches Museum Frankfurt a. M., A 175, R. Bergel: Die Arbeit der jüdischen Fürsorge in Frankfurt am Main 1919–1939 [1961], S. 21ff. Zur Notstandsküche vgl. Maierhof, Selbsthilfe nach dem Novemberpogrom (Anm. 204), S. 176ff. Die jüdische Notstandsküche versorgte neben den Einzelnen und ihren Familien auch die jüdischen Kindergärten und Tagesheime mit Essen und belieferte während der Sommerferien die von der Jüdischen Wohlfahrtspflege eingerichteten Ferienlager.

nur als eine vorübergehende Hilfsmaßnahme gedacht gewesen und wurde als
»eine Art von Selbsthilfe« konzipiert, indem die Empfänger einen kleinen
monatlichen Beitrag leisteten, der sie zu Mitgliedern machte und sie berechtig-
te, Mahlzeiten zu empfangen.[217] Um nach außen die Anonymität der Hilfsbedürftigen und innerhalb der Familien den Schein der Normalität zu wahren,
wurden alle Essen an einer zentralen Stelle ausgegeben und von den Bedürfti-
gen in der eigenen Wohnung eingenommen.

Therese Freimann sorgte dafür, daß die Nahrungszubereitung von der Küche des Krankenhauses der Israelitischen Gemeinde übernommen wurde. In
den Jahren der nationalsozialistischen Herrschaft gewann die Notstandsküche
für die unter den sich ausweitenden Verfolgungsmaßnahmen leidenden Mitglieder der jüdischen Gemeinde eine stetig zunehmende Bedeutung. Mit der
Zahl der aus dem Erwerbsleben ausgeschlossenen Juden wuchs auch die Zahl
der Gemeindemitglieder, die ihre Familien nicht mehr ernähren konnten und
auf Unterstützung angewiesen waren.[218] Im Jahre 1937 gab die Notstandsküche
che in Frankfurt noch 1.000 Portionen Essen aus und belieferte zudem 150
Haushalte in entfernt liegenden Stadtteilen durch Boten, um den Empfängern
den Fahrpreis zu ersparen.[219] Die wachsende Zahl derjenigen, welche die Hil-
feleistung in Anspruch nahmen, machte es 1938 notwendig, »die Essensher-
stellung in eine eigene, mit modernsten Kesseln eingerichtete Küche im Haus
Königswarterstrasse 26 zu verlegen«.[220]

Als Vorstandsmitglied trug Therese Freimann die Verantwortung für die
Jüdische Notstandsküche, sie übernahm aber auch selbst einen Teil der täglichen Arbeiten. Mit den folgenden Worten beschrieb Bergel ihre Arbeit:

Die eigentliche und volle Verantwortung wurde jedoch von Therese Freimann und
von ihr ausschließlich getragen. Sie war im wahrsten Sinne des Wortes die Seele der

---

       Das Essen wurde zuerst in der Küche des Jüdischen Krankenhauses, später in der
       eigenen Küche der Jüdischen Notstandsküche, die mit modernsten Kochkesseln
       ausgestattet war, zubereitet.

[217] Freimann, Erinnerungen aus meiner sozialen Arbeit (Anm. 214), S. 6.

[218] Frankfurter Israelitisches Gemeindeblatt 13 (1935), Nr 6, S. 1 und 14 (1936),
Nr 11, S. 41ff. Im Februar 1935 wurden täglich 915 Personen verpflegt, ein Jahr
später waren es 1.300, darunter 300 Kinder. Freimann, Erinnerungen aus meiner
sozialen Arbeit (Anm. 214), S. 7: »Am ersten Tag der Essensausgabe (Sept. 1930)
kamen 50 Liter zur Verteilung, zwei Monate später waren es schon 310 Liter. Im
Jahre 1938 wurden 1.300 Liter verausgabt.«

[219] Das Essen kostete 10 Pfennig, bei einem Selbstkostenpreis von ca. 33 Pfennig. Die
Essen wurden anonym verteilt, um den Empfängern die Schande zu ersparen. »Alles geht nach Nummern, kein Name erscheint, keiner braucht sich also zu schämen
[...].« In: CV-Zeitung, 22. April 1937, S. 6; vgl. Christina Schwarz: Tschaikowsky
für die Seele, Brote für den Hunger. Die Jüdische Winterhilfe – ihre materielle und
ideelle Bedeutung für die jüdische Bevölkerung im Deutschland des Nationalsozialismus. In: Zedaka (Anm. 206), S. 114–123, hier S. 119.

[220] Freimann, Erinnerungen aus meiner sozialen Arbeit (Anm. 214), S. 7.

Jüdischen Notstandsküche. Tagtäglich kam sie in die Küche, und mit unermüdlichem Einsatz wirkte sie für ein reibungsloses Arbeiten.[221]

Auch die Verantwortlichen in der Jüdischen Wohlfahrtspflege sahen in ihr die »eigentliche Leiterin und Führerin« der Küche, und bescheinigten ihr:

> [...] von dem Einkauf der Lebensmittel bis zur Fertigstellung des Essens, von der Betreuung des einzelnen Hilfsbedürftigen bis zur Betreuung der Küchenangestellten, gab es keine Arbeit, die Frau Freimann nicht mit der gleichen Lust und Liebe, mit der gleichen Sorgfalt und Gründlichkeit durchgeführt hat.[222]

Aufgrund der fortschreitenden Diskriminierung der Juden durch das NS-Regime in den dreißiger Jahren kamen weitere Aufgaben auf die Jüdische Wohlfahrtspflege zu, an deren Bewältigung auch Therese Freimann beteiligt war. Durch die zunehmenden Eingriffe der Behörden und der nationalsozialistischen Parteiorgane in das Alltagsleben wurden u. a. auch Heime für Erwachsene und Jugendliche ohne Vorankündigung geschlossen, deren Insassen versorgt werden mußten. »Unzählige benötigten Rat, Betreuung und Unterstützung« und mußten von den Organen der jüdischen Wohlfahrtspflege betreut werden. Therese Freimann kümmerte sich insbesondere um die Unterbringung und Versorgung der vielen Jugendlichen, die vor den Verfolgungen aus den umliegenden Kleinstädten nach Frankfurt geflohen waren und die durch die neugeschaffene Beratungsstelle für jüdische Wirtschaftshilfe in praktische Berufe umgeschult werden sollten. Als in Geringshof bei Fulda ein Lehrgut der religiös-zionistischen Misrachi-Organisation eingerichtet wurde, auf dem unter schwierigsten Verhältnissen Jungen und Mädchen zu Landwirten für ihre zukünftige Auswanderung nach Palästina ausgebildet wurden, versuchte sie die Verhältnisse zu bessern und fuhr »öfters Sonntag mit Frankfurter Herren« hinaus, um Holz und Wäsche zu bringen und nach dem Rechten zu sehen.

Nach ihrer Emigration in die Vereinigten Staaten hielt Therese Freimann an der Idee der Frauenarbeit fest und begründete mit anderen die jüdischen Wohlfahrtsorganisationen »Help and Reconstruction« und »Self Help«.[223] Zu den dringenden Problemen, die es zu lösen galt, zählte insbesondere die Frage der Kinderbetreuung der berufstätigen Mütter, da bei den Neueinwanderern in der Regel beide Elternteile einer Berufstätigkeit nachgehen mußten, um den Lebensunterhalt der Familie zu sichern. Obwohl in den Vorstandsgremien der

---

221 Bergel, Die Arbeit der jüdischen Fürsorge (Anm. 216), S. 42.

222 Nachlaß Aron Freimann, Schreiben der Jüdischen Wohlfahrtspflege vom 15. März 1939 von Ralph Meyer.

223 Vgl. Sibylle Quack: Zuflucht Amerika. Zur Sozialgeschichte der Emigration deutsch-jüdischer Frauen in die USA 1933–1945. Bonn: Dietz 1995 (Politik- und Gesellschaftsgeschichte; 40), S. 144, nennt neben Selma Sondheimer Therese Freimann als leitende Figur. Help and Reconstruction, eine noch heute existierende Organisation, wurde im Jahre 1940 von deutsch-jüdischen Emigranten unter dem Vorsitz von Max Warburg, Albert Sondheimer und Hermann Simon gegründet, um jüdische Neueinwanderer zu unterstützen.

Organisation nur Männer saßen, »waren es vor allem die Frauen, welche die
Arbeit von ›Help and Reconstruction‹ durch ihre Aktivitäten prägten«.[224] In
leitender Position wirkte Therese Freimann bei der Einrichtung von Kindergärten und Nachmittagsbetreuungsstätten für Jugendliche sowie bei der Organisation von Ferienlagern mit. Der erste Ganztagskindergarten wurde im Jahr 1940
in New York eröffnet, in dem vor allem Kinder aus jüdischen Familien, die
Wert auf koschere Küche legten, betreut wurden. In den folgenden Jahren
kamen weitere Einrichtungen hinzu, die vom Gesundheits- und Erziehungsde-
zernat der Stadt New York gefördert wurden, die das von Therese Freimann
entwickelte Konzept übernahm und auch eigene Institutionen dieser Art ein-
richtete. Bei der deutsch-jüdischen Organisation »Selfhelp« führte Therese
Freimann Beratungssprechstunden ein, die sie selbst in ihrem Haus sowie bei
den Neueinwanderern vor Ort abhielt, um auf diese Weise die Sorgen und
Nöte der Flüchtlinge in Erfahrung zu bringen und ihnen bei ihrer Bewältigung
effektiv helfen zu können. Unablässig machte sie auf die sozialen und wirtschaftlichen Probleme unter den deutsch-jüdischen Einwanderern aufmerksam
und versuchte neue Mitglieder für die ehrenamtliche Tätigkeit in den Wohlfahrtsorganisationen zu gewinnen.[225] Im Laufe der Jahre übernahm sie viele
verantwortliche Positionen in der Wohlfahrtspflege und wurde u. a. Vizevor-
sitzende der Organisation »Help and Reconstruction« und leitendes Mitglied in
zahlreichen Gremien verschiedener amerikanischer Wohlfahrtsverbände.

Nach Ende des Zweiten Weltkriegs nahm sie Kontakt zu der Jüdischen Gemeinde in Frankfurt auf, um sich über die Lage der Überlebenden zu informieren und die neueingerichteten Wohlfahrtsinstitutionen zu unterstützen. Von
den USA aus organisierte sie mit Hilfe der amerikanischen Wohlfahrtsverbände eine finanzielle Unterstützung für die jüdischen Wohlfahrtseinrichtungen in
Frankfurt, so z. B. für das Altersheim der Jüdischen Gemeinde sowie für den
jüdischen Kindergarten und die jüdische Schule, die vom damaligen Rabbiner
Weinberg betreut wurden. Für die neuerrichtete koschere Volksküche, die im
Herbst 1947 in der Theobald-Christ-Straße eröffnet worden war, organisierte
sie Care-Pakete. Insbesondere sorgte sie dafür, daß die für bestimmte Feiertage
benötigten speziellen Lebensmittel nach Frankfurt gesandt wurden.[226] In den

---

224 Quack, Zuflucht Amerika (letzte Anm.), S. 144.
225 Rapp Dresner, The Work of Bertha Pappenheim (Anm. 209), S. 205 berichtet wie
     Therese Freimann an einem Gedenktreffen zu Bertha Pappenheims Todestag im
     Jahre 1953 die anwesenden Frauen zur Mitarbeit aufrief.
226 Vgl. Alon Tauber: Die Entstehung der Jüdischen Nachkriegsgemeinde 1945–1949.
     In: Wer ein Haus baut, will bleiben. 50 Jahre Jüdische Gemeinde Frankfurt am
     Main. Anfänge und Gegenwart. Frankfurt a. M.: Societäts-Verlag 1998, S. 98–108,
     hier S. 106; Privatbesitz de Jong, zwei Briefe von Therese Freimann an Herrn de
     Jong, 28. November und 25. Dezember 1949; sowie mündliche Auskunft vom
     15. Februar 2001 von Frau Eleonore de Jong, deren Mann in den Nachkriegsjahren
     die Notstandsküche in Frankfurt leitete. Zusätzlich zu den Care-Paketen mit den
     üblichen Lebensmitteln wie Kaffee und Mehl organisierte Therese Freimann den
     Versand von Mazzen und anderen koscheren Speisen für die Pessachfeiertage.

USA kümmerte sie sich nach 1948 verstärkt um die Neueinwanderer, die den Holocaust überlebt hatten und von denen sich viele in einem sehr schlechten körperlichen und psychischen Zustand befanden. Ebenso engagierte sie sich für den Aufbau des neugegründeten jüdischen Staates Israel und schrieb an die Familie de Jong nach Frankfurt:

> Auch für Israel ist viel zu tun, so sind meine Tage voll besetzt und ich habe oft bis spät in die Nacht zu arbeiten. Ich bin dankbar, daß ich die Kraft habe, es zu tun.[227]

Bis zu ihrem Tod im Jahre 1965 fuhr sie fort, sich für die sozialen Belange von Benachteiligten der Gesellschaft, insbesondere Jugendlichen, einzusetzen, und war politisch in zahlreichen jüdischen Organisationen in den USA aktiv. Sie war Mitglied des Komitees der Vereinigung der Juden aus Mitteleuropa, Mitglied des American Jewish Congress und der Leo-Baeck-Loge sowie der religiös-zionistischen Misrachi-Organisation. Therese Freimann hat ihren Mann um knapp zwanzig Jahre überlebt und ist nach einer langen und schweren Krankheit am 4. Mai 1965 in New York verstorben.

3.2.4 Ein deutscher Jude im Zirkel hebräischer Schriftsteller

Seit der Emanzipation der Juden in Westeuropa hatten sich die kulturellen und geistigen Strömungen der deutschen und der osteuropäischen Judenheit in getrennten Bahnen entwickelt, was dazu führte, daß die deutsch-jüdischen Intellektuellen gegen Ende des 19. und zu Beginn des 20. Jahrhunderts keinen Zugang zu den Kreisen der ostjüdischen Intelligenz hatten, von denen sie sich durch ihre Sozialisation, Mentalität und kulturelle Prägung deutlich unterschieden. Erste persönliche Beziehungen und ein intensiver Gedankenaustausch zwischen Vertretern beider jüdischer Kulturkreise begannen sich erst ganz langsam in den Jahren nach dem Ersten Weltkrieg anzubahnen. Aron Freimann zählt zu den Vorreitern und frühen Vertretern des innerjüdischen Dialogs zwischen Ost und West und stellt mit seinen sehr engen Beziehungen, die er zu den wichtigsten Repräsentanten der osteuropäischen jüdischen Renaissance knüpfen konnte, eine Ausnahme unter den deutschen Juden seiner Zeit dar.

Freimanns Verbindungen zu den ostjüdischen Gelehrten und Schriftstellern, mit denen er über Jahre einen kontinuierlichen und regen Gedankenaustausch pflegte, spiegeln sein geistiges Umfeld und sein Verhältnis zu einigen seiner wichtigen Freunde aus diesem Kreis wider, mit denen er sein ganzes Leben verbunden blieb. Seine außergewöhnliche Stellung als deutscher Jude in einem Kreis ostjüdischer Intellektueller beruhte im wesentlichen auch darauf, daß er nicht nur wie alle Gelehrten des Judentums das Hebräische des Alten Testaments und der rabbinischen Schriften lesen und verstehen konnte, sondern das Hebräische auch als moderne Sprache beherrschte und diese zur profanen Kommunikation im Alltag verwenden konnte.

---

[227] Privatbesitz de Jong, Therese Freimann, Brief vom 25. Dezember 1949.

Gerade für die Arbeit des Intellektuellen und insbesondere für den Historiker kommt der Sprache als seinem wichtigsten Werkzeug eine besondere Bedeutung zu, auf die David N. Myers hingewiesen hat.[228] Freimann zählte in jenen Jahren zu den wenigen deutsch-jüdischen Gelehrten, welche mit Hilfe der hebräischen Sprache einen Zugang zu den ostjüdischen Intellektuellen gewannen. Ebenso trugen Freimanns tiefe und umfassende Kenntnisse des ostjüdischen Milieus mit den ihm eigenen religiösen Gebräuchen und Traditionen, dazu bei, daß er an der innerjüdischen Auseinandersetzung teilhaben konnte, die in jenen Jahren im Westen zwischen den jüdischen osteuropäischen Emigranten um die eigene Identität ausgetragen wurden. So lernte er aus nächster Nähe neben den bedeutenden Dichtern und Gelehrten auch die führenden Vertreter der zionistischen Bewegung kennen und wußte über die jüdischen kulturellen, religiösen und politischen Strömungen im Osten Bescheid.

Freimann stand im Schnittpunkt zweier Kulturkreise, die Myers als »wissenschaftlichen Ethos des Westens« und als »die jüdische Leidenschaft des Ostens« charakterisiert hat.[229] So konnte er eine wichtige Stellung in der Vermittlung der unterschiedlichen Traditionen einnehmen, nämlich der des deutschen Judentums im Westen, das von dem deutschen Bildungsideal und der Wissenschaft des Judentums geprägt war, und dem der osteuropäischen Juden, die um ihre nationale geistige Wiedergeburt rangen. Seine engen Beziehungen zu Samuel Josef Agnon, Chaim Nachman Bialik und vielen anderen führenden ostjüdischen Persönlichkeiten verschafften ihm einen prominenten Platz in den Wechselbeziehungen zwischen deutscher und hebräischer Wissenschaft in Deutschland. Auf diese Weise gehört er in die Gruppe jener Intellektuellen, die in der Weimarer Republik mit dazu beitrugen, die Kluft zwischen den Juden in Ost und West zu verringern.

Freimanns enge persönliche Beziehungen zu den Begründern der hebräischen Renaissance konnten sich in den Jahren nach dem Ersten Weltkrieg entwickeln, als in Bad Homburg eine Kolonie von ostjüdischen Intellektuellen entstanden war, in der die Elite der hebräischen Literatur und Wissenschaft zusammentraf. Die bedeutendsten der in der hebräischen Sprache schreibenden Dichter und Erzähler, Historiker und Philosophen, die fast ausnahmslos Emigranten aus Osteuropa waren, die vor antijüdischer Diskriminierung und antisemitischen Vorfällen in den frühen zwanziger Jahren nach Deutschland geflohen waren, hielten sich in jenen Jahren in der ruhigen Kurstadt auf und arbeiteten hier an ihren Werken, die zukünftig die Grundlagen der jüdischen Nationalliteratur bilden würden.[230] Diese Intellektuellen waren Teil der rund

---

[228] David N. Myers: Reinventing the Jewish Past. European Jewish Intellectuals and the Zionist Return to History. New York u. a.: Oxford University Press 1995 (Studies in Jewish History), S. 25.

[229] Ebd., S. 35.

[230] In der neu entstandenen Sowjetunion war mit Einführung des kommunistischen Regimes die Ausübung der jüdischen Religion und die Benutzung der hebräischen Sprache verboten worden, während in Polen und in den anderen neu gegründeten Staaten Osteuropas nach dem Krieg eine Reihe antisemitischer Maßnahmen eingeführt wurden.

70.000 Ostjuden, die in Folge der antisemitischen Verfolgungen während und nach dem Ersten Weltkrieg nach Deutschland einwanderten. Ihre eigentliche geistige Heimat sahen die zum größten Teil zionistisch eingestellten Intellektuellen in Palästina, wo sie eine eigenständige hebräische Kultur wiederbeleben wollten. Da es sich hierbei jedoch um ein in jenen Jahren wirtschaftlich noch sehr rückständiges Gebiet handelte, in dem die Überlebenschancen gering waren, zogen sie in einem ersten Schritt westwärts, nach Mittel- und Westeuropa, und ließen sich auch in Deutschland nieder.

Deutschland, das sich in den Nachkriegsjahren in einer desolaten, von hoher Instabilität gekennzeichneten wirtschaftlichen Situation befand, war der ideale Standort für Unternehmen, die vom Ausland finanziert wurden und von der rasant ansteigenden Inflation profitieren konnten.[231] Berlin war das eigentliche Zentrum hebräischer Kultur in diesen Jahren, in dem ostjüdische Autoren und Verleger, welche die hebräische Sprache und Kultur wiederbeleben wollten, zusammentrafen, Verlage und Zeitschriften gründeten und öffentliche Vorlesungen und Treffen abhielten.[232] Zu den damals in Berlin gegründeten hebräischen Verlagen gehörte der von Chaim Nachman Bialik errichtete Dwir-Verlag, der sich später in Israel zu einem der renommiertesten literarischen Verlage in hebräischer Sprache entwickelte, der Eschkol-Verlag, in dem der Philosoph Jakob Klatzkin neben der deutschsprachigen *Encyclopaedia Judaica* auch zwei Bände des ersten und bisher einzigen Judaica-Lexikons in hebräischer Sprache publizierte, und der Klal-Verlag des Philosophen Schimon Rawidowicz, in dem Neuausgaben hebräischer Klassiker veröffentlicht wurden.[233] In diesen und anderen Verlagen wurden auch zahlreiche hebräische und jiddische wissenschaftliche, kulturelle und politische Zeitschriften veröffentlicht, die ein Bild von der Blütezeit des Hebräischen vermitteln.

Bad Homburg, das zwar viel kleiner als Berlin war, dafür aber einen engeren Kontakt der Intellektuellen untereinander ermöglichte, entwickelte sich neben Berlin zum zweiten Zentrum einer Renaissance der hebräischen Kultur, das eine »seltene menschliche und geistige Qualität besaß und trotz seiner Kurzlebigkeit im Gedächtnis jener, die in ihm wirkten, oder durch Zufall hinzukamen, einen tiefen Eindruck hinterließ«.[234] In der Kurstadt Bad Homburg

---

231 Michael Brenner: Jüdische Kultur in der Weimarer Republik, München: Beck 2000, S. 219ff. Als die Inflation 1923 ihren Höhepunkt erreichte, fiel der Wert der Mark dramatisch. Ein US-Dollar war im Juli 1923 353.412 Mark wert, im September 98.860.000 Mark und im November 4.200.000.000.000. Der Verleger Schimon Rawidowicz vermerkte im Juni 1923 in seinem Tagebuch, daß sein Monatsgehalt eine Million Mark betrage, damals sieben US-Dollar. Vgl. Simon Rawidowicz: Sihotai im Bialiq [Meine Gespräche mit Bialik, hebr.]. Bearb. und hg. von Benjamin Ravid und Yehuda Friedlaender. Jerusalem, Tel Aviv 1983, S. 58.

232 Brenner, Jüdische Kultur in der Weimarer Republik (letzte Anm.), S. 215ff.

233 Encyclopaedia Judaica. Das Judentum in Geschichte und Gegenwart. Hg. von Jakob Klatzkin und Ismar Elbogen, 10 Bde, Berlin: Eschkol 1928–1934. Mit dem Eintrag Lyra mußte die Enzyklopädie 1934 abgebrochen werden.

234 Dan Laor: S. Y. Agnon. A Biography [hebr.]. Tel-Aviv u. a.: Schocken 1998, S. 147.

war das Leben um vieles billiger als in den Großstädten, und zugleich übte sie mit ihren zahlreichen Parks und Cafes einen besonderen Reiz auf die russischen jüdischen Intellektuellen aus.

Ein weiterer großer Vorteil lag in der Nähe zur Großstadt Frankfurt am Main, die zugleich als eines der größten jüdischen Zentren in Deutschland ein vielfältiges religiöses und kulturelles jüdisches Angebot bieten konnte. Zum Mittelpunkt der osteuropäischen Emigranten in Bad Homburg entwickelte sich Schoschana Persitz, deren Haus in der Kaiser-Friedrich-Promenade 16 der bevorzugte Treffpunkt für die geselligen Zusammenkünfte war und als literarischer Salon diente.[235] Schoschana Persitz (1893–1969) hatte bereits als Jugendliche eine führende Rolle in der »Tarbut«-Bewegung in Rußland zur Förderung der hebräischen Sprache innegehabt.[236] Gemeinsam mit ihrem Gatten Joseph Persitz führte sie von Bad Homburg aus den Omanut-Verlag, den sie im Jahre 1917 in Moskau gegründet hatte und der sich auf jüdische Kunst spezialisierte sowie hebräische Bilderbücher für Kinder in Vierfarbendruck herausgab.[237]

---

[235] Heinz Grosche: Geschichte der Juden in Bad Homburg vor der Höhe 1866–1945. Frankfurt a. M.: Kramer 1991 (Geschichte der Stadt Bad Homburg vor der Höhe; Sonderband), S. 38–42.

[236] Schoschana Persitz, in Kiew geboren, war die Tochter von Hillel Zlatopolski, einem führenden Zionisten, Industriellen und Philanthropen im zaristischen Rußland und einem Förderer der jüdisch-nationalen und hebräischen Kultur. Im Jahre 1925 verließ Schoschana Persitz Bad Homburg und wanderte nach Palästina aus. Der Omanut-Verlag wurde in Israel fortgeführt und diente viele Jahre als wichtige Bezugsquelle für Erziehungsmaterial und Jugendbücher. Von 1926 bis 1935 amtierte sie als Stadträtin von Tel-Aviv und Leiterin des Dezernats für Erziehung, von 1949 bis 1961 war sie Abgeordnete des israelischen Parlaments, der Knesset, und Vorsitzende des Ausschusses für Erziehung und Kulturfragen. Im Jahr 1968 erhielt Schoschana Persitz den Israelpreis für Erziehung und Bildungswesen, vgl. Encyclopaedia Judaica (Anm. 7), Bd 13, Sp. 319.

[237] Yitzhak Sophonie Herz: Meine Erinnerung an Bad Homburg und seine 600-jährige Gemeinde (1335–1942). Rehovoth: Herz 1981, S. 256ff. Herz, der in Bad Homburg aufwuchs und eine Buchhändlerlehre beim jüdischen Kauffmann-Verlag in Frankfurt absolvierte, hat in seinen Erinnerungen die Aktivitäten jenes Kreises eindringlich beschrieben. »Madame Persitz bestimmte selbst den Stil, Text und Ausstattung dieser Bücher [Bilderbücher, R. H.]. Da sah man zum Beispiel Elefanten im Dschungel herumstampfen, nach Nahrung oder sonnigen Ruheplätzen suchend. Ganz kurze Sätze in einfachem Hebräisch gaben die notwendigen Erklärungen. Da ich im Kauffmann-Verlag tätig war, brachte ich oft die Korrekturabzüge ins Persitzhaus in der Kaiser-Friedrich-Promenade. Da sah ich die Dame des Hauses an warmen Sommertagen in ihrem Garten sitzend oder ich fand sie in der Küche das Essen für Freitagabend (Schabbat) vorbereiten. Freitagabend war der Höhepunkt der Woche im Persitzhaus, das große gesellschaftliche Ereignis. Viele Gäste wurden zum ›Oneg Schabbat‹ (Freude des Schabbat) geladen. Persönlichkeiten der Russischen Intelligenzija saßen an diesen Abenden in den hellerleuchteten Räumen zusammen und unterhielten sich über wichtige Probleme des Lebens, über Literatur, über jüdisch-nationale Fragen, über Kunst und Philosophie. Sie sprachen meistens Hebräisch, Ivrit, obgleich viele Tischgäste auch andere Sprachen beherrschten. Zwischendurch wurde gegessen und getrunken. Man

Die beiden bekanntesten Persönlichkeiten des Intellektuellenzirkels waren der spätere Nobelpreisträger für Literatur Samuel Josef Agnon und der jüdische Nationaldichter Chaim Nachman Bialik, die in den Jahren 1921 bis 1924 ebenfalls ihren festen Wohnsitz in Bad Homburg hatten. Die zahlreichen anderen Mitglieder des Kreises verbrachten in der Regel nur ihre Ferien in der Kurstadt oder kamen zu einem Gedankenaustausch für einige Tage zu Besuch. Zu ihnen zählten Achad Ha'am, der spirituelle Begründer des Kulturzionismus, die hebräischen Schriftsteller Yehoschua Hana Ravnitzki, Alter Druyanow, David Schimoni, Mosche Glickson und Yaakov Fichman, der prominente hebräische Lexikograph Goor (Grasowsky), die zionistischen Führer Menachem Mendel Ussischkin und Nathan Birnbaum sowie Mosche Ben-Elieser und Isaak Leib Goldberg, die beide später an der hebräischen Tageszeitung *Haaretz* mitwirkten.[238]

Die meisten Hebraisten, die zu Beginn der Weimarer Republik in Berlin und Bad Homburg lebten, bildeten abgeschlossene Zirkel und hatten weder Kontakte zur nichtjüdischen deutschen Gesellschaft noch zu den geistigen Repräsentanten der deutschen Juden. Die hebräisch und jiddisch schreibenden Autoren und Verleger hatten ihre Leser in Osteuropa, und die meisten der in Deutschland gedruckten hebräischen und jiddischen Zeitschriften und Bücher waren von dort aus in Auftrag gegeben worden und wurden im Ausland verkauft. Zu den wenigen deutschjüdischen Intellektuellen, die enge Beziehungen zu diesem Kreis entwickeln konnten, gehörten neben Aron Freimann vor allem der Philosoph Martin Buber, der damals in Heppenheim wohnte, und Gershom Scholem.[239] Beide unterrichteten in jenen Jahren in Frankfurt am Jüdischen Lehrhaus, das von Franz Rosenzweig geleitet wurde, und fuhren regelmäßig als Besucher nach Bad Homburg.

Mit Scholem war Freimann seit diesen Jahren in einer persönlichen Freundschaft verbunden, die vor allem auf dem gemeinsamen Interesse für das hebräische Buch und Fragestellungen der Hebräischen Bibliographie beruhte.[240] Scholem, der aus Berlin stammte, wurde in seiner späteren geistigen Entwicklung nachhaltig von dem Gedankenaustausch mit dem Kreis der ostjüdischen Intellektuellen geprägt, er hat dieses Zentrum in seinen Erinnerungen mit folgenden Worten beschrieben:

> Dank der Inflation [...] hatten sich viele der bedeutendsten Schriftsteller, Dichter und Denker Israels dort zusammengefunden, wie etwa Chajim Nachman Bialik, damals die noch unbestrittene größte Leuchte der hebräischen Poesie und ein wahres Genie

---

hob die Gläser, wie es in jüdischer Gesellschaft Brauch ist, zu einem ›Lechajim‹ (d. h. ›Zum Leben‹) auf einen Redner, auf die Gastgeber oder auf DAS JÜDISCHE VOLK. Die Kinder sangen hebräische Tischgesänge, oft fielen auch die älteren Menschen ein, ein Anklang an die heimischen Semirot, die Schabbattischgesänge.«

[238] Ebd., S. 257ff.; vgl. Myers, Reinventing the Jewish Past (Anm. 228), S. 196, Anm. 101.

[239] Der Philosoph Martin Buber (1878–1965) war bei seinem Großvater in Lemberg aufgewachsen, zählte jedoch zu den deutsch-jüdischen Intellektuellen (vgl. Encyclopaedia Judaica [Anm. 7], Bd 4, Sp. 1429).

[240] Nach seiner Emigration nach Palästina im Jahre 1923 sollte Scholem vor seiner Berufung zum Professor für Judaistik zunächst zwei Jahre als Bibliothekar an der Jüdischen National- und Universitätsbibliothek der Hebräischen Universität arbeiten.

des Gesprächs, Achad Ha'am und Nathan Birnbaum, und um sie ein Kreis ausgezeichneter Köpfe des russischen Judentums. Es war ein glanzvoller Zirkel, wie man ihn außerhalb Rußlands und später in Israel kaum je hätte treffen können. Agnon kam oft nach Frankfurt herein, wo auch die großen hebräischen Antiquariate waren, und ich fuhr ebenso oft nach Homburg hinaus, mit jener Trambahnlinie 24, die noch heute diesen Weg fährt. Durch Agnon lernte ich diese Männer und Frauen kennen, und Bialik nahm mich, den einzigen Jecken (*wie deutsche Juden im Osten hießen*) in diesem Kreis sehr freundlich auf. Ein deutscher Jude, der hebräisch sprechen und kabbalistische Bücher lesen kann – das war ihm noch nicht vorgekommen, und er hat mir bis zu seinem Tode freundschaftliches Interesse bewahrt [...]. Agnon nahm mich öfters zu Spaziergängen mit Bialik mit. Ihre Unterhaltungen waren denkwürdig und es lohnte zuzuhören. Man sprach in diesem Kreis fast ausschließlich hebräisch. Agnon, der meinen Namen stets galizisch aussprach, pflegte zu sagen: »Schulem, vergiß nicht in dein Notizbuch aufzuschreiben, was du gehört hast.« Nun, ich hatte ein offenes Ohr, aber kein Notizbuch, und ich habe nichts aufgeschrieben.[241]

Viele der ostjüdischen Gelehrten hatte Freimann noch vor ihrer Emigration nach Deutschland kennengelernt, als er in seiner Funktion als Herausgeber der *Zeitschrift für Hebräische Bibliographie* mit ihnen Verbindung aufgenommen und sie um bibliographische Informationen oder um Beiträge und die Mitarbeit für seine Zeitschrift gebeten hatte. Er hatte u. a. auch mit Achad Ha'am korrespondiert und einen Austausch von dessen Zeitschrift *Haschiloach* mit der *Zeitschrift für Hebräische Bibliographie* angeregt.[242] Als Leiter der Hebraica- und Judaica-Sammlung lernte er dann später viele von ihnen persönlich kennen, wenn sie in die Bibliothek kamen und die reichhaltigen Bestände für ihre Forschungszwecke benutzten. Die Wohnung von Freimann in der Langestraße 1 entwickelte sich zu einem beliebten Treffpunkt der jüdischen Intellektuellen aus Bad Homburg und stellte eine Art Pendant zum Treffpunkt von Schoschana Persitz in Bad Homburg dar. Auch nachdem die osteuropäischen Intellektuellen Deutschland verlassen hatten, hielten viele ihre Freundschaft mit Aron Freimann aufrecht, sie schrieben ihm regelmäßig Briefe und besuchten ihn häufig in Frankfurt.

Ganz besonders enge Beziehungen unterhielt Freimann zu Agnon und Bialik, den beiden zentralen Persönlichkeiten der hebräischen Renaissance, wobei sich das Verhältnis zu Agnon als ein besonders herzliches und tiefes entwickeln sollte.[243] Freimann lernte Agnon persönlich kennen, als dieser zu Beginn der

---

[241] Gershom Scholem: Von Berlin nach Jerusalem, Frankfurt a. M.: Suhrkamp 1977 (Bibliothek Suhrkamp; 555), S.198ff.

[242] Archiv Achad Ha'am, 803; Karte Freimanns an Ascher Ginzberg [d .i. Achad Ha'am] vom 1. Dezember 1902 nach Odessa. Achad Ha'am (hebr. »Einer aus dem Volke«, 1856–1927) war ein bedeutender hebräischer Essayist und Philosoph und der Anführer des Kulturzionisten, die Herzls politischen Zionismus ablehnten und die geistige und moralische Erneuerung des Judentums forderten.

[243] Vgl. Laor, S. Y. Agnon (Anm. 234), S. 147ff. sowie ders., Agnon in Germany, 1912–1924. A Chapter of a Biography. In: AJS Review 18 (1993), S. 75–93. Samuel Josef Agnon, der mit richtigem Namen Czaczkes hieß und 1888 in Buczacz im östlichen Galizien geboren wurde, war nach einem kurzen Aufenthalt in Palästina im Jahre 1912 nach Berlin gekommen und wohnte bis zu seinem Umzug nach

zwanziger Jahre zuerst von Wiesbaden und dann später von Bad Homburg aus häufige Reisen nach Frankfurt in die Bibliothek unternahm, um in der Hebraica- und Judaica-Sammlung für seine literarischen Arbeiten zu recherchieren.[244] Agnon hatte zu dieser Zeit bereits mehrere Erzählungen auf hebräisch veröffentlicht, von denen zwei ins Deutsche übersetzt worden waren, und genoß in Deutschland vor allem in zionistischen Kreisen einen gewissen Ruhm.[245] Sehr eng befreundet war Freimann auch mit Alexander und Moses Marx, den beiden Brüdern von Agnons Frau. Alexander Marx war zu jener Zeit Bibliothekar am Jewish Theological Seminary und kann als einer der engsten Freunde von Freimann bezeichnet werden.[246] Mit Moses Marx arbeitete Freimann über Jahre intensiv an Projekten der hebräischen Bibliographie zusammen.[247]

Die lebenslange Freundschaft zwischen Agnon und Freimann basierte auf dem gemeinsamen bibliophilen und wissenschaftlichen Interesse am hebräischen Buch. Agnon war ein leidenschaftlicher Sammler von alten hebräischen Büchern und fuhr häufig nach Frankfurt, um in den dort ansässigen zahlreichen hebräischen Antiquariaten nach seltenen Ausgaben bedeutender Werke zu forschen. Zum Teil kaufte er die Bücher für seine eigene Privatsammlung, zum Teil handelte er auch im Namen von Salman Schocken, für den er seltene und wertvolle hebräische Drucke und Handschriften erwarb. In Salman

---

Bad Homburg im Oktober 1921 in verschiedenen deutschen Städten, zuletzt in Wiesbaden. Er war seit 1920 mit Esther Marx, der Tochter eines jüdischen Bankiers aus Königsberg verheiratet.

[244] Laor, S. Y. Agnon (Anm. 234), S. 140ff.

[245] Vgl. Brenner, Jüdische Kultur in der Weimarer Republik (Anm. 231), S. 225. Im Jahre 1910 war die Erzählung »Agunot« in der Übersetzung von Ernst Müller erschienen, 1918 folgte die Geschichte »Und das Krumme wird gerade« in der Übersetzung von Max Strauß. Beide Erzählungen erschienen im Jüdischen Verlag in Berlin und bedeuteten den Durchbruch von Agnons literarischer Anerkennung.

[246] Vgl. Encyclopaedia Judaica (Anm. 7), Bd 11, Sp. 1070; R. Kohut: Prof. Alexander Marx. In: Alexander Marx. Jubilee Volume, Hebrew Section. New York: American Academy for Jewish Research 1950, S. XI–XXIII; S. Goldman: The Man of the Book. In: ebd., S. 1–34; Boaz Cohen: The Bibliography of the Writings of Prof. Alexander Marx. In: ebd., S. 35–60; Menachem Schmelzer: Building a Great Judaica Library – at What Price? In: Tradition Renewed 1 (1997), S. 688ff.; ders.: Alexander Marx. In: Jewish Book Annual 35 (1977/78), S. 123–127. Alexander Marx (1878–1953) war als Historiker, Bibliograph und Bibliothekar tätig und von allen Kollegen in seinem Lebensweg dem von Freimann am ähnlichsten. Er wuchs in Königsberg auf, studierte an der Universität und am Rabbinerseminar in Berlin und zählte zu den Schülern und engen Vertrauten von Moritz Steinschneider. Im Jahre 1903 nahm er eine Stelle als Bibliothekar und Dozent für Geschichte am Jewish Theological Seminary in New York an, wo er bis zu seinem Tod tätig wer. Marx war maßgeblich an Freimanns Emigration in die USA beteiligt und verfaßte nach dessen Tod den Text des Grabsteines, vgl. Kap. 3.3. dieser Arbeit.

[247] Vgl. Encyclopaedia Judaica (Anm. 7), Bd 11, Sp. 1070. Zu dem gemeinsamen Werk Thesaurus typographiae hebraicae saeculi XV (ed. A. Freimann, Berlin-Wilmersdorf 1924ff.) veröffentlicht im gleichnamigen Verlag von Moses Marx & Co, siehe Kap. 5.3.3. dieser Arbeit.

Schocken hatte Agnon einen Mentor gefunden, der ihn über lange Jahre finanziell unterstützte und die Veröffentlichung seiner Werke besorgte, so daß er sich ganz seiner literarischen Tätigkeit widmen konnte.[248]

Bei den Buchankäufen für die eigene und für die Sammlung von Schocken ließ sich Agnon wiederum von Freimann beraten, auf dessen Meinung er größten Wert legte und den er nicht nur als Fachmann für inhaltliche Fragen, sondern auch als Ratgeber in finanziellen und praktischen Angelegenheiten schätzte.[249] Für Schocken waren neben Agnon und Freimann eine Reihe von Buchhändlern und Antiquaren tätig, so daß sich seine Sammlung zu einer der bedeutendsten Judaica-Bestände in Privatbesitz entwickelte. Agnon und Freimann waren in ständigem Kontakt miteinander und tauschten kontinuierlich ihre Fachkenntnisse über die hebräische Bibliographie aus. Im Laufe dieser Beziehung wurde Agnon zu Beginn des Jahres 1922 von Freimann aufgefordert, als Sekretär der Gesellschaft »Mekize Nirdamim« (»Die Erwecker der Schlummernden«) zu fungieren. Er übernahm diese Aufgabe mit Genugtuung und Stolz, wie er seinem Bekannten Lachover schrieb.[250]

Im Frühjahr 1922 versuchte Agnon seinen Freund und Kollegen Bialik, den er seit seinem Aufenthalt in Palästina im Jahre 1912 nicht mehr gesehen hatte und der mit einer Gruppe hebräischer Schriftsteller mittlerweile Rußland ebenfalls verlassen hatte und seit September 1921 in Berlin ansässig war, zu überreden, sich auch in Bad Homburg niederzulassen. In seiner Einladung an Bialik beschrieb Agnon in einem Gedicht das ruhige und erholsame Leben in Bad Homburg und nannte als großen Vorzug die Nähe zur Stadt Frankfurt, in der es viele wertvolle hebräische Drucke und Handschriften gäbe, »wie sonst in keiner Stadt«.[251] Damit nahm er ausdrücklich Bezug auf die reichhaltige Hebraica- und Judaica-Sammlung unter Leitung von Aron Freimann, deren herausragenden Ruf er einsetzte, um Bialik von den Vorteilen zu überzeugen, die ein Umzug nach Bad Homburg mit sich bringen würde. Die geringe Entfernung nach Frankfurt und damit zur Sammlung erhöhte die Attraktivität von Bad Homburg für einen jüdischen Gelehrten um ein Vielfaches, und Bialik, so sah es Agnon,

---

248 Vgl. Volker Dahm: Das jüdische Buch im Dritten Reich. 2., überarb. Aufl., München: Beck 1993, S. 203ff., hier S. 269–273; sowie: Der Schocken Verlag (Anm. 190). Die Beziehungen zwischen Agnon und Schocken führten zu zahlreichen Errungenschaften, so u. a. zur Gründung des Schocken-Verlages im Jahre 1931.

249 S. Y. Agnon – S. Z. Soqen. Hillufe iggerot (5676–5719) [Briefwechsel, 1916–1959, hebr.]. Tel Aviv u. a.: Schocken 1991. In diesem Schriftwechsel wird die jahrelange fruchtbare Zusammenarbeit beider Persönlichkeiten belegt. Freimann wird mehrfach namentlich sowohl von Agnon als auch von Schocken als Autorität für die Richtigkeit der Entscheidungen beim Buchkauf zitiert (vgl. S. 125, 128, 130–132, 136–137, 151, 154, 162).

250 Laor, S. Y. Agnon (Anm. 234), S. 150.

251 Zu den Beziehungen zwischen Agnon und Bialik in Bad Homburg vgl. Haim Be'er: Their Love and their Hate. H. N. Bialik, Y. H. Brenner, S. Y. Agnon – Relations [hebr.]. Tel-Aviv: Am Oved 1992., S. 182–209. Der Brief von Agnon an Bialik, abgedruckt ohne Datum, S. 182.

könnte mit Hilfe der zahlreichen und wertvollen Handschriften und Bücher seine Forschungen ungehindert fortsetzen.[252]

Im Sommer 1922 zogen Bialik und seine Frau Manja nach Bad Homburg und blieben dort mit mehreren kurzen Unterbrechungen fast zwei Jahre wohnen. Durch Agnon machte Bialik die Bekanntschaft mit den am Ort und in Frankfurt ansässigen Intellektuellen, Schriftstellern und Buchgelehrten und lernte auch Freimann kennen, mit dem sich eine langjährige persönliche Beziehung entwikkeln sollte. Nach der Abreise der beiden Schriftsteller wurde der Gedankenaustausch in einem über die Jahre andauernden Briefwechsel fortgesetzt.[253] Freimanns Briefe an Bialik sind zum überwiegenden Teil in flüssigem Hebräisch abgefaßt, die an Agnon dagegen ausschließlich in Deutsch. Freimanns ausgezeichnete Beherrschung der hebräischen Sprache, die zu dieser Zeit noch keine moderne gesprochene Sprache war und nur von einer kleinen Gruppe von jüdischen Intellektuellen verwandt wurde, ist um so bemerkenswerter, als er nicht dem Ostjudentum entstammte und nicht als Schriftsteller tätig war, sondern in seiner Arbeit als Bibliograph mit dem altüberlieferten Hebräisch als Schriftsprache zu tun hatte. Die Briefe belegen die Herzlichkeit des Umgangs miteinander und vermitteln zudem die Hochachtung, mit der die beiden bedeutenden Schriftsteller dem Bibliographen Freimann begegneten. Sie drückten stets ihre Anerkennung für seine umfangreichen Fachkenntnisse aus, die das ostjüdische Erbe mit einschloß, und nahmen ihn wie ihresgleichen in ihren Zirkel auf.

Die Auswanderung von Bialik nach Palästina im Frühjahr 1924 war der Beginn der Auflösung des Intellektuellenzirkels in Bad Homburg. Im Juni 1924 brach ein Großfeuer im Haus von Agnon aus, das sein gesamtes Hab und Gut einschließlich der Bücher und Manuskripte zerstörte und welches der direkte Auslöser für seine Auswanderung nach Palästina war. Der Verlust der Ergebnisse seiner jahrelangen Arbeit löste eine schwere Depression bei Agnon aus, der das Feuer als »göttliche Strafe für sein zu langes Verbleiben in der Diaspora« empfand. Als Konsequenz entschloß sich Agnon einige Monate später, den von ihm seit langem gehegten Plan der Auswanderung nach Palästina in die Tat umzusetzen. Er verließ im Oktober mit seiner Familie Deutschland für immer.[254]

---

[252] Ebd., S. 183ff., Anm. 6.

[253] Im Archiv der Nationalbibliothek Jerusalem befinden sich Briefe von Freimann an Agnon aus den Jahren 1925–1939. Im Bialik-Archiv befindet sich der Briefwechsel zwischen Bialik und Freimann aus den Jahren 1924–1930. Die Schreiben von Bialik sind zudem veröffentlicht in: Hayyim N. Bialik: Iggerot Hayyim Nahman Bialik [Die Briefe von Chaim Nachman Bialik, hebr.]. Hg. von Pinhas Lahover. 5 Bde, Tel Aviv: Devir 1928–1934; Bd 3, 4, 5 enthalten Briefe an Freimann.

[254] Laor, S. Y. Agnon (Anm. 234), S. 160ff., sowie: Der Brand der Villa Imperial in Homburg. In: Frankfurter Zeitung, 7. Juni 1924. Die Ursache des Feuers war Brandstiftung des Nachbarn. Die gesamte Bibliothek von Agnon, mit etwa 4.000 Büchern, sowie fast alle seine Manuskripte, darunter sein beabsichtigtes Werk Sefer Hachassidut (»Das Buch des Chassidismus«), verbrannten. Agnon erinnerte sich später: »Alles ging in Flammen auf, zum Himmel empor, in einem Feuer, das eines Nachts in meiner Wohnung in Bad Homburg ausbrach – während ich krank im

Freimann war dem Anschein nach von Agnons Zustand sehr beunruhigt und versuchte alles, um dem Freund in der Krise beizustehen. Gleich nach dem Brand schrieb er einen Brief an Bialik in Tel-Aviv, um seine ernsten Sorgen über den schlechten psychischen Zustand des gemeinsamen Freundes Agnon zum Ausdruck zu bringen. Er berichtete Bialik von seinen intensiven Bemühungen, Agnon zu helfen, und bat ihn inständig, auch etwas zu unternehmen. Freimann war überzeugt, Bialik könne dem Freund helfen, seine Depression zu überwinden, wenn er einen lobenden Aufsatz über ihn und sein Werk verfassen würde. Freimann schrieb:

> Lieber und geehrter Freund! [...] Heute bin ich gekommen, Ihnen keine gute Nachricht mitzuteilen. Unserem Freund Schay Czaczkes ist ein trauriges Unglück passiert. Etwa zwei Tage vor dem Schawuoth-Fest wurde seine Wohnung vernichtet. Der Brand dehnte sich von der ersten Minute nach Mitternacht aus, als alle Hausbewohner schliefen und fast hätten seine Frau, seine Schwester und die Kinder ihre Seele ausgehaucht. Herr Czaczkes selbst war nicht zu Hause, da er krank im Krankenhaus nach einer Operation lag. Von all seinem Besitz wurde nichts ausgespart, auch seine Bücher und Handschriften verbrannten – es blieb von ihnen kein Rest und kein Überbleibsel. Herr Czaczkes ist noch immer krank. Seiner Familie hat man in Homburg eine zeitweilige Wohnung vorbereitet. Der traurige Zustand der Ärmsten ist unvorstellbar. Sie sitzen und weinen über den Brand, den Gott sandte. Alle seine Freunde und Bekannten kümmern sich um ihn und stehen ihm als Stütze zur Seite. Ich vertraue Ihnen, Herr Bialik, daß auch Sie an ihrem Trost teilhaben werden, sowie Sie an ihrem Leid teilhaben. Was mir am nötigsten erscheint, ist es die Stimmung von Herrn Czaczkes aufzurichten und zu stärken, ihm Schaffenskraft zuzuführen und ihn erneut zur Arbeit zu motivieren. Das einzige Heilmittel, das meiner Meinung nach jetzt helfen kann, ist es, einen Aufsatz über ihn und über seinen literarischen und nationalen Wert zu schreiben und ihn möglichst zahlreich zu veröffentlichen. Ich bin sicher, daß so ein Aufsatz, unterschrieben mit dem Namen Bialik, mehr nützen wird als alle List der Welt. Ich bitte Sie, Herrn Czaczkes diese Freude zu bereiten, die er so sehr benötigt. Ich erwarte Ihre Antwort.
>   Ich grüße Sie und Ihre Frau, möge sie leben, auch meine Frau und meine Tochter, lassen Sie grüßen. Leben Sie im Guten und Angenehmen Sie Anerkennend mit ganzem Herzen und Seele.[255]

Nach der Auswanderung verblieben Agnon und Freimann in stetigem brieflichen Kontakt und tauschten, wie die erhaltenen Briefe belegen, sowohl fachliche wie auch persönliche Informationen aus. Das Freundschaftsverhältnis umfaßte die ganze Familie und schloß die Ehefrauen und Kinder mit ein, kontinuierlich wurden Familiennachrichten ausgetauscht und Photos versandt. Freimann berichtete Agnon von seinen familiären Schicksalsschlägen, dem Tod von zwei seiner Enkel im Oktober 1927 und im November 1937 und kondolierte Agnon zum Tod von dessen Vaters im Dezember 1927. Er schrieb ihm über seine Rei-

---

Hospital lag [...]. Nachdem mein ganzes Eigentum verbrannt war, gab mir Gott die Eingabe, nach Jerusalem zurückzukehren.« In: S. Y. Agnon: Rede beim Empfang des Literaturnobelpreises am 10. Dezember 1966 in Stockholm, zit. nach Grosche, Geschichte der Juden in Bad Homburg vor der Höhe (Anm. 235), S. 41 sowie S. 110, Anm. 11. Die Rede befindet sich im Besitz von H. Grosche.

[255] Bialik-Archiv, Brief vom 16. Siwan 1924 / 8. Juni 1924 [hebr., Übers. von R. H.].

sen nach Italien im November 1928 und 1931, über einen Aufenthalt in Bad Kissingen während des Laubhüttenfestes im Oktober 1929 und über die Feier zu seiner Silbernen Hochzeit im Mai 1930. Ebenso sprach Freimann Angelegenheiten des Vereins »Mekizei Nirdamim« an, bat um die Zusendung fehlender Bücher und Zeitschriften aus Palästina und ersuchte Agnon um Hilfe bei der Drucklegung seines Werkes *Maagal Tov*.[256]

Agnon wiederum organisierte zur Heirat von Freimanns Tochter Helene im August 1925 von Jerusalem aus das gemeinsame Geschenk für die Mitglieder des Vereins »Mekizei Nirdamim«. Es bestand aus einer Mesusah in einer silbernen Hülle sowie einem eigens von Agnon für Helene geschriebenen Gedicht.[257] Als sich Agnon im Frühjahr 1931 in Leipzig aufhielt, um die von Salman Schocken initiierte Veröffentlichung seiner *Gesammelten Werke* zu betreuen, stattete er seinem Freund Freimann in Frankfurt im Juni einen Besuch ab und berichtete seiner Frau nach Jerusalem:

> Sein 60. Geburtstag ist im August. Sein Bart ist weiß, aber sein Aussehen ist gut. Von allen Leuten Frankfurts, die ich gesehen habe, haben nur die Freimanns mit ihrer Tochter Leni und deren Ehemann mich nicht mit Langeweile erschlagen.[258]

Nachdem Agnon nach Palästina zurückgekehrt war, unternahm seine Frau Esther mit den beiden Kindern im Sommer desselben Jahres eine Reise nach Deutschland, um Familienangehörige und Freunde zu besuchen, und hielt sich dabei auch einige Tage bei Freimann und seiner Frau auf.[259] Zu Freimanns 60. Geburtstag verfaßte Agnon für den Freund die hebräische Erzählung »Eine hübsche Geschichte von meinem Gebetbuch«.[260]

Freimann wiederum brachte in seinen Briefen seine Bewunderung für die schriftstellerischen Leistungen von Agnon zum Ausdruck, dessen Bücher er mit »steigendem Ergötzen« las, sobald er sie erhalten hatte. Für den religiös orthodoxen Freimann lag die Bedeutung von Agnons Werk nicht so sehr in der ausgezeichneten Art der Darstellung, sondern im emotionalen Gehalt, das er als »so gemütvoll und freudig« empfand, da von den Schriften stärkende Impulse für das religiöse Denken und Tun des Einzelnen ausgingen. Er berichtete Agnon, daß er in einer Rezension in der Zeitschrift *Jüdische Rundschau* gelesen hatte, daß es Agnon mit seinen Schriften gelungen sei, für »den Aufbau des religiösen Lebens im Erez [Israel]« einzutreten, und stimmte dem zu. An Agnon schrieb er:

---

[256] Agnon Arc 4:1270. Die Briefe von Agnon an Freimann haben sich nicht erhalten.

[257] S. J. Agnon: Esterlayn yeqirati. Miktawim 684–691 [Mein liebes Esterlein, 1924–1931, hebr.], Jerusalem: Schocken 1983, S. 110.

[258] Ebd., S. 276.

[259] Agnon Arc 4:1270. In seinem Brief vom 1. September 1931 schreibt Freimann an Agnon: »Sie haben mir zuerst die Freude gemacht, Ihre gute Frau und die gel[ungenen] Kinder zu schicken u. dann Ihre Schriften, für alles herzlichen Dank.« Vgl. zur Reise auch Laor, S. Y. Agnon (Anm. 234), S. 247.

[260] Brief von Agnon an Schocken vom 12. März 1931, in: Agnon / Soqen, Hillufe iggerot (Anm. 249), S. 271. Da die Festschrift erst 1935 veröffentlicht wurde, erschien die Erzählung zuerst am 24. September 1931 in der Zeitschrift Moznajjim auf hebräisch.

> Was bisher keiner erreicht hat, nämlich durch seine Werke für Torah und Mizwoth [Gebote] zu wirken, ist Ihnen gelungen. Ein größeres Lob kann Ihnen meiner Ansicht nach nicht gespendet werden.[261]

Unter den sich häufenden Verfolgungen des Nationalsozialismus läßt sich gegen Ende der dreißiger Jahre aus Freimanns Briefen an Agnon ein zunehmend trauriger Tonfall herauslesen. Einen Tag nach der Abreise seiner Kinder schrieb Freimann: »Gestern sind unsere Kinder und unsere Enkel nach New York gefahren. Jetzt sind wir ganz allein.«[262] Zum 50. Geburtstag von Agnon, am 17. Juli 1938, sandte Freimann die herzlichsten Glückwünsche:

> Mein lieber Freund Agnon, am Sonntag werden Sie fünfzig Jahre. Ich werde den Tag damit begehen, daß ich in Ihren Werken lesen und meiner Frau vorlesen werde. Das wird die würdigste Feier sein, die ich mir denken kann.[263]

In seinem letzten Brief aus Frankfurt vom 6. September 1938 gratulierte er Agnon zu seiner gerade erschienenen Anthologie *Sefer sofer vesippur*, die er soeben erhalten hatte, und bewunderte die »Anmut« des Werkes. Er schrieb, er lese es mit großem Interesse und übersetze es seiner Frau. Er fühlte sich besonders geehrt und empfand es als ein besonderes Lob, in dem Buch namentlich erwähnt zu werden.[264]

Der Briefwechsel zwischen Freimann und Bialik war vom Ton ebenso herzlich, bezog sich aber inhaltlich hauptsächlich auf Bialiks editorische Arbeit in seinem Dwir-Verlag, den er in Tel-Aviv gemeinsam mit Ravnitzky fortführte.[265] Bialik arbeitete an der Herausgabe einer Gesamtausgabe der Lieder des Schlomo Ibn Gebirol und war auf Freimanns bibliographische Dienste bei der Auffindung der einzelnen Textstellen in den verschiedenen Handschriften, welche die Anordnung der Gedichte in der festgelegten Reihenfolge quellenmäßig belegen sollten, angewiesen.[266] Von Tel-Aviv aus bat Bialik Freimann

---

[261] Agnon Arc 5:1232, Brief vom 21. November 1937.

[262] Agnon Arc 5:1232, Brief vom 5. Mai 1938.

[263] Agnon Arc 4:1270, Karte vom 14. Juli 1938.

[264] Agnon Arc 5:1232. Im Original steht für Anmut das hebräische Wort Chen. In dem Werk Sefer, sofer vesippur (»Buch, Verfasser und Erzählung«), 1938, Erwähnung Freimanns auf S. 93. Bei dem Werk handelte es sich um eine Anthologie mit 239 volkskundlichen Beirägen (vgl. Samuel Josef Agnon. Eine Bibliographie seiner Werke. Hg. von Werner Martin. Hildesheim, New York: Olms 1980, S. 41).

[265] Yehoschua Hana Ravnitzky (1859–1944), hebräisch-jiddischer Schriftsteller, veröffentlichte gemeinsam mit Bialik eine Reihe von Werken, darunter den Divan des Ibn Gebirol.

[266] Vgl. Encyclopaedia Judaica (Anm. 7), Bd 7, Sp. 235 dort Gabirol, Solomon ben Judah, Ibn, sowie Selomo Ben-Gabirol (Raschbag), spanisch-jüdischer Dichter des 11. Jahrhunderts. Vgl. Hayyim N. Bialik: Vorwort. In: Selomo Ben Gabirol: Sire Selomo Ben-Jehuda Ibn-Gabirol. 2 Bde, Berlin: Devir 1923/24, Bd 1, S. XVI. Dort hebt Bialik Freimann in der Danksagung hervor, betont dessen unersetzliche Dienste für die Edition und stellt fest, daß Freimann mit seinem immensen Fachwissen und unermüdlicher Mühe zur Auffindung von zahlreichen, in der Frankfurter Bibliothek vorhandenen und nur schwer auffindbaren wichtigen Quellen beigetragen hat.

um die Abschrift der hebräischen Handschriften, die sich in der Hebraica- und Judaica-Abteilung unter Freimanns Aufsicht in Frankfurt befanden.[267] Durch Freimanns Briefe und die Besuche von Agnon erfuhr Bialik auch von den familiären Ereignissen in der Familie Freimann, an denen er brieflich teilnahm. Zur Hochzeit der Tochter im Juli 1925 sandte er Glückwünsche, zum Tod der Enkelin im November 1927 sein herzliches Beileid.[268]

Im Juni 1923 veröffentlichte Bialik das Gedicht »Schtilei Azilim«, das er seinen Freunden Esther und Samuel Josef Agnon widmete und in einer Abschrift auch an Freimann sandte.[269] Für die Festschrift anläßlich Freimanns sechzigsten Geburtstag verfaßte Bialik ein hebräisches vierzeiliges Gedicht, das als Widmung für den Freund dem Werk vorangestellt wurde. Die deutsche Übersetzung lautet:

Dem Sammler von Geistesgütern und dem Bewahrer ihrer Schätze,
dem Liebhaber des Buches und ihr Beschützer,
dem Freunde des Allmächtigen und der Menschen,
Rabbi Aron Freimann, eine Gabe der Ehre und Freundschaft.
Chaim Nachman Bialik.[270]

3.2.5 Der letzte Vorsitzende der Jüdischen Gemeinde Frankfurt vor der Vernichtung

Aron Freimann und seine Frau Therese gehörten den führenden orthodoxen Familien der Frankfurter Israelitischen Gemeinde an und nahmen auch selbst aktiv am Gemeindeleben teil.[271] Beide waren prominente Mitglieder der Gemeinde und haben in jeweils unterschiedlichen Bereichen Einfluß auf Entscheidungen innerhalb der Selbstverwaltungsorgane genommen. Während Therese Freimann mit ihrem Engagement im Bereich der Sozialarbeit Mitbestimmung erlangte, übte Aron Freimann über Jahre wichtige Funktionen im Bereich

---

[267] Bialik-Archiv, Brief von Bialik an Freimann vom 26. Juli 1925, abgedr. in: Bialik, Iggerot (Anm. 253), Bd 3, S. 51ff.

[268] Bialik-Archiv, Brief o. D., abgedr. in: Bialik, Iggerot (Anm. 253), Bd 3, S. 67ff.; Brief vom 13. Dezember 1927, ebd., S. 39ff.

[269] Schtilei Azilim (»Die Setzlinge der Adeligen«). In: Kitve Hayyim Nahman Bialik [Bialiks Werke, hebr.]. 4 Bde, Tel Aviv: Devir 1922–1949, Bd 1 (1923), S. 388. In einem Entwurf des Gedichtes steht die handschriftliche Widmung an Agnon, gefolgt von einer Widmung an Aron Freimann. Die Entwürfe und ihre Beschreibungen befinden sich im Bialik-Archiv.

[270] Festschrift für Aron Freimann zum 60. Geburtstage (Anm. 28), o. pag., Frontispiz.

[271] Vgl. Joseph Wohlgemuth: Etwas über die Termini orthodoxes und gesetzestreues Judentum. In: Festschrift zum 70. Geburtstage David Hoffmanns, gewidmet von Freunden und Schülern. Hg. von Simon Eppenstein, Meier Hildesheimer und Joseph Wohlgemuth. Berlin: Lamm 1914, S. 435–453. Die strenggläubigen und gesetzestreuen Juden innerhalb der Israelitischen Gemeinde bezeichneten sich zur Unterscheidung von den Mitgliedern der sog. Austrittsgemeinde, der Israelitischen Religionsgesellschaft als »konservativ«, was jedoch keine politische sondern eine gemeindliche Zugehörigkeit ausdrücken sollte.

des Kultus und der Gemeindepolitik aus und wurde zum letzten Vorsitzenden
der Jüdischen Gemeinde bestimmt. Freimanns gemeindepolitischen Aktivitäten, die im folgenden nachgezeichnet werden, legen dar, daß Freimann nicht
nur als Wissenschaftler tätig war, sondern sich auch bis zuletzt in Frankfurt
intensiv für die Belange seiner Glaubensgenossen eingesetzt hat und es als
selbstverständlich empfand, seine Kräfte auch unter gefährlichen Umständen
in den Dienst der Gemeinschaft zu stellen.

Seit der Mitte des 19. Jahrhunderts existierten in Frankfurt zwei jüdische
Gemeinden, die in Folge der Auseinandersetzungen zwischen den Orthodoxen
und den Anhängern der Reformbewegung und der Abspaltung einer kleinen
Gruppe von orthodoxen Gemeindemitgliedern entstanden waren.[272] Das jüdische Gemeindeleben in Frankfurt war seit der Gründung der Israelitischen
Religionsgesellschaft im September 1850 bis zur Zwangsaufgabe der Gemein-
deautonomie im Jahre 1939 dadurch gekennzeichnet, daß eine tiefe, nicht nur
religiöse, sondern auch gesellschaftliche Kluft zwischen den führenden Mitgliedern der beiden Gemeinden herrschte, die von der Israelitischen Religionsgesellschaft bewußt geschürt wurde. Beide Gemeinden verstanden sich als
legitime Erben der ehemaligen voremanzipatorischen Jüdischen Gemeinde, der
»alten jüdischen Frankfurter Kehilla«, unterschieden sich jedoch grundsätzlich
in ihrem Charakter.[273] Die Israelitische Gemeinde stellte eine Einheitsgemeinde dar, in der alle religiösen Strömungen vertreten waren und die Anhänger der
Reformbewegung die Mehrheit besaßen.[274] Dagegen war die Israelitische
Religionsgesellschaft ein zahlenmäßig sehr kleiner, aber wirtschaftlich und
gesellschaftlich homogener Verein, der von vielen alteingesessenen wohlhabenden Frankfurter Bankiersfamilien finanziert wurde und die Ansichten des
orthodoxen Judentums mit einer aggressiven Politik vertrat.[275]

---

[272] Vgl. Rachel Heuberger/ Helga Krohn: Hinaus aus dem Ghetto. Juden in Frankfurt
       a. M. 1800–1950. Frankfurt a. M.: Fischer 1988; dort auch weitere bibliographische
       Angaben zur Geschichte der religiösen Auseinandersetzungen in der Jüdischen
       Gemeinde Frankfurt und zur Gründung der Israelitischen Religionsgesellschaft;
       Arnsberg, Die Geschichte der Frankfurter Juden seit der Französischen Revolution
       (Anm. 95), Bd 1, S. 561ff.; Robert Liberles: Religious Conflict in Social Context.
       The Resurgence of Orthodox Judaism in Frankfurt a. M., 1838–1877. Westport:
       Greenwood Press 1985 (Contributions to the Study of Religion; 13).
[273] Vgl. Arnsberg, Neunhundert Jahre »Muttergemeinde in Israel« (Anm. 98), S. 96ff.
[274] Vgl. Michael A. Meyer: Jüdisches Selbstverständnis. In: Deutsch-jüdische Geschich-
       te in der Neuzeit. Hg. von Michael A. Meyer. 4 Bde, München: Beck 1996–1997,
       Bd 2: Emanzipation und Akkulturation 1780–1871 (1996), S. 135–176, hier S. 145ff.
       Die Anhänger der Reformbewegung traten für die Abschaffung der Ritualgesetze
       ein, welche die Juden von ihrer Umwelt getrennt und die gesellschaftlichen Kon-
       takte erschwert hatten, wie z. B. die Speisegesetze, das Einhalten des Schabbat und
       der jüdischen Feiertage und das Festhalten am Talmudstudium und befürworteten
       liturgische Veränderungen des Gottesdienstes.
[275] Die Israelitische Religionsgesellschaft hatte zuerst den Status einer privatrechtlichen
       Gesellschaft, so daß ihre Mitglieder zugleich Mitglieder der Israelitischen Gemeinde
       waren und an diese Steuern zu entrichten hatten. Erst das im Mai 1876 verabschiede-

Markus Horovitz hatte eine entscheidende Rolle bei der Wahrung des religiösen Pluralismus im Rahmen der historisch gewachsenen Einheitsgemeinde innegehabt. Mit seiner Bereitschaft, im Jahre 1878 das Amt des Rabbiners in Frankfurt am Main anzunehmen, hatte er die orthodoxe Strömung in der Gemeinde gestärkt und gleichzeitig zur Sicherung der Interessen der strenggläubigen Minderheit innerhalb der liberalen Israelitischen Gemeinde beigetragen. Nachdem die bisherige Monopolstellung der Israelitischen Gemeinde beendet war und der Gemeindevorstand, der sich überwiegend aus Anhängern der Reformbewegung zusammensetzte, sich zu weitreichenden Konzessionen an die orthodoxe Minderheit innerhalb der Gemeinde bereit erklärt hatte, wurde den Orthodoxen im Rahmen eines von beiden religiösen Richtungen als Kompromiß verstandenen Programms die zukünftige uneingeschränkte Ausübung der religiösen Praxis nach orthodoxem Ritus innerhalb der Institutionen der Israelitischen Gemeinde zugesichert.[276] Der Bau der Synagoge am Börneplatz, zu deren Betern auch Freimann gehörte, war Teil der Vereinbarungen von Markus Horovitz mit der Israelitischen Gemeinde. Die Synagoge wurde am 10. September 1882 eingeweiht und war über Jahre die einzige Gemeinde-Synagoge, in welcher der Gottesdienst nach orthodoxem Ritus durchgeführt wurde.

In Folge dieser Entwicklungen nahmen die bislang rein religiösen Differenzen zwischen Orthodoxen und Anhängern der Reformbewegung im Verlauf der weiteren Auseinandersetzung zwischen den Gemeinden einen machtpolitischen Charakter an, da sowohl Markus Horovitz als auch Samson Raphael Hirsch, der geistige und politische Führer der Israelitischen Religionsgesellschaft, für die Verwirklichung des gesetzestreuen Judentums eintraten und sich nicht in ihrer religiösen Anschauung, sondern in der politischen Umsetzung unterschieden. Horovitz war im Gegensatz zu Hirsch ein entschiedener Gegner des Austritts aus den bestehenden jüdischen Gemeinden und ein Verfechter der Einheitsgemeinde.[277]

---

te Gesetz über den »Austritt aus den jüdischen Synagogengemeinden«, das sogenannte Austrittsgesetz, schuf die rechtlichen Grundlagen für die Konstituierung der Israelitischen Religionsgesellschaft als unabhängige Gemeinde. Vgl. Matthias Morgenstern: Von Frankfurt nach Jerusalem. Isaac Breuer und die Geschichte des »Austrittsstreits« in der deutsch-jüdischen Orthodoxie. Tübingen: Mohr 1995 (Schriftenreihe wissenschaftlicher Abhandlungen des Leo-Baeck-Instituts; 52)

[276] Markus Horovitz: Frankfurter Rabbinen. Ein Beitrag zur Geschichte der Israelitischen Gemeinde in Frankfurt a. M. Ergänzungen von Josef Unna. Jerusalem: Ahva 1969, S. 346.

[277] Vgl. Caesar Seligmann: Die Renaissance des religiösen Liberalismus. In: Frankfurter Jüdische Erinnerungen. Ein Lesebuch zur Sozialgeschichte 1864–1951. Hg. von der Kommission zur Erforschung der Geschichte der Frankfurter Juden. Bearb. von Elfi Pracht. Sigmaringen: Thorbecke 1997, S. 191–200, hier S. 195. In seinen Erinnerungen hielt Seligmann, der liberale Gemeinderabbiner und langjährige Kollege von Horovitz, die feindselige Stimmung zwischen den beiden Gemeinden fest: »Marcus Horovitz wußte alles, was er wollte, durchzusetzen. Sogar die Beeinflussung und teilweise Herüberziehung der Liberalen [...] gelang ihm. Nur eines brachte er nicht zuwege: Samson Raphael Hirsch und die Austrittsgemeinde zu versöhnen. Er war im Gegenteil den schärfsten Angriffen der ›Adass Jeschurun‹, wie sie sich nannte, ausge-

Bis zuletzt wurden die Rabbiner der Israelitischen Gemeinde, insbesondere Markus Horovitz, aber auch seine Nachfolger von den geistigen Führern der Israelitischen Religionsgesellschaft nicht als religiöse Autoritäten anerkannt und ihre religionsgesetzlichen Entscheidungen für nichtig erklärt.[278]

Aron Freimann war als Schwiegersohn des Gemeinderabbiners ein bekanntes Mitglied der Israelitischen Gemeinde. Er gehörte zum Minjan der Börneplatz-Synagoge und kümmerte sich intensiv um die Belange dieser Synagoge.[279] Als junger Mann wurde er zum Synagogenvorsteher der Börneplatz-Synagoge gewählt und übte dieses Amt über viele Jahre aus, seit dem Jahre 1918 hatte er zudem im Synagogenvorstand die Funktion des Entsandten des Gemeindevorstandes inne.[280] Viele Jahre lang war er Mitglied in der Chewrah Kadischa, der Beerdigungsbruderschaft der Israelitischen Gemeinde, was als angesehenes Ehrenamt galt. In den zwanziger und dreißiger Jahren beteiligte sich Freimann aktiv an der Gemeindepolitik und wurde zu einer zentralen Figur der Gemeindeorthodoxie, der sogenannten »Konservativen Fraktion« in den politischen Selbstverwaltungsgremien der Gemeinde. Im Jahre 1918 wurde er erstmals als Vertreter der Konservativen Fraktion in den Vorstand der Israelitischen Gemeinde gewählt.

In den ersten Jahren nach dem Ersten Weltkrieg waren im Gemeindevorstand und in der -vertretung zwei Fraktionen, die der Liberalen und die Konservativen vertreten, 1927 kam als dritte Gruppierung die Jüdische Volkspartei hinzu. Die gesetzestreuen Juden waren im allgemeinen in der Gemeindevertretung stärker vertreten, als es ihrem zahlenmäßigen Anteil innerhalb der Israelitischen Gemeinde entsprach, da sie sich aktiv für die Belange der Orthodoxie einsetzten, so daß die Fraktion der Konservativen gegenüber den Vertretern der Liberalen Strömung, eine starke Minderheit bildete.[281] Die politischen Interessen der Konservativen während des gesamten Zeitraumes waren auf eine Beibehaltung des Status quo innerhalb der Einheitsgemeinde gerichtet, mit dem Ziel, den einstmals

---

setzt. Nicht einmal zu seinem Begräbnis, obschon religiöse Vorschrift, erschien der Nachfolger von Hirsch, dessen Schwiegersohn Breuer. Und dabei waren die Gemeindeorthodoxen in vielen Stücken plus royaliste que le roi.«

[278] Satzung der Synagogengemeinde »Israelitische Religonsgesellschaft« Kehillat Jeschurun in Frankfurt a. M. Frankfurt a. M. 1927.

[279] Minjan bedeutet das religionsgesetzlich vorgeschriebene Quorum von zehn Männern, das zur Abhaltung eines Gottesdienstes mit Kollektivcharakter erforderlich ist.

[280] Nachlaß Aron Freimann, Lebenslauf vom 22. September 1938. Der Synagogenvorsteher stand dem zehnköpfigen Synagogenvorstand vor, der von den Platzinhabern der Synagoge gewählt wurde. Der Synagogenvorstand war für die Verwaltung der Synagoge zuständig und der Gemeinde gegenüber autonom.

[281] Eugen Mayer: 5 Jahre Gemeindeverwaltung, 1919–1923. In: Gemeindeblatt der Israelitischen Gemeinde Frankfurt a. M. 2 (1924), Nr 10, S. 2. Die am 31. Mai 1920 genehmigte Verfassung legte einen 15-köpfigen Vorstand und eine Gemeindevertretung von 27 Mitgliedern fest. Die Gemeindevertretung wurde 1924 auf 36 Mitglieder erweitert. In der ersten Gemeindevertretung nach dem Krieg gehörten von den 27 Mitgliedern 14 der liberalen und 13 der konservativen Fraktion an. Der Vorstand setzte sich aus neun liberalen und sechs konservativen Mitgliedern zusammen.

geschlossenen Kompromiß zwischen liberaler Mehrheit der Gemeindemitglieder und orthodoxer Minderheit aufrechtzuerhalten.

Als Vertreter der »Konservativen Fraktion« stand Freimann für eine Politik, die insbesondere auf die Einhaltung der religionsgesetzlichen Bestimmungen in allen gemeindepolitischen Entscheidungen und in der alltäglichen Praxis der Gemeindeinstitutionen abzielte. Das jüdische Erziehungs- und Schulwesen wurde von den Konservativen als eine der wichtigsten Aufgaben einer Gemeinde betrachtet, da sie in der Erziehung der Kinder und Jugendlichen das beste Mittel sahen, das orthodoxe Judentum zu erhalten und die jüdische Tradition über Generationen weiterzugeben. Daher verlangten die Vertreter der »Konservativen Fraktion« in den Sitzungen der Gemeindevertretung wiederholt die stärkere finanzielle Unterstützung der traditionellen jüdischen Unterrichtsanstalten der Gemeinde, insbesondere der Jeschiwah unter Leitung des Gemeinderabbiners Rabbiner Jakob Hoffmann.

Ein weiteres dringendes Anliegen war den Konservativen auch die Übernahme der Israelitischen Religionsschule unter Leitung von Rabbiner Jakob Horovitz, dem Sohn des Gemeinderabbiners Markus Horovitz, und der damit verbundenen Synagoge durch die Israelitische Gemeinde. Beide Institutionen, die von einem Privatverein unterhalten wurden, sollten damit finanziell entlastet werden. Ebenfalls gefordert wurde der Bau einer zusätzlichen, nach orthodoxem Ritus geführten Synagoge im Norden oder Nord-Westen der Stadt, die den religiösen Belangen der zahlreichen orthodoxen Juden dienen sollte, die in verstärktem Maße aus dem traditionellen Wohnviertel der Orthodoxen, dem Frankfurter Ostend, wegzuziehen begannen.[282] Zu Beginn des 20. Jahrhunderts setzte sich die Veränderung der Wohnverteilung der Frankfurter Juden fort, die im Laufe des 19. Jahrhunderts begonnen hatte, und führte zu einer demographischen Verlagerung der jüdischen Einwohner aus den östlichen Stadtteilen in den Westen der Stadt.[283] Nach jährlich wiederkehrenden Auseinandersetzungen in der Gemeindevertretung stimmte der Gemeindevorstand auf Drängen der Konservativen im Jahre 1927 dem Bau einer weiteren Synagoge zu und nahm die Umsetzung des Planes in Angriff, der jedoch bis zur Zwangsliquidation der Gemeinde nicht mehr zur Ausführung gelangte.[284]

---

[282] Gemeindeblatt der Israelitischen Gemeinde Frankfurt a. M. 4 (1925/26), Nr 1/2, S. 11. Die demographische Entwicklung, die als der »konservative Zug nach Westen« bezeichnet wurde, führte zur Subvention und zum Ausbau der Synagoge in der Unterlindau im Jahre 1925.

[283] Werner Gley: Grundriß und Wachstum der Stadt Frankfurt a. M. Eine stadtgeographische und statistische Untersuchung. In: Festschrift zur Hundertjahrfeier des Vereins für Geographie und Statistik zu Frankfurt a. M., 9. Dezember 1836 – 9. Dezember 1936. Hg. von Wolfgang Hartke. Frankfurt a. M.: Ravenstein 1936, S. 53–110, hier S. 95. Im Jahre 1925 lebten 43 % der Juden im Osten der Stadt, 28,5 % im Westen und 14,2 % im Norden.

[284] Vgl. Gemeindeblatt der Israelitischen Gemeinde Frankfurt a. Main 6 (1927/28), Nr 1/2, und 7 (1928/29), Nr 7, S. 217. Im Herbst 1927 ließ die Gemeinde eine Umfrage in bezug auf den Standort einer zusätzlichen Synagoge innerhalb der Ge-

Die zentralen Anliegen der »Konservativen Fraktion« umfaßten zwei weitere Bereiche, die in den zwanziger und zu Beginn der dreißiger Jahre im Mittelpunkt der gemeindepolitischen Debatten der Gemeindevertretung standen. Dies betraf zum einen den Status der ersten jüdischen säkularen Schule in Frankfurt, dem Philantropin, und zum anderen die finanzielle Unterstützung der jüdischen Ansiedlung in Palästina, Erez Israel. Das Philantropin, das im Jahre 1804 gegründet worden war, war in der ersten Hälfte des 19. Jahrhunderts für die Entstehung der jüdischen Reformbewegung in Frankfurt von entscheidender Bedeutung gewesen und stand mit seinem Namen Philantropin (»Stätte der Menschlichkeit«) für das Programm und das Leitmotiv religiös-liberalen Denkens innerhalb der Israelitischen Gemeinde. Nachdem es im Jahr 1843 von der Israelitischen Gemeinde übernommen worden war, wurde es von dieser finanziert, wobei mit den fortlaufenden Jahren die Subventionen in zunehmendem Maße anstiegen.[285] Das Philantropin hatte jedoch in all den Jahren seine Autonomie beibehalten, indem es unter der Aufsicht eines unabhängigen Schulrates stand und nicht von der Gemeindevertretung kontrolliert wurde. Auf diese Weise war die finanzielle Basis sowie die pädagogische und inhaltliche Unabhängigkeit der Schule gewährleistet.

In den jährlichen Sitzungen der jüdischen Gemeindevertretung zur Verabschiedung des Gemeindehaushaltes wurden lange und heftige Debatten über die Stellung des Philantropins geführt, in denen die alten Auseinandersetzungen um den Charakter der Israelitischen Gemeinde als Einheitsgemeinde, in der alle religiösen Richtungen gemeinsam miteinander auskommen mußten, auf dem Gebiet der Erziehung fortgesetzt wurden.[286] In diesen Diskussionen traten die Vertreter der »Liberalen Fraktion« für die Aufrechterhaltung der völligen Autonomie des Philantropins ein und führten das Argument an, nur auf diese Weise könne die Stabilität und freie Entwicklung der Schule gewährleistet werden. Es gab auch Stimmen innerhalb der Gemeinde, welche die Beibehaltung einer konfessionellen Schule ablehnten und die Schließung des Philantropins forderten. Dagegen vertraten die Vertreter der »Konservativen Fraktion« die Auffassung, daß die Gemeinde als Trägerin der Schule mehr Einfluß auf die vermittelten Inhalte nehmen sollte. Insbesondere forderten sie ein Mitspracherecht bei der Erstellung des Stellen- und Lehrplanes der Schule und eine größere Einflußnahme bei der Einstellung der orthodoxen Lehrkräfte. Ebenso verlangten sie die Verbesserung

---

meinde durchführen und diskutierte im Februar 1929 bereits konkret über die Errichtung eines weiteren Synagogenbaus in der Eschersheimer Landstr. 65.

[285] Vgl. Inge Schlotzhauer: Das Philanthropin 1804–1942. Die Schule der Israelitischen Gemeinde in Frankfurt a. M. Frankfurt a. M.: Kramer 1990; Das Philanthropin zu Frankfurt a. M. Dokumentation und Erinnerung. Hg. von Albert Hirsch. Frankfurt a. M.: Kramer 1964; Hermann Baerwald / Salo Adler: Geschichte der Realschule der israelitischen Gemeinde (Philanthropin) zu Frankfurt a. M. 1804–1904. Frankfurt a. M.: Baer 1904 (Festschrift zur Jahrhundertfeier der Realschule der israelitischen Gemeinde [Philanthropin] zu Frankfurt am Main; 1).

[286] Schlotzhauer, Das Philanthropin (letzte Anm.), S. 92, im Haushaltsjahr 1928/29 belief sich der Zuschuß der Israelitischen Gemeinde für das Budget des Philantropins auf ein Viertel des jährlichen Gemeindeetats.

des Religionsunterrichts und die Einführung von konservativen Parallelklassen, um noch mehr orthodoxe Kinder in die Schule zu bringen.[287] Unterstützt wurden die Konservativen in dieser Angelegenheit von der Jüdischen Volkspartei, die dafür eintrat, daß die Schule, die von der Gemeinde finanziert wurde, auch »allen Richtungen innerhalb der Gemeinde Rechnung tragen müsse«.[288] Mit Beginn des Nationalsozialismus und der Verdrängung der jüdischen Schüler aus den öffentlichen Schulen wurden die internen Auseinandersetzungen um das Profil des Philantropins beendet. Für eine kurze Zeit bot das Philantropin den jüdischen Kindern innerhalb einer feindlichen Umwelt eine letzte Zufluchtstätte, in der sie ohne Diskriminierung und Verfolgungsdruck zusammentreffen und lernen konnten.

Die Haltung der Gemeinde zur jüdischen Ansiedlung in Palästina und die finanzielle Unterstützung des im Jahre 1920 in London gegründeten Entwicklungsfonds zum Aufbau Palästinas, des Keren Hajessod, und weiterer nationaljüdischer Organisationen stellte gemeindeintern eine äußerst kontroverse Angelegenheit dar. Mit der zunehmenden Aktualität der Problematik jüdischer Identität und Selbstdefinition in Deutschland gegen Ende der Weimarer Republik stand die Frage der Einstellung zu Palästina wiederholt auf der Tagesordnung der politischen Debatten der Gemeindevertretung. Nachdem die Jewish Agency im Sommer 1929 beschlossen hatte, ihren Vorstand durch die Besetzung mit nicht-zionistischen Mitgliedern zu erweitern, wurde der Vorsitzende der Israelitischen Gemeinde, Justizrat Dr. Julius Blau, in das Führungsgremium des ehemals rein zionistischen Gremiums gewählt. Dies führte in der Gemeindevertretung zu heftigen Protesten und Diskussionen, in denen dieser Schritt von der Mehrheit der liberalen Fraktion abgelehnt wurde.[289]

Die Mehrheit der liberalen Fraktion hatte stets die finanzielle Unterstützung der national-jüdischen Organisationen durch die Gemeinde abgelehnt, mit der Begründung, daß es nicht Aufgabe einer jüdischen Gemeinde sein konnte, am nationalen Aufbau Palästinas mitzuwirken. Sie lehnten die finanzielle Unterstützung jüdischer Organisationen im Ausland, auch solcher in Palästina ab, solange es noch jüdische Organisationen in Deutschland gab, denen die nötigen finanziellen Mittel für ihre Aktivitäten fehlten. Aus dieser Haltung heraus wurde auch

---

[287] Konservative Parallelklassen waren weltanschaulich nach orthodoxen und liberalen Kindern getrennte Klassen. Der Streit um das Philantropin zieht sich durch zahlreiche Berichte aus den Sitzungen der Gemeindevertretung in allen Ausgaben des Frankfurter Israelitischen Gemeindeblattes und verstärkte sich unter der Zunahme des Antisemitismus Ende der zwanziger Jahre. 1929 stammten von den 900 Schülern 600 aus liberalen und 300 aus orthodoxen Familien (vgl. Gemeindeblatt 7 [1928/29], Nr 10, S. 345–348). Der getrennte Religionsunterricht nach liberalem und orthodoxem Ritus war bereits zu Beginn des 20. Jahrhunderts eingeführt worden und wurde 1918 auch auf das Gymnasium übertragen (vgl. Jüdische Presse 49 [1918], Nr 38/39, S. 366).

[288] Frankfurter Israelitisches Gemeindeblatt 8 (1930), Nr 11, S. 440.

[289] Vgl. Heuberger / Krohn, Hinaus aus dem Ghetto (Anm. 272), S. 165; Gemeindeblatt 8 (1929/30), Nr 2/3, S. 82–83 und Nr 11, S. 440. Aus Frankfurt wurden außerdem Stadtkämmerer Bruno Asch und als Stellvertreter Rabbiner Jakob Horovitz und Albert Sondheimer in den erweiterten Vorstand der Jewish Agency gewählt.

die Mitarbeit von Blau in der Jewish Agency abgelehnt, da diese Organisation, wie die Liberalen feststellten, vom »Standpunkt einer deutsch-israelitischen Religionsgemeinde aus letzten Endes jüdisch-nationale Ziele verfolge, die man verneine«. Die Liberalen betonten ihre rückhaltlose und ungeteilte Loyalität mit dem deutschen Vaterland und warnten vor den schweren negativen Folgen, welche die Gründung der Jewish Agency sowie die zionistischen Bestrebungen nach sich ziehen würden. Vor allem befürchteten sie, daß die staatspolitische Stellung der deutschen Juden mit solchen Aktionen gefährdet werden würde.

Die Mitglieder der »Konservativen Fraktion« unter ihrem Vorsitzenden Aron Freimann sprachen sich für die rückhaltlose Unterstützung der Besiedlung Palästinas aus. Sie werteten die finanziellen Hilfeleistungen an die national-jüdischen Organisationen nicht als eine pro-zionistische Politik, sondern als Teil der Verpflichtungen, die jedes Mitglied der jüdischen Solidargemeinschaft hatte. Für sie bedeutete die Subventionierung des Keren Hajessod »eine allgemein jüdischen Angelegenheit, [die] Ehrenpflicht der Gemeinde« sei. Erez Israel, so lautete das Argument, sei schließlich nicht mit dem Ausland gleichzusetzen, sondern die geistige Heimat der Juden, wenn auch Deutschland als zweite Heimat zu betrachten sei. Als führender Vertreter der »Konservativen Fraktion« im Gemeinderat hat Freimann in diesen Jahren der national-jüdischen Idee von Palästina als einer Heimstätte der Juden und als potentielles Einwanderungsland Ausdruck verliehen und damit im weit gefaßten Sinne die Interessen der Zionisten in der Gemeindevertretung unterstützt. Seit der Amtszeit des orthodoxen Rabbiners Nehemias Anton Nobel in Frankfurt, der ein Mitbegründer und aktives Mitglied des Misrachi, der orthodoxen Strömung des Zionismus, war, hatte die zionistische Bewegung in Frankfurt einen großen Rückhalt innerhalb der Gemeindeorthodoxie und zählte viele Konservative zu ihren Mitgliedern.[290] Auch dessen Nachfolger Rabbiner Dr. Jakob Hoffmann gehörte zu den führenden Mitgliedern des Misrachi.[291]

Zu Beginn des 20. Jahrhunderts war ein allmählicher Wandel in der Stellung der Konservativen zum Zionismus eingetreten. Rabbiner Markus Horovitz hatte den Zionismus und die zionistische Bewegung in den neunziger Jahren des 19. Jahrhunderts noch vehement abgelehnt und als Anführer der sogenannten »Protestrabbiner« verhindert, daß der erste zionistische Kongreß auf deutschem Boden stattfand.[292] In seinen späteren Lebensjahren hat Horovitz seine

---

[290] Vgl. Rachel Heuberger: Nehemias Anton Nobel. Ein orthodoxer Rabbiner zwischen deutschem Patriotismus und religiösem Zionismus. In: Trumah 3 (1992), S. 151–174; Mosche Unna: Die Anfänge der religiösen Kibbutzbewegung in Deutschland. In: Bulletin of the Leo Baeck Institute 78 (1987), S. 71–122, hier S. 79. Nobel amtierte von 1910 bis 1922 in Frankfurt.

[291] Vgl. Arnsberg, Die Geschichte der Frankfurter Juden seit der Französischen Revolution (Anm. 96), Bd 3, S. 203f.; Rachel Heuberger / Salomon Korn: Die Synagoge am Frankfurter Börneplatz. Frankfurt a. M.: Jüdisches Museum 1996, S. 31ff.

[292] Vgl. Arnsberg, Die Geschichte der Frankfurter Juden seit der Französischen Revolution (Anm. 96), Bd 3, S. 218ff.; Michael Brenner: Warum München nicht zur Hauptstadt des Zionismus wurde. Jüdische Religion und Politik um die Jahrhundertwende. In: Zionistische Utopie – Israelische Realität. Religion und Nation in Israel. Hg.

Gegnerschaft zum Zionismus abgemildert und gegenüber der national-jüdischen Bewegung eine neutrale Haltung eingenommen. Allerdings hat er sich im Gegensatz zu seiner Ablehnung des politischen Zionismus sein ganzes Leben lang aktiv für die Belange der Juden im Heiligen Land im Sinne der traditionell organisierten Philanthropie eingesetzt und zahlreiche Spendenaktionen für jüdische wohltätige Zwecke in Palästina initiiert.

Über Freimann gibt es keine Zeugnisse, aus denen zu schließen wäre, daß er ein Zionist im politischen Sinne war. Eine aufmerksame Analyse der Zeitungsberichte über die Verlautbarungen der »Konservativen Fraktion« in der Gemeindevertretung, deren Vorsitzender er war, lassen jedoch darauf schließen, daß er den zionistischen Zielen gegenüber positiver eingestellt war als sein Onkel und Schwiegervater, wobei allerdings die historischen Entwicklungen im Laufe der Weimarer Republik nicht unberücksichtigt bleiben dürfen. Freimann gehörte zu den Mitgliedern des Kuratoriums des Instituts für Judaistik und nahm am Aufbau der Hebräischen Universität in Jerusalem, des wissenschaftlichen Vorzeigeprojekts der Zionisten, für das 1918 der Grundstein gelegt worden war und das im April 1925 eröffnet wurde, regen Anteil.[293]

Im Rahmen seiner gemeindepolitischen Tätigkeit übte Freimann über die Jahre die Funktion des Vorsitzenden verschiedener Gemeindekommissionen aus, welche die Arbeit der Gemeindeverwaltung als Beratungs- und Kontrollgremien begleiteten. Mehrere Jahre hatte er den Vorsitz der Ritualkommission inne, die auf die Einhaltung der religionsgesetzlichen Bestimmungen der Speiseregeln – der Kaschrut – in den Gemeindeinstitutionen wachte und die Gemeindeaufsicht über eine Anzahl von Privatbetrieben ausübte. Zwischenzeitlich leitete er den Ausschuß für Bibliothek und Museum der Gemeinde, dem die Gemeindebibliothek und das Museum für Jüdische Altertümer unterstanden. In den Jahren 1934 bis 1935 war er Vorsitzender der Friedhofskommission, die über die Einhaltung der religionsgesetzlichen Bestimmungen bei der Durchführung der Bestattungen der Mitglieder der Israelitischen Gemeinde wachte.[294] Freimann gehörte dem Vorstand mehrerer Vereine und Stiftungen in Frankfurt an und engagierte sich gemeinsam mit seiner Frau Therese für jüdische Fürsorgeeinrichtungen, so u. a.

---

von Michael Brenner und Yfaat Weiss. München: Beck 1999 (Beck'sche Reihe; 1339), S. 39–52, hier S. 46ff.; Yaakov Zur: Die Protestrabbiner. In: Der Erste Zionistenkongress von 1897. Ursachen, Bedeutung, Aktualität ... in Basel habe ich den Judenstaat gegründet. Hg. von Heiko Haumann in Zusammenarbeit mit Peter Haber. Basel u. a.: Karger 1997, S. 128–130.

[293] Die offizielle deutsche Bezeichnung lautete Institut für Judaistik bzw. Judaistisches Institut, die wörtliche Übersetzung aus dem Hebräischen »Institut für die Wissenschaft vom Judentum«, auf hebräisch: Machon lemaddei hayehadut, in: Die Hebräische Universität Jerusalem. Entwicklung und Bestand. Hg. von Salman Schocken. Tel-Aviv: Haaretz 1938, S. 32, zit. nach: Peter Schäfer: Nachwort. In: Gershom Scholem: Judaica 6: Die Wissenschaft vom Judentum. Hg., übers. und mit einem Nachwort versehen von Peter Schäfer. Frankfurt a. M.: Suhrkamp 1997 (Bibliothek Suhrkamp; 1269), S. 69–110, hier S. 72.

[294] Almanach des Schocken-Verlages für das Jahr 5695 (1934/35), S. 33.

in den dreißiger Jahren als Vorsitzender des Deutsch-Israelitischen Kinderhei-
mes in Diez an der Lahn.[295] In den Jahren 1936 bis 1939 gehörte er dem Vorstand der »Katharina und Moritz Oppenheim'schen Stiftung« an.[296]

Als eine der führenden Persönlichkeiten der Frankfurter Gemeindeorthodoxie vertrat Freimann die politischen Zielsetzungen der orthodoxen Juden auch
in überregionalen Gremien und Vereinen. Am 7. Juli 1937 wurde er von der
Reichsvertretung der Juden in Deutschland als Nachfolger von Rabbiner Jakob
Hoffmann in den Präsidialausschuß dieser Gesamtvertretung der Juden in
Deutschland gewählt.[297] Die Reichsvertretung war im September 1933 als
erster Dachverband und Gesamtvertretung der deutschen Juden unter der Präsidentschaft von Rabbiner Dr. Leo Baeck ins Leben gerufen worden, um nach
Beginn der nationalsozialistischen Verfolgungsmaßnahmen als zentrale Organisation mit der Koordinierung der Hilfsmaßnahmen die Lebensbedingungen
der Juden in Deutschland zu erleichtern.[298] Freimann war in diesem Gremium
das einzige Mitglied, das der Gemeindeorthodoxie angehörte und sich dort für

---

[295] Vgl. ebd., S. 41. Das Deutsch-Israelitische Kinderheim in Diez a. d. Lahn diente der
       Erziehung von Waisen und Kindern unbemittelter Eltern aus dem deutschen Reich.

[296] Dies war eine der Universitätsstiftungen mit dem Zweck, einen ordentlichen Lehr-
       stuhl für »exacte Naturwissenschaft«, in erster Linie Physik, Chemie oder Biologie
       an der Frankfurter Universität einzurichten. In: Gerhard Schiebler: Jüdische Stif-
       tungen in Frankfurt a. M. Stiftungen, Schenkungen, Organisationen und Vereine
       mit Kurzbiographien jüdischer Bürger. Frankfurt a. M.: Kramer 1988, S. 86.

[297] Rabbiner Jakob Hoffmann hatte in der Reichsvertretung sowohl die Gemeindeortho-
       doxie als auch die Zionisten repräsentiert, da er der Misrachi-Bewegung, der religiö-
       sen Vereinigung innerhalb der Zionistischen Bewegung als führendes Mitglied ange-
       hörte. Im März 1937 wurde ihm die deutsche Staatsbürgerschaft aberkannt und er
       wurde als tschechischer Staatsangehöriger aus Deutschland ausgewiesen. Vgl. Willy
       Mainz: Gemeinde in Not 1933–1938 [1946]. In: Dokumente zur Geschichte der Frank-
       furter Juden 1933–1945. Hg. von der Kommission zur Erforschung der Geschichte
       der Frankfurter Juden. Frankfurt a. M.: Kramer 1963, S. 239–255, hier S. 251; Yaa-
       kov Zur: Rabbi Dr. Jacob Hoffman. The Man and His Era [hebr. und engl.]. Ramat
       Gan: Bar-Ilan University 1999.

[298] Vgl. Esriel Hildesheimer: Jüdische Selbstverwaltung unter dem NS-Regime. Der Exi-
       stenzkampf der Reichsvertretung und Reichsvereinigung der Juden in Deutschland.
       Tübingen: Mohr 1994 (Schriftenreihe wissenschaftlicher Abhandlungen des Leo Baeck
       Instituts; 50); Günter Plum: Deutsche Juden oder Juden in Deutschland. In: Die Juden
       in Deutschland 1933–1945. Leben unter nationalsozialistischer Herrschaft. Hg. von
       Wolfgang Benz. München: Beck 1988, S. 35–74, hier S. 66ff.; Leni Yahil: Die Shoah.
       Überlebenskampf und Vernichtung der europäischen Juden. München: Luchterhand
       1998, S. 124ff. – Die Reichsvertretung setzte sich aus dem »Centralverein deutscher
       Staatsbürger jüdischen Glaubens«, dem »Reichsbund jüdischer Frontsoldaten«, der
       »Zionistischen Vereinigung für Deutschland« und den regionalen Gemeindeverbän-
       den zusammen. Im Jahre 1939 wurde die Reichsvertretung auf Anordnung der Regie-
       rung in die »Reichsvereinigung der Juden in Deutschland« umgewandelt und war
       seitdem ein Instrument der Gestapo bei der Deportation der Juden aus Deutschland.
       Am 10. Juni 1943 wurde die Geschäftsstelle der Reichsvereinigung in Berlin von der
       Gestapo geschlossen, das Vermögen beschlagnahmt und die Mitglieder deportiert.

die Interessen der gesetzestreuen Juden einsetzte.[299] Gleichzeitig trug er an prominenter Stelle an der politischen Verantwortung für die Gesamtinteressen der deutschen Juden in der schwierigen Zeit der Verfolgung mit.[300]

Im Jahre 1928 war Freimann zum stellvertretenden Vorstandsvorsitzenden der Israelitischen Gemeinde gewählt und im Jahre 1936 bei der turnusmäßig anstehenden Wahl in diesem Amt bestätigt worden.[301] Nach dem Novemberpogrom am 10. November 1938 entging Freimann, auf Grund seines hohen Alters, der Festnahme durch die Polizei, während in Frankfurt fast alle jüdischen Männer ins Gefängnis gebracht oder in Konzentrationslager deportiert worden sind.[302] In den folgenden Monaten übernahm er viele Aufgaben des Vorstandes der Israelitischen Gemeinde, der durch die Deportations- und Verfolgungsmaßnahmen stark dezimiert worden war.[303]

---

[299] Vgl. Hildesheimer, Jüdische Selbstverwaltung unter dem NS-Regime (letzte Anm.), S. 48. Die Austrittsgemeinden waren separat im »Bund gesetzestreuer Gemeinden« organisiert und weigerten sich bis 1938 der Reichsvertretung beizutreten, da sie nicht auf den Gesetzen der Torah basierte.

[300] Ebd., S. 49. Hildesheimer übersieht die Zustimmung Freimanns zu seiner Wahl in das Präsidium, wenn er schreibt, daß nach dem Weggang von Jakob Hoffmann keine orthodoxe Persönlichkeit in den Gremien der Reichsvertretung saß.

[301] Nachlaß Aron Freimann, Anlage 3 zum Grundstücks-Kauf- und Übereinigungsvertrag vom 3. April 1939. Laut Beschluß der Gemeindevertretung vom 23. November 1936 sollte die Amtszeit des Vorstandes bis zum 31. Dezember 1942 dauern. Vgl. Maierhof, Selbsthilfe nach dem Novemberpogrom (Anm. 204), S. 161: »Jeweils im September jeden Jahres wurde der Vorstand gewählt« [ohne Quellenangabe].

[302] Die Verhaftungen betrafen jüdische Männer im Alter zwischen 18 und 60 Jahren. Vgl. das grundlegende Werk mit ausführlichen Literaturangaben von Wolf-Arno Kropat: »Reichskristallnacht«. Der Judenpogrom vom 7.–10. November 1938 – Urheber, Täter, Hintergründe. Mit ausgewählten Dokumenten. Wiesbaden: Kommission für die Geschichte der Juden in Hessen 1997 (Schriften der Kommission für die Geschichte der Juden in Hessen; 15), S. 171. In Frankfurt wurden auch zahlreiche Männer verschleppt, die älter als 60 Jahre waren. Am 22. November 1938 telegrafierte der Vertreter der Jewish Agency in London, Martin Rosenblüth, an den Leiter des Zentralbüros zur Ansiedlung deutscher Juden in Palästina bei der Jewish Agency in Jerusalem: »[...] [in] Frankfurt [im] Gegensatz [zu] Berlin [und] Hamburg tatsächlich die gesamte männliche Bevölkerung [bis auf] wenige Ausnahmen [im] Gefängnis oder Konzentrationslager, Stop«, zit. nach: Deutsches Judentum unter dem Nationalsozialismus. Hg., eingeleitet und erläutert von Otto Dov Kulka. Bd 1: Dokumente zur Geschichte der Reichsvertretung der deutschen Juden 1933–1939. Tübingen: Mohr 1997 (Schriftenreihe wissenschaftlicher Abhandlungen des Leo-Baeck-Instituts; 54), S. 434. Vgl. Harry Stein: Das Sonderlager im Konzentrationslager Buchenwald nach den Pogromen 1938. In: Nach der Kristallnacht (Anm. 204), S. 19–54; Monica Kingreen: Von Frankfurt in das KZ Dachau. In: ebd., S. 55–90. In der Liste mit den Namen der 534 nach Dachau deportierten Juden befinden sich auch Männer, die älter als 60 Jahre waren.

[303] Vgl. Julius Meyer: November 1938 in Frankfurt/M. und Vorfälle in der Festhalle [1940]. In: Dokumente zur Geschichte der Frankfurter Juden (Anm. 297), S. 32–44. In seiner Niederschrift 1940 schilderte Meyer, der am 9. November 1938 in die Gemeindevertretung gewählt werden sollte, die Ereignisse der Verhaftungswelle und

Der Briefwechsel des Gemeindevorstandes mit dem Rechtsamt der Stadt Frankfurt, in dem es um die Besetzung der Vorstände der paritätischen Stiftungen geht, trägt bereits seine Unterschrift. Im ersten Brief des Gemeindevorstandes vom 18. November 1938 an die Stiftungsabteilung des Rechtsamtes weigerte sich der Gemeindevorstand noch, auf die Entsendung von Gemeindevertretern in die gemeinsamen »gemischten« Stiftungen zu verzichten, einige Wochen später wurde jedoch bereits die Arisierung der Stiftungen in die Wege geleitet.[304] Nach dem Tod des langjährigen Vorsitzenden der Israelitischen Gemeinde Justizrat Dr. Julius Blau am 16. Februar 1939 trat Freimann am 6. März 1939 dessen Nachfolge an.[305] Auf Anordnung der Gestapo war die Israelitische Gemeinde mit der Israelitischen Religionsgemeinde am 23. November 1938 zur Jüdischen Gemeinde zwangsvereinigt worden.[306]

In seine Amtszeit als Vorsitzender der Gemeinde fielen die Zwangsentäußerungen der Liegenschaften der beiden ehemaligen jüdischen Gemeinden durch die Stadt Frankfurt, durch welche die Jüdische Gemeinde im Rahmen des allgemeinen Enteignungsprozesses der Juden und ihrer Organisationen ihrer

---

    schrieb: »Anscheinend ist es auf den Gemeindevorstand und die Gemeindevertretung abgesehen.« (S. 33)

[304] Dokumente zur Geschichte der Frankfurter Juden (Anm. 297), S. 136ff.

[305] Nachlaß Aron Freimann. Der Beschluß des Vorstandes »einstimmig durch Zuruf Herrn Professor Dr. Aron Freimann zum Vorsitzenden des Vorstandes« zu wählen, datiert vom 6. März 1939 und findet sich als Anlage 4 zum Grundstücksvertrag; Maierhof, Selbsthilfe nach dem Novemberpogrom (Anm. 204), S. 182, Anm. 22 datiert den Amtsantritt auf Februar 1939.

[306] Nachlaß Aron Freimann, Anlage 5 zum Grundstücksvertrag. Das Treffen zwischen den Vorstandsmitgliedern der Israelitischen Gemeinde und den Vorstandsmitgliedern der Israelitischen Religionsgesellschaft fand am 23. November 1938 unter Aufsicht der Gestapo, wie es im Wortlaut hieß, »in teilweiser Gegenwart der Beamten der Staatspolizei«, statt. Dabei »wurde seitens der Stapo offiziell mitgeteilt, dass die beiden Gemeinden nunmehr zusammenzulegen seien, vorläufig unter dem Namen Jüdische Gemeinde Frankfurt«. Die erste offizielle Bekanntgabe der Zwangsvereinigung ist ein Schreiben der Jüdischen Gemeinde vom 6. Dezember 1938 mit folgendem Wortlaut: »Die Synagogengemeinde ›Israelitische Religionsgesellschaft‹ ist im Zuge der inzwischen getroffenen Umorganisation mit der hiesigen ›Israelitischen Gemeinde‹ zusammengelegt worden. Beide bilden jetzt die ›Jüdische Gemeinde‹.« So in: Dokumente zur Geschichte der Frankfurter Juden (Anm. 297), S. 256; Maierhof, Selbsthilfe nach dem Novemberpogrom (Anm. 204), S. 181, Anm. 11 hält fest, daß in der Forschung über jüdisches Leben in Frankfurt am Main im Nationalsozialismus häufig davon ausgegangen wird, daß die beiden jüdischen Gemeinden am 1. April 1939 zwangsvereinigt wurden. Dies begründet sich auf das Schreiben der Gestapo Frankfurt an den Vorstand der Jüdischen Gemeinde vom 1. April 1939 (s. Dokumente zur Geschichte der Frankfurter Juden [Anm. 297], S. 256). Vgl. Adolf Diamant: Gestapo Frankfurt a. M. Zur Geschichte einer verbrecherischen Organisation in den Jahren 1933–1945. Frankfurt a. M.: Diamant 1988, S. 139 nennt den 28. November 1938. Nach den Dokumenten im Nachlaß Aron Freimanns war es bereits der 23. November 1938.

Immobilien beraubt wurde.[307] Die Grundstücks-, Kauf- und Übereignungsverträge, die sogenannten »Judenverträge«, wurden am 3. April 1939 geschlossen und sind von Freimann unterzeichnet. Hiermit wurden alle Grundstücke, Einrichtungen und Begräbnisstätten beider Gemeinden an die Stadt übereignet.[308] Bereits ein Jahr zuvor, am 28. März 1938, war ein Gesetz erlassen worden, das den »jüdischen Kultusvereinigungen und ihren Verbänden«, d. h. den jüdischen Gemeinden ihre rechtliche Stellung als Körperschaft des öffentlichen Rechts entzogen hatte.[309] Mit den im April 1939 geschlossenen Enteignungsverträgen wurde die Frankfurter Jüdische Gemeinde in einer weiteren Maßnahme im Prozeß ihrer Zerstörung ihrer letzten finanziellen Basis beraubt.

Mit der 10. Verordnung zum Reichsbürgergesetz vom 4. Juli 1939 wurden alle jüdischen Organisationen formell in die Reichsvereinigung der Juden in Deutschland, die aus der im Februar 1939 umorganisierten Reichsvertretung hervorgegangen war, eingegliedert. Damit waren die jüdischen Gemeinden rechtlich nicht mehr selbständig, und auch die Frankfurter Jüdische Gemeinde fungierte nur noch als Zweigstelle der Gesamtorganisation und war lediglich für die Bereiche der Sozialarbeit und des Schulwesens zuständig. Auf Freimann, der im April 1939 emigriert war, folgten weitere Vorsitzende der Jüdischen Gemeinde, die als Institution jedoch nur noch ein Ausführungsorgan der Gesamtvertretung war und ihre über Jahrhunderte zugestandene Autonomie eingebüßt hatte.[310] Somit kann man Aron Freimann zu Recht als den letzten Vorsitzenden der Frankfurter Jüdischen Gemeinde vor der Vernichtung bezeichnen, die auf eine fast achthundertjährige Geschichte zurückblicken konnte und zu den bedeutendsten jüdischen Gemeinden Europas gezählt hatte.[311]

---

307 Der Vertrag mit Anlage 1, der die Auflistung der Liegenschaften enthält, ist abgedruckt in: Dokumente zur Geschichte der Frankfurter Juden (Anm. 297), S. 262–267. Dabei wurden die Namen der Gemeindevertreter weggelassen. Im Nachlaß Aron Freimanns finden sich eine Kopie des vollständigen Vertrages sowie die von Freimann erstellte handschriftliche Vorlage der Anlage 1.

308 Monica Kingreen: Zuflucht in Frankfurt. Zuzug hessischer Landjuden und städtische antijüdische Politik. In: Nach der Kristallnacht (Anm. 204), S. 119–155, hier S. 135 bezeichnet die Verträge als »Plünderung«. Vgl. Wolfgang Wippermann: Das Leben in Frankfurt zur NS-Zeit. Darstellungen, Dokumente, didaktische Hinweise. Bd 1: Die nationalsozialistische Judenverfolgung. Frankfurt a. M. Kramer 1986, S. 119, der das »Arisierungsverhalten der Stadt Frankfurt in einer sehr direkten und zugleich schamlosen Weise als umso abstoßender, ja geradezu unmenschlich« bezeichnet.

309 Avraham Barkai: Vom Boykott zur »Entjudung«. Der wirtschaftliche Existenzkampf der Juden im Dritten Reich 1933–1943, Frankfurt a. M.: Fischer Taschenbuch-Verlag 1988 (Fischer-Taschenbücher; 4368), S. 171.

310 Vgl. Maierhof, Selbsthilfe nach dem Novemberpogrom (Anm. 204), S. 182, Anm. 22, dort ist eine Aufzählung der Vorsitzenden des Gemeindevorstandes vom November 1938 bis Juni 1943.

311 So auch festgehalten auf seiner Grabinschrift: Der letzte Vorsteher der heiligen Gemeinde Frankfurt am Main (vgl. S. 165 der vorliegenden Arbeit).

3.3   Emigration in die USA

3.3.1 Die langwierigen Bemühungen um die Einreise in die USA

Die Entrechtung und Verfolgung der Juden durch das nationalsozialistische Regime zwangen auch Aron Freimann und seine Familie, den Weg der Emigration zu wählen. Zum Zielland der Einwanderung wurden die USA. Die Geschichte der deutsch-jüdischen Emigration ist in den letzten Jahren sowohl als Gesamtthematik als auch in den einzelnen Teilaspekten eingehend untersucht worden, so daß die Forschungsergebnisse, die diesem Kapitel der Arbeit als Grundlage dienen, als bekannt vorausgesetzt und nicht im einzelnen erneut dargestellt werden müssen.[312] Zu den bereits früh erarbeiteten Teilbereichen zählen regionale Studien, die auf die Einwanderung in bestimmte Länder begrenzt blieben, unter denen die Geschichte der Einwanderung in die USA einen wichtigen Forschungsschwerpunkt bildet.[313] Daneben sind von Beginn vor allem zahlreiche Untersuchungen einzelner Berufsgruppen veröffentlicht worden, während in jüngster Zeit die geschlechtsspezifisch unterschiedlichen Erfahrungen von Frauen in der Emigration thematisiert werden.[314] Ein zusätzlicher,

---

[312] Juliane Wetzel: Auswanderung aus Deutschland. In: Die Juden in Deutschland 1933–1945. Leben unter nationalsozialistischer Herrschaft. Hg. von Wolfgang Benz. München: Beck 1988, S. 413–498, vermittelt einen Überblick. Das Biographische Handbuch der deutschsprachigen Emigration nach 1933 / International Biographical Dictionary of Central European Emigrés 1933–1945 (Hg. von Werner Roeder und Herbert A. Strauss. 3 Bde, München, New York: Saur 1980–1983) und das Handbuch der deutschsprachigen Emigration 1933–1945 (Hg. von Claus Dieter Krohn, Darmstadt: Wissenschaftliche Buchgesellschaft 1998) sind die umfassendsten Dokumentationen zur Emigration der intellektuellen und geistigen »Elite« unter den Emigranten. Vgl. dagegen Wolfgang Benz: Das Exil der kleinen Leute. Alltagserfahrungen deutscher Juden in der Emigration. München: Beck 1991, als Darstellung der Erlebnisse der »unbekannten« Menschen.

[313] Hier sind vor allem die Schriften von Herbert A. Strauss zu nennen (Auswahl): The Immigration and Acculturation of the German Jew in the United States of America. In: Leo Baeck Institute Year Book 16 (1971), S. 63–94; Jewish Emigration from Germany. Nazi Policies and Jewish Responses. In: ebd. 25 (1980), S. 313–359; 26 (1981), S. 343–409; Zur sozialen und organisatorischen Akkulturation deutsch-jüdischer Einwanderer der NS-Zeit in die USA. In: Leben im Exil. Probleme der Integration deutscher Flüchtlinge im Ausland 1933–1945. Hg. von Wolfgang Frühwald und Wolfgang Schieder. Hamburg: Hoffmann und Campe 1979 (Historische Perspektiven; 18), S. 235–259; Jüdische Emigrantenverbände in den USA. Perioden ihrer Akkulturation. In: Die Erfahrung der Fremde. Kolloquium des Schwerpunktprogramms »Exilforschung« der Deutschen Forschungsgemeinschaft. Forschungsbericht. Hg. von Manfred Briegel und Wolfgang Frühwald. Weinheim: VCH 1988, S. 121–140. Vgl. auch: Jewish Immigrants of the Nazi Period in the United States. Ed. by Herbert A. Strauss. 6 Bde, New York u. a.: Saur 1978–1987; Hans-Albert Walter: Deutsche Exilliteratur 1933–1950. Bd 2: Europäisches Appeasement und überseeische Exilpraxis. Stuttgart: Metzler 1984.

[314] Quack, Zuflucht Amerika (Anm. 223) mit Literaturangaben zum Thema, sowie insbes. Sabine Rohlfs / Susanne Rockenbach: Auswahlbibliographie. In: Frauen und Exil.

für diese Studie relevanter Schwerpunkt liegt in der Asylpolitik der Aufnahmeländer, die ebenfalls in zahlreichen wissenschaftlichen Veröffentlichungen
dokumentiert wurde.[315]

Die Emigration der deutschen Juden vollzog sich in mehreren Phasen, deren
numerisches Ausmaß vor allem durch die Verfolgungsmaßnahmen als wichtig-
stem, wenn auch nicht einzigem Faktor bestimmt wurde.[316] Die erste große Emi-
grationswelle setzte unmittelbar nach Hitlers Machtübernahme Ende Januar
1933 ein, die zweite folgte im Jahre 1935 nach dem Erlaß der Nürnberger Gesetze und die dritte schließlich im Herbst 1938.[317] Dieser dritte und letzte Auswan-
derungsschub, der bereits vor dem Novemberpogrom begonnen und danach mit
verstärkter Vehemenz fortgesetzt wurde, führte zum Zusammenbruch der geregelten Auswanderung und vollzog sich vielmehr in einer panikartigen Stimmung.
Für den Einzelnen war der Prozeß der Auswanderung mit erheblichen psycholo-
gischen und materiellen Schwierigkeiten verbunden und nahm an bürokratischen
Hindernissen und Schikanen zu, je später er begonnen wurde. Parallel dazu mußte ein Einwanderungsverfahren beschritten werden, das sich für die potentiellen
Emigranten als ein »nicht minder dornenvoller Weg mit vielerlei Hindernissen
und Erschwerungen« erwies.[318] Stellvertretend für viele, die unzählige Anstrengungen unternahmen, sei Bella Fromm zitiert, eine in der Weimarer Republik
bekannte Gesellschaftskolumnistin, die für Zeitschriften der Ullstein-Presse arbeitete, die im August 1938 in ihrem Tagebuch vermerkte:

> Ich kann mir nicht vorstellen, wie andere Emigranten, die nicht über solche Bezie-
> hungen verfügen, es jemals schaffen, den Riesenberg von künstlich geschaffenen
> Schwierigkeiten zu überwinden.[319]

Zwischen Anpassung und Selbstbehauptung. Hg. von Claus Dieter Krohn u. a. Mün-
chen: Text + Kritik 1993 (Exilforschung; 11), S. 239–277. Vgl. Between Sorrow and
Strength. Women Refugees of the Nazi Period. Ed. by Sibylle Quack. Washington u. a.:
Cambridge University Press 1995 (Publications of the German Historical Institute
Washington, D. C.) mit einem Überblick über die Literatur zum Thema Frauen.

[315] Katharina Meyer: Keiner will sie haben. Die Exilpolitik in England, Frankreich und
den USA zwischen 1933 und 1945. Frankfurt a. M. u. a.: Lang 1998 (Europäische
Hochschulschriften: Reihe 31, Politikwissenschaft; 352), hier S. 47ff. befaßt sich mit
der Asylpolitik der Aufnahmeländer. Zu den USA vgl. David S. Wyman: Paper
Walls. America and the Refugee Crisis. Amherst: The University of Massachusetts
Press 1968 und ders., Das unerwünschte Volk. Amerika und die Vernichtung der europäischen Juden. Frankfurt a. M.: Fischer Taschenbuch-Verlag 2000 (Fischer Taschenbücher; 14607: Die Zeit des Nationalsozialismus).

[316] Röder / Strauss, Biographisches Handbuch der deutschsprachigen Emigration nach
1933 (Anm. 312), Bd 1, Einleitung, S. XIX.

[317] Insgesamt wanderten schätzungsweise 278.500 deutsche Juden in den Jahren 1933–
1945 aus, wobei in den Jahren 1933 mit 37.000, 1938 mit 40.000 und 1939 mit
79.000 Auswanderern die zahlenmäßig stärkste Auswanderung stattfand, siehe die
Tabelle ebd., S. XIX.

[318] Ebd., S. XXVII.

[319] Bella Fromm: Als Hitler mir die Hand küßte. Reinbek: Rowohlt 1994 (rororo; 9770:
rororo-Sachbuch), S. 296, Eintrag vom 10. August 1938.

Die Emigrationsbestrebungen der deutschen Juden fielen in eine Zeit, in der infolge einer anhaltenden weltweiten wirtschaftlichen Rezession die Aufnahmebereitschaft der potentiellen Einwanderungsländer so gering war wie niemals zuvor. Die USA, der traditionelle Zufluchtsort, wo bis ins 20. Jahrhundert hinein keine Einwanderungsbeschränkungen gegolten hatten und keine Unterscheidung zwischen Immigranten und Flüchtlingen vorgenommen wurde, setzten zu Beginn der dreißiger Jahren eine äußerst restriktive Asylpolitik durch.[320] Die Prozedur der Einwanderung, die bereits seit den zwanziger Jahren kontingentiert war und bestimmte »Quoten« für die Einwanderung aus den einzelnen Ländern festgelegt hatte, wurde in der Ausführung wesentlich verschärft, und Visa wurden nur nach Nachweis eines ausreichenden Vermögens erteilt.[321] Innenpolitisch setzten die Gegner der Einwanderung mit dem Hinweis auf die hohe Arbeitslosigkeit nach der großen Wirtschaftskrise durch, daß erstmals die Aufnahme von Flüchtlingen als nationale Belastung definiert und ihre Zahl für die nächsten Jahre äußerst strikt begrenzt wurde. Mit wachsender Zustimmung in der Bevölkerung argumentierten die Gegner der Einwanderung, zu denen auch die Gewerkschaften zählten, daß die Flüchtlinge als potentielle Arbeitskräfte für die arbeitslosen Amerikaner zu einer zusätzlichen Konkurrenz werden würden.[322]

Weitere Faktoren der Ablehnung einer Einwanderung waren die in der amerikanischen Bevölkerung weitverbreitete Fremdenfeindlichkeit und ein gegen Ende der dreißiger Jahre zunehmender vehementer Antisemitismus. Mehrere landesweite Meinungsumfragen zu diesem Zeitpunkt zeigten, daß die Mehrheit der Bevölkerung es ablehnte, die bestehenden Restriktionen zu ändern.[323] Viele Amerikaner teilten die allgemeinen Vorurteile gegen die Juden und lehnten deshalb Hilfsmaßnahmen der amerikanischen Juden für ihre europäischen Glaubensbrüder ab. Eine Liberalisierung der Einwanderungsgesetze konnte von den großen amerikanisch-jüdischen Organisationen und einigen liberalen

---

[320] Vgl. Bat-Ami Zucker: In Search of Refuge. Jews and US Consuls in Nazi Germany 1933–1941, London u. a.: Vallentine Mitchell 2001 (Parkes-Wiener Series on Jewish Studies). Die harsche Handhabung der Einwanderungsgesetze war direkte Folge des Hoover-Erlaßes an die Konsularabteilungen vom 8. September 1930: »Before issuing a visa [...] to pass judgement with particular care whether the applicant may become a public charge and if the applicant cannot convince the officer that it is not probable, the visa will be refused.« (Zit. in: Saul S. Friedman: No Haven for the Oppressed. United States Policy toward Jewish Refugees 1938–1945. Detroit: Wayne State University Press 1973, S. 22)

[321] Strauss, The Immigration and Acculturation of the German Jew (Anm. 313), S. 64ff.

[322] Wyman, Das unerwünschte Volk (Anm. 315), S. 13.

[323] Vgl. ebd., S. 15: Bei vier Umfragen, die 1938 durchgeführt wurden, lehnten jeweils zwischen 71 % und 85 % der Befragten die Erhöhung der Quoten zugunsten von Flüchtlingen ab, 67 % meinten, man solle überhaupt keine Flüchtlinge ins Land lassen, 1939 sprachen sich 66 % gegen die einmalige Aufnahme von 10.000 Flüchtlingskindern außerhalb der normalen Quoten aus.

Kongreßabgeordneten trotz kontinuierlich eingebrachten Interventionen nicht durchgesetzt werden.[324]

In den ersten Jahren nach Hitlers Machtübernahme wurde die Einwanderung zudem durch die rigorose Einhaltung der bürokratischen Bestimmungen behindert, was dazu führte, daß die Quote, d. h. die offiziell zugestandene Zahl von Flüchtlingen pro Land, für deutsche Emigranten nicht ausgeschöpft werden konnte. Erst im Jahr 1937 wurden die konsularischen Verfahren erleichtert, und die USA wandelten sich zum zentralen Einwanderungsland für die deutschen Juden. Nach der verschärften Judenverfolgung im Jahre 1938 setzte die Regierung Roosevelt weitere Revisionen der Einwanderungspolitik durch und ermöglichte so im Jahre 1939 zum ersten Mal die volle Ausnutzung der Einwanderungsquote. Diese betrug für Einwanderer, die in Deutschland und Österreich geboren waren, 27.370.[325] Neben der Quotenregelung und der Notwendigkeit der Affidavits, der Bürgschaften von amerikanischen Bürgern, gab es noch andere Einwanderungsbestimmungen.[326] So konnten beispielsweise Professoren, Künstler und Studenten ein sogenanntes »Non-Quota-Immigrants-Visum« erlangen, vorausgesetzt, sie konnten nachweisen, daß ihnen in den USA eine feste Stellung angeboten worden war, für die es keinen amerikanischen Bewerber gab.

In dem vom Hilfsverein der deutschen Juden herausgegebenen *Korrespondenzblatt für Auswanderungs- und Siedlungswesen* vom Sommer 1938 sind die Voraussetzungen aufgeführt, die ein Quota-Immigrant erfüllen mußte:

> Bei der Einwanderung der übrigen [nicht bevorzugten Personen] sind die Konsulate angewiesen, vor Erteilung des Visums zu prüfen, ob Gefahr besteht, daß der Einwanderer der Öffentlichkeit in Amerika zur Last fallen könnte. Wenn hierüber Zweifel bestehen, kann ein Visum nicht ausgestellt werden. Falls das eigene Vermögen des Einwanderers zur Sicherung des Lebensunterhalts in den Vereinigten Staaten nicht ausreicht, so muß er durch Bürgschaften (Affidavits) beweisen, daß er Verwandte oder nahe Freunde in den Vereinigten Staaten hat, die fähig und bereit sind, für ihn zu sorgen. Die Bürgschaften müssen notariell beglaubigt sein. Sie sollen Angaben über Beruf, Einkommen und Vermögen des Bürgen (Bankguthaben, augenblicklichen Wert von Wertpapieren, Grundbesitz usw.) enthalten. Ferner soll darin angegeben sein, für wieviele Personen der Bürge zu sorgen hat. Aus der Bürgschaftserklärung sollen die Verwandtschaftsbeziehungen des Bürgen zum Einwanderer genau ersichtlich sein. Ferner ist anzugeben, in welchem Umfang der Bürge zu seinem

---

[324] Vgl. Wetzel, Auswanderung aus Deutschland (Anm. 312), S. 484. Vgl. Wyman, Paper Walls (Anm. 315), S. 69; dort findet sich eine Aufzählung der Kongreßeingaben gegen die Einwanderung in den Jahren 1937–1938. Strauss, The Immigration and Acculturation of the German Jew (Anm. 313), S. 66 stellt fest: »The restrictive immigration policy, to be sure, was supported by practically all segments of the American people.«

[325] Wetzel, Auswanderung aus Deutschland (Anm. 312), S. 484. Für 1940 gelten in etwa die gleichen Zahlen, 1941 fiel die Einwanderung auf ca. 13.000, nach dem Kriegseintritt hielten die USA ihre Grenzen weitgehend geschlossen.

[326] Affidavit = Bürgschaft von einem nahen – später auch entfernteren – Verwandten, der zusichert, sich um den Unterhalt des Flüchtlings zu sorgen, damit dieser nicht der Fürsorge zur Last fällt.

Unterhalt beitragen will. Freundschaffsaffidavits sind nicht unzulässig, werden aber vom Konsulat nur dann anerkannt, wenn aus dem Affidavit hervorgeht, aus welchem Grund der Affidavit-Geber sich für verpflichtet hält, gleich einem Verwandten die Sorge für den Einwanderer zu übernehmen.[327]

Unter diesen Rahmenbedingungen mußten Aron Freimann und seine Familie die Auswanderung durchführen. Wie die überwiegende Mehrheit der deutschen Juden hat auch er eine tiefe innere Verbundenheit zu Deutschland als seiner Heimat empfunden und trotz der nationalsozialistischen Diskriminierungsmaßnahmen lange an dem Bekenntnis zu Deutschland festgehalten.[328] Zudem gehörte er als Mitglied des Vorstandes der Israelitischen Gemeinde und als ihr Vertreter in der Reichsvertretung der Juden in Deutschland zur Führungsschicht der deutschen Juden, die in den ersten Jahren des Nationalsozialismus in einer »Mischung aus Nüchternheit, Illusionen und Zweckoptimismus« eine Politik betrieben hatte, deren zentrale Aufgabe zuallererst darin bestand, die jüdische Gemeinschaft in Deutschland zu stärken und ihr in der Krise Kraft und Rückhalt zu verleihen.[329] Die Reichsvertretung als jüdische Dachorganisation stellte in jenen Jahren die drei Aufgabenbereiche der jüdischen Erziehung, der Umschulung und der Wohlfahrtspflege als wesentliche Merkmale jüdischer Gemeindearbeit in den Mittelpunkt ihrer Aktivitäten und sah die Förderung der Auswanderung von nachrangiger Bedeutung an.

Selbstverständlich spielte bei der Entscheidung zur Auswanderung neben den äußeren Faktoren letztlich auch die innere Einstellung die entscheidende Rolle.[330] Als sich im Verlauf des Jahres 1938 die rechtliche und wirtschaftliche Diskrimi-

---

[327] Die jüdische Emigration aus Deutschland 1933–1941. Die Geschichte einer Austreibung. Eine Ausstellung der Deutschen Bibliothek Frankfurt am Main unter Mitwirkung des Leo-Baeck-Instituts, New York. Ausstellung und Katalog: Brita Eckert. Frankfurt a. M.: Buchhändler-Vereinigung 1985 (Sonderveröffentlichungen der Deutschen Bibliothek; 15), S. 188.

[328] Shelomo Dov Goitein: Aron Freimann. A Personal Tribute. In: Freimann, Union Catalog of Hebrew Manuscripts and their Location (Anm. 144), S. VII–X, hier S. X schreibt: »Freimann was devoted to his German homeland, a sentiment he felt even more deeply in Germany's difficult years after 1918.« Vgl. John Vanhouten Dippel: Die große Illusion. Warum deutsche Juden ihre Heimat nicht verlassen wollten. Mit einem Vorwort von Alfred Grosser. Weinheim, Berlin: Beltz Quadriga 1997, der an Hand von sechs Einzelschicksalen die tiefe Verbundenheit der deutschen Juden mit ihrer Heimat beschreibt; Julius H. Schoeps: Das Gewaltsyndrom. Verformungen und Brüche im deutsch-jüdischen Verhältnis. Berlin: Argon 1998, S. 54ff.

[329] Plum, Deutsche Juden oder Juden in Deutschland (Anm. 298), S. 66ff.; siehe auch: Strauss, Jewish Immigrants of the Nazi Period (Anm. 313), Bd 6, S. 165ff.

[330] Der Nachlaß Aron Freimanns enthält keine persönlichen Briefe und Aufzeichnungen, durch welche sich Freimanns innerfamiliäre Entscheidungsprozesse in bezug auf die Emigration nachvollziehen lassen. Deshalb beschränkt sich dieses Kapitel auf die Darstellung der belegten, konkret unternommenen Emigrationsbemühungen. Für eine Charakterisierung der psychischen Situation wird auf die autobiographischen Aufzeichnungen anderer Emigranten zurückgegriffen, die sich in einer ähnlichen Situation befanden.

nierung der Juden zur offenen Gewalt und Verfolgung steigerte, muß bei den Freimanns der Beschluß gefallen sein zu emigrieren.[331] Diese Entscheidung muß ihm im relativ hohen Alter von 67 Jahren, nach einer lebenslangen Tätigkeit an der Frankfurter Bibliothek und im Rahmen der Israelitischen Gemeinde, sicherlich schwergefallen sein und erst spät hat er damit begonnen, die vorgeschriebenen Auswanderungsformalitäten in Angriff zu nehmen. Die Möglichkeiten zur Auswanderung hatten sich mittlerweile drastisch verschlechtert.[332]

Am 1. Mai 1938 emigrierte die einzige Tochter Helene mit ihrem Mann Menny Rapp und den zwei Kindern in die USA.[333] Dies muß für Aron Freimann der entscheidende Anstoß zur Auswanderung gewesen sein. Die ersten Zeugnisse von konkreten Ausreisebemühungen aus Deutschland stammen vom August 1938. Zu diesem Zeitpunkt hatte sich die Lage weiter verschlechtert, und unter den noch in Deutschland verbliebenen Juden herrschte bereits eine Untergangsstimmung, die ein Überlebender mit den Worten »Rette sich wer kann« beschrieb.[334] Die zahlreichen konkreten Anstrengungen, die von den Freimanns wie von allen anderen Ausreisesuchenden unternommen wurden und die sich in den Dokumenten erhalten haben, spiegeln das ganze Ausmaß der nationalsozialistischen Willkürherrschaft einerseits und der unbarmherzigen amerikanischen Bürokratie andererseits wider.

Zur raschen Erlangung eines Visums für sich und seine Frau für die Einreise in die USA wandte sich Freimann an seine Kollegen in verschiedenen Institutionen im Ausland, mit denen er in den zurückliegenden Jahren zusammengearbeitet hatte. Als erstes nahm er Kontakt mit der Bibliotheca Apostolica Vaticana auf, zu deren führenden Vertretern er sehr enge persönliche Beziehungen unterhielt und von denen er sich im Rahmen der Einflußmöglichkeiten der Katholischen Kirche die effektivste Unterstützung seiner Ausreisepläne erhoffte. Während seiner Studienreisen zu Zwecken der Katalogisierung hebräischer Handschriften im ersten Jahrzehnt des 20. Jahrhunderts hatte Freimann den damaligen Bibliothekar an der Bibliothek Ambrosiana in Mailand, Achille Ratti, kennengelernt, der 1922 als Pius XI. zum Papst gewählt wurde.[335] Durch

---

[331] Kropat, Reichskristallnacht (Anm. 302), S. 31ff. stellt fest, daß seit dem ›Anschluß‹ von Österreich am 12. März 1938 eine radikale Verschärfung der NS-Judenpolitik eintrat und die Gewalt- und Terrormaßnahmen gegen Juden legalisiert wurden.

[332] Benz, Das Exil der kleinen Leute (Anm. 312), S. 25.

[333] Jüdisches Museum Frankfurt a. M., Personenkartei. Rapp war von 1933 bis 1938 Chefarzt der chirurgischen Abteilung im Rothschild-Hospital, das der Israelitischen Gemeinde unterstand.

[334] Kurt R. Grossmann: Emigration. Geschichte der Hitlerflüchtlinge 1933–1945. Frankfurt a. M.: Europäische Verlags-Anstalt 1969, S. 114.

[335] Vgl. Salvador Miranda: The Cardinals of the Holy Roman Church. A Digital Resource. ⟨http://www.fiu.edu/~mirandas/cardinals.htm⟩ (06.08.2004). Achille Ratti (1857–1939) fungierte von 1888 bis 1907 als Mitarbeiter und von 1907 bis 1911 als Präfekt der Bibliothek Ambrosiana in Mailand. Von 1912 bis 1914 war er stellvertretender und von 1914 bis 1919 Präfekt der Bibliotheca Apostolica Vaticana. 1921 wurde er zum Kardinal ernannt, 1922 zum Papst gewählt. Elias, Aharon

seine häufigen Aufenthalte in der Vatikanischen Bibliothek kannte er auch dessen Vorgänger im Amt des Präfekten, den Jesuiten Franz Ehrle.[336]

Sehr gute Beziehungen unterhielt Freimann zu Kardinal Eugène Tisserant, dem stellvertretenden Präfekten der Vatikanischen Bibliothek in den dreißiger Jahren, der im Auftrage von Papst Pius XI. für die auswärtigen Beziehungen des Vatikans zuständig war.[337] Freimann hatte den Briefkontakt mit Tisserant über die Jahre aufrecht erhalten, und Tisserant hatte ihn 1931 in Frankfurt besucht.[338] Im Sommer 1939 wandte sich Freimann in einem Brief an Kardinal Eugène Tisserant und bat ihn um seine Hilfe.[339] Kardinal Tisserant sicherte Freimann

---

Freimann (Anm. 57), S. 409 berichtet, daß Papst Pius XI. Freimann bei seinen späteren Aufenthalten in der Vatikanischen Bibliothek informell im Lesesaal aufsuchte und lange Fachgespräche mit ihm führte. Auf diese Weise ersparte der Papst Freimann das laut päpstlichem Protokoll erforderliche Niederknien vor dem Papst, das die jüdische Religion verbietet und das Freimann als orthodoxen Juden in Gewissenskonflikte gestürzt hätte. Trotz mehrfacher Anfragen beim heutigen Präfekten der Vatikanischen Bibliothek, Raffaele Farina, konnte diese Geschichte nicht verifiziert werden. Laut Brief von Dresner vom 5. Juli 1989, traf der Papst des öfteren mit Freimann in der Vatikanischen Bibliothek unter Umgehung des offiziellen Protokolls zusammen und sprach mit ihm über seine Arbeit.

[336] Raphael M. Huber: Francis Cardinal Ehrle, S. J. 1845–1934. In memoriam. In: The Catholic History Review 20 (1934), S. 175–184. Franziskus Ehrle (1845–1934) war von 1895 bis 1914 Präfekt der Vatikanischen Bibliothek und trug seit 1929 den Titel Bibliothekar und Archivar der Heiligen Römischen Kirche.

[337] Eugène Gabriel Cerraus Laurent Tisserant (1884–1972) arbeitete seit 1904 an der Vatikanischen Bibliothek und wurde 1930 zum stellvertretenden Präfekten unter Giovanni Mercati ernannt. Seit 1936 war er Kardinal und seit 1957 trug er die Bezeichnung Bibliothekar und Archivar der Heiligen Römischen Kirche. Ende der 1920er Jahre arbeitete Tisserant mit drei weiteren Kollegen von der Vatikanischen Bibliothek im Rahmen eines Förderprogramms der Carnegie-Stiftung für einige Zeit an der Library of Congress und war gemeinsam mit seinem amerikanischen Kollegen William Warner Bishop ausschlaggebend an der Einführung eines modernen Katalogsystems an der Vatikanischen Bibliothek beteiligt. Vgl. Leonard Eugene Boyle: The Vatican Library. In: Rome Reborn. The Vatican Library and Renaissance Culture. Ed. by Anthony Grafton, New Haven 1993, S. XI–XX.

[338] Bibliotheca Apostolica Vaticana, Brief von Tisserant an Freimann vom 19. September 1938. Der Text lautet: »Sehr verehrter Herr Professor, wie Sie mich in ihrem undatierten Brief, welcher während meiner Ferien eingetroffen ist, gebeten haben, habe ich Herrn Dr. William Warner Bishop, Bibliothekar der Universität von Michigan, geschrieben, und ihm ihr Anliegen eindringlich anempfohlen. Ich habe Dr. Bishop Ihre Adresse mitgeteilt, damit er direkt mit Ihnen konferieren kann. / Ich wünsche Ihnen, sehr verehrter Herr Professor, guten Erfolg und ich bleibe stets in dankbarer Erinnerung Ihrer Arbeit für die Vatikanische Apostolische Bibliothek als auch Ihrer freundlicher Aufnahme in Frankfurt im Jahr 1931 und bitte Sie, mich stets zu betrachten als Ihr aufrichtig ergebener Eugenio Card. Tisserant.« (Übers. aus dem Italienischen von A. Sorbello Staub)

[339] Nachlaß Aron Freimann. Wie aus dem Antwortschreiben von Tisserant an Freimann vom 19. September 1938 hervorgeht, muß Freimann im August oder September geschrieben haben.

seine Unterstützung zu und setzte sich, wie die Quellen belegen, intensiv dafür ein, für Freimann die Einwanderung in die USA und den dortigen Lebensunterhalt zu erledigen.

Tisserants Bemühungen waren letztendlich für das Gelingen der Einwanderung der Freimanns ausschlaggebend.[340] Zum einen wandte sich Tisserant seinerseits an den ihm persönlich vertrauten, bedeutenden amerikanischen Bibliothekar William Warner Bishop, der Bibliothekar in Princeton und an der Library of Congress gewesen war, in den Jahren 1918/1919 die Funktion des Präsidenten der American Library Association (ALA), des amerikanischen Bibliotheksverbandes ausgeübt hatte und seit 1915 als Bibliotheksdirektor der Universität Michigan in Ann Arbor amtierte.[341] Bishop zählte zu den einflußreichsten Persönlichkeiten im amerikanischen Bibliothekswesen und unterhielt sehr enge Beziehungen zur Vatikanischen Bibliothek und zu Eugène Tisserant.[342] Auf Anraten von Tisserant schrieben auch Freimanns Freunde und Kollegen in den USA, Alexander Marx und Walter Rothmann ihrerseits Empfehlungsbriefe an Bishop, um die Angelegenheit zu beschleunigen.[343] Zum anderen wandte sich Tisserant auch direkt an den Erzbischof von Detroit, Edward Mooney mit der Bitte, ihm bei der Einwanderung von Freimann in die USA behilflich zu sein.[344]

---

[340] Brief von Samuel Dresner an Rachel Heuberger vom 12. Mai 1986.

[341] C. Glenn Sparks: Doyen of Librarians. A Biography of William Warner Bishop. Metuchen, London: Scarecrow 1993. Zu seinen Beziehungen zu Tisserant siehe insbes. Kapitel 8, S. 209–250.

[342] Bishop war in den Jahren 1926 bis 1931 im Rahmen der Carnegie-Stiftung als Berater der Vatikanischen Bibliothek tätig. Er hatte mehrere Male die Bibliothek besucht und entscheidend am Aufbau des modernen Katalogs der Vatikanischen Bibliothek nach dem Vorbild der Library of Congress mitgewirkt. In dieser Funktion hatte er über die Jahre eng mit Tisserant zusammengearbeitet, dem er den Erfolg der Reformen in der Vatikanischen Bibliothek zuschrieb. Bishop bewunderte Tisserant als einen Bibliothekar mit überragenden Fähigkeiten, und seit Tisserants Besuch in den USA entwickelten sich sehr enge Beziehungen zwischen diesen beiden Bibliothekaren. Im Februar 1930 schrieb Bishop an einen Kollegen über Tisserant: »I regard him as one of the most capable men of my acquaintance. I very much wish that we had some people like him in the United States. I may tell you that if he were not so completely devoted to the Vatican Library, there are at least three American libraries which would be only too glad to secure his services. I could use him right here today. Yale actually offered him a position three years ago and renewed the offer last year, if I may trust gossip. (Tisserant has never told me about this).« Zit. in: Sparks, Doyen of Librarians (letzte Anm.), S. 242. An Tisserant schrieb Bishop im Sommer 1930: »I often wish that we might have you on one of our trips, for I think you would enjoy the complete change from the European scene.« (Ebd., S. 242)

[343] Nachlaß Aron Freimann, Brief von Tisserant an Freimann vom 6. Dezember 1938.

[344] Baron, Introduction (Anm. 144), S. III: »I still vividly recall a visit I paid to Mr. Fred Butzel, at that time the outstanding Jewish communal leader in Detroit. After discussing with him other aspects of Jewish life, I was shown by my host the copy of a letter written by Cardinal Eugène Tisserant to Archbishop Edward Mooney of Detroit. In this letter Tisserant, at that time chief librarian of the Vatican library and a distin-

Gleichzeitig wandte sich Freimann auch an Bernard Revel, den Präsidenten des Rabbi Isaac Elchanan Theological Seminary and Yeshiva College, des Gründungsinstituts der späteren Yeshiva University in New York mit der Bitte um Hilfe bei der Einwanderung in die USA und um die Zusage einer Lehrtätigkeit am Seminar.[345] Er schrieb:

> Die Lehrtätigkeit an Ihrer Anstalt wäre eine Aufgabe, die mich befriedigen und hoffentlich auch Sie zufrieden stellen würde. Erwägen Sie bitte, ob Sie in Verbindung mit den Herren Prof. Marx vom Jewish Theological Seminary, Bloch von der Public Library und Shapiro in Washington mein Gesuch an die Einwanderungsbehörde resp. die in Betracht kommenden Behörden stellen wollen, in den besonders hervorgehoben werden sollte, dass meine Befähigung für dieses Fach so ist, dass in USA kein Gleichwertiger zu finden ist.[346]

Unterstützt wurde er insbesondere von seinem Kollegen Alexander Marx, der sich intensiv bei jüdischen Institutionen in den USA darum bemühte, für Freimann eine feste Stelle zu beschaffen, was die Voraussetzung für die Ausstellung eines »Non-Quota-Immigrants-Visums« war. Marx intervenierte deshalb auch mit einem Empfehlungsschreiben direkt beim amerikanischen Generalkonsulat in Stuttgart.[347] In diesem Schreiben hob Marx seine langjährige Bekanntschaft mit Freimann hervor, mit dem er bereits seit über dreißig Jahren in

---

        guished Orientalist in his own right, inquired from the archepicopal leader in Detroit about the possibilities of Professor Freimann being brought to the United States.«

[345] Vgl. Sidney Benjamin Hoenig: Rabbinics and Research. The Scholarship of Dr. Bernard Revel. New York: Yeshiva University Press 1968 (Studies in Judaica, 2). Bernard Revel (1885–1940) war seit 1915 Leiter des Rabbi Isaac Elchanan Theological Seminary sowie seit 1928 des von ihm begründeten Yeshiva College. Er zählte zu den führenden Pädagogen und Gelehrten der modernen Orthodoxie in den USA. Vgl. Jeffrey S. Gurock: The Men and Women of Yeshiva. Higher Education, Orthodoxy and American Judaism. New York: Columbia University Press 1988; Gilbert Klaperman: The Story of Yeshiva University. In: American Jewish Historical Society Quarterly 54 (1964), S. 5–50. Nach dem Zweiten Weltkrieg erhielt der Zusammenschluß der Institute unter dem Namen Yeshiva University den Status einer Hochschule zuerkannt, welche die wissenschaftliche Lehrstätte der Orthodoxie in den USA darstellt.

[346] Brief von Aron Freimann an Bernard Revel vom 22. September 1938 und folgende Dokumente im Nachlaß Aron Freimanns. Alexander Marx war Bibliothekar am Jewish Theological Seminary, Joshua Bloch war Leiter der Judaica-Abteilung der New York Public Library.

[347] Brief von Alexander Marx an den Generalkonsul in Stuttgart vom 15. November 1938. Der Text lautete: »Dear Sir: I understand that Professor Aaron Freimann of Frankfurt has been called to the Isaac Elchanan Theological Seminary. Professor Freimann is known to me for more than three decades as an outstanding authority in the fields of Hebrew Bibliography and Jewish Literature. He has published many very important contributions which are indispensable to all workers in these subjects. Professor Freimann's coming to this country would be welcomed by many American scholars as he with his wide knowledge and experience has much to contribute to bibliographical research. To me personally his cooperation in cataloguing the greatest collection of Hebrew manuscripts in the world which is in the possession of the Seminary library would be particularly valuable.«

Kontakt stand, und betonte dessen außergewöhnlichen Kenntnisse auf dem Gebiet der hebräischen Bibliographie und der jüdischen Literatur. Er wies darauf hin, daß die Arbeit der amerikanischen Gelehrten durch Freimanns Forschungen wesentlich vorangetrieben würde, wobei er insbesondere auch auf dessen Handschriftenkenntnisse einging.

Diese Bemühungen waren insofern erfolgreich, als Freimann am 27. Oktober 1938 vom Yeshiva College zum Professor für Jüdische Literatur berufen wurde.[348] Ein Telegramm mit dieser Nachricht traf am 21. November 1938 bei Freimann in Frankfurt ein, woraufhin dieser in das amerikanische Generalkonsulat nach Stuttgart fuhr, um die Formalitäten zu regeln.[349] Die Reise erwies sich jedoch als vergeblich, da das Generalkonsulat in Stuttgart das Stellenangebot des Yeshiva College nicht als Voraussetzung des »Non-Quota-Immigrants-Visums« akzeptierte, mit der Begründung, Freimann könne keinen Nachweis darüber erbringen, daß er in den beiden vorangegangenen Jahren regulären Unterricht erteilt hatte. Daraufhin wandte sich Bernard Revel an das Arbeitsministerium in Washington mit der eindringlichen Bitte, dieses möge beim Generalkonsul in Stuttgart intervenieren. Revel begründete den fehlenden Nachweis mit dem Hinweis, daß Freimann bereits pensioniert sei, und berief Freimann statt dessen auf eine wissenschaftliche Forschungsstelle an das College.[350]

Parallel dazu setzte auch Bishop seine Bemühungen in den USA fort und sandte Freimann ein Telegramm, in dem er ihm von seinen laufenden Verhandlungen, die noch zu keinem abschließendem Ergebnis geführt hätten, in Kenntnis setzte.[351] Binnen kurzer Zeit gelang es Bishop für Freimann ein Sti-

---

[348] Offizielles Schreiben vom 27. Oktober 1938 unterzeichnet von Bernard Revel. Revel half mehreren jüdischen Wissenschaftlern in die USA zu emigrieren. Dem Bruder von Guido Kisch, einem Medizinprofessor, verschaffte er ebenfalls ein Affidavit, siehe Guido Kisch: Der Lebensweg eines Rechtshistorikers. Erinnerungen. Sigmaringen: Thorbecke 1975, S. 119. Freimann sollte seine Vorlesungen sofort zum Wintersemester 1938/39 aufnehmen, das Gehalt sollte 2.500 Dollar betragen. Die Angabe des Gehaltes war lediglich für das amerikanische Konsulat bestimmt und scheint nicht ausgezahlt worden zu sein. Dieses Gehalt wird bei den späteren Anträgen an das Emergency Committee nicht erwähnt.

[349] Brief des amerikanischen Konsuls in Frankfurt, Emil Sauer, an Bernard Revel vom 21. November 1938. Therese Freimann hatte den amerikanischen Konsul in Frankfurt zur Regelung der Angelegenheit aufgesucht. Dieser hatte darauf hingewiesen, daß lediglich das Generalkonsulat in Stuttgart die zuständige Stelle für die Emigration in die USA war.

[350] Brief von Bernard Revel, Präsident des Yeshiva College an das Arbeitsministerium in Washington vom 9. Dezember 1938 mit der Bitte um Intervention beim amerikanischen Generalkonsul in Stuttgart. Darin betonte Revel erneut die außerordentliche Leistung von Prof. Freimann auf dem Gebiet der hebräischen Bibliographie und der jüdischen Literatur. »Prof. Freimann is such an outstanding specialist in the fields of Hebrew bibliography and Jewish literature that I extend a call to Professor Freimann as a research worker [...].«

[351] Das Telegramm von Bishop vom 31. November 1938 lautete: »Negotiations pending. Bishop.«

pendium des Mendelssohn-Trust in Detroit zu erringen, das ihm eine jährliche Zuwendung von 1.000 Dollar zusicherte und damit die finanzielle Basis für seine wissenschaftliche Forschungstätigkeit schuf.[352]

Die American Academy for Jewish Research, die es sich zur Aufgabe gemacht hatte, die jüdische Wissenschaft durch die Bearbeitung hebräischen Quellenmaterials zu fördern, ernannte daraufhin in der Sitzung ihres Exekutivkomitees am 4. Dezember 1938 Aron Freimann zum Forschungsmitglied für Hebräische Bibliographie für die Dauer von zwei Jahren.[353] Als Mitglied der Akademie sollte es Freimann ermöglicht werden, in Absprache mit den Kollegen, seine wissenschaftlichen Forschungen fortzuführen und deren Ergebnisse zu veröffentlichen. Als Gegenleistung bestand die Akademie auf den alleinigen Veröffentlichungsrechten der Forschungsergebnisse, sei es in den *Proceedings* der Akademie oder als eigenständige Publikationen. Diese zusätzliche Berufung auf eine ausdrückliche Forschungstätigkeit wurde von Louis Ginzberg, dem Präsidenten der Akademie, ebenfalls in Kopie an den amerikanischen Generalkonsul in Stuttgart gesandt, mit der Absicht, den fehlenden Nachweis einer kontinuierlichen Lehrtätigkeit in den vorausgegangenen Jahren aus dem Weg zu räumen und die Erteilung des »Non-Quota-Immigrants-Visums« für Freimann zu beschleunigen.[354]

---

352 Brief von Louis Ginzberg an Freimanns Schwiegersohn Menny Rapp vom 4. Dezember 1938, in dem er ihm mitteilt, daß die Akademie am selben Vormittag beschlossen hat, Freimann als Forschungsmitglied mit einem jährlichen Stipendium von 1.000 Dollar zu berufen, »[...] provided that this annual sum is guaranteed the Academy by the friend of Dr. Freimann who has expressed his willingness to contribute toward his maintenance«. Aus den anderen Dokumenten, insbesondere Freimanns Dankesschreiben nach seiner Ankunft in den USA an Bishop läßt sich schließen, daß es sich bei dem »Freund« um Bishop handelt.

353 Brief von Louis Ginzberg, Präsident der American Academy for Jewish Research an Aron Freimann vom 14. Dezember 1939. Die Tätigkeit sollte am 1. Januar 1939 beginnen und war mit einem Stipendium in Höhe von 2.000 Dollar jährlich verbunden, im Gegensatz zu den angekündigten 1.000 Dollar in dem Brief an den Schwiegersohn. Zur Geschichte der Akademie, die von führenden jüdischen Gelehrten 1920 nach europäischem Vorbild gegründet worden war, vgl. Eli Ginzberg: Keeper of the Law. Louis Ginzberg. Philadelphia: The Jewish Publication Society of America 1966, S. 165ff. In den alljährlich herausgegebenen Proceedings der Akademie wurden die Arbeiten der Mitglieder veröffentlicht. Unter der Präsidentschaft von Louis Ginzberg und Salo W. Baron als Sekretär ließ die Akademie in der Zeit des Nationalsozialismus ihre Beschränkung auf hebräisches Quellenmaterial zeitweise fallen, um jüdischen Gelehrten aus anderen Wissensgebieten Forschungstätigkeiten zu ermöglichen vgl. Kisch, Der Lebensweg eines Rechtshistorikers (Anm. 347), S. 122, der damals als erster in das Erweiterungsprogramm einbezogen wurde und ein einjähriges Forschungsstipendium erhielt, um seine judaistischen rechtshistorischen Studien fortzuführen.

354 Brief von Louis Ginzberg an Menny Rapp vom 4. Dezember 1938: »We hope that our supplementary invitation will induce the American Consul in Stuttgart to grant Dr. Freimann a non-quota immigrant visa inasmuch as his status as Research Fellow of the Academy will not be subject to the same difficulties as those of teacher in view of the fact that he has not been engaged in teaching.«

Der Novemberpogrom 1938, an dem es auch in Frankfurt zu massiven Aus-
schreitungen und Gewaltmaßnahmen gegen die Juden gekommen war, stellte
einen deutlichen Einschnitt innerhalb der nationalsozialistischen Judenpolitik
dar.[355] Auch von den Juden wurden diese Ereignisse als der »Beginn des Unter-
gangs des deutschen Judentums« verstanden.[356] Die sich hinziehenden Formalitäten um die Visum-Erteilung haben Freimann sicherlich unter zusätzlichen
psychischen Druck in Sorge um sein Leben und seine Sicherheit und die seiner
Familienangehörigen gesetzt. Als Vorstandsmitglied der Israelitischen Gemeinde
hatte er genaue Kenntnisse über die Ereignisse und wußte, daß in Frankfurt fast
alle männlichen Juden verhaftet worden waren und alle jüdischen Einrichtungen
fortan unter die Kontrolle der städtischen Behörden gestellt wurden.

Da sich die Erteilung des »Non-Quota-Immigrant-Visums« in die USA ver-
zögerte, bemühte sich Freimann zusätzlich um die Erlangung eines »Affidavit of
Support«, einer Bürgschaft, welche ihm die Einreise in die USA innerhalb der
Quote ermöglicht hätte. Zu diesem Zweck wandte sich Dr. Julius Blau, der Vor-
standsvorsitzende der Israelitischen Gemeinde Frankfurt, an die jüdische Aus-
wanderungshilfsorganisation HICEM in Paris.[357] Gleichzeitig bemühte sich
Freimann noch von Deutschland aus vergeblich um weitere Stipendienzusagen,
was auf die großen Sorgen hinweist, die er sich um seinen zukünftigen Lebensunterhalt machte.[358] Im Gegensatz zu den vergeblichen Bemühungen ein »Non-
Quota-Immigrant-Visum« zu erhalten, führten die Gesuche über das Pariser
Büro der HICEM dazu, daß Freimann im Januar 1939 ein Affidavit für die USA
erhielt und infolgedessen auch ein Visum.[359]

---

[355] Vgl. Wippermann, Das Leben in Frankfurt zur NS-Zeit (Anm. 308), S. 97–107;
Kropat, Reichskristallnacht (Anm. 302), S. 147ff. über die »unbeschreibliche
Grausamkeit« der Vorgänge.

[356] Herbert N. Kruskal: Erinnerungsbericht [1961]. In: Dokumente zur Geschichte der
Frankfurter Juden (Anm. 297), S. 28–32, Zitat S. 32.

[357] Nachlaß Aron Freimann, Antwortschreiben von James Bernstein an Julius Blau
vom 16. Januar 1939 in dem er auf zwei Briefe Bezug nimmt, die Blau am 2. und
am 19. Dezember 1938 in der Ausreiseangelegenheit Freimann geschrieben hatte.
Die HICEM, deren Name für die Fusion der beiden großen jüdischen Auswande-
rungshilfsorganisationen HIAS (Hebrew Sheltering and Immigrant Aid Society of
America) und ICA (Jewish Colonisation Association) im Jahre 1927 steht, war die
zentrale Verwaltungsstelle für die jüdische Auswanderung mit Ausnahme Palästinas und organisierte in Europa insbesondere das Überseeprogramm, indem sie Bürgschaften für die Auswanderer stellte und die technischen Details, etwa der Schiffs-
passagen, regelte. In Frankreich war die HICEM an der Organisation des französischen Hilfswerks für die jüdischen Emigranten beteiligt (vgl. Wetzel, Auswanderung aus Deutschland [Anm. 312], S. 442–445).

[358] Nachlaß Aron Freimann, Brief von James Bernstein an Julius Blau vom 16. Januar
1939 sowie Antwortbriefe Freimanns vom 22. Januar und 1. Februar 1939. Freimann versuchte vergeblich ein Studienstipendium von der Israel Matz Foundation
zu erlangen.

[359] Auch in diesem Fall war die Durchführung der Formalitäten mit zahlreichen Schwierigkeiten verbunden. Das von Abraham Herman, dem Präsidenten der HIAS persön-

Bereits mit Beginn des Jahres 1938 hatte der Andrang der jüdischen Emigranten vor dem amerikanischen Konsulat in Stuttgart dazu geführt, daß die vergebenen Nummern zur Vorsprache der Antragsstellung eine mehrmonatige Wartezeit bedeuteten und damit die Auswanderung weiterhin verzögerten. Deshalb versuchte Freimann so schnell wie möglich Übergangsvisa in die europäischen Nachbarländer zur Ausreise aus Deutschland zu erlangen. Zu diesem Zweck wandte er sich an den ihm persönlich bekannten französischen Oberrabbiner Michel Liber sowie an den englischen Oberrabbiner Joseph Herman Hertz.

Michel Liber, der französische Oberrabbiner, erklärte sich sofort bereit Freimann in Frankreich aufzunehmen und eine Bürgschaft für seinen zeitweiligen Aufenthalt im Lande zu stellen sowie beim französischen Außenministerium in diesem Sinne vorstellig zu werden.[360] Daraufhin reichte Freimann am 22. Dezember 1938 seinen Antrag auf Einreiseerlaubnis nach Paris beim französischen Konsul in Frankfurt ein.[361] Dem englischen Oberrabbiner Dr. Joseph Herman Hertz gelang es, über den von ihm geleiteten Chief Rabbi's Religious Emergency Fund beim britischen Innenministerium ebenfalls die Erlaubnis für einen vorübergehenden Aufenthalt in England zu erlangen.[362] Am 20. Januar 1939 gingen die Permits an das britische Konsulat in Frankfurt ab, und am 31. Januar 1939 erhielt Freimann vom britischen Generalkonsul die zur Vorlage bei den zuständigen deutschen Behörden zur Ausstellung der Reisepässe für sich und seine Frau notwendige Bescheinigung.[363]

Am 7. Februar 1939 teilte Freimann seinem Dienstherrn, dem Frankfurter Oberbürgermeister, schriftlich mit, daß er auf Grund der »zu hohen Nummer im amerikanischen Generalkonsulat in Stuttgart« über England in die USA auszuwandern plane und bat »um Genehmigung, seinen Wohnsitz ins Ausland zu verlegen«.[364] Des weiteren bat er darum, seine Pensionsbezüge beibehalten zu dürfen und mit dem Geld zwei in Deutschland lebende Verwandte zu unterstützen.[365]

---

lich unterzeichnete Affidavit, traf zwar wie zugesagt ein, mußte allerdings wieder zurückgesandt werden, denn »es ist leider nicht notariell beglaubigt, und wird vom amerikanischen Konsulat beanstandet werden« (vgl. Brief von Aron Freimann an James Bernstein vom 1. Februar 1939 aus Paris sowie Freimanns Dankesbrief an Bernstein vom 21. Februar 1939.

[360] Nachlaß Aron Freimann, Brief von Michel Liber an Aron Freimann vom 13. Dezember 1938.

[361] Nachlaß Aron Freimann, Brief von Aron Freimann an Michel Liber vom 23. Dezember 1938: »Sehr geehrter Herr Grand Rabbin! Hierdurch möchte ich Ihnen mitteilen, dass ich gestern dem hiesigen französischen Konsul meinen Antrag auf Einreiseerlaubnis nach Paris übergeben habe.«

[362] Nachlaß Aron Freimann, Brief des Chief Rabbi's Religious Emergency Fund vom 9. Dezember 1938 an Aron Freimann.

[363] Nachlaß Aron Freimann, Dokumente vom 20. und 31. Januar.

[364] Institut für Stadtgeschichte (ehemals Stadtarchiv), Frankfurt am Main, Personalakte Aron Freimann.

[365] Ebd. Es handelte sich um seine in Prenzlau lebende verwitwete Schwester Frieda Csapski und seine in Frankfurt lebende verwitwete Schwägerin Recha Horovitz.

Im Dezember 1938 waren mit der 7. Verordnung zum Reichsbürgergesetz die Ruhegehälter ausgeschiedener jüdischer Beamter herabgesetzt worden.[366] Dem Anliegen von Freimann, seinen Verwandten finanzielle Unterstützung zu gewähren, wurde stattgegeben, hierzu mußten die Bezüge bei einer inländischen Devisenbank, der Dresdner Bank, auf ein Sonderkonto »Versorgungsbezüge« eingezahlt werden.

Vor der endgültigen Ausreise der Juden aus Deutschland stand die Erledigung einer Vielzahl von Formalitäten und das Herbeischaffen zahlreicher Bescheinigungen, oft verbunden mit mühsamen und unangenehmen Behördengängen. Die Freimanns mußten – wie alle anderen Emigranten auch – der Devisenstelle eine lange Liste von »Unbedenklichkeitsbescheinigungen, Vermögensaufstellungen und eidesstattlichen Erklärungen« abliefern, ehe ihnen ihre Reisedokumente ausgestellt wurden.[367] Zusätzlich zu den amtlichen Bescheinigungen mußten detaillierte Listen der Gegenstände, die man beabsichtigte ins Ausland mitzunehmen, angefertigt und eingereicht werden.[368] Am 5. März 1939 sandte Freimann der zuständigen Behörde in einem Schreiben die geforderten Unterlagen und die ausführlichen Aufstellungen des Umzugsgutes zu und bat um die Erteilung der Reise- und Ausfuhrgenehmigung. In seinem Brief erinnerte er an seine jahrelange Tätigkeit für die Stadt Frankfurt und versuchte mit dem Hinweis auf seine Verdienste einen positiven Bescheid der Behörden für sein Anliegen zu erlangen. Er schrieb:

---

[366] Die Juden in Deutschland 1933–1945. Leben unter nationalsozialistischer Herrschaft. Hg. von Wolfgang Benz. München: Beck 1988, S. 747, Verordnung vom 5. Dezember 1938. Vgl. Konrad Kwiet: Nach dem Progrom. Stufen der Ausgrenzung. In: ebd., S. 545–574; Barkai, Vom Boykott zur »Entjudung« (Anm. 308); Siegfried Wurm: Die finanzielle Vernichtung der Juden im Dritten Reich. Wie vollzog sich der Griff der Nationalsozialisten nach dem jüdischen Vermögen. Eine dokumentarische Skizze. Berlin: Kronen-Verlag 1999. Außerdem war mit der Verordnung über den Einsatz jüdischen Vermögens vom 3. Dezember 1938 festgelegt worden, daß Bargeld, Wertpapiere, Schmuck und andere Wertgegenstände auf Sperrkonten zu deponieren waren und jede Verfügung über diese Konten durch den Inhaber von den Behörden genehmigt werden mußte. Mit den nach dem Novemberpogrom erlassenen wirtschaftlichen »Maßnahmen« wurde die Vernichtung der wirtschaftlichen Existenz der Juden eingeleitet,.

[367] Hessisches Hauptstaatsarchiv, Wiesbaden, Abt. 519 / D Nr 901/39, Schreiben vom 5. März 1939 mit Bescheinigungen des Finanzamtes und der Stadtverwaltung, daß die Lohnsteuer und die sozialen Abgaben richtig abgeführt worden waren, eine detaillierte Vermögensaufstellung und die Versicherung, daß keine Schulden vorhanden waren.

[368] Ebd., Listen des Umzugsguts von Aron Freimann. Die Listen mußten in vierfacher Ausfertigung und gesondert nach dem Zeitpunkt der Anschaffung der einzelnen Gegenstände erstellt werden, und zwar je eine Liste für Dinge, die vor dem 1. Januar 1933, nach dem 1. Januar 1933 und nach dem 1. Januar 1938 angeschafft worden waren. Ebenso mußten gesonderte Listen nach Art der Mitnahme – Handgepäck, Reisegepäck und Passagiergut – angefertigt werden, auch diese in vierfacher Ausfertigung.

Erwähnen möchte ich, dass ich 38 Jahre im Dienste der Stadt Frankfurt gestanden habe. Ich habe in dieser Zeit nicht nur meine Pflicht als Bibliothekar voll und ganz erfüllt, sondern durch meine Bemühungen die Sammlung der Stadt durch Geschenke an Büchern und Handschriften von unschätzbarem Wert ganz außerordentlich bereichert. Ich bitte die Devisenstelle, mir die Genehmigung zur Mitnahme meines Umzugsgutes sowohl als Lift als auch als Reise- und Handgepäck zu erteilen.[369]

Die Erfüllung der notwendigen Formalitäten fiel Aron und Therese Freimann zunehmend schwerer, da ihre Gesundheit, zermürbt vom alltäglichen Terror, mittlerweile schwer geschädigt war. Wie Aron Freimann in einer Eingabe an den Regierungspräsidenten in Wiesbaden im Dezember 1938 schrieb, hatte er für die Behandlung seines Herzleidens und der Zuckerkrankheit seiner Frau im Jahre 1938 sein gesamtes Bankguthaben aufgebraucht.[370] Dieser Brief macht auch deutlich, wie sehr die Freimanns von den wirtschaftlichen Beschränkungen getroffen wurden, deren Ziel die angestrebte Vernichtung der wirtschaftlichen Existenz der Juden in Deutschland war. Zu seinem Glück erhielt Freimann, im Gegensatz zu den vielen mittlerweile erwerbslosen Angestellten und Geschäftsleuten, weiterhin seine Pension, die jedoch nicht ausreichte, um seine Krankheitskosten zu decken. In einem Schreiben vom 20. März 1939 erteilte der Reichsminister des Inneren die »Erlaubnis, daß Bibliotheksrat a. D. Aron Freimann seinen Wohnsitz für die Dauer von zwei Jahren nach den Vereinigten Staaten von Amerika verlegt«.[371]

Zu Beginn des Jahres 1939 führten auch die Anstrengungen zum Erfolg, die Therese Freimann im Jahr zuvor unternommen hatte, um in den Niederlanden eine vorübergehende Zufluchtsstätte zu finden und so die Ausreise aus Deutschland zu realisieren.[372] Niederländische Freunde von Thereses Familie hatten

---

369 Ebd., Brief von Aron Freimann an die Devisenstelle Abteilung S vom 5. März 1939.

370 Vgl. Wurm, Die finanzielle Vernichtung der Juden im Dritten Reich (Anm. 366), S. 62–65. Aron Freimann hatte, gemäß der Verordnung über die Anmeldung des Vermögens von Juden vom 26. April 1938, die von Juden eine genaue Vermögensaufstellung verlangte, diese am 27. April 1938 eingereicht. Hessisches Hauptstaatsarchiv, Wiesbaden, Abt. 519 / D Nr JS 2587, Brief von Aron Freimann an den Regierungspräsidenten in Wiesbaden vom 28. Dezember 1938. Dieser Brief diente der Korrektur seiner Vermögensangaben, da das im April angegebene Bankguthaben bis Ende Dezember 1938 wie er schrieb: »für die Bestreitung der durch meine Erkrankung (Herzleiden) und die Krankheit meiner Frau (Zuckerleiden) entstandenen Kosten verbraucht worden« war.

371 Institut für Stadtgeschichte (ehemals Stadtarchiv), Frankfurt am Main, Personalakte Aron Freimann, die ausdrückliche Festlegung der Erlaubnis der Wohnsitzverlegung in die USA und die Tatsache, daß Freimann sich zu Beginn des Monats Mai noch in England befand, hatten zur Folge, daß er für den Monat Mai keine Bezüge auf das Sonderkonto überwiesen bekam.

372 Vgl. Dutch Jews as Perceived by Themselves and others. Proceedings of the Eighth International Symposium on the History of the Jews in the Netherlands. Ed. by Chaya Brasz and Yosef Kaplan. Leiden u. a.: Brill 2001 (Brill's Series in Jewish Studies; 24); Dan Michman: The Jewish Refugees from Germany in the Netherlands 1933–1940 [hebr.]. (Diss.) Jerusalem 1978. Die Niederlande wurden nach Hit-

sich für die Einreise nach Holland eingesetzt und waren bereit, sie bei sich aufzunehmen und für sie während des Aufenthaltes zu sorgen.[373] Es war ihnen ebenfalls gelungen, die Unterstützung des Amsterdamer Wirtschaftsprofessors Herman Frijda, eines prominenten Vertreters der aschkenasischen jüdischen Gemeinde, der seit 1933 eine zentrale Rolle in der Organisation der jüdischen Flüchtlingshilfe in den Niederlanden innehatte, zu gewinnen.[374] Über das Berliner Büro der Flüchtlingshilfe, der »Zentralen Vertretung der Holländischen Comitees für Emigration und Hilfe von Juden und Nichtariern« unter Leitung von M. C. Slotemaker de Bruine erlangte Freimann die Einreisegenehmigung für Holland. In dem vom 28. Februar 1939 datierten Brief wurde ihm die Erteilung der Aufenthaltserlaubnis in Holland unter der Bedingung bestätigt, daß er während seines Aufenthaltes keine Arbeit annehmen würde. Dafür wurde ihm die Zusicherung eines »bescheidenen Lebensunterhaltes« gegeben.[375] Frijda wurde Freimanns Vertrauensmann, dem er die genauen Details der Reise mitzuteilen hatte. In dem amtlichen Schreiben hieß es:

> Es wird gefordert, daß Sie wenigstens drei Tage vor Ihrer Einreise Herrn Prof. Dr. H. Frijda in Amsterdam, Corellistrasse 3, genau den Tag Ihrer Einreise und den Zeitpunkt angeben, an dem Ihr Zug die holländische Grenze passiert.[376]

---

lers Machtübernahme zu einem der ersten Hauptziele der jüdischen Flüchtlinge aus Deutschland. In den Jahren 1933–1941 emigrierten an die 34.000 deutsche Juden in die Niederlande, von denen über die Hälfte weiteremigrierte. Zur Judenvernichtung in Holland vgl. »Niederlande«, in: Enzyklopädie des Holocaust. Die Verfolgung und Ermordung der europäischen Juden. Hg. von Israel Gutman. 3 Bde, Berlin: Argon 1993, Bd 2, S. 999ff.; Pinqas haq-qehillot. Das Register der Gemeinden. Holland [hebr.]. Jerusalem 1985, S. 60ff.; Bob Moore: Victims and Survivors. The Nazi Persecution of the Jews in the Netherlands 1940–1945. London u. a.: Arnold 1997; Gerhard Hirschfeld: Niederlande. In: Dimension des Völkermords. Die Zahl der jüdischen Opfer des Nationalsozialismus. Hg. von Wolfgang Benz. München: Oldenbourg 1991 (Quellen und Darstellungen zur Zeitgeschichte; 33), S. 137–165, dort weitere Literaturangaben.

373   Nachlaß Aron Freimann, Briefe von Frau Marle van Geldern an Therese Freimann vom 25. Januar und 24. Februar 1939. Eine weitere Verwandte, Frau Darmstädter, stellte den Freimanns ihr Haus in Hilversum für die Zeit des Aufenthaltes zur Verfügung.

374   Vgl. Michman, The Jewish Refugees from Germany in the Netherlands (Anm. 372), S. 267ff. und S. 545, Anm. 638 und 639. H. Frijda fungierte zudem als Sekretär des von ihm im Jahre 1933 mitbegründeten »Academisch Steunfonds«, einem Fluchthilfeverein für Akademiker und war Präsident des »International Intellectual Committee«. Frijda war der einzige, der sich aus prinzipiellen Gründen weigerte, dem im Februar 1941 auf Geheiß der Nazis errichteten »Judenrat« anzugehören, den er als Werkzeug der Nazis verstand (vgl. Jacob Presser: Ashes in the Wind. The Destruction of Dutch Jewry. Detroit: Wayne State University Press 1988, S. 48).

375   Nachlaß Aron Freimann, Brief von M. C. Slotemaker de Bruine an Aron Freimann vom 28. Februar 1939. Die tatkräftige Unterstützung durch die Freunde, die für alles sorgten, gab den Ausschlag für die Ausreise nach Holland.

376   Nachlaß Aron Freimann, Brief vom 28. Februar 1939.

Am 17. März 1939 stellte das Polizeikommissariat in Hilversum Aron Freimann und seiner Frau eine zeitweilige Aufenthaltsgenehmigung in den Niederlanden aus.[377] Damit war eine weitere kleine Hürde auf dem Weg zur Ausreise genommen. Nach Erhalt der Einreisegenehmigung setzte Freimann sofort seine Tochter und seinen Schwiegersohn von der bevorstehenden Ausreise in Kenntnis. Die Karte ist in knappen und sachlichen Worten geschrieben und bringt dennoch die psychischen Belastungen der Auswanderungsbemühungen zum Ausdruck.

> Meine gel.[iebten] Kinder! Wir haben jetzt die Einreisegenehmigung nach Holland. Wir warten sehnsüchtig auf pol.[izeiliches] Führungsattest um nach Amerika zu fahren. Man muss Geduld haben und die Nerven behalten.[378]

Am 12. April 1939 verließen Aron Freimann und seine Frau Therese endgültig Frankfurt am Main und Deutschland.[379] Sie gehörten damit zu den 7.101 in Frankfurt lebenden Juden, denen in den Jahren 1938 bis 1939 die Flucht aus Frankfurt gelang.[380] In ihrem Reisegepäck führten sie einen kleinen Teil ihres persönlichen Besitzes mit, der die üblichen Dinge wie Kleidungsstücke, Wäsche, Damenhüte, einige Bilder, einen Briefbeschwerer, »Nippes« und ein Opernglas enthielt. Außerdem war ein »Verdienstkreuz« genannt.[381] Zusätzlich zu den alltäglichen Reiseutensilien finden sich auch ganz spezielle Besitztümer, die ihre Besitzer als orthodoxe deutsche Juden auswiesen. Diese bestanden aus zwei Gebetsriemen mit Säckchen, zwei Gebetmänteln mit Beutel, ein Reisegebetbuch, zwei Hüten, zwei Perücken, sechs Kragen, zwei Schlipsen und Handschuhen. Des weiteren ein Cylinder mit Schachtel, ein Arba Kanfas und 2 Kappen.[382]

---

377 Nachlaß Aron Freimann. Die Aufenthaltsgenehmigung war zeitlich nicht befristet, doch wurde ausdrücklich der »*vorläufige* Verbleib in den Niederlanden in Erwartung der Emigration« gestattet (im Original unterstrichen). Die Aufenthaltsgenehmigung war von großer Bedeutung, da die illegal eingereisten Flüchtlinge in Lagern interniert wurden, u. a. ab 1939 im Zentrallager Westerbork.

378 Nachlaß Aron Freimann, Brief vom 20. März 1939.

379 Nachlaß Aron Freimann. In einem Brief von Aron Freimann an H. Frijda vom 29. März 1939, mit den genauen Reiseangaben, wird der 16. April als Reisedatum genannt. Demzufolge planten die Freimanns aus Frankfurt am 16. April 1939 um 7:57 Uhr abzureisen.

380 Dieter Schiefelbein: Reichskristallnacht. In: Pogromnacht und Holocaust. Frankfurt, Weimar, Buchenwald ... Die schwierige Erinnerung an die Stationen der Vernichtung. Hg. von Thomas Hofmann u. a. Weimar, Köln: Böhlau 1994 (Schriftenreihe der Arbeitsstelle Fritz-Bauer-Institut – Studien- und Dokumentationszentrum zur Geschichte und Wirkung des Holocaust; 5), S. 32–57, hier S. 54.

381 Hessisches Hauptstaatsarchiv, Wiesbaden, Abt. 519 / D Nr JS 2587 sowie Brief von Samuel Dresner an Rachel Heuberger vom 12. Mai 1986. Hierbei handelt es sich höchstwahrscheinlich um die Ehrenmedaille, die Therese Freimann von der Regierung für ihren Einsatz für das Vaterland während des Ersten Weltkrieges erhalten hatte.

382 Hessisches Hauptstaatsarchiv, Wiesbaden, Abt. 519 / D Nr JS 2587. Der Inhalt des Reisegepäcks ist typisch für die Bekleidung der damaligen orthodoxen Juden in Deutschland und vermittelt ein Bild ihrer Integration in das deutsche Bürgertum.

Ihre Wohnungseinrichtung mit den Teppichen, den Möbeln und den Haushalts-
gegenständen sollte von der Speditionsfirma Danzas verladen und ihnen nach
Erledigung aller Formalitäten in die USA nachgesandt werden.

Von Hilversum in den Niederlanden setzten die Freimanns ihre Reise nach
London fort, von wo aus sie in ihr Zielland USA emigrierten. Am 10. Mai verließen sie gemeinsam mit weiteren 175 jüdischen Flüchtlingen aus Deutschland
auf dem Schiff »Aquitania« der Cunard Schiffsgesellschaft England und erreichten am 16. Mai New York. In der jüdischen Presse wurde über Freimanns Auswanderung berichtet, was seine Anerkennung als weltweite Kapazität belegt.[383]
Auch in der amerikanischen Tagespresse wurde die Ankunft des Gelehrten
Freimann in den Artikeln, die täglich über die Ankunft der Flüchtlinge berichte-
ten, festgehalten und Freimann zu seiner persönlichen und zur allgemeinen politischen Situation in Deutschland interviewt. Aus Angst vor schädigenden Folgen
für die in Deutschland verbliebenen Familienangehörigen weigerte sich Freimann jedoch, Fragen über Deutschland zu beantworten. Mit der Bemerkung »It
would not help you and would hurt me« entzog er sich allen Auskünften und
betonte, er sei in die USA gekommen, um mit seinen Kindern zusammensein zu
können.[384] Ihre erste Unterkunft fanden die Freimanns bei ihren Kindern in New
York und zogen zunächst zu diesen in die West End Avenue Nr. 515.

3.3.2 Das Schicksal der Privatbibliothek

Seine wertvolle Privatbibliothek, die insgesamt an die 3.000 Buchtitel mit 3.600
bis 4.000 Bänden enthielt, hatte Freimann in seiner Wohnung zurückgelassen,
sie wurde mit der Wohnungseinrichtung zusammengepackt und nach Erhalt
der behördlichen Ausfuhrgenehmigung nachgesandt.[385] Die Sammlung hatte er

---

Während die Gebetsriemen und Gebetsmäntel sowie der Arba Kanfans (Schaufä-
den) zu den traditionellen Kleidungsstücken orthodoxer Männer zählen, ist der Zy-
linder ein Zeichen für die Anpassung an das deutsche Bürgertum. Die zwei Perücken
sind von Therese Freimann, die als verheiratete orthodoxe Jüdin ihr Haar bedeckte.

[383] Nachlaß Aron Freimann, Sammlung von Zeitungsausschnitten. Unter der Überschrift: »Auswanderung von Vorstandsmitgliedern« wird in der deutsch-jüdischen
Presse über Freimanns Emigration berichtet, der »mit seiner Gattin Frankfurt verlassen [hat], um einem an ihn ergangenen Ruf an eine New Yorker Hochschule zu
entsprechen.« Der Jewish Chronicle vom 5. Mai 1939 brachte einen kurzen Artikel
mit dem Titel »Dr. Aaron Freimann for New York« und hob seinen Weltruf hervor: »Dr. Freimann who is sixty-eight years old, has an international reputation as
an authority on Hebrew bibliography and history.«

[384] Nachlaß Aron Freimann, Sammlung von Zeitungsausschnitten. So erschien unter
der Überschrift »German Savant arrives – to stay« ein Zeitungsartikel, der hervorhob, daß Freimann sich weigerte eine Stellungnahme zum Nationalsozialismus abzugeben: »Dr. Freimann, Librarian at Frankfurt, won't talk of Nazis.«

[385] Hessisches Hauptstaatsarchiv, Wiesbaden, Abt. 518 / Nr 9867 Das gesamte Umzugsgut wurde von der Speditionsfirma in zwei »Liftvans«, d. h. Umzugsbehälter,

vor allem in den zwanziger und dreißiger Jahren zusammengetragen, nachdem er bereits 1920 einen Großteil seiner Bücher, darunter 28 Inkunabeln, an das Hebrew Union College in Cincinnati, Ohio, verkauft hatte.[386] Die zweite Sammlung, die nur eine Inkunabel sowie weniger außergewöhnliche Buchexemplare enthielt und deshalb im Vergleich zur ersten insgesamt nicht so wertvoll war, bestand aus ca. 1.650 deutschen und ca. 1.350 hebräischen Büchern. Obwohl diese zweite Sammlung sich in ihrem Wert nicht mit der ersten messen konnte, war sie als Privatsammlung in ihrem Umfang und Inhalt dennoch sehr beeindruckend.[387] Sie stellte, wie ein späteres Gutachten bezeugte, eine organisch gewachsene, unter einheitlichen Gesichtspunkten aufgebaute wissenschaftliche Bibliothek dar, welche die Fachkenntnisse von Freimann widerspiegelte.[388]

Die Sammlung hatte den Charakter einer privaten Gelehrtenbibliothek von höchster Qualität, in der sich hebräische und deutschsprachige Bücher jeden Alters und Seltenheitsgrades befanden und in der die verschiedenen Forschungszweige gleichwertig vertreten waren. Im deutschsprachigen Teil der Bibliothek war neben einer Anzahl überaus seltener, wertvoller Zeitschriften, Sammelwerke, Quelleneditionen und Standardwerke eine Fülle von Schriften zur jüdischen und hebräischen Buchgeschichte und Bibliographie, sowie zur Geistes-, Orts- und Kulturgeschichte des Judentums vorhanden. Außerdem waren viele, sehr seltene Veröffentlichungen sowie zahlreiche Drucke von wissenschaftlichen Institutionen enthalten, die nur in kleiner Auflage erschienen waren, sowie eine Reihe von Bibliographien und Katalogen.[389]

---

        verpackt und versandt. Nachlaß Aron Freimann, Brief von Therese Freimann an den amerikanischen Kongreßabgeordneten Davidson vom 10. Mai 1955. Darin schreibt sie, daß die gesamten Bücher in 42 Kisten verpackt wurden und insgesamt ein Gewicht von 3.500 kg hatten.

[386] Samuel Dresner: The Second Private Library of Aron Freimann. In: Studies in Bibliography and Booklore 10 (1973/74), No. 3, S. 73–80; Moses Marx: A Catalogue of the Hebrew Books Printed in the Fifteenth Century Now in the Library of the Hebrew Union College. In: ebd., S. 21–47, der den Wert der ersten Privatsammlung, insbesondere der Inkunabeln, für die amerikanische Bibliothek hervorhob und feststellte: »I cannot conclude without giving credit to the man who did the real pioneer work for our incunabula collection, the late Dr. Aron Freimann, Frankfurt-on-the-Main, from whose magnificent library have come almost half the books listed below.«

[387] Hessisches Hauptstaatsarchiv, Wiesbaden, Abt. 519 / D Nr JS 2587, dort eine detaillierte Titelliste der Bücher getrennt nach Büchern in deutscher und hebräischer Sprache.

[388] Ebd., Abt. 519 / Nr 17624, Gutachten von Carl-Ernst Kohlhauer vom 24. Juni 1962 betreffend der deutschsprachigen Bücher der Sammlung, sowie Gutachten von Carl-Ernst Kohlhauer vom 28. Oktober 1964 betreffend der hebräischen Bücher der Sammlung. Beide Gutachten des Antiquars und Buchhändlers Kohlhauer dienten nach dem Krieg der Festsetzung des Wertes der Sammlung im Rückerstattungsverfahren von Therese Freimann und Helene Rapp als Erben von Aron Freimann.

[389] Hessisches Hauptstaatsarchiv, Wiesbaden, Abt. 519 / Nr 17624, Gutachten von Carl-Ernst Kohlhauer vom 24. Juni 1962 betreffend der deutschsprachigen Bücher der Sammlung.

Unter den Hebraica bestanden die wertvollen Exemplare vor allem aus den ca. 95 hebräischen Frühdrucken und Rara, darunter eine Inkunabel aus Portugal, sechs Bänden eines Erstdruckes aus Konstantinopel und zahlreichen Drucken des 16. Jahrhunderts aus mehreren italienischen Städten sowie aus Konstantinopel und Saloniki.[390] Des weiteren gehörten eine Sammlung von seltenen Gebetbüchern (Haggadot) für das Pessachfest und mehrere Sammlungen von äußerst seltenen Gebetbüchern für die Feiertage zum Bestand.

Freimann hat aus Angst vor einer möglichen Beschlagnahmung seiner Privatsammlung bei der Aufstellung der geforderten Buchverzeichnisse für die Behörden alles getan, um den wirklichen geistigen und materiellen Wert seiner Sammlung – und insbesondere der Hebraica-Sammlung – so gut wie möglich zu verschleiern. Um den Transport seiner Bücher ins Ausland überhaupt zu ermöglichen, hat er versucht, den Wert der Bücher zu mindern, indem er lediglich die Titel der hebräischen Bücher ins Deutsche übertragen und die Familiennamen der Verfasser angegeben hat. Alle weiteren bibliographischen Angaben über den Erscheinungsort, das Erscheinungsjahr und die Ausgabe der hebräischen Werke wurden weggelassen, so daß die Liste für einen Fachmann der Bibliographie, wie Aron Freimann es war, einen äußerst »laienhaften« Charakter besitzt.[391]

Das weitere Schicksal der Bücher und die Vorgänge um ihren Verbleib während des Krieges, über die es widersprüchliche Aussagen gibt, lassen sich an Hand der unveröffentlichten Dokumente in Freimanns Nachlaß und in den Akten seines Wiedergutmachungsverfahrens in groben Zügen rekonstruieren. Der Eintritt Italiens in den Zweiten Weltkrieg und die nachfolgende Sperrung der Meerenge von Gibraltar für Waren, die aus Deutschland oder Italien stammten, führten dazu, daß die Speditionsbehälter mit dem Umzugsgut und der Bibliothek in Triest verblieben und dort zunächst von der Speditionsfirma gelagert wurden.[392] Im Februar 1944 wurde die Sammlung von dem deutschen Oberkommandierenden in der Adriazone konfisziert, verblieb aber weiterhin in Triest.[393] Dagegen hat Gershom Scholem in seiner Eigenschaft als Mitarbeiter der Jewish Cultural Reconstruction nach dem Krieg zu Protokoll gegeben, daß die Bibliothek von Aron Freimann in Tanzenberg, einem vom Einsatzstab Reichsleiter Rosenberg eingerichteten Bücherdepot, aufgefunden worden wäre.[394] Dem widersprechen

---

[390] Ebd., Gutachten von Carl-Ernst Kohlhauer vom 28. Oktober 1964 betreffend der hebräischen Bücher der Sammlung, der eine Zahl von 95 Titel von »wirklich überdurchschnittlicher Seltenheit und Qualität« schätzte.

[391] Ebd. Wie Kohlhauer feststellte, machten diese »Tarnmaßnahmen« eine exakte bibliographische Bestimmung der Bücher unmöglich, was seine Aufgabe eine Wertschätzung abzugeben, ungeheuer erschwerte.

[392] Dresner, The Second Private Library of Aron Freimann (Anm. 386).

[393] Nachlaß Aron Freimann, Brief von Therese Freimann an den amerikanischen Kongreßabgeordneten Davidson vom 10. Mai 1955.

[394] Brief von Meir Ben-Horin an Hannah Arendt vom 5. September 1959: »Gershom Scholem [...] added the information that the Tanzenberg depot had been known since 1945. Transient Jewish DP's had taken large amounts of books from there and sold them in Italy to book dealers. Some material also came to Triest. A. Frei-

sowohl die vorhandenen Dokumente als auch die Tatsache, daß weder in den zahlreichen Dokumente noch in den Namenslisten über Tanzenberg der Name von Freimann vorkommt.[395]

Nach dem Ende des Zweiten Weltkrieges erfuhr Freimann im Oktober 1947 auf Grund seiner Nachforschungen nach dem Verbleib seiner Bibliothek, daß ein Teil der Bücherkisten wiederaufgefunden worden war. Von seinem italienischen Rechtsanwalt, den er mit der Suche und Rückerstattung der Bücher beauftragt hatte, erfuhr er außerdem, daß dieser im Besitz des von Freimann erstellten Verzeichnisses der hebräischen Bücher war.[396] Allerdings war zwischenzeitlich von einem Major Sacharov Anspruch auf die Bücherkisten angemeldet worden. Aus Kostengründen wurde vereinbart, die ungeöffneten Kisten an das Antiquariat Bamberger und Wahrmann nach Jerusalem weiterzusenden und diese dort in Gegenwart beider Parteien zu öffnen, um die Eigentumsverhältnisse an Hand des Buchverzeichnisses zu klären. Aus Gründen, die aus den Quellen nicht ersichtlich sind, wurde dieses Vorhaben nicht ausgeführt, und Freimann hat seine Bücher nicht mehr zurückerhalten.[397]

Einige Jahre danach wurden allerdings Drucke, die aus Freimanns Privatbibliothek zu stammen schienen, in Antiquariaten in Jerusalem zum Verkauf angeboten.[398] Nach dem Tode von Freimann erwarb sein Enkel Shimon Rapp von einem Überlebenden ein hebräisches Werk aus dem Jahre 1557, gedruckt in Venedig, in dem Freimann handschriftlich seinen Namen und seine Adresse eingezeichnet hatte.[399] Insgesamt sind nur wenige Funde aus der Sammlung

---

mann's library was among the Tanzenberg books. Parts of this library came to Jerusalem to Freimann heirs.« Zit. in: Evelyn Adunka: Der Raub der Bücher. Plünderung in der NS-Zeit und Restitution nach 1945. Wien: Czernin 2002 (Die Bibliothek des Raubes; 9), S. 245, Anm. 70.

[395] Adunka, Der Raub der Bücher (letzte Anm.), S. 31, gelangt zu dem Schluß, daß sich Freimanns Bücher nicht dort befunden haben.

[396] Nachlaß Aron Freimann, Brief von N. Morpurgo vom 6. Oktober 1947 sowie Antwortschreiben von H. E. Simon, dem amerikanischen Anwalt der Freimanns, vom 15. Oktober 1947.

[397] Möglicherweise sind die Bücherkisten bei dem Transport von Italien nach Palästina verlorengegangen. In den Rückerstattungsanträgen von Freimann wurde der Verlust der gesamten Bibliothek angemeldet und von den italienischen und deutschen Behörden als rechtmäßiger Anspruch anerkannt. Vgl. Dresner, The Second Private Library of Aron Freimann (Anm. 386), S. 75, der den Briefwechsel mit dem italienischen Anwalt nicht erwähnt.

[398] Ebd. Dresner vermutet, daß die Bücher bei Kriegsende in der Nähe von Gorizia gelagert waren und teilweise von jüdischen Soldaten, die in Italien in der Jüdischen Brigade unter den Engländern kämpften, nach Jerusalem gebracht wurden.

[399] Ebd. Bei diesem Werk, das auf Grund der vorhandenen handschriftlichen Eintragung ohne Zweifel aus Freimanns Privatbibliothek stammte, handelte es sich um eine Ausgabe des Werkes More Nevuchim, d. i. »Der Führer der Verirrten« von Moses Maimonides. Freimanns Enkel erwarb das Buch in Israel von einem Überlebenden, der in Ebensee, in Österreich befreit worden war und angab, daß das Buch aus dem Besitz eines deutschen Soldaten stammte.

aufgetaucht, und die Privatbibliothek, die eine hervorragende, thematisch in sich geschlossene Sammlung zur Wissenschaft des Judentums darstellte, muß als verloren angesehen werden.

3.3.3 Lehr- und Forschungstätigkeit in den USA

Mit ihrer Ankunft in den USA teilten Aron Freimann und seine Frau das typische Schicksal der Emigranten, das in wirtschaftlicher Hinsicht durch ständige finanzielle Unsicherheit und die Suche nach Einkommensquellen zum Erhalt der Existenz gekennzeichnet war. Wie jeder jüdische Auswanderer aus Deutschland hatten die Freimanns nur zehn Dollar bar pro Person mitnehmen können, ihre sonstigen Vermögen in Form von Spar- und Bankguthaben waren in Deutschland verblieben und gesperrt.

Amerika war Ende der dreißiger Jahre noch immer gekennzeichnet durch eine hohe Arbeitslosigkeit und eine starke Fremdenfeindlichkeit, was die Integration der Flüchtlinge zusätzlich behinderte. Die schwierige persönliche Lage der Wissenschaftler und Intellektuellen, die in die USA geflohen waren, ist aus Sicht amerikanischer Hilfsorganisationen folgendermaßen dargestellt worden:

> As a scientist he was known in many lands and everywhere was received as a distinguished and honored guest. When the storm clouds of Nazism broke over Europe, we felt confident that somewhere among the many scientific institutions which so often had solicited his cooperation or which, even, had elected him their honorary member there would be surely a place for him to continue his work in his chosen field. His years of experience, his standing as a scientist would undoubtedly be of value in trying to obtain employment in the United States. And so he came to America.
>
> But how different was it now. He, who had been an esteemed collaborator, whose advice in special questions had always been appreciated, was, now, only an immigrant – one among the thousands of immigrants coming to America as a haven of refuge, seeking employment and a chance to begin life anew in a strange land. Not yet did he realize all this. Not until he had travelled throughout the country seeking out every scientific institution which might have need of his services and abilities. Bewildering and disheartening were the answers he received. Everyone was cordial but regretful. They would like to have him as a member of their staff, but their staff was complete, and unfortunately there were not sufficient funds to employ an additional member.[400]

Große psychologische Schwierigkeiten bereitete den Neuankömmlingen auch ihre Anpassung an die ihnen völlig fremde amerikanische Gesellschaft, von deren Lebensweise und Mentalität sie im besten Falle »eine entfernte Vorstellung« hatten und die sich von ihren deutschen Erfahrungen gänzlich unterschieden.[401]

---

[400] Aus einem Vortrag gehalten auf dem Siebten Triennial Convention des National Council of Jewish Women, Chicago 1943, zit. in: Stephen Duggan / Betty Drury: The Rescue of Science and Learning. The Story of the Emergency Committee in Aid of Displaced Foreign Scholars. New York: Macmillan 1948, S. 18.

[401] Kisch, Der Lebensweg eines Rechtshistorikers (Anm. 348), S. 115ff. beschreibt die Anpassungsschwierigkeiten des deutschen Intellektuellen in New York sehr aus-

Für Wissenschaftler kam erschwerend hinzu, daß das amerikanische Universitätssystem ganz anders strukturiert war als das deutsche, da in den USA die
Lehrtätigkeit der Professoren im Mittelpunkt stand, was das Problem der Sprachkenntnisse akzentuierte, während in Deutschland die Aufgabe des Professors vor
allem in der Forschung gesehen wurde. Unterschiede im Lebensstandard des
Lehrkörpers, die zum amerikanischen Mittelstand gehörten und nicht wie deutsche Professoren einen gehobenen Lebensstil pflegen konnten, sowie das völlig
andersgeartete Verhältnis der Professoren und Dozenten zu ihren Studenten waren
Faktoren, die für die aus Deutschland stammenden Wissenschaftler den Eingliederungsprozeß in die amerikanische Universitätslandschaft schwierig gestalteten.
   Aus der Sicht der Emigranten wurde die Situation folgendermaßen dargestellt:

> Mehr oder weniger machten wir alle in Amerika drei Stadien durch. Das erste, kurz
> nach der Einwanderung, war rosig, voller Hoffnungen. Jedermann wünschte, uns
> persönlich kennenzulernen; denn der Durchschnitts-Amerikaner ist überdurchschnitt
> lich neugierig, sensationslüstern und darauf aus, Bekannten in seinem Hause ein neu
> angelangtes Objekt, das er besaß, ein Möbelstück, eine Grammophonplatte oder ei
> nen zugereisten Immigranten vorführen zu können. [...] Trotz dieser Scherze war die
> zweite Etappe der Einwanderungszeit die schwerste. Man lernte mit schwerem Lehr
> geld, daß in der Tat das Leben hier ganz anders sei, daß, wenn jemand von einem
> andern sagte, er sei sein guter Freund, das noch nicht zu bedeuten brauchte, daß er
> ihn auch nur halbwegs kannte. Wenn man in Europa jemanden beim Vornamen nennt,
> muß man schon recht befreundet mit ihm sein. Wenn ein Amerikaner den andern beim
> Vornamen nennt, so heißt das oft nur, daß er sich nicht einmal die Mühe nimmt, zu
> fragen, wie sein Familienname ist. All das mußte man mühsam lernen, und es waren
> nicht wenige, gerade unter den Intellektuellen, die zu diesem Umlernen nicht die
> Kraft fanden und lieber aus dem Leben schieden, als sich diesem neuen Leben ein
> zufügen. Erfreulicherweise kann man jedoch sagen, daß für die meisten der Einge
> wanderten schließlich eine dritte Epoche begann, während der sie, besonders nach
> dem der Zweite Weltkrieg die Zeit der Depression schlagartig beendet hatte, für sich
> ein kleineres oder großes Betätigungsfeld fanden, sich in die geänderten Verhältnisse
> schickten und schließlich in dem neugeschaffenen Beruf und der neuen Lebensform
> ein ganz glückliches Dasein fanden. Dafür, daß jedem die Chance gegeben wurde, sich
> eine neue Existenz aufzubauen, muß jeder Immigrant Amerika aufs tiefste dankbar
> sein. Vielleicht am schwersten war diese Eingliederung für Juristen und Künstler.[402]

Erschwerend für die Integration der Emigranten kam hinzu, daß sich die Amerikaner keine realistischen Vorstellungen von der politischen Lage in Europa
machen konnten und nicht imstande waren, sich in die seelische Verfassung
der Flüchtlinge einzudenken oder einzufühlen. Thomas Mann hat treffend »unter
dem Eindruck der gleichgültig nachfragenden Ahnungslosigkeit der Welt« die
Situation folgendermaßen beschrieben:

---

führlich, wie sie auch in zahllosen anderen persönlichen Erinnerungen geschildert
worden sind. Diese charakterisieren auch die Lage von Aron Freimann, dessen
Nachlaß keine persönlichen Notizen enthält.
[402] Kisch, ebd., S. 117ff., zitiert die Schilderungen seines ebenfalls emigrierten Bruders.

Wir Flüchtlinge aus Hitler-Deutschland fanden, auch wenn wir individuell ehrenvoll
aufgenommen wurden, geringes Verständnis in den Ländern, in denen wir Schutz
suchten. Was wir erlebt hatten, was wir kommen sahen, wovor wir zu warnen versuchten, konnte oder wollte niemand begreifen. Eine Art Selbstschutz hinderte die Welt am
Verständnis.[403]

Freimann gehörte zur privilegierten Minderheit der jüdischen Emigranten, die
bei ihrer Ankunft bereits ein, wenn auch geringes, zugesichertes Einkommen
erwartete. Er konnte sofort die ihm noch in Deutschland von Revel zugesicher-
te Dozentur für Jüdische Geschichte und Literatur am Yeshiva College antre-
ten und bei der American Academy for Jewish Research als Forschungsstipen-
diat beginnen.[404] Allerdings reichte die Vergütung dieser Stellen nur sehr begrenzt dazu aus, den Lebensunterhalt für ihn und seine Frau zu sichern. Da es
sich um kein langfristiges sicheres Einkommen handelte, bemühte sich Freimann auch weiterhin, zusätzliche Einnahmen zu erlangen.[405] Hierbei wurde er
tatkräftig von Prof. Salo W. Baron von der Columbia University unterstützt,
der zugleich als Sekretär der American Academy for Jewish Research fungierte und sich sehr für die jüdischen Flüchtlinge aus Europa einsetzte.

Salo W. Baron (1895–1989) war einer der bedeutendsten jüdischen Historiker
des 20. Jahrhunderts und zugleich der erste Inhaber eines Lehrstuhls für Jüdische Geschichte an einer amerikanischen Universität, der Columbia University
in New York.[406] In dieser Position wurde er nicht nur zu einem der größten
Gelehrten in den jüdischen Studien, sondern auch einer der führenden Repräsentanten des amerikanischen Judentums, der seine Führungsrolle in den jüdischen
politischen Gremien dazu nutzte, um den Immigranten in den USA zu helfen.

Baron war 1895 in Tarnow, in Galizien, geboren, hatte in Wien in Geschichte und Jura promoviert und die Rabbinerordinierung erworben. Im Jahre
1926 war er in die USA emigriert, wo er am kurz zuvor gegründeten JIR, dem
Jewish Institute of Religion in New York als Dozent und Bibliothekar tätig
war, bis er im Jahre 1930 die Professur für Jüdische Geschichte übernahm, die
er bis 1963 innehatte. Baron, der sich wie Graetz eine Gesamtdarstellung der
jüdischen Geschichte zum Ziel gesetzt hatte, wandte sich in seinen historischen
Studien gegen die Darstellung der jüdischen Geschichte als »Leidensge-
schichte« und versuchte vielmehr die gesellschaftlichen und wirtschaftlichen
Aspekte des jüdischen Lebens in der Diaspora differenziert herauszuarbeiten.[407] Seit seiner Ankunft in den USA bis zu seiner Hochzeit im Jahre 1934

---

[403] Thomas Mann, in: Aufbau, 9. Juni 1944, zit. in: ebd., S. 131.

[404] Die Times vom 5. Juli 1939 berichtet über Freimann und Seligmann P. Bamberger
        als den zwei neuen Dozenten am Yeshiva College.

[405] Die Angaben der Unterstützung des Mendelssohn-Trust variieren zwischen 80 Dollar
        monatlich oder 1.000 Dollar jährlich.

[406] Vgl. Robert Liberles: Salo Wittmayer Baron. Architect of Jewish History. New York,
        London: New York University Press 1995 (Modern Jewish Masters Series; 5).

[407] Salo W. Baron: A Social and Religious History of the Jews: 18 Bde; New York u. a.:
        Columbia Univ. Press u.a. 1952–1983..

reiste Baron jeden Sommer nach Europa, um seine Familie zu besuchen und in den Archiven Material für seine Forschungen zu sammeln, darunter auch in Frankfurt. Auf diese Weise hatte er Aron Freimann kennen und schätzen gelernt und ihn über die Jahre mehrfach besucht, zuletzt im Sommer 1933.[408] Sie hatten gemeinsame Freunde, so unterhielt auch Baron sehr enge Beziehungen zu Alexander Marx, der zu den engsten Vertrauten von Freimann zählte.[409]

Diese Reise im Sommer 1933 wurde von Baron bereits dazu genutzt, um mit einigen Gelehrten die Einwanderungsmöglichkeiten in die USA im Rahmen der American Academy for Jewish Research zu erörtern. Baron war persönlich sehr in die Flüchtlingsfrage involviert und unterzeichnete selbst zwanzig Bürgschaften für zukünftige Einwanderer, darunter den Rechtshistoriker Guido Kisch.[410] Nachdem Freimann in die USA emigriert war, bemühte sich Baron intensiv, ihm zu helfen, und führte ihn bei amerikanischen akademischen Stellen ein, indem er ihm die obligaten Empfehlungsschreiben ausstellte.[411] Baron gab Freimann mehrere Ratschläge, wie er sich am besten verhalten sollte, und empfahl ihm, sich um ein Stipendium des Emergency Committee in Aid of Displaced Scholars zu bemühen, um die geplanten bibliographischen Projekte ausführen zu können.[412] Gleichzeitig sollte Freimann seine Kontakte zu Tisserant nutzen, damit der Vatikan Einfluß auf die Universität von Fordham oder die Catholic University of America in Washington, D. C. nehmen würde. Er schlug Freimann vor, sich an Ferguson, den Präsidenten des Amerikanischen Bibliotheksverbandes, der American Library Association (ALA) zu wenden und diesen zu bitten, ihm eine mögliche Aufgabe innerhalb des amerikanischen Bibliothekswesen zu übertragen.

Das Emergency Committee in Aid of Displaced Foreign Scholars war im Mai 1933 als Hilfswerk mit dem Ziel gegründet worden, die berufliche Integration der aus Deutschland emigrierten Wissenschaftler in den USA zu fördern.[413] Zu

---

408 Baron, Introduction (Anm. 144), S. III: »I often spent some time on Frankfort on the Main working in its rich archives. On such occasions, I regularly visited with Prof. Aron Freimann, the head of the magnificent municipal library which, largely owing to his efforts, achieved a great international reputation. I clearly remember especially my final visit to his home in Frankfort in the summer of 1933, several months after the seizure of power by the Nazis.« Allerdings irrt Baron insofern, als Freimann nicht Direktor der Bibliothek, sondern der Hebraica- und Judaica-Abteilung war.

409 Liberles, Salo Wittmayer Baron (Anm. 405), S. 267ff.

410 Ebd., S. 269; Kisch, Der Lebensweg eines Rechtshistorikers (Anm. 348), S. 112 berichtet von einem Interview bei Baron in Deutschland, bevor er 1935 ein Stipendium der American Academy for Jewish Research erhielt.

411 Nachlaß Aron Freimann. Mit Datum vom 30. Juni 1939 stellte Baron ihm ein Empfehlungsschreiben an den Leiter der Bibliotheksschule der Columbia Universität, Charles C. Williamson und an Prof. William Rockwell vom Union Theological Seminary in New York aus. Er rühmte Freimanns Verdienste als Bibliograph und pries seine bibliothekarischen Dienste an.

412 Nachlaß Aron Freimann, Brief von Salo W. Baron an Aron Freimann vom 30. Juni 1939.

413 Vgl. Duggan / Drury, The Rescue of Science and Learning (Anm. 400), S. 25. Diese subjektive Selbstdarstellung durch die zwei Verantwortlichen – Duggan war

den Gründungsmitgliedern des Emergency Committe gehörten Dr. Alfred E. Cohen, Wissenschaftler am Rockefeller Institute for Medical Research, Bernhard Flexner, ein bekannter Anwalt und Philanthrop, Fred M. Stein, ein führender Philanthrop in New York City, Schatzmeister der Organisation, und Stephan Duggan, der Direktor des Institute of International Education, der die treibende Kraft des Hilfswerkes war und zum Vorsitzenden des Exekutivkomitees gewählt wurde. Unterstützt von zahlreichen bekannten Philanthropen, so dem aus Deutschland stammenden Felix M. Warburg und Dr. Allan Gregg, dem Direktor der Medical Sciences of the Rockefeller Foundation, war die Organisation in den Jahren 1933 bis 1945 tätig, indem sie Geld sammelte und versuchte, in Zusammenarbeit mit den Hochschulen in den USA den Wissenschaftlern Stellen zu vermitteln.[414]

In einem im Mai von Duggan unterzeichneten Schreiben an die Präsidenten der Colleges und Hochschulen in den USA wurden diese aufgefordert, an dem Hilfsplan mitzuwirken. Dieser sah vor, daß die Universitäten den eingewanderten Professoren Stellen anbieten sollten, für die das Emergency Committee die Bezahlung übernehmen würde. Vorgesehen war eine maximale Unterstützungsdauer von drei Jahren, danach hoffte man auf die Übernahme der Professoren durch die Universität. Um die Zustimmung der amerikanischen Universitäten im Jahre 1933 zu gewinnen, als sich die USA inmitten einer schweren Wirtschaftskrise befanden, wurden klare und äußerst restriktive Richtlinien für die Förderung der Wissenschaftler festgelegt.[415] Es sollten nur herausragende Gelehrte und Wissenschaftler unterstützt werden, die für junge angehende amerikanische Professoren keine Konkurrenz darstellten. Gefördert werden sollten nur Wissenschaftler, die älter als 30 und jünger als 60 Jahre waren und die bereits als Professoren oder Privatdozenten an europäischen Universitäten angestellt gewesen waren. Die Hilfe wurde hauptsächlich durch »Grants-in-Aid« gewährleistet, was bedeutete, daß das Emergency Committee den Wissenschaftlern keine direkte Unterstützung zukommen ließ, sondern ihre Bezahlung über die akademischen Institutionen, für die sie arbeiteten, organisierte. Auch die Bitte um Unterstützung konnte nicht von den Wissenschaftlern selbst, sondern mußte von einer interessierten Institution eingereicht werden.

Das Emergency Committee verstand sich nicht als wohltätige Institution, sondern in einer Mittlerfunktion zwischen Flüchtling und akademischer Institution. Im ersten Jahr erhielt der Flüchtling ein Stipendium in Höhe von 2.000

---

der Vorsitzende des Emergency Committee, Drury die Vorstandssekretärin – gibt den ausführlichsten Bericht über die Tätigkeit des Hilfswerkes und basiert auf den Akten von 613 Fällen, die im Archiv des Emergency Committee lagern. Die Hilfsorganisation, die ursprünglich unter dem Namen Emergency Committee in Aid of Displaced German Scholars gegründet worden war, hatte diesen am 2. November 1938 geändert, um auch Flüchtlinge aus den von Nazis besetzten europäischen Ländern miteinzubeziehen (ebd., S. 7).

414 Der Name Emergency Committee wurde gewählt, da die Beteiligten davon ausgingen, daß es sich lediglich um eine temporäre und kurzfristige Notsituation handeln würde und keiner annahm, daß das Hilfswerk zwölf Jahre lang beschäftigt sein würde.

415 Duggan / Drury, The Rescue of Science and Learning (Anm. 400), S. 177.

Dollar, das für ein zweites Jahr verlängert werden konnte. In den späteren Jahren wurden mit der Zunahme der Flüchtlinge nur noch jährliche Stipendien in Höhe von 1.000 Dollar verteilt, die Universität oder eine andere Hilfsorganisation mußte für die Restsumme aufkommen. Außerdem wurden für Künstler und Schriftsteller zusätzliche Stipendien, sogenannte Special Fellowship Projects, eingerichtet. Die finanzielle Unterstützung kam ausschließlich von jüdischen Organisationen.[416] Das Emergency Committee arbeitete auch mit der Mehrzahl der großen amerikanischen Bibliotheken zusammen, darunter die Library of Congress, für die fünf Arbeitsstellen finanziert wurden, und die New York Public Library, die sechs ausländische Forscher aufnahm.[417] Zusätzlich zur finanziellen Hilfestellung unternahm das Emergency Committee den vergeblichen Versuch, landesweite politische Protestaktionen gegen den Nationalsozialismus in Deutschland zu organisieren, so z. B. ein geplantes Protestschreiben von 12.000 amerikanischen Professoren in über 400 Bildungsinstitutionen gegen die Unterdrückung der Lehr- und Lernfreiheit in Deutschland. Am 1. Juni 1945 löste sich das Emergency Committee formal auf.[418]

Nach seiner Ankunft in New York im Mai 1939 konnte Aron Freimann seinen Lebensunterhalt zunächst mit seiner Lehrtätigkeit am Yeshiva College und mit dem Stipendium des Mendelssohn-Trustes als Research Fellow der American Academy for Jewish Research bestreiten. Um eine Fortsetzung von Freimanns bibliographischer Tätigkeit in der New York Public Library zu ermöglichen, wandte sich Joshua Bloch, der Leiter der dortigen Judaica-Abteilung, an das Emergency Committee und beantragte ein Stipendium zur Finanzierung einer Festanstellung von Freimann. In seinem Brief erklärte Bloch, der Direktor der New York Public Library, Harry M. Lydenberg, sei bereit, Freimann eine Stelle an der Bibliothek anzubieten, wofür jedoch die nötigen Mittel fehlten, Bloch bat um finanzielle Unterstützung mit der Begründung:

> Prof. Freimann is the greatest living authority in the field of Jewish bibliography.[419]

Wie sich aus den Unterlagen der internen Beratungen zu diesem Antrag ergibt, zögerten die Verantwortlichen, wegen seines hohen Alters Aron Freimann ein Stipendium zu gewähren, da in der Regel Wissenschaftler nur bis zum Alter von 60 Jahren unterstützt wurden und Aron Freimann im August 1939 das

---

[416] Ebd., S. 188. Duggan rechtfertigt die Tatsache, daß das Hilfswerk ausschließlich von jüdischen Organisationen finanziert wurde mit der Begründung, es handle sich um jüdische Flüchtlinge. Allerdings befanden sich unter den Wissenschaftlern auch zahlreiche Nichtjuden, deren Zahl nicht exakt feststellbar ist, da in den Akten die Religionszugehörigkeit nicht festgehalten wurde (vgl. ebd., S. 26). Diese Einstellung von Duggan kann als ein Beleg dafür gewertet werden, daß auch Duggan selbst nicht frei von antijüdischen Ressentiments war, deren Bekämpfung er sich zum Ziel gesetzt hatte. Als Hauptmotiv seines Handelns nennt er die Universalität der Wissenschaft, die keine nationalen und ideologischen Grenzen kennt.

[417] Ebd., S. 42.

[418] Ebd., S. 64. Von den 613 Antragstellern hatten 459 eine Universitätsstelle erhalten.

[419] Archiv der New York Public Library, Brief von Joshua Bloch vom 25. Juli 1939.

Alter von 68 Jahren erreichen würde. Der Vorsitzende des Exekutivkomitees, Stephan Duggan, vermerkte: »I doubt if almost any organization will give a grant for anyone already 70 years old.«[420]

Nach wiederholten Eingaben von Bloch und weiterer wichtigen jüdischen Persönlichkeiten, darunter auch Louis Ginzberg, dem Präsidenten der American Academy for Jewish Research, stimmte das Emergency Committee dem Antrag der New York Public Library zu und beschloß, Aron Freimann in den Kreis der geförderten Wissenschaftler aufzunehmen.[421] In seinem Schreiben vom 7. Oktober 1939 sicherte Duggan der New York Public Library einen Zuschuß in Höhe von 1.000 Dollar für ein Jahr für die Einstellung von Aron Freimann in der Bibliothek zu.[422] In dem Schreiben wurde festgelegt, daß Freimann in ein festes Arbeitsverhältnis übernommen werden mußte und daß es sich um ein einmaliges Stipendium handeln würde, das nicht verlängert werden könnte. Auf der finanziellen Grundlage des Stipendiums wurde Aron Freimann rückwirkend zum 1. Oktober 1939 in der Judaica-Abteilung der New York Public Library eingestellt.[423] Im Sommer 1939 war ihm auch von der Redaktion des lexikalischen Unternehmens Universal Jewish Encyclopedia, welche die Veröffentlichung einer auf 10 Bände angelegten jüdischen Enzyklopädie vorbereitete, die Leitung der Abteilung für Bibliographie angetragen worden.[424]

Auf Drängen führender jüdischer Persönlichkeiten sowie des Direktors der New York Public Library Harry M. Lydenberg und des Leiters der Judaica-Abteilung Joshua Bloch, wurde der Zuschuß des Emergency Committees im Juli 1940 erstmals für ein weiteres Jahr verlängert und danach für weitere vier Jahre gewährt. Freimann erhielt damit von 1939 bis 1945, bis zur Auflösung des Emergency Committees, einen Zuschuß für die Finanzierung seiner Stelle an der New York Public Library und war zugleich der älteste der vom Emergency Committee unterstützten Wissenschaftler.[425] Diese Unterstützung ermöglichte die

---

[420] Archiv der New York Public Library, handschriftlicher Vermerk von Stephen Duggan an einer Büronotiz des Emergency Committee vom 29. August 1939.

[421] Archiv der New York Public Library, vgl. Brief von Joshua Bloch an Stephen Duggan vom 7. September 1939, in dem Bloch erklärt, Freimann benötige mindestens 3.000 Dollar pro Jahr zum Lebensunterhalt; Brief von Louis Ginzberg an Stephen Duggan vom 9. Oktober 1939, in dem er mitteilt, Freimann erhalte als Forschungsmitglied der American Academy for Jewish Research vom Mendelssohn-Trust für zwei Jahre ein Stipendium von monatlich 80 Dollar, das nicht zum Leben ausreiche.

[422] Archiv der New York Public Library, Brief von Stephen Duggan an Joshua Bloch vom 7. Oktober 1939.

[423] Archiv der New York Public Library, Brief von Joshua Bloch an Aron Freimann vom 13. Oktober 1939.

[424] Nachlaß Aron Freimann, Brief von Isaac Landman an Aron Freimann vom 29. Juli 1939. Vgl. Universal Jewish Encyclopaedia, 10 Bde, 1939–1943: In den Inhaltsverzeichnissen der einzelnen Bände wird weder die Sachgruppe Bibliographie noch der Name Aron Freimann als Mitarbeiter erwähnt, so daß die Mitarbeit nicht zustande gekommen zu sein scheint.

[425] Nachlaß Aron Freimann, vgl. Brief von Joshua Bloch an Aron Freimann vom 8. Juli 1940 sowie Briefwechsel Stephen Duggan – Joshua Bloch im Archiv der New York

Anstellung Freimanns in der New York Public Library und die Fortsetzung seiner wissenschaftlichen Tätigkeit als Bibliograph, insbesondere an der Herausgabe des Werkes über hebräische Frühdrucke, des *Gazetteer of Hebrew Printing*. Zudem kann dies als ein weiterer Beleg für die außergewöhnliche Kompetenz von Aron Freimann auf dem Gebiet der jüdischen Bibliographie und seine Anerkennung auch in wissenschaftlichen Kreisen in den USA gewertet werden.

Die Zahlung seiner Bezüge in Deutschland war im Oktober 1940 eingestellt worden. Im Februar 1942 wurde Freimann aufgrund der Verordnung zum Reichsbürgergesetz vom 25. November 1941 ausgebürgert, und seine Ansprüche auf Versorgungsbezüge erloschen.[426] Am 21. Mai 1945 erhielten Aron Freimann und seine Frau Therese, nachdem sie die Prüfung der Englischsprachkenntnisse erfolgreich bestanden hatten, die amerikanische Staatsbürgerschaft.

Aron Freimann gehörte zu den führenden Mitgliedern einer Kommission von jüdischen Wissenschaftlern und Intellektuellen in den USA, die im Jahre 1944 von der »Conference on Jewish Relations«, die sich aus Vertretern großer jüdischer amerikanischer Organisationen zusammensetzte, gebildet wurde, um über die Probleme des kulturellen Wiederaufbaus der europäischen Juden nach dem Ende des Zweiten Weltkrieges zu beratschlagen.[427] Diese Kommission, »Commission on European Jewish Cultural Reconstruction« oder kurz JCR genannt, sollte den Vereinten Nationen als beratendes Gremium bei dem Wiederaufbau der ehemaligen jüdischen Kulturinstitute in Europa dienen und sich hierbei vor allem auf Institutionen wie Bibliotheken, Museen, Schulen und Archive konzentrieren. Als vorrangige Aufgabe der Kommission sollten zunächst genaue Daten über die Situation in den von den Nazis besetzten Ländern erhoben und ein detaillierter Plan des Wiederaufbaus jüdischen Lebens und jüdischer Institutionen erstellt werden.

Nach Beendigung des Krieges wurde das ungeheure Ausmaß der Zerstörung jüdischen Lebens und jüdischer Kulturgüter in Europa bekannt, und das Ziel der Kommission veränderte sich dahingehend, daß nun nicht mehr der Wiederaufbau, sondern eine Neuverteilung der noch erhaltenen jüdischen Kulturgüter in die bestehenden Zentren des jüdischen Lebens in den USA und in Palästina in den Vordergrund rückte. Die Forschungsgruppe der JCR erstellte eine »Vorläufige Liste«, in der alle ehemaligen jüdischen Kulturgüter in den von den Nazis besetzten Ländern aufgezählt wurden.[428]

Public Library. Für die weiteren Jahre wurde der Zuschuß des Emergency Committee auf 750 Dollar gekürzt. Laut Brief von Joshua Bloch vom 16. Juli 1941 betrug das Gehalt von Freimann an der New York Public Library 1.710 Dollar pro Jahr. Im April 1945 lehnte das Emergency Committee einen weiteren Zuschuß endgültig ab, dafür erhält Freimann einen Zuschuß der American Jewish Joint Distribution Commission.

[426] Nachlaß Aron Freimann, Mitteilung des U. S. Department of Justice vom 24. Dezember 1943, das Freimann in Folge der Ausbürgerung für staatenlos erklärt.

[427] Vgl. Tentative List of Jewish Cultural Treasures in Axis-Occupied Countries. Ed. by the Commission on European Jewish Cultural Reconstruction. New York: o. V. 1946.

[428] Die Tentative List of Jewish Cultural Treasures (letzte Anm.) enthält zwei Listen der jüdischen Kulturgüter, unterteilt nach ihrem Verwahrungsort, einmal die Liste

Aron Freimann war maßgeblich an der Zusammenstellung der Dokumentation und an den Entscheidungen der Kommission beteiligt. Unter den 69 Mitgliedern wurde seine Mitarbeit besonders hervorgehoben.[429] Zu Ende des Jahres 1945 war Freimann gemeinsam mit Alexander Marx und Salo W. Baron Mitglied einer Delegation, die mit General Lucius Clay, dem damaligen Befehlshaber der amerikanischen Streitkräfte in Deutschland, zusammentraf.[430] Die Delegation brachte ihre große Sorge darüber zum Ausdruck, daß die in Deutschland stationierten amerikanischen Soldaten jüdische Kulturgüter unrechtmäßig mitnehmen könnten. Es gelang ihnen Clay davon zu überzeugen, daß diese Angelegenheit einer geordneten und kontrollierten Vorgehensweise bedurfte. In der Folge davon wurde die Kommission als rechtmäßiger Vertreter im Namen des Jüdischen Volkes anerkannt und umstrukturiert, sie entwickelte sich zu einer unabhängigen Organisation, die gegen Ende der vierziger und zu Beginn der fünfziger Jahre unter der Leitung von Hannah Arendt die gesamten Abwicklungen bezüglich des aufgefundenen jüdischen Kulturgutes übernahm.[431]

Aron Freimann verstarb am 6. Juni 1948. Auf seinen Grabstein wurde auf Hebräisch die folgende Inschrift eingemeißelt, verfaßt von seinem lebenslangen Freund und Kollegen Alexander Marx:

Hier liegt begraben der ausgezeichnete Forscher
Unser Lehrer Ahron
Sohn des Lehrers Israel Meir Freimann
Enkel des Verfassers von Aruch Laner
Gestorben am 18. Aw 5.631
Der letzte Vorsteher der heiligen Gemeinde
Frankfurt am Main
Der größte Historiker und Bibliograph seiner Zeit
Beliebt beim Allmächtigen und beliebt bei den Geschöpfen.[432]

---

der Kulturgüter in jüdischen Institutionen und zum anderen die Liste der Kulturgüter in nichtjüdischen Institutionen. Die Aufzählungen sind mit Ausnahme von Deutschland, das jeweils zu Beginn steht, alphabetisch nach Ländern geordnet, innerhalb der Länder nach den Städten.

[429] Vgl. ebd., S. 8, in einer Anmerkung: »Prof. Freimann, in particular has proved very helpful in supplying new and reliable data from his own unmatched knowledge of European libraries.«

[430] Liberles, Salo Wittmayer Baron (Anm. 406), S. 239.

[431] Vgl. Frits J. Hoogewoud: The Nazi Looting of Books and it's American ›Antithesis‹ – Selected Pictures from Offenbach Archival Depot's Photographic History and it's Supplement. In: Studia Rosenthaliana 26 (1992), No. 1/2, S. 158–192.; Leslie Poste: Books go Home from Wars. In: Library Journal 73 (1948), Sp. 1699–1704.

[432] Die hebräische Grabinschrift ist abgedruckt in: Dresner, The Second Private Library of Aron Freimann (Anm. 386), S. 73. Im Aufsatz wurde versehentlich das jüdische Geburtsdatum an Stelle des jüdischen Todesdatums angegeben. Deutsche Übersetzung von Rachel Heuberger.

4 Die Entstehung der hebräischen Bibliographie

4.1 Die Begründung der hebräischen Bibliographie durch christliche Hebraisten des 17. und 18. Jahrhunderts

Die Anfänge der hebräischen Bibliographie reichen in das frühe 17. Jahrhundert zurück und wurzeln in den Forschungen christlicher Gelehrter, die sich als erste intensiv mit der Hebraistik als wissenschaftliche Disziplin beschäftigt und damit die Grundlagen der hebräischen Bibliographie geschaffen haben. Renaissance, Humanismus und Reformation haben mit der Wiederbelebung der allgemeinen und klassischen Wissenschaften auch das Studium der hebräischen Sprache wesentlich gefördert.[1] Das wachsende Interesse christlicher Theologen und Philosophen an der hebräischen Sprache und dem Quellenstudium der jüdischen Religion hat dazu geführt, daß das biblische Hebräisch, ebenso wie das Griechische, als eine bedeutende Sprache der Klassik wieder entdeckt und zum Bestandteil des Kanons der klassischen Literatur erklärt wurde.[2] Für die christlichen Gelehrten wurde die Kenntnis des Hebräischen wichtig, da es ihnen einen direkten Zugang zum Originaltext der Bibel sowie zu jüdischen Kommentaren im Sinne von originären Interpretationen des Bibeltextes ermöglichte. Ihr Interesse an den jüdischen Quellen war jedoch lediglich darauf beschränkt, die biblische Literatur im Sinne der christlichen Theologie verständlich werden zu lassen, und beinhaltete keinesfalls eine objektive Erforschung der jüdischen Religion und ihrer Schriften.[3]

---

[1] Moshe H. Goshen-Gottstein: The Revival of Hebraic Studies as Part of the Humanist Revival around 1500. In: Hebrew University Studies in Literature and the Arts 16 (1988), S. 185–191.

[2] Vgl. Friedrich Battenberg: Das europäische Zeitalter der Juden. Zur Entwicklung einer Minderheit in der nichtjüdischen Umwelt Europas. 2 Bde, Darmstadt: Wissenschaftliche Buchgesellschaft 1990 (Besondere wissenschaftliche Reihe), Bd 1, S. 171ff. Vgl. Moritz Steinschneider: Christliche Hebraisten. In: Zeitschrift für Hebräische Bibliographie 1 (1896), S. 50–54, 86–89, 111–114, 140–143; 2 (1897), S. 50–55, 93–97, 121–125, 147–151; 3 (1899), S. 13–18, 47–50, 86–88, 111–118, 152–157; 4 (1900), S. 13–17, 50–56, 84–87, 121–122.

[3] Vgl. Moritz Steinschneider: Bibliographisches Handbuch über die theoretische und praktische Literatur für hebräische Sprachkunde. Ein selbständiger Anhang zu Genesius' Geschichte der hebräischen Sprache und Le-Long-Masch's Bibliotheca Sacra für Lehrer, Theologen und Buchhändler. Leipzig: Vogel 1859, S. XV, mit der polemisch formulierten Deutung des christlich motivierten Interesses der Hebraisten an der hebräischen Literatur: »Das Interesse an der hebräischen Sprachkunde beruhte vorherr-

Bei ihrem Studium der hebräischen Werke lösten die christlichen Hebraisten einzelne Ideen und literarische Formen aus der nachbiblischen hebräischen Literatur heraus, paßten sie den christlichen kulturellen und religiösen Vorstellungen an und machten auf diese Weise die jüdischen Lehrinhalte dem christlichen Publikum zugänglich. Zahlenmäßig handelte es sich um eine relativ kleine Gruppe von Gelehrten, die mit der Verbreitung des Wissens über das Judentum jedoch einen prägenden Einfluß auf die westliche Kultur und das sie beherrschende Judenbild erzielten.[4] Durch die Studien der Hebraisten erhielten die Christen zum ersten Mal Kenntnisse über die jüdische Religion, die den theoretischen jüdischen Schriften entnommen waren und sich in den alltäglichen jüdischen Bräuchen widerspiegelten. Diese geistesgeschichtlichen Entwicklungen waren völlig losgelöst von einem realen jüdischen Kontext, und die Inhalte des Judentums wurden dem christlichen Publikum ohne die Beteiligung der Juden und der jüdischen Gemeinden in einer Vorgehensweise vermittelt, die Burnett treffend als die Enteignung der jüdischen Literatur von ihrem rechtmäßigen Vormund bezeichnet hat.[5] Im Laufe des 17. Jahrhunderts etablierten sich die Hebräischen Studien an den Universitäten als eigenständiges Lehrfach in Verbindung mit der Theologie und wurden zu einer anerkannten akademischen Disziplin.

In der Aufzeichnung der Entwicklungsgeschichte der hebräischen Bibliographie von ihren christlichen Anfängen bis zu ihrer Ausformung als wissenschaftliche Disziplin im 19. Jahrhundert durch ihren bedeutendsten Vertreter, Moritz Steinschneider, kristallisiert sich die Entstehung der bibliographischen Beschreibung im Sinne eines nach festgelegten Kriterien geordneten Verzeichnisses des hebräischen Schrifttums heraus. Gleichzeitig ermöglicht es dieser Überblick, die bibliographischen Arbeiten von Freimann in ihren wissenschaftlich-historischen Kontext einzuordnen und dadurch ihren Stellenwert zu bemessen.

---

schend auf dem Bedürfnisse selbständiger Erforschung der jüdischen Bibel als Basis der christlichen. Wäre es möglich gewesen das hebräische aus andern als jüdischen Quellen zu holen, so hätte man es gewiss vorgezogen, denn das Verhältniss zur jüdischen Literatur war, abgesehen von den allgemeinen, philosophischen Wissenschaften, im Mittelalter im Ganzen mehr ein, von Renegaten genährtes, polemisches [...]. So erzeugte zunächst die hebräische Philologie sprachliches und sachliches Interesse an dem jüdischen Schriftenthum des Mittelalters überhaupt, und es entsteht die hebräische Bibliographie, die sich später zur *jüdischen* entwickelt, aber stets nur als Anhang zur christlichen Theologie figurirt [...].«

4 Stephen G. Burnett: From Christian Hebraism to Jewish Studies. Johannes Buxtorf (1564–1629) and Hebrew Learning in the Seventeenth Century. Leiden u. a.: Brill 1996 (Studies in the History of Christian Thought; 68), S. 2. Die Darstellung Buxtorfs folgt dieser detaillierten und umfassendsten jüngsten Studie, die sich »durch Tiefe und Reichtum der behandelten Themen auszeichnet«. Vgl. die Rezension von Elisheva Carlebach: S. G. Burnett, From Christian Hebraism to Jewish Studies [Rezension, hebr.]. In: Zion 63 (1998), S. 351–353.

5 Vgl. R. Po-chia Hsia: Christian Ethnographies of the Jews in Early Modern Germany. In: The Expulsion of the Jews. 1492 and After. Ed. by Raymond B. Waddington and Arthur H. Williamson. New York: Garland 1994 (Garland Studies in the Renaissance; 2), S. 223–235, hier S. 223, der diesen Prozeß »die Dialektik der christlichen Macht« nannte.

4.1.1 Johannes Buxtorf der Ältere (1564–1629) – die Anfänge der hebräischen Bibliographie

An der Herausbildung der hebräischen Bibliographie hatte Johannes Buxtorf (1564–1629) der Ältere, der mit seinen zahlreichen hebräischen Grammatiken, Wörterbüchern und Sprachlehrbüchern die philologische Grundlage der zukünftigen hebräischen Studien legte, einen entscheidenden Anteil. Seine Werke, die sowohl von Christen als auch von Juden über Generationen rege benutzt wurden, galten bald als Standardwerke, welche die ältere christliche Literatur fast ausnahmslos ersetzten und über die Jahrhunderte die biblischen und jüdischen Studien nachhaltig prägten.[6] Für die Entwicklung der hebräischen Bibliographie ist Buxtorf von Bedeutung, da er als erster ein Verzeichnis der damals bekannten hebräischen Drucke verfaßte und somit als Begründer der hebräischen Bibliographie gelten kann.

Johannes Buxtorf, der 1564 in Kamen/Westfalen geboren wurde und bereits auf der Schule in Hamm Hebräisch gelernt hatte, wurde nach seinem Theologiestudium 1590 auf eine Professur für Hebräisch an die Philosophische Fakultät der Universität Basel berufen, die er bis zu seinem Tode 1629 innehatte.[7] Mehrere auswärtige Berufungen sowie das Angebot, den alttestamentlichen Lehrstuhl an der Theologischen Fakultät in Basel als Nachfolger von Amandus Polanus zu übernehmen, lehnte er ab und blieb zeitlebens an der überwiegend sprachlich-philologischen Ausrichtung des Hebräischen interessiert. Zeitgleich mit seiner Professur übte er im Auftrag der Stadt Basel das Amt des Zensors für die in der Stadt gedruckten hebräischen Bücher aus, ohne dessen Genehmigung kein einziges hebräisches Buch in Basel gedruckt oder verkauft werden durfte. Für Buxtorf, der sich in ständigen finanziellen Nöten befand, stellte diese Arbeit zum einen eine weitere, wichtige Einnahmequelle dar und verhalf ihm zum anderen zu zahlreichen Kontakten mit Juden, die für seine wissenschaftliche Arbeit von unschätzbarem Wert waren. Im Laufe der Jahre beteiligte sich Buxtorf an der Herstellung und am Handel mit hebräischen Büchern, war als Herausgeber, Lektor und Handelsvertreter für hebräische Literatur tätig und unterhielt enge Kontakte zu jüdischen Druckern, Buchhändlern und Lektoren, die für die Herstellung und den Vertrieb der Bücher verantwortlich waren.[8]

Sein ältester Sohn Johannes Buxtorf II (1599–1664) wurde ein ebenbürtiger Nachfolger des Vaters und trug entscheidend zu dem lang anhaltenden Einfluß

---

6 Burnett, From Christian Hebraism to Jewish Studies (Anm. 4), S. 3ff.

7 Vgl. ebd., S. 7–34 zum Leben von Johannes Buxtorf. Rudolf Smend: Der ältere Buxtorf in: Theologische Zeitschrift 53 (1997), Nr 1/2, S. 109–117, hier S. 110 urteilt, »bis zum Erscheinen von Burnetts Buch [war] die kundigste Würdigung Emil Kautzsch: Johannes Buxtorf der Ältere. Rectorats-Rede gehalten am 4. November 1879 in der Aula des Museums zu Basel, 1879«.

8 Ebd., S. 112, sieht eines der Hauptverdienste von Burnetts Arbeit darin, die Verbindung der wirtschaftlichen und der geistigen Aspekte der Tätigkeit von Buxtorf herausgearbeitet zu haben.

bei, den die Familie Buxtorf, insbesondere Johannes Buxtorf der Ältere, auf die Gelehrtenwelt ausüben konnte.[9] Der Sohn war selbst ein bedeutender Hebraist und übernahm nach dem Tod des Vaters die Stelle als Professor für Hebräisch an der Universität Basel, die er bis zu seinem Tod im Jahre 1664 innehatte. An der Seite seines Vaters, mit dem er schon früh wissenschaftlich eng zusammengearbeitet hatte, entwickelte er sich zu einem erfahrenen Experten für hebräische Bücher. Viele Werke sind in Gemeinschaftsarbeit zwischen Vater und Sohn entstanden, so u. a. das im Jahre 1640 veröffentlichte *Lexicon Chaldaicum, Talmudicum et Rabbinicum*, und der Ruhm des Vaters verdankt sich in einem nicht geringen Maße den Neuauflagen seiner Werke und deren Verbreitung durch den Sohn.[10]

Bekannt wurde Johannes Buxtorf der Ältere mit seinem ersten, im Jahre 1603 veröffentlichten Buch, die *Judenschul*, das zugleich das einzige Werk blieb, das er auf deutsch verfaßte.[11] Dieses Werk, das eine detaillierte Beschreibung der zeitgenössischen Gesetze, Riten und Gebräuche der Juden für die Nichtjuden beabsichtigte, und das den Ruf von Johannes Buxtorf dem Älteren als einem Experten für das Judentum und die hebräische Sprache begründete, war eine mit antijüdischen Vorurteilen behaftete polemische Abhandlung gegen die Juden. Darin vertrat er die These, daß das Judentum nicht mehr auf der Bibel, sondern auf dem Talmud beruhte, und leitete daraus die Überlegenheit des christlichen Glaubens gegenüber dem Judentum ab. Sein Ziel war es, protestantischen Theologen Argumente gegen das Judentum zu liefern und die Missionierung der Juden zu fördern.[12]

---

9   Vgl. Burnett, From Christian Hebraism to Jewish Studies (Anm. 4), S. 22ff., der den Erfolg der Werke von Johannes Buxtorf des Älteren zurückführt auf die Zusammenarbeit mit einem gelehrten und erfahrenen Herausgeber und Korrektor in der Person seines Sohnes und dem wirtschaftlichen und fachlichen Potential einer Druckerei mit hebräischen Lettern, die seinem Schwiegersohn Johann Ludwig König gehörte.

10 Der Sohn war ebenfalls verantwortlich für die Neudrucke des Thesaurus Grammaticus und der Institutio Epistolaris im Jahr 1629 und der Concordantiae Bibliorum Hebraicae im Jahr 1632.

11 Johannes Buxtorf: Synagoga Judaica, das ist Jüden Schul, darinnen der gantz Jüdische Glaub [...] erkläret. Basel: Petri 1603; lateinische Ausg. Basel 1604.

12 Vgl. The Jewish Encyclopedia. A Descriptive Record of the History, Religion, Literature, and Customs of the Jewish People from the Earliest Time to the Present Day. Ed. by Isidore Singer. 12 Bde, New York u. a.: Funk and Wagnalls 1901–1906, Bd 3, S. 445; Shimeon Brisman: Jewish Research Literature. Bd 1: A History and Guide to Judaic Bibliography; Bd 2: A History and Guide to Judaic Encyclopedias and Lexicons; Bd 3,1: History and Guide to Judaic Dictionnaries and Concordances. Cincinnati: Hebrew Union College Press 1977, 1987, 2000, Bd 1, S. 4.; K. Siegfried: Buxtorf, Johannes. In: Allgemeine deutsche Biographie 3 (1876), S. 668–676; Smend, Der ältere Buxtorf (Anm. 7), S. 117; Krzystof Pilarczyk: Quellen zu einer Bibliographie hebräischer Drucke des 16.–18. Jahrhunderts aus Polen – Johannes Buxtorfs »Bibliotheca Rabbinica«. In: Judaica 51 (1995), Nr 4, S. 237–250, hier S. 244; Burnett, From Christian Hebraism to Jewish Studies (Anm. 4), S. 63–79, die alle zum Urteil gelangen, daß das Judentum im Werk von Buxtorf in einer mit Vorurteilen behafteten und verzerrten Weise dargestellt wird.

Allgemein anerkannt und in ihrem Beitrag für das Studium der hebräischen Sprache und Literatur unbestritten sind dagegen bis heute seine zahlreichen wissenschaftlichen Veröffentlichungen auf den Gebieten der hebräischen und aramäischen Grammatik und Lexikographie, des massoretischen Bibeltextes und der Bibelexegese des rabbinischen Judentums.[13] Er verfaßte sowohl die Grundlagenwerke zur hebräischen Grammatik und Syntax als auch Handbücher und Anleitungen für Studenten, Wörterbücher, Konkordanzen und Quelleneditionen. Seine Neuausgabe der hebräischen Bibel mit rabbinischem Kommentar ermöglichte die eindeutige Lesung des Textes und diente der christlichen Bibelforschung bis zum Ende des 19. Jahrhunderts als Standardwerk, ebenso wie die von ihm und seinem Sohn im Jahre 1632 veröffentlichte Neubearbeitung der hebräischen Bibelkonkordanz. Seine Quelleneditionen klassischer hebräischer Texte im Original und in Übersetzung, darunter Briefe des Maimonides und anderer jüdischer Gelehrter, sowie die Anthologien hebräischer Lyrik waren die ersten Einführungen in die Art hebräischer Textkomposition überhaupt.[14]

Zum Begründer der hebräischen Bibliographie wurde er mit seiner Schrift *Bibliotheca Rabbinica*. Diese erschien zum ersten Mal im Jahre 1613 als Anhang zu seinem lexikographischen Werk mit dem Titel *De abbreviaturis hebraicis*.[15] Die *Bibliotheca Rabbinica* ist ein bibliographisches Verzeichnis von hebräischen Druckwerken und Handschriften, alphabetisch nach den hebräischen Titeln geordnet.[16] Während in den wichtigsten Nachschlagewerken die

---

[13] Vgl. Moritz Steinschneider: Jüdische Literatur. In: Allgemeine Encyklopädie der Wissenschaften und Künste in alphabetischer Folge von genannten Schriftstellern bearb. und hg. von Johann Samuel Ersch und Johann Gottfried Gruber. Leipzig: Gleditsch 1850, Sektion 2,27, S. 357–471, hier S. 451, bezeichnete ihn als den christlichen Ibn Tibbon, nach Judah ben Saul Ibn Tibbon (1120–1190), einem berühmten Übersetzer jüdischer Literatur aus dem Arabischen ins Hebräische und Begründer einer Übersetzerdynastie. Vgl. Encyclopaedia Judaica. Begr. von Cecil Roth und Geoffrey Wigoder, 16 Bde, Jerusalem: Keter 1971, Bd 15, Sp. 1129. Vgl. Brisman, Jewish Research Literature (Anm. 12), Bd 1, S. 4, der ihm für seine Errungenschaften auf dem Gebiet der hebräischen Sprachlehre den Beinamen »der christliche Eliyahu Bachur« verlieh, nach Elijah Levita, (1468/69–1549), einem berühmten Philologen, Grammatiker und Lexikographen der hebräischen Sprache (vgl. Encyclopaedia Judaica, Bd 11, Sp. 132).

[14] Vgl. Burnett, From Christian Hebraism to Jewish Studies (Anm. 4), S. 245ff., für eine vollständige Bibliographie aller Veröffentlichungen von Johann Buxtorf dem Älteren sowie der Nachdrucke.

[15] Johannes Buxtorf: De Abbreviaturis Hebraicis liber novus & Copiosus. Basel 1613; Vgl. Brisman, Jewish Research Literature (Anm. 12), Bd 1, S. 4: »De abbreviaturis hebraicis deserves a place of honor.« Dieses umfangreiche Lexikon hebräischer Abkürzungen und ihrer Erklärung war insofern für christliche Forscher ein besonders wichtiges Hilfsmittel, da ohne Kenntnis der Abkürzungen, die in hebräischen Büchern und Handschriften außerordentlich häufig verwandt werden, ein Studium der nachbiblischen jüdischen Literatur nicht möglich ist.

[16] Die Bezeichnung »Rabbinica« wurde von christlichen Theologen für die gesamte nachbiblische Literatur verwandt. Zu unterschiedlichen Erklärungen vgl. Leopold Zunz: Juden und jüdische Literatur. In: ders., Gesammelte Schriften. 3 Bde, Berlin: Gerschel 1875/1876, Bd 1 (1875), S. 41–59, hier S. 58: »Den Namen ›rabbinisch‹ hat die jüdi-

Zahl der aufgelisteten Bücher bislang stets mit 324 angegeben wurde, hat die
Arbeit von Burnett dagegen ergeben, daß es sich um 325 Einträge in der eigentlichen Bibliographie und weitere 31 Bibeldrucke, die getrennt aufgezählt
werden, handelt und daß man, wenn man alle, auch die äußerst rudimentären
Einträge, mit einbezieht, sogar zu einer Anzahl von insgesamt 413 bibliogra-
phierten Titeln gelangt.[17] Als Grundlage seines Verzeichnisses dienten Buxtorf
in erster Linie die hebräischen Bücher, die er in seiner Privatbibliothek besaß,
sowie Informationen, die aus seiner umfangreichen Korrespondenz, seinen Kontakten zu durchreisenden jüdischen Buchhändlern sowie von seinen Besuchen
auf der Frankfurter Buchmesse stammten.

Als Begründer der modernen Bibliographie im Allgemeinen wird Konrad Gesner mit seinem Werk *Bibliotheca Universalis* angesehen, das als erste Bibliographie überhaupt gilt und in dem an die 1.500 Werke in den klassischen Sprachen Lateinisch, Griechisch und Hebräisch aufgezählt sind.[18] In der einschlägigen Literatur kommt Gesner für die hebräische Bibliographie das Verdienst
zu, der erste gewesen zu sein, der überhaupt hebräische Drucke erfaßt und sie

---

sche Literatur gleichfalls von den Theologen erhalten. Diese haben jüdische Bücher
stets nur aus einem einseitigen Standpunkte, und die Juden nur als Kirchenmaterial
betrachtet: als Zeugen oder als Widersacher eines siegenden Christenthums. Jüdische
Autoren erschienen ihnen daher immer als Vertreter des bekämpften Prinzips, d. h.
als Rabbiner.« Vgl. Steinschneider, Jüdische Literatur (Anm. 13), S. 357: »Auch ist
die jüdische Literatur nicht etwa vorzugsweise durch eigentliche, d. h. im Amt stehende Rabbiner vertreten; sondern die im Mittelalter, vielleicht durch Opposition der
Karäer, herrschend gewordene Sitte, dem Namen jedes Schriftkundigen, also auch
jedes Verfassers, den Ehrentitel Rabbi vorzusetzen, hat christliche Gelehrte veran-
lasst, solche als Rabbiner zu bezeichnen und den Namen Rabbinische Literatur zu
schaffen, welcher keinen wissenschaftlichen Begriff einschliesst.« Zunz und Steinschneider schlugen vor, die Bezeichnung »neuhebräische« oder »jüdische Literatur«
zu verwenden. Vgl. Zunz, Gesammelte Schriften (wie oben), S. 101.

[17] The Jewish Encyclopedia (Anm. 12), Bd 3, S. 445; Encyclopaedia Judaica. Das Judentum in Geschichte und Gegenwart. Hg. von Jakob Klatzkin und Ismar Elbogen, 10
Bde, Berlin: Eschkol 1928–1934, Bd 4, S. 1232; Encyclopaedia Judaica (Anm. 13), Bd
4, Sp. 970; Bibliotheca Iudaica. Bibliographisches Handbuch der gesammten jüdischen
Literatur mit Einschluss der Schriften über Juden und Judenthum und einer Geschichte
der jüdischen Bibliographie nach alphetischer Ordnung der Verfasser bearb. von Julius
Fürst. 3 Bde, Leipzig: Engelmann 1849/1851/1863, Bd 3 (1863), S. XXVI–XXVII; Menahem Mendel Slatkine: Resit bikkure ha-bibliyyografya ba-sifrut ha-ivrit [Der Beginn
der Erstlinge der Bibliographie in der hebräischen Literatur, hebr.]. Tel-Aviv 1958,
S. 23ff.; Brisman, Jewish Research Literature (Anm. 12), Bd 1, S. 4. Dagegen weist
Burnett, From Christian Hebraism to Jewish Studies (Anm. 4), S. 157–159 nach, die
Angabe von 324 Büchern sei dadurch zustande gekommen, daß bislang fälschlicher-
weise die Zahl der Einträge mit der Zahl der beschriebenen Bücher gleichgesetzt wurde.

[18] Conrad Gesner: Bibliotheca Universalis [...]. Zürich 1545–1555. Vgl. J. C. Bay: Conrad Gesner (1515–1565), the Father of Bibliography. An Appreciation. In: The Papers of the Bibliographical Society of America 10 (1916), No. 2, S. 53–86; Helmut
Zedelmaier: Bibliotheca Universalis und Bibliotheca Selecta. Das Problem der Ordnung des gelehrten Wissens in der frühen Neuzeit. Köln, Weimar, Wien: Böhlau 1992
(Beihefte zum Archiv für Kulturgeschichte; 33), insbes. S. 51ff.

in seinem Werk verzeichnet hat, so daß er auf diese Weise die hebräische Bibliographie als einen Teilbestand der allgemeinen Bibliographie definiert und dieser gleichgestellt hat.[19] Allerdings wiesen die Aufnahmen der hebräischen Drucke in Gesners Werk große Mängel auf, da wichtige Angaben fehlten, die Titel lediglich in der lateinischen Transliteration und nicht im hebräischen Original wiedergegeben und außerdem nach den Verfassern und nicht nach den Titeln geordnet waren.[20] Die wenigen weiteren christlichen Verzeichnisse hebräischer Werke, die im 16. Jahrhundert veröffentlicht wurden und an denen sich Buxtorf orientieren konnte, hatten lediglich rudimentären Charakter und wiesen starke Defizite auf.[21] Deshalb gilt bis heute das Verzeichnis von Buxtorf als die erste wissenschaftlich aufgebaute Bibliographie der hebräischen Literatur.[22]

Im Gegensatz zu den Werken seiner Vorläufer zeichnen sich die Einträge in der »Bibliotheca Rabbinica« durch größere Genauigkeit aus und setzen sich in der Regel aus folgenden Einzelangaben zusammen:

- Titel des Werkes in hebräischen Lettern;
- Transliteration, d. h. die phonetische Umschrift des Titels;
- lateinische Übersetzung des hebräischen Titels;
- kurze Inhaltsangabe;
- Verfasser, falls es sich nicht um einen anonymen oder klassischen alten hebräischen Text handelt;
- Erscheinungsort und Erscheinungsjahr (bei Druckwerken).[23]

---

[19] Brisman, Jewish Research Literature (Anm. 12), Bd 1, S. 3 und S. 264, Anm. 6; Zunz, Juden und jüdische Literatur (Anm. 16), S. 49; Fürst, Bibliotheca Judaica (Anm. 17), Bd 3, S. LXXII; Aron Freimann: Daniel Bombergs Bücher-Verzeichnis. In: Zeitschrift für Hebräische Bibliographie 10 (1906), S. 38–39.

[20] Pilarczyk, Quellen zu einer Bibliographie hebräischer Drucke (Anm. 12), S. 243 stellt fest, daß bei den hebräischen Büchern in der Regel die Angabe des Erscheinungsortes und -datums fehlt. Brisman, Jewish Research Literature (Anm. 12), Bd 1, S. 3 betont, es handle sich um relativ wenige Einträge über jüdische Verfasser und Themen. Sie sind zahlenmäßig weniger als die Einträge über nichtjüdische Verfasser von antijüdischen Werken.

[21] Vgl. Burnett, From Christian Hebraism to Jewish Studies (Anm. 4), S. 155–157. Er zählt hierzu die Werke von Sebastian Münster, Catalogus quorundam librorum sacrae linguae (Basel 1552), Michael Neander Sanctae linguae Hebraeae Erotemata (Basel 1567) und Gilbert Genebrard Eisagoge (Paris 1587). Genebrards Liste mit 107, meist hebräischen Titeleinträgen, diente aufgrund ihrer Zitierweise als Model für Buxtorf. Genebrard gab den Titel in Hebräisch an, manchmal mit Transliteration in lateinischen Buchstaben, um die Aussprache zu kennzeichnen sowie mit einer lateinischen Übersetzung des Titels, gelegentlich wurden auch der Verfassername und das Thema des Werkes angegeben.

[22] In der Jewish Encyclopedia, der Encyclopaedia Judaica (Berlin) und Encyclopaedia Judaica (Jerusalem) wird Buxtorf im Eintrag Bibliographie jedoch nicht erwähnt, sondern Bartolocci als Begründer der hebräischen Bibliographie genannt.

[23] Des weiteren enthält das Verzeichnis Verweise, die den Leser von einem abgekürzten Titel zum Haupteintrag hinführen, sowie vier Einträge, die keine Titelangaben enthalten, sondern ganz spezifische Gattungen der hebräischen Literatur beschreiben, und zwar für Chidduschim, Midrasch, Perusch und Tosefta.

Diese Bestandteile gehören seither zur Norm bibliographischer Beschreibung. Bei Büchern, die er nicht selbst eingesehen hatte, vermerkte Buxtorf »non vidi«. Geordnet sind die Schriften nach den hebräischen Titeln gemäß dem hebräischen Alphabet. Die alphabetische Einordnung der Werke nach den hebräischen Titeln hatte zum einen den Vorteil, daß notwendige Recherchen zur Feststellung des Verfassers und der richtigen Schreibweise seines Namens, die sogenannte Namensansetzung, die insbesondere für hebräische Namen sehr aufwendig ist, erspart blieben. Buxtorf schrieb die Namen einfach in der gegebenen Form vom Titelblatt ab, und da der Verfassername bei der alphabetischen Einordnung des Titels keine Rolle spielte, mußte er sich nicht in langwieriger und zeitaufwendiger Arbeit auf eine einzige, einheitliche Form des Verfassernamens festlegen. Zum anderen entsprach die alphabetische Titelanordnung der Praxis der jüdischen Gelehrten, Werke nach ihrem Titel und nicht nach dem Verfasser zu zitieren. Traditionelle hebräische Werke aus der Zeit vor dem 18. Jahrhundert sind in der Regel unter ihrem Titel bekannter als unter ihrem Verfasser und werden bis heute auf diese Weise genannt und zitiert. Dennoch weist auch die »Bibliotheca Rabbinica« inhaltliche und strukturelle Mängel auf, und die angestrebte Vollständigkeit der Aufzählung wurde nicht erreicht, da die von Buxtorf selbst herausgegebenen hebräischen Bücher, zahlreiche jiddische Drucke sowie die zu seinen Lebzeiten in Basel gedruckten Werke nicht verzeichnet sind.[24] Im Jahre 1640 veröffentlichte sein Sohn eine zweite, ergänzte Ausgabe des Werkes mit zusätzlichen Titeln und einem Verfasserindex, die in den folgenden Jahrhunderten mehrmals nachgedruckt und zuletzt 1985 neu aufgelegt wurde.[25]

In der *Bibliotheca Rabbinica* sind zum ersten Mal Hunderte von hebräischen Werken, sowohl Druckwerke als auch Handschriften, in einem einzigen Band verzeichnet und es war ein grundlegendes methodologisches Schema für die Aufnahme hebräischer Druckwerke geschaffen worden. Mit seinem Grundsatz, den Titel eines hebräischen Werkes in der hebräischen Originalversion zum wichtigsten Bestandteil des bibliographischen Eintrags und zum Ordnungsprinzip zu erheben, bildete Buxtorf die Norm für die Erfassung hebräischer Drucke und die Erstellung von hebräischen Bibliographien bis ins 20. Jahr-

---

[24] Burnett, From Christian Hebraism to Jewish Studies (Anm. 4), S. 164–166.

[25] Das Werk wurde unter dem Titel Appendix ad Bibliothecam Rabbinicam in Zusammenarbeit mit dem in Konstantinopel lebenden Jakob Roman, einem Sprachwissenschaftler und Bibliographen, erstellt. Vgl. Jewish Encyclopedia (Anm. 12), Bd 10, S. 442ff., wo er als Ya'akov Romano aus Jerusalem identifiziert wird. Roman hatte die erste Ausgabe der Bibliotheca Rabbinica gelesen und sandte dem Sohn Johannes Buxtorf eine Liste der hebräischen Bücher, die fehlten. Roman beabsichtigte das gesamte Werk für jüdische Leser vom Lateinischen ins Hebräische zu übersetzen, führte es jedoch nicht aus. Nachdrucke erschienen Franeker 1696, Herborn 1708. Von letzterem erschien eine Reprintausgabe Hildesheim 1985. Zur Bedeutung der Neuausgabe der Bibliotheca Rabbinica (Basel 1640) für die Aufnahme von in Polen erschienenen hebräischen Drucken in die polnische Nationalbibliographie vgl. Pilarczyk, Quellen zu einer Bibliographie hebräischer Drucke (Anm. 12).

hundert. Die Anordnung nach dem hebräischen Alphabet wurde in den folgenden Jahrhunderten von allen Bibliographen übernommen, wobei jüdische Bibliographen der alphabetischen Anordnung nach den hebräischen Titeln in Originalversion folgten, während christliche Bibliographen von der Vorgabe Buxtorfs abwichen und in der Regel den Verfasser als Ordnungsprinzip ansetzten.
Ebenso wurde die Struktur der einzelnen Titelaufnahme gemäß seiner Vorgabe
beibehalten. Mit seiner Arbeit gab Buxtorf den Anstoß für eine Reihe von christlichen und jüdischen Bibliographen, diesen Teilbereich des jüdischen Wissens
auszudehnen und zu vertiefen, so daß sich ein eigenständiger Zweig innerhalb
der allgemeinen Bibliographie entwickelte.

4.1.2 Giulio Bartolocci (1613–1687)

Giulio Bartolocci gilt als der nächste, der eine Gesamtbibliographie der hebräischen Schriften von und über Juden zusammenstellte, in welcher der bisherige
Wissensstand wesentlich verbessert wurde.[26] Andere christliche Gelehrte, die
sich zwischenzeitlich in der Nachfolge von Buxtorf der hebräischen Bibliographie zugewandt hatten, erbrachten keinen substantiellen Fortschritt auf dem
Gebiet der hebräischen Bibliographie, da sich ihre Arbeiten im Grunde genommen darauf beschränkten, die von Buxtorf veröffentlichten bibliographischen Angaben ungeprüft zu wiederholen, ohne ihnen eigene neue Erkenntnisse hinzuzufügen.[27] Giulio Bartolocci, der dem Zisterzienserorden angehörte,
wurde 1613 in Celleno, im alten Königreich Neapel geboren und starb 1687 in
Rom.[28] Hebräisch lernte er während seiner Studienzeit in Rom von seinem
Lehrer Giovanni Battista, einem konvertierten Juden, und wie dieser wurde er
nach Beendigung seiner priesterlichen Studien im Jahre 1651 zum Professor
für Hebräisch und Rabbinische Studien am Collegium Neophytorum und zu

---

[26] Vgl. Encyclopaedia Judaica (Anm. 13), Bd 4, Sp. 970, bezeichnet Bartolocci als den
»ersten, der eine wahre Bibliographie der hebräischen Literatur zusammenstellte«.
Während die Fachlexika mehrheitlich den Beginn der hebräischen Bibliographie mit
Bartolocci ansetzen, vgl. Encyclopaedia Judaica (Anm. 17), Bd 1, Sp. 760 und Jewish Encyclopedia (Anm. 12), Bd 3, S. 199 [Eintrag »Bibliography«], gilt dieser bei
Brisman, Jewish Research Literature (Anm. 12), Bd 1, S. 6 und Roger S. Kohn:
Climbing Benjacob's Ladder. An Evaluation of Vinograd's Thesaurus of the Hebrew Book. In: Judaica Librarianship, 9 (1994/95), No. 1/2, S. 17–28, als Nachfolger von Buxtorf, was in der vorliegenden Arbeit übernommen wird.
[27] Vgl. Brisman, Jewish Research Literature (Anm. 12), Bd 1, S. 6; Zunz, Juden und
jüdische Literatur (Anm. 16), S. 51f.; Fürst, Bibliotheca Judaica (Anm. 17), Bd 3,
S. LXII. Zu den direkten Nachfolgern zählen u. a. der Bischof Plantavitius (Jean de
la Pause Plantavit, 1576–1651) und Jacques Gaffarel (gest. 1681), die beide mit Leon
de Modena (1571–1648) korrespondierten sowie der Züricher Professor Johann Heinrich Hottinger (1620–1667), der seine Bibliographie Bibliotheca Orientalis (Heidelberg 1658), systematisch gliederte.
[28] Fürst, Bibliotheca Judaica (Anm. 17), Bd 3, S. LXXIII.

einem »Scriptor Hebraicus«, einem Mitarbeiter der Vatikanischen Bibliothek, ernannt.[29] Dort arbeitete er eng mit seinem ehemaligen Lehrer zusammen und erhielt von diesem »Idee, Plan und Auswahl des Materials« für die Erstellung einer hebräischen Bibliographie, wobei er Battistas chronologische Anordnung jedoch nicht übernahm.[30] Auf den Vorarbeiten seines Lehrers Battista aufbauend und mit dessen Unterstützung und unter Benutzung der Bestände der Vatikanischen Bibliothek und anderer Sammlungen in Rom verfaßte Bartolocci die vierbändige *Bibliotheca Magna Rabbinica*, die in den Jahren 1675 bis 1693 erschien und zu einem Meilenstein der hebräischen Bibliographie wurde.

Den ersten Band seiner Bibliographie, der im Jahre 1675 in Rom erschien, veröffentlichte Bartolocci unter dem lateinischen Namen – *Bibliotheca Magna Rabbinica* – und unter dem hebräischen Namen – *Kiryat Sefer*.[31] Der Band enthält die ersten drei Buchstaben des hebräischen Alphabets, von »alef« bis einschließlich »gimel«. 1678 wurde der zweite Band mit den Buchstaben »dalet« bis »tet« veröffentlicht, und 1684 erschien der dritte Band, der nur den Buchstaben »jod« umfaßte. Der vierte Band war im Manuskript bereits bis zum Buchstaben »schin«, dem vorletzten Buchstaben des hebräischen Alphabets, fertiggestellt, als Bartolocci im Jahr 1687 starb. Der letzte Band wurde von seinem Schüler Carlo Giuseppi Imbonati vervollständigt und im Jahre 1693 in Rom veröffentlicht. Imbonati fügte noch einen fünften Band als Ergänzung hinzu, der im Jahr 1684 in Rom unter dem hebräischen Titel *Magen Vacherev Umilchamah* (»Schild und Schwert und Krieg«) und dem lateinischen Titel *Bibliotheca latino-hebraica* erschien.[32]

---

[29] Battista (1588–1668) hatte in Safed seine rabbinische Ausbildung erhalten, sich nach mehreren Aufenthalten in verschiedenen europäischen Städten in Warschau im Alter von 37 Jahren taufen lassen und nach der Ausweisung aus Polen in Italien niedergelassen. Er unterrichtete Hebräisch und Aramäisch zuerst in der Akademie von Pisa und von 1650 bis 1668 im Collegium Neophytorum in Rom. In dieser Zeit arbeitete er auch als Bibliothekar an der Vatikanischen Bibliothek und entwarf einen Plan für eine neue hebräische Bibliographie, die chronologisch nach den Geburtsdaten der Verfasser angeordnet sein sollte, jedoch nicht vollendet und daher nicht veröffentlicht wurde. Battistas Hauptwerk war die Übersetzung der Evangelien aus dem Lateinischen ins Hebräische. Es wurde mit einem Vorwort von Papst Clemens IX. 1668 in Rom veröffentlicht.

[30] Fürst, Bibliotheca Judaica (Anm. 17), Bd 3, S. LXXIV; Steinschneider, Christliche Hebraisten (Anm. 2), 1897, S. 51.

[31] Der vollständige Titel des ersten Bandes lautet: Bibliotheca magna rabbinica de scriptores et scriptis hebraicis ordine alphabetico hebraice et latine digesta autore Jul. Bartolocci des Celleno. Tom. I. De oratore regis Aethiopiae, de Adamo primo homine, de Rechabitis, de punctorum sive vocalium hebr. origine, de nominibus stellarum et constellationibus, de quibus fit mentio in libro Jobi, de origine impressorum librorum hebraicorum, denique de typographia judaica praesertim in Italia, ritus studendi in academia judaica olim in Babylonia etc. cum indicibus. Rom 1675.

[32] Vgl. Fürst, Bibliotheca Judaica (Anm. 17), Bd 3, S. LXXVI. Es enthielt, als erstes Werk seiner Art, alphabetisch angeordnet mehr als 1.300 Schriften in Lateinisch, die von nichtjüdischen Autoren über jüdische Themen verfaßt worden waren.

Die *Bibliotheca Magna Rabbinica* war zweisprachig angelegt, die Einträge waren alphabetisch nach dem hebräischen Verfassernamen, bzw. dem Werktitel, in zwei Spalten sowohl in Hebräisch als auch in Lateinisch angeordnet.[33] Der lateinische Eintrag enthält dieselben Angaben wie der hebräische, hier ist der Titel sowohl in lateinischen Buchstaben transliteriert als auch übersetzt und die Inhaltsangabe ausführlicher, zudem wird das christliche Erscheinungsjahr ebenfalls angegeben. Die vier Bände umfassen fast 3.500 Seiten und enthalten an die 1.960 Einträge, darunter auch hebräische und lateinische Register der Titel, der Querverweise, der Sachgebiete und der Namen von Verfassern und Druckorten. Es war dies die erste vollständige hebräische Bibliographie, die in einem Werk alle gedruckten und handschriftlichen hebräischen Schriften verzeichnete, die dem Verfasser Bartolocci zu seiner Zeit in den Bibliotheken zugänglich oder aus anderen Werken bekannt waren.[34]

Seine Einträge liefern zudem zusätzliche Informationen wie etwa biographische Angaben, die durch ihre Vollständigkeit besonders nützlich sind, Formatbeschreibungen, Standortangaben und manchmal auch Angaben zu den Materialien, aus denen die Handschriften hergestellt sind.[35] Indem das Werk von Bartolocci einerseits neue Informationen über bislang unbekannte hebräische Bücher lieferte und andererseits gleichzeitig die bereits bekannten Tatsachen über hebräische Bücher präzisierte und korrigierte, ging es über das hinaus, was von Buxtorf in seiner hebräischen Bibliographie begonnen worden war.

Mit seiner *Bibliotheca Magna Rabbinica* knüpfte Bartolocci im wesentlichen an Buxtorfs *Bibliotheca Rabbinica* an, wobei die bewußte Namenswahl des Werkes auf die Kontinuität, in die sich Bartolocci selbst stellte, hinweisen sollte. Allerdings unterschied sich Bartolocci in einem wesentlichen Punkt von Buxtorf, da er als Ordnungsmerkmal den Verfassernamen in der hebräischen Originalversion wählte und nicht, wie Buxtorf es getan hatte, den hebräischen Originaltitel. Dies hatte eine Reihe von Fehlern zur Folge, u. a. die Ansetzung von fiktiven Persönlichkeiten als reale Verfasser, die bei den Benutzern nur Verwirrung schuf. Viele der Schwierigkeiten der Handhabung, die sich durch die Ansetzung nach den Verfassern ergeben, werden jedoch durch die umfangreichen Register behoben. Als weitere Fehler sind in dem Werk falsche Übersetzungen talmudischer und rabbinischer Texte zu finden und ein Mangel an klar umrissenen Auswahlkriterien des aufzunehmenden Materials, so daß Unwichtiges neben Wichtigem steht. Zudem war Bartolocci aktiv an antijüdischer Polemik gegen Juden und das Judentum beteiligt, was schon bald zu einer kritischen Auseinandersetzung mit seinem Werk führte. Dennoch bleibt das Werk die erste systematische allumfassende Bibliographie der jüdischen Literatur, wie Fürst hervorhob:

---

[33] Jeder bibliographische Eintrag enthält die folgenden Einzelangaben: (1) Verfasser bzw. Werktitel bei anonymen oder antiken Werken; (2) Biographische Angaben; (3) Titel; Inhaltsangabe; (4) Erscheinungsort und -jahr; (5) Standort bei Handschriften.

[34] Brisman, Jewish Research Literature (Anm. 12), Bd 1, S. 8.

[35] Johannes Buxtorf der Jüngere hatte in der zweiten Auflage der Bibliotheca Rabbinica von 1640 Formatangaben hinzugefügt.

Der Werth dieser ersten grossen jüdischen Bibliographie und der ausserordentliche Fleiss Bartolocci's wurden daher trotz der zahlreichen Mängel auch nicht verkannt.[36]

Im folgenden diente es als Grundlage für Wolfs *Bibliotheca Hebraea* und weitere nachfolgende Arbeiten.[37] Für die moderne bibliographische Forschung ist die *Bibliotheca Magna Rabbinica* als Quellengrundlage weiterhin unersetzlich geblieben, was auch durch die Tatsache bekräftigt wird, daß in den sechziger Jahren ein photomechanischer Nachdruck erschien.[38]

4.1.3 Johann Christoph Wolf (1683–1739)

Das monumentale 5.000 Seiten umfassende vierbändige Werk *Bibliotheca Hebraea* von Johann Christian Wolf ist ein weiterer und zugleich der letzte bedeutende Beitrag christlicher Hebraisten zur hebräischen Bibliographie.[39] Johann Christoph Wolf, der 1683 in Wernigerode/Preußen geboren wurde und an der Universität Wittenberg Hebräisch studierte, hatte während seiner häufigen Studienreisen nach England und in die Niederlande enge Kontakte mit zahlreichen christlichen Hebraisten, darunter Vitringa, Surenhuis, Reland und Basnage.[40] Im Jahre 1712 wurde Wolf zum Professor für orientalische Sprachen und Literatur an einem Hamburger Gymnasium ernannt, wo er seine Studien der Hebraistik mit dem Schwerpunkt auf der Literatur der Karäer fortführte und in den Jahren 1715 bis 1733 sein Hauptwerk, die *Bibliotheca Hebraea* veröffentlichte.

Der erste Band der *Bibliotheca Hebraea* erschien im Jahre 1715.[41] Er umfaßt 1.200 Seiten mit 2.231 Einträgen, die alphabetisch nach den hebräischen Verfassernamen geordnet sind. Vorangestellt ist eine ausführliche Einleitung, in der Wolf die grundsätzlichen Fragen bei der Erstellung einer hebräischen Bibliographie thematisiert und die Erarbeitung der einzelnen bibliographischen

---

[36] Fürst, Bibliotheca Judaica (Anm. 17), Bd 3, S. LXXV.

[37] Jewish Encyclopedia (Anm. 12), Bd 4, S. 265.

[38] Giulio Bartolocci: Bibliotheca magna Rabbinica de scriptoribus et scriptis hebraicis ordine alphabetico hebraice & latine digestis. 5 Bde, Rom: Ex Typographia Sacræ Congregationis de Propaganda Fide 1675–1694 (Nachdruck Farnborough 1965–1968).

[39] Vgl. Leopold Zunz: Zur Geschichte und Literatur. Bd 1 [mehr nicht erschienen], Berlin: Veit 1845, S. 14f.; Carl Bertheau: Wolf, Johann Christoph. In: Allgemeine deutsche Biographie 44 (1898), S. 545–548; Fürst, Bibliotheca Judaica (Anm. 17), Bd 3, S. LXXXII–XC; Brisman, Jewish Research Literature (Anm. 12), Bd 1, S. 13–15.

[40] Fürst, Bibliotheca Judaica (Anm. 17), Bd 3, S. LXXXIII, irrt bezüglich des Geburtsdatums, welches er mit 1689 angibt.

[41] Der vollständige Titel lautet: Johann Christoph Wolf: Bibliotheca Hebraea sive notitia tum auctorum hebr. cujuscunque aetatis, tum scriptorum, quae vel hebraica primum exarata vel ab aliis conversa sunt, ad nostram aetatem deducte. Accedit in calce Jacobi Gaffarelli indes codicum cabbalisticorum mss. quibus Jo. Picus, Mirandulanus comes, usus est.

Bestandteile problematisiert, indem er Fragen der korrekten Umsetzung der jüdischen Zeitrechnung bei der Datierung eines Werkes, der Feststellung des Buchtitels und des Verfassernamens, des Druckortes und der Typographie sowie das Problem der Zensur jüdischer Bücher in christlichen Ländern aufgreift. Nach den eigentlichen bibliographischen Einträgen und dem sogenannten »Verzeichnis der fehlenden Werke«, das die Titel auflistete, deren Angaben Wolf nicht selbst hatte überprüfen können, folgen am Ende des ersten Bandes ein Register der hebräischen Buchtitel und eine von Jacques Gaffarel zusammengestellte Liste der kabbalistischen Handschriften. Der zweite Band der *Bibliotheca Hebraea* folgte im Jahr 1721 und besteht aus acht Teilen, von denen in den ersten sieben verschiedene Teilbereiche der jüdischen Literatur in ausführlicher Form dargestellt werden und der achte Teil ein nach den hebräischen Buchtiteln alphabetisch geordnetes Verzeichnis von 784 anonymen Werken umfaßt.[42]

Der dritte Band erschien im Jahre 1727 in Hamburg und besteht im wesentlichen aus den zahlreichen Zusätzen und Verbesserungen zu den 2.231 Einträgen des ersten und zu den 784 Einträgen des zweiten Bandes. Außerdem enthält er ein vollständiges Register der hebräischen Buchtitel, die in den drei Bänden vorkommen, sowie mehrere längere Textteile in Hebräisch und in Übersetzung. Der vierte und letzte Band erschien 1733 und beinhaltet größtenteils Ergänzungen zum zweiten Band sowie weiteres Material zu den Verbesserungen des dritten Bandes. Ein alphabetisches Register der jüdischen Verfassernamen, der wichtigsten Themen und der hebräischen Buchtitel, die im vierten Band erwähnt werden, beschließen diesen Band.

Wolf stützte sich in seiner Arbeit auf die Veröffentlichungen von Giulio Bartolocci und Sabbatai Bass, auf die er sich in seinem Werk explizit bezog, sowie auf weitere ihm bekannte Bücherverzeichnisse.[43] Er sah sich in der Nachfolge dieser bibliographischen Pionierarbeiten, deren Angaben er jedoch bei der Erstellung der *Bibliotheca Hebraea* nicht unkontrolliert übernahm, sondern im

---

[42] Die sieben Themenkomplexe beinhalten eine bibliographische Geschichte der Bücher des hebräischen Alten Testaments und der Apokryphen; eine Geschichte der Massora, der textkritischen Lehre und der verschiedenen massoretischen Schreiber; eine Geschichte der jüdischen und christlichen Lexikographen und Grammatiker der hebräischen Sprache; ausführliche Erläuterungen über den Talmud; ein Verzeichnis jüdischer und antijüdischer Schriften, das sowohl die antijüdischen Schriften der Klassiker, der konvertierten Juden und der christlichen Gelehrten als auch die antichristlichen sowie apologetischen Schriften der Juden umfaßt; eine Abhandlung über die Targumim, das sind die aramäischen Übersetzungen der Heiligen Schrift sowie eine über die Kabbala.

[43] Johann Christoph Wolf: Bibliotheca Hebraea [...]. 4 Bde, Hamburg, Leipzig: Liebezeit 1715–1733, Bd 1, (1715), S. 6 und Bd 3 (1727), o. pag. Zu Bass vgl. Kapitel 4.2.1 der vorliegenden Arbeit. Die Einteilung dieses Kapitels der vorliegenden Arbeit wurde bewußt nicht rein chronologisch, sondern nach der Wirkungsgeschichte der Werke auch thematisch vorgenommen.

einzelnen anhand der Bücher zu verifizieren bemüht war.[44] Hierzu bediente er
sich zahlreicher Bibliotheken, insbesondere der Oppenheimerschen Sammlung
in Hannover, die er zwischen 1715 und 1727 mehrere Male aufsuchte, um die
Tausende von Büchern und zahlreichen Handschriften persönlich zu inspizie-
ren, was ihm den Ruf verschaffte, »der größte, gelehrteste und gewissenhafte-
ste Bibliograph seiner Zeit« zu sein.[45]

Bei zahlreichen Einträgen konnte Wolf Fehler in den Arbeiten seiner Vorgänger berichtigen, so z. B. indem er auf die Fehlerquellen bei den biographischen Angaben und den Angaben zum Erscheinungsort und -jahr hinwies und
unterschiedliche Auflagen vermerkte.[46] Auffallend und besonders nützlich sind
die zahlreichen Verweisungen bei den Namensansetzungen insbesondere derjenigen Verfasser, die durch Akronyme bekannt sind. Allerdings führte sein Bestreben nach einer Vereinheitlichung der Einträge manchmal zu äußerst merk-
würdigen Ergebnissen, so etwa in den Fällen, in denen er biblische Personen
wie Adam oder Abraham als reale Verfasser ansetzte.[47]

Der größte Qualitätsmangel von Wolfs *Bibliotheca Hebraea* liegt in der Ver-
mischung von bibliographischen Angaben mit literarischen und historischen
Abhandlungen, die fast die Hälfte seines Werkes ausmachen, und der daraus
resultierenden fehlenden klaren Abgrenzung des bibliographischen Teiles von
den allgemeinen Aufsätzen. Dies macht die Nutzung des Werkes als bibliographisches Nachschlagewerk außerordentlich schwierig, da bei der gezielten
Suche nach konkreten Buchtiteln die relevanten Einzelaufnahmen in der Fülle
der Informationen untergehen und nur sehr mühsam herauszulesen sind. Wolf
war sich dieser Tatsache nach Beendigung der vier Bände durchaus bewußt
und beabsichtigte deshalb, die Aufsätze in einem gesonderten Band »Bibliotheca
Hebraea Realis« herauszugeben, was er jedoch nicht mehr ausführen konnte.[48]

Mit der *Bibliotheca Hebraea* hatte Wolf vor, wie der Namensteil hebraea im
Gegensatz zu rabbinica deutlich machen sollte, ein umfassendes Verzeichnis
aller in Hebräisch verfaßten Schriften zusätzlich zu den biblischen und talmu-

---

[44] Vgl. Fürst, Bibliotheca Judaica (Anm. 17), Bd 3, S. LXXXIV. Der 3. Band der Bibliotheca Hebraea enthält fast nur Verbesserungen zum 1. Band, die durch die Überprüfung der Bücher entstanden sind.

[45] Vgl. Fürst, Bibliotheca Judaica (Anm. 17), Bd 3, S. LXXXIV; Brisman, Jewish Research Literature (Anm. 12), Bd 1, S. 38–40. Die von dem Rabbiner David Oppenheimer (1664–1736) zusammengetragene Privatsammlung umfaßte ca. 6.000 hebräische Druckwerke und ca. 1.000 hebräische Handschriften. Im Jahre 1829 wurde sie
von der Bodleiana in Oxford erworben.

[46] Der bibliographische Eintrag in der Bibliotheca Hebraea enthält die folgenden Einzelangaben: (1) Verfasser in hebräischen Lettern; (2) Verfasser in lateinischen Lettern transliteriert, mit Quellenangabe zur Herkunft des Namens; (3) biographische
Angaben; (4) Titel in hebräischen Lettern; (5) Titel übersetzt in Lateinisch; (6) Inhaltsangabe; (7) Erscheinungsort und -jahr; (8) Format; (9) Standort vor allem wenn
das Werk in der Oppenheimerschen Sammlung nicht vorhanden war.

[47] Brisman, Jewish Research Literature (Anm. 12), Bd 1, S. 15.

[48] Fürst, Bibliotheca Judaica (Anm. 17), Bd 3, S. XC.

dischen Verfassern bis zum Jahre 1700 zu erstellen. Deshalb sind in dieser Bibliographie auch die hebräischen Übersetzungen und Kommentare zu den Werken der griechischen, römischen und arabischen Klassiker, die hebräischen Schriften der christlichen Gelehrten sowie alle Veröffentlichungen von jüdischen Verfassern erfaßt. Als ein Werk der hebräischen Bibliographie in dieser Größenordnung ist es bis heute einzigartig und Wolf der einzige geblieben, der ein so umfangreiches Werk beginnen und beenden konnte. Der herausragende Stellenwert der *Bibliotheca Hebraea* in der Entwicklung der hebräischen Bibliographie liegt darin, daß die einzelnen bibliographischen Angaben einer erneuten kritischen Überprüfung unterzogen wurden. Damit wurde dieses Werk für die nächsten 150 Jahre zu einem Standardwerk der hebräischen Bibliographie und diente Moritz Steinschneider als Grundlage bei der Erstellung seines Kataloges der hebräischen Sammlung der Bodleian Library in Oxford.[49] Es machte Wolf zu einem der »größten Bibliographen der hebräischen Buchstaben«.[50]

Wolf gehört zu den herausragenden christlichen Hebraisten zu Beginn des 18. Jahrhunderts, die gleichzeitig Vertreter der in Deutschland einsetzenden Aufklärung waren und dem Judentum aufgeschlossen gegenüber standen. Er hatte enge persönliche Beziehungen mit jüdischen Gelehrten und setzte sich mit diesen über die Inhalte der hebräischen Werke, die er bearbeitete, auseinander, so u. a. auch mit dem Rabbiner Mosche Chagis, der sich für einige Jahre in Altona aufhielt. In seiner Darstellung des Treffens mit Wolf berichtet Chagis, daß er in das Haus des »großen, wunderbaren und ausgezeichneten Gelehrten« gekommen sei, des berühmten Predigers in der großen und gepriesenen Stadt Hamburg, Prof. Dr. Jochanan Christoph Wolf und daß dieser ihn in seine gewaltige Bibliothek gebracht und sich mit ihm über gelehrte Fragen unterhalten habe.[51]

Vergleicht man die Einstellung von Wolf gegenüber dem Judentum mit der seines Vorgängers Johann Buxtorf des Älteren, so ist ein entscheidender Unterschied zu erkennen. Buxtorf hatte ebenfalls persönliche Kontakte zu Juden, um von diesen wertvolle Informationen über die jüdische Religion sowie über die hebräische Buchproduktion zu erlangen, befand sich diesen gegenüber jedoch auf Grund der Tatsache, daß er das Amt des Zensors ausübte, in der Position des Machthabenden. Somit standen die jüdischen Buchdrucker in einem Abhängigkeitsverhältnis von Buxtorf, und ein von äußeren Zwängen unbeeinträchtigter Dialog zwischen Gleichgestellten konnte nicht stattfinden, da die

---

[49] »Bibliotheca hebraea [gilt] [...] als fast einzige und zugleich unentbehrliche Grundlage einer jüdischen Bibliographie noch heute [...].« (Ebd.); Zunz, Juden und jüdische Literatur (Anm. 16), S. 52f.: »Die Kunde von hebräischen Büchern und von jüdischen Leistungen überhaupt förderte um einen bedeutenden Schritt der berühmte Verfasser der bibliotheca hebraea (1715–1733), J. Chr. Wolf (gest. 1739, 25. Juli).«

[50] Alexander Marx: Studies in Jewish History and Booklore. New York: Jewish Theological Seminary of America 1944, S. 216.

[51] M. Chagis: Einleitung zu Mischnat Chachamim. Wandsbeck 1633, Blatt 4a, zit. in: Mordechai Breuer: Frühe Neuzeit und Beginn der Moderne. In: Deutsch-jüdische Geschichte in der Neuzeit. Bd 1: Tradition und Aufklärung 1600–1780. Hg. von Michael A. Meyer. München: Beck 1996, S. 85–243, hier S. 158.

jüdischen Gesprächpartner für ihre wirtschaftliche und religiöse Duldung Buxtorfs Zustimmung benötigten. Sein Verdienst um die hebräische Bibliographie bleibt unbestritten, dennoch diente seine Beschäftigung mit dem Hebräischen den Zielen der Judenmission und hat ihn nicht daran gehindert, die Vorurteile gegen das Judentum zu bestärken. Dagegen ist das Werk von Wolf, das hundert Jahre später entstand, bereits Ausdruck der Aufklärung und als solches auch der Anwendung der Vernunft auf alle Bereiche der Gelehrsamkeit, so auch auf das Studium des Hebräischen als einer antiken Sprache. In seiner Eigenschaft als Professor für orientalische Sprachen und Literatur verfolgte Wolf mit seinen hebräischen Forschungen ausschließlich wissenschaftliche Ziele, wobei er das Judentum als einen integralen Bestandteil der westlichen Tradition verstand. Wolf sah in den jüdischen Gelehrten ebenbürtige Gesprächpartner, deren Meinungen er ernst nahm und mit denen er sich vorbehaltlos auseinandersetzte.

Wolf war der letzte christliche Hebraist, der ein bedeutendes Werk der hebräischen Bibliographie schuf. In den Jahren danach übernahmen jüdische Gelehrte, die zunehmend von der jüdischen Parallelbewegung der Aufklärung, der Haskala und in deren Folge von der neuen wissenschaftlichen weltlichen Bildung beeinflußt wurden, die Aufgabe, als Bibliographen ihr eigenes religiöses und kulturelles Schrifttum aufzuzeichnen. Diese orientierten sich jedoch nicht an dem Werk von Wolf, sondern an der einige Jahre zuvor erschienenen Arbeit des Sabbatai Bass.[52]

4.2   Die frühen jüdischen Bibliographen

4.2.1   Sabbatai Bass (1641–1718) – der erste jüdische Bibliograph

Sabbatai Bass, der als Verleger, Buchdrucker und -händler sowie als Lektor seinen Lebensunterhalt verdiente, gilt als der erste jüdische Gelehrte, der eine wissenschaftliche hebräische Bibliographie erstellt hat.[53] Er lebte und wirkte in der zweiten Hälfte des 17. Jahrhunderts, als das osteuropäische Judentum durch den Kosakenaufstand des Bogdan Chmielnicki, der im Jahre 1648 in der Ukraine ausgebrochen war und sich in mehreren Wellen über acht Jahre hinzog, seine größte Katastrophe erlitt und die jüdische Gesellschaft in ihren Grundlagen zu-

---

52   Fürst, Bibliotheca Judaica (Anm. 17), Bd 3, S. XCII.

53   Die Schreibweise des Namens variiert auch im Deutschen, vgl. Zunz, Gesammelte Schriften (Anm. 16), Bd 1, S. 109: »der Bibliograph Schabthai ben Joseph«; Fürst, Bibliotheca Judaica (Anm. 17), Bd 3, S. LXXVI: »Sabbatai Bass«; Jewish Encyclopedia (Anm. 12), Bd 1, Sp. 754: »Bass, (Bassista), Sabbataj ben Josef«; Encyclopaedia Judaica (Anm. 17), Bd 3, Sp. 1154: »Bass, Sabbatai Ben Josef«; so auch nach dem Regelwerk »Preußische Instruktionen« im Katalog der Bibliothek und in der vorliegenden Arbeit übernommen. Auch im Englischen verschiedene Namensansetzungen, vgl. Encyclopaedia Judaica (Anm. 13), Bd 4, Sp. 313: »Bass, Shabbetai Ben Joseph«; Jewish Encyclopedia (Anm. 12), Bd 2, S. 583: »Bass, Shabbethai Ben Joseph«; so auch bei Brisman, Jewish Research Literature (Anm. 12), Bd 1, S. 9ff.

tiefst erschüttert wurde. In den Jahren 1648 bis 1656 wurden durch die Kosaken-aufstände und dann während des polnisch-schwedischen Krieges Hunderte von jüdischen Gemeinden in der Ukraine, Polen und Litauen vernichtet, hunderttausend Juden kamen ums Leben und Tausende wurden von den Tataren als Sklaven verkauft.[54] Die unmittelbare Folge der Katastrophe waren Rückwanderungen der Juden von Ost- nach Westeuropa, die Verbreitung mystischer Strömungen im Judentum und das Aufkommen einer messianischen Volksbewegung, die alle jüdischen Gemeinden gleichermaßen erfaßte. In dem Werk von Sabbatai Bass, der auch persönlich von den Verfolgungen der Kosaken betroffen war, spiegelt sich deutlich der Einfluß der erstarkenden Mystik wider. Gleichzeitig gehört er zu den Vertretern einer neuen Generation, die nach der Zerstörung der jüdischen Zentren in Osteuropa die jüdische Gelehrsamkeit wiederzubeleben suchten.

Sabbatai, Sohn des Josef, wurde im Jahre 1641 in Kalisch, Polen, geboren und flüchtete nach einem der damaligen Pogrome, bei dem er seine Eltern verlor, im Jahre 1655 nach Prag, wo er eine traditionelle jüdische Erziehung erhielt und außerdem Lateinisch und Griechisch lernte. Da er die Bass-Stimme im Synagogenchor der Altneuschul sang, wurde ihm der Beiname Bass verliehen.[55] Früh begann er Materialien für eine umfassende Bibliographie der hebräischen Literatur zu sammeln und war, zur Ermittlung der bibliographischen Informationen in Prag gezwungen, wie er später schrieb,

> [...] von Haus zu Haus und von Zimmer zu Zimmer zu gehen und zu suchen, da nicht viele Bücher in einem Hause zusammen zu finden waren, nicht einmal in den Lehrstuben. Für ein kleines Buch ging ich manchmal mehrere Male und suchte in mehreren Zimmern und an verschiedenen Orten.[56]

Im Jahre 1669 betätigte er sich erstmals als Verleger und veröffentlichte die Neuausgabe eines volkstümlichen Kommentars zum Pentateuch und den Fünf Rollen der Heiligen Schrift in Hebräisch und Jiddisch.[57] Als die jüdischen

---

[54] Vgl. Alex Bein: Die Judenfrage. Biographie eines Weltproblems. 2 Bde, Stuttgart: Deutsche Verlags-Anstalt 1980, Bd 1, S. 178ff.

[55] Für biographische Angaben vgl. auch Chaim Dov Friedberg: Toledot hadefus ha'ivri [Geschichte der hebräischen Typographie]. Antwerpen: Culture 1937, S. 55–64; Israel Zinberg: A History of Jewish Literature. Translated and ed. by Bernard Martin. Cleveland / Cincinnati u. a.: Press of Case Western Reserve University / Hebrew Union College Press u. a. 1972-1978, Bd 6 (1975): The German-Polish Cultural Center, S. 150–152; Gustav Karpeles: Geschichte der jüdischen Literatur. 2 Bde, Berlin: Oppenheim 1886 (Geschichte der Literatur der europäischen Völker), Bd 2, S. 992ff. Eine Bibliographie der Werke von Bass bei Herbert C. Zafren: Dyhernfurth and Shabtai Bass. A Typographic Profile. In: Studies in Jewish Bibliography, History and Literature in Honor of I. Edward Kiev. Ed. by Charles Berlin. New York: Ktav Publishing House 1971, S. 543–580, hier S. 546ff.

[56] Sabbatai Bass: Sifte Jesenim lifne ne'arim u qetannim. 2. Aufl., Teil 1 und 2, Zolkiew 1805/1806, Bl. 106b.

[57] Moses Ben Issahar Särtels: Be'er Moshe. Prag 1669. Bass fügte dem Werk eine Einleitung, einige Anmerkungen über die Regeln der hebräischen Grammatik und ein

Druckereien in Prag auf Anordnung der Regierung geschlossen wurden, bereiste Bass in den folgenden zehn Jahren Polen, Deutschland und Holland, besichtigte private Bibliotheken und öffentliche Sammlungen in Synagogen, Schulen und Gemeinden und setzte seine Materialsammlung für die geplante hebräische Bibliographie fort. Im Jahre 1679 ließ er sich in Amsterdam nieder, übernahm die Aufgabe eines Lektors in einer der zahlreichen jüdischen Druckereien der Stadt und veröffentlichte bereits ein Jahr später drei hebräische Werke, darunter seine umfassende hebräische Bibliographie mit dem Titel *Sifte Jeschenim*.[58] Nachdem er sich in Amsterdam gründliche Kenntnisse des Druckerhandwerks angeeignet hatte, ließ er sich einige Jahre später in Dyhernfurth, in der Nähe von Breslau nieder, wo er einen Verlag und eine hebräische Druckerei eröffnete, in der er im Jahre 1689 die erste Arbeit publizierte.[59] Bis zum Jahre 1713 sind Drucke unter seinem Namen erschienen, obwohl er die Druckerei bereits im Jahre 1707 an seinen Sohn Josef übergab und nach Breslau umzog, wo er sich um die Vermarktung der Bücher kümmerte.[60] Nach einer Denunziation durch die Jesuiten aus Prag, die ihn anti-christlicher Umtriebe beschuldigten, wurden er und sein Sohn im Jahre 1712 für einige Wochen in Breslau inhaftiert, beim nachfolgenden Gerichtsverfahren jedoch freigesprochen. Bass verstarb im Jahre 1718.[61]

Sein Hauptwerk ist die im Jahre 1680 in Amsterdam gedruckte hebräische Bibliographie mit dem Titel *Sifte Jeschenim*, zu deutsch »Die Lippen der Schlafenden«.[62] Als Grundlage dienten ihm die Aufzeichnungen seiner jahrelangen Reisen sowie vor allem die reichhaltigen Bestände der Büchersammlung des Moses Raphael d'Aguilar, eines prominenten Mitgliedes der sephardischen Gemeinde in Amsterdam, zu denen er während seines dortigen Aufenthaltes freien

---

Gedicht auf Jiddisch hinzu. Die fünf Rollen der jüdischen Bibel beinhalten das Hohelied, Rut, die Klagelieder, Kohelet und Ester (vgl. Jewish Encyclopedia [Anm. 12], Bd 1, Sp. 965).

58 Sabbatai Bass, Sifte Jesenim (Amsterdam 1680), ferner einen Reiseführer in Jiddisch mit dem Titel Masechet derech erets und einen Superkommentar zu Raschis Kommentar des Pentateuchs mit dem Titel Sifte chachamim, der zusammen mit dem Text des Pentateuchs erschien.

59 Vgl. Moritz Steinschneider / David Cassel: Jüdische Typographie und Jüdischer Buchhandel. In: Allgemeine Encyklopädie der Wissenschaften und Künste (Anm. 13), Sektion 2,28, S. 21–94, hier S. 67. Der Titel des Werkes lautet Eben ha-ezer, mit dem Kommentar Beth Schmuel. Verzeichnis seiner Dyhernfurther Drucke bei Moses Marx: A Bibliography of Hebrew printing in Dyhernfurth 1689–1718. Ed. by Herbert C. Zafren. In: Studies in Jewish Bibliography, History and Literature (Anm. 55), S. 217–236.

60 Vgl. Wolf, Bibliotheca Hebraea (Anm. 43), Bd 1, S. 367; Bd 2, S. 1336.

61 Vgl. Brisman, Jewish Research Literature (Anm. 12), Bd 1, S. 12; Zinberg: A History of Jewish Literature (Anm. 55), Bd 6, S. 150; bei Steinschneider / Cassel, Jüdische Typographie und Jüdischer Buchhandel (Anm. 59), S. 68, als Todesjahr 1719.

62 Bass, Sifte Jesenim (Anm. 56), Bl. 6. Der Titel ist ein Zitat aus dem Hohelied des Salomo (7,10) für dessen Wahl Bass verschiedene Gründe angibt, so u. a. als Allegorie für den Zugang zum Wissen der verstorbenen jüdischen Gelehrten.

Zutritt hatte.[63] Außerdem konsultierte er die bereits verliegenden hebräischen Bibliographien, vor allem die *Bibliotheca Rabbinica* von Buxtorf und den ersten Band der *Bibliotheca Magna Rabbinica* von Bartolocci.[64]

Nach eigener Aussage verglich Bass sein Werk mit einem Haus mit Eingangs- und Ausgangstüren. Der Hauptteil des Werkes, die eigentliche Bibliographie, die aus einem alphabetischen Titelverzeichnis der hebräischen Bücher besteht, sollte das »Haus« symbolisieren. Vorangestellt ist ein zweiteiliges systematisch gegliedertes Register, das als »rechte« und »linke Eingangstür« bezeichnet wird, nachgestellt sind ein Verfasserregister und eine Liste von Werken zum Judentum von nichtjüdischen Verfassern, die sogenannten »Ausgangstüren«. Das vorangestellte Register umfaßt die gesamte hebräische Literatur, die in zwei Kategorien, die schriftliche Lehre und die mündliche Lehre, aufgeteilt ist. Die Werke der schriftlichen Lehre werden als »rechte Tür« und die der mündlichen Lehre als »linke Tür« bezeichnet.[65] Beide »Eingangstüren« sind wiederum in zehn einzelne Rubriken, die sogenannten »Schlüssel«, systematisch untergliedert. Zu den Werken der geschriebenen Lehre, der »rechten Tür«, zählen die Bücher der jüdischen Bibel, die Apokryphen und ihre Kommentare sowie die dazugehörigen Sekundärschriften wie Wörterbücher, Konkordanzen, Übersetzungen und Grammatikbücher. Des weiteren werden hier aufgezählt die kabbalistischen Werke über den Pentateuch und die Fünf Rollen, die Schriften über den Sohar, Superkommentare, Auslegungsschriften zur Bibel und homiletische Schriften, Rituale, Gebete und religiöse Poesien sowie allgemeine weltliche literarische und historische Texte und alle Schriften, die sich im weitesten Sinne auf die jüdischen Texte der Bibel beziehen.

Unter der Bezeichnung »linke Tür« sind als zweiter Teil des systematischen Registers alle Bücher der »mündlichen«, überlieferten Lehre aufgezählt. Hierzu gehören als Grundlage der Talmud, dessen einzelne Traktate in alphabetischer Reihenfolge aufgeführt werden, die Kommentare und Novellae, Sammlungen talmudischer Sprüche und Werke über die Sprüche der Väter sowie Schriften über Medizin, Mathematik und Naturwissenschaften; des weiteren religiöse Werke über Dogmatik und jüdische Glaubenslehre, Glaubensdisputationen und Apologetik, philosophische Texte und religionsgesetzliche Gutachten. Diese

---

[63] Ebd., Bl. 106b.

[64] Fürst, Bibliotheca Judaica (Anm. 17), Bd 3, S. LXXVI.

[65] Vgl. Menahem Schmelzer: Guides to the Perplexed in the Wilderness of Hebraica. From Historical to Contemporary Bibliographies and Catalogs of Hebraica. In: Harvard Library Bulletin 6 (1995), No. 2, S. 9–23, hier S. 11ff., der nachweist, daß Bass in dieser Aufteilung die Struktur des weitverbreiteten kabbalistischen Werks Schnei luchot haberit (»Die zwei Tafeln des Bundes«) des Rabbiners Isaja Horovitz übernimmt, welches sich aus diesen zwei Teilen der schriftlichen und mündlichen Lehre zusammensetzt. Das enzyklopädische Werk, das eine ungeheure Fülle an mystischem, homiletischem, liturgischem und halachischem Material enthält, übte über die Jahrhunderte einen immensen Einfluß auf jüdische Gelehrte aus und war auch im Volksglauben hoch angesehen.

Rubrik enthält auch eine Abteilung mit Schriften in jiddischer Sprache.[66] Insgesamt war die von Bass vorgenommene Aufteilung sehr detailliert und gleichzeitig willkürlich festgelegt: angesichts der Fülle der Literatur gelang es ihm nicht, wie er selbst zugab, alle hebräischen Bücher in das von ihm entworfene Schema einzuordnen.[67]

Die eigentliche Bibliographie besteht aus den Titeln der hebräischen Bücher, die nach dem hebräischen Alphabet geordnet sind.[68] Bei Büchern, von denen er nur den Titel kannte und die nicht mehr existierten, gab er die Quelle an. Insgesamt sind an die 2.200 Titel verzeichnet, darunter ungefähr 265 Dubletten, so daß über 1.900 Titel von ihm beschrieben wurden, bei denen es sich um etwa 1.100 Drucke und ca. 825 Handschriften bzw. solche Werke handelte, die Bass nicht selbst hatte begutachten können.[69] Am Ende des alphabetischen Titelverzeichnisses folgt ein kleiner Nachtrag mit zwanzig Titeln, die von Bass nicht mehr in den Hauptteil aufgenommen werden konnten.[70] Den Schlußteil des Buches bilden zwei als »Ausgangstore« bezeichnete Register, das sogenannte »Hauptportal«, welches das Verfasserregister enthält, und das sogenannte »äußere Portal«, ein Anhang mit Werken von nichtjüdischen Autoren.

Im »Hauptportal«, dem Namenregister, sind alle Verfasser in alphabetischer Reihenfolge verzeichnet, wobei aschkenasische Autoren unter ihrem Nachnamen, italienische und sephardische Autoren unter ihrem Vornamen angesetzt und bei vielen Einträgen biographische Daten angegeben sind.[71] Außerdem folgen ein alphabetisches sowie ein chronologisches Verzeichnis aller jüdischen Gelehrten. Den Schluß des Werkes bildet das »äußere Portal«, ein Verzeichnis der Werke von nichtjüdischen Verfassern zu jüdischen Themen, darunter auch lateinische Übersetzungen der Heiligen Schriften aus dem Hebräischen sowie die wissenschaftlichen Werke der Hebraisten, deren Aufzählung zugleich Aufschluß darüber gibt, welche Quellen Bass bei der Erstellung seiner Bibliographie benutzte.[72]

In seiner ausführlichen Einleitung erläutert Sabbatai Bass die Gründe, die ihn dazu bewogen haben, diese Bibliographie zu verfassen, und führt dazu zehn

---

[66] Fürst, Bibliotheca Judaica (Anm. 17), Bd 3, S. LXXX, gibt deren Zahl mit 160 an, ebenso Zinberg: A History of Jewish Literature (Anm. 55), Bd 6, S. 151; Brisman, Jewish Research Literature (Anm. 12), Bd 1, S. 11 mit über 70.

[67] Bass, Sifte Jesenim (Anm. 56), Bl. 20b.

[68] Die Titel sind innerhalb der einzelnen Buchstaben durchnumeriert. Die Einträge setzen sich aus folgenden Einzelangaben zusammen: (1) Titel; (2) Verfasser; (3) Beschreibung oftmals mit kritischen Anmerkungen; (4) Erscheinungsort und -jahr nach jüdischer Zählung; (5) Standort bei Handschriften; (6) Format.

[69] Slatkine, Resit bikkure ha-bibliyyografya ba-sifrut ha-ivrit (Anm. 17), S. 9ff.

[70] Bass, Sifte Jesenim (Anm. 56), Bl. 92a. Der Nachtrag trägt als Titel den biblischen Begriff Nachlese. Am Schluß des Nachtrages bemerkt Bass, daß er noch weitere Bücher gefunden habe, die weder im Verzeichnis noch im Nachtrag enthalten waren und die er in eine zukünftige Auflage einarbeiten wollte.

[71] Ebd., Bl. 92b. In der vorliegenden Ausgabe fehlt in der Zählung das Blatt 93.

[72] Hierzu zählen auch die Werke von Buxtorf, Hottinger, Plantavit und der erste Band von Bartoloccis Bibliotheca Magna Rabbinica.

Punkte an, die den Nutzen des Werkes belegen und den Inhalt und die Aufteilung des Buches erklären sollen. Obwohl weder der Name des Werkes noch
das Titelblatt oder die Vorworte der Rabbiner auf den Inhalt des Werkes
schließen lassen, wird aus dem Ende der Einleitung ersichtlich, daß Bass von
Anfang an beabsichtigte, eine Bibliographie nach wissenschaftlichen Kriterien
zu erstellen, da er den praktischen Nutzen eines solchen Hilfsmittels aus seiner
Tätigkeit als Verfasser, Drucker und Buchhändler aus eigener Erfahrung kannte. Wie in den nachfolgenden Arbeiten über *Sifte Jeschenim* stets festgehalten
wird, ist die erste der zehn Begründungen die interessanteste.[73]

In der ersten Begründung schreibt Bass, daß bereits das Rezitieren der Namen hebräischer Bücher oder das Aufsagen der Überschriften aus den Heiligen
Schriften eine religiöse Handlung darstellt und als solche auf eine göttliche
Belohnung hoffen darf. Damit setzte er die bloße Nennung von Büchernamen
mit dem inhaltlichen Studium der Texte gleich, das im Judentum zu den wichtigen religiösen Pflichten zählt, die jeder gläubige Jude zu erfüllen hat.[74] Diese
Argumentation entsprang seiner Kenntnis der Lebenssituation der überwiegenden Mehrzahl der jüdischen Männer, die nur eine rudimentäre religiöse Schulbildung genossen hatten und daher außerstande waren, die Heiligen Schriften
selbst zu studieren, was zur Folge hatte, daß es ihnen auch verwehrt blieb, das
Gebot des Torahstudiums zu erfüllen, das für alle Männer gleichermaßen galt.
Bass empfahl dieser, im jüdischen Selbstverständnis, als »ungebildet« angese-
henen Mehrheit statt des Torahstudiums lediglich die Namen der Heiligen
Bücher auszusprechen, und versprach ihnen dafür, daß ihre Mühen von Gott
anerkannt und belohnt werden würden. Indem er ihre Bedürfnisse artikulierte,
wies er ihnen gleichzeitig einen Weg, wie sie trotz ihrer mangelnden religiösen
Kenntnisse das Gebot des Torahstudiums erfüllen und göttliche Gnade erringen könnten. Da nach der Vorstellung von Bass das Aufsagen der Büchertitel
als vollwertige Ersatzhandlung für das eigentliche religiöse Gebot des Studiums der Torah diente, erhielt auch die Verwendung der Bibliographie, welche
das Rezitieren der Büchertitel und damit die Erfüllung eines religiösen Gebotes ermöglichte, die Qualität einer religiösen Handlung. Diese Argumentati-
onskette spiegelt im Detail die mystisch verklärte Religiosität jener Zeit wider,
unter deren Einfluß die Bibliographie entstanden ist.[75]

---

[73] Bass, Sifte Jesenim (Anm. 56), Bl. 8–9.

[74] Encyclopaedia Judaica (Anm. 13), Bd 15, Sp. 453. Im Laufe der Jahrhunderte hatte
sich dieses zentrale Gebot zu einem der charakteristischen Merkmale des rabbinischen
Judentums entwickelt und in seiner extremsten Form, dem Ideal des Torahstudiums
als lebenslange Beschäftigung um seiner selbst willen, ohne einen praktischen Nutzen, in der prä-emanzipatorischen jüdischen Gesellschaft zur Herausbildung einer
gelehrten jüdischen Oberschicht geführt, deren Söhne sich in den Jeschiwot, den religiösen Hochschulen, ihr Leben lang mit dem Erlernen und Kommentieren der religionsgesetzlichen Texte beschäftigten.

[75] Vgl. Schmelzer, Guides to the Perplexed in the Wilderness of Hebraica (Anm. 65),
S. 12ff.; Bass bezieht sich in seiner Argumentation u. a. auf das weitverbreitete Werk
Schnei luchot haberit des Rabbiners Isaja Horovitz (vgl. Anm. 63).

Bass hat der Bibliographie zwei selbstverfaßte Gebete beigefügt, die nach dem Rezitieren der Buchtitel von den Lesern aufgesagt werden sollten. Die Tatsache, daß Bass liturgische Elemente mit einem säkularen Inhalt verknüpfte, hat zu unterschiedlichen Interpretationen des Charakters der Bibliographie in der Forschungsliteratur geführt. Die vorherrschende Meinung besagte, daß Bass diese Gebete aus wirtschaftlichen Erwägungen angefügt habe, um seine eigene Gläubigkeit unter Beweis zu stellen und seine potentiellen Leser davon zu überzeugen, daß die Bibliographie zwar eine neue Gattung der hebräischen Literatur darstelle, gleichzeitig aber weiterhin ein religiöses Werk im traditionellen Sinn wie alle anderen bis dahin gedruckten hebräischen Werke sei. Indem er mit seiner Argumentation zu beweisen versucht habe, daß dieses Buch, so wie alle anderen traditionellen religionsgesetzlichen Texte, einen religiösen Zweck erfülle und man es deshalb nicht als nichtreligiöse Neuerung abweisen dürfe, habe er gehofft, zusätzliche Käufer unter den streng religiösen Juden zu finden.[76]

Menachem Schmelzer hat in seiner jüngsten Arbeit dagegen die These vertreten, daß die Gebete nicht getrennt von der Bibliographie, sondern als Ergänzung zu sehen sind und beide Teile, die Bibliographie als eine neue Gattung der hebräischen Literatur und die Gebete als traditionelle Texte, lediglich verschiedene Ausdrucksweisen des religiös-mystischen Selbstverständnisses von Bass darstellen. Auch die Bibliographie wurde von ihm als Hilfsmittel für die religiöse Bildung verstanden und erfüllte einen religiösen Zweck, indem sie der Einhaltung eines göttlichen Gebotes diente.[77] Unter dem Eindruck der vorangegangenen existentiellen Bedrohung des Judentums glaubte er, wie viele seiner Zeitgenossen, an eine Synthese von Religionsgesetz und Mystik und daran, daß die erhoffte messianische Erlösung der Juden durch Fasten, Askese und Gebet herbeigeführt und beschleunigt werden könnte.

Die weiteren Argumente, mit denen Bass die vielfältigen, sich aus der Nutzung seines Werkes ergebenden Vorzüge begründet, sind rationaler Natur. Hierzu zählen: die Aussage, daß dieses Werk den Gelehrten Informationen über das

---

[76] Vgl. Brisman, Jewish Research Literature (Anm. 12), Bd 1, S. 268, Anm. 42, zur Auseinandersetzung in der Literatur, inwieweit der religiös begründete Nutzen der Bibliographie als Tarnung des Werkes anzusehen ist, um als geschäftsförderndes Mittel zu dienen oder den kabbalistischen Neigungen von Bass entsprach. Fürst, Bibliotheca Judaica (Anm. 17), Bd 3, S. LXXVII polemisiert gegen die religiöse Begründung, indem er sie als Beweis für die geistige Degeneration der deutschen Juden im 17. Jahrhundert versteht und darin die einzige Möglichkeit sieht, für die Verbreitung des Buches zu sorgen: »Denn der wissenschaftliche Sinn der deutschen Juden in der letzten Hälfte des 17. Jahrh. war so tief gesunken, die kabbalistische geistverwirrende Bigotterie hatte so ganz und gar die Gemüter aller jüdischen Genossenschaften verdüstert, dass der Bibliograph Bass eine Beachtung seines Werkes nur dann erwarten konnte, wenn er das Lesen desselben als religiös und ritual notwendig hinstellte.« Eine moderne Begründung für die Notwendigkeit der religiösen Einbindung bei Slatkine, Resit bikkure ha-bibliyyografya ba-sifrut ha-ivrit (Anm. 17), S. 65–68, der ebenfalls rein geschäftliche Motive vermutet, um den Verkauf des Buches zu fördern.

[77] Vgl. Schmelzer, Guides to the Perplexed in the Wilderness of Hebraica (Anm. 65), S. 12.

vorhandene hebräische Schrifttum, und zwar sowohl über einzelne Bücher als auch über die verschiedenen Auflagen liefere; daß die Bibliographie durch ihre systematisch gegliederten Teile das Studium der jüdischen Quellen erleichtere; daß die Gesamtzahl aller hebräischen Titel den zukünftigen Verfassern bei der Wahl ihrer Buchtitel von großem Nutzen sei, da ihnen auf diese Weise bereits alle vergebenen Titel vorlägen, und daß außerdem den Gelehrten die Identifizierung von hebräischen Texten erleichtert werde.

Bass wird als der erste angesehen, der ganz bewußt eine Bibliographie der hebräischen Literatur erstellen wollte und dessen Werk zu Recht als »die erste von einem Juden im Dienste der Wissenschaft gearbeitete« Bibliographie angesehen werden kann.[78] Wie Aufbau und Inhalt des Buches belegen, verfaßte er seine Arbeit ausschließlich für seine jüdischen Zeitgenossen, die diese jedoch nicht zur Kenntnis nahmen. Dagegen erlangte Sifte Jeschenim gleich nach seinem Erscheinen die Anerkennung christlicher Gelehrter und diente Johann Christoph Wolf als Grundlage für seine *Bibliotheca Hebraea*; mehrere Versuche, das Werk ins Deutsche und ins Lateinische zu übersetzen, sind jedoch gescheitert.[79]

Im Jahre 1806 erschien in Zolkiev, bei Lwow, eine von dem Drucker Uri Zwi Rubinstein mit Zusätzen und Verbesserungen versehene Neuauflage des *Sifte Jeschenim*, in der zudem im Anhang ein eigenständiger zweiter Teil enthalten ist, der fast 700 Titel hebräischer Werke aufzählt, die seit der Veröffentlichung der Erstauflage des Werkes erschienen waren. Die Fachleute sind sich jedoch einig, daß dieses Werk der Qualität der Erstauflage nicht gerecht wurde, oder in den Worten von Fürst:

> [Die Neuauflage war] so schlecht und uncorrect, die Zusätze so ungenau und unvollständig, dass man diese Ausgabe eher eine Verschlimmerung als eine Verbesserung nennen kann.[80]

In der jüdischen Gelehrtenwelt ist das Buch *Sifte Jeschenim* erst dadurch bekannt geworden, daß sein Inhalt in zahlreiche nachfolgende jüdische Chroniken übernommen wurde, die an das Werk von Bass anknüpften, wobei es jedoch seiner bibliographischen Form entkleidet und bio-bibliographischen Angaben zu den einzelnen Gelehrten in die Texte eingearbeitet wurden.[81] Der Leitgedanke dieser Werke war die Darstellung der ununterbrochenen Traditionslinie der jüdischen

---

[78] Fürst, Bibliotheca Judaica (Anm. 17), Bd 3, S. LXXX, sowie in den einschlägigen jüdischen Lexika unter dem Begriff »Bibliographie«. Vgl. auch Kohn, Climbing Benjacob's Ladder (Anm. 26), S. 19: »The first Jew to compile a Hebraica bibliography was Shabbetai Bass.«

[79] Steinschneider / Cassel, Jüdische Typographie und Jüdischer Buchhandel (Anm. 59), S. 67. Vgl. Fürst, Bibliotheca Judaica (Anm. 17), Bd 3, S. LXXXII, der die verschiedenen, nicht ausgeführten Versuche aufzählt.

[80] Ebd. Das Urteil wird geteilt von Brisman, Jewish Research Literature (Anm. 12), Bd 1, S. 13: »[...] his [Rubinstein's] effort is to be considered as a step backwards in the history of Jewish bibliography.«

[81] Hierzu zählen Werke wie Sefer ha-kabbala, Juchassin, Schalschelet ha-kabbala, Zemach David und Kore ha-dorot.

Schriften und ihrer Verfasser, für welche die bibliographischen Daten lediglich die Matrix bildeten und die Genauigkeit der bibliographischen Angaben irrelevant war. Für die Entwicklung der hebräischen Bibliographie von Bedeutung ist hierbei vor allem, daß die rabbinischen Geschichtswerke auf diese Weise für die Verbreitung des Werkes von Bass sorgten und der Bibliographie zu einer Akzeptanz und Reputation innerhalb der jüdischen Gelehrtenwelt verhalfen, die sie sonst nicht erreicht hätte. Gleichzeitig wurde dadurch auch die Beschäftigung mit der hebräischen Bibliographie in den folgenden Jahrzehnten gefördert.

Zu den wichtigsten Arbeiten im Bereich der rabbinischen historiographischen Literatur gehört das Werk *Seder ha-Dorot* (»Die Ordnung der Geschlechter«) des Talmudgelehrten und Rektors der Minsker Jeschiwah Jechiel Heilprin (1660–1746). Dieses posthum im Jahre 1769 in Karlruhe erschienene Werk besteht aus drei Teilen, einer chronologischen Darstellung der jüdischen Gelehrtenabfolge bis zur zweiten Hälfte des 17. Jahrhunderts, einer Aufzählung der Reihenfolge der talmudischen Lehrer und, im dritten Teil, aus zwei gesonderten Listen, die jeweils alphabetisch geordnet, die Verfasser und die hebräischen Buchtitel beinhalten.[82] Diese Verzeichnisse sind direkte Abschriften des Werkes *Sifte Jeschenim* von Sabbatai Bass, wobei jedoch die bibliographischen Details bewußt ausgelassen und bei den Verfassern die biographischen Angaben, bei den Titeln die Angaben des Druckortes, des Formats und gelegentlich des Erscheinungsjahres nicht verzeichnet wurden.[83]

Der gleichen Gattung sind auch die bio-bibliographischen Arbeiten von Azulai, Ghirondi und Nepi zuzurechnen. Azulai übernahm in seinem historischen Werk *Schem Ha-Gedolim* (»Die Namen der Großen«), das in Livorno in den Jahren 1786 bis 1796 in mehreren Bänden erschien und eine Fülle bibliographischen Materials enthält, im wesentlichen die Angaben des Werkes von Sabbatai Bass, dem er neue Informationen bezüglich der Drucke aus Livorno hinzufügte, aber wichtige bibliographische Details, wie z. B. die Angabe des Druckortes, wegließ.[84]

Die Werke der italienischen Rabbiner Mordechai Samuel Ghirondi und Chananel Nepi, in welchen das Leben der jüdischen Schriftgelehrten in Italien und deren umfangreiche Veröffentlichungen dokumentiert werden und die im Jahre 1853 von Ghirondis Sohn in Triest als getrennte Texte nebeneinander in

---

[82] Der dritte, bibliographische Teil erschien ursprünglich unter dem Titel Shemot ba'ale mechabrim we-kol ha-sefarim (»Die Namen der Verfasser und aller Bücher«) und wurde von N. Maskileison in seiner Ausgabe des Seder ha-dorot (Warschau 1878–1882), in Seder mechabrim we-seder sefarim (»Die Ordnung der Verfasser und die Ordnung der Bücher«) umbenannt. Die Maskileison-Ausgabe gilt als die zuverlässigste.

[83] Kohn, Climbing Benjacob's Ladder (Anm. 26), S. 19, übernimmt das Urteil von Brisman, Jewish Research Literature (Anm. 12), Bd 1, S. 16: »The science of Jewish bibliography did not gain from Heilprin's efforts.«

[84] Vgl. Yohanan Lederman: Sur l'influence du Shem ha-Gedolim du rabbin Haim Joseph Azoulai (Hida) dans la bio-bibliographie hebraique, de la fin du XVIIIe au XXe siècle. In: Bulletin du Centre Recherche Français de Jerusalem 2 (1998), S. 25–38, 101–113.

einem Druck unter dem Titel *Toledot Gedolei Israel* (»Die Chronik der Großen Israels«) veröffentlicht wurden, gelten als die letzte große Arbeit auf dem Gebiet der rabbinischen Bio-Bibliographien.[85] In der Literatur als »Nepi-Ghirondi« zitiert, handelt es sich bei der Chronik der Großen Israels um eine religiöse Schrift, deren Veröffentlichung »die Förderung von Glauben, Gottesfurcht und Verherrlichung der Frommen und Gerechten zum Ziel« hatte.[86] Gemessen an der Bibliographie des Sabbatai Bass fehlen dem Werk die Kennzeichen einer wissenschaftlichen Veröffentlichung, da die Formulierungen subjektiv bewertend sind und die den Autoren nahestehenden kabbalistischen Verfasser als »Heilige« bezeichnet, andere Gelehrte dagegen mit dem Attribut »Ketzer« versehen werden. Viele Angaben sind unvollständig, ungenau und nicht belegt, außerdem gibt es kein Titel- und Verfasserregister, was den Gebrauch des Werkes sehr erschwert.

4.2.2 Julius Fürst (1805–1873) – der erste Versuch einer Gesamtbibliographie des jüdischen Schrifttums

Im 19. Jahrhundert erlangte die hebräische Bibliographie im Rahmen der Wissenschaft des Judentums zunehmende Bedeutung, da deren führende Vertreter selbst bibliographische Studien betrieben und sich des Nutzens der Bibliographie für ihre wissenschaftlichen Forschungen bewußt waren. Indem sie die Methoden ihres wissenschaftlichen Arbeitens auch auf den eigenen Umgang mit den Quellen übertrugen und den formalen Eigenschaften der Bücher dieselbe Genauigkeit, Gründlichkeit und kritische Analyse zukommen ließen, mit der sie sich mit deren Inhalt auseinandersetzten, gaben sie den Anstoß für weitere Arbeiten auf diesem Gebiet und schufen die Grundlage für die Entste-

---

[85] Vgl. Moritz Steinschneider: Ghirondi. In: ders., Gesammelte Schriften. Hg. von Henry Malter und Alexander Marx. Bd 1: Gelehrten-Geschichte. Berlin: Poppelauer 1925, S. 17–26. Mordechai Samuel Ghirondi (1799–1852) wirkte seit 1831 als Oberrabbiner von Padua und veröffentlichte neben zahlreichen talmudischen Abhandlungen auch historische Schriften über jüdische Literatur. Chananel Nepi (1759–1835) war Rabbiner in Cento und verfaßte unter dem Titel Secher zadikkim le-bracha (»Zum seligen Angedenken der Weisen«) eine alphabetisch geordnete Aufzählung der italienischen Gelehrten und ihrer Werke. Vgl. Fürst, Bibliotheca Judaica (Anm. 17), Bd 3, S. XCVIII; er gibt die Zahl der Titel bei Ghirondi mit 831, »von denen zwei Drittel in keiner der früheren Bio- und Bibliographien vorkommen« und für das Werk von Nepi mit 507 an.

[86] Steinschneider, Ghirondi (letzte Anm.), S. 25ff. kritisiert die Unwissenschaftlichkeit des Werkes: »So wie das Innere dieses Werkes hauptsächlich durch den Mangel einer bewußten rein wissenschaftlichen Tendenz den Forderungen der Zeit weit nachsteht und nur mit Vorsicht gebraucht werden darf, so sind auch bei der äußeren Herausgabe durchaus alle, selbst die typographischen Mittel vernachlässigt, durch welche der Gebrauch erleichtert worden wäre.«

hung der hebräischen Bibliographie als wissenschaftliche Disziplin.[87] Die erklärte Absicht der Vertreter der Wissenschaft des Judentums, alle Leistungen der
Juden auf allen Wissensgebieten zum Ziel ihrer Untersuchungen zu machen,
führte im bibliographischen Bereich dazu, daß der bis dahin auf die Bücher in
hebräischer Sprache beschränkte Blick erweitert wurde und nun auch die in
nichthebräischer Sprache gedruckten Bücher, die sich mit dem Judentum und
den Juden beschäftigten, in den Mittelpunkt wissenschaftlichen Interesses gelangten. Auf diese Weise entstand neben der bislang bekannten hebräischen
Bibliographie auch die jüdische Bibliographie, deren Inhalt Bücher von Juden
oder Nichtjuden zur jüdischen Thematik in nichthebräischer Schrift war.

Die hebräische Bibliographie, deren Entwicklungsgeschichte in den vorhergehenden Abschnitten dieses Kapitels an Hand der wichtigsten Standardwerke
chronologisch aufgezeichnet wurde, hat diesen Namen zu Recht, da die Auflistung von nichthebräischen Büchern nur einen nebensächlichen Stellenwert hatte.
In den frühen Werken der hebräischen Bibliographie, in denen auch nichthebräische Bücher aufgelistet worden waren, bildeten diese lediglich eine Ergänzung
zum Verzeichnis der hebräischen Bücher, das auf diese Weise zusätzliche Informationen bereithielt. Bei der Aufzählung der nichthebräischen Bücher handelte es sich stets um themenbezogene Verzeichnisse, welche die Literatur einzelner
Sachgebiete in begrenzter Auswahl auflisteten und keinerlei Anspruch auf Vollständigkeit erhoben.[88] Der erste und einzige Versuch einer Bibliographie, in der
sowohl die Hebraica als auch die Judaica vollständig verzeichnet waren, wurde
von Julius Fürst mit seiner dreibändigen *Bibliotheca Judaica* unternommen.

Julius Fürst wurde 1805 in Zerkov in der Provinz Posen geboren und ent-
stammte wie Aron Freimann den traditionellen Kreisen des ehemals polnischen
Judentums.[89] In Posen hatte er die bekannte Talmudhochschule des Rabbiners
Akiba Eger besucht, an den Universitäten Berlin und Breslau studiert und in
Halle im Jahre 1832 promoviert.[90] Seit 1839 lehrte er in Leipzig Semitische
Sprachen und unterhielt enge Beziehungen zum Theologen Franz Delitzsch, den
er für das Judentum zu interessieren verstand. Im Jahre 1864 wurde er als
erster Jude an der Universität Leipzig zum ordentlichen Professor für Orientalistik ernannt und hatte dieses Amt bis zu seinem Tode im Jahre 1873 inne. Zu
seinen zahlreichen wissenschaftlichen Veröffentlichungen zählen Abhandlungen

---

[87] Vgl. Zunz, Zur Geschichte und Literatur (Anm. 39), S. 214ff. enthält eine Reihe fach-
wissenschaftlicher bibliographischer Aufsätze, so insbesondere zu den hebräischen
Druckereien in Mantua und Prag und zu den Beständen italienischer Bibliotheken.

[88] So haben Imbonati in seinem Zusatzband zu Bartoloccis Bibliotheca, Wolf in der Bibliotheca Hebraea und Bass in Sifte Jesenim nichthebräische Bücher in einer begrenzten Auswahl mitverzeichnet.

[89] Aron Heppner / Isaac Herzberg: Aus Vergangenheit und Gegenwart der Juden und der
jüdischen Gemeinden in den Posener Landen. Nach gedruckten und ungedruckten Quellen. 2 Bde, Koschmin: Luch 1909/1929, Bd 1, S. 1027.

[90] Zur Biographie von Julius Fürst siehe Encyclopaedia Judaica (Anm. 13), Bd 7, Sp. 213;
Jewish Encyclopedia (Anm. 12), Bd 5, S. 533.

zur Geschichte der jüdischen Literatur und der jüdischen Sekten wie der Karäer, Wörterbücher, Grammatiken und Lexika zur hebräischen und aramäischen Sprache, in Zusammenarbeit mit Delitzsch eine Neuausgabe der Buxtorfschen Bibelkonkordanz sowie die Herausgabe einer Bibel mit deutscher Übersetzung. In den Jahren 1840 bis 1852 gab er die von ihm begründete Wochenzeitschrift *Der Orient* heraus, in deren wissenschaftlicher Beilage viele seiner Aufsätze erschienen.

Als sein Hauptwerk gilt zweifelsohne die *Bibliotheca Judaica*, das monumentale dreibändige »Bibliographische Handbuch«, welches bis heute seinen Ruhm begründet.[91] Auf 1.600 eng bedruckten Seiten sind die Einträge alphabetisch nach den Namen der Verfasser geordnet.[92] Nach seinen eigenen Angaben hat er »fast gegen 18.000 Bücher oder Monographien hier verzeichnet«, wobei diese Zahl jedoch stark untertrieben sein dürfte und er insgesamt an die 40.000 Titel aufgelistet hat.[93]

Die Einleitung des dritten Bandes seines Werkes besteht aus einer ausführlichen Darstellung mit dem Titel »Zur Geschichte der jüdischen Bibliographie«, in der die Veröffentlichungen der hebräischen Bibliographie seit dem Mittelalter beschrieben werden. Die Bedeutung des Einleitungsteiles, der mit zahlreichen polemischen Äußerungen durchsetzt ist, liegt in der detaillierten historischen Darstellung, vor allem aber darin, daß auch die noch ausstehenden wissenschaftlichen Desiderate benannt werden, was einen genauen Einblick in den damaligen Forschungsstand gewährt.[94] Zudem findet sich am Ende des dritten Bandes ein alphabetisches Verzeichnis, in dem die »in der Bibliotheca Judaica aufgeführten hebräischen Buchtitel« nach dem hebräischen Alphabet geordnet sind.

Fürst beabsichtigte mit seinem Werk eine Gesamtbibliographie aller gedruckten Hebraica und Judaica zu erstellen, die alle Bücher zur jüdischen Thematik enthalten sollte, die bis zum Jahre 1840 erschienen waren, wobei die Handschriften ausdrücklich ausgeschlossen wurden. In erster Linie wollte er eine

---

[91] Fürst, Bibliotheca Judaica (Anm. 17).

[92] Die Einzeleinträge setzen sich aus folgenden Angaben zusammen: (1) Verfasser oftmals mit biographischen Angaben in ausführlichen Anmerkungen; (2) Titel hebräische Titel sind in hebräischen Buchstaben aufgenommen; (3) Inhaltsangabe; (4) Erscheinungsort und -jahr; (5) Format.

[93] Fürst, Bibliotheca Judaica (Anm. 17), Bd 3, S. VI. Werner Schochow: Deutschjüdische Geschichtswissenschaft. Eine Geschichte ihrer Organisationsformen unter besonderer Berücksichtigung der Fachbibliographie. (Diss.) Berlin 1966, S. 255 legt diese Aussage dahingehend aus, daß es sich um die Zahl aller Titel handelt, und hält die Angaben für zu niedrig. Brisman, Jewish Research Literature (Anm. 12), Bd 1, S. 18 übernimmt A. Fraenkel: »Vorwort zur Neuauflage« (In: Aron Freimann: Katalog der Judaica und Hebraica. Stadtbibliothek Frankfurt a. M., Band Judaica. Frankfurt a. M.: o. V. 1932 (Neudruck Graz 1968), S. III–VI, hier S. III), die unter der Zahl 18.000 nur die Hebraica versteht und die Gesamtzahl aller Titel mit 40.000 angibt. Vgl. Jewish Encyclopedia (Anm. 12), Bd 3, S. 200, danach handelt es sich um 13.500 hebräische Buchtitel.

[94] Fürst, Bibliotheca Judaica (Anm. 17), Bd 3, S. IX–CIV; Schochow, Deutschjüdische Geschichtswissenschaft (letzte Anm.), S. 334, Anm. 4.

umfassende jüdische Literaturgeschichte schreiben, für welche die Bibliographie die Funktion einer Hilfswissenschaft einnahm.[95] Wie in der Einleitung, in der die Motive seines Schreibens nicht im einzelnen dargelegt werden, nur kurz angedeutet wird, sah er sich in einer Reihe mit den Schriftstellern, die mit ihrer Bibliographie eine nationale Literaturgeschichte begründet haben:

> Machado in Portugal, Antonio in Spanien, Tiraboschi in Italien, Brunet in Frankreich u. A. waren als Neubegründer der Bibliographie auch zugleich die ersten Baumeister ihrer nationalen Literaturgeschichte.[96]

Wie diese begriff sich Fürst als Begründer einer nationalen Literaturgeschichte der Juden, welche die geistige Produktion der jüdischen Gemeinschaft als nationale Gruppe im weitesten Sinne belegte. Er verstand sein Werk als eine »mit geschichtlichem Bewusstsein gearbeitete Bibliographie«, mit deren Hilfe die verschüttete Kultur in Form vergessener und unbekannter Bücher wiederentdeckt und als Teil des nationalen jüdischen geistigen Erbes gesammelt werden konnte.

Die religiösen Motive, mit denen die bisherigen bibliographischen Arbeiten begründet wurden, werden bei Fürst abgelöst durch eine historisch-wissenschaftliche Argumentation. Fürst, der zu den wichtigsten Vertretern der Wissenschaft des Judentums zählt, beabsichtigte ein Gesamtbild »der Beschreibung der jüdischen Geisteserzeugnisse auf jedem Gebiete der Wissenschaft« zu liefern, und hat deshalb die Judaica bewußt als einen gleichwertigen Teil in seine Bibliographie miteinbezogen.[97] Seine *Bibliotheca Judaica* steht für das Selbstverständnis des sich emanzipierenden Judentums des 19. Jahrhunderts, in dem die traditionell-religiöse Bindung allmählich von der historischen Identifizierung mit dem Judentum abgelöst wurde.

Bereits mit Erscheinen des Werkes wurde Kritik laut und Moritz Steinschneider hat es in seiner, damals einzigen jüdisch-bibliographischen Zeitschrift *Hebräische Bibliographie – Hamazkir* bewußt ignoriert, was jedoch nicht auf sachlich gerechtfertigte, sondern vor allem auf persönliche Gründe zurückzuführen ist.[98] Der Bibliographie sind zahlreiche Fehler nachgewiesen worden, die möglicherweise durch den ungeheuren Umfang des Unternehmens bedingt waren und in der Unvollständigkeit bei den verzeichneten Werken sowie in vielen Einzelfällen in fehlerhaften und ungenauen Titelaufnahmen zum Ausdruck kamen.[99]

Fürst hat, nach eigenen Aussagen, nur etwa ein Fünftel der aufgenommenen Werke selbst in der Hand gehabt und überprüft, so daß er sich bei seinen Einträgen in überwiegendem Maße auf die Angaben früherer Bibliographen verlassen mußte und deren Fehler unkontrolliert übernahm. Als problematisch er-

---

[95] Fürst, Bibliotheca Judaica (Anm. 17), Bd 1, S. VIII: »Die jüdische Bibliographie ist noch eine neuzubegründende Hilfswissenschaft.«

[96] Ebd., S. V.

[97] Ebd., Bd 3, S. VII.

[98] Vgl auch die von Fürst gegen den namentlich nicht genannten Steinschneider gerichteten massiven Vorwürfe in: ebd., S. XLV-LI, LIX;

[99] Vgl. Schochow, Deutsch-jüdische Geschichtswissenschaft (Anm. 93), S. 255.

wies sich auch seine Entscheidung, die Werke nach der alphabetischen Reihenfolge der Verfassernamen zu verzeichnen. Sein Wunsch, für jedes Werk einen Verfasser zu bestimmen, führte zu ganz ungewöhnlichen Zuordnungen, so z. B. bei den Büchern des Alten Testamentes und den talmudischen Texten, für die er fiktive Verfasser ansetzte.[100]

Im Urteil der Fachleute kommt die Bibliographie, die über Jahre ein viel beachtetes und benutztes Werk war, in der Tat »unter allen einschlägigen Frühwerken äußerlich einer Gesamtbibliographie noch am nächsten«.[101] Das Werk ist bis heute trotz seiner zahlreichen Mängel auf Grund der Fülle an Material des gesamten jüdischen Schrifttums sowie durch seine relativ einfache Handhabung ein unentbehrliches Hilfsmittel für die wissenschaftliche Erforschung des Judentums, was den Nachweis der älteren Literatur betrifft, geblieben, wie auch der im Jahre 1960 erfolgte Nachdruck des Werkes belegt.[102] Ebenso ist es bis heute der einzige Versuch geblieben, eine Gesamtbibliographie der Hebraica und Judaica zu erstellen.

4.2.3 Isaac Benjacob (1801–1863) – die Erstellung einer wissenschaftlichen Hebraica-Gesamtbibliographie

Zur gleichen Zeit, als Julius Fürst in Leipzig seine *Bibliotheca Judaica* verfaßte, unternahm Isaac Benjacob in Wilna den Versuch, eine neue umfassende Bibliographie aller hebräischen Werke mit dem Titel *Otsar Hasefarim* zu erstellen. Im Gegensatz zu Fürst beschränkte sich Benjacob dabei jedoch bewußt auf die hebräischen Bücher und stellte sich damit in die Tradition der Hebraica-Bibliographien, die mit dem Werk von Buxtorf ihren Ursprung genommen hatte. Die Werke des christlichen Hebraisten Buxtorf hatten unter den Juden jedoch keine Verbreitung gefunden, weder zum Zeitpunkt ihres Erscheinens noch in den späteren Jahrhunderten. Auch die *Bibliotheca Hebraea* von Wolf hatte in der jüdischen Gelehrtenwelt, obwohl unter den Fachleuten bekannt, nur eine marginale Rolle gespielt.[103] Für die jüdischen Gelehrten galt das Verzeichnis *Sifte Jeschenim* von Sabbatai Bass als erstes Werk der hebräischen Bibliographie,

---

[100] Vgl. Brisman, Jewish Research Literature (Anm. 12), Bd 1, S. 18; z. B. ist das Buch Samuel unter dem Verfasser Samuel b. Elkana, der Jerusalemer Talmud unter dem Namen Jochanan b. Napcha verzeichnet.

[101] Vgl. Schochow, Deutsch-jüdische Geschichtswissenschaft (Anm. 93), S. 225.

[102] Fürst, Bibliotheca Judaica (Anm. 17), 1960. Vgl. Fraenkel, Vorwort (Anm. 93), S. III; Schochow, Deutsch-jüdische Geschichtswissenschaft (Anm. 93), S. 255; Brisman, Jewish Research Literature (Anm. 12), Bd 1, S. 19, betont den Nutzen für die deutschen Judaica; Jewish Encyclopedia (Anm. 12), Bd 3, S. 200 die leichte Handhabung.

[103] In der vorliegenden Arbeit war die Rezeptionsgeschichte der hebräischen Bibliographien das ausschlaggebende Kriterium, es wurde deshalb die Einteilung in christliche und jüdische Bibliographen gewählt, nicht wegen der Religionszugehörigkeit der Verfasser.

welches bis zum 19. Jahrhundert allgemeine Anerkennung als Standardwerk erlangt hatte. Isaac Benjacob verstand seine Arbeit zu Beginn lediglich als Ergänzung und Fortführung des Werkes *Sifte Jeschenim*, wie sein Sohn Jacob Benjacob in der Vorbemerkung zum Werk seines Vaters schrieb:

> Der sel. Verfasser beabsichtigte ursprünglich eine möglichst vollständige Bearbeitung des bekannten einzigen hebräischen bibliographischen Werkes Sifte Jeschenim von Sabbatai Bass mit der Fortsetzung von Rubinstein.[104]

Erst im Verlauf des voranschreitenden Arbeitsprozesses, der Sammlung und Ordnung einer wachsenden Zahl von neuen und unterschiedlichen bibliographischen Angaben, entstand ein gänzlich neues und eigenständiges Werk.[105]

Isaac Benjacob wurde 1801 in einer Kleinstadt bei Wilna, in Litauen geboren und wuchs in Wilna auf.[106] Zusätzlich zur traditionell-jüdischen Erziehung erhielt er auch Unterricht in der hebräischen Grammatik und Sprache, die er als Jugendlicher bereits so gut beherrschte, daß er Gedichte auf hebräisch schrieb.[107] Seinen Lebensunterhalt verdiente er als Buchhändler und Verleger, zuerst in Riga, dann einige Jahre lang in Leipzig, dem Zentrum des Buchhandels, und seit den vierziger Jahren wieder in Wilna. Dort war er vor allem als Verleger tätig und engagierte sich in den Selbstverwaltungsorganen der jüdischen Gemeinde. Zu seinen Veröffentlichungen in Wilna gehören die gemeinsam mit Abraham Dob Baer Lebensohn herausgegebene siebzehnbändige Ausgabe der hebräischen Bibel, die in den Jahren 1848 bis 1853 erschien und zusätzlich zum Standard-Kommentar von Raschi auch Mendelssohns deutsche Übersetzung sowie die Kommentare der beiden Herausgeber enthielt.[108]

Sein Hauptanliegen in all diesen Jahren galt der Erstellung einer neuen Gesamtbibliographie aller hebräischen Schriften, die sowohl Handschriften als auch alle Drucke einschließen sollte. Während seines Aufenthaltes in Leipzig unterhielt er einen engen wissenschaftlichen und geschäftlichen Kontakt zu vielen jüdischen Gelehrten in Deutschland, darunter auch Julius Fürst, denen er Bücher verkaufte und mit denen er über Fachfragen der hebräischen Bibliographie korrespondierte.[109] Sein wichtigster Berater bei der Erstellung der Bibliographie

---

104 Isaac Benjacob: Osar has-sefarim / Thesaurus Librorum Hebraicorum tam impressorum quam manu scriptorum / Bibliographie der gesammten hebraeischen Literatur mit Einschluss der Handschriften. Wilna 1880, Vorwort, 1880, o. pag.
105 Zunz, Zur Geschichte und Literatur (Anm. 39), S. 248.
106 Zur Biographie von Isaac Benjacob vgl. Encyclopaedia Judaica (Anm. 13), Bd 2, Sp. 521; Moses Schorr: Isaac Benjacob. In: Soncino-Blaetter 2 (1927), S. 38–40.
107 Diese veröffentlichte er unter dem Titel Michtarim we-schirim schonim (Leipzig 1842). Seine Leipziger Veröffentlichungen sind aufgelistet bei Brisman, Jewish Research Literature (Anm. 12), Bd 1, S. 271, Anm. 74.
108 Wie in der ursprünglichen Veröffentlichung war die Mendelssohn-Übersetzung auf Deutsch in hebräischen Lettern gedruckt und förderte die Verbreitung der Aufklärung unter den russischen Juden. Vielen diente diese Ausgabe zum Erlernen der deutschen Sprache, vgl. Encyclopaedia Judaica (Anm. 13), Bd 2, Sp. 522.
109 Fürst, Bibliotheca Judaica (Anm. 17), Bd 1, S. VIII erwähnt, daß er von Isaac Benjacob »vielfach unterstützt wurde«.

war Moritz Steinschneider, der ihn in seiner Arbeit mit konkreten Hinweisen aktiv unterstützte und die letzte, die dritte Fassung des Manuskriptes einer gründlichen Korrektur unterzog. Bis zu seinem Tode im Jahre 1863 gelang es ihm jedoch nicht, die Gesamtbibliographie fertigzustellen oder Teile daraus zu veröffentlichen. Sein Sohn Jacob, der in späteren Jahren ein wohlhabender Geschäftsmann und bekannter Zionist wurde, brachte mit der Hilfe von Moritz Steinschneider die noch nötigen Arbeiten am Manuskript zu Ende: im Jahr 1880 wurde die Bibliographie von Isaac Benjacob in ungekürzter Fassung unter dem Titel *Otsar Hasefarim* (»Der Schatz der Bücher«) veröffentlicht.[110]

Diese Gesamtbibliographie der Hebraica verzeichnet, alphabetisch nach den Titeln geordnet, alle hebräischen Schriften, die bis zum Jahre 1863 veröffentlicht wurden, sowohl Handschriften als auch Drucke, sowie eine kleine Auswahl an jiddischen Schriften.[111] Laut den Angaben auf dem hebräischen Titelblatt handelt es sich um bis zu 17.000 Titel, die einschlägige Fachliteratur geht von 15.000 Titeln aus, die Zahl der aufgezählten Handschriften wird auf 3.000 geschätzt.[112] Im Allgemeinen entspricht die Gliederung der Einträge des *Otsar*, die von Jacob Benjacob als »dreizehn Prinzipien« der Titelaufnahme bezeichnet wurden, dem Kategorienschema der heutigen modernen Katalogisierungspraxis, und belegen die Professionalität, welche die hebräische Bibliographie im 19. Jahrhundert in der Form des *Otsar* errang.

Ein Vergleich der Einträge mit denen des *Sifte Jeschenim* macht die Ähnlichkeiten und Unterschiede beider Werke deutlich, wobei die Einträge des *Otsar* viel detaillierter und wissenschaftlich fundierter sind. Bereits der Titel verweist auf die veränderten Bedingungen. Im Gegensatz zu dem blumigen, einem Bibelzitat entnommenen Titel *Sifte Jeschenim* (»Die Lippen der Schlafenden«) beschreibt der Name *Otsar Hasefarim*, der zugleich auf Lateinisch mit »Thesaurus librorum Hebraicorum«, und auf deutsch mit »Bücherschatz, Bibliographie

---

[110] Moses Schorr: Aus einem Briefwechsel betreffend Benjacob's Otzar Hasefarim. In: Jewish Studies in Memory of George A. Kohut 1874–1933. Hg. von Salo W. Baron und Alexander Marx. New York: Alexander Kohut Memorial Foundation 1935, S. 528–548.

[111] Die Einträge setzen sich aus folgenden Angaben zusammen: (1) Titel; (2) Verfasser einschließlich Kopisten, Redakteur und Herausgeber; (3) Schriftart, ob in hebräischen Quadratlettern, in Raschischrift oder Kursiv-Schrift; (4) Sprache; (5) Inhaltsangabe; (6) Interpretationen und Kommentare, die zusammen mit dem Text geschrieben oder gedruckt wurden; (7) Innere Aufteilung in Teile, Kapitel, Überschriften; (8) Übersetzungen mit Angabe des Originaltitels, der Sprache und Schrift; (9) Erscheinungsort; (10) Erscheinungsjahr; (11) Format mit den Unterschieden in den einzelnen Editionen; (12) Bei Handschriften: Ort und Datum der Abfassung sowie Standort und Signatur; (13) Bei Büchern ohne Impressum werden die Meinungen der Bibliographen belegt und gelegentlich Entscheidungen nachvollzogen. Es wird versucht, die Verfasser anonymer Werke und Pseudonyme zu ermitteln.

[112] Brisman, Jewish Research Literature (Anm. 12), Bd 1, S. 21, 272, Anm. 87. In der Encyclopaedia Judaica (Anm. 13), Bd 2, Sp. 521 wird die Gesamtzahl von ca. 15.000 irrtümlicherweise in 8.480 Handschriften und 6.500 Drucke aufgeteilt.

der gesammten hebraeischen Literatur« auf dem Titelblatt abgedruckt wurde, den Inhalt des Buches sehr genau.[113] Der Hauptunterschied zwischen den beiden Werken liegt in der Fülle an Informationen und der kritischen Überprüfung der Quellen, die den *Otsar* auszeichnen. Während Bass seine Informationen oftmals ohne Hinterfragen wiedergab, überprüfte Benjacob alle Angaben auf das Sorgfältigste und kennzeichnete die zweifelhaften Fälle, so daß der Leser sich selbst eine Meinung bilden kann. Im Gegensatz zu dem zweihundert Jahre zuvor tätigen Bass konnte Benjacob bereits auf einige Kataloge großer hebräischer Buchsammlungen, darunter die Kataloge der großen Hebraica-Sammlungen in der Bodleian Library in Oxford und im British Museum in London, zurückgreifen, die im 19. Jahrhundert entstanden waren und ihm als Quelle, aber auch als Vorbild beim Verfassen einer hebräischen Bibliographie dienen konnten. Zudem wirkte Moritz Steinschneider aktiv bei der Erstellung der Bibliographie mit, was durch sein Namenskürzel »Ramschasch« hinter vielen der Einträge belegt ist, und bürgte für das hohe wissenschaftliche Niveau dieser Bibliographie.

Der *Otsar* zeichnet sich zusätzlich zu seinen methodischen Verbesserungen auch durch eine neue wissenschaftstheoretische Begründung aus, die sowohl im Werk als auch in der Widmung von Leopold Zunz zum Ausdruck kommt.[114] Einerseits steht der *Otsar* in der Tradition der rabbinischen Werke und wird von mehreren rabbinischen Approbationen eingeleitet, die den Verfasser für seine Gelehrsamkeit, seinen Fleiß und seine Frömmigkeit loben und in denen die Bedeutung der Bibliographie damit begründet wird, daß sie das Talmudstudium fördert.[115] Gleichzeitig ist als Widmung zu Beginn des Buches ein Brief von Leopold Zunz an den Herausgeber Jacob Benjacob vorangestellt, in dem die Bedeutung dieses Werkes für den Wissenschaftler betont wird:

> Die fleissige Arbeit Ihres seligen Vaters verdient alles Lob und wird jedem mit der jüdischen Literatur sich beschäftigenden Gelehrten unentbehrlich sein.[116]

Damit wird der herausragende Wert der Arbeit auch für die moderne Wissenschaft des Judentums festgehalten, die zu ihrer Entwicklung der methodisch akkuraten Bibliographie als Grundlage bedarf. Mit dem *Otsar* ist Benjacob über die bisherigen traditionellen Studien hinausgegangen und hat in seinen Einträgen die Ergebnisse der modernen Wissenschaft, wie sie vor allem von Moritz Steinschneider erarbeitet wurden, mit einfließen lassen. Er wurde durch seinen stetigen Meinungsaustausch mit den Vertretern der Wissenschaft

---

113 Das Werk wurde mit vier Titelblättern veröffentlicht, in Hebräisch, Russisch, Lateinisch und Deutsch.

114 Schmelzer, Guides to the Perplexed in the Wilderness of Hebraica (Anm. 65), S. 12–17.

115 Benjacob, Vorwort (Anm. 104), o. pag. Rabbiner Schelomo ben Israel Mosche Ha-Cohen zählt in seinem Geleitwort verschiedene Fälle auf, in denen die gedruckten Ausgaben rabbinischer Werke, die als Standardausgaben gelten, Fehler enthalten, die durch Textvergleiche behoben werden können und eine Rekonstruktion des ursprünglichen Textes ermöglichen.

116 Leopold Zunz: Herrn Jacob Benjacob. In: Benjacob, Ozar has-sefarim (Anm. 104), o. pag. (im Orig. fettgedruckt).

des Judentums in Deutschland von den Grundsätzen dieser neuen geistigen Strömung beeinflußt und entwickelte sich zu einem ihrer Vorreiter in Wilna. Auch die enge Zusammenarbeit mit Moritz Steinschneider, der seiner religiösen Tradition ablehnend gegenüber stand und sich in seiner Arbeit nur wissenschaftlichen Kriterien verpflichtet fühlte, hat Benjacob in dieser Richtung bestärkt.

Benjacobs Werk entstand um die Mitte des 19. Jahrhunderts, zu einer Zeit, in der die Entwicklung des geistigen und kulturellen Lebens der Juden in Osteuropa auf Grund ihrer rückständigen politischen, rechtlichen und sozialen Verhältnisse nur in einem sehr eingeschränkten Maße voranging. Wilna, das sich seit dem Ende 18. Jahrhunderts zum geistig-kulturellen Zentrum der Juden in Mittel- und Osteuropa entwickelt hatte und die größten jüdischen Bibliotheken Europas beherbergte, war der Mittelpunkt der Verbreitung der Aufklärung in Osteuropa und bildete einen idealen Ausgangspunkt für Benjacobs Forschungen. Dieses Werk stellt somit eine Synthese von religiöser Gelehrsamkeit mit den Erkenntnissen der modernen jüdischen Wissenschaft dar. Indem die Arbeit nach den Methoden der modernen Wissenschaft verfaßt wurde, hat sie selbst eine neue Qualität erhalten, die ihren hohen praktischen Nutzen für die Entfaltung der modernen jüdischen Studien begründet.

Nicht nur die Qualität des Werkes drückt eine Veränderung aus, sondern auch das Selbstverständnis des Verlegers hat eine Wandlung erfahren. In seiner Einleitung zählt Jacob Benjacob sechs Gründe für den Gebrauch des Buches auf, die alle auf rationaler Argumentation beruhen. In der ersten Begründung belegt Benjacob den Vorteil des Werkes zuerst damit, daß es dem Leser wichtige historische Kenntnisse der Vergangenheit vermittelt. Darüber hinaus wird der Vorteil der reinen Wissensakkumulation hervorgehoben und auf eine neue Definition der Selbstbestimmung des jüdischen Volkes abgezielt. Diese wird von Benjacob gemäß nationalen Grundsätzen definiert, denen zufolge ein Volk nur existiert, wenn es eine eigene Vergangenheit, d. h. eine eigene nationale Geschichte hat.

Benjacob vertritt die These, daß die Vergangenheit und ihre Darstellung, die eigene Geschichte, für die Juden zum Merkmal ihrer nationalen Identität werden und diese wiederum die bei den anderen Völkern üblichen nationalen Merkmale des Heimatlandes und der Regierung ersetzen. Für das jüdische Volk, das über die Jahrhunderte keine eigene Nationalstaatlichkeit besessen hat, ist die Literatur an die Stelle aller anderen nationalen Charakteristika getreten, da sie den Zugang zur Geschichte der Juden öffnet, die wiederum das Wesen des jüdischen Kollektivs ausmacht. Seiner Meinung nach konnte ein Volk ohne Geschichte nicht existieren, da diese die Bedingung für seine Anerkennung als Kollektiv und für seine Gleichstellung mit anderen Kollektiven darstellte. Während für Bass das Lesen der Bibliographie eine religiös-mystische Handlung bedeutete und dies sein Beweggrund für ihre Erarbeitung war, so war für Benjacob die Vermittlung der Geschichte das ausschlaggebende Element für die Erstellung der Bibliographie. So schrieb er in der ersten Begründung:

Es ist bekannt, daß jedermann die Geschichte seines Volkes, seines Landes und seiner Heimat kennen sollte. Denn ein Volk ohne Geschichte wird unter den Völkern nicht geachtet. Und auch Israel ist ein Volk unter den Völkern, ein Volk, das seit seiner Zerstreuung unter den Völkern mit seiner Literatur lebt, die der einzige Überrest seiner glorreichen Geschichte ist. Sie [die Literatur] ist sein Leben, seine Erde, seine Regierung, die Erinnerung an den Mut der Vergangenheit. Und wenn man die Inhalte der Bücher aus früheren Generationen kennt, kann man den Geist der Väter und die frühere Geschichte der einzelnen Generationen erfahren, die Wege der Weisen und Heiligen, der Großen und Helden, die ein Andenken hinterlassen haben, die Geschichte der Völker rundherum, des materiellen und des geistigen, das seine Flügel an verschiedenen Zeiten und Orten ausgebreitet hat. Davon wird der jüdische Mensch Kenntnisse und Weisheit erlangen – sie wird uns die heilige und die säkulare Lebensweise lehren – nämlich in unserer Literatur.[117]

Für Benjacob war als Definitionsmerkmal des jüdischen Kollektivs das historische Bewußtsein an die Stelle des religiösen getreten. Durch diese Begründung wird eine Denkweise offengelegt, die ihn als einen typischen Vertreter der Wissenschaft des Judentums in ihrer östlichen Ausprägung der Aufklärung, der Haskala, ausweist. Zwar wollte er den religiösen Rahmen nicht verlassen, wie die Situierung des Buches in der rabbinischen Geisteswelt beweist, doch waren seine Argumente säkularer Natur.

In diesem Sinne zählte er als zweiten Punkt auf, es sei die Aufgabe der Bibliographie, die Grundlagen für das Studium und das Verständnis der jüdischen Geschichte zu bereiten. Deshalb sollte der *Otsar* den Juden fundierte Kenntnisse über den gesamten Umfang und die große Vielfalt der hebräischen Literatur vermitteln, welche die Juden mit Stolz und gestärktem Selbstbewußtsein erfüllen würden. So könnten die Juden ihren Mitmenschen zukünftig ohne Minderwertigkeitsgefühle und mit Selbstsicherheit gegenübertreten und mit der Verbreitung der Kunde über die geistig-kulturellen Errungenschaften der Juden auch dazu beitragen, daß diese an Ansehen gewinnen würden. Die bisherige Geringschätzung der Juden, die nur »in den vier Ellen des Religionsgesetzes«, dem engen Rahmen eines traditionalistischen Lebensstils lebten, würde aufhören, sobald die Juden in alle Wissensgebiete eingedrungen wären.

Benjacob war fest von der aufklärerischen Wirkung von Wissensverbreitung überzeugt, nämlich daß, wie er es formulierte, »die Zunahme der Gelehrsamkeit den Frieden auf der Welt mehren und die Regierung des Neides unter den Völkern und die Unterschiede der Religionen aus der Welt verschwinden«. Im Gefolge von Leopold Zunz und den Begründern der Wissenschaft des Judentums glaubte Benjacob, daß die Kenntnis der geistigen Leistungen des Judentums auch die Achtung vor den Menschen, die sie geschaffen haben, bewirken und die Emanzipation der Juden vorantreiben würde. Dieser Aspekt seiner Argumentation richtete sich insbesondere gegen die Gegner der politischen und rechtlichen Gleichstellung der Juden, die auf diese Weise die kulturelle Entfaltung der Juden einengen und ihre Partizipation an der bürgerlichen Gesellschaft verhindern

---

[117] Ebd., S. XVIII, Übers. aus dem Hebräischen, R. H.

wollten. In den folgenden weiteren vier Begründungen behauptete Benjacob vor allem, daß der *Otsar* mit der Vermittlung der Fachkenntnisse auch die Liebe zur hebräischen Literatur vergrößern würde, und hob gleichzeitig die Bedeutung des Buches als wichtiges Nachschlagewerk sowohl für Talmudgelehrte als auch für zukünftige Verfasser, Drucker, Verleger und Herausgeber hervor.

Bereits bei der Veröffentlichung der Erstausgabe kündigte sein Sohn Jacob Benjacob an, daß im Jahr darauf eine Ergänzung mit zahlreichen Korrekturen folgen sollte, die, »allerlei Beigaben und Register, so wie Nachträge und Berichtigungen von namhaften Gelehrten und eine Einleitung in deutscher Sprache, die uns von Hrn. Dr. Steinschneider in Berlin versprochen worden« enthalten würde.[118] Das Werk wurde von Fachkreisen mit Begeisterung aufgenommen, und zahlreiche Gelehrte begannen Korrekturen und Zusätze für den Nachtragsband zusammenzutragen, dem außerdem noch die Neuerscheinungen und ein Verfasserregister hinzugefügt werden sollten. Auch Aron Freimann war von dem Wert des Werkes überzeugt und zählte zu denen, die an möglichen Korrekturen arbeiteten.[119]

Die Fülle der Verbesserungen und Ergänzungen, die angefügt werden sollten, veranlaßten Jacob Benjacob sehr bald, die Veröffentlichung einer vollständigen Neuauflage des *Otsar Hasefarim* seines Vaters in Angriff zu nehmen, die jedoch niemals veröffentlicht werden konnte.[120] Dagegen wurde das Originalwerk *Otsar Hasefarim* von Isaac Benjacob in den USA noch während des Zweiten Weltkrieges oder kurz danach unverändert nachgedruckt.[121] Der schwerwiegendste Mangel des Buches besteht darin, daß es keine Verfasser-, Orts- und Sachregister aufweist, was die Verwendung des Buches auf eine reine Titelsuche beschränkt. Dennoch bleibt es, wie die Nachdrucke zeigen, bis heute ein überaus wichtiges und verläßliches Forschungsinstrument. Im Jahre 1965, fast hundert Jahre nach seinem Erscheinen, veröffentlichte Menachem Mendel Slatkine unter dem Titel *Otsar Hasefarim, Chelek Scheni* (Zweiter Teil), einen Nachtragsband, der Zusätze, Verbesserungen und Anmerkungen sowie das dringend erforderliche Verfasserregister enthält und so den Nutzen des Werkes erheblich vermehrt.[122]

---

[118] Ebd., Vorwort, o. pag.

[119] Aron Freimann: Typographisches. In: Zeitschrift für Hebräische Bibliographie 8 (1904), S. 45–47, 143–144, hier S. 45.

[120] Vgl. Slatkine, Resit bikkure ha-bibliyyografya ba-sifrut ha-ivrit (Anm. 17), S. 10ff.; Brisman, Jewish Research Literature (Anm. 12), Bd 1, S. 23. Bei seinem Tod im Jahre 1926 hinterließ der Sohn Jacob Benjacob nach 45-jähriger Bearbeitung der Neuauflage ein Manuskript, das 60.000 alphabetisch angeordnete Titel in zwölf Sachgruppen und ca. 20.000 Einträge in Registern enthielt, nachdem es ihm nicht gelungen war, die nötige Finanzierung für die Veröffentlichung zusammenzutragen. Auch seinem Erben und Schwiegersohn Moses Schorr, Professor für Orientalistik, gelang es trotz vielfältiger Versuche bei jüdischen Organisationen nicht, den Druck des Manuskripts zu finanzieren, es wurde in den Wirren des Zweiten Weltkrieges vernichtet.

[121] New York, ohne Datum. Brisman, Jewish Research Literature (Anm. 12), Bd 1, S. 23 nimmt 1944/45 oder 1945/46 an; Shlomo Shunami: Bibliography of Jewish Bibliographies. Bd 1: Hauptband; Bd 2: Supplement. 2 Bde, Jerusalem: Magnes 1965/1975, Bd 1, S. 15, Nr 80 setzt 1948/49 an, die Library of Congress 1943/1944.

[122] Menahem Mendel Slatkine: Osar has-sefarim, heleq seni. Jerusalem: Kiryat Sefer 1965.

Tabellarische Chronologie der dargestellten Hebraica-Bibliographien einschließlich der Judaica-Bibliographie von Julius Fürst von ihren Anfängen bis zum Beginn des 20. Jahrhundert:

Erscheinungsjahr	Verfasser	Titel	Zahl der Einträge
1613	Buxtorf	*Bibliotheca Rabbinica*	324
1675-1693	Bartolocci	*Bibliotheca Magna Rabbinica*	1.960
1680	Bass	*Sifte Jeschenim*	2.200
1715–1733	Wolf	*Bibliotheca Hebraea*	2.231
1849–1863	Fürst	*Bibliotheca Judaica*	ca. 40.000 (18.000)
1877–1880	Benjacob	*Otsar Hasefarim*	ca. 15.000

4.3   Moritz Steinschneider – das große Vorbild für Aron Freimann

Die Tätigkeit von Aron Freimann muß vor dem Hintergrund der von Steinschneider geschaffenen Grundlagen einer hebräischen Bibliographie gesehen werden, ohne deren Darstellung der Überblick über die Geschichte der hebräischen Bibliographie unvollständig bliebe und eine Einordnung der Arbeiten von Freimann innerhalb der bibliographischen Entwicklung nicht möglich wäre. Im folgenden wird deshalb der Versuch unternommen, Leben und Werk von Steinschneider in seinen Grundzügen darzulegen, was angesichts seiner außergewöhnlichen Produktivität und der Bandbreite seiner bibliographischen Arbeiten äußerst schwierig ist.[123]

---

[123]   Bis heute ist Steinschneider nicht zum Gegenstand einer wissenschaftlichen Monographie geworden, lediglich kurze Aufsätze wurden verfaßt. Die ausführlichste Darstellung ist von seinem Schüler Alexander Marx (Essays in Jewish Biography. Philadelphia: The Jewish Publication Society of America 1947, S. 112–184), der als Professor für Geschichte und Bibliothekar am Jewish Theological Seminar in New York tätig war, wo der Nachlaß und die Briefe von Steinschneider aufbewahrt werden. Die Briefe an seine Braut sind gesondert veröffentlicht in: Moritz Steinschneider: Briefwechsel mit seiner Verlobten Auguste Auerbach 1845–1849. Ein Beitrag zu jüdischer Wissenschaft und Emanzipation. Hg. von Renate Heuer und Marie Louise Steinschneider. Frankfurt a. M. u. a.: Campus 1995 (Campus-Judaica; 1). Zu Steinschneider vgl. auch Salomon Winninger: Grosse juedische National-Biographie. Mit mehr als 8.000 Lebensbeschreibungen namhafter juedischer Maenner und Frauen aller Zeiten und Laender. Ein Nachschlagewerk fuer das juedische Volk und dessen Freunde. 6 Bde, Cernauti: Orient 1925–1933, Bd 6 (1933), S. 5–7; Ismar Elbogen: Moritz Steinschneider, der Vater der hebräischen Bibliographie. In:

Moritz Steinschneider war der Begründer der modernen hebräischen Bibliographie und gilt »noch heute als der größte aller jüdischen Bibliographen«.[124] Mit seiner methodisch-akkuraten und äußerst detaillierten Beschreibung des hebräischen Schrifttums schuf er die wissenschaftliche Bibliographie als Grundlage der modernen Wissenschaft des Judentums, zu deren herausragenden Exponenten er zu zählen ist.[125] Im Unterschied zu seinen bereits genannten christlichen und jüdischen Vorgängern beabsichtigte Steinschneider nicht, eine Gesamtbibliographie der hebräischen oder jüdischen Literatur zu erarbeiten, sondern arbeitete sein Leben lang an ausgewählten thematisch begrenzten Fachbibliographien und der Erstellung von Bibliothekskatalogen. Sein Hauptwerk, der Katalog der hebräischen Bücher der Bodleian Library in Oxford, ist formal gesehen, wie der Name bereits aussagt, das Bestandsverzeichnis einer Bibliothek und unterscheidet sich insofern von einer Allgemeinbibliographie, da es nur die Titel der Bücher verzeichnet, die sich im Besitz dieser Bibliothek, der Bodleiana, befinden.

Auf Grund der umfangreichen Sammlung der Bodleiana einerseits und den bei der Erarbeitung des Werkes hinzugefügten Abweichungen und Ergänzungen andererseits weicht der Katalog jedoch seinem Inhalt nach von einem reinen Bestandsverzeichnis ab und gleicht einer hebräischen Allgemeinbibliographie, deren hohe bibliographische Qualität durch Steinschneiders Ansprüche verbürgt ist.[126] Mit seinem Arbeitseifer, seinen enormen Fachkenntnissen im Bereich der hebräischen Buchkunde und des jüdischen Schrifttums und seinen unzähligen Veröffentlichungen zur hebräischen Bibliographie wurde Steinschneider zum Vorbild für Aron Freimann und alle Vertreter der Wissenschaft des Judentums, die ebenfalls bibliographische Studien betrieben und denen seine Werke als Orientierungsmaßstab ihrer eigenen Arbeiten dienten.

Soncino-Blätter 1 (1925/26), S. 155–158; Marx, Studies in Jewish History and Booklore (Anm. 50), S. 364–368; Salo W. Baron: Moritz Steinschneider's Contribution to Jewish Historiography. In: Alexander Marx. Jubilee Volume on the Occasion of his Seventieth Birthday. Ed. by Saul Lieberman. New York: The Jewish Theological Seminary of America 1950, S. 83–148.

[124] Michael A. Meyer: Jüdische Identität in den Jahrzehnten nach 1848. In: Deutsch-jüdische Geschichte in der Neuzeit (Anm. 51), Bd 2: Emanzipation und Akkulturation 1780–1871 (1996), S. 326–355, hier S. 348; Marx, Essays in Jewish Biography (Anm. 123), S. 112: »Steinschneider, like no one else, mastered the entire field of Jewish literature.«

[125] Moritz Steinschneider gilt als der Begründer der hebräischen Bibliographie als wissenschaftliche Disziplin, er unterscheidet sich jedoch von den bislang aufgezählten Bibliographen, da er keine Gesamtbibliographie der Hebraica erstellte, sondern ganz spezifische thematisch eng begrenzte Bibliographien sowie Bibliothekskataloge, vor allem der Bodleian Library in Oxford, die den Bestand einer Bibliothek enthalten.

[126] Der Catalogus librorum hebraeorum in Bibliotheca Bodleiana wird deshalb in den Standardwerken von Shunami, Bibliography of Jewish Bibliographies (Anm. 121), Hauptbd, S. 32, Nr 173 und Brisman, Jewish Research Literature (Anm. 12), Bd 1, S. 40–44, formal den Bibliothekskatalogen zugeordnet.

Aron Freimann, der mit Moritz Steinschneider in dessen letzten Lebensjahren eng zusammenarbeitete, kann als dessen direkter Nachfolger gesehen werden. Nach Steinschneiders Tod wurden ihm dessen unvollendete Arbeiten übergeben, um sie zu Ende zu führen und für den Druck fertigzustellen. Steinschneider hatte regelmäßig Beiträge für die von Freimann herausgegebene *Zeitschrift für Hebräische Bibliographie* veröffentlicht, beide haben sich intensiv mit denselben Themen beschäftigt. So veröffentlichte Freimann 1898 erstmals eine Ergänzung und Korrektur zu Steinschneiders Werk mit dem Titel *Bibliographisches Handbuch der theoretischen und praktischen Literatur der hebräischen Sprachlehre*.[127] Nachdem Steinschneider im Jahr 1896 in der *Zeitschrift für Hebräische Bibliographie* eine Bibliographie zur Literatur des Judeneides veröffentlicht hatte, lieferte Freimann im Jahre 1904 hierzu weitere Ergänzungen, die wiederum von Steinschneider aufgegriffen und nochmals vervollständigt wurden.[128]

Freimann wurde die Verantwortung für die Veröffentlichung zweier Werke von Steinschneider übertragen. Er übernahm die Endredaktion des letzten Werkes, das Steinschneider zu Lebzeiten veröffentlichte und das unter dem Titel *Die Geschichtsliteratur der Juden* die Vorlesungen enthält, die Steinschneider zu diesem Thema seit 1865 zwölf Mal an der Veitel-Heine-Ephraim'schen Lehranstalt gehalten hatte.[129] Steinschneider war, wie man den lobenden Worten des Vorwortes entnehmen kann, mit der Arbeitsweise von Freimann sehr zufrieden:

> Als mir bis Ostern 1904 eine Mitteilung über die Wiederaufnahme der Arbeit nicht zugekommen war, übernahm zu meiner Befriedigung Herr Dr. A. Freimann in Frankfurt a. M. die Vollendung der Abteilung, ohne dass wir die Gelegenheit gehabt hätten, uns über die Form der Bearbeitung meiner sehr kurz gefassten Nachweisungen im Einzelnen zu verständigen. Er war schon in der Lage, im Sommer jenes Jahres mir einen grossen Teil des Manuskriptes zuzusenden; ich war aber durch Krankheit verhindert, es zu prüfen, bis er beinahe seine Aufgabe erfüllt und mehr als erfüllt hatte. Er ging nämlich über die trockene Bibliographie hinaus und zog auch Stoffe aus Kreisen herbei, die bisher nur ausnahmsweise berücksichtigt waren, namentlich poetische Ergüsse über Beschuldigungen und sonstige Calamitäten (Kinnot, Selichot u. dgl.), welche allerdings für die Geschichte häufig die einzige Quelle sind. Ausserdem versah er die Mitteilungen mit Citaten aus der neuesten periodischen Literatur, die mir ganz unbekannt geblieben war [...]. Ich sah mich also veranlasst, materiell seiner Disposition zu folgen und nur leichte stilistische Änderungen, namentlich der vorangegangenen Form entsprechende Kürzungen vorzunehmen.[130]

---

[127] Aron Freimann: Zusätze und Berichtigungen zu Steinschneiders Handbuch. In: Zeitschrift für Hebräische Bibliographie 3 (1898), S. 123–124.

[128] Moritz Steinschneider: Literatur des Judeneides. In: Zeitschrift für Hebräische Bibliographie 1 (1896), S. 17–22; Aron Freimann: Judeneid. Ergänzungen und Berichtigungen zur Literatur ZfHB 1. In: Zeitschrift für Hebräische Bibliographie 8 (1904), S. 52–53; Moritz Steinschneider: Judeneid. Nachtrag. In: Zeitschrift für Hebräische Bibliographie 8 (1904), S. 150.

[129] Moritz Steinschneider: Die Geschichtsliteratur der Juden in Druckwerken und Handschriften. Bd 1: Bibliographie der hebräischen Schriften [mehr nicht erschienen]. Frankfurt a. M.: Kauffmann 1905.

[130] Ebd., S. X.

Für Steinschneider, der zu diesem Zeitpunkt bereits 89 Jahre alt war und sich als Wissenschaftler großes Renommee erworben hatte, erwies sich Freimann, sein Schüler und junger Mitarbeiter, durch die Qualität der an diesem Manuskript geleisteten Arbeit als ebenbürtiger Kollege. Zur Zufriedenheit von Steinschneider führte Freimann alle anstehenden Arbeiten selbständig aus, erweiterte die eng begrenzten Angaben von Steinschneider mit Ergänzungen aus benachbarten Wissensgebieten und brachte das Manuskript unter Verwendung der wissenschaftlichen Literatur auf den neuesten Stand. Freimanns Mitarbeit an dem Manuskript ging über das einer bloßen Korrektur hinaus, in dem er wesentlich zu einer verbesserten Struktur beitrug, die von Steinschneider beibehalten wurde, und eigenständig neue Beiträge verfaßte, die in dem Buch mit dem Kürzel »Fr.« gekennzeichnet sind.[131]

Posthum veröffentlichte Freimann in den Jahren 1914 und 1915 das von Steinschneider zusammengestellte Material über ein Verzeichnis »Jüdischer Ärzte«, das ihm im »Zettelkasten übergeben wurde« und dem er Ergänzungen beifügte.[132] Als Herausgeber der *Zeitschrift für Hebräische Bibliographie* führte Freimann die von Steinschneider begründete erste periodische Bibliographie der jüdischen Literatur fort und fungierte auch im organisatorischen Bereich der Wissenschaft des Judentums als sein Nachfolger. Nach Steinschneiders Tod ging die Anerkennung der Fachwelt als »der größte jüdische Bibliograph« auf Freimann über.[133]

Moritz Steinschneider wurde am 31. März 1816 in Prossnitz in Mähren, einem Zentrum der Tuchfabrikation, geboren. Sein Elternhaus war ein Treffpunkt für aufgeklärte Gelehrte, und der junge Steinschneider erhielt zusätzlich zur traditionellen jüdischen Erziehung auch Unterricht in Musik und Tanz, Französisch und Italienisch. Nach seiner Bar-Mizwa trat er im Alter von dreizehn Jahren in die Jeschiwah des Rabbiners Nehemia Trebitsch ein und folgte seinem Lehrer nach Nikolsburg, als dieser im Jahre 1830 zum dortigen Rabbiner berufen wurde. Im Jahre 1833 zog Steinschneider nach Prag, wo er Philosophie, Ästhetik, Pädagogik, alte und neuere Sprachen studierte, seine Bibel-, Talmud- und Hebräisch-Studien fortsetzte und nach zwei Jahren das Examen in Bibelkunde und Hebräisch bestand, welches ihm die Lehrbefähigung für diese Fächer einbrachte.

---

[131] Ebd., S. XI. Der 2. Teil des Werkes, der die Bibliographie der nichthebräischen Schriften beinhalten sollte und auf 2.000 Kärtchen vermerkt war, wurde nicht veröffentlicht. Vgl. Marx, Essays in Jewish Biography (Anm. 123), S. 167.

[132] Vgl. Aron Freimann: Vorbemerkung [zu Moritz Steinschneider: Jüdische Ärzte]. In: Zeitschrift für Hebräische Bibliographie 17 (1914), S. 63–96, 121–167; 18 (1915), S. 25–57, hier 17 (1914), S. 63: »Als nach seinem Hinscheiden der Zettelkasten mir übergeben wurde, wollte ich die Notizen Steinschneiders weiter ausführen, die fehlenden Ärzte nach Möglichkeit ergänzen und in den ›Gesammelten Schriften‹ Steinschneiders herausgeben [...].«

[133] Alexander Marx / Boaz Cohen: Necrology. Aron Freimann. In: Proceedings of the American Academy for Jewish Research 17 (1947/48), S. XXIII–XXVIII.

Im Jahre 1836 begann er in Wien am Polytechnischen Institut orientalische Sprachen zu studieren, da ihm als Jude das Studium an der orientalischen Akademie verwehrt wurde. Der Zutritt zur k. u. k. Hofbibliothek war Juden damals ebenfalls untersagt, und es gelang Steinschneider nur mit Hilfe seiner Kontakte zu einflußreichen gesellschaftlichen Kreisen, Einlaß in die Bibliothek zu erlangen, wobei er sich allerdings keine Exzerpte aus dem Katalog machen durfte.[134] Nachdem ihm im Jahre 1839 die Aufenthaltserlaubnis für Wien entzogen worden war, wechselte er an die Universität Leipzig und kurze Zeit später nach Berlin, wo er seine Studien fortsetzte. Im Jahre 1841 kehrte er nach Prag zurück, unterrichtete zuerst als Privatlehrer, später als Oberlehrer an einer privaten Lehr- und Erziehungsanstalt für israelitische Mädchen und erwarb sein Rabbinerdiplom von Hirsch B. Fassel, dem Rabbiner seiner Heimatstadt Prossnitz. In diesen Jahren knüpfte er enge persönliche Kontakte zu Salomon Judah Rapoport, dem Oberrabbiner von Prag und einem der führenden Vertreter der Wissenschaft des Judentums, der von Steinschneiders umfangreichem Wissen auf dem Gebiet der jüdischen Literatur, seinen pädagogischen Fähigkeiten und seiner religiösen Lebensführung sehr beeindruckt war und ihn nach Kräften zu fördern versuchte.[135]

Während seines Aufenthaltes in Prag lernte Steinschneider auch seine spätere Frau, Auguste Auerbach kennen, die 1823 in Posen geboren war, und als Erzieherin arbeitete. Auguste besaß selbst eine weitgefächerte Bildung, beherrschte mehrere moderne Sprachen und war sowohl in literarischen als auch naturwissenschaftlichen und philosophischen Werken bewandert. Sie interessierte sich für Politik und stand in engem Kontakt zu Revolutionären wie Moritz Hartmann.[136] Nach mehreren fehlgeschlagenen Versuchen, eine adäquate Stellung in der österreichischen Monarchie zu erlangen, zog Steinschneider im Jahre 1845 erneut nach Berlin, wo er – mit einigen kurzen Unterbrechungen – bis zu seinem Tod im Jahre 1907 verblieb. Im Kreis um Leopold Zunz erhoffte er sich bessere berufliche Zukunftsaussichten und gegebenenfalls eine feste

---

134 Diese Kontakte ergaben sich aus seiner Tätigkeit als Privatlehrer in Italienisch und anderen Fächern, bei der er u.a. auch zwei Brüder, die Grafen Lichnowsky, sowie deren Schwester, die Frau des Prinzen Richard Khevenhüller-Metsch, unterrichtete.

135 Vgl. Marx, Essays in Jewish Biography (Anm. 123), S. 124. Vgl. Encyclopaedia Judaica (Anm. 13), Bd 13, Sp. 1555. Salomon Judah Leib Rapoport (1790–1867), bekannt unter seinem Namensakronym Shir, gilt mit seinen Arbeiten über die geonischen Gelehrten als Pionier der Haskala und der Wissenschaft des Judentums. In Polen geboren, war er als herausragender Talmudist bekannt und hatte seit 1840 das Amt des Oberrabbiners von Prag inne.

136 Vgl. Renate Heuer / Marie Louise Steinschneider: Vorwort. In: Steinschneider, Briefwechsel mit seiner Verlobten Auguste Auerbach (Anm. 123), S. 7–15, hier S. 10: »Durch ihre breit gefächerten Interessen« war sie für Moritz Steinschneider »auf vielen Gebieten eine Partnerin [...], die seine hohen intellektuellen Ansprüche befriedigen und mit der er auf anspruchsvollem Niveau korrespondieren konnte«. Das erste Zitat datiert auf den 18. Juni 1845, das letzte auf 12. Juni 1849.

Stelle. Im Jahre 1847 legte er mit Erfolg sein Rektorexamen ab mit der Lehrbefähigung als Lehrer und Schulrektor, und erlangte seine Einbürgerung.

Trotz seines hohen Ansehens, das er bereits als junger Gelehrter genoß, gelang es ihm auf Grund der Diskriminierung jüdischer Akademiker an den Universitäten und Bildungsinstitutionen nicht, in Berlin eine ihm angemessene
Position zu erreichen; er war gezwungen, mehrere Tätigkeiten gleichzeitig auszuüben, um seinen Lebensunterhalt zu verdienen. Er unterrichtete an verschiedenen jüdischen Schulen in Berlin, gab weiterhin Privatunterricht, diente gelegentlich an den Hohen Feiertagen als Prediger in der Synagoge, schrieb wissenschaftliche Zeitschriftenaufsätze und erstellte die ersten hebräischen Bücherverzeichnisse. Seine erste feste Anstellung erhielt er im Jahr 1859 als Dozent
an der privaten jüdischen Veitel-Heine-Ephraim'schen Lehranstalt, an der er
bis zu seinem Lebensende unterrichtete. Von 1860 bis 1869 war er zusätzlich
als Beauftragter der Jüdischen Gemeinde am Stadtgericht Berlin für die Abnah-
me des Judeneides (»More Judaico«) zuständig, dessen diskriminierenden Charakter er ständig monierte, bis dieser im Jahr 1869 endgültig abgeschafft wurde.

Im Jahr 1869 wurde er zum »Hülfsarbeiter« an der Königlichen Bibliothek in
Berlin ernannt und nahm schließlich im gleichen Jahr, da er keine andere feste
Anstellung finden konnte, den gleichfalls von der Gemeinde angebotenen Posten
als Leiter der Grundschule für jüdische Mädchen an, den er einundzwanzig Jahre
innehatte.[137] Nach seiner Pensionierung 1890 setzte er seine bibliographischen
Studien, die er jahrelang nebenher betrieben hatte, mit unermeßlich erscheinen-
der Energie und unverminderter geistiger Produktivität fort, so daß er zahlreiche
seiner Vorhaben bis zu seinem späten Tode im Jahr 1907 vollenden konnte.

Steinschneider war, ebenso wie Zunz, ein entschiedener Gegner einer parti-
kularistisch organisierten Wissenschaft des Judentums und lehnte deshalb eigenständige Seminare zur Ausbildung von Rabbinern ab, die im Deutschland des
19. Jahrhunderts die einzige institutionalisierte Form der jüdischen Forschung
bildeten. Zweimal hatte er, aus prinzipiellen Gründen, Stellenangebote ausge-
schlagen, die seinen wissenschaftlichen Leistungen entsprochen und es ihm
ermöglicht hätten, seine Forschungen intensiver voranzutreiben. Im Jahr 1871
hatte Moritz Lazarus ihm eine Dozentenstelle an der neugegründeten Hochschule für die Wissenschaft des Judentums angeboten; Meyer Kayserling hatte
im Jahr 1876 ein ähnliches Angebot für das Budapester Rabbinerseminar gemacht. Zwar hatte Steinschneider in seiner Jugend eine Rabbinerkarriere ange-

---

[137]   Marx, Essays in Jewish Biography (Anm. 123), S. 142: »[...] at last [he] was given
      a position which, though utterly inadequate for a scholar of his rank, provided him
      at least with security for the future.« 1890 ging er als 74jähriger in den Ruhestand
      und weigerte sich zusätzlich zu der ihm zustehenden Pension ein »Ehrengehalt von
      jährlich Zweitausend Mark« von der Gemeinde für seine großen Verdienste anzu-
      nehmen. Vgl. den Briefwechsel mit der Jüdischen Gemeinde November 1889, in:
      Alexander Marx: Steinschneideriana II. In: Jewish Studies in Memory of George
      A. Kohut 1874–1933. Hg. von Salo W. Baron und Alexander Marx. New York:
      Alexander Kohut Memorial Foundation 1935, S. 492–527, hier S. 522ff.

strebt und sich für die religiöse Erneuerung des Judentums eingesetzt, aber
nach seiner Ankunft in Berlin Mitte der vierziger Jahre hatte er sich endgültig
von der Religion abgewandt und sich im Laufe der Jahre zu einem erbitterten
Gegner des Rabbinats entwickelt.[138]

Er war davon überzeugt, daß die Wissenschaft des Judentums nur dann als
Wissenschaftsdisziplin Bestand hätte, wenn sie frei von jeglicher Subjektivität
nach den strengsten wissenschaftlichen Methoden betrieben und die Anerkennung von Universitätsprofessoren erlangen würde. Da dies nur im Rahmen einer
allgemeinen Universität möglich war, befürwortete Steinschneider die Errichtung von Lehrstühlen für dieses Fachgebiet als Teil der philosophischen Fakultäten nach angelsächsischem Muster.[139] So schrieb er im Jahr 1876:

> Anstalten zur Forterhaltung des Rabbinerstandes, in der Form welche ihm die letzten
> Jahrhunderte gegeben haben, fördern heute systematische Heuchelei und wissen-
> schaftliche Unreife. Was an jüdischer Geschichte und Literatur *wissenschaftlich* ist,
> darf die Luft der Universität nicht scheuen und muß den Christen zugänglich ge-
> macht werden. Die Aufgabe unserer Zeit scheint mir, vorzugsweise, die zeitweilige
> Dotierung von Privatdocenten für jüd. Geschichte und Literatur an den Philosophi-
> schen Fakultäten, damit die Regierungen zur Errichtung von Professuren getrieben
> werden und Lehranstalten in welchen regelmässige Gymnasiasten sich für das Stu-
> dium der hebr. Literatur vorbereiten können. Nur keine Internate, in welchen bachu-
> rische Unmanier, Unbeholfenheit und Bettelhaftigkeit in ihrem Dünkel erhalten und
> beschönigt werden.[140]

---

[138] Ismar Schorsch: From Text to Context. The Turn of History in Modern Judaism.
      Hanover: Brandeis University 1994 (The Tauber Institute for the Study of European
      Jewry Series; 18), S. 197. Vgl. Steinschneider, Briefwechsel mit seiner Verlobten
      Auguste Auerbach (Anm. 123), S. 85. Am 22. Februar 1846 schrieb er seiner Ver-
      lobten: »Ich *genieße* nemlich jetzt mein Studium u. bin nicht so in der Hitze u.
      Hetze hinterher. Freilich trägt dazu sehr viel bei, daß ich mir die quälend lästige
      große Literatur des Praktischen oder Ceremonialgesetzes, zu Deutsch Schulchan-
      aruch u. Poskim vom Halse gewälzt habe und daher freier athme. Ich sehe es ein,
      daß ein gewißenhafter frommer Rabbiner nicht *gebildet* sein kann; er *muß* sich in
      eine Literatur vertiefen, die das Mark des Lebens verzehrt. Und doch möchte ich
      nicht bereuen, daß ich so lange an der Kette gelegen. Die wahre Weisheit muß in
      der Erfahrung des Lebens begründet sein. Ich darf mitreden, denn ich habe ehrlich
      gewollt.« (Im Original unterstrichen)
[139] Schorsch, From Text to Context (letzte Anm.), S. 197, hat zu Recht darauf hinge-
      wiesen, daß Steinschneider hierbei den christlichen Ethos, von dem die Universitä-
      ten in der Realität geprägt waren, übersehen hat.
[140] Brief von Moritz Steinschneider an Meyer Kayserling vom 24. September 1874,
      abgedruckt in: Marx, Steinschneideriana (Anm. 137), S. 521. In der Fortsetzung
      rechtfertigt er seine Lehrtätigkeit an der Ephraim'schen Lehranstalt, einem geson-
      derten jüdischen Lehrhaus, die im Widerspruch zu dieser Auffassung steht, indem
      er darauf hinweist, daß die dortigen Lehrbeauftragten gleichzeitig Dozenten an der
      Universität sein mußten und er an der Anstalt auch christliche Professoren wie La-
      garde, Hoffmann und Strack zu seinen Schüler zählte. Diese Tätigkeit entsprang
      wohl finanziellen Notwendigkeiten.

Steinschneider war eine widersprüchliche Persönlichkeit und wurde von seinen Zeitgenossen und Schülern sehr unterschiedlich charakterisiert.[141] Sein großes Vorbild blieb lebenslang Leopold Zunz, zu dem er seit seiner Ankunft in Berlin eine persönliche Freundschaft entwickelt hatte und welcher schon früh das Talent von Steinschneider erkannt und ihn mehrfach vergeblich für verschiedene Stellen empfohlen hatte.[142] Im Laufe seines ungewöhnlich langen und produktiven Lebens veröffentlichte Steinschneider eine immense Anzahl von wissenschaftlichen Büchern und Bibliothekskatalogen, Aufsätzen und bibliographischen Studien, auf die hier im Einzelnen nicht eingegangen werden kann.[143] In der Festschrift zu Steinschneiders 80. Geburtstag findet sich von George Alexander Kohut eine Bibliographie des Geehrten, die 33 Seiten umfaßte und deren Umfang in den folgenden Jahren noch zunahm.[144]

In seiner bibliographischen Tätigkeit legte Steinschneider die Schwerpunkte auf die Erfassung der hebräischen Handschriften, die Verzeichnung der jüdischen Literatur in nichthebräischer Sprache, vor allem das jüdisch-arabische Schrifttum, aber auch das jüdisch-deutsche, jüdisch-italienische und jüdisch-spanische, sowie auf den Bereich des wissenschaftlichen Zeitschriftenwesens. Er erstellte Verzeichnisse von hebräischen Handschriftensammlungen der be-

---

[141] Brisman, Jewish Research Literature (Anm. 12), Bd 1, S. 278, Anm. 40, zitiert die gegensätzlichen Einstellungen. Unbestritten bei seinen Biographen ist sein unerbittlicher Kampf gegen Forscherkollegen, deren Wissenschaftlichkeit er bezweifelte. Vgl. Marx, Essays in Jewish Biography (Anm. 123), S. 170–175. Zu Julius Fürst bestand eine bittere Feindschaft, die auf Gegenseitigkeit beruhte. Vgl. Fürst, Bibliotheca Judaica (Anm. 17), Bd 3, S. XLIX, der gegen Steinschneider polemisierte, ohne ihn namentlich zu erwähnen: »Dann wurde ein gewissenlos arbeitender und verkommener Rabbinatskandidat als Bibliograph empfohlen [...] und mißbrauchte die bibliographischen Arbeiten für die Bodleyana zu unbegründeten Ausfällen und unwürdigen Schmähungen gegen Alles, was nicht aus Mähren stammte oder ihm persönlich nicht zusagte. Den sprechendsten Beleg zu dem Gesagten bietet der neueste unförmliche und durchaus nicht zuverlässige Katalog der gedruckten hebräischen Schriften der Bodleyana, welcher von 1852–1860 zu Berlin erschienen ist.«

[142] Leopold Zunz: Jude, Deutscher, Europäer. Ein jüdisches Gelehrtenschicksal des 19. Jahrhunderts in Briefen an Freunde. Hg. und eingeleitet von N. N. Glatzer. Tübingen: Mohr 1964 (Schriftenreihe wissenschaftlicher Abhandlungen des Leo Baeck Instituts; 11), S. 263.

[143] Vgl. Henry Malter: Einleitung. In: Steinschneider, Gesammelte Schriften (Anm. 85), S. S. XV, der feststellte, daß es »der vielseitigen Gelehrsamkeit eines Steinschneiders« bedurfte, um dessen Werke aufzuzählen.

[144] George Alexander Kohut: Bibliography of the Writings of Professor Dr. Moritz Steinschneider. In: Festschrift zum Achtzigsten Geburtstage Moritz Steinschneiders. Leipzig: Drugulin 1896, S. VI–XXXIX. Henry Malter irrt, wenn er »39 enggedruckte Seiten« angibt (Malter, Einleitung [letzte Anm.], S. XXIV), da die Bibliographie erst auf Seite VI der Festschrift beginnt. Mit den von Steinschneiders Sekretärin Adeline Goldberg gelieferten Nachträgen gelangt Malter allein für die Aufsätze »nach einer ungefähren Zählung [...] auf etwa 1.400, worunter über 400 ›Miszellen‹ und etwa 220 Rezensionen [...] nicht eingerechnet« sind (ebd., S. XXIV-XXV).

deutendsten Bibliotheken des europäischen Festlandes, so u. a. von Leiden, München, Hamburg und Berlin, mit dem Ziel, wie er schrieb:

> [...] zuverlässige Listen aller in privaten oder öffentlichen Händen befindlichen Handschriften anzufertigen und dadurch die wissenschaftliche Forschung auf eine solide Grundlage zu stellen.[145]

Er war der erste, der auf die von Juden geschaffene Literatur in nichthebräischer Sprache in den verschiedenen Wissensdisziplinen der Medizin, Mathematik und Astronomie aufmerksam gemacht und hierzu verschiedene Übersichten zusammengestellt hat. Zudem kommt ihm das Verdienst zu, die erste wissenschaftliche Zeitschrift für das Arbeitsfeld der hebräischen Bibliographie begründet zu haben. In den Jahren 1858 bis 1882 gab er mit kurzen Unterbrechungen die Zeitschrift *Hebräische Bibliographie – Hamazkir*, ein »Repertorium über die das Judentum und seine Quellen betreffende Literatur sowohl für die Wissenschaft als für den Buchhandel« heraus. Zusätzlich zu seiner Aufgabe als Redakteur verfaßte er die Mehrzahl der Buchbesprechungen und lieferte außerdem mehr als 500 selbständige Beiträge hauptsächlich biographischen und bibliographischen Inhalts. Bereits in diesen frühen Arbeiten entwickelte Steinschneider seinen eigenen Stil, der durch äußerst präzise, knappe und exakte Formulierungen gekennzeichnet war, ohne Wiederholungen. Alex Bein hat dies die Steinschneider eigene »Kunst der bibliographisch prägnanten Kondensierung« genannt, die zu zahlreichen neuen Begriffsprägungen führte.[146]

Mit seinen systematischen Arbeiten im Bereich der hebräischen Bibliographie schuf Steinschneider die wissenschaftlichen Grundlagen dieser Disziplin, die ihm nach seinem eigenen Selbstverständnis jedoch lediglich als ein Mittel zur Erforschung eines viel umfassenderen Themenkomplexes dienten.[147] Die wissenschaftliche Aufarbeitung der jüdischen Literaturgeschichte des Mittelalters und der Neuzeit in ihrem gesamten Umfang war sein Hauptanliegen. Dieser Themenschwerpunkt kam schon zu Beginn seiner wissenschaftlichen Betätigung in seinen beiden ersten Veröffentlichungen in der Ersch-Gruberschen *Allgemeinen Encyklopädie der Wissenschaften und Künste* zum Ausdruck, die seinen Ruf als einer der herausragenden Vertreter der Wissenschaft des Judentums begründeten.[148] Am Ende seines Lebens veröffentlichte er seine Schrift *Allgemeine Ein-*

---

[145]   Elbogen, Moritz Steinschneider (Anm. 123), S. 2.

[146]   Bein, Die Judenfrage (Anm. 54), Bd 2, S. 165. So war Steinschneider der erste, der in seiner Zeitschrift Hebräische Bibliographie – Hamazkir 3 (1860), S. 16, den Begriff »Antisemitismus« prägte, allerdings im allgemeinen Sinn als Gegensatz zu Semitismus und nicht als politischen Begriff.

[147]   Steinschneider, Bibliographisches Handbuch (Anm. 3); ders., Die Geschichtsliteratur der Juden (Anm. 129); ders., Vorlesungen zur Kunde hebräischer Handschriften, deren Sammlungen und Verzeichnisse. Leipzig: Harrassowitz 1897 (Beihefte zum Centralblatt für Bibliothekswesen; 19).

[148]   Steinschneider, Jüdische Literatur (Anm. 13). Der Umfang war sieben Mal so lang, als ursprünglich geplant. Dieser Aufsatz gilt als Standardwerk und wurde in mehreren Sprachen als Monographie neu verlegt, die englische Übersetzung von William

leitung in die jüdische Literatur des Mittelalters, in der er die Resultate seiner Studien zusammenfaßte und damit gleichzeitig die zukünftigen methodologischen Richtlinien vorgab, die »als das wissenschaftliche Vermächtnis« gelten können.[149]

Sein Bemühen, die intellektuellen Aktivitäten der Juden im Mittelalter in das Zentrum der modernen Wissenschaft zu rücken und den Anteil der Juden am Streben nach menschlichem Fortschritt als Teil des Kulturguts der Menschheit herauszuarbeiten, muß als das zentrale Leitmotiv seiner Arbeiten gesehen werden. Sein wissenschaftliches Interesse galt insbesondere der Erforschung der gegenseitigen Wechselbeziehungen der Juden mit ihrer Umgebung und dem Einfluß der zeitgleich wirkenden unterschiedlichen Kulturen aufeinander. Auf der Basis der neugewonnenen Erkenntnisse zur jüdischen Literatur, die er mit seinen Werken erst geschaffen hatte, ging es ihm darum, den Stellenwert zu eruieren, den die Juden an der Entwicklung der profanen Wissenschaften und der allgemeinen Künste des Mittelalters innehatten. Das Herausarbeiten von Kulturzusammenhängen und die Darstellung der Kulturgeschichte im allgemeinen waren für ihn »das eigentliche Ziel der Weltgeschichte, weil das Ziel aller Geistestätigkeit [...], der Zentralpunkt für alle jene Untersuchungen die Beziehung der jüdischen Literatur zu anderen Literaturen des Mittelalters, insbesondere auf dem Gebiet der Wissenschaft« war.[150]

Die Wechselwirkungen zwischen jüdischer und arabischer Bildung in Schrift und Sprache ebenso wie die Teilnahme der Juden an der christlichen Literatur in den Bereichen der Philosophie, der Medizin, der Mathematik und der Volksliteratur wurden zum Themenschwerpunkt seiner Untersuchungen. Seine Detailforschungen über die arabischen Übersetzungen aus dem Indischen und dem Griechischen, über die arabische Literatur der Juden und über die Beziehungen zwischen dem Islam und dem Judentum sollten sich als Einzelpunkte im Rahmen eines von ihm entworfenen Programms zu einem universalgeschichtlichen Gesamtwerk zusammenfügen.[151] Die Stellung der Juden in der Wissenschaft

---

Spottiswoode wurde von Steinschneider durchgesehen und erschien unter dem Titel: Jewish Literature from the Eighth to the Eighteenth Century. With an Introduction on Talmud and Midrasch, a Historical Essay with an Index of Authors. Reprographischer Nachdruck der Ausg. London, 1857. Hildesheim: Olms 1967; die hebräische Übersetzung unter Weglassung zahlreicher Anmerkungen unter dem Titel: Sifrut Yisrael, Warschau 1897–1900, Neuauflage Warschau 1923, Jerusalem 1970/71. Steinschneider / Cassel, Jüdische Typographie und Jüdischer Buchhandel (Anm. 59).

[149] Vgl. Elbogen, Moritz Steinschneider (Anm. 123), S. 4; Moritz Steinschneider: Die allgemeine Einleitung in die jüdische Literatur des Mittelalters. In: Jewish Quarterly Review 15 (1903), S. 302–329; 16 (1904), S. 373–395, 734–764; 17 (1905), S. 148–162, 354–369, 545–582.

[150] Moritz Steinschneider: Die arabische Literatur der Juden. Ein Beitrag zur Literaturgeschichte der Araber, grossenteils aus handschriftlichen Quellen. Frankfurt a. M.: Kauffmann 1902, S. XLIX.

[151] Steinschneider, Die arabische Literatur der Juden (letzte Anm.); ders., Polemische und apologetische Literatur in arabischer Sprache, zwischen Muslimen, Christen und Juden nebst Anhängen verwandten Inhalts mit Benutzung handschriftlicher Quellen. Leipzig: Brockhaus 1877 (Abhandlungen zur Kunde des Morgenlandes; 6,3).

und ihre Bedeutung in der Weltkultur sollten auf dem Fundament historischer Tatsachen literarisch-kritisch festgehalten werden.

In den Übersetzern sah er die hauptsächlichen Träger und Vermittler der Kultur und stellte sie deshalb in das Zentrum seiner Forschungsarbeiten:

> Bei der Bearbeitung des Artikels »Jüdische Literatur« empfand ich einen Quellenmangel, der mehr als eine bloße Lücke bedeutete; er betraf den Einfluß fremder Literaturen auf die jüdische [...]. Die internationalen Culturvermittler sind vorzugsweise die interlingualen, d. h. Übersetzer.[152]

Als sein wichtigstes wissenschaftliches Werk nach dem Katalog der Bodleiana gilt die Veröffentlichung *Die hebräischen Übersetzungen des Mittelalters und die Juden als Dolmetscher*, die »über jedes Lob erhaben und die Krone aller seiner Schriften bleibt«.[153] Auf 1.100 dichtgedrängten Seiten stellt diese Arbeit die gesamte Tätigkeit der Juden für die Übersetzungsliteratur und die Bereicherung der jüdischen Literatur durch die Übersetzungen aus fremden Sprachen dar. Sie umfaßt alle Wissensgebiete des Mittelalters und übermittelt zusätzlich zu den Informationen über die Autoren auch Studien über die Geschichte und den Charakter der Übersetzungen sowie über ihre sprachliche und literarische Bedeutung. Da ein Großteil der jüdischen Literatur auf Übersetzungen beruht, hat diese bis zum gegenwärtigen Zeitpunkt unübertroffene Arbeit einen wichtigen Stellenwert für das Studium der jüdischen Geistesgeschichte.[154]

Methodologisch vertrat Steinschneider vehement das Ethos einer wertfreien Wissenschaft, welche für ihn einen Selbstzweck darstellte und deren Objektivität er mit Hilfe von philologischen Analysen als Grundlage aller neuen Erkenntnisse gewährleisten wollte.

> Meine Absicht ist eine möglichst objektive geschichtliche Darstellung, weder apologetisch noch polemisch gefärbt, weder national noch theologisch zurechtgemacht.[155]

Nach seinem eigenen Selbstverständnis war es die erste und vordringlichste Aufgabe des Wissenschaftlers, die Tatsachen festzustellen und Informationen zu sammeln, wie es in seinen in mühsamer Fleißarbeit zusammengetragenen

---

[152] Moritz Steinschneider Die hebräischen Übersetzungen des Mittelalters und die Juden als Dolmetscher. Ein Beitrag zur Literaturgeschichte des Mittelalters, meist nach handschriftlichen Quellen. Gekrönte Preisschrift der Academie des Inscriptions. Berlin: Kommissionsverlag des Bibliographischen Bureaus 1893.

[153] Elbogen, Moritz Steinschneider (Anm. 123), S. 4. Vgl. Marx, Essays in Jewish Biography (Anm. 123), S. 157.

[154] Joseph Ziegler: Steinschneider (1816–1907) Revised: On the Translation of Medical Writings from Latin to Hebrew. In: Medieval Encounters 3 (1997), No. 1, S. 94–102, hier S. 94: »Moritz Steinschneider's monumental survey of Hebrew translation in the Middle Ages appeared in print in 1893. This excellent tool, which was to be reprinted in 1956, is still today the basic reference book for those interested in the transmission of Greek, Arabic and Latin texts into medieval Hebrew culture.«

[155] Steinschneider, Die arabische Literatur der Juden (Anm. 150), S. VIII.

reichhaltigen Materialsammlungen zum Ausdruck kam.[156] Er lehnte historische Begründungen als Legitimation für tagespolitische Forderungen ab, schrieb nicht »für die Juden«, wie er es ausdrückte, und zwar in einem doppelten Sinn. Zum einen wollte er seine Arbeit nicht im apologetischen Sinne verstanden wissen, da es nicht seine Absicht war, die Darstellung der jüdischen intellektuellen historischen Leistungen zum Ziele der Anerkennung der zeitgenössischen Juden zu verwenden. Zum anderen waren seine Werke nicht speziell an die Juden als Leser gerichtet, da er zwischen Juden und Christen als Adressaten seiner wissenschaftlichen Studien keine Unterschiede machte.

Wichtig war für ihn nur, daß die Resultate seiner Forschungen die wissenschaftlichen Kriterien erfüllten, denn nur dann besaßen sie Allgemeingültigkeit.

> Ich habe meine Forschungen zunächst für mich selbst angestellt; es hat stets Männer gegeben, welche das Forschen zu den selbstzwecklichen Tätigkeiten zählten, wie andere Menschen andere Genüsse [...] ich schreibe über Juden, nicht für sie, nicht pro domo. Judenfeinde belehrt man nicht, am wenigstens durch Geschichte [...]. Die Kultur der alten Juden für das Recht der jetzigen in Anschlag zu bringen, wäre Verrat an dem unveräusserlichen Menschenrecht, das aus angeblichen Zweckmässigkeitsgründen von einer Majorität vergewaltigt, aber niemals gesetzlich beseitigt werden kann. Unrecht wird auch durch die unparteiische Geschichte nicht verhütet, und wer schreibt sie? Die Geschichte der Tochterreligionen ist eine von unausgesetzten Mordanfällen auf die eigene Mutter, wenn jemals einer gelingt, so fallen die Täter mit der That.[157]

Dieses Zitat, das, wie Wilhelm feststellt, einen »fast prophetisch anmutenden Schluß«[158] hat und dem man aus heutiger Sicht nach den Erfahrungen des Holocaust seinen Wahrheitsgehalt bestätigen muß, belegt Steinschneiders Selbstverständnis als Vertreter einer objektiven Wissenschaft und bringt seine Einstellung zu seiner Tätigkeit als Bibliograph zum Ausdruck.

Doch trotz des von Steinschneider wiederholt postulierten Axioms einer wertfreien Wissenschaft sind manche seiner Texte nicht frei von vorgefaßten, wissenschaftlich nicht belegten Meinungen, in denen er von der von ihm selbst angemahnten wissenschaftlichen Objektivität abweicht. Als ein Beispiel hierfür kann seine starke Abneigung gegen das deutsch-polnische Judentum dienen, die in einigen Schriften zum Ausdruck gebracht wurde und die mit ihren Aussagen das unter den Wissenschaftlern damals weitverbreitete idealisierte Bild des sephardischen Judentums und das Vorurteil gegen das mittelalterliche aschkenasische Judentum verstärkte. In seinem Vorwort zum Werk *Die arabische Literatur der Juden* findet sich eine bösartige stereotype Darstellung des aschkenasischen Judentums, das durch physische Unterdrückung und intellektuelle Eng-

---

[156] Vgl. Kurt Wilhelm: Moritz Steinschneider. Versuch einer Würdigung zu seinem 50. Todestag. In: Bulletin of the Leo Baeck Institute 1 (1957/58), S. 35–43, hier S. 35. Diese Auffassung brachte Steinschneider von seinen Gegnern den Ruf des »Notizenkrämer« ein.

[157] Steinschneider, Die hebräischen Übersetzungen des Mittelalters und die Juden als Dolmetscher (Anm. 152), S. XXV.

[158] Wilhelm, Moritz Steinschneider (Anm. 156), S. 40.

stirnigkeit gekennzeichnet sei, sowie eine Verherrlichung des sephardischen Judentums, dem herausragende literarische Leistungen zugestanden werden.[159]

Steinschneider war der erste, der Texte von Juden in einer anderen Sprache als in Hebräisch als gleichwertige Quelle für die Geschichte der jüdischen Literatur heranzog und auch die Miteinbeziehung nichtjüdischer Texte als wichtige Quellen für die Forschung befürwortete. Seiner Meinung nach mußte die Rekonstruktion der Vergangenheit wie ein Puzzle aus allen Teilen der erhaltenen literarischen Relikte zusammengesetzt werden, wozu auch die nichthebräischen Zeugnisse gehörten. Er war überzeugt davon, daß viele wichtige Tatsachen nur aus diesen Quellen erarbeitet werden konnten, und betonte: »Für den Geist gibt es kein Ghetto.«[160] Deshalb beruhte Steinschneiders Darstellung der Geschichte der jüdischen Literatur ausdrücklich auf der Auffassung, daß der Begriff »Jüdische Literatur« das literarische Schaffen der Juden in jeder Sprache beinhaltete.

Seine Studien führten zu zahlreichen Neuentdeckungen bislang unbekannter Texte, deren Verarbeitung zu einer neuen Sichtweise der jüdischen Vergangenheit beitrug. Auf Grund der zahlreichen von ihm bereitgestellten Informationen konnten bekannte historische Texte unter veränderten Gesichtspunkten neu interpretiert und zusätzliche Erkenntnisse gewonnen werden. Hinter einer oftmals geradezu manisch anmutenden Anhäufung von Fakten verbarg sich bei Steinschneider das mit moralischem Eifer betriebene Ziel, die Vergangenheit zu entmythologisieren.[161] Mit seinen Arbeiten versuchte er der religiösen Dogmatik entgegenzuwirken und trat für das Recht der freien Forschung ein, Behauptungen und Schlußfolgerungen anzuzweifeln, die durch die Tradition abgesegnet waren. Sein Verdienst besteht hauptsächlich darin, mit seinen Forschungen die Praxis der Wissenschaft des Judentums vorangetrieben und die säkulare Auffassung des Judentums gestärkt zu haben. Mit der akribischen Verzeichnung der literarischen und kulturellen Aktivität der Juden in den verschiedenen Sprachen und Kulturkreisen, bestärkte Steinschneider die Auffassung derjenigen, die das Judentum nicht nur als eine Religion definierten.

Steinschneiders bibliographisches Hauptwerk ist zweifelsohne sein Katalog der hebräischen Drucke der Bodleiana, der damals größten und umfangreichsten Sammlung hebräischer Bücher und Handschriften.[162] Dieses Werk gilt bis heute bei den bibliographischen Autoritäten als »*das* Nachschlagewerk zu allen Fragen der jüdischen Literatur, das Urim and Thummim [hebr.

---

[159] Steinschneider, Die arabische Literatur der Juden (Anm. 150), S. VIIff. Direkt danach folgt der oben zitierte Satz: »Meine Absicht ist eine möglichst objektive ...«

[160] Steinschneider, Die hebräischen Übersetzungen des Mittelalters und die Juden als Dolmetscher (Anm. 152), S. XXII.

[161] Schorsch, From Text to Context (Anm. 138), S. 170.

[162] Ihre Bedeutung erhielt die Bodleiana mit dem Erwerb der Büchersammlung von David Oppenheimer im Jahre 1829, die bereits Johann Christoph Wolf als Grundlage seines Kataloges gedient hatte. Vgl. Brisman, Jewish Research Literature (Anm. 12), Bd 1, S. 38–40.

für Wundermittel] eines jeden jüdischen Studenten«.[163] Für die Katalogisierung der hebräischen Drucke der Bodleiana, mit der er im Jahr 1848 begann,
benötigte Steinschneider dreizehn Jahre, von denen er für die Durchsicht der
Bücher in den Jahren 1850 bis 1858 fünf Sommer in der Bibliothek in Oxford verbrachte. Bei seiner Arbeit konnte er zum Teil auf bereits gedruckte
Kataloge von Teilbeständen der Bodleiana zurückgreifen, so u. a. auf die
Bibliographie *Bibliotheca Hebraea* von Wolf, in der ein Großteil der Werke
aufgelistet ist.

Der Druck des Kataloges begann im Jahr 1852 und zog sich aus finanziellen
Gründen bis 1860 hin, im Jahr 1857 erschien ein Vorabdruck der fünf längsten
Einträge, der bereits 105 Seiten umfaßte.[164] Das Gesamtwerk mit dem Titel
Catalogus librorum hebraeorum in Bibliotheca Bodleiana besteht aus 7.622
Einträgen.[165] Drei verschiedene Zählungen folgen aufeinander. Zuerst werden
131 Spalten in römischen Zahlen gezählt, diesen folgen 3.104 Spalten in arabischen Ziffern, und die letzten 100 Seiten am Ende werden wiederum in römischen Zahlen, aber nicht spaltenweise sondern seitenweise gezählt.[166] Insgesamt umfaßt der Katalog über 1.700 Seiten.

Der Katalog beginnt mit einer Einleitung, die 35 Seiten umfaßt und sich ü-
ber die Spalten 1 bis 70 erstreckt, danach folgt von Spalte 71 bis 131 ein ge-
trennter Teil, der auf dreißig Seiten Zusätze, Korrekturen und Verbesserungen
zur Einleitung enthält. Der Hauptteil besteht aus zwei Verzeichnissen und verschiedenen Registern. Das erste Verzeichnis umfaßt die Titel der klassischen
hebräischen und anonymen Werke, während das zweite die Namen der Verfasser mit ihren Werken auflistet. Danach folgen insgesamt fünf Register, von
denen das erste die Namen der Buchbearbeiter wie Drucker, Korrektoren und
Lektoren auflistet und zahlreiche Verbesserungen zu der bereits von Steinschneider gemeinsam mit David Cassel veröffentlichten Abhandlung über die
Jüdische Typographie und Jüdischer Buchhandel enthält. Die weiteren Regi-

---

[163] Marx, Essays in Jewish Biography (Anm. 123), S. 150; Schmelzer, Guides to the
       Perplexed in the Wilderness of Hebraica (Anm. 65), S. 17.

[164] Zu den längsten Einträgen zählt der von Maimonides mit 82 und der von Saadia
       Gaon mit 70 Spalten. Die Kosten des Katalogs betrugen mit Honorar und Druck
       mindestens ebensoviel wie der Ankauf der Sammlung Oppenheimer.

[165] Catalogus librorum hebraeorum in Bibliotheca Bodleiana. Berlin 1852–1860. Jeder
       Eintrag besteht aus folgenden Einzelangaben: (1) Verfasser oder Haupteintrag in
       lateinischen Lettern; (2) Biographische Angaben in Latein; (3) Titel in hebräischen
       Buchstaben (4) Titel in lateinischer Übersetzung und Erklärung; (5) Inhaltsangabe
       in Latein; (6) Format; (7) Druckort in lateinischen Lettern; (8) Drucker oder Her-
       ausgeber in lateinischen Lettern; (9) Erscheinungsjahr gemäß dem hebräischen Ka-
       lender und der allgemeinen Zeitrechnung.

[166] Die Zahl der Spalten vgl. bei Brisman, Jewish Research Literature (Anm. 12),
       Bd 1, S. 42; Malter, Einleitung (Anm. 144), S. XVI, gibt 232 Seiten und 3.104 Ko-
       lumnen an; Elbogen, Moritz Steinschneider (Anm. 123), S. 2, zählt 232 Seiten und
       3.100 Kolumnen. Beide übersehen, daß der erste in römischen Ziffern durchnume-
       rierte Teil Spalten und nicht Seiten zählt.

ster enthalten jeweils die lateinischen Namen der Druckorte, die Titel der hebräischen Werke, die hebräischen Bibelausgaben, und im letzten werden die hebräischen Namen der Druckorte angegeben.[167]

Der *Cat. Bodl.* oder *C. B.*, wie der Katalog in der Fachliteratur genannt wird, ist sowohl Bestandsverzeichnis einer Bibliothek als auch eine hebräische Allgemeinbibliographie. Zum einem verzeichnet er alle hebräischen Werke, die vor 1732 – dem offiziellen Ende des Berichtszeitraumes – gedruckt worden sind, unabhängig davon, ob sie in Oxford vorhanden waren. Zum anderen werden alle hebräischen Werke verzeichnet, die sich in der Bodleiana befanden, auch die, die nach 1732 erschienen waren, so daß der Katalog für den Bodleiana-Bestand bis zum Jahre 1860 reicht. In der einschlägigen Literatur zur hebräischen Bibliographie ist stets darauf hingewiesen worden, daß es sich bei dem *Catalogus librorum hebraeorum* nicht bloß um eine Bibliographie im herkömmlichen Sinn handelt, sondern um eine herausragende Arbeit, eine »bio-bibliographische Enzyklopädie« oder in den Worten von Ismar Elbogen um »ein Kompendium der gesamten jüdischen Literatur«.[168] Für den Zeitraum bis 1732 wird dieser Katalog als das vollständigste Verzeichnis der Hebraica angesehen.

Steinschneider begnügte sich nicht mit der Aufzählung der bibliographischen Daten, sondern fügte ausführliche, gründlich recherchierte Informationen über die Verfasser und ihre bereits veröffentlichten sowie ihre in der Bodleiana fehlenden oder gar nur handschriftlich vorhandenen Werke an.[169] Die Materialfülle bedingt jedoch gleichzeitig auch den größten Nachteil des Werkes, der in der schwierigen Handhabe liegt. In einem Band gebunden ist der Katalog sehr dick und wiegt einige Kilogramm, so daß ihn bereits sein äußerer Umfang und seine Schwere zu einem unhandlichen Buch machen. Die Menge an Informationen, die sich teilweise über mehrere Spalten oder über mehrere Seiten hinziehenden Erklärungen und Hinweise sowie der Text auf Lateinisch, den Steinschneider in äußerst knappen Formulierungen mit einer Vielzahl von un-

---

167 Im Anhang einiger Ausgaben befindet sich ein kurzer Abriß der hebräischen Handschriften der Bodleiana unter dem Titel Conspectus cod. mss. hebraeorum in bibliotheca Bodleiana (Berlin 1857).

168 Schmelzer, Guides to the Perplexed in the Wilderness of Hebraica (Anm. 65), S. 19; Elbogen, Moritz Steinschneider (Anm. 123), S. 2. – Arthur Ernst Cowley: A Concise Catalogue of the Hebrew Printed Books in the Bodleian Library. Oxford: Clarendon Press 1929, S. V nennt das Werk »a bibliography rather than a catalogue«. Adolf Neubauer: Catalogue of the Hebrew Manuscripts in the Bodleian Library and the College Libraries of Oxford. Oxford: Clarendon Press 1886, Bd 1, S. V schlägt vor, den Catalogus librorum hebraeorum »Bibliotheca Judaica« zu nennen.

169 Marx, Essays in Jewish Biography (Anm. 123), S. 151: »After each name we find the most important information on the author and his unpublished works, and these notes become fuller and fuller as the work proceeds. Errors of Steinschneider's predecessors are corrected; new information gathered from hitherto inaccessible sources greatly enrich our knowledge. The wealth of learning, of originality, the combination of breadth and minuteness of research, evident in these notes on the biographies of the authors is truly astounding.«

gewöhnlichen Abkürzungen verfaßte, erschweren zusätzlich seine Benutzung.[170] Die verschiedenen Unterteilungen, in denen zu den einzelnen Abschnitten gleich wieder Zusätze und Korrekturen erfolgen, sowie die uneinheitliche Seitenzählung machen den Katalog unübersichtlich und erfordern vor seinem Gebrauch als Nachschlagewerk eine genaue Einarbeitung in den Aufbau des Werkes. Die zahlreichen Ergänzungen entstanden aus dem Wunsch nach größtmöglichster Vollständigkeit, die in der Tat in einem bis dahin unerreichten Maße erreicht wurde. Die nachfolgenden Bibliothekskataloge der großen europäischen Hebraica-Sammlungen wurden alle in einem mehr oder minderen Maße nach dem Modell des *Catalogus librorum hebraeorum* verfaßt.[171] Ein weiterer Beleg für den hohen Standard des Kataloges, der durch keine andere konventionell erstellte Bibliographie übertroffen werden konnte, sind die beiden, in den Jahren 1931 und 1964 erfolgten unveränderten Nachdrucke des Katalogs.[172]

---

[170] Ebd., S. 136. Steinschneider war sich der Nachteile der Fülle durchaus bewußt, an Geiger schrieb er 1855: »Die embarass de richesse in meinem Katalog wird bedingt durch die unglückliche Anordnung, die es nicht erlaubt, Anmerkungen außerhalb des Textes hinzuzufügen, so daß meine Anmerkungen zum richtigen Text wurden. Der Katalog ist nicht dazu bestimmt, ein Buch zu sein, sondern ein Nachschlagewerk. Ich habe jeden Versuch unternommen, seine Anordnung angenehm zu machen. Ultra posse nemo obligatur. Fügen Sie hierzu das unglückselige, merkwürdige, mir ungewohnte Latein!« (Aus dem Englischen rückübertragen, R. H.).

[171] Schmelzer, Guides to the Perplexed in the Wilderness of Hebraica (Anm. 65), S. 19, benennt die Hebraica-Kataloge des British Museum in London, der Rosenthaliana in Amsterdam, der Akademie der Wissenschaften in St. Petersburg und der Jüdischen Gemeinde in Wien.

[172] Catalogus librorum hebraeorum in Bibliotheca Bodleiana. Berlin: Weltverlag 1931; dass., Hildesheim: Olms, 1964. Vgl. Archiv Bibliographia Judaica, Frankfurt am Main, Sammlung Steininger, zit. in: Steinschneider, Briefwechsel mit seiner Verlobten Auguste Auerbach (Anm. 123), S. 8. Im Verlagsprospekt des Weltverlages 1931 stand: »Obwohl vor sieben Jahrzehnten verfaßt und im einzelnen berichtigt, ist der Katalog als Ganzes nicht überholt.«

5 Das Werk des Bibliographen und Historikers

5.1 Die Bibliographie als Fundament der Wissenschaft

Die Bibliographie stellt eines der Fundamente wissenschaftlicher Ordnungsprinzipien dar, ohne deren Inanspruchnahme eine fundierte Forschungstätigkeit nicht möglich ist. In der Regel wird diese Disziplin in ihrer Bedeutung für die Wissenschaft unterschätzt und häufig lediglich als reine Hilfstechnik verstanden.[1] Die Gründe hierfür sind zum einen in der Materie selbst zu suchen, die als ausgesprochen trocken und spröde empfunden wird und deren Resultate in der Art der Darbietung keine ansprechendere Form zuzulassen scheinen. Zum anderen aber resultiert diese Abwertung aus der Fehleinschätzung der Wissenschaftler, welche den Stellenwert akkurater bibliographischer Daten für die eigene Forschung verkannt haben oder sich der vorhandenen Möglichkeiten nicht bewußt waren. Mit seiner Tätigkeit versuchte Aron Freimann, der die Bedeutung der Bibliographie für die wissenschaftliche Forschung kannte und sich in der Mehrzahl seiner Arbeiten der Bibliographie der hebräischen Literatur widmete, die Revision solcher Einstellungen zu bewirken. Seine Maxime, die er laut Angaben von Shelomo Goitein, der von ihm in hebräischer Bibliographie unterrichtet wurde, ständig wiederholte, lautete:

> Man muß sich nicht im fraglichen Sachgebiet auskennen, aber man muß wissen, wo man es finden kann.[2]

Gleichwohl umfassen seine über 400 wissenschaftlichen Beiträge alle Sachbereiche der Wissenschaft des Judentums, und er hat sowohl historische und genealogi-

---

[1] Vgl. Werner Schochow: Deutsch-jüdische Geschichtswissenschaft. Eine Geschichte ihrer Organisationsformen unter besonderer Berücksichtigung der Fachbibliographie. (Diss.) Berlin 1966, S. 80; Eberhard Bartsch: Die Bibliographie, 2., durchges. Aufl., München u. a.: Saur 1989, S. 96, hierin eingeschlossen sind auch Kataloge, die als Bestandsverzeichnisse einer Büchersammlung bibliographischen Wert besitzen. Vgl. Uwe Grund / Armin Heinen: Wie benutze ich eine Bibliothek? Basiswissen – Strategien – Hilfsmittel. München: Fink 1995 (Uni-Taschenbücher; 1834), zur Umsetzung der Literatursuche als Studientechnik.

[2] Shelomo Dov Goitein: Aron Freimann. A Personal Tribute. In: Aron Freimann: Union Catalog of Hebrew Manuscripts and their Location. New York: American Academy for Jewish Research, 1964–1973, Bd 1 (1973), S. VII–X, hier S. VII: »Time and again, Freimann would repeat his basic principle: ›You don't have to be knowledgeable on the subject-matter in question, but you must know where it can be found‹.«

sche Studien als auch bibliographische und buchwissenschaftliche Aufsätze sowie zahlreiche Buchbesprechungen verfaßt.[3] Er war thematisch nicht auf ein Spezialgebiet festgelegt, sondern hat als Bibliograph und als Historiker geforscht, und in vielen seiner Einzelstudien läßt sich die bibliographische nicht von der geschichtswissenschaftlichen Komponente trennen, da er die genaue bibliographische Erfassung der Daten mit dem Ziel betrieb, daraus neue historische Erkenntnisse zu gewinnen. Unter Freimanns zahlreichen Veröffentlichungen nehmen bibliographische Aufsätze den größten Anteil ein und werden deshalb im Folgenden der in der bibliographischen Fachliteratur üblichen Typologie zugeordnet.[4] Zur Untersuchung der wissenschaftlichen Leistung von Freimann werden diejenigen seine Arbeiten eingehend analysiert, die bis heute als Standardwerke gelten.[5]

Freimanns Studien zur hebräischen und jüdischen Bibliographie waren wichtige Bestandteile einer Fachbibliographie der Wissenschaft des Judentums, durch welche dieser Disziplin eine solide Forschungsgrundlage verschafft und der Antrieb zur Fortentwicklung ihres wissenschaftlichen Potentials angelegt wurde.[6]

---

[3] Ein Gesamtverzeichnis seiner Veröffentlichungen befindet sich im Anhang dieser Arbeit. Hanna Emmrich: Aron Freimann-Bibliographie. In: Festschrift für Aron Freimann zum 60. Geburtstage. Hg. von Alexander Marx und Herrmann Meyer. Berlin: Soncino-Gesellschaft der Freunde des jüdischen Buches e. V. 1935, S. 5–16, hat seine Veröffentlichungen von 1893 bis einschließlich 1931 aufgelistet, insgesamt 390 Einträge, darunter 172 Buchbesprechungen. Vgl. Shlomo Shunami: Bibliography of Jewish Bibliographies. 2 Bde, Jerusalem: Magnes 1965/1975, Bd 1: Hauptband, S. 877, dort im Register hat Freimann nach Steinschneider die meisten Einträge, 45 an der Zahl.

[4] Es würde den Rahmen dieser Arbeit sprengen, die ca. 300 bibliographischen Aufsätze im Einzelnen darzustellen. Deshalb sind einige Beispiele ausgewählt, die jeweils unterschiedlichen Typen der Bibliographie zuzurechnen sind, so daß das gesamte Spektrum von Freimanns bibliographischen Arbeiten deutlich wird. Im Text werden die wichtigsten Personal- und thematischen Bibliographien kurz vorgestellt, im Anhang findet sich eine tabellarische Übersicht mit den wichtigsten Daten. Die zahlreichen und teilweise sehr kurzen bibliographischen Aufsätze, die in der Zeitschrift für Hebräische Bibliographie veröffentlicht wurden, sind deshalb jedoch wissenschaftlich nicht weniger wichtig, sie sind vermerkt in: Robert Dan: Aron Freimann. In: ders., Accumulated Index of Jewish Bibliographical Periodicals. Foreword by Alexander Scheiber. Budapest: Akadémiai Kiadó 1979, S. 66–72, Eintrag Aron Freimann.

[5] Vgl. für die Typologie der Bibliographien die Lehrbücher von Rupert Hacker: Bibliothekarisches Grundwissen. 3., neubearb. Aufl., München u. a.: Verlag Dokumentation 1976 (Uni-Taschenbücher; 148: Bibliothekswesen), S. 288ff.; Handbuch der bibliographischen Nachschlagewerke. Bearb. von Wilhelm Totok, Rolf Weitzel und Karl-Heinz Weimann. 3. erw., völlig neu bearb. Aufl., Frankfurt am Main: Klostermann 1966, S. XVI–XXIV; Bartsch, Die Bibliographie (Anm. 1), S. 84ff. Für die Einteilung von Judaica- und Hebraica-Bibliographien vgl. das Standardwerk von Shimeon Brisman: Jewish Research Literature. Bd 1: A History and Guide to Judaic Bibliography; Bd 2: A History and Guide to Judaic Encyclopedias and Lexicons; Bd 3,1: History and Guide to Judaic Dictionaries and Concordances. Cincinnati: Hebrew Union College Press 1977, 1987, 2000, hier Bd 1 sowie Shunami, Bibliography of Jewish Bibliographies (Anm. 3), Hauptband.

[6] Vgl. Hacker, Bibliothekarisches Grundwissen (letzte Anm.), S. 291. Fachbibliographien verzeichnen im Gegensatz zu Allgemeinbibliographien nur Erscheinungen eines bestimmtes Wissensgebietes.

Auch die Fachbibliographie hat, wie jede Wissenschaft, im Laufe der Zeit eine Entwicklung durchgemacht, die als eigenständiges Forschungsgebiet durchaus von Interesse ist. Im vorhergehenden Kapitel wurde deshalb die Entstehungsgeschichte der hebräischen Bibliographie nachgezeichnet, welche die Grundlage für die bibliographische Tätigkeit von Freimann bildete. Auch in diesem Kapitel kann die Darstellung nicht nur auf die Arbeiten von Freimann begrenzt bleiben, sondern die bibliographisch relevanten Veröffentlichungen, die als Voraussetzungen seiner Arbeiten gewertet werden können, müssen einbezogen werden, um aufzuzeigen, wie die bereits vorhandenen bibliographischen Hilfsmittel durch Freimanns Arbeiten fortgeführt und verbessert wurden.

5.1.1 Die »Zeitschrift für Hebräische Bibliographie« – das deutschsprachige Fachorgan der Wissenschaft des Judentums

Die Anfänge der periodischen Bibliographien sind in den Zeitschriften zu sehen, die als Folge der Ausweitung des Buchdruckes und der Zunahme der Druckerzeugnisse in Deutschland und in anderen europäischen Ländern gegen Ende des 18. und zu Beginn des 19. Jahrhunderts zum ersten Mal Anhänge mit literarischen Neuigkeiten und Buchbesprechungen zu veröffentlichen begannen.[7] In den zuvor gedruckten Bibliographien waren Handschriften oder Drucke in retrospektiver Form verzeichnet, d. h. rückblickend waren die innerhalb eines bestimmten Zeitraumes erschienenen Publikationen erfaßt worden.[8] Die Bibliographie des jüdischen Schrifttums durchlief eine ähnliche Entwicklung, nachdem in der ersten Hälfte des 19. Jahrhunderts in einigen der wichtigen deutschjüdischen Zeitschriften besondere Sektionen eingerichtet wurden, in denen Buchbesprechungen und literarische Neuigkeiten erschienen, die alle Eigenschaften eines bibliographischen Bestandteiles enthielten.[9] Infolge der raschen

---

[7] Zu den frühen deutschen allgemeinen Periodika mit bibliographischen Teilen zählen: Das Börsenblatt für den deutschen Buchhandel und für die mit ihm verwandten Geschäftszweige (Leipzig 1834), Organ des deutschen Buchhandels oder Allgemeines Buchhändler-Börsenblatt (Berlin 1834), Serapeum. Zeitschrift für Bibliothekswissenschaft (Leipzig 1840) und die Allgemeine Bibliographie für Deutschland (Leipzig 1843).

[8] Vgl. Totok / Weitzel / Weimann, Handbuch der bibliographischen Nachschlagewerke (Anm. 5), S. XVIII: »Der Erscheinungsweise nach unterscheidet man abgeschlossene (retrospektive) und laufende (periodische) Bibliographien. Abgeschlossene bzw. retrospektive Bibliographien werden solche Veröffentlichungen genannt, die rückblickend das innerhalb eines bestimmten Zeitraumes erschienene Schrifttum in Form von abgeschlossenen Publikationen verzeichnen und nur durch Neuauflagen oder Nachtragsbände fortgesetzt bzw. ergänzt werden können.«

[9] Hierzu zählen Abraham Geiger (Hg.): Wissenschaftliche Zeitschrift für jüdische Theologie (Frankfurt 1835), Ludwig Philippson (Hg.): Allgemeine Zeitung des Judenthums (Leipzig 1837), Julius Fürst (Hg.): Literaturblatt des Orients (Leipzig 1840) sowie Zacharias Frankel (Hg.): Zeitschrift für die religiösen Interessen des Judenthums (Berlin 1844).

Expansion der Wissenschaften und des Entstehens neuer Einzeldisziplinen nahm
die Bedeutung der Fachliteratur kontinuierlich zu, was wiederum das Bedürfnis
nach aktuellen Informationen über die jüngsten wissenschaftlichen Entwicklungen und damit nach laufenden Fachbibliographien verstärkte. Auf diesem Hintergrund entstanden die ersten jüdischen periodischen Bibliographien, die als
laufende Veröffentlichungen regelmäßig in bestimmten Zeitabständen erschienen und die Neuerscheinungen verzeichneten.

Der besondere Wert einer laufenden im Gegensatz zur abgeschlossenen Bibliographie liegt zum einen in ihrer durch rechtzeitiges Erscheinen gewährleisteten Aktualität, zum anderen in der kontinuierlichen Berichterstattung. Bei diesen
ersten jüdischen bibliographischen Zeitschriften, die in der zweiten Hälfte des
19. Jahrhunderts entstanden sind, handelt es sich um deutschsprachige Veröffentlichungen, deren Inhalt die hebräischsprachige Literatur darstellt. Alle Beschreibungen, Besprechungen, Kommentare und Aufsätze sind deutsch, der gängigen Sprache der Wissenschaft des Judentums verfaßt, lediglich die hebräischen
Titel sowie gelegentliche Zitate aus den hebräischen Büchern sind in der Originalsprache des Werkes, dem Hebräischen, gedruckt.

Viele Jahre erfüllte die *Zeitschrift für Hebräische Bibliographie* (ZHB), für
deren Herausgabe Aron Freimann verantwortlich war, die Funktion der periodischen Fachbibliographie der Wissenschaft des Judentums. Sie war die zweite
deutschsprachige Zeitschrift für Bibliographie und orientierte sich als ihrem
großen Vorbild an der Vorläuferpublikation mit dem Titel *Hebräische Bibliographie – Hamazkir. Blätter für neuere und ältere Literatur des Judenthums*, die
von Moritz Steinschneider begründet und mit einigen Unterbrechungen in den
Jahren von 1858 bis 1881/82 herausgegeben worden war.[10] Die ZHB, die von
Heinrich Brody ins Leben gerufen wurde und deren erster Band zu Beginn des
Jahres 1896 erschien, war in den Augen ihrer Herausgeber das Fortsetzungsorgan, das die Aufgaben der einige Jahre zuvor eingestellten *Hebräischen Bibliographie – Hamazkir* übernehmen sollte. Dies kam in der Übernahme des identischen Namensteiles »Hebräische Bibliographie« zum Ausdruck und wurde in
der programmatischen Absichtserklärung auf der ersten Seite des ersten Heftes
explizit festgehalten:

> Seitdem Steinschneiders »Hebräische Bibliographie« zu erscheinen aufgehört hat
> und die Fortsetzung derselben, Brülls »Central-Anzeiger«, mit dem Tode ihres Her
> ausgebers eingegangen ist, wird die hebräische Bibliographie durch kein Organ in
> der Öffentlichkeit vertreten. Und doch wird der Mangel einer Zeitschrift, deren Auf
> gabe die Registrierung aller Novitäten auf dem Gebiete der hebräischen und jüdischen
> Literatur wäre, um so mehr empfunden, als gerade in den letzten Jahren das Interes-

---

[10] Moritz Steinschneider: Programm. In: Hebräische Bibliographie – Hamazkir 1 (1858),
S. 1–3, hier S. 3: »Es ist von Seiten geachteter Autoritäten die Erwartung ausgesprochen worden, dass die hebraeische Bibliographie sich den bessern Blättern dieser Art
anreihen werde. Wir haben allerdings uns solche zum Muster genommen.« Steinschneider lehnte sich bewußt an den von N. Petzhold herausgegebenen Anzeiger für
Bibliographie und Bibliothekswissenschaft an.

se für jüdische Geschichte und Literatur gewachsen ist und auch Kreise beherrscht, die eines sicheren Führers unbedingt bedürfen. Um diesem Mangel abzuhelfen, haben wir unsere »Zeitschrift für hebräische Bibliographie« in's Leben gerufen. Unsere »Zeitschrift« soll, wie früher die Hebr. Bibliographie, als deren Fortsetzung sie angesehen werden will, ein »Repertorium über die das Judenthum und seine Quellen betreffende Literatur, sowohl für die Wissenschaft als für den Buchhandel sein« und so zum – *Central-Organ für die gesammte jüdische Literatur* werden.[11]

Der Name der *Zeitschrift für Hebräische Bibliographie* sollte demgemäß nicht sprachlich einschränkend verstanden werden, da die Herausgeber beabsichtigten, thematisch alle Bereiche einer jüdischen Literatur- und Kulturgeschichte zu umfassen. Mit dieser programmatischen Erklärung machten Brody und seine Mitarbeiter zugleich eindeutig klar, daß sie zwei Zeitschriften als Vorgänger betrachteten, an deren Zielsetzungen sie anknüpfen und deren Aufgaben sie fortführen wollten. Zum einen ahmten sie bewußt die von Steinschneider begründete Zeitschrift *Hebräische Bibliographie – Hamazkir* nach, von der die genaue Formulierung der Absichtserklärung übernommen wurde, der zufolge die neue Zeitschrift ein »Repertorium über die das Judenthum und seine Quellen betreffende Literatur, sowohl für die Wissenschaft als auch für den Buchhandel sein« sollte.[12] Steinschneider gehörte zu den Mitarbeitern der *Zeitschrift für Hebräische Bibliographie* und lieferte bis zu seinem Tode zahlreiche bibliographische Artikel ab.

Zum anderen orientierte man sich auch an der nur kurzfristig erschienenen bibliographischen Zeitschrift *Central-Anzeiger für Jüdische Litteratur. Blätter für neuere und ältere Litteratur des Judentums.* Diese Zeitschrift, von dem Frankfurter Rabbiner Nehemias Brüll herausgegeben, war eine vollständige Imitation der *Hebraeischen Bibliographie – Hamazkir*, mit dem einzigen Unterschied, daß in den Kommentaren die scharfen Attacken Steinschneiders weggefallen waren.[13] Von der Zeitschrift war nur der Jahresband 1890 erschienen, da der plötzliche Tod von Nehemias Brüll im Februar 1891 der Zeitschrift ein Ende setzte. Brüll hatte nur vier Hefte fertiggestellt, auf Bitten des Verlegers gab Steinschneider noch die Doppelnummer September/Oktober 1890 heraus, um den Band zu vervollständigen.[14] Mit seinem erklärten Ziel »ein Central-Organ für die gesammte jüdische Literatur« zu schaffen, nahm Brody Bezug auf die Ideen von Brüll in seinem *Central-Anzeiger* und wollte dies durch »ein möglichst vollständiges und übersichtlich geordnetes Verzeichnis der neu erscheinenden Schriften der hebräischen und jüdischen Literatur« gewährleisten.[15]

---

[11] Heinrich Brody: Programm. In: Zeitschrift für Hebräische Bibliographie 1 (1896), S. 1–3, hier S. 1ff.

[12] Steinschneider, Programm (Anm. 10), S. 1.

[13] Der Central-Anzeiger für Jüdische Litteratur löste die von Brüll in den Jahren 1874–1890 herausgegebenen Jahrbücher für jüdische Geschichte und Litteratur ab, die in 10 Bänden zum größten Teil seine eigenen Beiträge zu allen Bereichen der Wissenschaft des Judentums enthielten.

[14] Shunami, Bibliography of Jewish Bibliographies (Anm. 3), Hauptband, S. 86, Nr 483.

[15] Brody, Programm (Anm. 11), S. 2.

In der Zeitschrift sollte die Veröffentlichung wissenschaftlicher Einzelforschungen mit umfassenden fachbibliographischen Informationen verbunden werden.

Die *Zeitschrift für Hebräische Bibliographie* besteht aus zwei Teilen und ist in ihrem äußeren Erscheinungsbild mit ihrem Vorgänger *Hebräische Bibliographie – Hamazkir* fast identisch. Teil I, genannt Abteilung I, stellt die eigentliche periodische Bibliographie dar, während Abteilung II aus den wissenschaftlichen Beiträgen sowie Besprechungen älterer Veröffentlichungen und Mitteilungen aller Art, den Miscellen, besteht. Die bibliographischen Einträge in Teil I sind in vier Gruppen untergliedert:

1. Periodische Literatur, damit sind die jüdischen Zeitschriften gemeint. Einzelne wichtige Aufsätze werden gesondert hervorgehoben;
2. Einzelschriften, die wiederum in Hebraica und Judaica unterteilt sind;
3. Journallese, eine Auflistung der Aufsätze über Judentum und jüdische Literatur, die in nichtjüdischen wissenschaftlichen Zeitschriften und Tagesblättern erschienen waren;
4. Kataloge öffentlicher und privater Bibliotheken sowie Buchhändlerkataloge.

Ziel der Herausgeber war es, eine Primärbibliographie zu erstellen, d. h. eine Bibliographie, deren Einträge nach Vorlage der Bücher und ihrer konkreten Überprüfung erstellt wurden und die nicht auf Informationen aus anderen Quellen beruhten.[16] Deshalb wurden die Verfasser und Verlage aufgefordert, ihre Neuerscheinungen so schnell wie möglich an die Redaktion zu senden. Allerdings wurde bereits im Programm darauf hingewiesen, daß zur Vervollständigung und Ergänzung auch auf andere Zeitschriften zurückgegriffen werde.[17]

Alle Einträge sind sehr genau und enthalten die vollständigen bibliographischen Angaben. Dies bedeutete bei den Zeitschriften zusätzlich zur Angabe des vollständigen Titels in hebräischen und lateinischen Lettern, des Herausgebers, der Erscheinungsweise, des Erscheinungsortes auch die Angabe der Verlagsadresse und des Preises. Naturgemäß sind die Einträge zu den Monographien die umfangreichsten. Die Einträge zu den Hebraica sind ebenso wie die zu den Judaica alphabetisch nach dem lateinischen Alphabet der Verfassernamen geordnet, allerdings werden bei den hebräischen Drucken die Titel auch im Original, d. h. in hebräischen Lettern, wiedergegeben. Ansonsten unterscheiden sich die Einträge nicht und enthalten stets den Verfasser, den Titel, den Erscheinungsort und das -jahr, sowie die Seiten- und Formatangabe. Bei vielen, jedoch

---

16   Vgl. Bartsch, Die Bibliographie (Anm. 1), S. 84ff., nach Art der Erfassung der Literatur wird zwischen Primär- und Sekundärbibliographie unterschieden. »Bibliographien, die aus erster Hand schöpfen und primär aus den Büchern selbst erarbeitet sind, heißen Primärbibliographien. Bibliographien, die aus anderen Quellen schöpfen – aus zweiter Hand sozusagen – nennt man Sekundärbibliographien.«

17   Brody, Programm (Anm. 11), S. 2: »Das Material für die Rubriken 1 und 2 (a und b) der ersten Abteilung sollen in erster Reihe die betr. Zeitschriften und Bücher selbst liefern, deren recht baldige Zusendung von Seiten der Herren Verfasser, resp. Verleger wir uns in ihrem eigenen Interesse, sowie im Interesse der Sache erbitten [...].«

nicht bei allen Einträgen sind auch die Preise angegeben, und der Mehrzahl der Einträge sind Inhaltsangaben und Kommentare beigefügt, deren Umfang zwischen zwei Zeilen und einer halben Seite variiert. In Ausnahmefällen sind den Einträgen auch Analysen beigefügt, die sich über mehrere Seiten hinziehen.[18]

Teil II besteht aus wissenschaftlichen Aufsätzen, die thematisch der Wissenschaft des Judentums zugeordnet sind und welche die verschiedenen Teilgebiete dieser Disziplin umfassen. Danach, deutlich durch einen Querbalken getrennt, folgen die Buchbesprechungen und danach, typographisch abgesetzt, Nachrichten, Berichtigungen und Zusätze. Zu jedem Jahrgang erschien ein Register, in dem die Titel der hebräischen Werke, die Autoren und Schlagwörter sowie die wissenschaftlichen Aufsätze getrennt aufgeführt sind. Das Einfügen von Schlagworten war eine Neuerung, welche die Funktionalität der Bibliographie wesentlich verbessert. Die Titel der hebräischen Werke sind in hebräischen Lettern und nach dem hebräischen Alphabet geordnet, während die Verfasser und Schlagwörter nach dem lateinischen Alphabet in einer Ordnung aufgezählt sind. Die Suche eines hebräischen Werkes ist in zwei Registern möglich, nämlich sowohl nach dem hebräischen Titel in der Originalsprache als auch nach dem Verfasser in der Umschrift des Namens in lateinischen Lettern, was bei schwierigen Namen die Suche erheblich erleichtert. Die *Zeitschrift für Hebräische Bibliographie* erschien, ebenso wie vorher die *Hebräische Bibliographie – Hamazkir*, alle zwei Monate und war mit dem Verleger S. Calvary & Co. verbunden.

Trotz der zahlreichen äußeren Ähnlichkeiten zum Vorgänger *Hebräische Bibliographie – Hamazkir* bestehen zwischen den beiden Zeitschriften auch eine Reihe von wesentlichen Unterschieden sowohl formaler als auch inhaltlicher Art. Der erste betrifft die bibliographische Aufnahme und Anordnung der hebräischen Titel. In der *Hebräischen Bibliographie – Hamazkir* sind die hebräischen Titel sowohl vollständig in hebräisch als auch in deutscher Übersetzung aufgenommen und nach dem hebräischen Alphabet der Titel geordnet. Dagegen sind in der *Zeitschrift für Hebräische Bibliographie* bei den hebräischen Büchern lediglich die engbegrenzte Titelangabe in hebräischen Lettern eingetragen, während die weiteren Angaben wie Verfassername, Zusatz zum Titel, Erscheinungsort usw. in Deutsch erfolgen.

Die Verfassernamen der hebräischen Bücher sind mit den übrigen Verfassernamen ohne Unterschied der Sprache des Buchtextes in ein lateinisches Alphabet eingeordnet. In der Praxis der bibliographischen Aufnahmen der Zeitschrift nahm die deutsche Sprache auch für die hebräischen Werke den Vorrang ein, was dem Zweck dienen sollte, eine Einheitlichkeit in der Sprache zu erreichen. Gleichzeitig kann dies als Beweis für die Anpassung der hebräischen Bibliographie an die Wissenschaft des Judentums gelten, deren Sprache deutsch und nicht mehr hebräisch war. Was den Satzspiegel der einzelnen Hefte anbelangt, so sind die einzelnen Titelaufnahmen übersichtlicher angeordnet. Dazu trägt auch bei,

---

[18] Vgl. Zeitschrift für Hebräische Bibliographie 1 (1896), S. 171ff., die Besprechung des Werkes von: Jakob Winter / August Wünsche: Die jüdische Litteratur seit Abschluß des Kanons. 3 Bde, Trier 1894–1896.

daß die Rubrik Nachrichten, die in der *Hebräischen Bibliographie – Hamazkir* vorkommt, weggelassen ist und in Teil II deutlich zwischen den Aufsätzen und den Buchbesprechungen unterschieden wird. Insgesamt sind an weit weniger Titel Erläuterungen angefügt, was zur Verbesserung der Handhabung der Bibliographie deutlich beiträgt.

Weitaus bedeutender sind jedoch die inhaltlichen Unterschiede zwischen der *Hebräischen Bibliographie – Hamazkir* und der *Zeitschrift für Hebräische Bibliographie*. Das wichtigste Merkmal ist, daß die Neuerscheinungen in der ZHB in einer objektiven Art und Weise kommentiert werden. Auf diese Weise erfüllt die Zeitschrift als erste die Kriterien einer annotierten, referierenden Bibliographie und stellt das informative Fachorgan der Wissenschaft des Judentums dar.[19]

Diese Zielsetzung, die von den Herausgebern in der ZHB erfolgreich realisiert wurde, hatte zwar auch Steinschneider mit der Veröffentlichung seiner Zeitschrift, der *Hebräischen Bibliographie – Hamazkir* verfolgt, ihre Umsetzung war jedoch an seinen bissigen Kommentaren und persönlichen Angriffen, die seine Buchbesprechungen gekennzeichnet hatten, gescheitert.[20] Ein weiteres Merkmal besteht darin, daß sich die Einstellung der verantwortlichen Redakteure zu der im Entstehen begriffenen jüdischen Nationalbewegung drastisch verändert hatte. Im Gegensatz zur Haltung von Steinschneider, der die Ziele des Zionismus abgelehnt und dies auch in seinen Kommentaren deutlich gemacht hatte, schätzten Brody und seine Mitarbeiter die Renaissance der hebräischen Sprache und Literatur und die Besiedlung des Heiligen Landes äußerst positiv ein und brachten ihre Sympathien für den Zionismus auch in der Zeitschrift zum Ausdruck.

Begründer und Herausgeber der ersten Bände war Heinrich Brody (1868–1942), der aus Ungvar, Ungarn, stammte, und an den Jeschiwot in seiner Heimat studiert hatte, bevor er das Rabbinerseminar und die Universität in Berlin be-

---

[19] Vgl. Hacker, Bibliothekarisches Grundwissen (Anm. 5), S. 292; Bartsch, Die Bibliographie (Anm. 1), S. 86. Nach der Art der Verzeichnung der Literatur unterscheidet man zwischen einer annotierten und einer rein anzeigenden oder Titelbibliographie, wobei erstere Anmerkungen, die sogenannten Annotationen, enthält. Nach Inhalt der Annotationen bezeichnet man eine Bibliographie als referierend, wenn die Annotationen den Buchinhalt unbeurteilt wiedergeben und als kritische oder räsonnierende Bibliographie, wenn die Annotationen den Buchinhalt kritisch bewerten. Im Wissenschaftsbetrieb ist die annotierende Bibliographie die häufigste und informativste.

[20] Moritz Steinschneider war für seine polemischen Auseinandersetzungen mit den Autoren in den Blättern der Hebräischen Bibliographie – Hamazkir bekannt. Obwohl er in seinem Programm zum Charakter der Bibliographie schrieb, daß diese möglichst neutrale Beschreibungen liefern und frei von Bewertungen sein sollte und in bezug auf die Anmerkungen feststellte: »Unser Standpunkt bei der Literatur der Gegenwart ist im Allgemeinen nicht der kritische, sondern der *referirende.* Unsere Aufgabe ist es, das Publikum so früh als möglich mit den neuesten Erscheinungen bekannt zu machen« (Steinschneider, Programm [Anm. 10], S. 1), verfaßte er zu allen Neuerscheinungen und teilweise auch zu deren Verfassern harsche Kritiken, die sich durch alle Hefte der Hebräischen Bibliographie – Hamazkir zogen. Besonders scharf griff er die Historiker Isaac Marcus Jost und Heinrich Graetz an.

suchte.[21] Er spezialisierte sich in mittelalterlicher hebräischer Literatur, veröffentlichte in den frühen neunziger Jahren zahlreiche Aufsätze in hebräischen Zeitschriften und arbeitete an der Veröffentlichung von wissenschaftlichen Editionen und Studien von verschiedenen Werken der spanisch-hebräischen Poesie des Mittelalters. Im Jahr 1898 war er Rabbiner in Nachod, Böhmen geworden und seit 1907 als Leiter der Hebräischen Schule (Talmud Torah) in Prag tätig. Im Jahr 1912 wurde er zum Oberrabbiner von Prag ernannt und wechselte 1930 als Direktor des Forschungsinstitutes für Hebräische Dichtung (Hamachon Lecheker Hashira Ha'Ivrit), das von Salman Schocken gegründet worden war, nach Berlin. Nach dem Machtantritt der Nationalsozialisten emigrierte er 1934 nach Palästina, wohin auch das Forschungsinstitut, dessen Leitung er bis zu seinem Tode innehatte, verlagert wurde.[22]

Zu den Mitarbeitern der Zeitschrift zählten von Anfang an die führenden Vertreter der Wissenschaft des Judentums, die auch das Programm des ersten Heftes unterzeichnet hatten.[23] Nachdem Brody im August 1898 sein Amt als Rabbiner in Nachod angetreten hatte, unterblieb zunächst die Veröffentlichung des Juli/August-Heftes 1898 der ZHB, und im November/Dezember-Heft teilte er mit, daß er auf Grund seiner Arbeitsbelastung nicht mehr in der Lage sei, die Herausgabe der ZHB weiterzuführen und daß bis zur Sicherstellung eines weiteren regelmäßigen Erscheinens die Veröffentlichung der ZHB wiederum unterbrochen werden müsse.[24]

Nach einjähriger Pause erschien die Zeitschrift im Jahr 1900 mit Jahrgang 4 erneut, diesmal mit Aron Freimann als Mitherausgeber, der gleichzeitig für die Redaktion verantwortlich zeichnete, und mit J. Kauffmann in Frankfurt als Verleger. Die lange Unterbrechung wurde mit der Berufung von Brody als Rabbiner und dem Wechsel des Verlegers erklärt. In einer Mitteilung an die Leser

---

[21] Vgl. Encyclopaedia Judaica. Begr. von Cecil Roth und Geoffrey Wigoder, 16 Bde, Jerusalem: Keter 1971, Bd 3, Sp. 1399; Abraham Meir Habermann: Hayyim Brody, choker shirat sefarad [Heinrich Brody, der Erforscher des spanischen Liedes, hebr.]. In: Hokmat Jisrael Be-ma'arab Eropa. Hg. von Simon Federbush. Jerusalem: Ogen 1958, S. 92–97.

[22] Vgl. auch zu den Schriften von Brody die umfassende Bibliographie von Minna Wollstein-Brody / Hermann Wollstein: Das literarische Schaffen Heinrich Brodys. Eine bibliographische Zusammenstellung. In: Festschrift für Heinrich Brody. Hg. von Ismar Ellbogen und Aron Freimann u. a. Berlin 1930 (Soncino-Blätter 3,2/4, 1929/1930), S. 9–36, S. 85–112. Wollstein veröffentlichte später eine erweiterte Bibliographie mit zusätzlichen 131 Einträgen, die Brodys Arbeiten bis 1938 einschlossen in: Hermann Wollstein: Heinrich Brody. In: Yediot ham-makon le-heqer has-sira ha-ivrit b-Irusalayim / Studies of the Research Institute for Hebrew Poetry in Jerusalem 5 (1939), S. XI–XVI.

[23] Brody, Programm (Anm. 11), S. 2, zu den namentlich Unterzeichnenden gehörten Wilhelm Bacher, Abraham Berliner, Solomon Joachim Halberstam, David Kaufmann, Adolf Neubauer, Martin Schreiner, Moritz Steinschneider und Moritz Stern.

[24] Zeitschrift für Hebräische Bibliographie 3 (1898), S. 186: »Um die nöthigen Bedingungen für ein ferneres, regelmässiges Erscheinen unseres Blattes zu schaffen, haben wir uns entschließen müssen, in der Redaction eine kleine Pause eintreten zu lassen; weitere Mitteilungen bezüglich des ferneren Erscheinens behalten wir uns vor.«

wurde Aron Freimann eingeführt und gleichzeitig das Festhalten an dem ursprünglichen Programm bekräftigt:

> Herr Dr. A. Freimann, der bisherige Mitarbeiter unseres Blattes, ist in die Redaction eingetreten; an ihn bittet man alle für die Redaction bestimmten Sendungen zu richten. Unserem Programme getreu, durch die Zeitschrift ein *Central-Organ für die gesamte jüdische Literatur* zu schaffen [...].[25]

Im Jahre 1905 schied Brody gänzlich aus der Redaktion der Zeitschrift aus, und Aron Freimann wurde der alleinige Herausgeber.

Auch nachdem der Verleger und die Herausgeber gewechselt hatten, blieb die Zeitschrift in ihrem Inhalt und Erscheinungsbild unverändert. Ihr Erscheinen wurde im Jahre 1912 mit Band 15 erneut eingestellt, ohne daß eine Erklärung erfolgt wäre, doch müssen die Ursachen, wie die nachfolgende Entwicklung zeigt, finanzielle Probleme gewesen sein. Als die Zeitschrift im Jahre 1913 erneut erschien, wurde ihre Finanzierung, wie auf dem Titelblatt vermerkt wurde, durch die Zuschüsse zweier wissenschaftlicher Verbände, der Zunz-Stiftung und der Gesellschaft zur Förderung der Wissenschaft des Judentums, sichergestellt. Auf diese Weise konnte die *Zeitschrift für Hebräische Bibliographie* noch während des Ersten Weltkrieges verlegt werden, mußte dann aber in den nachfolgenden Jahren der Weltwirtschaftskrise ihr Erscheinen einstellen. Die letzte Ausgabe erschien 1920 und besteht aus Band 23, Heft 1–12, das aber lediglich 64 Seiten umfaßt. Band 24 war bereits vorbereitet und in einigen wenigen Exemplaren gedruckt, wurde aber nicht veröffentlicht.[26]

Freimann fungierte in den Jahren 1900 bis 1905 für die Bände 4 bis 9 als Mitherausgeber, der die redaktionelle Verantwortung trug, in den Jahren 1906 bis 1921 für die Bände 10 bis 24 als der alleinige Herausgeber. Er war verantwortlich für die Erstellung der laufenden Bibliographie, deren Umfang stetig wuchs, und schrieb selbst zahlreiche wissenschaftliche Beiträge und Buchbesprechungen. Viele seiner Veröffentlichungen, die später als Einzelwerke erschienen, wurden zuerst in der ZHB veröffentlicht. In fast jedem Heft ist er als Autor vertreten, teilweise ziehen sich die Beiträge über mehrere Heftnummern hin.[27] In seiner Eigenschaft als Herausgeber, der ständig auf der Suche nach neuen Mitarbeitern für die Zeitschrift war, nahm Freimann zu vielen Vertretern der Wissenschaft des Judentums Kontakt auf, woraus sich in zahlreichen Fällen eine enge persönliche Beziehung entwickelte, die gleichermaßen zu einer Zusammenarbeit in einem seiner anderen wissenschaftlichen Projekte führte.

---

[25] Zeitschrift für Hebräische Bibliographie 4 (1900), S. 1.

[26] Shunami, Bibliography of Jewish Bibliographies (Anm. 3), Hauptband, S. 86ff., Nr 484.

[27] Vgl. die Aufzählung seiner verschiedenen Beiträge und Rezensionen in der Zeitschrift für Hebräische Bibliographie, in: Dan, Accumulated Index of Jewish Bibliographical Periodicals (Anm. 4), S. 66–72, Eintrag Aron Freimann. Die Zeitschrift für Hebräische Bibliographie selbst hatte nur Jahresregister, so daß ein kumulierendes Register, d. h. ein Gesamtregister, in dem die Einträge mehrerer oder aller Jahresregister in einem Alphabet geordnet sind, fehlt. Vgl. ebenso Emmrich, Aron Freimann-Bibliographie (Anm. 3).

Die fortschreitende Ausweitung des Themenspektrums der Wissenschaft des Judentums gegen Ende des 19. Jahrhunderts verhinderte von Anfang an, daß die ZHB ihren selbstgestellten Anspruch, eine vollständige Verzeichnung der veröffentlichten wissenschaftlichen Monographien in diesem Bereich zu gewährleisten, gerecht werden konnte. Ebenso wenig konnte eine inhaltliche Auswertung der laufenden Fachzeitschriften geleistet werden. Mit den Jahren und den wachsenden finanziellen Problemen nahm der Anteil des zweiten Teils, der die wissenschaftlichen Aufsätze enthielt, immer mehr ab, bis er schließlich nur noch ein kleines Anhängsel des bibliographischen Teils wurde.[28]

Trotz ihrer Mängel stellte die ZHB über mehr als zwanzig Jahre die einzige Publikation dar, die in äußerst zuverlässiger Weise die Funktion der periodischen Fachbibliographie der Wissenschaft des Judentums erfüllte. Hieran hat Aron Freimann, der an der ZHB während des gesamten Zeitraumes ihres Erscheinens an zentraler Stelle beteiligt war, einen wesentlichen Anteil. Freimann hatte bereits an dem ersten Band der ZHB mitgewirkt und einen Beitrag in Form einer Buchbesprechung geliefert, nach seiner Übernahme der Herausgeberschaft bürgte er für die wissenschaftliche Qualität der Beiträge und sicherte auf diese Weise das Fortbestehen der ZHB auf hohem Niveau.[29] Für Alexander Marx war es die Tätigkeit von Freimann als Herausgeber der ZHB, die sein bibliographisches Können belegt, so daß ihm auf Grund dieser Funktion nach Steinschneiders Tod die Anerkennung als größter jüdischer Bibliograph zugestanden wurde.[30] Gleichzeitig offenbarte sich auch sein organisatorisches Talent, und indem er die finanzielle Existenz der Zeitschrift für viele Jahre mit der Unterstützung von zwei wissenschaftlichen jüdischen Verbänden zu sichern verstand, machte er sich den um 1900 einsetzenden Zug zur Institutionalisierung in den Wissenschaften geschickt für die von ihm betriebenen wissenschaftlichen Projekte zunutze.

5.1.2 Personalbibliographien

Bei Personalbibliographien handelt es sich um Spezialbibliographien, die sich auf einzelne Personen beziehen und die Veröffentlichungen von dieser oder über diese Person verzeichnen.[31] Personalbibliographien werden nach dem Kriterium der Auswahl der verzeichneten Werke unterschieden, und zwar in subjektive Perso-

---

[28] Vgl. Schochow, Deutsch-jüdische Geschichtswissenschaft (Anm. 1), S. 90ff. Hierzu trug auch der wachsende Anteil der ausländischen Forschung bei.

[29] Aron Freimann: Frankl-Grün, Ad.: Geschichte der Juden in Kremsier. T. 1, Breslau 1896. In: Zeitschrift für Hebräische Bibliographie 1 (1896), S. 156–175.

[30] Vgl. Alexander Marx / Boaz Cohen: Necrology. Aron Freimann. In: Proceedings of the American Academy for Jewish Research 17 (1947/48), S. XXIII–XXVIII, hier S. XXIV: »Here he published numerous reviews and bibliographical studies of the highest value so that, after Steinschneider's death, he was gradually recognized as the greatest Jewish bibliographer.«

[31] Vgl. Bartsch, Die Bibliographie (Anm. 1), S. 119; Hacker, Bibliothekarisches Grundwissen (Anm. 5), S. 382.

nalbibliographien, in der die Schriften, d. h. die Primärliteratur von einer Person und objektive Personalbibliographien, in der die Forschungs- bzw. Sekundärliteratur über eine Person und ihr Werk, verzeichnet sind. Beide Formen können auch in einer Bibliographie verbunden sein, die sich sowohl subjektiv als auch objektiv darbietet und in der Schriften von und über eine Person aufgeführt werden.

Personalbibliographien, insbesondere subjektive Personalbibliographien, erscheinen ihres meist geringen Umfangs wegen oft als unselbständige Veröffentlichung, d. h. als Teil eines anderen Werkes, etwa einer Festschrift. Innerhalb der Festschrift, einem Sammelwerk zu Ehren einer bestimmten Person, das aus unterschiedlichen Aufsätzen mehrerer Verfasser, meist der Kollegen und Freunde, besteht und über das Wirken des Gefeierten selbst im Allgemeinen wenig oder nichts aussagt, nimmt die Personalbibliographie einen besonderen Stellenwert ein. In der Regel ist die Personalbibliographie der einzige Beitrag, der einen direkten Bezug zu dem Gefeierten herstellt und mit der Aufzählung seines wissenschaftlichen Schaffens einen Eindruck von dem Lebenswerk dieser Person zu vermitteln sucht.[32] Im Gegensatz zu umfassenden Allgemein- oder Fachbibliographien wird von der Personalbibliographie Vollständigkeit erwartet, da sich durch die Beschränkung auf eine Person eine sehr enge Begrenzung der zu verzeichnenden Literatur ergibt.[33]

Unter den zahlreichen bibliographischen Arbeiten von Freimann nimmt der Typus der Personalbibliographie nur einen sehr geringen Teil ein, bei lediglich fünf seiner Veröffentlichungen handelt es sich um subjektive Personalbibliographien von Kollegen, zu denen Freimann in ganz unterschiedlichen, und mit Ausnahme von Friedrich Clemens Ebrard, sehr engen persönlichen Beziehungen stand. Diese Persönlichkeiten haben wichtige Positionen in den Institutionen der Wissenschaft des Judentums eingenommen und deren Entwicklung entscheidend mitgeprägt. In verschiedenen Bereichen haben sie in der langjährigen Zusammenarbeit mit Freimann seinen beruflichen und wissenschaftlichen Werdegang geprägt; die Darstellung dieser Arbeiten konkretisiert das gesellschaftliche und geistige Umfeld, in dem Freimann tätig war und verdeutlicht den Gesamtzusammenhang des Beziehungsgeflechts und der gegenseitigen Verbindungen zwischen den Vertretern der Wissenschaft des Judentums, in den sein Werk eingeordnet werden muß.[34]

---

[32] Vgl. als ein Beispiel für viele die Festschrift zu Ehren von Aron Freimann (Festschrift für Aron Freimann zum 60. Geburtstage. Hg. von Alexander Marx und Herrmann Meyer. Berlin: Soncino-Gesellschaft der Freunde des jüdischen Buches e. V. 1935), die aus zahlreichen Aufsätzen der Vertreter der Wissenschaft des Judentums besteht und in der nur die Bibliographie seiner Arbeiten in direktem Bezug zu seiner Person steht.

[33] Bartsch, Die Bibliographie (Anm. 1), S. 119, als Ordnungsprinzip der Personalbibliographie dient meistens die chronologische Form.

[34] Eine Inhaltsangabe der subjektiven Personalbibliographien s. Tabelle, unten S. 369.

a) Abraham Berliner

Den engsten Kontakt hatte er zu seinem Lehrer und Mentor Abraham Berliner (1833–1915), der als Dozent für jüdische Geschichte und Bibliothekar am Rabbinerseminar in Berlin tätig war, und den Freimann während seines Studiums und seiner Tätigkeit in der Bibliothek des Seminars fast täglich getroffen hatte.[35] Beide stammten aus der Provinz Posen und teilten das gemeinsame Interesse an der bibliothekarischen Arbeit, an der historischen Forschung sowie an der Bearbeitung von hebräischen Handschriften.[36] In vielen Bereichen setzte Freimann die Arbeit von Berliner fort, vor allem in der erneuten Belebung des von Berliner wiederbegründeten und geleiteten Vereins Mekize Nirdamim (»Die Erwecker der Schlummernden«). Im Laufe der Jahre entstand zwischen Freimann und Berliner ein besonders enges sowohl berufliches als auch persönliches Verhältnis, das bis zu dessen Tod im Jahr 1915 anhielt. Freimann galt als sein »vertrautester Freund und Schüler« und erbte einen Teil seines handschriftlichen Nachlasses.[37] Die Erstellung der Bibliographie der Schriften von Abraham Berliner, dem Freimann stets uneingeschränkte Hochachtung entgegenbrachte, ist in diesem Fall als ein Zeichen der Verehrung für den ehemaligen Lehrer und väterlichen Freund zu werten. Im Jahr 1903 erschien die Bibliographie der Werke von Abraham Berliner in der Festschrift zu dessen 70. Geburtstag, die von seinen Freunden und Schülern verfaßt und von Aron Freimann und Meier Hildesheimer herausgegeben wurde.[38] In einer aus-

---

[35] Nachlaß Aron Freimann, Schreiben von Berliner vom 9. Dezember 1897.

[36] Vgl. Abraham Berliner: Aus meiner Knabenzeit. In: Jahrbuch für Jüdische Geschichte und Literatur 16 (1913), S. 165–190; Yeshayahu Wolfsberg: Professor Abraham Berliner [hebr.]. In: Hokmat Jisrael Be-ma'arab Eropa (Anm. 21), S. 101–108; Salomon Winninger: Grosse juedische National-Biographie. Mit mehr als 8.000 Lebensbeschreibungen namhafter juedischer Maenner und Frauen aller Zeiten und Laender. Ein Nachschlagewerk fuer das juedische Volk und dessen Freunde. 6 Bde, Cernauti: Orient 1925–1933, Bd 1, S. 333ff.; The Jewish Encyclopedia. A Descriptive Record of the History, Religion, Literature, and Customs of the Jewish People from the Earliest Time to the Present Day. Ed. by Isidore Singer. 12 Bde, New York u. a.: Funk and Wagnalls 1901–1906, Bd 4, S. 664; zu Abraham Berliner gibt es keine ausführliche Biographie.

[37] Simon Eppenstein: Abraham Berliners wissenschaftliche Wirksamkeit. In: Jeschurun 2 (1915), S. 457–475, hier S. 473. Vgl. Aron Freimann: Mitteilungen über den literarischen Nachlaß von Autoren, die über Juden und Judentum geschrieben haben. In: Zeitschrift für Hebräische Bibliographie 21 (1918), S. 83–84. Dort schreibt Freimann, daß Berliner seinen handschriftlichen Nachlaß testamentarisch in drei Teile geteilt hat, »von denen noch bei Lebzeiten der eine H. Brody (Prag), der andere A. Freimann (Frankfurt a. M.) und der dritte A. Marx (New York) übergeben wurde. Den meinigen habe ich der Frankfurter Stadtbibliothek zugewiesen, der auch die Restbibliothek Berliners zufiel, nachdem die grössere Sammlung von einigen Freunden schon 1899 für dieselbe Anstalt erworben war.« (S. 84)

[38] Aron Freimann: Bibliographie der Schriften und Aufsätze des Dr. A. Berliner. In: Festschrift zum siebzigsten Geburtstage A. Berliner's. Hg. von Aron Freimann. 3 Bde, Frankfurt a. M.: Kauffmann 1903, Bd 1, S. VII–XXXI.

führlichen Besprechung aller Aufsätze der Festschrift wurde die Qualität der Bibliographie besonders hervorgehoben.[39]

Die Bedeutung von Berliners Arbeiten, der über viele Jahre hebräische Handschriften in zahlreichen Bibliotheken Europas erforschte, unbekannte Manuskripte, so u. a. Talmudkommentare in der Bibliothek des Vatikans, entdeckte, und zahlreiche Bücher und Aufsätze zur Geschichte der Juden in Europa, insbesondere in Italien, veröffentlichte, beruht nicht, wie allgemein festgestellt wurde, auf der systematischen Analyse oder der wissenschaftstheoretischen Reflexion, sondern liegt vor allem in der Fähigkeit der Veranschaulichung und des »innigen Mitfühlens«.[40] Seine Geschichtsschreibung zeichnet sich in erster Linie durch das Nachempfinden und Nacherzählen der handelnden Menschen und ihrer Epoche aus sowie durch eine Fülle von Details und die kenntnisreiche Darstellung bis in Einzelheiten. In den Arbeiten fehlt größtenteils die Trennung von wissenschaftlicher Analyse und moralischer Belehrung, da Berliner sich in erster Linie als Erzieher verstand und seinen Schülern das Judentum als lebendige Tradition vermitteln wollte. Seine Wirkung lag vor allem im pädagogischen Bereich, indem er zahlreiche Studenten, darunter auch Aron Freimann, bei ihren Studien unterstützt und sie später in ihrer Forschungstätigkeit gefördert hat.

Mit seinem Organisationstalent spielte er eine zentrale Rolle in der Schaffung und langjährigen Leitung von Organen und Institutionen der Wissenschaft des Judentums, insbesondere in der von ihm 1874 gegründeten und von 1876 bis 1893 gemeinsam mit David Hoffmann herausgegebenen wissenschaftlichen Vierteljahresschrift *Magazin für die Wissenschaft des Judentums*. Mit dieser Publikation, zu der er eine hebräische Beilage mit Informationen über bislang unbekannte Handschriften und Nachlässe beisteuerte, hatte er eine Plattform für die Veröffentlichung der Aufsätze und den geistigen Austausch der führenden Vertreter der Wissenschaft des Judentums geschaffen. Des weiteren rief er im Jahre 1885 den Verein Mekizei Nirdamim erneut ins Leben, dessen Leitung er übernahm und dessen Bestehen hauptsächlich auf seinem geschäftlichen Geschick und seinen bibliographischen Kenntnissen beruhte. Politisch bekämpfte Berliner die Reformbewegung und war ein Verfechter der Errichtung der Austrittsgemeinde Adass Jeschurun in Berlin, in der er vierzig Jahre lang die Funktion des Vorsitzenden des Repräsentantenkollegiums innehatte. Gleichzeitig war er als Person sehr tolerant und unterhielt freundschaftliche Beziehungen zu Vertretern aller religiösen Strömungen des Judentums. Ebenso wenig scheute er sich einzelne überlieferte Bräuche des Judentums kritisch zu hinterfragen, wenn er auf Grund seines Quellenstudiums Zweifel an

---

[39] Vgl. Nathan Porges: Festschrift zum siebzigsten Geburtstage A. Berliners [Rezension]. In: Zeitschrift für Hebräische Bibliographie 7 (1903), S. 136–139, 165–167, insbes. S. 136: »Das von Freimann überaus sorgfältig zusammengestellte Verzeichnis der Schriften und Aufsätze des Dr. A. Berliner […].«

[40] Wolfsberg, Professor Abraham Berliner (Anm. 36), S. 102; Eppenstein, Abraham Berliners wissenschaftliche Wirksamkeit (Anm. 37), S. 468.

ihrer Authentizität gewann, ein Vorgehen das innerhalb der Orthodoxie nicht ohne Kritik blieb.[41]

b) Markus Brann

Im Jahr 1919 veröffentlichte Freimann die Bibliographie der Werke von Markus Brann, mit dem er gemeinsam für die Organisation der *Germania Judaica* verantwortlich war und den ersten Band des Unternehmens im Jahre 1917 herausgab sowie über Jahre eng zusammenarbeitete.[42] Markus Brann (1849–1920), Sohn eines Rabbiners aus Rawicz in Polen, amtierte zunächst als Rabbiner und lehrte ab 1891 als Historiker am Jüdisch-Theologischen Seminar in Breslau.[43] Bekannt ist er vor allem als Herausgeber der *Monatsschrift für die Geschichte und Wissenschaft des Judentums*, der ersten wissenschaftlichen Zeitschrift von Dauer, die von Zacharias Frankel 1851 begründet und von ihm nach mehrjähriger Unterbrechung 1892 erneut ins Leben gerufen worden war.[44] Brann spezialisierte sich in deutsch-jüdischer Geschichte und zählt zu den ersten jüdischen Historikern, die systematisch Quellenforschung betrieben und in jüdischen und allgemeinen Archiven arbeiteten. Er veröffentlichte zahlreiche wissenschaftliche Werke, darunter auch eine Geschichte des Jüdisch-Theologischen Seminars in Breslau, fungierte als Herausgeber mehrerer Festschriften für seine Kollegen und wurde durch eine Anzahl von populärwissenschaftlich geschriebenen Büchern in der deutsch-jüdischen Öffentlichkeit bekannt.[45]

c) Leopold Löwenstein

Ebenfalls 1919 veröffentlichte Freimann die Bibliographie der Werke von Leopold Löwenstein, der, wie die Aufzählung der einzelnen Aufsätze verdeutlicht,

---

[41] Vgl. hierzu die Stellungnahme von Josef Wohlgemuth: Nachbemerkung. In: Jeschurun 2 (1915), S. 475–480.

[42] Aron Freimann: Verzeichnis der von Markus Brann verfaßten Schriften und Abhandlungen. In: Monatsschrift für Geschichte und Wissenschaft des Judentums 63 (1919), S. 81–97.

[43] Vgl. Encyclopaedia Judaica (Anm. 21), Bd 4, Sp. 1307; Encyclopaedia Judaica. Das Judentum in Geschichte und Gegenwart. Hg. von Jakob Klatzkin und Ismar Elbogen, 10 Bde, Berlin: Eschkol 1928–1934, Bd 4, Sp. 1020; Winninger, Grosse juedische National-Biographie (Anm. 35), Bd 1, 1925, S. 443; Ismar Elbogen: Marcus Brann. In: Monatsschrift für Geschichte und Wissenschaft des Judentums 64 (1920), S. 241–249; Uri Kober: Mordechai Brann [hebr.]. In: Hokmat Jisrael Be-ma'arab Eropa (Anm. 21), S. 98–100.

[44] Vgl. Brisman, Jewish Research Literature (Anm. 5), Bd 1, S. 212. Band 83, der letzte Band der Monatsschrift für Geschichte und Wissenschaft des Judentums erschien 1939 mit Leo Baeck als Herausgeber; 1938 wurde in Breslau das Generalregister der Bände 1–75 veröffentlicht. Ein unvollständiges Ergänzungsregister der Bände 76–83 erschien in Tübingen 1963; ein Gesamtregister der Monatsschrift in Tübingen 1966.

[45] Markus Brann: Geschichte der Juden und ihrer Literatur. Für Schule und Haus, 2 Bde., Breslau: Jacobsohn 1893–1894; ders., Ein kurzer Gang durch die Geschichte der jüdischen Litteratur. 2. verb. Aufl., Wien, Berlin: Löwit 1918; dass., 3. Aufl., ebd. 1918.

seit 1905 für jeden Jahrgang der *Zeitschrift für Hebräische Bibliographie* wissenschaftliche Beiträge geliefert und in einem ständigen Gedankenaustausch mit Freimann gestanden hat.[46] Beide waren sowohl wissenschaftlich als auch persönlich eng miteinander verbunden, sie teilten das gemeinsame Interesse an der hebräischen Bibliographie, bearbeiteten teilweise dieselben Themen und haben ihre Freundschaft auch öffentlich bekundet.[47] Löwenstein (1843–1924), der als Rabbiner, Historiker und Bibliograph tätig war, beschäftigte sich mit deutschjüdischer Regionalgeschichte, genealogischen und druckgeschichtlichen Themen und fungierte in den Jahren 1899 bis 1904 als Herausgeber der Zeitschrift *Blätter für jüdische Geschichte und Literatur*, einer monatlichen Beilage zu der orthodoxen, in Mainz veröffentlichten Zeitung *Der Israelit*.[48] Unter anderem verfaßte er das Register aller Nachnamen, die in dem biobibliographischen Werk von Nepi-Ghirondi *Toledot Gedole Yisrael* aufgezählt sind.[49] Das Erscheinen des Registers ermöglicht eine gezielte Suche in dem 370 Seiten umfassenden Werk und macht dieses erst zu einem sehr nützlichen Hilfsmittel auf dem Gebiet der hebräischen Biobibliographien.[50] Zu seinen wichtigsten bibliographischen Arbeiten zählt der 1923 veröffentlichte *Index Approbationum*, ein Register der in hebräischen Büchern enthaltenen Approbationen, d. h. der Empfehlungen oder Zustimmungen von einem oder mehreren Rabbinern, Gelehrten oder Vorstehern der Jüdischen Gemeinde.[51] Löwenstein war der erste, der mit Hilfe

---

[46] [Aron Freimann]: Bibliographie der Schriften von Leopold Löwenstein. In: Zeitschrift für Hebräische Bibliographie 22 (1919), S. 71–76. Die bibliographische Aufzählung ist namentlich nicht gekennzeichnet und deshalb nicht in der Bibliographie von H. Emmrich enthalten. Da sie Teil der von Freimann erstellten bibliographischen Rubrik der Zeitschrift für Hebräische Bibliographie ist, ist sie Freimann zuzuschreiben, so auch bei Dan, Aron Freimann (Anm. 4), S. 67.

[47] Zeitschrift für Hebräische Bibliographie 8 (1904), S. 150; vgl. auch Leopold Löwenstein: Ein Jichus-Brief. In: ebd. 20 (1917), S. 76–79. Dort veröffentlicht Löwenstein einen Beitrag zur jüdischen Familienforschung und bedankt sich bei seinem »Freund Dr. Freimann« (S. 76), für die Überlassung einer wichtigen Urkunde aus dessen Privatbesitz.

[48] Encyclopaedia Judaica (Anm. 21), Bd 11, Sp. 451; Encyclopaedia Judaica (Anm. 42), Bd 10, Sp. 1150; Winninger, Grosse juedische National-Biographie (Anm. 35), Bd 4, 1929, S. 169. Leopold Löwenstein: Geschichte der Juden am Bodensee und Umgebung. Nach gedruckten und ungedruckten Quellen dargestellt. Konstanz: Selbstverlag 1879; ders., Beiträge zur Geschichte der Juden in Deutschland. Bd 1: Geschichte der Juden in der Kurpfalz; Bd 2: Nathanael Weil, Oberlandrabbiner in Karlsruhe und seine Familie. Frankfurt a. M.: Kauffmann 1895/1898.

[49] Leopold Löwenstein: Register zu Nepi-Ghirondi Toledot Gedole Yisrael. In: Zeitschrift für Hebräische Bibliographie 17 (1914), S. 171–183.

[50] Vgl. Brisman, Jewish Research Literature (Anm. 5), Bd 1, S. 88. Ein Reprint des Werkes Toledot Gedole Yisrael zusammen mit einem Begleitband, der u. a. das Register von Löwenstein enthält, wurde 1967/68 in Israel veröffentlicht.

[51] Leopold Löwenstein: Mafteah ha-haskamoth = Index Approbationum. Berlin: Marx 1923. Vgl. Brisman, Jewish Research Literature (Anm. 5), Bd 1, S. 235; Encyclopaedia Judaica (Anm. 21), Bd 7, Sp. 1452. Der hebräische Begriff lautet Haskamot. Von Beginn des Hebräischen Buchdruckes bis zur Mitte des 19. Jahrhunderts war es die gängige Praxis allen hebräischen Büchern eine oder mehrere Approbationen bei-

eines Registers die traditionellen Approbationen, deren Wert als wichtige historische und buchwissenschaftliche Informationsquelle bereits von manchen Bibliothekaren erkannt und deshalb in der Titelaufnahme gesondert vermerkt worden war, für die wissenschaftliche Arbeit nutzbar machen wollte.[52]

d) Isidor Kracauer

Die Bibliographie der Aufsätze von Isidor Kracauer zur Geschichte der Frankfurter Juden erschien 1926 und ist Teil einer Buchbesprechung, die Freimann über den ersten Band von Kracauers Werk *Geschichte der Juden in Frankfurt a. M. (1150–1824)* veröffentlichte.[53] Isidor Kracauer (1852–1923), der aus Niederschlesien stammte und seit 1880 als Geschichtslehrer am Philanthropin wirkte, hat die Standardwerke zur Geschichte der Frankfurter Juden verfaßt.[54] Freimann hat ihn persönlich sehr gut gekannt und in engen kollegialen Beziehungen gestanden; gemeinsam haben sie ein Buch über die Geschichte der Jüdischen Gemeinde Frankfurt verfaßt, welches erst nach Kracauers Tod veröffentlicht wurde.[55]

---

zufügen, die zu Beginn des Buchdruckes als eine Art Copyright dienten und den Verfasser und Drucker vor unautorisierten Nachdrucken des Werkes schützen sollten. Gleichzeitig erfüllte die Approbation die Funktion der Selbstzensur, indem alle Werke vor ihrem Druck den führenden Gemeindepersönlichkeiten oder Rabbinern zu deren Zustimmung vorgelegt wurden, womit eine Zensur durch die katholische Kirche verhindert werden sollte. Bis heute werden in religiösen Kreisen den Drucken Approbationen beigefügt, vergleichbar mit dem bei modernen Publikationen gängigen Usus, diesen ein Vor- oder Geleitwort voranzustellen.

[52] Das Werk umfaßt die Zeitspanne von 1490 bis 1850 und besteht aus drei Teilen: einem »Verzeichnis der Approbanten und der von ihnen erteilten Approbationen« mit einer Namensliste von 3.662 Personen, die Approbationen verfaßt haben, einer Liste von ca. 2.700 Buchtiteln, zu denen die Approbationen geschrieben wurden und einem Ortsregister der gedruckten Werke.

[53] Aron Freimann: Kracauer, J.: Geschichte der Juden in Frankfurt am Main (1150–1824). Bd 1, Frankfurt a. M. 1925 [Rezension]. In: Monatsschrift für Geschichte und Wissenschaft des Judentums 70 (1926), S. 132–134.

[54] Vgl. Jüdisches Lexikon. Ein enzyklopädisches Handbuch des jüdischen Wissens in vier Bänden. Begr. von Georg Herlitz und Bruno Kirschner. 5 Bde, Berlin: Jüdischer Verlag 1927–1930, Bd 3, Sp. 877; Paul Arnsberg: Die Geschichte der Frankfurter Juden seit der Französischen Revolution. Bearb. und vollendet durch Hans-Otto Schembs. 3 Bde, Darmstadt: Roether 1983, Bd 3, S. 254. In den Jahren 1885 bis 1919 war er gleichzeitig Leiter eines der Schule angegliederten Internats. Isidor Kracauer: Urkundenbuch zur Geschichte der Juden in Frankfurt a. M. von 1150–1400. 2 Bde, Frankfurt a. M.: Kauffmann 1914; ders., Geschichte der Juden in Frankfurt a. M. (1150–1824). 2 Bde, Frankfurt a. M.: Kauffmann 1925–1927. Beide Werke wurden als Auftragsarbeit der Israelitischen Gemeinde Frankfurt a. M. veröffentlicht, die Kracauer zu diesem Zweck von seiner Arbeit am Philanthropin teilweise freistellte.

[55] Vgl. z. B. Danksagung von Isidor Kracauer an A. Freimann in: Die Geschichte der Judengasse in Frankfurt a. M.. In: Festschrift zur Jahrhundertfeier der Realschule der israelitischen Gemeinde (Philanthropin) zu Frankfurt a. M. 1804–1904. Frankfurt a. M.: Baer 1904, S. 303–464, hier S. 305. A. Freimann / Isidor Kracauer: Frankfort. Translated

Die Bibliographie der Schriften von Kracauer stellt ein wichtiges Hilfsmittel
für die Erforschung der Geschichte der Frankfurter Juden dar. Da sich alle
Werke Kracauers, die Aufsätze in Form von Sonderdrucken, in der Frankfurter
Stadt- und Universitätsbibliothek befinden, stellt die Bibliographie gleichzeitig
einen Bestandsnachweis der Arbeiten Kracauers dar.[56]

e) Friedrich Clemens Ebrard

Gänzlich aus dem Rahmen der bibliographischen Arbeiten Freimanns fällt das
von ihm erstellte Verzeichnis der Schriften von Friedrich Clemens Ebrard, das
zu den beiden Ausnahmen unter seinen Veröffentlichungen zählt, die nicht
dem Bereich der Wissenschaft des Judentums zuzurechnen sind.[57] Den äußeren Anlaß für die Erarbeitung der Bibliographie bildete der 80. Geburtstag
seines ehemaligen Vorgesetzten Ebrard, des langjährigen Bibliotheksdirektors
der Frankfurter Bibliothek, unter dessen Leitung Freimann 26 Jahre lang, bis
zu Ebrards Pensionierung im Jahre 1924, gearbeitet hatte.[58]

Objektive Personalbibliographien, welche die Sekundärliteratur über eine bestimmte Person verzeichnen, sind in noch stärkerem Maße als die bislang aufgezählten subjektiven Personalbibliographien ein Ausdruck für das von der behandelten Person hervorgerufene wissenschaftliche Interesse, da der Bibliograph auf
keinen Fall der erste ist, der eine Arbeit über diese Person veröffentlicht, sondern
Rezeptionsdokumente in seine Bibliographie aufnimmt. Indem die objektive
Personalbibliographie die bereits vorhandenen Veröffentlichungen bündelt und
als Informationen für eine weitere wissenschaftliche Beschäftigung mit dieser
Person zur Verfügung stellt, ist sie, obgleich thematisch auf die zum Inhalt

---

from the German Manuscript by Bertha Szold Levin. Philadelphia: Jewish Publication
Society of America 1929 (Jewish Community Series). Das Buch wurde ursprünglich
auf deutsch geschrieben und das Manuskript wurde von Bertha Szold Levin ins Englische übersetzt. Interessanterweise ist es jedoch nicht auf deutsch veröffentlicht worden.

[56] In der Bibliothek sind die Werke von Isidor Kracauer einschließlich der Sonderdrucke
in zwei verschiedenen gedruckten Katalogen verzeichnet, und zwar die Werke bis
1914 im Kapitel 6 »Die Juden in Frankfurt« in: Arthur Richel: Katalog der Abteilung
Frankfurt. Hg. von der Stadtbibliothek Frankfurt a. M. 2 Bde, Frankfurt a. M.: Knauer
1914/1929, S. 243–265, sowie die Nachträge in Aron Freimann: Katalog der Judaica
und Hebraica. Stadtbibliothek Frankfurt am Main. Band Judaica. Frankfurt a. M.:
Lehrberger 1932, S. 269ff.

[57] Aron Freimann: Der Rechtsschutz für Dürers Schriften. In: Frankfurter Beiträge. Arthur
Richel gewidmet. Frankfurt a. M.: Verlag der Hauserpresse (Schaefer) 1933, S. 17–19,
stellt die zweite Ausnahme dar.

[58] Vgl. Kap. 3.2. dieser Arbeit; über das persönliche Verhältnis der beiden ist den Quellen nichts zu entnehmen. Ebrard gab seiner Wertschätzung für Freimann mehrfach
Ausdruck: 1902 hat er ihm ein Empfehlungsschreiben ausgestellt und seine Festanstellung in der Bibliothek gefördert. Freimanns Wunsch nach Beurlaubung an die Bibliothek des Vatikans hat er 1907 jedoch mit dem Hinweis auf die dringenden Tätigkeiten
im Haus abgelehnt.

erhobene Person (oder den Personenkreis) beschränkt, gleichzeitig immer auch ein Indikator dafür, welche Forschungsschwerpunkte und Themenbereiche zur Zeit der Entstehung der Bibliographie als wissenschaftlich relevant verstanden werden. Die im folgenden exemplarisch kurz dargestellten drei objektiven Personalbibliographien aus den Bereichen der deutsch-jüdischen Geschichte und der Bibelwissenschaft, machen die thematischen Schwerpunkte deutlich, mit denen sich Freimann beschäftigte und deren Erforschung zu den zentralen Anliegen der Wissenschaft des Judentums zählt.[59]

f) Bibliographie der Flugschriften über Joseph Süß Oppenheimer

Diese Bibliographie, die 1905 veröffentlicht wurde, war das Ergebnis von Freimanns Beschäftigung mit der deutsch-jüdischen Geschichtswissenschaft und gehört in den Kontext der Auseinandersetzungen um die Stellung der Juden in der deutschen Gesellschaft.[60] Joseph Süß Oppenheimer (1692/93–1738), der unter dem Namen Jud Süß als Hoffaktor des Herzogs Karl Alexander von Württemberg in die Geschichte eingegangen ist, gehört zu den meistbeachteten Gestalten der deutsch-jüdischen Geschichte.[61] Sein schneller und spektakulärer Aufstieg zu einem der erfolgreichsten Hoffaktoren und reichsten Juden seiner Zeit sowie sein dramatisches Ende ließen ihn im Laufe der Jahrhunderte zu einer zentralen Figur in der historischen und literarischen Überlieferung werden. Hierbei stand nicht die Person Oppenheimers im Mittelpunkt des öffentlichen Interesses, sondern sein Lebenslauf wurde – wie die in den Jahren folgende historiographische Auseinandersetzung um den Fall deutlich macht –, bedingt durch seine exponierte Sonderstellung innerhalb der damaligen Judenheit, als ein Symbol für die Lage der jüdischen Minderheit in Deutschland gewertet. Bereits von Anfang an hatte sein Schicksal zum Entstehen einer antisemitischen Pamphletliteratur geführt, die aus einer Flut größtenteils illustrierter Flugschriften und Flugblätter, Zeitungen, Kalender, Broschüren und Heftchen bestand und deren Inhalt sich aus persönlichen Angriffen sowie einer allgemeinen Judenhetze zusammensetzt. Die Kommentierungen des Lebensweges von Oppenheimer sind nicht unvoreingenommen geblieben, sondern haben sich stets in pro- oder antijüdische Haltungen geteilt. Insbesondere seit dem späten 19. Jahrhundert wurde der Fall von jüdischen Historikern in apologetischem Sinne als Beispiel eines

---

[59] Eine Inhaltsanalyse der objektiven Personalbibliographien s. unten, S. 370.

[60] Aron Freimann: Bibliographie der Flugschriften über Joseph Süß Oppenheimer. In: Zeitschrift für Hebräische Bibliographie 9 (1905), S. 56–58, 79–81.

[61] Vgl. Barbara Gerber: Jud Süß. Aufstieg und Fall im frühen 18. Jahrhundert. Ein Beitrag zur Historischen Antisemitismus- und Rezeptionsforschung. Hamburg: Christians 1990 (Hamburger Beiträge zur Geschichte der deutschen Juden; 16). Dies ist die umfassendste Darstellung der zeitgenössischen antisemitischen Süß-Publizistik, die schwerpunktmäßig die judenfeindliche Instrumentalisierung der historischen Ereignisse zum Inhalt hat. Vgl. Encyclopaedia Judaica (Anm. 21), Bd 12, Sp. 1428, ebd. das Geburtsdatum 1698/99.

gescheiterten Assimilationsprozesses interpretiert und wiederholt zum Anlaß für die wissenschaftliche Abwehr des Antisemitismus genommen, während Gegner der Judenemanzipation das Handeln Oppenheimers zur Verstärkung und Bestätigung antisemitischer Einstellungen instrumentalisierten.[62]

Grund für die Erarbeitung der Bibliographie war weniger die wissenschaftliche Aufarbeitung des konkreten historischen Ereignisses und seiner schriftlichen Zeugnisse, sondern lag vielmehr in dem Bemühen begründet, ein bibliographisches Hilfsmittel für die weitere Erforschung der problematischen Beziehungen zwischen Juden und Nichtjuden zu erstellen. Die Bibliographie sollte eine Grundlage bieten, auf der das Studium der Geschichte der Juden in Deutschland vorangetrieben und weitere Erkenntnisse über die vorhandenen Einstellungen und Wahrnehmungen der christlichen Mehrheitsgesellschaft gegenüber der Minderheit der Juden gewonnen werden sollten. Konkreter Anlaß war eine kurz zuvor veröffentlichte Bibliographie, die Freimann veranlaßte, seine bereits fertig gestellte Arbeit in Druck zu geben.[63]

Dem Bereich der Bibelwissenschaft, einem zentralen Studienfach der Wissenschaft des Judentums, sind die beiden anderen objektiven Personalbibliographien zuzuordnen, die zwei der autoritativen Exegeten des rabbinischen Judentums, Raschi und Saadia Gaon, betreffen und aus Anlaß ihrer Jahrestage entstanden sind.[64]

---

[62] Ein besonders berüchtigtes Beispiel nationalsozialistischer antisemitischer Propaganda in modernen Medien stellt Veit Harlans Spielfilm Jud Süß dar, der einer der bekanntesten Filme im Dritten Reich war (vgl. Gerber, Jud Süß [letzte Anm.], S. 303).

[63] Wilhelm Heyd: Süss Oppenheimer Bibliographie. In: Zeitschrift für Bücherfreunde 8 (1904/05), S. 448–452. Im August 1904 hatte Freimann in der Zeitschrift für Hebräische Bibliographie 8 (1904), S. 150 geschrieben: »Eine von mir angefertigte Bibliographie der Flugschriften über ›Jud Süß‹, für die ZfHB. bestimmt, liegt seit Jahren in der Druckerei und soll gelegentlich erscheinen.« Nach eigener Aussage vervollständigte und ergänzte seine Bibliographie die Angaben von Heyd und beruhte auf der Prüfung der Original-Flugschriften, die sich zum Teil in der Frankfurter Stadtbibliothek, teilweise in der Öffentlichen Bibliothek in Stuttgart befanden.

[64] Leopold Zunz rühmte Raschi als »Gesetzesverkünder« und verlieh ihm den hebräischen Ehrentitel »Parshandata«, wörtlich »Erklärer des Gesetzes«. Vgl. Leopold Zunz: Dreifaches Verzeichnis, Abschriften und Ausgaben des (Rashi) Commentars betreffend. In: Zeitschrift für die Wissenschaft des Judenthums 1 (1822), S. 349–366; ders., Liste der Superkommentare zu Raschi: In: ebd., S. 340–343; ders.: Salomon ben Isaac, genannt Raschi. In: ebd. 2 (1823), S. 277–384. Abraham Geiger: Parschandata. Die nordfranzösische Exegetenschule. Ein Beitrag zur Geschichte der Bibel-Exegese und der jüdischen Literatur. Leipzig: Schnauß 1855 (Schriften hg. vom Institute zur Förderung der israelitischen Literatur; 1,1855/56) übernahm diesen Titel von Zunz. Vgl. Ephraim E. Urbach: How did Rashi Merit the Title Parshandata? In: Rashi 1040–1990. Hommage à Ephraim E. Urbach. Ed. par Gabrielle Sed-Rajna. Paris: Éditions du Cerf 1993 (Patrimoines Judaïsme), S. 387–398. Abraham Berliner veröffentlichte die wissenschaftliche Edition des Pentateuchkommentars von Rasi al hat-Tora (Raschi: Der Kommentar des Salomo B. Isak über den Pentateuch [hebr.]). Nach Handschriften, seltenen Ausgaben und dem Talmud-Kommen-

Die Bibliographie der handschriftlichen Superkommentare zu Raschis Kommentar des Pentateuchs entstand im Kontext der Erinnerung an den 900. Jahrestag von Raschis Geburt, dem die American Academy for Jewish Research einen Sammelband als erste Veröffentlichung ihrer neuen Reihe widmete, in dem zahlreiche Kollegen und Freunde, darunter auch Alexander Marx, mit Aufsätzen zu verschiedenen Aspekten der Raschi-Forschung vertreten sind.[65] Die Bibliographie über Saadia Gaon wurde aus Anlaß seines Todestags erstellt, der sich 1942 zum tausendsten Male jährte und zu dem die American Academy for Jewish Research einen Aufsatzband veröffentlichte, für den sie auch Freimann um einen Beitrag gebeten hatte.[66]

g) Bibliographie der handschriftlichen Superkommentare zu Raschis Kommentar

Rabbi Schlomo ben Yitzchak, oder Solomon ben Isaac (1040–1105), der unter dem Akronym seines hebräischen Namens Raschi allgemein bekannt ist, gilt als einer der bedeutendsten rabbinischen Gelehrten des Judentums.[67]

---

tar des Verfassers mit besonderer Rücksicht auf die nachgewiesenen Quellen kritisch hergestellt von A. Berliner. Berlin 1866 (Nachdruck 1905) und untersuchte hierzu über 100 Handschriften und Drucke. Vgl. Freimann, Bibliographie der Schriften und Aufsätze des Dr. A. Berliner (Anm. 38), S. VII, Nr 1.

[65] Aron Freimann: Manuscript Supercommentaries on Rashi's Commentary on the Pentateuch. In: Rashi Anniversary Volume. Ed. by H. L. Ginsberg. New York: American Academy for Jewish Research 1941 (Text and Studies; 1), S. 43–114. Vgl. Shunami, Bibliography of Jewish Bibliographies (Anm. 3), Hauptband, S. 757, Nr 4318.

[66] Aron Freimann: Saadia Bibliography 1920–1942. In: Saadia Anniversary Volume. Ed. by Salo W. Baron. New York: American Academy for Jewish Research 1943 (Texts and Studies American Academy for Jewish Research; 2), S. 327–338. Vgl. Shunami, Bibliography of Jewish Bibliographies (Anm. 3), Hauptband, S. 741, Nr 4221.Wie aus der unterschiedlichen Seitenzählung ersichtlich zuerst als Sonderdruck erschienen.

[67] Vgl. Encyclopaedia Judaica (Anm. 21), Bd 13, Sp. 1558–1566, im Englischen als Salomon ben Isaac verzeichnet, dort weitere biographische Angaben; Hans Georg von Mutius: Rechtsentscheide Raschis aus Troyes (1040–1105). Quellen über die sozialen und wirtschaftlichen Beziehungen zwischen Juden und Christen. 2 Bde, Frankfurt a. M. u. a.: Lang 1986/1987 (Judentum und Umwelt; 15,1/2), Bd 1, S. 8–12; Gilbert Dahan: Introduction. In: Rashi et la Culture Juive en France du Nord au Moyen Age. Ed. par Gilbert Dahan, Gérard Nahon et Elie Nicolas. Paris, Louvain: Peeters 1997 (Collection de la Revue des études juives; 16), S. 5–11, hier S. 7 nennt als Standardwerke Maurice Liber: Rashi. Philadelphia: The Jewish Publication Society of America 1906 (Nachdruck 1970); Menahem Banitt: Rashi. Interpreter of the Biblical Letter. Tel Aviv: The Tel Aviv University 1985; Simon Schwarzfuchs: Rachi de Troyes. Avec un glossaire d'ancien français établi par Moch é Catane. Paris: Michel 1991 (Présences du Judaïsme; 3); Victor Malka: Rachi. Paris: Presses Universitaires de France 1993 (Que sais-je? 2778) sowie die Sammelbände Rashi 1040–1990. Hommage à Ephraim E. Urbach. Ed. par Gabrielle Sed-Rajna. Paris: Éditions

Sein Ruhm und Anerkennung begründen sich auf seinen Kommentar zur Bibel und zum Talmud, der sich durch knappe und präzise Formulierungen, die genaue Analyse der Sprache des vorliegenden Textes und die auf das Wesentliche beschränkten Erläuterungen schwer verständlicher Textstellen auszeichnet. Die Bedeutung seines Kommentars zur Bibel liegt schwerpunktmäßig in der wörtlichen Deutung des Textes, dessen grammatikalische Strukturen er als Philologe und Linguist herauszuarbeiten suchte, wobei er zur Verdeutlichung seiner Interpretation oftmals Begriffe der altfranzösischen Sprache benutzte, die im Kommentartext als Verständnishilfe eingesetzt werden.[68] Sein Kommentar zum babylonischen Talmud erfüllt die grundlegende Funktion eines Schlüssels zum Verständnis der sprachlich wie sachlich schwierigen Materie, da er die Argumentationsstruktur der einzelnen Texteinheiten verdeutlichte, so z. B. bei der Behandlung von Diskussionen im Talmud Frage- und Aussagesätze klassifizierte, mögliche Lesarten vorführte und bei religionsgesetzlichen Kontroversen auf das zu seiner Zeit geltende jüdische Recht hinwies.

In kurzer Zeit erlangte Raschis exegetisches Werk in den jüdischen Gemeinden einen fast kanonischen Status, sein Pentateuchkommentar war das erste hebräische Werk, das als Druck veröffentlicht wurde und seither, ebenso wie der Talmudkommentar, einen integralen Bestandteil der traditionellen Buchausgaben dieser Texte darstellt.[69] Bis zur Reformation sind auch christli-

---

du Cerf 1993 (Patrimoines Judaïsme) sowie Rashi Studies. Hg. von Zvi A. Steinfeld. Ramat Gan: Bar-Ilan University Press 1993. Zuletzt Dovid Castle: Rashi and the Tosafists. A Comprehensive Historical Biography of the Lives of Rashi, Tosafists and their Communities. Jerusalem: Feldheim 1996 (Living with the Sages; 1).

[68] Benjamin Gelles: Partnership of Peshat and Derash in Rashi's Exegesis. In: Rashi et la Culture Juive en France du Nord au Moyen Age. Ed. par Gilbert Dahan, Gérard Nahon et Elie Nicolas. Paris, Louvain: Peeters 1997 (Collection de la Revue des études juives; 16), S. 97–102. Auf diese Weise versuchte er zwischen dem Literalsinn eines Bibelverses und seiner vom Wortsinn abweichenden Auslegung in den rabbinischen Schriften, so z. B. in den Erläuterungen im Midrasch, zu vermitteln.

[69] Encyclopaedia Judaica (Anm. 21), Bd 13, Sp. 1563; Als erster hebräischer Druck gilt das vom 17. Februar 1475 datierte im italienischen Reggio di Calabria gedruckte Buch, das den Pentateuchkommentar von Raschi enthält. Drei typische Seiten dieses Druckes sind im Thesaurus Typographiae Hebraicae Saeculi XV unter der Zählung A1,1-A1,3 abgebildet. Adrian K. Offenberg: The Earliest Printed Editions of Rashi's Commentary on the Pentateuch. On Some Rare and Partly Unique Hebrew Incunabula. In: Rashi 1040–1990. Hommage à Ephraim E. Urbach. Ed. par Gabrielle Sed-Rajna. Paris: Éditions du Cerf 1993 (Patrimoines Judaïsme), S. 493–505 dagegen hat acht hebräische Inkunabeln aus Rom, unter denen sich auch ein Raschikommentar befindet und die auf die Jahre um 1480 datiert werden, auf die Jahre von 1469 bis 1472 rückdatiert. Somit legt er das Datum des ersten Raschidruckes um drei bis sechs Jahre zurück. Raschis Talmudkommentar war Bestandteil der editio princeps des Talmuds, der Erstausgabe des babylonischen Talmuds in hebräisch, die in Venedig in den Jahren 1520–1522/23 von Daniel Bomberg gedruckt wurde. Vgl. Encyclopaedia Judaica (Anm. 21), Bd 4, Sp. 1195, sowie über Bombergs verschiedene Talmud-

che Bibelexegeten von seinem Pentateuchkommentar beeinflußt worden.[70] Die
Kürze seiner Erläuterungen, insbesondere seiner Bibelauslegung, veranlaßte
nachfolgende Rabbiner und Gelehrte, weitere Erläuterungen zu seinem Kommentar, die sogenannten Superkommentare, zu verfassen, von denen einige
Hundert überliefert sind.[71] Im ersten Teil seiner Bibliographie, die sich auf die
handschriftlichen Superkommentare beschränkt, schildert Freimann, unter Berufung auf Veröffentlichungen seiner Kollegen, die Entstehungsgeschichte und
die geographische Ausbreitung der Superkommentare, wie sie sich aus den bekannten handschriftlichen Kommentaren zu Raschis Bibelauslegung erschlie-
ßen läßt.[72] Freimann liefert damit eine Rezeptionsgeschichte der Schriften
Raschis, deren Bedeutung darin liegt, daß dadurch Kenntnisse zur religiösen
und literarischen Entwicklung der Juden seit dem 12. Jahrhundert gewonnen
werden können.

h) Die Bibliographie über Saadia Gaon

Saadia Ben Joseph al-Fajumi (882–942), der als Saadia Gaon bekannt ist und in
Babylonien wirkte, zählt ebenfalls zu den Begründern des rabbinischen Judentums und stand, wie Raschi, im Zentrum des wissenschaftlichen Interesses mehrerer führender Vertreter der Wissenschaft des Judentums.[73] Saadia Gaon, als der
größte und originellste Denker der Geonim und Begründer der jüdischen Religionsphilosophie anerkannt, trug in seiner Funktion als Leiter der Talmudhoch-

---

ausgaben, Raphael N. Rabinowitz: Ma'amar al hadpasat Ha-Talmud [Aufsatz über
den Druck des Talmuds, hebr.]. Jerusalem: Mosad ha-Rav Quq 1952.

[70] So z. B. Nicholas des Lyra, vgl. Michael A. Signer: Rashi as narrator. In: Rashi et la
Culture Juive en France du Nord au Moyen Age (Anm. 67), S. 103–110.

[71] Shunami, Bibliography of Jewish Bibliographies (Anm. 3), Hauptband, S. 755–757,
Nr 4309–4321 listet 15 Personalbibliographien zu Raschi auf, die sowohl Nachweise
der Kommentare Raschis als auch der Superkommentare zu Raschi enthalten.

[72] Jakob Moise Tolédano: Apiryon. Maareket sifre ha-perusim, ha-hiddusim we-habeurim.
Jerusalem 1905. Diese Bibliographie verzeichnet in 195 Einträgen sowohl Handschriften als auch Druckwerke sowie Zusätze zu diesem Werk, erschienen in der Zeitschrift für Hebräische Bibliographie 9 (1905), S. 137ff., vgl. Shunami, Bibliography
of Jewish Bibliographies (Anm. 3), Hauptband, S. 756, Nr 4312. Anlaß war der 800.
Todestag von Raschi. Zum 900. Geburtstag von Raschi erschien die Arbeit von I.
Schapiro: Israel Schapiro: Parshane Rashi al ha-Torah. A Bibliography of Supercommentaries on Rashi's Pentateuch-Commentary [hebr.]. In: Bitsaron 2 (1940), S. 426–
437, die 161 Einträge enthält. Abraham Marmorstein: Die Superkommentare zu Raschis Pentateuchkommentar. In: Zeitschrift für Hebräische Bibliographie 11 (1907),
S. 156–157, 188–191; 12 (1908), S. 26–28. Vgl. Samuel Poznanski: Einleitung zum
Kommentar zu Ezechiel und den XII kleinen Propheten von Eliezer aus Beaugency
[hebr.]. Warschau: Epfelberg 1909–1914, der in seiner »excellent introduction« die
Bedeutung der Tosafisten herausarbeitet (zit. in: Freimann, Manuscript Supercommentaries on Rashi's Commentary on the Pentateuch [Anm. 65], S. 75).

[73] Vgl. S. J. Rapoport: Toledot Rabenu Saadia Gaon we-qorot sefaraw [hebr.]. In: Bikkure Ha-Ittim 9 (1828), S. 20–37.

schule in Sura, Babylonien, entscheidend dazu bei, die Führungsrolle der babylonischen Diaspora gegenüber den jüdischen Gemeinden in Palästina in religionsgesetzlichen Entscheidungen durchzusetzen und ihren Status als das geistige
Zentrum des Judentums, das einen bestimmenden Einfluß auf die Entwicklung
und Ausformung des rabbinischen Judentums ausgeübt hat, zu sichern.[74] In seinen Werken spiegelt sich die außerordentliche Vielseitigkeit und Originalität
seines Denkens; er verfaßte die erste Grammatik der hebräischen Sprache und
die erste Übersetzung der Bibel aus dem Hebräischen ins Arabische, die sich
als Standardversion der arabisch sprechenden Juden bis auf den heutigen Tag
erhalten hat.[75] Ebenso schuf er, in der pädagogischen Absicht für betende Juden
eine praktische Anleitung zu erstellen, das erste jüdische Gebetbuch für das
tägliche Gebet, das Siddur und verfaßte zahlreiche liturgische Gesänge, Piyyu-
tim, deren hebräische Diktion gerühmt wird.[76]

---

[74] Gaon, in der Pluralform Geonim, war der offizielle Titel der Leiter der babylonischen
Talmudhochschulen von der zweiten Hälfte des 6. bis zur Mitte des 11. Jahrhunderts.
Von den Juden in aller Welt wurden die Geonim als höchste geistige Authorität anerkannt. Ursprünglich nur auf die babylonischen Akademien bezogen, wurde der Titel
ab dem 10. Jahrhundert auch an Oberhäupter anderer Akademien in Palästina, Syri-
en und Ägypten vergeben, bis er zum Ehrentitel für jeden wurde, dem man hervorragende Talmudkenntnisse bescheinigen wollte. Innerhalb der babylonischen Gemeinschaft hatten die Geonim die geistige, der Exilarch die politische Führung inne
(vgl. Encyclopaedia Judaica [Anm. 21], Bd 7, Sp. 315). Seine Biographie ist gut dokumentiert, vgl. Robert Brody: The Geonim of Babylonia and the Shaping of Medieval Jewish Culture. New Haven, London: Yale University Press 1998, S. 235ff.;
Alexander Marx: Rab Saadia Gaon. In: ders., Essays in Jewish Biography. Philadelphia: The Jewish Publication Society of America 1947, S. 3–38. Als Standardwerk
gilt bis heute die umfassende Darstellung von Henry Malter: Saadia Gaon, his Life
and Works. New York Hermon Press 1969 [zuerst 1921], S. 25–134, der sich auf
Dokumente der Genizah in Kairo beruft, die erstmals veröffentlicht wurden in: Saadyana. Geniza Fragments of Writings of R. Saadya Gaon and Others. Ed. by Salomon Schechter. Cambridge: Deighton and Bell 1903.
[75] Saadja Gaon: Ha-Egron. Kitab Usul as-si'r al-'ibrani [The Egron. The Book of the
Principles of Hebrew Poetry, hebr.]. Hg. und übersetzt von Nehemia Allony. Jerusalem: ha-Akademyah la-lashon ha-Ivrit 1969. Vgl. Solomon L. Skoss: Saadia Gaon,
the Earliest Hebrew Grammarian. In: Proceedings of the American Academy for
Jewish Research 21 (1952), S. 75–100; 22 (1953), S. 65–90; 23 (1954), S. 59–73.
Zur Bibelübersetzung vgl. Saadja Gaon: Œuvres Complètes de R. Saadia Ben Iosef
al Fayyoumi. Ed. par Joseph Derenbourg. Bd 1: Version Arabe du Pentateuque. Paris: Leroux 1893. Dies war eine freie Übersetzung, die dem Leser vor allem den Inhalt des Textes auf leichtverständliche Weise vermitteln sollte, wodurch manchmal
die Struktur des Originaltextes verloren ging (vgl. Marx, Essays in Jewish Biography [letzte Anm.], S. 28ff.). Die Übersetzung von Saadia Gaon war in arabischen
Lettern verfaßt und wandte sich auch an die Moslems, die mit den Inhalten der jüdischen Bibel vertraut gemacht werden sollten.
[76] Siddur R. Saadja Gaon [hebr.]. Hg. von Simha Assaf, Israel Davidson und Issachar
Joel. Jerusalem: Meqise Nirdamim 1941. Vgl. Ismar Elbogen: Saadia's Siddur. In:
Saadia Anniversary Volume (Anm. 66), S. 247–261.

Vor allem aber gilt Saadia als der Begründer der jüdischen Religionsphilosophie, der in seinem philosophischen Hauptwerk *Glauben und Wissen* auf der Grundlage der arabisch-islamischen Lehre des Kalam als erster eine systematische philosophische Rechtfertigung des Judentums formulierte.[77] Dieses Werk stellt die erste Verteidigung des Judentums mit rationalistischen Argumenten dar; es hatte großen Einfluß auf alle nachfolgenden jüdischen Philosophen, einschließlich Moses Maimonides, und diente ebenso wie alle seine anderen Schriften der Begründung einer theoretischen Grundlegung für die Einheit des rabbinischen Judentums und der Bekämpfung der Häresie und des Sektentums, insbesondere der Sekte der Karäer.[78]

Mit seiner Bibliographie von Saadia Gaon griff Freimann eines der Themen seines großen Vorbildes Moritz Steinschneider auf, der sich im Rahmen seiner wissenschaftlichen Studien über die arabische Literatur der Juden intensiv mit dem Werk von Saadia Gaon beschäftigte und dessen Werke für den Katalog der hebräischen Bücher in der Bodleiana in Oxford bearbeitet hatte.[79] Bei der Bibliographie handelt es sich gleichermaßen um eine objektive und subjektive Bibliographie für die Jahre 1920 bis 1942, indem sowohl die Schriften von als auch die Arbeiten über Saadia Gaon aufgelistet sind. Die Entdeckung der Genizah in Kairo und die fortschreitende wissenschaftliche Aufarbeitung der

---

[77] Vgl. Julius Guttmann: Die Philosophie des Judentums. München: Reinhardt 1933 (Geschichte der Philosophie in Einzeldarstellungen; 3: Abt. 1: Das Weltbild der Primitiven und die Philosophie des Morgenlandes), Nachdruck Berlin 2000, S. 98–112; Marx, Essays in Jewish Biography (Anm. 73), S. 37. Das arabische Original Kitab al-Amanat wa'l I'taqadat wurde erstmals 1880 gedruckt. Die hebräische Übersetzung unter dem Titel Emunot we-Deot wurde 1186 von Judah ibn Tibbon erstellt und bereits 1562 in Konstantinopel gedruckt. Die deutsche Übersetzung des Titels variiert, und lautet im Jüdischen Lexikon (Anm. 53), Bd 4, S. 3: »Glauben und Wissen«, bei Guttmann, Die Philosophie des Judentums (wie oben), S. 99: »Das Buch der Meinungen und Glaubenslehren«. Julius Fürst, der das Werk als erster aus dem Hebräischen ins Deutsche übersetzte, nannte es »Glaubenslehre und Philosophie«. Ins Englische wurde das Werk erstmals von Samuel Rosenblatt übersetzt und veröffentlicht: Saadia Gaon: The Book of Beliefs and Opinions. Translated from the Arabic and the Hebrew by Samuel Rosenblatt. New Haven u. a.: Yale University Press 1948 (Yale Judaica Series; 1).

[78] Vgl. Nahum N. Sarna: Studies in Biblical Interpretation. Philadephia: Jewish Publication Society, 2000 (JPS Scholar of Distinction Series), S. 81–125; Daniel J. Lasker: Saadya Gaon on Christianity and Islam. In: The Jews of Medieval Islam. Community, Society and Identity. Proceedings of an International Conference Held by the Institute of Jewish Studies, University College London 1992. Ed. by Daniel Frank. Leiden u. a.: Brill 1995 (Etudes sur le judaïsme médiéval; 16), S. 165–177.

[79] Moritz Steinschneider: Die arabische Literatur der Juden. Ein Beitrag zur Literaturgeschichte der Araber, grossenteils aus handschriftlichen Quellen. Frankfurt a. M.: Kauffmann 1902; ders., Saadia Gaon's arabische Schriften. In: Gedenkbuch zur Erinnerung an David Kaufmann. Hg. von Markus Braun und Ferdinand Rosenthal. Breslau: Schottlaender 1900, S. 144–168. Steinschneiders Eintrag der Werke von Saadia Gaon ist Teil des Sondervorabdrucks, der die fünf längsten Einträge seines Katalogs der Bodleiana enthält.

dortigen Funde hatten der Saadia-Forschung in den Jahren nach dem Ersten
Weltkrieg einen enormen Auftrieb gegeben und zur Edition zahlreicher, bis-
lang unveröffentlichter Schriften von Saadia sowie zu einer Fülle von Sekun-
därliteratur geführt, welche eine neue Bibliographie als ein wissenschaftliches
Desiderat erscheinen ließen.[80] Unter Berufung auf die bereits vorhandenen
Studien, insbesondere das umfassende Werk von Henry Malter, als dessen
Fortsetzung Freimann seine eigene Arbeit verstanden wissen wollte, wurden
deshalb nur diejenigen Veröffentlichungen von Saadia aufgelistet, die seit der
Veröffentlichung des Werkes von Malter in den letzten zwanzig Jahren neu
erschienen waren.[81]

5.1.3 Thematische Bibliographien

In der überwiegenden Mehrzahl betreffen die bibliographischen Arbeiten von
Aron Freimann einzelne Sachgebiete und nicht Personen und sind deshalb
typologisch als thematische Bibliographien einzuordnen.[82] Die einzelnen bibliographischen Beiträge, welche stets auf ganz eng definierte Themenbereiche
beschränkt sind, decken in ihrer Gesamtheit die verschiedenen Wissensberei-
che der Wissenschaft des Judentums ab und stellen als Ganzes eine umfassende Fachbibliographie dar. Vorrangig zählen zu den thematischen Bibliographien, deren Darstellung im einzelnen den Rahmen der Arbeit sprengen würde,
die zahlreichen Aufsätze zur Geschichte des hebräischen Buchdruckes in einzelnen Ortschaften in Deutschland, Italien, Polen, der Tschechoslowakei,
Griechenland, der Türkei und Palästina, die Literaturverzeichnisse der vor Ort
gedruckten hebräischen Werke enthalten. Hierbei handelt es sich um bibliographische Arbeiten, in denen sich die thematische Begrenzung auf ein Sachgebiet und eine Region bezieht und welche zum größten Teil in der *Zeitschrift
für Hebräische Bibliographie* und nicht als eigenständige Werke veröffentlicht

---

[80] Vgl. Stefan C. Reif: A Jewish Archive from Old Cairo. The History of Cambridge
University's Genizah Collection. Richmond: Curzon 2000 (Culture and Civilisation
in the Middle East), S. 166ff. nennt Saadia Gaon eines der besten Beispiele einer historischen Persönlichkeit, über welche durch die Funde genauere Informationen bekannt wurden, so wurde z. B. das Geburtsdatum auf das Jahr 882 festgelegt. Zuvor
war im Jahre 1892 fälschlicherweise das 1.000. Jubiläum seines Geburtstages zehn
Jahre zu spät begangen worden.

[81] Malter, Saadia Gaon (Anm. 74), S. 303–419.

[82] Vgl. Bartsch, Die Bibliographie (Anm. 1), S. 120 sowie S. 254, Anm. 70. Der Terminus »thematische Bibliographie« wird in Unterscheidung zum Begriff »Fachbibliographie« angewandt und bezieht sich auf Bibliographien, in denen die erfaßte
Literatur auf Teilbereiche oder einzelne Sachgebiete innerhalb eines Wissenschafts-
faches begrenzt wird. In der Regel deckt sich die Begrenzung mit den Spezialgebieten innerhalb eines Faches, sie kann aber auch beliebige, insbesondere interdiszipli-
näre Sachgebiete betreffen.

wurden.[83] Die im Folgenden exemplarisch ausgewählten vier thematischen Bibliographien verdeutlichen das weite Spektrum und die inhaltliche Vielfalt der wissenschaftlichen Betätigung von Freimann; sie gehören dem Bereich der Medizingeschichte und der deutsch-jüdischen Geschichte des 19. Jahrhunderts an sowie dem Sachgebiet der jüdischen Religion, insbesondere des Talmuds und des Midrasch.[84]

a) Bibliographie der hygienischen Literatur der Juden

Die Medizin war über die Jahrhunderte eines der traditionellen Betätigungsfelder der Juden, sowohl im praktischen Sinne, da viele Juden diesen Beruf ergriffen und einen Einfluß auf seine Entwicklung ausgeübt haben, als auch im theoretischen Sinne, bedingt durch die in der jüdischen Religionslehre enthaltenen umfassenden Gesetze für Hygiene und Gesundheit, die in zahlreichen detaillierten Anordnungen im Alten Testament und im Talmud niedergelegt sind. Durch das Talmudstudium und die damit verbundene ständige Kommentierung, Ergänzung und Anpassung der religiösen Hygienevorschriften an den jeweiligen Stand der medizinischen Wissenschaft haben diese Regeln im Bewußtsein der Juden einen wichtigen Stellenwert eingenommen und in der orthodoxen Ausprägung des Judentums ihre Gültigkeit bis in die Gegenwart behalten.[85] Der Beitrag der Juden zur Entwicklung der Medizin gehörte zu den zentralen Themen, die von Moritz Steinschneider im Rahmen seiner Beschäftigung mit den Juden im arabischen Kulturkreis bearbeitet und von Aron Freimann aufgenommen und fortgeführt wurden.[86]

Die »Bibliographie der hygienischen Literatur der Juden« wurde in dem Sammelband Hygiene der Juden im Zusammenhang mit der Internationalen Hygiene-Ausstellung publiziert, die 1911 in Dresden stattfand und die erste einer Reihe von Ausstellungen zu diesem Thema zu Beginn des 20. Jahrhunderts war.[87] Mit

---

[83] Vgl. ebd., S. 118. Diese Bibliographien sind allerdings nicht mit den Regionalbibliographien zu verwechseln, die Literatur über ein bestimmtes Gebiet erfassen.

[84] Vgl. Marx / Cohen, Necrology (Anm. 30), S. XXVI. Dort werden die beiden Bibliographien zur Talmudliteratur besonders hervorgehoben: »It is impossible to enumerate here his contributions to the history of Hebrew printing and bibliography. Suffice it to refer [...], to his useful lists Die hebräischen Kommentare zu den 13 Middot des R. Ismael (1917) and the Kuntres Hamefaresh Hashalem [...].« Eine Inhaltsangabe der thematischen Bibliographien s. Tabelle, unten S. 371.

[85] Vgl. Julius Carlebach: Hygiene im Judentum. in: Hygiene und Judentum. Hg. von Nora Goldbogen. Dresden: Verein für Regionale Politik und Geschichte 1995 (Historische Blätter), S. 7–15. Die jüdischen Gesundheitsgesetze gliedern sich in die fünf Hauptgruppen betreffend die Regeln der Sauberkeit für Person, Haus und Besitz; die Speisegesetze; die »Sozialhygiene« genannten Regeln der Sozialgesetzgebung der Schabbatruhe; die Sexualgesetze und die Gesetze, die von Krankheit und Kranken handeln.

[86] Marx, Essays in Jewish Biography (Anm. 74), S. 163–165.

[87] Falk Wiesemann: Die Präsentation der »Hygiene der Juden« auf Hygiene-Ausstellungen in Deutschland. In: Hygiene und Judentum (Anm. 85), S. 16–22.

der Organisation des jüdischen Beitrags zur Ausstellung war der Wiener Rabbiner Max Grunwald, der Begründer der jüdischen Volkskunde, beauftragt, der in Zusammenarbeit mit zahlreichen Synagogengemeinden, jüdischen Kulturinstitutionen und Privatleuten knapp 400 Originalobjekte, Photos und Modelle zusammentrug, die in zwei eigenen Räumen innerhalb der Bereiche Altertum und Mittelalter gezeigt wurden.[88] Sowohl die Präsentation auf der Ausstellung als auch die dazugehörige Veröffentlichung waren von starken apologetischen Tendenzen geprägt, in der Absicht, den bedeutenden Beitrag der jüdischen Wissenschaftler zu der Entwicklung der Medizin und damit ihre herausragende Rolle im gesellschaftlichen Fortschritt zu betonen.[89] In zahlreichen positiven Berichterstattungen in der jüdischen und nichtjüdischen Presse wurde der legitime Anspruch der Juden auf eine gleichberechtigte Stellung innerhalb der deutschen Gesellschaft als ein wichtiger Aspekt der Ausstellung hervorgehoben.[90] Die Erarbeitung eines eigenen Beitrages von Seiten der Juden ging weit über die Teilnahme am allgemeinen Hygiene-Diskurs hinaus, wie er sich seit der Jahrhundertwende entwickelt hatte, und ist vor allem im Kontext ihrer Stellung innerhalb der deutschen Gesellschaft und damit im Zusammenhang mit der Problematik ihrer Integration bzw. Ausgrenzung zu sehen.

Freimanns bibliographische Arbeit ist ebenfalls als ein Beitrag zur Vergewisserung des jüdischen Selbstverständnisses jener Zeit und als Bekräftigung der errungenen gesellschaftlichen Positionen zu werten.[91]

b) *Deutsche anonyme Schriften über Juden und Judentum*

Diese Bibliographie ist ebenfalls im Kontext der retrospektiven Auseinandersetzung der Juden mit ihrer gesellschaftlichen Stellung in Deutschland entstanden, sie beschränkt sich inhaltlich auf einen Teilbereich der deutsch-jüdischen Geschichte sowie formal auf das Auswahlkriterium anonym erschienener Ver-

---

88 Max Grunwald: Zur Einführung. In: Die Hygiene der Juden im Anschluß an die Internationale Hygiene-Ausstellung Dresden 1911. Hg. von M. Grunwald. Dresden: Verlag der Historischen Abteilung der Internationalen Hygiene-Ausstellung 1912, S. 3–17.

89 Ebd., S. 3: »Bei der herben Kritik, die das Judentum von alters her erfahren hat, wirkt um so eindrucksvoller ein großer Chor übereinstimmender Lobpreisungen der hygienischen Weisheit, die seine religiösen Vorschriften und Einrichtungen offenbaren und der Leistungen, mit denen Forscher aus jüdischem Stamme die Wissenschaft der Hygiene gefördert haben.«

90 Max Grunwald: Bericht über die Gruppe »Hygiene der Juden« in der Internationalen Hygiene-Ausstellung Dresden 1911. Wien 1911, veröffentlichte eine Reihe von Urteilen der Presse, so u. a. aus der Posener Zeitung vom 23. Mai 1911: »Wir sind der festen Ueberzeugung, daß die jüdische Abteilung dazu beitragen wird, manchen unberechtigten Vorwurf gegen Juden und Judentum zurückzuweisen.« (S. 27)

91 Bibliographie der hygienischen Literatur der Juden, gesammelt von A. Freimann. Ergänzt von Siegmund Seeligmann, W. Zeitlin und M. Grunwald. In: Die Hygiene der Juden. Im Anschluß an die Internationale Hygiene-Ausstellung Dresden 1911. Hg. von Max Grunwald. Dresden: Internationale Hygiene-Ausstellung 1911, S. 18–29.

öffentlichungen.[92] Bei den Schriften, die inhaltlich zum größten Teil zwei Themengebieten zuzuordnen sind, handelt es sich zum einen um antisemitische
Aufrufe und Pamphlete, in denen die ganze Bandbreite judenfeindlicher Ressentiments, wie sie im Kampf gegen die Gleichstellung und Gleichberechtigung der Juden in Deutschland zum Ausdruck kamen, ihre Darstellung finden,
und zum anderen um apologetische Schriften der Juden, die der Vorurteilsbekämpfung, der Abwehr des Antisemitismus und der Aufklärung über die jüdische Religion dienen sollten.[93] Des weiteren sind in der Bibliographie zahlreiche
Veröffentlichungen jüdischer Gemeinden, liturgische Abhandlungen, Sendschreiben einzelner jüdischer Persönlichkeiten, Geburtstagsgaben und Verzeichnisse von Buchsammlungen enthalten. Der besondere Wert der Bibliographie besteht darin, daß Freimann zu jedem Titel den Verfasser eruiert hat,
und so durch die Feststellung der Urheber der bislang anonymen Werke die in
der theoretischen Auseinandersetzung um die Stellung der Juden in Deutschland
vertretenen Meinungen konkreten Personen zugewiesen und damit in den historischen Zusammenhang eingebunden werden können.

c) Der vollständige Exeget – Quntres ham-mefares has-salem

Bei der Arbeit *Quntres ham-mefares has-salem*, auf deutsch »Der vollständige
Exeget«, handelt es sich um eine Bibliographie gedruckter und ungedruckter
Talmudkommentare von Gelehrten des Mittelalters, die in hebräischer Sprache
bis zum Ende des 16. Jahrhunderts verfaßt worden sind.[94] Erstmalig wurde die
Bibliographie in der Festschrift zum siebzigsten Geburtstag von David Hoffmann, Freimanns Lehrer für Bibel- und Talmudexegese und späterer Direktor
des Rabbinerseminars in Berlin, im Jahre 1914 veröffentlicht.[95] Dreißig Jahre
später wurde sie in der Festschrift für Louis Ginzberg in New York in einer
von Freimann erweiterten und überarbeiteten Fassung erneut veröffentlicht, die
alle neuentdeckten Handschriften und die zwischenzeitlich erfolgten Druckausgaben enthält.[96] Bei dieser Arbeit wurde er von seinem Kollegen Alexander

---

[92] Aron Freimann: Deutsche anonyme Schriften über Juden und Judentum. In: Zeitschrift für Hebräische Bibliographie 18 (1915), S. 73–101.

[93] Vgl. ebd., S. 86, Nr 193: Juden, Die, im römischen Reiche. (Verf. A. Stoecker), Berlin 1899 sowie S. 80, Nr 98: Circumcision, Die, der Israeliten beleuchtet vom ärztlichen und humanen Standpunkte ... (Verf. Eugen Levit), Wien 1874.

[94] Vgl. Jüdisches Lexikon (Anm. 53), Bd 3, Sp. 940. Der Begriff »Kuntress« oder »Kontress«, vom lateinischen »commentarius« abstammend, bezeichnete im Mittelalter ein
selbständiges exegetisches Werk, in der Moderne ein Verzeichnis exegetischer Werke.

[95] Aron Freiman: Quntres ham-mefares has-salem [Bibliographie gedruckter und ungedruckter Talmudkommentare von Schriftstellern des Mittelalters, hebr.]. In: Festschrift
zum siebzigsten Geburtstage David Hoffmann's. Gewidmet von Freunden und Schülern. Hg. von Simon Eppenstein u. a. Berlin: Lamm 1914, S. 106–129.

[96] Aron Freiman: Quntres hamefares has-salem [Der vollständige Exeget, hebr.]. Überarbeitete und erweiterte Fassung. In: Louis Ginzberg. Jubilee Volume on the Occasion of
his Seventieth Birthday, Hebrew Section (Sefer ha-yovel Levi Ginzberg). New York:
American Academy for Jewish Research 1945/46, S. 323–354.

Marx unterstützt, der das Verzeichnis durchgesehen und eigene Ergänzungen hinzugefügt hatte, wofür Freimann ihm ausdrücklich dankte.[97]

Grundlage der Bibliographie von Freimann war das Werk des Wiener Rabbiners Adolf Jellinek, der im Jahre 1877 eine Bibliographie der Talmudkommentare unter dem Titel *Der Exeget* veröffentlicht hatte.[98] In dieser Arbeit hatte Jellinek die umfangreiche Literatur der Talmudkommentare zum ersten Mal nach thematischen Kriterien gegliedert und die Kommentare den einzelnen Talmudtraktaten zugeordnet.[99] Nachdem in den Jahrzehnten nach der Veröffentlichung von Jellineks Werk zahlreiche wissenschaftliche Neueditionen einer Reihe hebräischer Handschriften zu neuen Erkenntnissen über die Literatur der Talmudkommentare geführt hatten, beabsichtigte Freimann mit seiner ergänzenden Bibliographie »Der vollständige Exeget« Jellineks Verzeichnis zu korrigieren und dem neuesten Stand der Wissenschaft anzupassen. Er verstand seinen Aufsatz als den Beginn der bibliographischen Bearbeitung der halachischen, d. h. der religionsgesetzlichen Literatur, in der es bislang noch an umfassenden bibliographischen Studien mangelte, und schrieb 1919:

> Die halachische Literatur in ihrer Vollständigkeit zu bearbeiten, ist der Zukunft vorbehalten. Jellinek hat in seinen Kuntressim und ich selbst in zwei Einzeldisziplinen damit begonnen.[100]

Freimanns Bibliographie, deren Berichtszeitraum vom 10. bis zum 16. Jahrhundert reicht, stellt in der Form der Vervollständigung und Erweiterung der Arbeit von Jellinek ein weiteres äußerst nützliches Hilfsmittel zum Studium des Talmuds dar, indem es eine Übersicht über die durch ihre Menge und Vielfalt so unübersichtlichen Erklärungswerke bietet, deren Kenntnis wie-

---

[97] Ebd., S. 1. Die Ergänzungen von Alexander Marx sind in der Bibliographie nicht gekennzeichnet.

[98] Vgl. Encyclopaedia Judaica (Anm. 21), Bd 9, Sp. 1337; Jüdisches Lexikon (Anm. 53), Bd 3, Sp. 173. Adolf (Aaron) Jellinek (1820/21–1893) stammte aus Mähren, hatte seit 1842 in Leipzig Philosophie und Orientalistik studiert und mit Julius Fürst an der Herausgabe der Zeitschrift Der Orient mitgearbeitet. Im Jahre 1845 wurde er als Rabbiner nach Leipzig, 1857 nach Wien berufen. Jellinek galt als der »geistvollste und interessanteste Prediger seiner Zeit« von dem ca. 200 Predigten veröffentlicht wurden. Er verfaßte zahlreiche wissenschaftliche Werke zu historischen, philosophischen, talmudischen und bibliographischen Themen. Das erste Werk einer Reihe von bibliographischen Verzeichnissen über die Literatur zum Talmud und die älteren rabbinischen Schriften war sein Quntres ham-mefares (»Der Exeget«, Wien: Brag, Smolenskin 1877).

[99] Vgl. die Besprechung von Nehemias Brüll: Der vollständige Exeget. In: Jahrbücher für jüdische Geschichte und Literatur 3 (1877), S. 197–199, die den Nutzen dieses bibliographischen Hilfsmittels betont.

[100] Aron Freimann: Der gegenwärtige Stand der jüdischen Bibliographie. In: Neue jüdische Monatshefte 4 (1919), Nr 2/4, S. 39–41, hier S. 41. Gemeint sind die beiden Arbeiten Ha-Quntres ham-mefares has-salem und die 13 Middot des R. Ismael.

derum als Teil der rabbinischen Tradition für das Studium des Talmuds unerläßlich ist.[101] Die Bibliographie entspricht mit ihrer Gliederung, in der die
Kommentare nicht wie in den großen Bibliothekskatalogen der hebräischen
Sammlungen nach Verfassern oder Titeln aufgelistet sind, sondern wie das
Originalwerk, das sie kommentieren, den einzelnen Traktaten zugeordnet
sind, den Anforderungen der Studierenden und ermöglicht ihnen einen direkten Zugriff auf die benötigten Informationen. Weiterhin bieten die detailrei-
chen und sorgfältigen Einträge einen Vergleich der Druckausgaben und sind
daher für die literarhistorische Arbeit unerläßlich. Der Wert des bibliographischen Hilfsmittels wird lediglich dadurch begrenzt, daß die Auflistung
auf die mittelalterlichen Kommentare beschränkt ist und die nach der Einführung des Druckes zahlreichen späteren Kommentare nicht berücksichtigt
wurden.[102]

d) Die hebräischen Kommentare zu den 13 Middot des Rabbi Ismael

Die Bibliographie der *Hebräischen Kommentare zu den 13 Middot des Rabbi
Ismael* bildet den Beitrag Freimanns zu der Festschrift, die dem Talmudfor-
scher und Rabbiner Adolf Schwarz zu seinem siebzigsten Geburtstag von
seinen Freunden und Schülern gewidmet wurde.[103] Die Wahl des Themas lag
in den Forschungsinteressen von Schwarz begründet, der sich in mehreren
Studien mit der Untersuchung der talmudischen Hermeneutik auseinanderge-
setzt hat.[104] Die 13 Middot sind das wichtigste und bekannteste Regelwerk der

---

[101] Der früheste aufgelistete Talmudkommentar stammt von Saadia Gaon aus dem
10. Jahrhundert, als Endpunkt ist das Wirken des Rabbiners und Talmudgelehrten
Bezalel Ashkenazi, der im 16. Jahrhundert in Ägypten lebte, genannt (Freimann,
Quntres ham-mefaresch ha-salem [Anm. 95], S. 323). Vgl. Jüdisches Lexikon (Anm.
54), Bd 4/2, Sp. 858 nennt zum Eintrag Talmudkommentare Freimann, Kontres Hamefaresch Haschalem (Anm. 95) als Literaturangabe.

[102] Jacob P. Kohn: Osar Ha-beurim weha-perusim [Thesaurus of the Hebrew Halachic
Literature, hebr.]. London: Ha-madpis 1952, Einleitung, o. pag. hebt den bibliographischen Wert der Arbeiten von Jellinek und Freimann hervor und benennt lediglich
die Eingrenzung auf mittelalterliche Exegeten als den einzigen Mangel, wobei er insbesondere kritisiert, daß diese Beschränkung durch Freimanns Arbeit nicht behoben
wurde. Zu den wichtigen Talmudkommentaren der Neuzeit vgl. Adin Steinsaltz:
Talmud für Jedermann. Basel, Zürich: Morascha 1995, S. 97ff.

[103] Aron Freimann: Die hebräischen Kommentare zu den 13 Middot des Rabbi Ismael
[hebr.]. In: Festschrift Adolf Schwarz zum siebzigsten Geburtstage 15. Juli 1916.
Gewidmet von Freunden und Schülern. Unter Mitwirkung von V. Aptowitzer hg.
von Samuel Krauss. Berlin, Wien: Löwit 1917, S. 109–119.

[104] Ebd., S. 109. Vgl. Encyclopaedia Judaica (Anm. 21), Bd 14, Sp. 1022; Jüdisches Lexikon (Anm. 54), Bd 4/2, Sp. 293; Max Waxman: Prof. Aryeh Schwarz. In: Hokmat
Jisrael Be-ma'arab Eropa (Anm. 42), S. 482–490. Adolf Aryeh Schwarz (1864–
1931) stammte aus Ungarn, hatte am Jüdisch-Theologischen Seminar in Breslau studiert und amtierte von 1875 bis 1893 als Rabbiner in Karlsruhe. 1893 wurde er als erster Rektor der neugegründeten Israelitisch-Theologischen Lehranstalt nach Wien be-

talmudischen Hermeneutik und dienen als Richtlinien der Exegese des biblischen Textes, zum Zwecke des Verständnisses, der Auslegung und der Ableitung weiterer Religionsgesetze auf der Grundlage des Alten Testamentes.[105]

Das Werk, das in der rabbinischen Tradition dem Tannaiten Ismael zugeschrieben und deshalb nach ihm benannt wurde, beinhaltet die grundlegenden Prinzipien, nach denen die Erörterungen und Diskussionen des Talmuds strukturiert wurden.[106] Es bildete über die Jahrhunderte einen integralen Bestandteil der Talmudstudien und ist als solches selbst zum Thema zahlreicher rabbinischer Kommentare geworden.[107] Der Sohn des Gefeierten, Arthur Zacharias Schwarz (1880–1939), der ebenfalls als Rabbiner und Religionslehrer in Wien angestellt war, arbeitete wissenschaftlich als Bibliograph und erstellte mehrere Kataloge von Hebräischen Handschriften, die sich in

---

rufen, wo er bis zu seinem Tode verblieb. Zu seinen wichtigsten Werken zählen: Adolf Schwarz: Die hermeneutische Analogie in der talmudischen Literatur. Wien: Israelitisch-Theologische Lehranstalt 1897; ders., Der hermeneutische Syllogismus in der talmudischen Literatur. Ein Beitrag zur Geschichte der Logik im Morgenlande. Karlsruhe: Bielefeld 1901; ders., Die hermeneutische Induktion in der talmudischen Literatur. Ein Beitrag zur Geschichte der Logik. Wien u. a.: Hölder 1909.

105   Vgl. Jewish Encyclopedia (Anm. 35), Bd 8, S. 366; Jüdisches Lexikon (Anm. 54), Bd 2, Sp. 1550. Middot (Singular = Midda) bedeutet im Hebräischen »Maßstab« oder »Richtlinien«, in diesem Falle für die Theorie der Bibelauslegung. Vgl. »Hermeneutics«. In: The Oxford Dictionary of the Jewish Religion. Ed. by Raphael J. Zwi Werblowsky and Geoffrey Wigoder. New York u. a.: Oxford University Press 1997, S. 318; Hermann L. Strack / Günter Stemberger: Einleitung in Talmud und Midrasch. 7., völlig neu bearb. Aufl., München: Beck 1982 (Beck'sche Elementarbücher), S. 30–32.

106   Das Leben von Ismael ist historisch gut belegt, er stammte aus der Familie der Hohenpriester und lebte im 2. Jahrhundert im südlichen Palästina. Vgl. »Yishmae'el Ben Elisha«. In: Oxford Dictionnary of Jewish Religion (letzte Anm.), S. 745; Gershom Bader: The Encyclopedia of Talmudic Sages. Northvale, London: Aronson 1988, S. 236–245; Ensiqlopedya le-hakme hat-talmud we-hag-ge'onim [Enzyklopädie der Talmudgelehrten und der Gaonen, hebr.]. Bearb. von Re'uven Margaliyyot. 2 Bde, Tel Aviv: Yavneh 1995, Bd 2, S. 239-241; Strack / Stemberger, Einleitung in Talmud und Midrasch (letzte Anm.), S. 31, welche die Authentizität der Verfasserschaft Ismaels an den 13 Middot für nicht bewiesen halten und das Regelwerk als eine Kompilation verschiedener Werke verstehen. Vgl. Michael Krupp: Der Talmud. Eine Einführung in die Grundschrift des Judentums mit ausgewählten Texten, Gütersloh: Gütersloher Verlags-Haus 1959 (Gütersloher Taschenbücher; 772: Sachbuch), S. 29. Tannaiten ist die Bezeichnung für die rabbinischen Gelehrten des 1. und 2. Jahrhunderts, die durch ihre Sammel- und Lehrtätigkeit ein Teilwerk des Talmuds, die Mischna, zusammengestellt haben.

107   Als Beispiel eines zeitgenössischen Kommentars des Werkes vgl. Aharon Abenhaim: Sefer Middot Aharon. We-hu perus nifla u-matoq al Barayyta de-Rabbi Yismael, 13 middot se-hat-tora nidreset [Das Buch der Maßstäbe Aharon, ein wunderbarer und süßer Kommentar zu den 13 Middot des Rabbi Yismael, hebr.]. Jerusalem 1992.

Wiener Bibliotheken befanden.[108] Er war ein Kollege von Aron Freimann, und obwohl keine schriftlichen Belege vorliegen, kann man davon ausgehen, daß sie sich persönlich kannten und möglicherweise befreundet waren.[109]

Mit ihren detaillierten Angaben stellt diese Bibliographie, die einen Berichtszeitraum vom 9. bis zum Beginn des 20. Jahrhundert umfaßt, weit mehr als eine Aufzählung der Kommentarwerke zum Thema der 13 Middot des Rabbi Ismael dar, sie hat den Charakter eines kurzen wissenschaftlichen Referates über die einzelnen Kommentare und ihre Bedeutung im fachspezifischen Zusammenhang der talmudischen Hermeneutik.

5.2 Hebräische Handschriften

Der Begriff »Handschriften« im bibliographischen Sinne bezeichnet antike und mittelalterliche Bücher, die vor Erfindung des Buchdruckes mit der Hand geschrieben wurden und die sich durch formale und inhaltliche Merkmale von den

---

108 Vgl. Encyclopaedia Judaica (Anm. 21), Bd 14, Sp. 1023. Zu seinen Handschriftenkatalogen vgl. Arthur Zacharias Schwarz: Die illuminierten hebräischen Handschriften des Jesuitenkollegiums in Wien-Lainz. Wien 1913; ders., Die hebräischen Handschriften der k. k. Hofbibliothek zu Wien: (Erwerbungen seit 1851); vorgelegt in der Sitzung am 4. Februar 1914. Wien: Hölder 1914 (Sitzungsberichte. Kaiserliche Akademie der Wissenschaften in Wien: Philosophisch-Historische Klasse; 175/5); ders., Die hebräischen Handschriften der Nationalbibliothek in Wien. Wien, Prag, Leipzig: Strache, 1925 (Museion. Abhandlungen; 2). Sein letzter Katalog, Die hebräischen Handschriften in Österreich (außerhalb der Nationalbibliothek in Wien), Bd 1, Bibel-Kabbala (1931), der 283 Handschriften beschreiben sollte, die sich zum größten Teil in der Bibliothek der Wiener Jüdischen Gemeinde befanden, konnte nicht mehr veröffentlicht werden.

109 Im Nachlaß Aron Freimanns ist kein Hinweis auf eine persönliche Beziehung zu finden. Arthur Zacharias Schwarz gehört zu den Wissenschaftlern des Judentums, die nicht in Berlin oder Breslau ausgebildet worden waren, sondern hatte an der Israelitisch-Theologischen Lehranstalt in Wien und an der dortigen Universität studiert. Die gemeinsamen Interessen an der Bibliographie des Judentums und die Bearbeitung der Hebräischen Handschriften haben sicherlich dazu geführt, daß sich enge berufliche Beziehungen ergeben haben. Die Kataloge von Schwarz waren alle in Frankfurt vorhanden (s. Freimann, Katalog der Judaica und Hebraica [Anm. 56], S. 42), und die Tatsache, daß Arthur Z. Schwarz einen Beitrag zur Festschrift von Aron Freimann geliefert hat, kann als ein weiterer Beleg für eine persönliche Beziehung zwischen den beiden gedeutet werden. Interessant ist, daß in der Encyclopaedia Judaica (Anm. 21), Bd 14, Sp. 1023, ausdrücklich erwähnt wird, daß Arthur Schwarz in seinen bibliographischen Interessen von Achille Ratti, dem Bibliothekar der Ambrosiana Bibliothek in Mailand und späteren Papst Pius XI., gefördert wurde: »His interest in Jewish bibliography and the study of Hebrew manuscripts owed much to the influence of A. Ratti, later Pope Pius XI., whom he met on a visit to the Ambrosiana Library in Milan. As a model for his bibliographical work he took M. Steinschneider.« Zwischen Freimann und Arthur Zacharias Schwarz gab es mehre Berührungspunkte, beide sahen Moritz Steinschneider als großes Vorbild an und hatten persönliche Kontakte mit Achille Ratti.

gedruckten Werken unterscheiden.[110] Da die Erforschung ihrer Entstehung, Herkunft, Inhalt und Geschichte eine Reihe von Spezialkenntnissen voraussetzt, wurden seit dem 19. Jahrhundert in der Regel Wissenschaftler außerhalb der Bibliothek mit der Erstellung von Handschriftenkatalogen, für die eine möglichst genaue Bestimmung des Inhaltes notwendig ist, beauftragt.[111] Dasselbe trifft auf die hebräischen Handschriften zu, deren Bearbeitung nur in einem geringen Maß von den Bibliothekaren an den besitzenden Institutionen unternommen wurde. Aron Freimann war beides: er war als Bibliothekar tätig und zählt zu den wenigen Experten der hebräischen Handschriftenkunde. Er hat die hebräischen Handschriftensammlungen in ganz Europa erforscht und zwei wichtige Kataloge hebräischer Handschriften erstellt, wie im folgenden dargelegt wird.

Neben zahlreichen hebräischen Handschriften und -fragmenten, die sich aus der Zeit der Antike erhalten haben, sind seit dem 10. Jahrhundert datierte und undatierte hebräische Handschriften überliefert, die teilweise in Buchform, den sog. Codices, gebunden waren und in zahlreichen Sammlungen über die ganze Welt verstreut, verwahrt werden.[112] Aus den handschriftlichen Texten, die von bedeutenden jüdischen Gelehrten verfaßt oder abgeschrieben wurden, kann Aufschluß über die Vielfalt der geistigen, ästhetischen und handwerklichen Traditionen der hebräischen Schriftkultur und -produktion gewonnen werden.[113] Inhaltlich umfassen die hebräischen Handschriften ein weites Spektrum an religiösen und säkularen Themen; neben den primären religiösen Texten der Bibel und Bibelkommentare, Gebetbücher, Talmudtraktate, rabbinische Exegesen und mystischen Schriften der Kabbala sind philosophische, medizinische, mathematische, historische, geographische, grammatikalische und lyri-

---

[110] Vgl. Hacker, Bibliothekarisches Grundwissen (Anm. 5), S. 236 ff.

[111] Vgl. Horst Enzensberger: Buch- und Schriftwesen. Palaeography, Codicology, Epigraphy / Paleografia, epigrafia, codicologia / Paléographie, epigraphie, codicologie. ⟨http://www.uni-bamberg.de/ggeo/hilfswissenschaften/hilfswiss/palaeogr.html⟩ (23.08.2004). Die Handschriftenkunde oder Kodikologie stellt eine der historischen Hilfswissenschaften dar, die sich mit der Untersuchung der Charakteristika der Handschriften befaßt, zu der die Bestimmung des Einbandes, des Beschreibstoffes, des Formats, der Schrift u. v. m. gehören.

[112] Vgl. Encyclopaedia Judaica (Anm. 21), Bd 11, Sp. 899; Jüdisches Lexikon (Anm. 54), Bd 2, Sp. 1397; Benjamin Richler: Hebrew Manuscripts. A Treasured Legacy. Cleveland, Jerusalem: Ofeq Institute 1990, S. 14. Die frühesten hebräischen Handschriftenfunde stammen aus dem 5. Jahrhundert v. d. Z. und sind auf Pergament geschriebene Briefe und Dokumente. Zu den bekanntesten Funden der Antike gehören die Qumrantexte, die in den Qumran-Höhlen am Toten Meer gefunden wurden. Aus dem frühen Mittelalter haben sich keine hebräischen Handschriften erhalten. Bei Handschriften wird zwischen einem Manuskript, das ist eine einzelne Handschrift, und einem Kodex unterschieden. Der Kodex ist eine in Buchform gebundene Handschrift, die aus einzelnen oder aus einer Handschriftensammlung bestehen kann.

[113] Vgl. Malachi Beit-Arie: How Hebrew Manuscripts are made. In: A Sign and a Witness. 2.000 Years of Hebrew Books and Illuminated Manuscripts. Ed. with an Introduction by Leonard Singer Gold. New York, Oxford: New York Public Library 1988 (Studies in Jewish History), S. 35–47.

sche Werke vertreten. Hebräische Handschriften wurden auch nach der Erfindung des Buchdruckes abgefaßt, sie machen den größten Teil der erhaltenen Exemplare aus, die sich heute in über 600 verschiedenen öffentlichen und privaten Einrichtungen befinden.[114]

5.2.1 Die Verzeichnung der hebräischen Handschriften des Vatikan

Die Sammlung hebräischer Handschriften in der Bibliotheca Apostolica Vaticana, die an die 800 zum größten Teil mittelalterliche hebräische Handschriften umfaßt, zählt bis heute zu den bedeutendsten Sammlungen hebräischer Handschriften in der Welt, weniger wegen der Anzahl als wegen des Inhalts sowie des Alters der einzelnen Exemplare.[115] In der Bibliotheca Apostolica Vaticana befinden sich die frühesten hebräischen Handschriften, darunter eine Bibel aus dem Jahre 979, die zwei frühesten Exemplare des Werkes *Sifra* aus dem 9. bzw. 10. Jahrhundert und aus dem 11. Jahrhundert das einmalige Neofiti Manuskript des *Targum Jeruschalmi* sowie ganz seltene Talmudausgaben.[116]

Italien war seit dem 17. Jahrhundert, trotz vorhergehender Beschränkungen des hebräischen Buchdrucks und einer strengen Zensur durch die päpstliche Inquisition, einer der wichtigsten Umschlagplätze für hebräische Handschriften, die von jüdischen Flüchtlingen aus Mitteleuropa und von der iberischen Halbinsel nach Italien gebracht oder in Sizilien und Griechenland geschrieben worden waren. Ungefähr die Hälfte der Handschriften im Vatikan stammt aus der 1622 einverleibten Palatina Bibliothek in Heidelberg, während der Rest von christlichen Gelehrten über die Jahrhunderte vor Ort erworben wurde. Die hebräischen Handschriften des Vatikans sind in dem Katalog *Bibliotheca Rab-*

---

[114] Benjamin Richler: Guide to Hebrew Manuscript Collections. Jerusalem: Israel Academy of Sciences and Humanities 1994, ist ein ausführliches Handbuch zu den Sammlungen hebräischer Handschriften, nach Orten und Besitzern alphabetisch geordnet. In Hebrew Manuscripts (Anm. 110), S. 58, schätzt Richler die Zahl der hebräischen Handschriften auf insgesamt ca. 60–70.000, davon ca. die Hälfte aus der Zeit nach der Mitte des 16. Jahrhunderts. Er stellt fest, daß 50 Bibliotheken Sammlungen mit mehr als 100 hebräischen Handschriften besitzen, von denen nur dreizehn sehr große Sammlungen von über 1.000 Handschriften haben.

[115] Moritz Steinschneider: Vorlesungen zur Kunde hebräischer Handschriften, deren Sammlungen und Verzeichnisse. Leipzig: Harrassowitz 1897 (Beihefte zum Centralblatt für Bibliothekswesen; 19), S. 70ff. Dieses Werk gilt bis heute als Standardwerk zu den hebräischen Handschriften, vgl. Menahem Schmelzer: The Hebrew Manuscript as Source for the Study of History and Literature. In: A Sign and a Witness (Anm. 111), S. 61–70, hier S. 61. Die zahlenmäßig größte Sammlung hebräischer Handschriften in Italien befindet sich in der Bibliotheca Palatina in Parma.

[116] Codices Vaticani Hebraici. Bd 1: Codices 1–115. Hg. von Humbertus Cassuto. Città de Vaticano: Byblithecae Vaticana 1956 (Byblithecae apostolicae Vaticanae Codices manu scripti recensiti). Die zwei Sifra-Handschriften sind auf S. 95 Codex ebr. 66 und S. 38 Codex ebr. 31.

binica von Giulio Bartolocci in einer großen Anzahl von Notizen erwähnt, die jedoch keine genauen Angaben zu den Handschriften und zu ihrer Kodexnumerierung enthalten; auf diese Weise wurden sie von Johann Christoph Wolf in seinem Werk *Bibliotheca Hebraea* übernommen.[117] Der erste gedruckte Katalog der hebräischen Vatikanhandschriften, der zu den frühesten Katalogen hebräischer Handschriften überhaupt zählt und 514 Einträge von ausschließlich hebräischen Handschriften enthält, wurde im Jahre 1756 veröffentlicht.[118]

Freimann hat einen wesentlichen Beitrag zu der Erstellung des nächsten Kataloges der hebräischen Handschriften der Bibliotheca Apostolica Vaticana geleistet, allerdings ist diese Tatsache bis heute nahezu unbekannt geblieben, da der Katalog schließlich von Umberto Cassuto herausgegeben wurde. Außerdem wurde Freimanns Anteil an der Fertigstellung des Kataloges minimalisiert, da im Vorwort lediglich festgehalten ist, daß die Bearbeitung der Handschriften, die von Cassuto bewerkstelligt wurde, sich auch nach den Anweisungen der Ausarbeitungen von Freimann richtete.[119] In der Fachliteratur findet seine Katalogisierung der hebräischen Handschriften in der Regel keine Erwähnung, wie die Standardwerke zur Hebräischen Bibliographie belegen, in welchen der Name Freimann im Zusammenhang mit der Handschriftensammlung des Vatikans nicht genannt oder seine Bedeutung falsch eingeschätzt wird.[120] Zu den Ausnahmen zählen der Nachruf von Alexander Marx und das Handbuch von Benjamin Richler, in dem Freimanns Bearbeitung zwar erwähnt, jedoch lediglich als Erstellung eines Register zu den hebräischen Handschriften beschrieben wird.[121] Die Auswertung bislang unveröffentlichter Dokumente belegt jedoch, daß diese

---

117 Steinschneider, Vorlesungen zur Kunde hebräischer Handschriften (Anm. 115), S. 71.

118 Bibliothecae Apostolicae Vaticanae codicum manuscriptorum Catalogus in tres partes distributus, in quarum prima orientales, in altera graeci, in tertia Latini Italici aliorumque Europaeorum idiomatum codices. Stephanus Evodius Assemanus et Joseph Simonius Assemanus recensuerunt digesserunt animad. versionibusque illustrarunt. Rom: Rofilius 1756–1759, Bd 1: Complectens Codices Ebraicos et Samaritanos (1756).

119 Codices Vaticani Hebraici (Anm. 116), Bd 1, o. pag.: »Hinc catalogi origo, qui nun in lucem prodit, in quo enarationes 115 priorum codicum Vaticanorum continentur, summa, ut plane lectori constabit, diligentia et scientia (adhibitis etiam Freimanianis schedulis) exaratae a doctissimo illo viro Cassuto [...].« (Im Original in Klammern)

120 Vgl. Brisman, Jewish Research Literature (Anm. 5), Bd 1, S. 7, Anm. 26, erwähnt Freimann nicht im Zusammenhang mit den hebräischen Handschriften des Vatikans, sondern Naftali Ben-Menahem: Miginze Yisrael ba-Vatikan [Aus dem jüdischen Schatz im Vatikan, hebr.]. Jerusalem 1944, der eine Beschreibung von 30 hebräischen Handschriften veröffentlichte. 1968 wurde eine Liste von 801 hebräischen Handschriften des Vatikans veröffentlicht, die sich auf Mikrofilm im Institute of Microfilmed Hebrew Manuscripts in Jerusalem befinden.

121 Richler, Guide to Hebrew Manuscript Collections (Anm. 112), S. 193: »A. Freimann prepared a series of index cards on which the MSS were briefly described.« Im Register fehlt beim Eintrag Freimann diese Seitenangabe. Marx / Cohen, Necrology (Anm. 30), S. XXII, erwähnen Freimanns Arbeit ohne genauere Angaben. So auch Adolf Kober: Aron Freimann zum 70. Geburtstage. In: Aufbau 7 (1941), 24. August 1941, S. 20. Kober schreibt: »Sein Katalog der hebräischen Handschriften des Vatikans ist im Erscheinen begriffen.«

Bewertung der von Freimann erbrachten Leistung für den Katalog nicht gerecht wird. Freimann selbst war über die mangelnde Anerkennung seines Anteils an der Bearbeitung der hebräischen Handschriften des Vatikans sehr enttäuscht und schrieb anläßlich der Besprechung des ersten Werkes von Cassuto über die Geschichte der hebräischen Handschriften:

> Ich selbst habe die Urlaubszeit mehrerer Jahrzehnte zur Anfertigung eines Kataloges verwandt, den nun Umberto Cassuto zu Ende führen wird.[122]

Über dreißig Jahre lang war Freimann mit der Erfassung der hebräischen Handschriften und der Erstellung eines Großteils der Titelaufnahmen beschäftigt und hat mit den jeweiligen Präfekten der Bibliothek des Vatikans Verhandlungen über die Drucklegung des Kataloges geführt. Die ersten konkreten Abmachungen sind für das Jahr 1908 belegt, als der damalige Präfekt Franziskus Ehrle Freimann den Vorschlag unterbreitete, die Arbeiten für die Erstellung des Kataloges der hebräischen Handschriften zu übernehmen, und mit ihm vereinbarte, daß dieser zu diesem Zweck ein halbes Jahr an der Bibliothek in Rom verbringen sollte. Nach der Zustimmung Freimanns schrieb Ehrle in diesem Sinne am 8. Dezember 1908 an den Magistrat der Stadt Frankfurt und bat um die Beurlaubung von Freimann. Das Gesuch Ehrles wurde auf Wunsch des Bibliotheksdirektors Ebrard vom Magistrat am 7. Januar 1909 abgelehnt und die Absage mit der »Rücksichtnahme auf die Geschäftslage und die Belange der Bibliothek« begründet.[123]

Daraufhin wurde der Druck des Kataloges von Seiten der Präfektur verschoben, und man kam überein, daß Freimann die Bearbeitung der hebräischen Handschriften in der Bibliotheca Apostolica Vaticana während seiner Urlaubszeit fortsetzen sollte, so wie er es bisher gehandhabt hatte. Diese Arbeitsweise führte zu großen Verzögerungen, mit der sich die Präfektur nicht abfinden wollte, und so drängte Ehrle Freimann in den nachfolgenden Jahren wiederholt, die Arbeiten zügig zu Ende zu bringen, und stellte konkrete Überlegungen an, wie dies bewerkstelligt werden könnte. Wie aus dem Antwortschreiben Freimanns vom 26. Januar 1914 hervorgeht, bezog sich ein konkreter Vorschlag darauf, Freimann einen Mitarbeiter aus der Bibliothek zur Seite zu stellen, der während seiner Abwesenheit seine Notizen für den Druck aufbereiten könnte.[124] Für diesen Auftrag hatte Ehrle Eugène Tisserant ausgesucht, der seit 1908 als Kurator an der Bibliothek arbeitete und ein ausgewiesener Fachmann für orientalische Handschriften war.[125]

---

122 Aron Freimann: Umberto Cassuto, I manoscitti Palatini ebraici della Bibliotheca Apostolica Vaticana e la loro storia. In: Monatsschrift für Geschichte und Wissenschaft des Judentums 80 (1936), S. 153.

123 Institut für Stadtgeschichte (ehemals Stadtarchiv), Frankfurt am Main, Magistratsakten S 1472/II.

124 Bibliotheca Apostolica Vaticana, Brief von Aron Freimann an Franziskus Ehrle vom 26. Januar 1914.

125 Im selben Jahr erschien Eugène Tisserant: Specimina codicum orientalium [Proben orientalischer Kodizes]. Bonn: Marcus & Weber 1914 (Tabulae in usum scholarum; 8), in dem auch photographische Reproduktionen hebräischer Handschriften enthalten waren. Vgl. Jüdisches Lexikon (Anm. 54), Bd 2, Sp. 1401.

Freimann bedankte sich für die ihm angebotene Hilfe und betonte, wie sehr auch ihm an jeder personellen Unterstützung in der Bibliothek gelegen sei:

> Jede Hülfe, die es mir ermöglicht, die von mir im Laufe der Jahre gemachten Notizen über die hebräischen Handschriften der Vaticanischen Bibliothek zu einem dem Reglement über die Beschreibung der Vaticanischen Handschriften entsprechenden Katalog auszuarbeiten, kann mir nur erwünscht sein [...] ist es doch mein aufrichtigster Wunsch die begonnene Arbeit so schnell als möglich in einer den Wünschen des Verwaltungsrates der Vaticana entsprechenden Form zu Ende zu bringen.

Allerdings bezweifelte er, daß Tisserant ohne weitere Hilfe die von ihm erstellten Unterlagen voll ausschöpfen könnte, und schlug seinerseits vor, zusätzlich den Rabbiner und Gelehrten Umberto Cassuto hinzuzuziehen, für dessen Kosten der Vatikan aufkommen sollte.[126] Die Empfehlung von Freimann wurde von der Präfektur nicht aufgegriffen, sondern die Angelegenheit wurde vertagt. Die Fertigstellung des Kataloges wurde von Ehrle auf unbestimmte Zeit zurückgestellt und keine weiteren Sachverständigen innerhalb oder außerhalb der Bibliotheca Apostolica Vaticana mit der Bearbeitung beauftragt.[127]

Ende der zwanziger Jahre wurden die konkreten Verhandlungen über den Druck des Kataloges von Giovanni Mercati, der seit 1919 das Amt des Präfekten innehatte, wieder aufgenommen, nachdem Freimann sich wiederholt an die Präfektur gewandt und darauf gedrängt hatte, den Druck des Kataloges durchzuführen. In der Zwischenzeit hatte Freimann seine Arbeit an den hebräischen Handschriften weitergeführt und viele seiner Urlaubstage dazu verwandt, die Aufnahmen zu überprüfen und seine Unterlagen zu vervollständigen, wie aus der Behandlung spezifischer Fragen der Erkennung und Entzifferung einzelner hebräischer Handschriften aus dem Vatikan in der Korrespondenz mit seinen Fachkollegen ersichtlich wird.[128]

In einem Schreiben vom 20. September 1929 bekräftigte Mercati das Interesse der Bibliotheca Apostolica Vaticana am Druck des Kataloges und brachte

---

[126] Bibliotheca Apostolica Vaticana, Brief von Aron Freimann an Franziskus Ehrle vom 26. Januar 1914, in dem Freimann darauf hinwies, daß er seine Aufenthalte in Rom stets aus eigenen Mitteln bezahlt hatte, nun aber nicht die Kosten für den Aufenthalt von Cassuto übernehmen könne. Er bat den Präfekten, die Kosten für Cassutos Aufenthalt in Rom zu übernehmen.

[127] Ebd., Antwortschreiben von Aron Freimann an Franziskus Ehrle vom 16. Februar 1914. Freimann bat, da »die Ausarbeitung meines Kataloges einige Zeit hinausgeschoben ist«, um die Rücksendung seiner Unterlagen, um an diesen weiterarbeiten zu können.

[128] The Jewish National & University Library Jerusalem, Scholem Archiv 4° 1599, Briefe von Aron Freimann an Gershom Scholem vom 25. März 1925 und 20. November 1930: »Es ist mir manches Kabbalistische in den Hdr [= Handschriften, Abk. Freimann] des Vatican noch unklar. Vieles wird an mir liegen, manches wird sich wohl kaum feststellen lassen. Wenn Ihnen die Photographien der Vaticana in die Hand kommen u. Sie Berichtigungen zu Assemanis Angaben haben, werden mich diese Berichtigungen natürlich interessieren.«

seine Anerkennung für Freimann als den Fachmann zur Erfassung der hebräischen Handschriften zum Ausdruck:

> Da dies [der Druck] mir sowohl im Interesse der Wissenschaft als auch dem Ansehen unseres Hauses am Herzen liegt und da ich annehme, daß man nicht so leicht einen anderen finden könnte, welcher so befähigt und willens ist wie Sie, wäre ich Ihnen verbunden, wenn Sie mir ihre Absichten diesbezüglich mitteilen würden [...]. Ich werde meinerseits alles tun, daß der Katalog abgeschlossen und veröffentlicht wird, wenn dies möglich ist.[129]

Freimann seinerseits bekräftigte ebenfalls den Wunsch, den von ihm angefertigten Katalog sobald wie möglich zu beendigen und zum Druck zu bringen, wies allerdings darauf hin, daß noch eine Reihe von Verbesserungen und Einfügungen, »besonders hinsichtlich der Blattzahlen, Einbände und Besitzer zu machen« seien.[130] Ein Jahr später kündigte Freimann der Präfektur seinen erneuten Aufenthalt in der Bibliothek an und teilte die Absicht mit »die Arbeiten am Katalog der hebräischen Handschriften der Vaticana wieder aufzunehmen«.[131] Er plante vier Tage lang, vom 20. bis 24. Oktober 1930, in der Bibliotheca Apostolica Vaticana zu verbringen und sich zur Unterstützung einen jungen Studenten namens Fried mitzubringen, der für längere Zeit in Rom bleiben würde und ihm, wie er schrieb, bei der »technischen Seite, Messen der Grösse, Zählen der Zeilen, Bestimmung des Einbandes, Eintragungen über Besitzer und dergleichen zur Hand gehen« sollte.[132] Danach könnte der Student die Arbeiten dann mit Hilfe der Bibliothekare selbständig weiterführen, da, wie Freimann feststellte, seine Arbeit der Entzifferung der Handschriften abgeschlossen sei und nur noch formale Änderungen nötig seien:

> Ich habe alle Handschriften auf ihren Inhalt bestimmt. Diese Bestimmungen in die für den Katalog gewählte Form zu bringen, wird hoffentlich nicht zu lange aufhalten.[133]

In der Präfektur schien nun der Entschluß gefallen zu sein, den Druck des Kataloges in Angriff zu nehmen, und man beriet die konkrete Vorgehensweise der weiteren Arbeitsschritte. Nach Rücksprache mit seinem Vorgänger Ehrle, der das Projekt begonnen hatte, entschied Mercati, daß Freimann zunächst den gesamten Katalog in deutscher Sprache verfassen und das fertige Werk zum Druck abliefern sollte. Erst danach wollte man entscheiden, ob der Katalog in seiner Originalfassung deutsch gedruckt würde oder aber ins Lateinische übersetzt werden sollte, wie es bei den Katalogen des Vatikans die Regel war und wie es von den meisten Mitarbeitern der Bibliothek gewünscht wurde. Freimanns Vorschlag, den Katalog sukzessive, d. h. die einzelnen Kapitel nach ihrer Fertigstel-

---

129 Bibliotheca Apostolica Vaticana, handschriftlicher Brief an Aron Freimann vom 20. September 1929, ohne Unterschrift, der Schrift nach von Giovanni Mercati, aus dem Italienischen übersetzt von A. Sorbello-Staub.
130 Ebd., Brief von Aron Freimann an Giovanni Mercati vom 23. September 1929.
131 Ebd., Brief von Aron Freimann an Giovanni Mercati vom 22. September 1930.
132 Ebd.
133 Ebd.

lung zu übersetzen, wurde mit der Begründung abgelehnt, daß die Fachkräfte in
der Bibliotheca Apostolica Vaticana mit ihren laufenden Aufgaben zu beschäftigt seien und diese Arbeit nicht zusätzlich übernehmen könnten. Zudem befürchtete Mercati, daß diese Vorgehensweise Freimann in seiner Arbeit aufhal-
ten würde und er zu sehr mit der Kontrolle der Übersetzung beschäftigt wäre. So
ließ er ihn wissen, daß »niemand zu finden wäre, der *nach und nach*, immer
wenn Sie Abschnitte verfaßt und abgeschlossen haben, übersetzen könnte« und
außerdem »vielleicht die Sorge um die Übersetzung Sie von der sorgfältigen Revision der Handschriften und der Abschnitte abhalten würde«.[134] Mercati sicherte Freimann zu, daß die zwei deutsch sprechenden Mitarbeiter bei Bedarf für
die Beantwortung von Fragen zur Verfügung stünden und auch er selbst deutsch
lesen könne und bereit wäre, die Angelegenheit zu unterstützen.

    Die Entscheidung der Präfektur, die keinen spezifischen Mitarbeiter bestim-
men wollte, der den Katalog der hebräischen Drucke aus dem Deutschen übersetzen und das Gesamtprojekt in Eigenverantwortung betreuen sollte, war eine
herbe Enttäuschung für Freimann. Da sein Assistent der italienischen Sprache
nicht mächtig war und keinen festen Ansprechpartner zugewiesen bekommen
hatte, sondern bei seinen Rückfragen auf die Bereitschaft der deutschsprachigen Bibliothekare angewiesen war, befürchtete er zusätzliche Verzögerungen.
Während seines Aufenthaltes in der Bibliotheca Apostolica Vaticana machte er
Mercati schriftlich wiederholt darauf aufmerksam, wie wichtig der ständige
Kontakt zwischen seinem Assistenten und dem zukünftigen Bearbeiter für eine
schnelle und effiziente Arbeit wäre, und bat mehrfach inständig darum, möglichst schnell jemanden zu bestimmen, der die deutsche Sprache beherrschte.[135]
Es gelang Freimann jedoch nicht, den Präfekten von der Dringlichkeit seines
Anliegens zu überzeugen, und er verließ Rom mit einem Gefühl der Unzufrie-
denheit und der Besorgnis über das weitere Schicksal des Kataloges. Vor seiner Abreise schrieb er an Mercati:

> Heute muß ich meine Arbeit in der Bibliothek abbrechen, da mein Urlaub zu Ende
> geht. Ich habe Herrn Fried in die Materie eingeführt und die ersten 50 Mss. mit ihm
> durchgearbeitet. Es ist mir aber wieder die Ueberzeugung gekommen, daß erspriess-
> liches nur geleistet werden kann, wenn Herr Fried Rückfragen macht. Sollen die ho-
> hen Kosten, die für den Aufenthalt von Herrn F. verwandt werden, nicht umsonst

---

[134] Ebd., Brief von Giovanni Mercati an Aron Freimann vom 22. Oktober 1930, aus
     dem Italienischen übersetzt von A. Sorbello Staub.
[135] Ebd., Brief von Aron Freimann an Giovanni Mercati vom 21.Oktober 1930: »Aber
     es wäre doch ratsam, wenn nicht gradezu *nötig*, daß der Herr, der von Ihnen beauf-
     tragt wird, meinen Katalog aus dem deutschen ins lateinische oder italienische zu
     übertragen schon heute meinem Assistenten ständig zugeteilt würde, damit er sich
     in die immerhin nicht geläufige Materie hineinarbeite und alle Zweifel beseitigt
     würden. Dazu kommt, daß mein Assistent bei der technischen Seite, die er vor al-
     lem zu leisten hat, wie Angabe der alten Nummern, Bestimmungen der Einbände
     u. drgl. sich ganz unsicher fühlt. Da er der italienischen Sprache nicht mächtig ist,
     möchte ich grossen Wert darauf legen, daß ihm dieser von Ihnen zur Uebersetzung
     meines Kataloges bestimmte Herr sogleich zugeteilt werden möchte.«

sein, so wird ein der deutschen Sprache kundiger Herr möglichst bald gefunden werden müssen, der seine Fragen weitergibt [...]. In Schubfach 10 liegt mein Katalog, eine Arbeit von 30 Jahren [...].[136]

Aus diesem Brief sind die ersten Anzeichen einer Resignation Freimanns über den Umgang der Präfektur mit seinem langjährigen Projekt der Herausgabe eines Kataloges der Hebräischen Handschriften erkennbar. Die Präfektur war auf keinen seiner Vorschläge eingegangen und hatte weder zugestimmt, den Katalog in Teilabschnitten zu übersetzen und zu bearbeiten, noch hatte sie einen Mitarbeiter als zuständigen Ansprechpartner für alle anfallenden Fragen bereitgestellt. Damit hatte sie trotz der gegenüber Freimann wiederholt gemachten Zusicherung, die Veröffentlichung des Kataloges zu betreiben, ihr Desinteresse an dem Projekt demonstriert. Freimann befürchtete, daß seine jahrelange Arbeit zu keinem Abschluß kommen würde und umsonst gewesen sein könnte.

Wie sich später herausstellen sollte, hatte Freimann mit diesen Befürchtungen zum Teil Recht, jedenfalls wurde der Druck des Kataloges in den folgenden Jahren erneut aufgeschoben. Zunächst hatte sich die Präfektur mit ihrer Entscheidung konkreten Verpflichtungen entzogen und die Verantwortung gänzlich Freimann übertragen, der nun die Fertigstellung des Kataloges in deutscher Sprache zu betreiben hatte. Erst danach würde die Präfektur ihrerseits weitere Schritte unternehmen. Hinzu kam, daß Freimann zwar von der Präfektur als Experte anerkannt und in seiner Arbeit gewürdigt wurde, daß ihm aber kein offizieller Status in der Bibliothek zuerkannt wurde, was bedeutete, daß er seine Arbeit als Privatmann fortführen mußte und wie ein regulärer Bibliotheksbenutzer behandelt wurde. Zugestanden wurden ihm allenfalls privilegierte Benutzungsmodalitäten in der Form, daß er abends länger in der Bibliothek bleiben durfte und die notwendigen Handschriften ohne Probleme zur Ansicht erhielt. Mit diesem Brief hatte Freimann ein letztes Mal vergeblich versucht, sein Lebenswerk, an dem er dreißig Jahre gearbeitet hatte, zum Abschluß zu bringen.

Im Jahr 1934 erhielt der Rabbiner und Wissenschaftler Umberto Cassuto, den Freimann bereits 1914 als zusätzlichen Bearbeiter für die hebräischen Handschriften empfohlen hatte, den Auftrag, die Druckvorlage des Manuskriptes fertigzustellen.[137] Ein Jahr später veröffentlichte er zunächst eine Monographie, in der die Geschichte und Beschreibung der Sammlungen hebräischer Handschriften in der Bibliotheca Apostolica Vaticana in Kurzfassung darge-

---

136 Ebd., Brief von Aron Freimann an Giovanni Mercati vom 24. Oktober 1930.
137 Vgl. Menachem Artom: Haraw Prof. Mosche David (Umberto) Cassuto [hebr.]. In: Eretz-Israel. Archaeological, Historical and Geographical Studies 3 (1954), S. 1–2. Cassuto (1883–1951), der aus einer orthodoxen Familie aus Florenz stammte und dort studiert hatte, war 1922 zum Rabbiner von Florenz und 1925 auf eine Professur für Hebräische Sprache und Literatur an der Universität Florenz berufen worden. 1933 wechselte er an die Universität in Rom, wo er bis zur Einführung der Rassengesetze im Jahre 1938 unterrichtete. 1939 wanderte er nach Jerusalem aus und war bis zu seinem Tode 1951 Professor für Bibelwissenschaft an der Hebräischen Universität.

stellt wurden.[138] Im Jahre 1956 erfolgte die Veröffentlichung des Kataloges der hebräischen Handschriften des Vatikans unter der Verfasserschaft von Umberto Cassuto, die er selbst und auch Freimann nicht mehr erlebten.[139]

Der Katalog enthält einen Teilbestand von 115 hebräischen Handschriften und ist Lateinisch verfaßt. Die Beschreibung der einzelnen Handschriften ist sehr detailliert und umfaßt den Titel sowohl in lateinischer Übersetzung und Lettern als auch im hebräischen Original, den Verfasser sowie eine ausführliche paleographische und kodikologische Beschreibung. Diese gibt den Entstehungszeitraum und den genauen Umfang der Handschrift mit der Zahl der Blätter und der Anzahl der Zeilen auf jedem Blatt sowie das verwendete Material und seine Beschaffenheit mit den Besonderheiten detailliert wieder. Am Ende jeden Eintrages stehen zusätzliche Informationen so z. B. über das Kolophon und Einträge von Zensoren und Besitzern. Die späteren Veröffentlichungen zur Handschrift sind im Einzelnen aufgelistet sowie bemerkenswerte Stellen in Hebräisch abgedruckt. Am Ende des Kataloges befindet sich ein Namen- und Titel-Register, das alle namentlich erwähnten Personen, wie Verfasser, Schreiber, Besitzer und die Titel in lateinischen Lettern in einem Alphabet aufzählt.

5.2.2 Die Erstellung des ersten Gesamtkataloges hebräischer Handschriften

In den frühen Katalogen der hebräischen Literatur wurde keine Unterscheidung zwischen Handschriften und Druckwerken getroffen, so daß in der Regel beide Literaturgattungen in einem Alphabet verzeichnet sind, wenn auch die Handschrifteneinträge nur einen geringen Teil der Titel ausmachen.[140] Erst seit der Mitte des 19. Jahrhunderts wurden getrennte Verzeichnisse für hebräische Handschriften und Drucke erstellt. Die Intensivierung jüdischer wissenschaftlicher Studien im 20. Jahrhundert und das damit einhergehende zunehmende Interesse an hebräischen Handschriften hatten eine steigende Zahl von Veröffentlichungen gedruckter Kataloge privater und öffentlicher Sammlungen von hebräischen Handschriften zur Folge, deren Vielzahl wiederum das Fehlen eines Gesamtverzeichnisses der hebräischen Handschriften, das die Forschung erleichtert und vorangetrieben hätte, verdeutlichte.[141] Freimann hatte schon früh den wissen-

---

[138] Umberto Cassuto: I Manoscritti palatini ebraici della Bibliotheca Apostolica Vaticana e la loro storia. Città del Vaticano 1935 (Studi e Testi; 66).

[139] Codices Vaticani Hebraici, 1, 1956. Vgl. Marx / Cohen, Necrology (Anm. 30), S. XXVIII, die dort getroffene Aussage, daß der Katalog außenstehenden Wissenschaftlern nicht zugänglich gemacht worden sei, trifft damit nicht mehr zu.

[140] Vgl. die Kataloge von Giulio Bartolocci, Sabbatai Bass, Johann Christoph Wolf sowie die Arbeit von Chaim Joseph David Azulai.

[141] Vgl. Shunami, Bibliography of Jewish Bibliographies (Anm. 3), Hauptband, S. 537–561, dort werden 125 Kataloge öffentlicher und privater hebräischer Handschriftensammlungen aufgezählt.

schaftlichen Nutzen eines solchen Nachweises erkannt und war der erste, der ein Gesamtverzeichnis der hebräischen Handschriften erstellte, dessen Veröffentlichung allerdings erst zwanzig Jahre nach seinem Tod erfolgte. Während seiner Tätigkeit an der Bibliothek in Frankfurt nutzte er seinen jährlichen Urlaub zu ausgedehnten Studienreisen in die verschiedensten Bibliotheken, um hebräische Handschriften aufzuspüren und zu bearbeiten, und fertigte über jedes Exemplar auf Karteikarten detaillierte Aufzeichnungen an. Dabei untersuchte er nicht nur die großen Sammlungen der Bodleian Library in Oxford, der British Library in London und der Bibliotheca Apostolica Vaticana, sondern bereiste auch unbekannte Einrichtungen mit kleinen Sammlungen hebräischer Handschriften insbesondere in Deutschland und der Schweiz.[142] Es gelang Freimann, diesen Zettelkatalog unter den widrigen Umständen während des Nationalsozialismus in Frankfurt zu bewahren und ihn bei seiner Emigration in die USA mitzunehmen.[143]

Im Jahre 1941 wurde von den Mitgliedern der American Academy for Jewish Research auf Anraten ihres Präsidenten Salo W. Baron, der ebenfalls von der Notwendigkeit eines Gesamtverzeichnisses der hebräischen Handschriften für die Wissenschaft des Judentums überzeugt war, der Beschluß gefaßt, die Erstellung eines Gesamtverzeichnisses, der *Union List of Hebrew Manuscripts,* als ein Sonderforschungsprojekt aufzunehmen.[144] Dieses Gesamtverzeichnis sollte sowohl die bereits von Freimann verzeichneten hebräischen Handschriften der europäischen Sammlungen als auch die zahlreichen hebräischen Handschriften enthalten, die sich in den amerikanischen Bibliotheken befanden und bislang noch nicht in veröffentlichten Katalogen aufgelistet waren. Die Leitung des Projektes sollte Freimann in Zusammenarbeit mit einem namentlich noch nicht festgelegten Gelehrten übertragen werden. Dieser Plan konnte jedoch nicht realisiert werden. Als Freimann 1948 starb, hinterließ er ein Manuskript, das aus unzähligen kleinen in enger Handschrift beschriebenen Karteikarten in ungeordnetem Zustand bestand.

Nach dem Tod von Aron Freimann setzte seine Witwe Therese gemeinsam mit ihrem Schwiegersohn Menny Rapp die Bemühungen fort, das Manuskript des Gesamtverzeichnisses der hebräischen Handschriften zu veröffentlichen, und nahm hierzu Verhandlungen mit Nelson Glück, dem Präsidenten des Hebrew Union College, auf.[145] Die zweijährigen Verhandlungen verliefen ergebnislos, da Glück zwar sein Interesse an einer Übernahme des Manuskriptes bezeugte, sich jedoch auf einen Veröffentlichungstermin nicht festlegen lassen wollte und nur ganz allgemein von einem zukünftigen Zeitpunkt sprach.[146] Daraufhin nah-

---

[142] Marx / Cohen, Necrology (Anm. 30), S. XXVIIff.
[143] Salo W. Baron: Introduction. In: Aron Freimann: Union Catalog of Hebrew Manuscripts and their Location. New York: American Academy for Jewish Research, 1964–1973, Bd 1 (1973), S. III–V, hier S. IV.
[144] Proceedings of the American Academy for Jewish Research 11 (1941), S. XI.
[145] Nachlaß Aron Freimann, Briefwechsel Therese Freimann – Nelson Glück.
[146] Ebd., Brief von Isaac Goldberg, Administrative Secretary an Menny Rapp vom 29. März 1949: »With regard to the catalogue of manuscripts, the Hebrew Union Col-

men Therese Freimann und ihr Schwiegersohn Kontakte zu Alexander Marx, dem engen Freund und Kollegen von Aron Freimann, auf und übergaben im November 1950 die vier Kartons mit den Karteikärtchen dem Jewish Theological Seminary.[147] Louis Finkelstein, der Präsident des Instituts, brachte in seinem Dankschreiben an Therese Freimann für die Überlassung des Manuskriptes »von unschätzbarem Wert« seine Hochachtung zum Ausdruck und teilte mit, daß eine schnelle Veröffentlichung der Arbeit noch im Laufe des Jahres 1951 geplant sei.[148] Der unfertige Zustand des Manuskriptes und die vergebliche Suche nach einem Fachmann, der in der Lage war, die Korrektur und Endredaktion der Notizen für die Druckvorlage vorzunehmen, verzögerten während der nächsten zwei Jahre die Veröffentlichung und verschlechterten die Beziehungen zwischen Louis Finkelstein und Therese Freimann, die zwischenzeitlich drohte, die Unterlagen zurückzufordern.[149] Im November 1953 teilte Finkelstein Therese Freimann mit, daß er nunmehr keine Möglichkeit mehr für eine Veröffentlichung der Arbeit sehe und empfahl ihr, sich in bezug auf die Finanzierung für die Drucklegung an die American Academy for Jewish Research zu wenden.[150]

Die mehrjährigen Versuche von Therese Freimann, die Veröffentlichung des Manuskriptes des Gesamtverzeichnisses der hebräischen Handschriften ihres Mannes durch eines der großen amerikanischen Forschungsinstitute durchzusetzen, waren daran gescheitert, daß der Nachlaß sich in einem ungeordneten und korrekturbedürftigen Zustand befand. Die Karteikarten waren das Ergebnis einer Arbeit von über 40 Jahren und stellen teilweise gänzlich unterschiedliche Stadien der Handschriftenbeschreibung dar; manche Kärtchen enthalten fertige Aufnahmen, andere hingegen nur rudimentäre Angaben, die Freimann noch hatte überprüfen wollen. Die Namen der Verfasser sind zum Teil in Sütterlin-Schrift und nur von Experten zu entziffern. Zur Schaffung eines druckreifen Manuskriptes hätte es eines hohen finanziellen, zeit- und arbeitsintensiven Aufwandes bedurft, bei dem die Zusammenarbeit von zahlreichen Spezialisten auf dem Gebiet der Wissenschaft des Judentums erforderlich gewesen wäre, um die einzelnen Arbeitsergebnisse von Freimann zu überprüfen und in eine kohärente Form zu bringen. Erschwerend kam hinzu, daß viele Recherchen nicht mehr vorgenommen werden konnten, da zahlreiche Originalhandschriften, die Freimann noch hatte begutachten können, durch die Zerstörungen des Zweiten Weltkrieges nicht mehr auffindbar waren. Die großen finanziellen und personellen Anstrengungen, die erforderlich waren, um ein überarbeitetes, den Stan-

---

      lege is interested in assuming custody of it with the understanding that at some future date, we will undertake its publication.«

[147] Ebd., Brief von Alexander Marx an Therese Freimann vom 16. November 1950: »Doctor Rapp just brought here the four boxes with Doctor Freimann's catalogue of all Hebrew manuscripts. I hope that the Seminary will begin with its publication some time in the not too distant future.«

[148] Ebd., Brief Louis Finkelstein an Therese Freimann vom 4. Januar 1951.

[149] Ebd., Brief Louis Finkelstein an Therese Freimann vom 29. Dezember 1952.

[150] Ebd., Brief Louis Finkelstein an Therese Freimann vom 23. November 1953.

dards der großen Bibliothekskataloge angemessenes Gesamtverzeichnis zu veröffentlichen, hatten schließlich dazu geführt, daß sowohl das Hebrew Union College als auch das Jewish Theological Seminary das Vorhaben aufgaben.

Salo W. Baron, der Präsident der American Academy for Jewish Research, war sich nach eigenem Bekunden der großen Schwierigkeiten, die mit der Veröffentlichung des Nachlasses verbunden waren, durchaus bewußt, als er die Übernahme dieses Projektes bei der Akademie durchsetzte.[151] Nachdem er gemeinsam mit Shalom Spiegel, Professor für mittelalterliche hebräische Literatur am Jewish Theological Seminary, den Nachlaß durchgesehen hatte, gelangte er zur Auffassung, daß die Arbeit auch in ihrer unvollendeten Form einen bedeutenden Beitrag für die jüdischen Studien darstellte und deshalb zukünftigen Forschern nicht vorenthalten werden durfte. Um die rasche Veröffentlichung herbeizuführen und die Arbeitsergebnisse den Wissenschaftlern zur Verfügung zu stellen, wurde beschlossen, die vorhandene Sammlung von Karteikärtchen ohne jegliche Korrekturen in photographischer Form zu reproduzieren und die Benutzbarkeit des Verzeichnissen durch ein gesondertes Register zu erleichtern, das von Menahem Schmelzer, dem Bibliothekar am Jewish Theological Seminary, erstellt werden sollte. So erschien zuerst 1964 das Hauptwerk als eine unveränderte Kopie der handschriftlichen Aufzeichnungen von Aron Freimann, das paradoxerweise als Band 2 des *Union Catalog of Hebrew Manuscripts* gezählt wird; erst 1973 folgte das Register von Menahem Schmelzer, das als Band 1 gezählt wird und ohne das die Benutzung des Freimann-Werkes sehr schwierig ist.[152] Im Jahre 1966 wurden Freimanns Karteikärtchen durch ein Großfeuer in der Bibliothek des Jewish Theological Seminary zerstört, so daß heute nur der veröffentlichte Katalog als Nachweis- und Informationsquelle unzähliger hebräischer Handschriften, die teilweise selbst vernichtet sind, zurückgeblieben ist.

Der Katalog von Freimann, mit dem Titel *Union Catalog of Hebrew Manuscripts and their Location*, Band 2, umfaßt 462 Seiten und enthält 11.861 handgeschriebene Karteikärtchen, die ein Gesamtverzeichnis aller Handschriften in hebräischer Schrift darstellen sollen.[153] Die Kärtchen sind in der alphabetischen Reihenfolge der hebräischen Titel der Handschriften angeordnet.[154] Freimann hatte seine Angaben zu den hebräischen Handschriften auf vier Quellen basiert:

---

[151] Baron, Introduction (Anm. 143), S. IV: »It is another source of personal satisfaction to me that I suggested to the Academy that something ought to be done to salvage that part of his lifework from oblivion. [...] We took pains to inspect this large card collection and found that, despite its obvious deficiencies, it was a significant contribution to Jewish learning [...].«

[152] Freimann, Union Catalog of Hebrew Manuscripts and their Location (Anm. 143), Bd 1, 1973; Bd 2, 1964.

[153] Neben den europäischen Beständen waren von Freimann seit seinem Aufenthalt in den USA auch die hebräischen Handschriften des Jewish Theological Seminary und des Hebrew Union College aufgenommen worden.

[154] Die einzelne Beschreibung enthält: (1) den hebräischen Titel der Handschrift in hebräischen Lettern; (2) den Verfasser in deutscher oder englischer Transliteration,

1. Gedruckte Kataloge hebräischer Handschriften in öffentlichen und privaten Sammlungen;
2. die Auflistungen hebräischer Handschriften in Händlerkatalogen;
3. Hinweise auf hebräische Handschriften aus öffentlichem und privatem Besitz, die in wissenschaftlicher Literatur und in Bibliographien veröffentlicht worden waren;
4. Hinweise auf hebräische Handschriften, die er aus persönlicher Kenntnis oder auf Grund seines schriftlichen und mündlichen Gedankenaustausches mit verschiedenen Gelehrten, so seinem Freund Alexander Marx, gewonnen hatte.[155]

Die handschriftlichen Kärtchen wurden ohne Veränderungen abgedruckt und lediglich mit einer fortlaufenden Zahl in der oberen linken Ecke durchnumeriert, auf die das Register Bezug nimmt, wodurch der unfertige Charakter des Kataloges, der aus einer Menge aneinandergereihter Karteikärtchen besteht, die nicht formal für die Veröffentlichung bestimmt waren, deutlich sichtbar ist. Auf den Kärtchen sind Spuren der einzelnen Arbeitsschritte nachvollziehbar, die Freimann zur Erstellung der Sammlung unternahm. Die meisten Angaben wurden von Freimann aus den gedruckten Katalogen übernommen, die in verschiedenen Sprachen, Orten und Zeiträumen erstellt wurden und demzufolge auch ein unterschiedliches Maß an wissenschaftlicher Genauigkeit widerspiegeln.

Nach Auffassung von Schmelzer ist der Großteil der Fehler und Unstimmigkeiten, die im Katalog zu finden sind, in der oftmals irreführenden und ungenauen Information der gedruckten Kataloge begründet. Auf den Karteikarten deutlich sichtbar sind die Bemühungen Freimanns, die Beschreibung zu den Handschriften nachträglich zu korrigieren und zu vereinheitlichen sowie später gewonnene Informationen über neue bibliographische Quellen und Änderungen in den Besitzverhältnissen der Handschriften hinzuzufügen, so z. B. in Bemerkungen wie »Ist noch sehr zu untersuchen« bei Nr 651 und »Midrasch ist zu ergänzen nach Cat. Sassoon, Cat. Adler«, Nr 5.001.

Das 280 Seiten umfassende Register besteht aus drei Teilen und beginnt mit dem alphabetischen Abkürzungsverzeichnis der wichtigsten bibliographischen Werke und Zeitschriften. Dem folgt ein vollständiges alphabetisches Verzeichnis, das die Orte, die Besitzer der Handschriften, die Kataloge und ihre Abkürzungen in ihrer Originalschrift auflistet. Der dritte Teil beinhaltet das eigentliche Verfasser-Titel-Register und besteht aus maschinenschriftlichen Karteikärtchen, die nebeneinander in lateinischen Lettern alphabetisch angeordnet sind. Die An-

---

manchmal in Sütterlin-Schrift; (3) eine kurze Beschreibung der Handschrift auf Deutsch und gelegentlich auf Englisch; (4) die besitzende Bibliothek, die im allgemeinen durch ein Kürzel wiedergegeben ist; (5) bibliographische Quellenangaben.

[155] Menachem Schmelzer: Preliminary Remarks. In: Freimann, Union Catalog of Hebrew Manuscripts and their Location (Anm. 141), Bd 1, S. XI–XIII, hier S. XI, hat diese Quellen im Katalog nachgewiesen, z. B. ist unter der Nr 9003 eine Postkarte von Alexander Marx abgedruckt, und als Nr 11020 folgt eine halbseitige Anmerkung von Isaiah Sonne.

setzung der Namen und Titel wurde von Menahem Schmelzer vereinheitlicht, in den Nachschlagewerken überprüft und mit zahlreichen Verweisungen aufgenommen, um die Suche im Katalog zu erleichtern. Personen, die im Katalog namentlich erwähnt werden wie Schreiber oder Kopisten, sind ebenfalls angegeben.

Jeder Eintrag enthält den Namen des Verfassers in englischer Transliteration, gefolgt von der alphabetischen Auflistung der Titel seiner Arbeiten, die jeweils mit einer Kennziffer versehen sind, die der Zählung der Originalaufnahmen von Freimann entspricht und auf diese verweist. Bei den Arbeiten werden zuerst die hebräischen Schriften im Original in hebräischen Lettern und danach die Übersetzungen aufgelistet.[156] Festlegungen von Freimann, die durch die Forschung zwischenzeitlich in Frage gestellt worden waren und nicht sicher geklärt werden konnten, sind im Register durch den Terminus »doubtful« deutlich erkennbar, so etwa bei der nicht überprüfbaren Zuordnung einzelner Werke zu bestimmten Verfassern. Bei Handschriften ohne hebräischen Originaltitel wurde der Titel ins Englische übersetzt.[157] Nach Schmelzers Angaben bereitete die Aufarbeitung der kabbalistischen Handschriften die größten Schwierigkeiten. Auf ein Schlagwortregister wurde verzichtet, da nur eine detaillierte Verschlagwortung wissenschaftlichen Nutzen erbracht hätte, diese aber wiederum in angemessener Zeit nicht zu leisten war.

Mit der Veröffentlichung des Registers von Menahem Schmelzer im Jahr 1973 wurde eine umfangreiche Nutzung des Gesamtverzeichnisses der hebräischen Handschriften ermöglicht, das bis dahin wegen der Schwierigkeiten der Entzifferung von Freimanns Handschrift, der vielen unerklärten Abkürzungen und verwendeten Symbole nur eingeschränkt in der Wissenschaft verwendet worden war. Beide Bände boten zum ersten Mal ein einziges Nachschlagewerk zu den Zehntausenden von hebräischen Handschriften, die in den Bibliotheken in Europa und in den USA verstreut waren.

Die Einschätzung des Wertes des *Union Catalog* durch die Wissenschaftler wurde von ihrer Haltung zu der zeitgleich durchgeführten Errichtung des Institute of Microfilmed Hebrew Manuscripts in Jerusalem bestimmt, das 1950 mit dem Ziel gegründet worden war, alle hebräischen Handschriften als Mikrofilm-Kopie in Jerusalem zusammenzutragen.[158] Salo W. Baron stellte den Wert des *Union Catalog* auch angesichts der Einrichtung des neuen Institute of Microfilmed Hebrew Manuscripts heraus, indem er hervorhob, daß einige der

---

[156] Ebd., S. XII: Die Werke, die ursprünglich in Griechisch, Lateinisch und Arabisch verfaßt wurden, wurden von Schmelzer entsprechend der Praxis von Moritz Steinschneider und George Sarton nach dem hebräischen Titel angesetzt. Vgl. George Sarton: Introduction to the History of Science. 3 Bde, Baltimore: Williams & Wilkins 1927–1948 (Publication / Carnegie Institution of Washington; 376).

[157] Freimann, Union Catalog of Hebrew Manuscripts and their Location (Anm. 143), Bd 2, als Beispiele vgl. S. 93 die Erinnerungen der Glückl von Hameln, die als »Memoirs«, S. 153 die Handschrift des Judah Ben Isaac, die mit »on music« bezeichnet werden.

[158] Vgl. Schlußbetrachtung.

hebräischen Handschriften, die Freimann beschrieben hatte, im Krieg vernichtet worden waren und nur durch Freimanns Aufzeichnungen bekannt sind.[159] Freimanns Erkenntnisse würden der Erforschung anderer Handschriften und möglicherweise auch der Auffindung verschollener hebräischer Handschriften dienen. Einen weiteren, sehr konkreten Nutzen des Kataloges sah er in der Möglichkeit einer Wiederherstellung der rechtmäßigen Eigentumsverhältnisse, da Freimanns Angaben zur Rückerstattung einiger dieser wertvollen intellektuellen Besitztümer an die früheren Eigentümer oder ihre rechtmäßigen Erben führen könnten. Die Wertschätzung des Kataloges wird auch von Shimeon Brisman geteilt, der feststellt, daß der Nutzen des *Union Catalog* als ein wichtiges Nachschlagewerk zur Information über hebräische Handschriften weiterhin erhalten geblieben ist und der ihn deshalb auch ausführlich in seinem Standardwerk zur jüdischen Bibliographie beschrieben hat.[160]

Dagegen hat Benjamin Richler der über viele Jahre am Aufbau des Institute of Microfilmed Hebrew Manuscripts in leitender Position mitgearbeitet hat, eine gegenteilige Meinung und definiert den Zettelkatalog des Jerusalemer Instituts als das bibliographische Hilfsmittel, das den Charakter eines »wahren« Gesamtkataloges – »a true union catalogue« hebräischer Handschriften erfülle.[161] Richler stellt fest, daß der Katalog von Freimann schwerwiegende Defizite aufweise, die vor allem darin bestehen, daß die einzelnen Handschrifteneinträge sehr knapp gehalten sind und nur die wichtigsten bibliographischen Informationen enthalten, außerdem sei die handschriftliche Version nur schwer zu entziffern. Vor allem aber bemängelt er, daß viele Tausende von hebräischen Handschriften, die sich in unkatalogisierten Sammlungen befunden hatten, nicht in das Gesamtverzeichnis aufgenommen worden waren. Gleichzeitig weist er jedoch auch auf einen bislang unerwähnten Vorzug des Kataloges hin, der ihn für die Bearbeitung von einzelnen Handschriften zu einem nützlichen Nachschlagewerk werden ließ. Da Freimann vorwiegend auf gedruckte Kataloge der Sammlungen als Quellen zurückgegriffen hatte, konnten seine Aufzeichnungen für diese Sammlungen als Register dienen, so im Falle der Guenzburg-Sammlung hebräischer Handschriften in der russischen Staatsbibliothek in Moskau, für deren Beschreibung Freimann eine Kopie des Kataloges der Guenzburg-Handschriften genutzt hatte.

---

[159] Baron, Introduction (Anm. 143), S. IV: »In some respects the catalog will retain its permanent value even after the much larger project, parts of which are now in progress at the National Library in Jerusalem, will have been completed.«

[160] Brisman, Jewish Research Literature (Anm. 5), Bd 1, S. 253–255, das Institute of Hebrew Manuscripts wird ebenfalls dargestellt und firmiert unter seinem hebräischen Namen als Machon Letatslume Kitve Hayad Ha'ivriyim.

[161] Richler, Hebrew Manuscripts (Anm. 112), S. 103. Auch die in Jerusalem erstellte Encyclopaedia Judaica (Anm. 21), Bd 11, Sp. 906 nennt im Eintrag »Manuscripts, Hebrew« an erster Stelle das Institute of Hebrew Manuscripts und den Union Catalog lediglich in der bibliographischen Angabe.

5.3 Die Bearbeitung hebräischer Wiegen- und Frühdrucke

Die Bearbeitung von hebräischen Inkunabeln wurde, ebenso wie die der Handschriften, auf Grund der notwendigen Fachkenntnisse auf dem Gebiet der hebräischen Typographie stets nur von einem kleinen Kreis von Spezialisten betrieben. Freimann gehört zu den wenigen Experten unter den Bibliothekaren einerseits und innerhalb der Wissenschaft des Judentums andererseits, die sich mit der Erforschung des hebräischen Buchdruckes nachhaltig beschäftigt haben. Mit seinem Aufsatz über hebräische Inkunabeln griff er als erster dieses über Jahre vernachlässigte Spezialthema wieder auf und führte es ins Beschäftigungsfeld der Bibliographen zurück.[162] Seine Bestandsaufnahme der hebräischen Inkunabeln in der Frankfurter Bibliothek im Jahr 1920 war das erste Verzeichnis dieser Art in Deutschland, das die normierte Katalogisierung von Inkunabeln, wie sie im *Gesamtkatalog der Wiegendrucke* festgelegt worden war, übernahm und auf die Bearbeitung hebräischer Inkunabeln anwandte. Sein bedeutendstes Werk der Inkunabelforschung war die Herausgabe des ersten Typenrepertoriums hebräischer Inkunabeln, des *Thesaurus Typographiae Hebraicae Saeculi XV*, der als Gesamtwerk der hebräischen Inkunabeln ein unverzichtbares Nachschlagewerk für die spätere Forschung lieferte.[163] Nicht zur Inkunabelkunde zählt sein Werk *Gazetteer of Hebrew Printing*, ein Ortsverzeichnis aller hebräischen Erstdrucke, das auch eine große Anzahl von Frühdrucken enthält und dessen Darstellung am Ende dieses Kapitels steht. Diese Veröffentlichung darf nicht fehlen, wenn es darum geht, den Stellenwert von Freimanns Arbeiten für die bibliographische Aufarbeitung der Entwicklungsgeschichte des hebräischen Druckes, die einen wesentlichen Teil der jüdischen Bibliographie darstellt, angemessen zu beurteilen.

Die Druckerzeugnisse des 15. Jahrhunderts, die als Inkunabeln oder Wiegendrucke bezeichnet werden, sind bibliographisch in gesonderten Verzeichnissen erfaßt, da diese Werke für die Geschichte des Buchdruckes von besonderer Bedeutung sind und in der Mehrzahl der Fälle die selbständige Leistung eines ganz bestimmten Meisters darstellen, an dessen Arbeiten die Entwicklung der eben erfundenen Technik noch deutlich verfolgt werden kann.[164] Durch einige Cha-

---

[162] Vgl. Marx / Cohen, Necrology (Anm. 30), S. XXV: »We are indebted to Freimann for the first list of Hebrew Incunabula (1902) since de Rossi.«

[163] Vgl. Biographisches Handbuch der deutschsprachigen Emigration nach 1933 / International Biographical Dictionary of Central European Emigrés 1933–1945. Hg. von Werner Roeder und Herbert A. Strauss. 3 Bde, München, New York: Saur 1980–1983, Bd 2/1 (1983), S. 324: »The eight parts of Thesaurus Typographiae Hebraicae Saeculi XV (1924–1931) are basic for the study of Hebrew incunabula.« Vgl. Encyclopedia of Library and Information Science. Ed. by Allen Kent, Harold Lancour and John E. Daily. New York, Basel: Dekker 1978, Bd 23, S. 341 verweist auf den Thesaurus als bibliographische Angabe für den hebräischen Buchdruck.

[164] Vgl. Totok / Weitzel / Weimann, Handbuch der bibliographischen Nachschlagewerke (Anm. 5), S. 66ff.; Hacker, Bibliothekarisches Grundwissen (Anm. 5), S. 238ff. Das lateinische »Incunabula« bedeutet »Windel«, »Wiege«, in Anspielung darauf, daß der Buchdruck noch in den Windeln lag.

rakteristika, zu denen das häufige Fehlen eines Titelblattes, das sich erst gegen Ende des 15. Jahrhunderts durchsetzt hat, sowie mangelnde Angaben über den Verfasser, Drucker, Erscheinungsort und das Erscheinungsjahr zählen, die, wenn überhaupt, am Schluß des Werkes im sogenannten Kolophon erscheinen, unterscheiden sich die Inkunabeln vom modernen Buch und sind äußerlich den Handschriften noch sehr ähnlich.[165] Im 19. Jahrhundert wurden für die besonderen Merkmale der Inkunabeln spezielle Regeln der bibliographischen Beschreibung festgelegt, die sich u. a. auch durch genaue Angaben über das Buchäußere, die Kollation und die sogenannte diplomatische, d. h. getreue Wiedergabe von Teilen des Textes auszeichnen und von den im allgemeinen geltenden Regeln für die Erfassung von Drucken abweichen.[166]

Die ersten hebräischen Bücher wurden in Italien gedruckt, sie werden auf die Jahre zwischen 1469 und 1475 datiert, etwa zwanzig Jahre nach der Erfindung des Buchdruckes mit beweglichen Lettern durch Johannes Gutenberg.[167] Die ersten beiden hebräischen Bücher, die einen Datumsvermerk und Angaben des Erscheinungsortes und des Druckers enthalten, wurden im Jahre 1475 fast zeitgleich veröffentlicht und stammen vom 17. Februar 1475 aus Reggio di Calabria im Süden und vom 3. Juli 1475 aus Piove di Sacco im Norden Italiens.[168] Italien blieb während des gesamten 15. Jahrhunderts das Zentrum des hebräischen Druckwesens, weitere hebräische Inkunabeln wurden in Spanien, Portugal und Konstantinopel gedruckt. Von den insgesamt zweiundzwanzig bekannten hebräischen Druckereien befanden sich zwölf in Italien, neun auf der Iberischen Halbinsel, die nur wenige Jahre bis zur Vertreibung der Juden im Jahre 1492 aus Spanien sowie 1498 aus Portugal in Betrieb waren, sowie eine weite-

---

[165] Ursula Schubert / Kurt Schubert: Jüdische Buchkunst. Graz: Akademische Druck- und Verlagsanstalt 1983, Bd 1, S. 151ff. Die in hebräischen Druckereien verwendeten Druckbuchstaben und Ornamente waren dem Vorbild der Handschriften nachgemacht und wie bei Handschriften wurde Raum für die Illuminatoren und Illustratoren freigelassen.

[166] Ludwig Hain: Repertorium bibliographicum in quo libri omnes ab arte typographica inventa usque ad annum MD. typis expressi ordine alphabetico vel simpliciter enumerantur vel adcuratius recensentur. 2 Bde, Stuttgart: Cotta 1826–1838, leitete mit grundsätzlichen Neuerungen die moderne Inkunabelbibliographie ein, indem er die diplomatische, d. h. die alte Druckweise wiedergebende Zitierweise einführte. Diese Bibliographie gilt bis heute als das wichtigste internationale Inkunabelverzeichnis. Vgl. Totok / Weitzel / Weimann, Handbuch der bibliographischen Nachschlagewerke (Anm. 5), S. 78; Bartsch, Die Bibliographie (Anm. 1), S. 199.

[167] Hacker, Bibliothekarisches Grundwissen (Anm. 5), S. 238. Die ersten Drucke Gutenbergs werden um das Jahr 1450 angesetzt, seine um 1455 in Mainz gedruckte 42-zeilige Bibel wird als das berühmteste Druckwerk der Inkunabelzeit angesehen.

[168] Vgl. Alexander Marx: Studies in Jewish History and Booklore. New York: Jewish Theological Seminary of America 1944, S. 296ff. Es sind dies der Raschi-Kommentar zum Pentateuch und das Werk Arba'ah Turim des Jacob ben Ascher, von dem ein einziges Exemplar erhalten geblieben ist, das sich heute in Parma befindet. Das Jewish Theological Seminary in New York besitzt Teile von zwei Blättern dieser Ausgabe.

re in Konstantinopel.[169] Im Gegensatz zu Italien wurden in Spanien und Portugal stets nur religiöse Bücher gedruckt.[170] Zahlreiche hebräische Inkunabeln stammen aus der Werkstätte der jüdischen Drucker- und Verlegerfamilie Soncino, mit der sich Aron Freimann ebenfalls wissenschaftlich beschäftigt hat.[171] Die Soncinaten gelten bis heute als die bedeutendste jüdische Druckerdynastie, die verschiedene Neuerungen des hebräischen Buchdruckes einführte und zu den ersten zählte, die ihre Werke mit Buchschmuck und insbesondere Zierinitialen ausstattete.[172] Begründet wurde die Dynastie der Soncinaten von Joshua Salomon Soncino, der 1483 sein erstes Werk druckte und bis 1489 sechzehn hebräische Bücher veröffentlichte.[173]

Inkunabeln wurden generell nur in geringer Auflagenhöhe gedruckt, eine Stückzahl von 100 bis 300 war keine Seltenheit, was vor allem durch die Papierknappheit und die komplizierten Arbeitsabläufe bedingt war. Dies traf auch auf die hebräischen Inkunabeln zu, deren Auflagenhöhe in den Fällen, die bekannt sind, um die 300 bis 400 Stück betrug. Viele der hebräischen Inkunabeln sind – ebenso wie die anderen Inkunabeln – unfirmiert, d. h. es fehlen die Angaben über Drucker, Druckort und Erscheinungsjahr. In der Regel sind die hebräischen Inkunabeln aus der Zeit vor 1482 ohne Datumsangabe, während in der Zeitspanne von 1482 bis 1492, in der zwei Drittel aller hebräischen Inkunabeln gedruckt wurden, die Mehrzahl ein Erscheinungsjahr besitzt. Einige Inkunabeln weisen

---

[169] Vgl. The Hebrew Book. An Historical Survey. Ed. by Raphael Posner and Israel Ta-Shma Jerusalem: Keter 1975, S. 87–97 für eine vollständige Liste der hebräischen Inkunabeldrucker, ebenso in Encyclopaedia Judaica (Anm. 21), Bd 8, Sp. 1323–1326. In Deutschland blieb den Juden der Zugang zum Druckhandwerk, das im christlichen Zunftwesen organisiert war, verwehrt. Schubert / Schubert, Jüdische Buchkunst (Anm. 164), S. 151 datieren die Entstehung der ersten hebräischen Druckerei auf das Jahr 1465.

[170] Bei dem ersten in Spanien gedruckten hebräische Werk, das aus Guadalajara aus dem Jahre 1476 stammt, handelt es sich ebenfalls um den Raschi-Kommentar zum Pentateuch.

[171] Vgl. Aron Freimann: Die Familie Soncino. In: Soncino-Blätter 1 (1925), S. 9–12; Encyclopaedia Judaica (Anm. 21), Bd 15, Sp. 140, Moses Marx: Gershom (Hieronymus) Soncino's Wander Years in Italy, 1498–1527. Exemplar Judaica Vitae. In: Hebrew Union College Annual 11 (1926), S. 427–501. Der Familienname Soncino leitete sich von dem Ort ihrer ersten Niederlassung in Italien ab.

[172] In der Werkstatt der Soncinaten in Casalmaggiore wurde 1486 der erste gedruckte vokalisierte hebräische Text, das sogenannte Machsor Roma, ein Feiertagsgebetbuch, gedruckt und 1497 das erste hebräische Buch veröffentlicht, das eine Titelseite hatte.

[173] Es war dies der erste Talmuddruck, Traktat Berachot, dessen Satzspiegel allen wieteren Talmuddrucken als Norm diente und der die ersten ornamentierten Initialen in einem hebräischen Druck enthielt. Die wichtigsten Vertreter der Familie waren neben Joshua Salomon (gest. 1493) seine beiden Neffen Salomon (gest. 1499) und Gerson (gest. 1534), der zu Lebzeiten der bekannteste hebräische Buchdrucker war. Im 16. Jahrhundert unterhielt die Familie Soncino ihre Druckereien in mehreren italienischen Städten, dann in Saloniki und Konstantinopel, bis mit dem Tod von Gerson Soncino im Jahre 1562, der in Kairo eine Druckerei unterhielt, die Familientradition endete.

unrichtige Angaben auf, andere sind nur fragmentarisch überliefert, so daß die genaue Identifizierung, welche die Feststellung des Inhalts der Schriften, die Ermittlung der fehlenden Daten des Impressums sowie die Richtigstellung der falschen Angaben bedeutet, umfassender Fachkenntnisse bedarf und nur von wenigen Gelehrten der Wissenschaft des Judentums geleistet werden konnte.

Den Beginn der bibliographischen Erfassung hebräischer Inkunabeln stellen die Arbeiten des italienischen Hebraisten und Orientalisten Johann Bernhard de Rossi dar, der in einer ersten Bestandsaufnahme 1776 zuerst 60 hebräische Inkunabeln auflistete und neunzehn Jahre später schließlich für 86 Werke, von denen er die Mehrheit selbst besaß, eine ausführliche Beschreibung lieferte.[174] Fortan diente das Beschreibungsschema von de Rossi für alle nachfolgenden hebräischen Inkunabelkataloge als Grundlage, und seine Aufnahmen wurden sowohl in den allgemeinen Inkunabelverzeichnissen mit einzelnen hebräischen Einträgen als auch in den Katalogen der großen hebräischen Bibliotheksbestände, die im 19. Jahrhundert veröffentlicht wurden, verwertet.[175]

Alle von de Rossi beschriebenen Inkunabeln wurden von Steinschneider in seinen Katalog der hebräischen Bücher der Bibliotheca Bodleiana aufgenommen, wobei er allerdings die Beschreibungen kürzte, zahlreiche Korrekturen anfügte und weitere 17 hebräische Inkunabeln hinzufügte.[176] Durch neuentdeckte Fundstücke in der Kairoer Genisa und zahlreiche buchwissenschaftliche Studien wurde die Zahl der hebräischen Inkunabeln im Verlauf der Jahre kontinuierlich nach oben korrigiert, u. a. zählte Joseph Jacobs in der *Jewish Encyclopedia* aus dem Jahre 1906 102 hebräische Inkunabeln auf, und Abraham M. Haber-

---

[174] Johann Bernhard de Rossi: De Hebraicae typographiae origine et primitiis. Parma 1776 / Erlangen 1778; ders., Annales hebraeo-typographici, saeculi XV. Parma 1795. Vgl. den grundlegenden bibliographischen Aufsatz von Alexander Marx: Literatur über hebräische Inkunabeln. In: Soncino-Blätter 1 (1925/26), S. 159–170; ders, The Literature of Hebrew Incunabula. In: ders., Studies in Jewish History and Booklore (Anm. 168), S. 277–295. Über die außerordentliche Genauigkeit von de Rossis Angaben bemerkte Alexander Marx: »[...] selbst heute können wir trotz vielfacher Berichtigungen im einzelnen über die meisten dieser Bücher nirgends sonst so vollständige Auskunft finden.« (Literatur über hebräische Inkunabeln, S. 159)

[175] Vgl. hierzu Hain, Repertorium bibliographicum (Anm. 166), das als das erste Standardwerk der wissenschaftlichen Druckbeschreibung von Inkunabeln gilt und in dem de Rossis Aufnahmen unverändert übernommen wurden. Ebenso Moritz Steinschneider / David Cassel: Jüdische Typographie und Jüdischer Buchhandel. In: Allgemeine Encyklopädie der Wissenschaften und Künste in alphabetischer Folge von genannten Schriftstellern bearb. und hg. von Johann Samuel Ersch und Johann Gottfried Gruber. Leipzig: Gleditsch 1851, Sektion 2,28, S. 21–94, hier S. 34–37 sowie u. a. der Katalog des British Museum von Zedner (1867), der Katalog der Sammlung Rosenthaliana in Amsterdam von Roest (1875) und der unvollständige Katalog der Bibliotheca Friedlandiana im Asiatischen Museum in St. Petersburg von Wiener (1893–1918).

[176] Moritz Steinschneider: Catalogus librorum hebraeorum in Bibliotheca Bodleiana. Berlin 1852–1860.

mann benannte im Jahre 1950 in der *Encyclopedia Hebraica* 153 Titel.[177] Gegenwärtig wird bei einer Gesamtzahl von 40.000 erhaltenen Inkunabeln die Zahl der hebräischen Inkunabeln mit 175 Titeln berechnet.[178] Dabei ist jedoch noch nicht endgültig geklärt, ob es sich hierbei um eine vollständige Liste handelt oder ob nicht andererseits einige der als Inkunabeln deklarierten Bücher erst zu Beginn des 16. Jahrhunderts gedruckt wurden.[179]

5.3.1 Eine erste Bestandsaufnahme der hebräischen Inkunabeln

Eine erste Bestandsaufnahme der hebräischen Inkunabelkunde seit de Rossi wurde von Aron Freimann in seinem Vortrag *Über hebräische Inkunabeln* unternommen, den er im Oktober 1901 in der bibliothekarischen Sektion der 56. Versammlung deutscher Philologen und Lehrer in Straßburg hielt.[180] Der Aufsatz ist inhaltlich dreigeteilt und beginnt mit einem Vergleich der Auflistung der hebräischen Inkunabeln bei de Rossi und bei Hain, indem die Register der unterschiedlichen Werke gegenübergestellt und miteinander abgeglichen werden, wobei zuerst die Register der datierten, dann die der undatierten Drucke angeführt und überprüft werden. Hierbei stellt Freimann fest, daß das *Repertorium Bibliographicum* von Hain keinesfalls vollständig ist und sechs der bei de Rossi verzeichneten hebräischen Inkunabeln weggelassen sind.[181]

Nach einer kurzen Einleitung, in der Freimann einen Überblick über die bisherige Literatur der hebräischer Inkunabelkunde vermittelt, folgt mit der bibliographischen Erfassung der hebräischen Inkunabeln der Hauptteil der Studie. Die Inkunabeln sind nach den Erscheinungsorten und Druckereien geordnet, wobei die Erscheinungsorte nicht alphabetisch, sondern chronologisch nach dem frühesten Druck einer Inkunabel am jeweiligen Ort angeordnet sind. Die

---

[177] Jewish Encyclopedia (Anm. 35), Bd 6, S. 575–580; Encyclopaedia hebraica [ha-Ensiqlopedya ha-ivrit. Kelalit, yehudit we-eresisrae'elit, hebr.]. Jerusalem u. a.: Hevra le-ho sa'at 1949ff., Bd 2 (1950), S. 984ff.

[178] Totok / Weitzel / Weimann, Handbuch der bibliographischen Nachschlagewerke (Anm. 5), S. 76, und The Hebrew Book. An Historical Survey. Ed. by Raphael Posner and Israel Ta-Shma Jerusalem: Keter 1975, S. 86.

[179] Jewish Encyclopedia (Anm. 36), Bd 8, S. 1335–1344 listet 175 Inkunabeln auf, wobei bewußt einige zweifelhafte Exemplare unberücksichtigt blieben. Dagegen geht Adrian K. Offenberg lediglich von 139 hebräischen Inkunabeln aus, in: Adrian K. Offenberg: A First International Census of Hebrew Incunabula in Public Collections. In: Hebrew Studies. Papers Presented at a Colloquium on Resources for Hebraica in Europe, Held at the School of Oriental and African Studies, University of London, 11–13 September 1989. Ed. by Diana Rowland Smith u. a. London: British Library 1991 (British Library Occasional Papers; 13), S. 81–87, hier S. 82.

[180] Aron Freimann: Über hebräische Inkunabeln. Vortrag gehalten in der bibliothekarischen Sektion der 46. Versammlung deutscher Philologen und Schulmänner zu Straßburg im Elsaß am 3. Oktober 1901. In: Centralblatt für Bibliothekswesen 19 (1902), Nr 3, S. 108–117.

[181] Ebd., S. 108.

Aufzählung ist in zwei Teile gegliedert, Teil A umfaßt die in Italien gedruckten Inkunabeln und beginnt mit dem Ort Reggio di Calabria, gefolgt von Pievo
di Sacco, mit jeweils nur einer Inkunabel, den beiden frühesten datierten hebräischen Inkunabeln. Die Druckorte, elf an der Zahl, sind durchnumeriert,
wobei Rom als letztes genannt ist, da von dort nur undatierte Inkunabeln erhalten sind, deren Erscheinungsdatum allerdings auf die Zeit vor 1480 geschätzt
wird. Zwei weitere Inkunabeln ohne Angaben des Erscheinungsortes, -jahres
und Druckers werden unter Nr 12 der Aufzählung genannt.

Teil B umfaßt die Inkunabeln der iberischen Halbinsel und benennt in der
Unterabteilung (a) die in den drei spanischen Städten Guadalaxara, Ixar und
Zamora gedruckten und in der Unterteilung (b) die ebenfalls in drei portugiesischen Städten Faro, Lissabon und Leiria gedruckten Inkunabeln sowie ein unda-
tiertes Werk. Insgesamt zählt Freimann 101 Inkunabeln auf.[182] Die bibliographische Beschreibung der einzelnen Inkunabeln enthält zuerst den Drucker und
das Erscheinungsdatum, soweit bekannt, dann folgen Verfasser und Titel sowie
in Klammern die bibliographischen Referenzwerke und Angaben über Bibliotheken, die ein Exemplar besitzen. Freimann hat alle Inkunabeln selbst überprüft und zu einzelnen Inkunabeln Erläuterungen angefügt.[183]

Von Alexander Marx wurde diese Arbeit als »vorzüglich« bezeichnet und
als Fehler vor allem moniert, daß Freimann in seinem »Streben nach übermä-
ßiger Kürze« in der Einleitung des Aufsatzes nur äußerst knappe und kurze
Formulierungen verwendet hat, die das Verständnis der dort enthaltenen, vielen wertvollen Notizen, und bibliographischen Detail-Angaben erschweren.[184]
Marx stellt außerdem fest, daß Freimann einige der damals bekannten Inkunabeln übersehen hatte.[185] In den Angaben über besitzende Bibliotheken sind die
amerikanischen Bibliotheken bis auf einige wenige Ausnahmen nicht genannt,
da diese im Jahr 1902, dem Zeitpunkt der Veröffentlichung, noch keine großen
Sammlungen hebräischer Inkunabeln vorzuweisen hatten. Erst in den darauf-
folgenden Jahrzehnten traten tiefgreifende Veränderungen in den Beständen
der amerikanischen Bibliotheken ein, die im Gegensatz zu den europäischen

---

[182] Marx, Literatur über hebräische Inkunabeln (Anm. 174), S. 167, Anm. 10; bei Freimann, Über hebräische Inkunabeln (Anm. 180), S. 108, sind die einzelnen Werke
nicht durchnumeriert.

[183] Ebd., S. 113, Anm. 1, in den Fällen, in denen nur ein einziges Exemplar bekannt
war, hat Freimann dies durch ein der Titelaufnahme vorangestelltes Kreuz gekennzeichnet. Für die Angabe eines Ortes, war für Freimann ausschlaggebend, daß es
sich bei dem vorhandenen Exemplar um ein vollständiges, resp. um das vollständigste handelt, das ihm zu Gesicht gekommen war, daß der Fundort auf dem Kontinent lag und daß die Bibliothek im Bücheraustausch mit öffentlichen deutschen
Bibliotheken stand.

[184] Marx, The Literature of Hebrew Incunabula (Anm. 174), S. 280. Freimanns Aufsatz wird als »an excellent summary of the extent of our knowledge in this field«
bezeichnet.

[185] Marx, Literatur über hebräische Inkunabeln (Anm. 174), S. 167.

Institutionen ihre Sammlungen durch wichtige Ankäufe erweitern konnten, woraufhin sich die hebräische Inkunabel-Sammlung des Jewish Theological Seminary zur größten überhaupt entwickelte.[186]

5.3.2 Das Verzeichnis der hebräischen Inkunabeln der Frankfurter Stadtbibliothek

Im Jahr 1920 veröffentlichte Freimann den ersten Katalog der hebräischen Inkunabeln der Frankfurter Stadtbibliothek.[187] In der Einleitung zum eigentlichen Verzeichnis schildert Freimann die Entstehungsgeschichte der hebräischen Inkunabelsammlung der Frankfurter Bibliothek sowie die Herkunft der einzelnen Inkunabeln und zählt die ehemaligen Besitzer und die Umstände der Abgabe an die Bibliothek im Detail auf. Die erste der 65 Inkunabeln war mit der Bücherspende des Justizrates Dr. Salomon Fuld an die Bibliothek gelangt; eine weitere Inkunabel war in der im Jahre 1891 der Bibliothek gestifteten Büchersammlung des Rabbiner Dr. Nehemias Brüll enthalten, und weitere elf Inkunabeln hatten sich in der von Abraham Berliner im Jahre 1899 der Bibliothek geschenkten Büchersammlung befunden.

Zu Beginn des 20. Jahrhunderts erhielt die Bibliothek durch zwei weitere große Spenden zusätzlich zu einer Reihe von bedeutenden Druckwerken auch einen entscheidenden Zuwachs an Inkunabeln. Zum einen war dies die von Freifrau Mathilde von Rothschild im Namen ihres Mannes 1901 begründete Wilhelm Carl von Rothschild'sche Stiftung, die der Bibliothek 24 Inkunabeln vermachte, und zum anderen die Abraham Merzbacher'sche Sammlung, die 1903 durch Fremdfinanzierung an die Bibliothek gelangte und 42 Inkunabeln enthielt. Sechs weitere Inkunabeln wurden käuflich erworben, und in der folgenden Zeit wurden einzelne Inkunabeln von weiteren Mäzenen gespendet, so u. a. zwei Inkunabeln von Frau Baronin Edmund de Rothschild aus Paris. Er benannte sechs Inkunabeln, die auf Pergament gedruckt sind, und zwei Exemplare, bei denen es sich um Unikate handelt, da sie nur in einem Exemplar in der Frankfurter Bibliothek vorhanden waren.[188] In der Sammlung der insgesamt 65 Inkuna-

---

[186] Marx, The Literature of Hebrew Incunabula (Anm. 174), S. 280, Anm. 10: »Today the New York Seminary (JTS) has the largest collection of incunabula even exceeding that of the British Museum; Hebrew Union College in Cincinnati likewise possesses an excellent collection.«

[187] Aron Freimann: Die hebräischen Inkunabeln der Stadtbibliothek zu Frankfurt am Main. In: Festgabe für Friedrich Clemens Ebrard zur Vollendung seines 70. Lebensjahres gewidmet von seinen Freunden. Frankfurt a. M.: Baer 1920, S. 129–144.

[188] Vgl. Aron Freimann: Die hebräischen Pergamentdrucke. In: Zeitschrift für Hebräische Bibliographie 15 (1911), S. 46–57, 82–92, als ein Beispiel seiner bibliographischen Arbeiten über Inkunabelpergamentdrucke.

beln befanden sich sieben Doppel-, bzw. Mehrfachexemplare, das sind Drucke desselben Werkes, die typographische Unterschiede aufweisen.[189]

Der Hauptteil des Kataloges besteht aus der bibliographischen Beschreibung der hebräischen Inkunabeln nach dem Muster, das für die Beschreibung des *Gesamtkataloges der Wiegendrucke* festgelegt worden war.[190] Die 65 Inkunabeln sind 59 numerierten Titelaufnahmen zugeordnet und in einer knappen, doch vollständigen Aufnahme alphabetisch nach dem Verfasser bzw. nach anonymen Sachtiteln geordnet. Die einzelnen Aufnahmen enthalten den Verfasser, dem kurze biographische Angaben beigefügt sind, den hebräischen Titel in lateinischer Umschrift und im hebräischen Original mit kurzen Erläuterungen, sowie den Druckort – und soweit bekannt – den Namen des Druckers und das genaue Druckdatum. Außerdem sind Blatt und Lagenzahl genau verzeichnet, die benutzten Typen und das ornamentale Material werden beschrieben und das Wesentliche aus dem Kolophon in Hebräisch originalgetreu wiedergegeben. Am Ende des Eintrages wird auf die entsprechende Aufnahme in den Standardwerken der Inkunabelkunde hingewiesen, sofern diese Inkunabel dort verzeichnet war, die Herkunft der einzelnen Inkunabel ist nicht nochmals festgehalten.[191] Auch dieses Verzeichnis wurde von Marx als »vorbildlich« bezeichnet, wobei er allerdings bedauerte, daß Freimann die typographischen Verschiedenheiten der sieben Doppelexemplare, deren Existenz er in der Einleitung erwähnte, nicht im Einzelnen erläutert hatte.[192]

---

[189] Vgl. Freimann, Die hebräischen Inkunabeln der Stadtbibliothek zu Frankfurt am Main (Anm. 187), S. 131, die typographisch unterschiedlichen Exemplare waren in der Sammlung belassen, alle anderen Doppelexemplare abgegeben worden. Zwei der Inkunabeln (Nr 11 und 29) waren in Mehrfachexemplaren, jeweils dreimal vorhanden.

[190] Ebd., S. 131. Gesamtkatalog der Wiegendrucke. Hg. von der Kommission für den Gesamtkatalog der Wiegendrucke, der Deutschen Staatsbibliothek zu Berlin, der Staatsbibliothek zu Berlin – Preußischer Kulturbesitz. 11 Bde, Leipzig, Stuttgart: Hiersemann u. a. 1925ff. Der Gesamtkatalog der Wiegendrucke, der von der 1904 gegründeten gleichnamigen Kommission herausgegeben wurde, sollte das umfassendste Inkunabelverzeichnis werden, in welchem eine Inventarisierung aller noch nachweisbaren Wiegendrucke beabsichtigt war und welches alle früheren Bibliographien und Kataloge weitgehend ersetzen würde. Der Katalog ist alphabetisch nach Verfassern und anonymen Sachtiteln angelegt und enthält sehr gründliche Beschreibungen der Werke, der Kollation und Besitzvermerke von Bibliotheken auf der ganzen Welt. Der Katalog war auf 40.000 Titel veranschlagt und sollte Register mit Drucker-, Schlagwort- und Initienverzeichnisse sowie Nummernkonkordanzen zu den ständig zitierten Bibliographien enthalten. Vgl. Totok / Weitzel / Weimann, Handbuch der bibliographischen Nachschlagewerke (Anm. 5), S. 80.

[191] Diese sind Hain, Repertorium bibliographicum (Anm. 166) und Robert Proctor: An Index to the Early Printed Books in the British Museum. Bd 1: From the Invention of Printing to the Year 1500. London: Paul, Trench, Trübner 1898.

[192] Vgl. Marx, Literatur über hebräische Inkunabeln (Anm. 174), S. 162.

5.3.3 Das erste Typenrepertorium hebräischer Inkunabeln

Als der bedeutendste Beitrag von Aron Freimann im Bereich der Inkunabelkunde gilt das von ihm und Moses Marx zusammengestellte Werk mit dem Titel *Thesaurus Typographiae Hebraicae Saeculi XV*, das in den Jahren 1924 bis 1931 in Berlin, im Verlag von Moses Marx, veröffentlicht wurde.[193] Hierbei handelt es sich um einen Tafelband, in dem von allen hebräischen Inkunabeln einzelne Seiten, deren Auswahl nach typographischen Merkmalen getroffen wurde, vorlagengetreu abgebildet wurden. Das Werk ist in acht Lieferungen erschienen und enthält 332 Tafeln von faksimilierten Blättern von über 100 Inkunabeln, welche bis auf wenige Ausnahmen alle der zum damaligen Zeitpunkt bekannten Exemplare darstellen.[194] Von jeder Inkunabel sind Faksimiles von mindestens einer vollständigen Seite sowie Abbildungen von allen benutzten Schriftarten, Zierbuchstaben, Illuminationen und allen vorkommenden Kolophonen abgedruckt, so daß alle unterschiedlichen Drucktypen und Holzschnitte sichtbar sind, die von dem Drucker für dieses Exemplar verwendet worden waren.

Die Faksimiles sind in zwei Reihen geordnet, Reihe A für die italienischen Drucke und Reihe B für die spanischen und portugiesischen Drucke, sie sind innerhalb der Reihe jeweils durchgezählt. Die Lieferung sieben enthält auch vier Faksimile-Tafeln der einzigen hebräischen Inkunabel, die in Konstantinopel gedruckt wurde, diese sind mit dem Buchstaben C gekennzeichnet.[195] Unter

---

[193] Thesaurus typographiae hebraicae saeculi XV. Ha-osar limeleket had-defus ha-'ibri ha-risona bam-me'a ha-15. Berlin-Wilmersdorf: Marx 1924–1931. Das Werk hat den lateinisch-hebräischen Doppeltitel, wird aber in der Regel nur mit dem lateinischen Titel zitiert. Der Verleger Moses Marx arbeitete aktiv an der Herausgabe mit, wie Aron Freimann schrieb: »[...] ich durch die sachkundige und fleißige Mithilfe meines Verlegers, des Herrn Moses, wesentlich gefördert werde.« (Aron Freimann: Die hebräischen Inkunabeln der Druckereien in Spanien und Portugal. In: Gutenberg-Festschrift zur Feier des 25-jährigen Bestehens des Gutenbergmuseums in Mainz. Hg. von Aloys Ruppel. Mainz: Verlag der Gutenberg-Gesellschaft 1925, S. 203–206, hier S. 203) Moses Marx bestand jedoch darauf, daß sein Name auf der Veröffentlichung nicht genannt wurde (vgl. Marx, The Literature of Hebrew Incunabula [Anm. 174], S. 287).

[194] Brisman, Jewish Research Literature (Anm. 5), Bd 1, S. 251.

[195] Adrian K. Offenberg: The First Printed Book Produced in Constantinople (Jacob ben Aser's Arba'ah Turim, December 13, 1493). In: Studia Rosnthaliana 3 (1969), S. 96–112. Das Werk wurde von den Bibliographen de Rossi, Steinschneider, Goldschmidt und Ya'ari auf das Jahr 1503 datiert. Freimann ordnete den Druck als Inkunabel ein und setzte 1494 als Datum an, s. Thesaurus typographiae (Anm. 191), Nr C 1,1. Alexander und Moses Marx legten 1493 als Druckdatum fest, vgl. Marx, The Literature of Hebrew Incunabula (Anm. 174), S. 288. Brief von Annie Fraenkel an Fam. Rapp vom 15. Januar 1970, in dem Fraenkel Offenbergs Aufsatz zitiert und sich über die späte Bestätigung von Freimans Datierung freut: »Schade, daß Prof. Freimann dies nicht mehr erlebt hat.« In seinem Werk Gazetteer of Hebrew Printing von 1946 hatte Freimann für den Druck 1493 (in Klammern 1503) angegeben.

jedem Faksimile-Blatt sind detaillierte Angaben zur Inkunabel über den Druckort, den Drucker, das Druckdatum, den Verfasser und den Titel in Hebräisch und Lateinisch vermerkt, sowie bibliographische Hinweise, in denen eine Beschreibung der spezifischen Inkunabel zu finden ist. Außerdem enthält das Werk ein einseitiges Register, in dem in Hebräisch die Verfasser und anonymen Titel in gesonderten Rubriken alphabetisch geordnet sind und auf die jeweilige Kennziffer verwiesen wird. Die Auswahl beinhaltet Inkunabeln, die in rund 20 Orten von ungefähr 30 Druckern in einer Zeitspanne von 24 Jahren, von 1475 bis 1499, gedruckt wurden. Freimann und Marx hatten ursprünglich vorgehabt, zehn Lieferungen mit einigen weiteren Faksimiles und Erläuterungen zu veröffentlichen, von denen die letzte eine Einleitung, ein Abkürzungsverzeichnis und mehrere Register enthalten sollte. Dieses Vorhaben scheiterte an den zunehmenden wirtschaftlichen Schwierigkeiten und der veränderten politischen Situation in Deutschland zu Beginn der dreißiger Jahre.

Mit der Veröffentlichung des *Thesaurus* ging ein langgehegter Wunsch von Aron Freimann in Erfüllung, den er am Ende seines Vortrages *Über hebräische Inkunabeln* in Straßburg 1901 geäußert hatte. Damals hatte er mit den folgenden Worten geendet:

> Die hebräischen Frühdrucke haben das Schicksal ihrer Verfasser und ihrer Verfertiger erlitten, sie sind über den Erdball zerstreut. In den öffentlichen Bibliotheken zu Parma, Oxford, London, Berlin, München, Frankfurt und St. Petersburg sind einzelne von ihnen zu finden. Sie alle an einen Ort zusammenzubringen, liegt heute außer dem Bereiche der Möglichkeiten, so möge es wenigstens in Zukunft vergönnt sein, sie im Bilde festzuhalten und ihre genauere Beschaffenheit der Nachwelt zu überliefern.[196]

Mit diesen Ausführungen hatte Freimann die sich auf die Inkunabelforschung negativ auswirkende Tatsache beklagt, daß die hebräischen Inkunabeln auf verschiedene europäische Bibliotheken verteilt und nicht in einer großen Bibliothekssammlung geschlossen aufbewahrt waren, wodurch Vergleichsuntersuchungen, die für die Datierung und typographische Bestimmung der frühen Druckwerke unerläßlich waren, erschwert, wenn nicht gänzlich verhindert wurden. An Stelle einer nicht zu realisierenden physischen Zusammenführung aller hebräischen Inkunabeln in einer Sammlung sollte der *Thesaurus* mit den Faksimile-Tafeln als eine Art »Corpus reproductionum« dienen, in dem die noch erhaltenen Inkunabeln mit den charakteristischen Merkmalen in Kopie abgebildet und der Forschung zugänglich gemacht wurden.

Die zahlreichen Abbildungen des *Thesaurus* liefern umfangreiches Material, welches zu Vergleichsuntersuchungen über Typen, Ornamente und andere Einzelheiten der Inkunabeln führten, die weit über den engen Rahmen der druckgeschichtlichen Entwicklung hinausgehen.[197] Vor allem für die spanischen und por-

---

[196] Freimann, Über hebräische Inkunabeln (Anm. 180), S. 113.
[197] Vgl. Marx, Literatur über hebräische Inkunabeln (Anm. 174), S. 164, der aus dem Vergleich der Typen und Ornamente verschiedener Exemplare Rückschlüsse auf die geschäftlichen und gesellschaftlichen Beziehungen einzelner jüdischer Drucker untereinander und zu ihren christlichen Kollegen zog und u. a. die engen geschäft-

tugiesischen hebräischen Inkunabeln, die seinerzeit noch nicht so gut erforscht waren wie die italienischen, stellte der *Thesaurus* eine neue unermeßliche Informationsquelle dar.[198] Der *Thesaurus*, dessen Veröffentlichung als ein »großartiges Unternehmen« gerühmt wurde, ist bis heute ein unverzichtbares Nachschlagewerk für den Bibliographen und Wissenschaftler der frühen hebräischen Druckgeschichte und der jüdischen Geistesgeschichte des 15. Jahrhunderts geblieben.

In den Jahren 1967 bis 1969 wurde der *Thesaurus* in Jerusalem in einer erweiterten Fassung und mit einem umfassenden wissenschaftlichen Apparat als Faksimile-Ausgabe nachgedruckt.[199] Die ursprünglich von Freimann und Marx vorgesehenen Erläuterungen haben sich nicht erhalten und wurden von Hermann Meyer als Verantwortlichem für den Nachdruck neu erstellt.[200] Im Nachdruck wurden Abbildungen von Drucken, die im *Thesaurus* abgebildet sind, aber mittlerweile von der Forschung in das 16. Jahrhundert datiert werden, beibehalten und die für die beiden letzten Lieferungen vorgesehenen und bis 1931 nicht zur Veröffentlichung gelangten Abbildungen hinzugefügt. Die wissenschaftliche Beilage, das sogenannte Supplement, umfaßt Beiträge von Israel Mehlman und Hermann Meyer, einen Abschnitt »Selected Literature« mit bibliographischen Angaben, und vor allem das bibliographische Titelverzeichnis der abgebildeten Inkunabeln, den »Short-Title-Catalogue of the Hebrew Incunabula and other books illustrated in the Thesaurus«, in dem 191 Einträge nach Ländern und Druckern mit einer eigenen Zählung aufgelistet sind. Außerdem sind mehrere Konkordanzen angefügt, in denen die Zählung im Short-Title-Catalogue und im *Thesaurus* sowie zwischen verschiedenen Bibliographien hebräischer Inkunabeln und dem *Thesaurus* abgeglichen wird.

Der *Thesaurus* hat seine Bedeutung als »Corpus reproductionum« bis in die Gegenwart behalten und wird noch heute allgemein als »grandioses Werk« bezeichnet, das auch außerhalb des Spezialgebietes der hebräischen Bibliographie weiterhin als ein für den Forscher unentbehrliches Nachschlagewerk dient, da es »einzigartiges Vergleichsmaterial« insbesondere im Bereich der vergleichenden Druckforschung und des Buchschmuckes bietet.[201] Forschungen dieser Thema-

---

lichen Beziehungen der drei Drucker der Soncino-Familie aus der Benutzung desselben Zierrandes nachwies.

[198] Freimann, Die hebräischen Inkunabeln der Druckereien in Spanien und Portugal (Anm. 193), S. 203–206, diente hierfür als Vorarbeit.

[199] Thesaurus typographiae hebraicae saeculi XV. Ha-osar limeleket had-defus ha-'ibri ha-risona bam-me'a ha-15. Hebrew Printing during the Fifteenth Century. A Facsimile Reproduction of the Edition 1924–1931. Jerusalem: Universitas Booksellers 1967–1969.

[200] H. Meyer: Introduction. In: ebd., o. pag.: »[...] I was guided only by a few published and unpublished notes by Aron Freimann, Alexander Marx and Moses Marx. I have tried to carry out the intentions of these spiritual fathers of the ›Thesaurus‹.«

[201] Vgl. Hans Striedl: Hebräische Anreize und Versuche in nichthebräischen Inkunabeln aufgezeigt an Beispielen der Bibliothek Otto Schäfer, Schweinfurt. In: Festschrift Otto Schäfer zum 75. Geburtstag am 29. Juni 1987. Hg. von Manfred von Arnim. Stuttgart: Hauswedell 1987, S. 213–236, hier S. 214, der beispielhaft die Kontakte

tik wären ohne abgleichende Analysen, wie sie mit dem Hilfsmittel des *Thesaurus* möglich sind, in Folge der enorm verstreuten und in einer Bibliothek jeweils nur in geringer Zahl vorhandenen hebräischen Inkunabeln nicht durchzuführen.

5.3.4 Das Gesamtverzeichnis der hebräischen Erstdrucke

Im Jahr 1945 veröffentliche Freimann unter dem Titel *A Gazetteer of Hebrew Printing* ein Verzeichnis der hebräischen Erstdrucke und ihrer Topographie, in dem alle Orte, in denen zu irgendeinem Zeitpunkt hebräische Bücher gedruckt wurden, sowie der Titel des jeweiligen hebräischen Erstdruckes, aufgelistet sind.[202] Das Ortsverzeichnis der hebräischen Erstdrucke sollte die in den großen hebräischen Bibliographien bereits vorhandenen Angaben zu Erstdrucken gezielt zusammenfassen und vor allem eine Ergänzung und Verbesserung der gleichnamigen, bereits im Jahre 1917 von Elkan Nathan Adler veröffentlichten Arbeit *A Gazetteer of Hebrew Printing* darstellen.[203] Seit der Veröffentlichung von Adler, der seine Angaben hauptsächlich auf seine eigenen Bestände begründet und insgesamt 547 Orte verzeichnet hatte, waren durch weitere Forschungen von Alexander Marx, der 626 Orte auflistete, zusätzliche Informationen über das hebräische Druckwesen bekannt geworden und machten ein neues, dem Stand der Wissenschaft entsprechendes Nachschlagewerk erforderlich.[204]

Im *Gazetteer of Hebrew Printing* sind 939 Orte in alphabetischer Reihenfolge verzeichnet, an denen hebräische Bücher gedruckt oder hebräische Drucktypen in anderssprachigen Schriften verwendet wurden, wobei es sich bei der überwiegenden Mehrzahl der Einträge um vollständige Veröffentlichungen in der hebräischen Schrift und Sprache handelt.[205] Naturgemäß verlief die Entwicklung des hebräischen Buchdruckes in den einzelnen Ortschaften sehr unterschiedlich, und an den Orten, an denen die Veröffentlichung der hebräischen Drucke für eine längere Zeitspanne unterbrochen war, enthält das Werk nicht

---

zwischen Juden und Nichtjuden bei der Übernahme dekorativer Elemente aus nichthebräischen in hebräische und bei der Imitation hebräischer Buchstaben durch nichtjüdische Künstler nachweist.

[202] Aron Freimann: A Gazetteer of Hebrew Printing. In: Bulletin of the New York Public Library 49 (1945), S. 355–390, 456–468, 530–540, 913–939; dass., with a Foreword by Joshua Bloch. Reprinted with Revisions and Additions from the Bulletin of the New York Public Library of May, June, July, December 1945, New York: The New York Public Library 1946.

[203] Elkan Nathan Adler: A Gazetteer of Hebrew Printing. London 1917. Vgl. auch Herrmann Meyer: Index Topo-Bibliographicus. Ein Beitrag zur Geschichte des hebräischen Buchdrucks. In: Soncino-Blätter 3,2/4 (1930), S. 243–258.

[204] Vgl. Alexander Marx: Adler's Gazetteer of Hebrew Printing. In: Jewish Quarterly Review 11 (1920/21), S. 265–276, der in seiner Besprechung der Arbeit von Adler die Unvollständigkeit der Angaben bemängelt, sowie ders., Studies in Jewish History and Booklore (Anm. 166), S. 296–345.

[205] Freimann, A Gazetteer of Hebrew Printing (Anm. 202), 1946, S. 9.

nur den Titel des Erstdruckes, sondern auch den des ersten Werkes nach der Wiederaufnahme der hebräischen Druckaktivitäten. In den Fällen, in denen es sich bei dem Erstdruck um ein Heft einer Zeitschrift handelte, ist auch das später gedruckte erste Buch aufgeführt.

Zusätzlich zum Erstdruck sind auch spätere Buchexemplare aus einem bestimmten Ort oder einer Druckerwerkstätte verzeichnet, wenn sich nur dieses Exemplar im Besitz der New York Public Library befindet. Festgehalten sind auch die amerikanischen Bibliotheken, die ein früheres Exemplar als das, welches sich in der New York Public Library befindet, besitzen. In der Mehrzahl der Fälle konnte Freimann die verzeichneten Titel selbst überprüfen, so daß seine bibliographischen Angaben auf Autopsie und nur in den seltensten Fällen auf Informationen aus anderen bibliographischen Werken, in der Regel den Katalogen der großen Bibliothekssammlungen, beruhen. Die Einträge sind nach den Ortsnamen alphabetisch geordnet.[206]

Schriften von Institutionen, Vereinen und Schulen ohne Angabe des Druckortes wurden ebenso wenig berücksichtigt wie Veröffentlichungen, die nicht in einer Druckerei, sondern als Lithographien oder Abzüge entstanden waren. Dagegen sind die Namen der Orte mehrfach aufgezählt, in denen die Identität des Druckers des Erstdruckes nicht mit Sicherheit festgestellt werden konnte. Nach seiner eigenen Aussage in der Einleitung war Freimann trotz seines Wunsches ein möglichst vollständiges Verzeichnis zu erstellen, stets auch bemüht, Fehler der anderen entsprechenden Nachschlagewerke zu beseitigen und fiktive Druckorte, für die es keine ausreichenden Belege gab, aus der Liste zu streichen.

Der 1946 erneut in Buchform veröffentlichte *Gazetteer of Hebrew Printing* enthält als Zusätze zwei Register, und zwar in Appendix A eine Liste aller Orte mit ihren hebräischen Ortsnamen, alphabetisch nach dem hebräischen Alphabet geordnet mit der entsprechenden lateinischen Umschrift, und in Appendix B eine chronologische Aufzählung der Orte des hebräischen Buchdruckes von 1475 bis 1945. Wie weitere Arbeiten gezeigt haben, sind auch in diesem Verzeichnis trotz aller unternommenen Anstrengungen, die Angaben genauestens zu überprüfen, Mängel feststellbar, so sind einige Angaben falsch, und andere fehlen gänzlich.[207]

---

[206] Jeder Eintrag enthält, wie das Verzeichnis von Adler, folgende bibliographischen Angaben: (1) Druckort, einschließlich der Orte in denen hebräische Buchstabentypen in nichthebräischen Büchern gedruckt wurden, (2) Name des Druckers, (3) Erscheinungsjahr des ersten Buches mit hebräischen Lettern, (4) Verfasser und Titel des hebräischen Erstdruckes, (5) Informationen über das Werk oder Sekundärliteratur sowie Angaben zu den amerikanischen Bibliotheken, die in Besitz eines früheren Exemplars als das in der New York Public Library waren.

[207] Vgl. die kritische Berichtigung von Miroslav Krek: Some Additions and Corrections to Freimann's Gazetteer of Hebrew Printing. In: Studia Rosenthaliana 15 (1981), S. 238–244. Krek erstellte seine Einträge nach den Kriterien von Freimann und unterteilte sie in zwei Gruppen: Teil A sind Ergänzungen von Orten hebräischer Druckerzeugnisse, die bei Freimann fehlen; Teil B sind Korrekturen von Titelangaben eines Erstdruckes, von dem Krek eine frühere Ausgabe gefunden hat.

Dennoch ist das Werk bis heute ein wichtiges Standardwerk nicht nur für die
Geschichte des hebräischen Buchdrucks, sondern des Buchdruckes im Allgemeinen geblieben, da in manchen Orten der Beginn des Buchdruckes mit der
Herstellung von hebräischen Drucken erfolgte. Gleichzeitig stellt der *Gazetteer
of Hebrew Printing* mit seinen detaillierten Angaben ein Hilfsmittel in der
praktischen bibliothekarischen Arbeit dar und vermittelt Informationen zu
einzelnen Ortschaften und Druckern, ohne deren Kenntnis die bibliographische
Erfassung einzelner Werke, bei denen sich strittige Fragen in bezug auf Erscheinungsort und -jahr ergeben, nicht möglich wäre.

5.4 Bibliothekskataloge von Hebraica- und Judaica-Sammlungen in Frankfurt am Main

Jede Bibliothek wird durch den Umfang sowie die Ordnung ihres Bestandes,
welche vor allem mit Hilfe von Katalogen hergestellt wird, gekennzeichnet.[208]
In historischer Sicht ging die thematische Aufstellung der Bücher in einer Bibliothek der Herstellung von Katalogen voraus. Erst im Laufe des 19. Jahrhunderts führten das Anwachsen und die laufende Vermehrung des Bestandes der
Bibliotheken, die Zunahme und Differenzierung der Benutzer und deren ge-
steigerter Informationsbedarf über den Bestand der Bibliothek sowie das Ent-
fernen der Bestände aus dem unmittelbaren Zugriff der Benutzer in Magazine
dazu, daß sich Kataloge zum selbstverständlichen Arbeitsinstrument des Bibliothekars und die Katalogisierung zu einem zentralen Teil seines Arbeitsablaufes
entwickelten.[209]

Im Zusammenhang mit der Einführung der Kataloge wurde es üblich, für
Sonderbestände, wie Handschriften und Inkunabeln, die sich in ihren äußerlichen
Merkmalen wesentlich von der modernen Buchproduktion unterscheiden, ge-
sonderte Kataloge zu erstellen, während der Rest des Bestandes in einheitlichen
Katalogen verzeichnet wird. Diese Bibliothekspraxis hat bis heute ihre Gültigkeit
bewahrt. Konventionell erstellte Kataloge in gedruckter Form werden nach der
Art der Buchverzeichnung und den Aufgaben, die sie erfüllen, in Formal- und
Sachkataloge unterteilt, eine Differenzierung, die bei den heutigen Online-Ka-
talogen mittels unterschiedlicher Abfragemöglichkeiten hinfällig geworden ist.[210]

Im Gegensatz zu einer Bibliographie, in der die Bücher unabhängig von ihrem
Vorhandensein in einer bestimmten Bibliothek thematisch verzeichnet werden,

---

208 Vgl. Klaus Haller: Katalogkunde. Formalkataloge und formale Ordnungsmethoden.
     2. Aufl., München u. a.: Saur 1983, S. 13–22.

209 Ladislaus Buzas: Deutsche Bibliotheksgeschichte der neuesten Zeit (1800–1945),
     Wiesbaden: Reichert 1978. (Elemente des Buch- und Bibliothekswesens; 3), S. 134–
     151.

210 Vgl. Haller, Katalogkunde (Anm. 208), S. 46–49, als Formalkataloge gelten der Alpha-
     betische Katalog und der Standortkatalog, als Sachkataloge der Schlagwortkatalog,
     der Standortkatalog bei systematischer Aufstellung und der Systematische Katalog.

stellt der Katalog eine Inventarliste des Buchbestandes einer Bibliothek dar. Während die Kataloge von Allgemeinbibliotheken eine fachlich nicht begrenzte Sammlung nachweisen und ihr Nutzungswert von der Größe und der Vollständigkeit des Buchbestandes abhängt, haben veröffentlichte Kataloge von Spezialsammlungen für bestimmte Sachgebiete die Funktion von Fachbibliographien.

Freimann hat in den Jahren seiner Tätigkeit als Bibliothekar an der Frankfurter Stadtbibliothek mehrere Bestandskataloge von Sammlungen zur Wissenschaft des Judentums veröffentlicht, und zwar sowohl von seiner eigenen Institution als auch von zwei Frankfurter Bibliotheken, die als eigenständige Institutionen zur Israelitischen Gemeinde gehörten. Alle drei Sammlungen stellten auf Grund ihres thematisch begrenzten Bestandes Fachbibliotheken unterschiedlichen Umfangs und unterschiedlicher Qualität dar. Freimanns Kataloge, die sich durch Genauigkeit und Einfachheit der Handhabung auszeichnen, sollten die jeweiligen Leser über die vorhandene Literatur informieren und ihnen die einzelnen Buchtitel vermitteln. Während die Hebraica- und Judaica-Sammlung der Frankfurter Stadtbibliothek zwar einen wissenschaftlichen Charakter hatte, gleichzeitig aber allen Frankfurter Bürgern zugänglich war, waren die Sammlungen in den jüdischen Bibliotheken den Gemeindemitgliedern vorbehalten und sollten vor allem ihrer religiösen Erziehung und ihrer geistigen Bildung dienen.

5.4.1 Kataloge jüdischer Bibliotheken in Frankfurt

Im Jahr 1909 veröffentlichte Freimann seinen ersten Bibliothekskatalog, ein Bestandsverzeichnis der Bibliothek der Israelitischen Religionsschule in Frankfurt, die einen hervorragenden Bestand besaß, der sich im Wesentlichen aus vier verschiedenen Büchersammlungen zusammensetzte.[211] In dem 201 Seiten umfassenden Katalog sind die Einträge von Freimann alphabetisch nach den Verfassern und Sachtiteln in zwei Alphabeten angeordnet, einem hebräischen Alphabet mit 3.118 Titeln und einem lateinischen mit 946 Titeln, bei denen es sich bis auf wenige Ausnahmen um deutsche Titel handelt.[212] Freimann gliederte den Katalog alphabetisch und nicht sachlich, da die Bestände der Religionsschule gemäß den einzelnen Sammlungen in gesonderten Schränken aufgestellt waren. Bereits dieser erste Katalog zeichnete sich durch die Genauigkeit der Ti-

---

[211] Freimann hatte 1897 seinen ersten handschriftlichen Katalog für die Privatbibliothek seines Lehrers Abraham Berliner, die der Stadtbibliothek gespendet wurde, erstellt, der jedoch nicht gedruckt wurde. Die Bibliothek der Israelitischen Religionsschule bestand aus den Sammlungen des Rabbiner Salomon Geiger, Teilen der Bibliothek des Orientalisten Raphael Kirchheim, den Dubletten der von Prof. Abraham Berliner der Stadtbibliothek gestifteten Bücher, die der Religionsschule übergeben worden waren, und aus 2.500 Bänden der Bibliothek des Freiherrn Wilhelm Karl von Rothschild, die der Religionsschule gestiftet worden waren.

[212] Katalog. Bibliothek der Israelitischen Religionsschule zu Frankfurt am Main, 1909.

telerfassung aus, und es wurde ihm bescheinigt, daß er »unter seinesgleichen
durch Umfang und Zuverlässigkeit herausragt«.[213]

Entscheidenden Anteil hatte Freimann auch bei der Erstellung des Kataloges
der Bibliothek der Israelitischen Gemeinde, der im Jahre 1932 veröffentlicht
wurde.[214] Die Gemeindebibliothek, die im Jahre 1922 eröffnet worden war,
besaß damals die stattliche Anzahl von 14.085 Bänden.[215] Freimann kannte die
Sammlung sehr gut, da er Teilbestände, vor allem die hebräischen Bibel- und
Talmud-Kommentare, bereits katalogisiert hatte. Im Jahre 1932 wurde lediglich
von einem Teilbestand dieser großen Sammlung, der 5.331 Bände an Hebracia
und Judaica umfaßte, ein Katalog veröffentlicht. In seinem Vorwort stellt Dr.
Ernst Blau, der den Katalog erstellt hatte, ausdrücklich fest:

> [...] als Muster für diesen Katalog dient [...] der Katalog der Stadtbibliothek zu Frank-
> furt am Main sowie der von Herrn Professor Dr. Freimann bearbeitete Katalog der
> Hebraica und Judaica. Bei der Zusammenstellung des vorliegenden Kataloges stand
> Herr Professor Dr. Freimann dem Unterzeichneten mit seinem Rat in dankenswerte-
> ster Weise zur Seite.[216]

5.4.2 Der Judaica-Katalog der Frankfurter Bibliothek – der Fachkatalog der Wissenschaft des Judentums

Sein bibliothekarisches Hauptwerk auf dem Gebiet der Judaica stellt ohne Zweifel der umfangreiche Bestandskatalog der Judaica-Sammlung der ehemaligen
Frankfurter Stadtbibliothek dar, der in der deutschen und internationalen Forschung zum Bibliothekswesen als das »bleibende Werk« von Freimann gesehen
wird. Dies gilt insbesondere für die deutschsprachigen Publikationen zum Bibliothekswesen.[217] Im Vergleich zu anderen Katalogen wird auf den Judaica-

---

213 Schochow, Deutsch-jüdische Geschichtswissenschaft (Anm. 1), S. 105.
214 Katalog der Gemeindebibliothek. Israelitische Gemeinde Frankfurt. Frankfurt a. M.:
     Wartenberg 1932.
215 Vgl. ebd. Die Gemeindebibliothek enthielt die Bestände des ehemaligen Vereins
     »Jüdische Bibliothek und Lesehalle«, die wertvolle Büchersammlung des verstor-
     benen jüdischen Marburger Philosophen Hermann Cohen, die Bücherbestände des
     früheren Lyzeums Heinemann sowie als Leihgaben Teile der Büchersammlung des
     Orientalisten Raphael Kirchheim und die Bibliothek der »Vereinigung israeliti-
     scher Lehrer und Lehrerinnen«. Der Großteil der Sammlung Hermann Cohen be-
     findet sich heute in der Jüdischen National- und Universitätsbibliothek Jerusalem,
     vgl. Hartwig Wiedebach: Die Hermann-Cohen-Bibliothek (Hermann Cohen: Wer-
     ke, Supplementa; 2). Hildesheim u. a.: Olms 2000, S. 8–35.
216 Katalog der Gemeindebibliothek (Anm. 214), Vorwort.
217 Alwin Müller-Jerina: Germania Judaica. Kölner Bibliothek zur Geschichte des deut-
     schen Judentums. Die Entwicklung und Bedeutung einer wissenschaftlichen Spezial-
     bibliothek. Köln: Greven 1986 (Kölner Arbeiten zum Bibliotheks- und Dokumentati-
     onswesen; 8), S. 11; Alexandra Habermann / Rainer Klemmt / Frauke Siefkes: Lexikon
     deutscher wissenschaftlicher Bibliothekare 1925–1980. Frankfurt a. M.: Klostermann
     1985 (Zeitschrift für Bibliothekswesen und Bibliographie; Sonderheft 42), S. 83.

Katalog stets als das vorbildliche Beispiel eines Bestandsverzeichnisses hingewiesen, das qualitativ als eines der besten fachbibliographischen Verzeichnisse
innerhalb der deutsch-jüdischen Geschichtswissenschaft aus der Weimarer Zeit
bewertet wird, und dies, obwohl Bibliothekskataloge im Allgemeinen inhaltlich
nicht mit einer entsprechenden Fachbibliographie gleichgesetzt werden können,
da ihr Umfang und damit ihr bibliographischer Nutzen von dem naturgemäß nie
vollständigen Literaturbestand einer Bibliothek abhängen.[218]

Doch auch bei den Fachleuten im Ausland, die sehr wohl Freimanns weitere
Bibliographien und Kataloge zu hebräischen Handschriften und Drucken kennen, wird der Judaica-Katalog zu den wichtigen bibliographischen Hilfsmitteln
für die Wissenschaft des Judentums gezählt und bis zum heutigen Tage als die
»standard bibliography of Judaica« und »a milestone on the road of Jewish
bibliography« bezeichnet.[219] Der Judaica-Katalog symbolisiert mehr als alle
anderen Arbeiten von Freimann seine fünfunddreißig Jahre während bibliothekarische Tätigkeit an der Frankfurter Bibliothek.

Im Rahmen seiner Tätigkeit in der Bibliothek wirkte Freimann außerdem
über Jahre an der Erstellung des Kataloges der Abteilung Frankfurt der Stadtbibliothek mit und mußte dafür die Arbeiten an einem Katalog der Spezialbe-
stände, die in der Hebraica- und Judaica-Sammlung vereint waren, immer wieder
zurückstellen. Für den Katalog der Abteilung Frankfurt verfaßte er zusätzlich
das Kapitel »Juden in Frankfurt«, in dem der Bestand der Stadtbibliothek an
Literatur über die Frankfurter Juden verzeichnet wurde.[220] Sein jahrelanges
Bemühen einen Sonderkatalog der Judaica-Bestände zum Druck zu bringen,
wurde im Jahre 1932 realisiert, als nach mehrfachen Vorankündigungen der
Katalog unter dem Titel *Katalog der Judaica und Hebraica – Erster Band
Judaica* veröffentlicht wurde.[221] Der geplante und in Manuskriptform nahezu

---

218 Schochow, Deutsch-jüdische Geschichtswissenschaft (Anm. 1), S. 104.
219 Salo W. Baron: Some Recent Literature on the History of the Jews in the Pre-Eman-
     cipation Era (1300–1800). In: Cahiers d'Histoire Mondiale / Journal of World His-
     tory / Cuadernos de Historia Mundial 7 (1962), S. 137–171, hier S. 142. Baron zählte
     den Freimann-Katalog als Standardwerk auf, obwohl er sich in seiner Auswahl auf
     bibliographische Nachschlagewerke beschränkte, die nach 1935 veröffentlicht worden
     waren. Als Kriterium für ältere Veröffentlichungen gab er an: »Books and articles
     published before 1935 were, as a rule, mentioned only either because of their intrinsic
     significance, because no subsequent literature on an important subject is available, or
     for some other special reason.« Brisman, Jewish Research Literature (Anm. 5), Bd 1,
     S. 118; Israel Lehmann: Katalog der Judaica und Hebraica. Band Judaica. By A. Frei-
     mann, Graz, 1968 [Rezension]. In: Studies in Bibliography and Booklore 9 (1969/
     71), S. 113–115, hier S. 115.
220 Arthur Richel / Aron Freimann: Stadtbibliothek Frankfurt am Main. Literatur über
     die Juden in Frankfurt. Frankfurt a. M. 1914, d. i. Sonderdruck aus: Katalog der
     Abteilung Frankfurt. Hg. von der Stadtbibliothek Frankfurt a. M. 2 Bde, Frankfurt
     a. M.: Knauer 1914/1929; dort als Kapitel 6 u. d. T.: »Die Juden in Frankfurt«.
221 Freimann, Katalog der Judaica und Hebraica (Anm. 56). Vgl. Vorwort. In: Katalog
     der Neueren Bestände / Stadtbibliothek Frankfurt am Main 1 (1908), wo das Er-
     scheinen des Kataloges bereits 1908 angekündigt worden war.

fertiggestellte zweite Teil des Katalogs, der die Hebraica nach den Verfassern, geordnet nach dem hebräischen Alphabet, verzeichnete, konnte dagegen nach 1933 nicht mehr gedruckt werden.[222] Das Manuskript wurde vermutlich später zusammen mit den hebräischen Büchern durch die Bibliotheksbombardierung im Zweiten Weltkrieg vernichtet.

Der Judaica-Katalog umfaßt neben Vorwort und Inhaltsverzeichnis 646 Seiten und verzeichnet die bis zum Jahre 1930 veröffentlichten Werke »Über Juden und Judentum in abendländischen Sprachen«, die Bestand der Frankfurter Bibliothek waren. Insgesamt handelt es sich um 18.000 selbständig erschienene Werke, wobei auch diejenigen Aufsätze aus Zeitschriften und Sammelwerken aufgenommen sind, von denen die Bibliothek einen Sonderdruck besaß. Nicht verzeichnet sind jedoch die Bestände der Abteilung Frankfurt, die bereits im Kapitel »Juden in Frankfurt« des oben erwähnten Kataloges nachgewiesen sind.

Der Katalog besteht inhaltlich aus zwei Teilen, einem systematischen Hauptteil, der in zehn Kapitel untergliedert ist, und einem alphabetischen Titel- und Sachregister, in dem Verfassernamen, Sachtitel und Schlagworte in einem Alphabet geordnet sind. Im Jahre 1929 hatte Freimann die Systematik des Katalogs, die dem Einteilungssystem entsprach, nach dem er die Judaica in der Stadtbibliothek geordnet hatte, zum ersten Mal veröffentlicht.[223] Die endgültige Einteilung stimmt fast wörtlich mit dem ersten Vorabdruck überein.

Die zehn Kapitel haben folgende Überschriften:

1. Allgemeine Schriften

Dieses Kapitel beinhaltet Nachschlagewerke, Bibliographien, Sammelwerke und Jahresberichte wissenschaftlicher Institute, Zeitungen und Zeitschriften in deutscher, französischer, holländischer, italienischer, portugiesischer und ungarischer Sprache von 1768 an.[224] Die Jahresberichte der Rabbinerseminare mit den Beiträgen der verschiedenen jüdischen Gelehrten zur Bibelwissenschaft und jüdischen Geschichte sind einzeln chronologisch aufgeführt. Außerdem sind die Kataloge öffentlicher und privater Bibliotheken sowie die Werke zur Geschichte des jüdischen Buchdruckes aufgezählt. Zuletzt werden in diesem Kapitel die Biographien berühmter jüdischer Persönlichkeiten einschließlich besonderer Verzeichnisse für die Werke über Moses Maimonides und Moses Montefiore in alphabetischer Folge aufgeführt.

---

[222] Vgl. Jahresbericht 36/40 (1919/24), S. 4: »Die Abteilungen ›Hebraica‹ und ›Judaica‹ sind fertig katalogisiert. Der nach dem Alphabet der hebräischen Autoren geordnete Katalog der ›Hebraica‹ ist bis auf eine nach dem System der hebräischen Kataloge des Britischen Museums noch vorzunehmende Umarbeitung druckfertig.«

[223] Aron Freimann: Das Einteilungssystem der Judaica in der Stadtbibliothek Frankfurt am Main. In: Studies in Jewish Bibliography and Related Subjects. In Memory of Abraham Solomon Freidus (1867–1923). Ed. by Louis Ginzberg. New York: Alexander Kohut Memorial Found 1929, S. 55–64.

[224] Vgl. Annie Fraenkel: Vorwort zur Neuauflage. In: Aron Freimann: Katalog der Judaica und Hebraica. Stadtbibliothek Frankfurt a. M., Band Judaica. Frankfurt a. M. 1932 (Neudruck Graz 1968), S. III–VI.

2. Sprachwissenschaft und Literatur

Dieses Kapitel ist neben dem über Geographie und Geschichte das umfangreichste und umfaßt neben den Werken zur Geschichte der hebräischen Sprache,
Grammatiken und Schulbüchern die gesamte biblische und nachbiblische Literatur. Zum Inhalt des Kapitels gehören Werke der Bibelexegese, der Geschichte des biblischen Textes, Übersetzungen, Apokryphen und Pseudo-Epigraphik,
diverse Mischna- und Talmudausgaben und -kommentare sowie Ritual- und
Zeremonialvorschriften. Ebenso die gesamte poetische Literatur, einschließlich
der Dichter des Mittelalters und der verschiedenen nationalen Literaturen wie
der deutsch-jüdischen, der jüdisch-provenzialischen, jüdisch-spanischen und
der jüdisch-italienischen Literatur.

3. Geographie und Geschichte

Dieses Kapitel ist mit 150 Seiten das umfangreichste und umfaßt neben der
biblischen Geographie vor allem Literatur zu den historischen Hilfswissenschaften Archäologie, Chronologie, Numismatik, Epigraphik und Genealogie. Außerdem die gesamte Literatur zur Geschichte der Juden von der biblischen Zeit in Palästina bis zur Moderne in den einzelnen Kontinenten und
Ländern, vor allem Europa und Deutschland, einschließlich Antisemitismus
und Zionismus.

4. Philosophie und Kabbala

Dieses Kapitel beinhaltet außer den Gesamtdarstellungen Werke zu einzelnen
Philosophen alphabetisch nach den Philosophen geordnet und unter besonderer
Betonung von Moses Maimonides und Moses Mendelssohn.

5. Pädagogik

Dieses Kapitel umfaßt das jüdische Erziehungswesen im Allgemeinen in
Vergangenheit und Gegenwart, sowie Literatur über einzelne jüdische Unterrichtsanstalten und die beiden Unterrichtsfächer Religionslehre und Sprach-
unterricht.

6. Künste

Dieses Kapitel ist mit vier Seiten das kürzeste. Es beinhaltet Werke über die
Tempelmusik, die Profanmusik und die Bildende Kunst.

7. Rechtswissenschaft

Dieses kurze, acht Seiten umfassende Kapitel enthält die Literatur über das
jüdische Religionsgesetz, vor allem zum talmudischen Privat- und Strafrecht
sowie zum Kirchenrecht.

8. Staatswissenschaft

Dieses ebenfalls kurze, zehn Seiten umfassende Kapitel enthält die Werke zur Wirtschafts- und Sozialgeschichte der Juden, u. a. zu den Themengebieten der jüdischen Migration, der jüdischen Arbeiterbewegung und der Stellung der Frau in der jüdischen Gemeinschaft.

9. Naturwissenschaften

Dieses gleichfalls sehr kurze, fünf Seiten umfassende Kapitel ist in die Themen Allgemeines, Medizin, Hygiene, Mathematik und Astronomie aufgeteilt.

10. Theologie

Das letzte Kapitel ist sehr umfangreich und umfaßt 100 Seiten. Es ist in die Unterkapitel Biblische Theologie, Nachbiblische Theologie und Praktische Theologie unterteilt, wobei letzteres die Homiletik, Liturgie und synagogale Musik mit Notenwerken einschließt.

Die einzelnen Einträge enthalten Verfasser, Titel und Nebentitel, Erscheinungsort und -jahr und die jeweilige Signatur, sie sind auch bei den schwierigen Titelaufnahmen von Reihen und Sammelwerken stets in der bibliographisch korrekten Zitierform und sehr detailliert. Allerdings fehlen Angaben zu den Seitenzahlen, und nur gelegentlich wird das Format festgehalten. Bei Werken mit hebräischen Paralleltiteln ist der hebräische Titel in hebräischen Lettern angegeben, die Übersetzung steht in Klammern. Bei russischen Büchern wird lediglich die deutsche Übersetzung des Titels unter Angabe der Originalsprache des Buches vermerkt. Alle bibliographischen Angaben, die auf dem Titelblatt fehlten und von Freimann hinzugefügt wurden, sind in eckige Klammern gesetzt.

Die Titel wurden bewußt sachlich nur an einer Stelle aufgeführt und Doppelaufnahmen vermieden.[225] Dafür sind vielfältige Verweisungen im umfangreichen Titel- und Sachregister enthalten, das auch die nachträglich ermittelten Vornamen sowie Verweisungen von den nachträglich ermittelten Verfassern anonymer Werke verzeichnet, da es Freimann gelang, eine ganze Reihe von Pseudonymen aufzulösen.[226] Von den Übersetzungen des Alten Testamentes und der exegetischen Literatur aus dem Hebräischen wurden nur jene aufgenommen, die von Juden verfaßt wurden oder »dem jüdischen Interesse« dienen. Von den hebräischen Übersetzungen des Neuen Testamentes mit deutschsprachigen Nebentiteln wiederum sind nur diejenigen enthalten, die das Verhältnis des Neuen Testamentes zur jüdischen Literatur thematisieren.

Am Umfang der einzelnen Kapitel werden die Schwerpunkte der Sammlung und die Zuordnung der Bücher innerhalb der Systematik deutlich. Einer der Schwerpunkte liegt auf der Theologie, die als letztes Kapitel ganz speziell die

---

[225] Ebd., S. IV.
[226] Brisman, Jewish Research Literature (Anm. 5), Bd 1, S. 119.

Literatur zur jüdischen Religion beinhaltet und eines der umfangreichsten des Kataloges ist. Hinzu kommt, daß auch ein beachtlicher Teil des dritten Kapitels »Geographie und Geschichte« Literatur enthält, die thematisch der Theologie zuzuordnen ist, so u. a. über die biblischen Gebote, über das Stiftszelt und den Tempel in Jerusalem sowie über die biblische Zeitrechnung. Andererseits wiederum sind in dem Kapitel Theologie Werke enthalten, die anderen Kapiteln entsprechen, so ist z. B. die Literatur zur synagogalen Musik dem Kapitel Theologie und nicht dem Kapitel Künste zugeordnet.

Die von Freimann gewählte Systematik ist nicht ohne Kritik geblieben, wobei stets der Katalog als ganzes sehr gelobt und lediglich einzelne Details der Aufnahmepraxis bemängelt wurden. Die Kritik bezog sich vor allem auf die mangelnde klare thematische Abgrenzung der einzelnen Sachgebiete und die falsche inhaltliche Zuordnung einzelner Themen zu den zehn Sachgebieten. Shunami, der die ausführlichste Besprechung veröffentlichte, bescheinigte Freimann eine außerordentliche Sachkompetenz und umfassende Kenntnisse und stellte in seiner im Ganzen sehr positiven Rezension nur wenige Fehler fest, darunter vor allem, daß einzelne Themen von Freimann inhaltlich falsch zugeordnet und andere in mehreren Kapiteln verteilt statt gesammelt an einer Stelle verzeichnet waren.[227] Außerdem bemängelte er, daß die bibliographischen Werke an verschiedenen Stellen des Buches verzeichnet sind, und zwar sowohl zu Anfang des ersten Kapitels »Allgemeine Schriften« als auch bei den jeweiligen Themenbereichen alphabetisch innerhalb der Aufzählung. Des weiteren mißfiel ihm, daß Freimann bei der Angabe von Informationen, die er nicht dem Titelblatt entnehmen konnte, sich nicht strikt an die Regeln der »Preußischen Instruktionen« gehalten hatte und diese Angaben nur allgemein, ohne weitere Unterscheidung kenntlich gemacht hatte.[228] Es ist anzunehmen, daß Freimann, der stets genaue Titelangaben machte und diese Unterscheidung sehr wohl kannte, sie wegließ, um die Benutzung des Kataloges für eine möglichst große Leserschaft, die mit

---

[227] Shlomo Shunami: Frankfort on Main. Stadtbibliothek. Katalog der Judaica und Hebraica. Bd. I. Judaica ([Comp. by] A[ron] Freimann.) Frankfurt a. M., typ. M. Lehrberger, 1932, XII, 646 p. 19:25 [Rezension, hebr.]. In: Kiryat Sepher 9 (1932/33), S. 298–301. Bei den zu Recht kritisierten Themen handelt es sich zum einen um die Literatur zum Chassidismus, die im dritten Kapitel »Geographie und Geschichte«, in der Rubrik »Vom Exil bis zur Zerstörung des Zweiten Tempels«, Unterrubrik »Sekten«, verzeichnet ist, obwohl der Chassidismus eine religiöse Bewegung des 18. Jahrhunderts war, und zum anderen um antisemitische Literatur, die nicht in einer eigenständigen Rubrik verzeichnet ist, sondern mit den jüdischen Schriften zur Abwehr des Antisemitismus zusammengefaßt ist. Shunami befürchtete, daß die antisemitischen Schriften, zu denen Hetzschriften über den Ritualmord und den Ewigen Juden zählten, durch ihre Aufzählung mit den jüdischen Schriften Glaubwürdigkeit und Wahrheitsgehalt erhielten. Vgl. Freimann, Katalog der Judaica und Hebraica (Anm. 56) S. 219–220, 239–258.

[228] Ebd., S. 299. Laut den »Preußischen Instruktionen« sind Angaben, die nicht auf dem Titelblatt stehen, jedoch dem Buch entnommen sind, in runde Klammern (...), und solche, die aus anderen Quellen stammen, in eckige Klammer [...] zu setzen. Freimann hat alle zusätzlichen Angaben in eckige Klammern gesetzt.

den an der Bibliothek herrschenden Regeln der Katalogisierung nach den »Preußischen Instruktionen« nicht vertraut waren, zu erleichtern.

Guido Kisch lobte den Katalog insgesamt als »wertvolles bibliographisches
Handbuch« und hob hervor, daß Freimann eine eigene Sachgruppe Rechtswissenschaft gebildet habe und damit zu den wenigen Vertretern der Wissenschaft
des Judentums gehörte, welche frühzeitig die Bedeutung der rechtlichen Stellung
der Juden erkannt hätten. Gleichzeitig bemängelte er jedoch, daß Freimann in
diesem Kapitel »Rechtswissenschaft« keine klare Unterscheidung zwischen
jüdischem Recht, d. h. den religiösen Rechtsentscheiden in Bibel und Talmud
einerseits, und dem Judenrecht, d. h. die Rechtsstellung der Juden in der Gesellschaft andererseits, getroffen habe.[229]

Insgesamt erhielt der Katalog, der zum ersten Mal nur die Judaica-Literatur,
also die Literatur zur Wissenschaft des Judentums in nichthebräischen Sprachen verzeichnet und auf einer eigens für die judaistische Disziplin entworfene
Systematik basiert, von allen Seiten Zustimmung und Anerkennung. Als ein
besonderes Verdienst wurde Freimann angerechnet, mit seinem Katalog die
Erstellung eines umfassenden Verzeichnisses der in nichthebräischen Sprachen
veröffentlichten Werke zum Judentum in Angriff genommen zu haben, welches ein langersehntes Desiderat gewesen war, da die bisherigen Bibliographen sich vorzugsweise den hebräischen Büchern zugewandt hatten.[230]

Im Jahre 1968 erschien ein fast unveränderter Nachdruck des Kataloges mit
einem Vorwort von Annie Fraenkel, der sich von der Erstausgabe lediglich dadurch unterscheidet, daß alle Buchsignaturen aus den Aufnahmen gelöscht wurden, da die alten Signaturen durch Kriegsverluste und Umsignierung der Bücher
nur noch teilweise korrekt waren. Der Nachdruck verstand sich bewußt »nicht
mehr als Bibliothekskatalog, sondern als bibliographisches Handbuch«.[231]

---

[229] Vgl. Guido Kisch: Forschungen zur Rechts- und Sozialgeschichte der Juden in
       Deutschland während des Mittelalters. Stuttgart: Kohlhammer 1955, S. 189, Anm. 2:
       »[...] A. Freimann hat im Freimann-Katalog, 1932 zwar wie Steinschneider eine
       selbständige Abteilung Rechtswissenschaft gebildet, ihre Systematik läßt aber eine
       sachliche Begründung in juristischer und rechtshistorischer Beziehung vermissen.
       Deshalb finden sich hier die heterogensten Dinge nebeneinander, z. B. eine Dar-
       stellung des talmudischen Rechtes gleich neben einer solchen des für die Juden
       nach dem ersten Weltkrieg geschaffenen Minderheitenrechts (S. 362) und derglei-
       chen mehr, nirgendwo ist zwischen jüdischem Recht und Judenrecht unterschieden.
       Daher sind auch in diesem sonst wertvollen bibliographischen Handbuch die Wer-
       ke über die Rechtsverhältnisse der Juden an den verschiedensten Stellen verstreut.«
[230] Shunami, Rezension (Anm. 227), S. 301, bezeichnete die Veröffentlichung des
       Kataloges, der einen ständigen Platz auf dem Arbeitstisch des israelischen Biblio-
       thekars und Bibliographen einnehmen würde, als einen wichtigen Schritt vorwärts
       für die Strukturierung der Wissenschaft des Judentums. 1932/33 erwartete er mit
       großer Sehnsucht den angekündigten zweiten Band mit den Hebraica.
[231] Fraenkel, Vorwort (Anm. 224), S. III. Vgl. Lehmann, Katalog der Judaica und He-
       braica (Anm. 219), S. 113–115, dort eine harte Kritik an den Ungenauigkeiten im
       Vorwort von A. Fraenkel im Nachdruck.

Heute erfüllt der Katalog nur noch bedingt seine Funktion als Bestandsverzeichnis einer Sammlung, da sich nicht mehr alle in ihm verzeichneten Werke in der Bibliothek befinden. Noch immer aber besitzt er einen unschätzbaren bibliographischen Wert, da ein vergleichbares Werk weiterhin fehlt. Der »Freimann-Katalog« ist der einzige sachlich gegliederte Katalog, der die bis 1930 erschienenen deutschen Judaica in annähernder Vollständigkeit verzeichnet und ist deshalb auch weiterhin ein unentbehrliches bibliographisches Hilfsmittel der Wissenschaft.[232]

Werner Schochow schließlich kommt zu dem Schluß, der Katalog müsse »als die größte abgeschlossene Bibliographie der jüdischen Wissenschaft aus der Weimarer Zeit und zugleich als der beste und umfangreichste Judaica-Fachkatalog einer deutschen Bibliothek überhaupt bezeichnet werden«.[233]

Der Katalog, dessen bleibende Leistung darin besteht, daß er gedruckt vorliegt, offenbart »eine beneidenswerte inhaltliche Abrundung«, die ihn zum wichtigsten und umfangreichsten bibliographischen Nachschlagewerk auch für den thematischen Teilbereich der deutsch-jüdischen Geschichtswissenschaft vor dem Zweiten Weltkrieg macht. Gemeinsam mit dem Bestandskatalog der Judaica-Abteilung der New York Public Library, der 1960 veröffentlicht wurde und an dem Freimann bis zu seinem Tode mitarbeitete, kommt der Frankfurter Judaica Katalog zum Zeitpunkt seines Erscheinens »dem Ideal einer Gesamtbibliographie verhältnismäßig nahe«.[234]

---

232 Ernst Loewy: Judaica. In: Handbuch der historischen Buchbestände in Deutschland. Bd 5: Hessen, Teil I A–L. Hg. von Berndt Dugall. Hildesheim: Olms-Weidmann 1992, S. 143. Online-Version: http://www.stub.uni-frankfurt.de/cdrom/handbuch-buchbestaende.htm
233 Schochow, Deutsch-jüdische Geschichtswissenschaft (Anm. 1), S. 104, 125.
234 Ebd., S. 263. New York Public Library, Reference Department: Dictionary Catalog of the Jewish Collection. 14 Bde, Boston: Hall, 1960.

6 Die Organisation der Wissenschaft des Judentums

Während seines langen Wirkens als Bibliograph und Bibliothekar hat Freimann stets sowohl als Wissenschaftler eigene quellenkritische historische und philologische Forschungen betrieben als auch gleichzeitig zentrale Funktionen in der Schaffung von Organen und Institutionen der Wissenschaft des Judentums innegehabt, insbesondere in der Begründung von Großprojekten der deutschjüdischen Geschichtswissenschaft. Die im Folgenden aufgeführten wichtigsten Veröffentlichungen des Historikers Freimann belegen seine wissenschaftliche Produktivität auch in diesem Bereich. Dagegen wird mit der ausführlichen Darstellung seiner Tätigkeit als Mitbegründer und Träger von Großprojekten, die für die Entwicklung der Wissenschaft des Judentums insbesondere während der Weimarer Republik von entscheidender Bedeutung waren, zum ersten Mal seine Rolle als Organisator in den Mittelpunkt gestellt. Die Mehrzahl seiner historischen Veröffentlichungen, die aus regionalen Einzelstudien sowie biographischen und genealogischen Studien bestehen, sind nicht singulär als historische oder bibliographische Arbeit zu identifizieren, sondern lassen sich in vielen Fällen thematisch beiden Bereichen zuordnen.[1]

Freimanns erste wissenschaftliche Veröffentlichung war eine historische Studie über seinen Heimatort Ostrowo, an der er zeitgleich mit der Fertigstellung seiner Promotion arbeitete und die im Jahre 1896 veröffentlicht wurde.[2] In den Jahren 1896 bis 1899 veröffentlichte er regelmäßig kurze Aufsätze in der *Israelitischen Monatsschrift*, der wissenschaftlichen Beilage zur Zeitschrift *Die Jüdische Presse*, welche thematisch die jüdische Regionalgeschichte sowie die Darstellung des Antisemitismus zum Inhalt hatten.[3] Nachdem er die Herausgabe der *Zeitschrift für Hebräische Bibliographie* übernommen hatte, erschienen seine weiteren Aufsätze, die zunehmend bibliographischen Charakter annahmen, nicht mehr in der *Jüdischen Presse*, sondern zuerst nur in dem von ihm

---

[1] Vgl. z. B. seine zahlreichen regionalgeschichtlichen Aufsätze über den hebräischen Druck, in denen mit den bibliographischen Angaben stets auch die Geschichte der Juden vor Ort vermittelt wird.

[2] Vgl. den Anhang dieser Arbeit: »Aron Freimann-Bibliographie«, dort Eintrag Nr 3. Bereits 1893 hatte Freimann eine Besprechung des Werkes seines Lehrers Abraham Berliner, Geschichte der Juden in Rom (Frankfurt a. M. 1893) und eine Reaktion auf einen Zeitschriftenartikel veröffentlicht.

[3] Ebd. Die Aufsätze behandelten die Judenverfolgung durch Jesuitenschüler in Polen, das Verhältnis von Heinrich von Valois zu den Juden in Polen, sowie Beiträge zur Geschichte der Juden in Prag, Griechenland, und Glogau.

geleiteten Organ und erst später wieder auch in anderen Zeitschriften. Sein besonderes geschichtswissenschaftliches Interesse blieb auf die regionalgeschichtlichen Aspekte ausgerichtet, parallel zu seinen bibliographischen Arbeiten verfaßte er Studien zur Geschichte der Juden in einzelnen Ortschaften, so z. B. zur Geschichte der Juden in Regensburg und gemeinsam mit Isidor Kracauer eine Geschichte der Juden in Frankfurt am Main.[4]

In Nachfolge von Moritz Steinschneider und Meyer Kayserling wurde Freimann die Bearbeitung der bibliographischen Beiträge zur Geschichte der Juden in dem renommierten und international anerkannten deutschen Fachorgan *Jahresberichte der Geschichtswissenschaft* übertragen.[5] Hierbei handelt es sich inhaltlich allerdings nicht um historische Arbeiten, sondern um abgeschlossene (retrospektive) Bibliographien. Als Mitarbeiter an den *Jahresberichten der Geschichtswissenschaft* war Freimann wie seine Vorgänger daran beteiligt, die Forschung zum Judentum in den Rahmen der allgemeinen Geschichtswissenschaft zu integrieren. Außerdem setzte Freimann die Arbeit von Leopold Zunz fort, der als erster eine Chronologie jüdischer berühmter Persönlichkeiten nach ihren Sterbetagen, geordnet nach Monaten und Tagen, veröffentlicht hatte, und förderte mit seinen Studien in der *Zeitschrift für Hebräische Bibliographie* sowie mit der Veröffentlichung von Arbeiten seiner Kollegen zahlreiche Forschungen zur jüdischen Biographie.[6] Seit 1902 gehörte Freimann als Mitglied

---

4 Vgl. Aron Freimann: Vorarbeiten zur Germania Judaica (Regensburg). In: Monatsschrift
   für Geschichte und Wissenschaft des Judentums 53 (1909), S. 589–615; ders., Aus der
   Geschichte der Juden in Regensburg von der Mitte des 15. Jahrhunderts bis zur Vertrei-
   bung im Jahre 1519. In: Beiträge zur Geschichte der deutschen Juden. Festschrift zum
   siebzigsten Geburtstage Martin Philippsons. Hg. vom Vorstande der Gesellschaft zur
   Förderung der Wissenschaft des Judentums. Leipzig: Fock 1916 (Schriften hg. von der
   Gesellschaft zur Förderung der Wissenschaft des Judentums), S. 79–95; ders. / Isidor
   Kracauer: Frankfort. Translated from the German Manuscript by Bertha Szold Levin.
   Philadelphia: Jewish Publication Society of America 1929 (Jewish Community Series).
5 Aron Freimann: Juden (nach der Zerstörung Jerusalems) 1902/1904. In: Jahresberichte
   der Geschichtswissenschaft 28 (1905), Nr 1, S. 87–97 und 30 (1907), Nr 1, S. 24–35.
   Vgl. Werner Schochow: Deutsch-jüdische Geschichtswissenschaft. Eine Geschichte ihrer
   Organisationsformen unter besonderer Berücksichtigung der Fachbibliographie. (Diss.)
   Berlin 1966, S. 92ff. Die Arbeiten werden an dieser Stelle erwähnt und nicht bei den
   thematischen Bibliographien, da sie ausschließlich auf den Themenbereich der jüdischen
   Geschichte beschränkt blieben und damit im Gegensatz zu seinen allgemeinen Biblio-
   graphien zur Wissenschaft des Judentums das nichthistorische Schrifttum ausließen.
6 Leopold Zunz: Sterbetage. Berlin: Poppelauer 1864; Aron Freimann: Ergänzungen zu
   Miscellen und Notizen von M. Steinschneider. Zum Nekrolog seit 1890. In: Zeitschrift
   für Hebräische Bibliographie 7 (1903), S. 188–191; William Zeitlin: Sterbedaten neuhebräischer Schriftsteller, Gelehrter und Publizisten: 1900–1915. In: ebd. 19 (1916),
   S. 37–48. Diese von Zeitlin erstellte Liste enthält 136 Einträge, von denen jeder den
   Beruf des Verfassers, seinen Wohnort, seine veröffentlichten Werke und die Geburts-
   und Todesdaten beinhaltet und war von Freimann durchgesehen und korrigiert worden.
   Vgl. auch Shimeon Brisman: Jewish Research Literature. Bd 2: A History and Guide
   to Judaic Encyclopedias and Lexicons. Cincinnati: Hebrew Union College Press 1987,
   S. 247, 250, 441, Anm. 21, der das Verdienst Freimann anrechnet.

der American Jewish Historical Society an.[7] Zu seinen bedeutendsten genealogischen Arbeiten zählen die Erstellung des Stammbaumes der Familie Rothschild und der seiner eigenen Familie. Im Jahre 1906 veröffentlichte er nach archivalischen Quellen die Stammtafeln der Freiherrlichen Familie von Rothschild, welche die Ahnenreihe von Mayer Amschel Rothschild, des Gründers der berühmten Rothschilddynastie, von der Mitte des 16. bis zu seinen Kindern im 19. Jahrhundert aufzeichneten.[8] Im Jahre 1925 veröffentlichte er anläßlich der Hochzeit seiner einzigen Tochter Helene den eigenen Stammbaum der Familien Ettlinger – Freimann – Horowitz als Privatdruck bei seinem Freund Moses Marx.[9]

6.1 Die Organisation von Großprojekten der deutsch-jüdischen Geschichtswissenschaft

Einen entscheidenden Einfluß auf die Entwicklung der deutsch-jüdischen Geschichtswissenschaft nach dem Ersten Weltkrieg hatte Freimann in seiner Funktion als Initiator und Organisator zweier Großprojekte, der *Germania Judaica*, eines historisch-topographischen Handbuchs, dessen Entstehungsgeschichte noch nicht aufgearbeitet worden ist und das hier ausführlich dargestellt wird, und der Wiederbegründung der *Zeitschrift für die Geschichte der Juden in Deutschland*. Mit diesen beiden umfangreichen Forschungsvorhaben, die von dem Ideal der Objektivität und Wissenschaftlichkeit geleitet waren und sich durch die Anwendung der historisch-kritischen Methode auszeichneten, trug Freimann zum Prozeß der Spezialisierung und der zunehmenden Säkularisierung der Wissenschaft des Judentums bei, der gleichzeitig auch ein Prozeß der Popularisierung der jüdischen Geschichte war.[10] Beide Projekte stehen zudem für den integralen Ansatz der jüdischen Geschichtsschreibung, der darauf angelegt war, den Zusammenhang zwischen der allgemeinen und der jüdischen Geschichte herzustellen und die wechselseitige Beeinflussung der Juden und ihrer Umwelt zu untersuchen. Die damit einhergehende Abkehr von der Apologetik und die Einführung der Multiperspektivität hatten eine Objektivierung der Geschichtsschreibung durch die jüdischen Historiker zur Folge.

---

[7] Nachlaß Aron Freimann, Mitteilung vom 6. Januar 1902 über seine Wahl zum »Corresponding Member«.

[8] Aron Freimann: Stammtafeln der Freiherrlichen Familie von Rothschild. Frankfurt a. M. 1906. Das Werk wurde für die Mitglieder der Familie Rothschild in 25 Exemplaren gedruckt und enthält neben den Stammtafeln Auszüge aus dem Memorbuch der Israelitischen Gemeinde Frankfurt am Main, Notariatsakten und Abbildungen der Grabsteine der Rothschilds vom Alten Jüdischen Friedhof in der Battonnstraße.

[9] Aus dem Stammbaum der Familien Ettlinger – Freimann – Horowitz. Berlin: Marx 1925.

[10] Vgl. Michael Brenner: Jüdische Kultur in der Weimarer Republik, München: Beck 2000, S. 117.

6.1.1 Die Herausgabe des historisch-topographischen Handbuchs »Germania Judaica«

Im Jahre 1903 wurde von der Gesellschaft zur Förderung der Wissenschaft des Judentums der Entschluß gefaßt, unter dem Titel *Germania Judaica* ein alphabetisches Verzeichnis aller Ortschaften des deutschen Reiches, an denen jüdische Siedlungen bestanden hatten, sowie eine quellengestützte Darstellung der Geschichte der Ortsgemeinden zu erstellen.[11] Ziel des Unternehmens war es, eine Siedlungs- und Rechtsgeschichte zu verfassen, die zugleich die Grundlagen für eine Wirtschafts-, Sozial- und Geistesgeschichte des deutschen Judentums schaffen sollte. Die Leitung der Arbeiten wurde einer Kommission unter dem Vorsitz von Julius Guttmann aus Breslau übertragen, die aus acht Wissenschaftlern bestand und zu der auch Aron Freimann gehörte. Auf der Grundlage eines Arbeitsentwurfes von Moritz Steinschneider, der die ihm angetragene Leitung seines hohen Alters wegen abgelehnt hatte, jedoch an den Vorbereitungen mitwirkte und der Kommission die relevanten Teile seiner bibliographischen Aufzeichnungen zur Verfügung stellte, wurde von Markus Brann ein detaillierter Arbeitsplan erstellt, der in der ersten Sitzung der Kommission am 13. Juni 1905 in Breslau von den Kommissionsmitgliedern ausführlich besprochen und in einer abschließenden Fassung verabschiedet wurde.

In der aus zwölf Punkten bestehenden Fassung des Arbeitsplanes waren sowohl der genaue Inhalt und die Struktur des Werkes als auch die methodische und praktische Vorgehensweise festgelegt, die später ohne große Änderungen umgesetzt wurden. Territorial umfaßte das Nachschlagewerk das ganze Gebiet des damaligen deutschen Reiches einschließlich jener Staaten, die von ihrer Entstehung an fortdauernd Bestandteile des »imperium romano-germanicum«, des mittelalterlichen Römischen Reiches gewesen waren, sowie zeitlich die Spanne von der Entstehung der jüdischen Siedlungen bis zu den Wiener Verträgen im Jahre 1815.[12] Da in diesem Zeitraum von über einem Jahrtausend nur ganz wenige jüdische Gemeinden ohne Unterbrechung bestanden hatten und die Ansiedlung der Juden in bestimmten Zeitabschnitten in verschiedenen Teilen des Reiches konzentriert war, wurde das Unternehmen in drei Perioden aufgeteilt,

---

[11]   Germania Judaica. Hg. im Auftrag der Gesellschaft zur Förderung der Wissenschaft des Judentums von Marcus Braun und Aron Freimann. Bd 1,1, Frankfurt a. M.: Kauffmann 1917 (Schriften hg. von der Gesellschaft zur Förderung der Wissenschaft des Judentums), Vorwort, S. IX.

[12]   Bericht über die am 13. Juni 1905 in Breslau stattgefundenen Sitzungen der Kommission zur Herausgabe der Germania Judaica. In: Monatsschrift für Geschichte und Wissenschaft des Judentums 49 (1905), S. 508–512. In Artikel 2 der Satzung (S. 509) werden die Gebiete einzeln und genau definiert, ausgeschlossen waren die Landschaften die 1903 zu Frankreich, den Niederlanden und Belgien gehörten, eingeschlossen dagegen die »ehemals deutschen Bundesländer Oesterreichs (das Erzherzogtum Oesterreich, Steiermark, Kärnten, Krain, Tirol, Triest, Friaul, Böhmen, Mähren und österr. Schlesien) sowie Luxemburg und Limburg«. Die Schweiz sollte in einem gesonderten Anhang behandelt werden.

die in gesonderten Teilbänden abgehandelt werden sollten, was die Zahl der zu behandelnden Ortschaften in den einzelnen Epochen wesentlich verringerte und die Arbeit übersichtlicher und einfacher machte. Teil I umfaßte den Zeitraum von den ältesten Zeiten bis zum Erlaß der Judenordnung Kaiser Friedrichs II. (1238), Teil II vom Erlaß der Judenordnung Kaiser Friedrichs II. bis zum Beginn der Neuzeit (1238-1500) und Teil III vom Beginn der Neuzeit bis zu den Wiener Verträgen (1500-1815).[13] Die Einträge des Verzeichnisses waren alphabetisch angeordnet und in jedem der Einträge, der sich jeweils auf eine jüdische Gemeinde bezog, wurde die Geschichte der Juden vor Ort in chronologischer Reihenfolge dargestellt.[14] Die Kommission war für die Auswahl der Mitarbeiter und die Verteilung der Artikel zuständig, die, laut den Anweisungen in der Satzung folgendermaßen verfaßt sein sollten:

> [...] präzis, knapp und in einer auch den Nichtfachmann interessierenden und ihm leicht verständlichen Sprache.[15]

Die Redaktion des Nachschlagewerkes wurde Markus Brann und Aron Freimann übertragen, die vorab drei Register erstellen sollten, und zwar ein alphabetisches Verzeichnis der aufzunehmenden Ortsnamen, ein alphabetisches Verzeichnis der erwähnenswerten Personen und ein Quellenverzeichnis. Geplant war, daß »spätestens drei Jahre nach Veröffentlichung des endgültigen Arbeitsplanes der erste Band der Germania Judaica« erscheinen sollte, und deshalb wurde zur Unterstützung der Redaktion und zur zügigen Durchführung des Unternehmens die Stelle eines bezahlten wissenschaftlichen Mitarbeiters eingerichtet, die nacheinander mit zwei Historikern, zuerst mit Arthur Süßmann, und seit 1907 mit Haim Tykocinsky, besetzt wurde.[16]

---

13 Ebd., S. 510. Im »Vorwort«, in: Germania Judaica. Im Auftrag der Gesellschaft zur Förderung der Wissenschaft des Judentums nach dem Tode von Markus Brann hg. von Ismar Elbogen, Aron Freimann und Chaim Tykosinski. I,1/2: Von den ältesten Zeiten bis 1238. Breslau: Marcus 1934, S. X, wurde zudem mit Rückblick auf den Arbeitsplan aus dem Jahre 1905 berichtet, daß nach Fertigstellung der Arbeit »auch der Zeitraum von 1815 an in derselben Weise bearbeitet werde«.

14 Die Darstellung war aufgeteilt in »äußere« und »innere« Geschichte der Gemeinde, wobei die äußere Geschichte die »Entstehung, die öffentlich-rechtliche Stellung, die Mitgliederzahl und die Vernichtung der Gemeinde«, die innere Geschichte »die Satzungen, die Verwaltung, die Gerichtsbarkeit, das Unterrichtswesen, die religiösen Anstalten, die wirtschaftliche Lage der Gemeindemitglieder, die Vereine« beinhaltete.

15 Bericht (Anm. 12), S. 511.

16 Vgl. Vorwort (Anm. 13), S. XII. Arthur Süßmann gab die Stelle auf, als er in den Schuldienst eintrat. Zu seinem Veröffentlichungen zählen Die Schuldentilgungen unter König Wenzel (Berlin 1907) und das Erfurter Judenbuch (1357–1407), in: Mitteilungen des Gesamtarchivs der deutschen Juden 5 (1914), S. 1–126. Er fiel 1915 an der Westfront. Vgl. Encyclopaedia Judaica. Begr. von Cecil Roth und Geoffrey Wigoder, 16 Bde, Jerusalem: Keter 1971, Bd 15, Sp. 1476; Kurzbiographien zur Geschichte der Juden 1918–1945. Hg. von Joseph Walk. München u. a.: Saur 1988, S. 369; Haim Tykocinsky (1862–1942) arbeitete als Historiker und Privatgelehrter in Berlin und hat u. a. Das Stiftungsbuch der Stadt Leipzig (Leipzig 1905), herausgegeben. Da er nach 1917 unentgeltlich an der Germania Judaica mitarbeitete und über die Hälfte

Nachdem die alphabetischen Verzeichnisse der zu bearbeitenden Artikel für den ersten Teilband von Brann und Freimann erstellt und von den Fachkollegen begutachtet worden waren, wurden sie im Jahre 1907 veröffentlicht und erneut zur wissenschaftlichen Diskussion gestellt.[17] In Folge der eingegangenen Stellungnahmen wurden in einem späteren Beschluß der Kommission am ursprünglichen Plan einige Korrekturen vorgenommen, mit der Absicht, das Textbild der einzelnen Artikel übersichtlicher zu gestalten und die redaktionelle Bearbeitung des Bandes zu erleichtern. Hierzu gehörte, daß die allgemeinen Quellennachweise nach der Erläuterung des Ortsnamens dem Text vorangestellt und die Anmerkungen nicht im Text, sondern am Ende des Artikels aufgeführt werden sollten. Im Jahre 1909 veröffentlichten Brann, Freimann und Tykocinsky die ersten drei Artikel über die Ortschaften Speyer, Regensburg und Prag, die den zukünftigen Mitarbeitern der *Germania Judaica* als Vorlage dienen sollten.[18]

In Erwartung der raschen Fertigstellung des ersten Bandes wurde am 9. Oktober 1911, noch vor dessen Veröffentlichung, auf einer in Breslau stattfindenden Sitzung über eine mögliche Zusammenarbeit der Kommission der *Germania Judaica* mit dem Gesamtarchiv der Deutschen Juden beraten, um die Fortsetzung des Werkes und die Herausgabe des zweiten Band der *Germania Judaica* zu beschleunigen. Außerdem wurden Grundsätze aufgestellt, nach denen das urkundliche Material zur mittelalterlichen Geschichte der Juden in Deutschland, das vom Gesamtarchiv verwaltet wurde, der *Germania Judaica* für ihre Arbeit zur Verfügung gestellt werden sollte.[19] Die Umsetzung des Arbeitsplanes und die Ausführung der Arbeiten dauerten länger als geplant, und erst

---

    der Artikel verfaßte, beschloß der Vorstand der Gesellschaft seinen Namen in Band I,2 als Mitherausgeber auf das Titelblatt zu setzen.

[17] Markus Brann / Aron Freimann: Vorarbeiten zur Germania Judaica. In: Monatsschrift für Geschichte und Wissenschaft des Judentums 51 (1907), S. 95–115. Dort findet sich ein vollständiges durchnumeriertes Verzeichnis der zu behandelnden Artikel, aufgeteilt in Landschaften mit 15 Einträgen, Gebirge und Flüsse mit 5 Einträgen, Ortschaften mit 133 Einträgen und Personen mit 217 Einträgen. Am Ende der Liste der deutschen Ortsnamen folgt eine Liste der hebräischen Namen der jüdischen Gemeinden mit den entsprechenden Verweisen auf den deutschen Namen des Ortes.

[18] Vgl. Markus Brann / Aron Freimann: Vorarbeiten zur Germania Judaica II. In: Monatsschrift für Geschichte und Wissenschaft des Judentums 53 (1909), S. 90–107, 344–375, 589–615, 674–678: Markus Brann über Speyer, Aron Freimann über Regensburg und Haim Tykocinsky über Prag. Freimanns Artikel über Regensburg, ebd., S. 589–615 besteht aus 14 Seiten Text und 12 Seiten mit 257 Anmerkungen.

[19] Nachlaß Aron Freimann, Leitsätze von Täubler zur Zusammenarbeit vom 6. Oktober 1911 und Protokoll der Sitzung vom 9. Oktober 1911. Band II sollte in zwei Abteilungen erscheinen, wobei die erste den Zeitraum bis 1350 umfassen sollte. Für das Material in nichthebräischer Sprache sollte das Gesamtarchiv die Bearbeitung der vorhandenen Regesten nach den Anfordernissen der Germania Judaica vornehmen und die fehlenden Regesten erstellen. Als Gegenleistung sollte sich die Gesellschaft zur Förderung der Wissenschaft des Judentums mit monatlich 100 Mark an der Bezahlung der notwendigen Hilfskraft beteiligen. Die Bearbeitung der hebräischen Materialien sollte in einer weiteren Sitzung geklärt werden.

Ende des Jahres 1913 lagen alle für den ersten Band vorgesehenen Artikel in druckfertiger Form vor. Die Artikel waren von den Verfassern, welche die Verantwortung für den Inhalt und die Form trugen, namentlich gekennzeichnet.

Der Ausbruch des Ersten Weltkrieges führte zu weiteren Verzögerungen, so daß im Jahre 1917 zunächst nur der erste Teil des ersten Bandes erscheinen konnte, der die Buchstaben A–L enthält.[20] Die Veröffentlichung des zweiten Teiles des ersten Bandes mit den Buchstaben M–Z war für das folgende Jahr angekündigt, konnte jedoch erst siebzehn Jahre später realisiert werden.[21] Die Folgen des Ersten Weltkrieges, die Inflation, der Tod wichtiger Mitarbeiter, so vor allem des Herausgebers Markus Brann im September 1920, dessen Arbeit von Ismar Elbogen übernommen wurde, der Verlust eines Teiles des Manuskriptes und andere unglückliche Umstände hatten immer wieder zu erheblichen Rückschlägen geführt, und die Fertigstellung des zweiten Teiles verzögert, der dann gemeinsam mit dem ersten Teilband im Jahre 1934 in einem Buch veröffentlicht wurde.[22]

Bei seinem Erscheinen wurde das Werk sowohl von der allgemeinen als auch von der jüdischen Geschichtsforschung positiv aufgenommen, seine Vorzüge wurden in mehreren Rezensionen gewürdigt. Besonders hervorgehoben wurde die Bedeutung des Artikels »Deutschland« von Ismar Elbogen, der dem ersten Band als Einleitung vorangestellt war, und der dafür gerühmt wurde, daß er die Geschichte der jüdischen Siedlungen in Deutschland bis zum Jahre 1248 in umfassender Weise behandelt und die »Einzelergebnisse zu einem Gesamtbild« verarbeitet habe.[23] Elbogen erhielt vielfaches Lob dafür, daß es ihm gelungen sei, in kompakter und »mustergültiger Form« ein Bild über die Gemeindeorganisation, die Probleme der Besteuerung, die wirtschaftlichen Aktivitäten, das kulturelle und religiöse Leben und die Beziehungen zwischen Juden und Christen zu vermitteln. Mehrheitlich wurde das Werk, trotz mancher Mängel im Detail, im Ganzen als eine sehr gelungene Arbeit beurteilt, die sowohl ein zuverlässiges Nachschlagewerk für Historiker bildete als auch verstanden wurde als eine »mindestens ebenso reizvolle Lektüre für den Laien, der sich über die Geschichte der Juden in Deutschland unterrichten wolle«.[24]

---

[20] Vgl. Anm. 11.

[21] Brann / Freimann, Vorwort (Anm. 11), S. XIII: »Binnen Jahresfrist, wird, wie wir zuversichtlich hoffen, der Rest im Druck vollendet sein.«

[22] Vorwort (Anm. 13), S. XIV. Nach dem Tod von Brann 1920 war das bereits fertiggestellte Manuskript des Bandes I,2 nicht mehr auffindbar und die Arbeit mußte zum großen Teil von neuem begonnen werden.

[23] Adolf Kober: Arbeiten zur Geschichte der Juden in Deutschland. In: Monatsschrift für Geschichte und Wissenschaft des Judentums 79 (1935), S. 11–20, hier S. 12. In ebenfalls positiver Weise und mit sehr ähnlicher Formulierung die Besprechung von M. Wischnitzer: Germania Judaica. In: The Jewish Quarterly Review, N. F. 27 (1936/37), S. 169–170.

[24] Kober, Arbeiten zur Geschichte der Juden in Deutschland (letzte Anm.), S. 13; vgl. Zvi Avneri: Germania Judaica. In: Bulletin of the Leo Baeck Institute 1 (1957/58), S. 111–116, hier S. 114, Anm. 1, der weitere positive Kritiken aufzählt, von L. Feuchtwanger

In einer Besprechung der *Historischen Zeitschrift*, in welcher die Juden bereits im Sinne der vorherrschenden nationalsozialistischen Weltanschauung als Volks- und Kulturfremde dargestellt wurden, wird der Wert des Werkes als eine sorgfältige Quellenbearbeitung und als ein unersetzliches Standardwerk hervorgehoben und festgestellt, daß dieses Werk »niemand unbeachtet lassen darf, der sich zum Judenproblem des deutschen Mittelalters äußern will«.[25]

Eine Ausnahme bildete die einzige ausgesprochen negative Kritik, die in der von der Jüdischen National- und Universitäts-Bibliothek in Jerusalem herausgegebenen bibliographischen Vierteljahresschrift *Kiryat Sepher* erschien und in der sowohl das Gesamtkonzept des Werkes abgelehnt als auch viele der Einzelartikel für fehlerhaft erklärt wurden.[26]

Es war allgemeiner Konsens, daß nach über dreißig Jahren intensiver Bemühungen ein Standardnachschlagewerk zur Geschichte der Juden in Mitteleuropa entstanden war, in dem in ca. 230 Artikeln die Wirtschafts-, Sozial-, und Geistesgeschichte mit Quellen belegt und ausführlich behandelt wurde, wodurch eine Zusammenfassung des gesamten Materials und die Grundlage für jede weitere Forschung geschaffen worden war.[27] Zum Zeitpunkt des Erscheinens des vollständigen ersten Bandes hatten sich durch die nationalsozialistische Machtübernahme die politischen Bedingungen in Deutschland bereits völlig verändert, die Zukunft des Unternehmens war fraglich geworden. Der Vorstand der Gesellschaft zur Förderung der Wissenschaft des Judentums brachte bei der Veröffentlichung des ersten Bandes des Werkes im Jahre 1934 seine Resignation zum Ausdruck, als er schrieb:

> Über die Fortsetzung kann zur Zeit noch nichts gesagt werden. Wir hoffen, in günstigeren Zeiten an die Weiterführung der Arbeit herangehen zu können, im Augenblick übersteigt sie die Leistungsfähigkeit der Gesellschaft.[28]

Auf Initiative von Nachum Wahrmann beschloß die Gesellschaft zur Förderung der Wissenschaft des Judentums zwei Jahre später, allen widrigen Umständen zum Trotz, den zweiten Band in Angriff zu nehmen. Auf der Mitgliederversammlung der Gesellschaft am 4. Juni 1936 wurde einstimmig der Antrag angenommen, die Arbeit an der *Germania Judaica* fortzusetzen und dafür alle anderen Arbeiten der Gesellschaft zurückzustellen, wobei allerdings der ursprüngliche Plan dahingehend geändert wurde, daß als Zeitgrenze für den zweiten Band das Jahr 1350 und nicht mehr, wie beabsichtigt, das Ende des Mittelalters im Jahre 1500 angesetzt wurde. Die Mitglieder der Gesellschaft zur Förderung der Wissenschaft des Judentums waren sich durchaus bewußt, daß seit 1934 eine drastische Verschlechterung der Lage der Juden eingetreten

---

in der Bayerischen Israelitischen Gemeindezeitung 10 (1935), Nr 1; von W. Cahnmann in der CV-Zeitung (1935), Nr 42.

[25] E. Wohlhaupter: Germania Judaica. In: Historische Zeitschrift 154 (1936), S. 104–106, hier S. 105.

[26] Raphael Straus: Germania Judaica [hebr.]. In: Kiryat Sepher 13 (1937), S. XXff.

[27] Avneri, Germania Judaica (Anm. 24), S. 113.

[28] Vorwort (Anm. 13), S. XIV.

war und diese sich in Deutschland in großer Gefahr befanden. Sie verstanden ihre Arbeit als die letzte Möglichkeit, eine Bestandsaufnahme der Geschichte des deutschen Judentums durchzuführen und in öffentlichen Bibliotheken und Archiven Daten zu erheben, und wollten, angesichts der Befürchtung, daß diese Arbeit zukünftig so nicht mehr möglich sein würde, für dieses Ziel noch einmal alle Anstrengungen unternehmen. Die Entscheidung der Gesellschaft wurde im Jahre 1957, im Rückblick, von Zvi Avneri, einem Mitarbeiter und dem späteren Herausgeber des Nachkriegsbandes, folgendermaßen begründet:

> Es herrschte die Erkenntnis, dass die Tage des deutschen Judentums gezählt waren und dass es galt, in letzter Stunde die in ihm vorhandenen wissenschaftlichen Kräfte wenigstens für eine begrenzte Fortsetzung der Germania Judaica einzuspannen.[29]

Aron Freimann war gemeinsam mit seinen Mitherausgebern Ismar Elbogen und Haim Tykocinsky für den Entwurf des weiteren Arbeitsplanes und die Einstellung von Ernst Fraenkel als Redaktionssekretär verantwortlich. Im Jahre 1937 wurde die von Fraenkel verfaßte Liste der Orte und die von Freimann zusammengestellte Liste der Personen, deren Bearbeitung im zweiten Band erfolgen sollte, in der *Zeitschrift für die Geschichte der Juden in Deutschland* der wissenschaftlichen Öffentlichkeit mit Bitte um Ergänzungen und Anmerkungen vorgestellt.[30] Bis Ende Oktober 1938 waren an die vierhundert Artikel beim Büro der Gesellschaft eingegangen, die redigiert und den Redakteuren zugesandt wurden. Durch die Pogrome des November 1938 wurde die Arbeit gewaltsam unterbrochen und gelangte durch die Auswanderung der meisten Mitarbeiter zum endgültigen Stillstand. Die bereits von Aron Freimann und seinem Mitarbeiter Adolf Kober redigierten Manuskripte des zweiten Bandes wurden von der Gestapo beschlagnahmt und blieben bis heute verschollen. Kurz vor Ausbruch des Zweiten Weltkrieges gelang es noch, die restlichen, im Büro der Gesellschaft befindlichen Artikel, Originale und unredigierten Manuskripte nach London zu bringen und sie so vor dem Zugriff der Gestapo zu bewahren.

Aron Freimann war von Anbeginn des Unternehmens im Jahre 1905 bis zu seiner Emigration im Jahre 1939 an dem Projekt der *Germania Judaica* maßgeblich beteiligt und hat in vielfältiger Weise, als Herausgeber, Redakteur, Verfasser und Lektor zu dessen Gelingen beigetragen. Über Jahre hinweg war er zeitgleich mit seiner Arbeit als Bibliothekar, und dann insbesondere nach seiner Beurlaubung aus der Bibliothek, mit vermehrtem Zeitaufwand und Energie für die Erstellung des Werkes tätig und hat bis zuletzt für die Gesellschaft zur Förderung der Wissenschaft des Judentums gearbeitet.[31] In seiner Funktion

---

[29] Avneri, Germania Judaica (Anm. 24), S. 114. So nicht im »Vorwort« von II,1, vgl. ders., Vorwort. In: Germania Judaica. Bd II/1: Von 1238 bis zur Mitte des 14. Jahrhunderts. Hg. von Zvi Avneri. Tübingen: Mohr 1968 Veröffentlichung des Leo-Baeck-Instituts), S. IX–XIII.

[30] Germania Judaica, Bd 2 (1238–1350), Register [und] Personen-Register. In: Zeitschrift für die Geschichte der Juden in Deutschland 7 (1937), S. 46–52, 226–234.

[31] Institut für Stadtgeschichte (ehemals Stadtarchiv), Frankfurt am Main, Personalakte Aron Freimann. Im Jahre 1936 erhielt er von der Gesellschaft zur Förderung der Wis-

als Herausgeber, die er zuerst gemeinsam mit Markus Brann, und nach dessen Tod mit Ismar Elbogen, unterstützt von Haim Tykocinsky, ausübte, verbürgte er notwendige Kontinuität des Projektes und sorgte dafür, daß die Arbeiten bis zuletzt durchgeführt wurden.

6.1.2 Die Gründung der »Zeitschrift für die Geschichte der Juden in Deutschland«

Die Gründung der *Zeitschrift für die Geschichte der Juden in Deutschland* im Jahre 1929 war das zweite große wissenschaftliche Unternehmen in der Zeit der Weimarer Republik, an dem Aron Freimann in entscheidender Position beteiligt war. Gemeinsam mit dem Historiker Ismar Elbogen, mit dem er bereits an der Herausgabe der *Germania Judaica* zusammengearbeitet hatte, und mit dem Philosophen und Historiker Max Freudenthal gehörte er von Anfang an zum Herausgebergremium der Zeitschrift, die mit wenigen weiteren wissenschaftlichen Zeitschriften in den zwanziger Jahren als Zeichen eines fortschreitenden Professionalisierungsprozesses der jüdischen Presse entstanden war.[32] Die Zeitschrift war eine Fortsetzung der von Ludwig Geiger in den Jahren 1887 bis 1892 in fünf Bänden herausgegebenen gleichnamigen *Zeitschrift für die Geschichte der Juden in Deutschland*.[33] Aus den Reihen der führenden Wissenschaftler zählten zu den ständigen Mitarbeitern der Zeitschrift der Rechtshistoriker Guido Kisch in Halle, der Historiker Richard Koebner in Breslau, der Bibliothekar der Jüdischen Gemeindebibliothek Berlin Moritz Stern, der Historiker Alfred Stern in Zürich und der Begründer des Gesamtarchivs der deutschen Juden und Althistoriker Eugen Täubler in Heidelberg. Die Redaktion lag in den Händen von Raphael Straus in München und Fritz Friedländer in Berlin.

Freimann hat in der Zeitschrift keine eigenen wissenschaftlichen Arbeiten veröffentlicht, sondern war in der Funktion des Herausgebers tätig, in wel-

---

senschaft des Judentums 600 Reichsmark als Einkommen für wissenschaftliche Arbeiten, im Jahre 1937 waren es 95 Reichsmark.

[32] Vgl. Herbert A. Strauss: The Jewish Press in Germany, 1918–1939 [1943]. In: The Jewish Press that was. Accounts, Evaluations and Memories of Jewish Papers in pre-Holocaust Europe. Ed. by Arie Bar. Tel-Aviv: World Federation of Jewish Journalists 1980, S. 321–353, hier S. 325 nennt neben der Zeitschrift für Geschichte der Juden in Deutschland (1929), die Zeitschrift für Jüdische Familienforschung (1924) und die Jüdische Arbeiter- und Wanderfürsorge (1927–1929) nachgefolgt von Jüdischer Wohlfahrtspflege und Sozialpolitik (1935–1938).

[33] Vgl. Herrmann Meyer: Bibliographische Notizen. In: Mitteilungen der Soncino-Gesellschaft 7/10 (1931), S. 90–93, hier S. 90. Hierbei wurde bemängelt, daß die neue Zeitschrift für Geschichte der Juden in Deutschland ihre Jahrgänge wieder mit Nr 1 zu zählen begann, was sich für die Wissenschaft auf Dauer unangenehm bemerkbar machen würde. Eine Unterscheidung zur älteren Zeitschrift von Geiger sei deshalb nur so durchzuführen, daß man die Geigersche Zeitschrift für Geschichte der Juden in Deutschland nach Bänden, die neue Zeitschrift für Geschichte der Juden in Deutschland nach Jahrgängen zitierte.

cher er die Konzeption der Zeitschrift entscheidend mitbestimmt und dafür gesorgt hat, daß ein Organ geschaffen wurde, das ganz speziell die Belebung und Weiterentwicklung der Forschungstätigkeit der deutsch-jüdischen Geschichte bedeutete.[34] In dem Geleitwort, das die Zielvorstellungen der Herausgeber zum Ausdruck brachte, stellte sich die Zeitschrift als neues Zentralorgan für die Geschichte der Juden in Deutschland dar und wollte ihr Thema, die Jüdische Geschichte, in ihrem umfassendsten Sinn als »politische, wirtschaftliche, gesellschaftliche, kulturelle, literarische und religiöse Geschichte« verstanden wissen.[35] Es wurde ausdrücklich darauf hingewiesen, daß die Zeitschrift zwar an Territorial-, Lokal-, Gemeinde-, und Familiengeschichte interessiert sei, daß diese Kategorien, die als »Kleingeschichte« definiert wurden, jedoch nicht den Rahmen für die Forschung bilden könnten.[36] Das Ziel der Zeitschrift war es vielmehr »sich nicht in Kleingeschichte [zu] verlieren, sondern die großen Zusammenhänge im Auge [zu] behalten. Die Gesamtgeschichte der Juden in Deutschland ist dabei als wissenschaftlicher Begriff im weitesten Sinne gefaßt [...].«[37]

In gleicher Weise argumentierte Raphael Straus in seinem programmatischen Artikel und sprach sich dafür aus, an Stelle der bislang in der jüdischen Geschichtswissenschaft ausschließlich betriebenen Geisteswissenschaft verstärkt die Beschäftigung mit der Wirtschaftsgeschichte anzugehen. Straus bemängelte, daß die jüdischen Kulturhistoriker die Juden im Mittelalter aus Unkenntnis der wirtschaftlichen Verhältnisse idealisiert, die christlichen Wirtschaftshistoriker sie dagegen materialisiert, d. h. nur in ihrer wirtschaftlichen Tätigkeit wahrgenommen hätten, und betonte, es sei eine Verbindung von der Ideengeschichte mit der Sozial- und Wirtschaftsgeschichte erforderlich.[38] Gleichzeitig wurde von den Herausgebern methodologisch ein integrativer Ansatz angestrebt, der stets auch die Wechselwirkung zur allgemeinen deutschen Geschichte, der »Geschichte der deutschen Länder, der deutschen Herrscher und des deutschen Bürgertums« in Betracht ziehen sollte.[39] Das Programm der Zeitschrift wurde dahingehend umgesetzt, daß von den 126 größeren Aufsätzen, die in der *Zeitschrift für die Geschichte der Juden in Deutschland* erschienen, jeweils ein Fünftel die Lokalgeschichte, die Ideen- und Bildungsgeschichte, die Geschichte

---

[34] Bei den beiden von ihm verfaßten Artikeln handelte es sich um den Nachruf auf den verstorbenen Mitherausgeber Freudenthal (vgl. Ismar Elbogen / Aron Freimann: Max Freudenthal. In: Zeitschrift für Geschichte der Juden in Deutschland 7 [1937], S. 129–130), und um den Vorabdruck des Personen-Registers für die Germania Judaica (vgl. Anm. 30).

[35] Geleitwort. In: Zeitschrift für Geschichte der Juden in Deutschland 1 (1929), S. 1–3, hier 1.

[36] Ebd., S. 2.

[37] Ebd.

[38] Raphael Straus: Zur Forschungsmethode der jüdischen Geschichte. In: Zeitschrift für die Geschichte der Juden in Deutschland 1 (1929), S. 4–12.

[39] Geleitwort (Anm. 35), S. 2.

des Antisemitismus und die sogenannte »Judenfrage« behandelten, jeder zehnte Aufsatz explizit wirtschafts- und sozialgeschichtlichen Fragestellungen nachging und jeder zwölfte Artikel rechtsgeschichtlichen, methodischen und bibliographischen Themen gewidmet war.[40]

Unter der Prämisse der wissenschaftlichen Arbeitsweise war es außerdem die erklärte Absicht der Zeitschrift, auch das Interesse weiterer Kreise außerhalb der Fachwelt hervorzurufen.[41] Die *Zeitschrift für die Geschichte der Juden in Deutschland* diente zudem von Anfang an als periodische Fachbibliographie, in der regelmäßig retrospektive Auswahlbibliographien über die Neuerscheinungen zur Geschichte der Juden in Deutschland veröffentlicht wurden, die zu den besten Bibliographien gehören, die in jenen Jahren erstellt wurden.[42] Diese Aufsätze zeichnen sich zum Teil dadurch aus, daß der Forschungsgegenstand äußerst knapp formuliert wird, auf das Wesentliche beschränkt bleibt und in einer referierenden Form ohne langatmige inhaltliche Auseinandersetzungen dargeboten ist.[43] Integraler Bestandteil der Zeitschrift ist außerdem eine ständige Rubrik, in der unter dem Titel »Die Juden in Deutschland. Bibliographische Notizen« regelmäßig die Neuerscheinungen von Heinrich Loewe, Bibliothekar an der Berliner Universitätsbibliothek, vorgestellt wurden.[44] Sie wurde ergänzt und in Teilen fortgeführt von der Zeitschriftenschau, für die Guido Kisch verantwortlich war.[45]

Die Beiträge wurden insgesamt zu einem relativ hohen Anteil von professionellen Historikern verfaßt, die in ihrer überwiegenden Mehrzahl promoviert und als Professoren an Universitäten und Hochschulen oder als Archivare tätig waren. Die zweitgrößte Gruppe der Autoren bestand aus Rabbinern, während der Rest der Artikel von Lehrern, Bibliothekaren, Freiberuflern und graduierten Studenten geliefert wurde. Christhard Hoffmann kommt zu dem Schluß,

---

[40] Vgl. Christhard Hoffmann: Jüdische Geschichtswissenschaft in Deutschland 1918–1933. Konzepte, Schwerpunkte, Ergebnisse. In: Wissenschaft des Judentums. Anfänge der Judaistik in Europa. Hg. von Julius Carlebach. Darmstadt: Wissenschaftliche Buchgesellschaft 1992, S. 132–152, hier S. 139.

[41] Vgl. die positiven Rezensionen von Hans Reißner in Der Morgen 7 (1931), S. 458–459 sowie in der Monatsschrift für Geschichte und Wissenschaft des Judentums 73 (1929), S. 344, ferner Hirsch Jakob Zimmels: Zeitschrift für die Geschichte der Juden in Deutschland. In: ebd. 75 (1931), S. 151–152.

[42] Vgl. Schochow, Deutsch-jüdische Geschichtswissenschaft (Anm. 5), S. 109.

[43] Straus, Zur Forschungsmethode der jüdischen Geschichte (Anm. 38); ders., Neuere geschichtswissenschaftliche und zeitgeschichtliche Literatur. In: Zeitschrift für die Geschichte der Juden in Deutschland 2 (1930), S. 87–100, 218–227; Adolf Kober: Die Geschichte der deutschen Juden in der historischen Forschung der letzten 35 Jahre. In: Zeitschrift für die Geschichte der Juden in Deutschland 1 (1929), S. 13–23.

[44] Heinrich Loewe: Die Juden in Deutschland. Bibliographische Notizen (Neuerscheinungen). In: Zeitschrift für die Geschichte der Juden in Deutschland 1 (1929), S. 75–87, 337–360; 2 (1930), S. 310–332; 3 (1931), S. 151–170, 282–306; 4 (1932), S. 157–172.

[45] Guido Kisch: Zeitschriftenschau. In: Zeitschrift für die Geschichte der Juden in Deutschland 3 (1931), S. 225–226; 4 (1932), S. 59–63; 6 (1935), S. 60–63.

daß es der Zeitschrift in den sieben Jahrgängen, die bis zum Jahr 1938 veröffentlicht wurden, gelungen ist, »die hohen wissenschaftlichen Ansprüche, die man sich selbst gestellt hatte, zu erfüllen«.[46]

Unter der Herausgeberschaft von Freimann und seinen Kollegen war mit der Veröffentlichung der *Zeitschrift für die Geschichte der Juden in Deutschland* ein wichtiger Impuls zur Belebung und Weiterentwicklung der deutschjüdischen Geschichtswissenschaft geschaffen worden, die auf der Grundlage der intensiven gegenseitigen Durchdringung der deutschen und jüdischen Kultur, Gesellschaft und Wirtschaft beruhte und diese Basis auch während der Zeit des Nationalsozialismus beibehielt. In den Heften der *Zeitschrift für die Geschichte der Juden in Deutschland* der Jahre 1933–1939 wurde angesichts der zunehmenden nationalsozialistischen Verfolgung von der Zeitschrift noch eine zusätzliche Funktion übernommen. Sie war nicht mehr in erster Linie ein Publikationsorgan wissenschaftlicher Forschungsergebnisse, sondern hielt, trotz mancher Anfechtungen und politisch erzwungener Kompromisse, an der Tatsache der geschichtlichen Gemeinsamkeit zwischen Juden und Deutschen fest und diente als Mittel des geistigen Widerstandes gegen die aufgezwungene Realität.[47]

6.2 Die Wiederbelebung des Vereins Mekize Nirdamim

Auch auf dem Gebiet der hebräischen Handschriften, das eines der zentralen wissenschaftlichen Interessengebiete von Aron Freimann war, hat er in organisatorischer Funktion wesentliches geleistet. Zusätzlich zu der Erstellung von Bibliographien und Katalogen hebräischer Handschriften hat er einzelne Handschriften wissenschaftlich bearbeitet und gleichzeitig für die Bereitstellung des dafür notwendigen institutionellen Rahmens gesorgt, indem er den ersten und ältesten Verein zur Drucklegung hebräischer Handschriften, Mekize Nirdamim, d. h. »Erwecker der Schlummernden«, wieder ins Leben rief.

Dieser Verein war als erster seiner Art von Eliezer L. Silbermann 1862 gegründet worden und hatte sich zum Ziel gesetzt, für die Wissenschaft des Judentums bedeutende alte hebräische Handschriften, die sich in öffentlichen und privaten Sammlungen befanden und noch ungedruckt geblieben waren, in kritisch-wissenschaftlichen Ausgaben zu veröffentlichen.[48] Silbermann, der Her-

---

[46] Hoffmann, Jüdische Geschichtswissenschaft in Deutschland (Anm. 40), S. 139. Jg 8 (1938), Nr 1 der Zeitschrift für die Geschichte der Juden in Deutschland existiert nur als nicht veröffentlichtes Umbruchexemplar.

[47] Herbert A. Strauss: Deutsch-jüdische Geschichtswissenschaft und Antisemitismusforschung heute. Festvortrag aus Anlass der 22. Jahrestagung der Historischen Kommission zu Berlin am 28. November 1980. Berlin: Historische Kommission, Pressestelle 1981 (Informationen / Historische Kommission zu Berlin: Beiheft; 2), S. 16.

[48] Vgl. Societas Mekize Nirdamim 1864–1964 [hebr.]. Jerusalem 1964; Ephraim E. Urbach: Hevrat ›Mekize Nirdamim‹ 1864–1964. In: ders., Studies in Judaica [hebr.]. Hg.

ausgeber der ersten hebräischen Wochenschrift *Ha-Maggid* in Lyck, Ostpreußen, war die treibende Kraft des Unternehmens, das sich aus den Beiträgen der
Mitglieder finanzierte, die als Abonnenten die Drucke des Vereins kostenlos
erhielten. Dem ersten Vorstand gehörten zahlreiche bekannte Rabbiner an, so
der Oberrabbiner von England Nathan M. Adler, Michael J. Sachs aus Berlin,
Samuel David Luzatto aus Padua, Albert Cohen aus Paris und Mattityahu
Straschun aus Wilna.[49] Im Jahre 1864 zählte der Verein bereits 1.200 Abonnenten aus vielen verschiedenen jüdischen Gemeinden in der ganzen Welt und
veröffentlichte die ersten vier wissenschaftlichen Editionen.[50]

Nachdem die Aktivitäten des Vereins nach dem ersten Jahrzehnt allmählich
abgenommen hatten, wurden sie mit dem Tod von Silbermann 1882 ganz eingestellt. Im Jahr 1885 wurde der Verein unter Leitung von Abraham Berliner
mit Sitz in Berlin erneut ins Leben gerufen, es wurde ein neuer Vorstand gewählt, dem wiederum Rabbiner und Gelehrte aus jüdischen Gemeinden in Ost-
und Westeuropa sowie den USA angehörten.[51] Unter der Leitung von Berliner
wurden 42 Drucke hebräischer Handschriften herausgegeben und die zweimal
im Jahr erscheinende Zeitschrift des Vereins mit dem Titel *Kobetz al Jad* begründet, in der kleinere hebräische Handschriften veröffentlicht wurden.

Von Aron Freimann wurde der Verein im Jahre 1909 nach mehreren Jahren
der Untätigkeit gemeinsam mit David Simonsen und Samuel Poznanski zum
dritten Mal aktiviert, Simonsen wurde zum Vorsitzenden des Vereins, Freimann
zu seinem Stellvertreter und Poznanski zum Sekretär gewählt.[52] Nach dem

---

von Moshe D. Herr und Jonah Fraenkel. 2 Bde, Jerusalem: Magnes Press 1998, Bd 2,
S. 816–826; Jüdisches Lexikon. Ein enzyklopädisches Handbuch des jüdischen Wissens
in vier Bänden. Begr. von Georg Herlitz und Bruno Kirschner. 5 Bde, Berlin: Jüdischer
Verlag 1927–1930, Bd 3, Sp. 62; Encyclopaedia Judaica (Anm. 16), Bd 11, Sp. 1270.

[49] Urbach, Hevrat ›Mekize Nirdamim‹ (letzte Anm.), S. 817. Die Teilnahme von Luzatto
war für den Erfolg des Vereins von besonderer Bedeutung, da Silbermann von vielen
Gelehrten abgelehnt wurde.

[50] Auf den Titelblättern der vier Drucke waren neben der Angabe 1863/64 in hebräischer
Zählung – als erstes Jahr des Bestehens des Vereins – auch das Erscheinungsjahr 1864
und die Namen der Vorstandsmitglieder Michael Sachs, Nathan Adler, Abraham Cohen, Samuel David Luzatto, Josef Zedner, Mattityahu Straschun und Eliezer Lipmann
Silbermann vermerkt.

[51] Vgl. Urbach, Hevrat ›Mekize Nirdamim‹ (Anm. 48), S. 825. Neben Mattityahu Straschun aus dem alten Vorstand werden die neuen Vorstandsmitglieder Josef Derenbourg, Paris, Moses Ehrenreich, Rom, David Günzburg und Albert Harkavy, St. Petersburg, sowie Salomon Z. Halberstamm und Marcus M. Jastrow, Philadelphia, USA
genannt.

[52] Vgl. Encyclopaedia Judaica (Anm. 16), Bd 14, Sp. 1584; David Simonsen: Meine
Bibliothek. In: Mitteilungen der Soncino-Gesellschaft, N. F. 2 (1932), S. 34–39; Margrethe Brock-Nannestad: »Wir deutschen Juden«. Deutsch-jüdische Kultur der Jahre
1871–1933 im Spiegel der Büchersammlung David Simonsens. Ausstellung der Königlichen Bibliothek Kopenhagen in der Schleswig-Holsteinischen Landesbibliothek,
13. Juni – 1. August 1993. Heide in Holstein: Boyens 1993 (Schriften der Schleswig-
Holsteinischen Landesbibliothek; 17). David Jakob Simonsen (1853–1932) war däni-
scher Rabbiner, Gelehrter und Buchsammler, der von 1891 bis 1902 und von 1918

Tode Simonsens 1932 übernahm Freimann den Vorsitz, den er bis 1942 innehatte. Der Sitz des Vereins, der bis 1930 fünfundzwanzig Veröffentlichungen
herausgab, wurde nach dem Ersten Weltkrieg von Berlin nach Frankfurt, 1934
nach Jerusalem verlegt. Im Jahr 1922 übernahm Samuel Josef Agnon, der damals in Bad Homburg wohnte, auf Zureden von Freimann zunächst das durch
den Tod von Poznanski vakant gewordene Amt des Sekretärs und hatte von 1954
bis 1970 den Vorsitz des Vereins.[53] Von Jerusalem aus ist der Verein bis heute
tätig und hat mittlerweile 110 Werke verlegt.

Die Zielvorstellung der Vereinsgründer, die von allen folgenden aktiven Mitgliedern übernommen wurde, bestand darin, eine Verbindung zwischen frommen
osteuropäischen Talmudgelehrten, die in ihren traditionellen Kommentierungen
auf das Studium hebräischer Quellen angewiesen waren, und jüdischen Intellektuellen, welche auf die historischen Texte ihrer Religion zurückgreifen wollten,
herzustellen. Die Veröffentlichungen sollten sowohl den Wissenschaftler zufrie-
denstellen als auch den interessierten Laien einen Zugang zu wichtigen Teilen
des jüdischen Schrifttums eröffnen. Die Auswahl und Editionsarbeiten der bislang unbeachteten hebräischen Handschriften, von deren Existenz nur wenige
Kenntnis hatten oder deren Drucklegung bis zu diesem Zeitpunkt an den nötigen
finanziellen Mitteln gescheitert war, mußte deshalb in einer Weise vonstatten
gehen, die den Ansprüchen der verschiedenen Interessengruppen des Vereins,
sowohl der Talmudgelehrten als auch der Wissenschaftler, Genüge leisteten.

Die Veröffentlichungen des Vereins Mekize Nirdamim beschränkten sich
deshalb niemals auf ein bestimmtes Fachgebiet der jüdischen Literatur, sondern
umfaßten stets alle Gebiete des klassischen jüdischen Schrifttums, es wurden
Handschriften über das Religionsgesetz, religiöse Erzählungen, Kommentare
und Gebete sowie Quellen der Liturgie, der jüdischen Philosophie und der jüdischen Mystik verlegt. Von Anbeginn seiner aktiven Mitarbeit legte Freimann
einen besonderen Wert darauf, daß bei der Auswahl der zu edierenden Werke die
Interessen der Mitglieder berücksichtigt wurden und die verschiedenen thematischen Schwerpunkte gewahrt blieben.[54]

Da der Begründer des Vereins, Silbermann, das Unternehmen auch als Mittel zur Stärkung der jüdischen Solidarität in der Diaspora verstanden wissen
wollte, hatte er von Anfang an stets darauf geachtet, daß Gelehrte aus möglichst

---

bis 1920 als Rabbiner von Kopenhagen fungierte. Seine über 40.000 Bände umfassende Privatbibliothek an jüdischer Literatur vermachte er der Königlichen Bibliothek in Kopenhagen. Vgl. Encyclopaedia Judaica (Anm. 16), Bd 13, Sp. 929. Samuel
Abraham Poznanski (1864–1921) war Rabbiner an der Tłomacka-Chor-Synagoge in
Warschau, Begründer eines jüdischen Lehrerseminars und als Forscher der Geschichte und Literatur der Karäer sowie als Bibliograph ihrer Schriften tätig.

[53] Vgl. Dan Laor: S. Y. Agnon. A Biography [hebr.]. Tel-Aviv u. a.: Schocken 1998,
S. 150.

[54] The Jewish National & University Library Jerusalem (JNUL), Manuscript Collection,
Poznanski Arc 4:1180, Karte von Aron Freimann an Samuel Poznanski vom 30. März
1909: »Wir müssen unbedingt jedes Jahr etwas Halachisches haben, sonst springen fast
alle neuen Mitglieder ab. Ich kenne die Wünsche derselben zum beträchtlichen Teil.«

vielen verschiedenen Gemeinden am Verein und an dessen Vorstand beteiligt waren. Dieses Prinzip konnte auch in den späteren Phasen des Vereins beibehalten werden, und es gelang den nachfolgenden Vorständen, den Wirkungsradius des Vereins zu erweitern und unter dem Vorsitz von Berliner auch die Zahl der Abonnenten in Deutschland wesentlich zu erhöhen.[55] Die einzelnen Veröffentlichungen waren durch eine Gründlichkeit und Genauigkeit der wissenschaftlichen Edition gekennzeichnet, die selbst einen so kritischen Fachmann wie Moritz Steinschneider zufriedenstellten.[56] Ein weiteres Merkmal der Veröffentlichungen, die der Verein in seiner gesamten Geschichte beibehalten hat, waren das Festhalten an der hebräischen Sprache sowie die alleinige Verwendung des Hebräischen. Während in anderen hebräischen Werken religiöser Literatur, die von orthodoxen Vertretern der Wissenschaft des Judentums in Deutschland veröffentlicht wurden, die Einleitungen in der Regel in deutscher Sprache verfaßt sind, bestehen in den Editionen des Mekize Nirdamim alle Textteile, auch die des wissenschaftlichen Apparates und der Erläuterungen, stets in Hebräisch. Dies wurde als eine Voraussetzung für die Realisierung des angestrebten weltweiten Gedankenaustausches der jüdischen Gelehrten untereinander verstanden.

Nachdem Aron Freimann 1909 den stellvertretenden Vorsitz übernommen hatte, wurde er von der praktischen Vereinsarbeit stark in Anspruch genommen und mußte sich bis in die Details um die administrativen und finanziellen Angelegenheiten des Vereins kümmern. Zu seinem Kollegen Samuel Poznanski entwickelte er im Laufe der Jahre ein sehr enges freundschaftliches Verhältnis, in dem sowohl theoretisch-wissenschaftliche Themen, organisatorische Belange der *Zeitschrift für Hebräische Bibliographie,* für die Poznanski regelmäßig Beiträge lieferte, und des Vereins Mekize Nirdamim behandelt als auch private Nachrichten ausgetauscht wurden.[57] Wie der Briefwechsel belegt, kümmerte sich Freimann, der in seiner praktischen Arbeit von einem Mitarbeiter namens Leo Mainz unterstützt wurde, persönlich um alle Einzelheiten in der laufenden Arbeit des Vereins, darunter um die Zusendung vollständiger Listen von Abonnenten zur Einrichtung einer Mitgliederkartei und um die korrekte Abwicklung der Belege.[58] Ebenso war er für die Zusammenarbeit mit dem Verlag Itzkowski, für die Auslieferung der gedruckten Exemplare und für ihre Zusendung an die

---

[55] Vgl. Urbach, Hevrat ›Mekize Nirdamim‹ (Anm. 48), S. 821. Die großen Gemeinden in Deutschland und Österreich waren unter den 180 Gemeinden, aus denen die Abonnenten stammten, nicht vertreten, die meisten Abonnenten stammten aus Kalisch, Polen, sowie Wilna, Bukarest, damals Walachei, Nordafrika und Bagdad.

[56] Vgl. Steinschneiders Besprechung des Mekize Nirdamim Druckes (Moritz Steinschneider: Diwan des Jehuda ha-Levi. In: Hebräische Bibliographie – Hamazkir 8 (1865), S. 50–51), die mit den Worten beginnt: »Dem berühmten Dichter ist das auf hebr. Gebiete seltene Glück zu Theil geworden, den angemessensten Herausgeber zu finden.«

[57] Poznanski Arc (Anm. 54) 4:1180. Dort befinden sich 52 Postkarten und 8 Briefe von Freimann an Poznanski; die Karten an Freimann, auf die dieser ständig Bezug nimmt, haben sich nicht erhalten. Bis 1912 beginnt Freimann seine Karten mit der Anrede »Lieber Herr Dr.«, danach mit »Lieber Freund«.

[58] Ebd., Karten vom 12. März 1909, 30. März 1909 und 19. November 1909.

einzelnen Abonnenten zuständig.[59] Des öfteren beschwerte er sich über die Firma Itzkowski, die jedoch trotz aller Beschwerden auf Grund ihrer Qualitätsarbeit die Aufträge des Vereins in Deutschland bis zuletzt ausführte.[60]

Hauptsächlich war Freimann jedoch mit den inhaltlichen Entscheidungen bezüglich der Auswahl der Manuskripte des Vereins befaßt und nutzte seine Arbeitsaufenthalte in den verschiedenen Archiven auch dazu, geeignete Quellen für die spätere Edition und Drucklegung aufzuspüren. Durch seinen herausragenden Ruf als Fachmann für hebräische Handschriften erlangte er den Zugang zu hebräischen Handschriften, die sich in Privatbesitz befanden, und versuchte in langwierigen und schwierigen Verhandlungen die Eigentümer von der Wichtigkeit einer Veröffentlichung zu überzeugen, was ihm nicht immer gelang.[61] Im Rahmen seiner wissenschaftlichen Arbeit für den Verein hat Freimann selbst zwei Bücher ediert.

Im Jahre 1912 gab er einen Sammelband mit mehreren kurzen Schriften über Shabtai Zwi, vermehrt um Einleitung und Anmerkungen heraus.[62] Ziel seiner Arbeit war es, mit der Veröffentlichung von bislang unbekannten zeitgenössischen Dokumenten das Bild von der Bewegung des Shabtai Zwi, die in ihrer ungeheuren Intensität das jüdische Gemeindeleben in Europa und im Vorderen Orient zutiefst erschütterte, zu vervollständigen und insbesondere der Frage

---

[59] The Jewish National & University Library Jerusalem (JNUL), Manuscript Collection, Löw Arc 4:794, Karte von Aron Freimann vom 4. März 1919 an Immanuel Löw (1854–1944), den ungarischen Oberrabbiner in Szeged und Verfasser eines umfassenden Nachschlagewerkes über biblische, talmudische und rabbinische botanische Terminologie mit dem Titel Die Flora der Juden (4 Bde, 1924–1934). Freimann legt die konkrete Abwicklung der Finanzen, der Mitgliedsbeiträge und der Auslieferung der Exemplare fest und schreibt: »[...] verzeihen Sie die Bemühungen, aber wir müssen sparsam wirtschaften um erspriessliches zu leisten.«

[60] Poznanski Arc (Anm. 54) 4:1180. In einer undatierten Karte an Poznanski, die aus dem Jahre 1911 stammen muß, in der Freimann sich wiederholt über den Verlag Itzkowski beschwerte, schrieb er: »Itzk.[owski] ist zu *zwingen*, wir zahlen in Zukunft nur, wenn er druckt. Ich bin durchaus dafür solange es *irgend* geht, bei ihm zu bleiben, trotzdem ich seit 12 Jahren jede 2 Monate mit ihm kämpfe. Das ist die Ansicht aller, die es woanders schon probiert haben.« [Im Original unterstrichen]

[61] Ebd., Brief von Aron Freimann vom 26. Mai 1913. Freimann war es gelungen, mit David Sassoon in London die Veröffentlichung einer einzigartigen, der Öffentlichkeit bislang vorenthaltenen hebräischen Handschrift für Mekize Nirdamim zu vereinbaren. Er schrieb: »Was meinen Vertrag mit Sassoon betrifft, so bedenken Sie bitte, dass Sassoon's Rothschild sind und Bedingungen vorschreiben und dass noch nie jemand auch nur ein Blatt von Sassoon herausbekommen hat. Ich bin mit S. so befreundet, dass ich hoffe nach der Drucklegung einen Geldbetrag für M. N. herauszuschlagen.« Die Vereinbarung scheiterte und die Handschrift wurde erst 1951 von Mekize Nirdamim unter dem Titel Sefer halakot pesukot unter der Herausgabe von Saliman Sassoon in Jerusalem veröffentlicht (vgl. Societas Mekize Nirdamim [Anm. 48], S. 51, Nr 13).

[62] Sammelband kleiner Schriften über Sabbatai Zebi und dessen Anhänger [hebr.]. Mit Einleitung und Anmerkungen hg. von A. Freimann. Berlin: Itzkowski 1912. (Schriften des Vereins Mekize Nirdamim; 3. Folge, Nr 12).

der starken messianischen Strömungen und Sehnsüchte unter den Juden in jenen Jahren nachzugehen.[63] Der Sammelband enthält sieben Texte von teilweise bislang unveröffentlichten hebräischen Handschriften und Flugblättern zum Thema des Sabbatianismus, die aus dem Besitz mehrerer Bibliotheken in aller Welt stammen.[64] Für die Veröffentlichung hatte Freimann die Originale im British Museum in London, im Rabbinerseminar in Florenz, im Jewish Theological Seminary in New York, in der Bibliotheca Rosenthaliana in Amsterdam, in der Günzburg-Sammlung in St. Petersburg und im Archiv der Alliance Israélite Universelle in Paris teilweise selbst bearbeitet oder von Kollegen überprüfen lassen. Inhaltlich setzen sich die von Anhängern und Gegnern des Shabtai Zwi verfaßten Pamphlete und Flugschriften aus Propagandamaterial für und wider den selbsternannten Messias und seiner Bewegung zusammen, lediglich der letzte Text enthält eine Aufzählung von 187 Grabsteinen der Rabbiner und Gelehrten aus Izmir, der Geburtsstadt von Shabtai Zwi.

Das Reisetagebuch des Rabbiners Chaim Josef David Azulai aus dem 18. Jahrhundert war das zweite Werk, das von Freimann für Mekize Nirdamim ediert und veröffentlicht wurde.[65] Der Druck wurde in zwei Teilbänden publiziert, der erste Teil erschien 1921 in Berlin und der zweite 1934 in Jerusalem; er beruht auf der Originalhandschrift, die aus zwei kleinen, eng beschriebenen Heften besteht, von denen sich das eine in Privatbesitz in Ancona, das zweite in der Bibliothek des Jewish Theological Seminary in New York befindet.[66] Mit diesem Druck erschien zum ersten Mal die vollständige Version des in hebräisch geschriebenen Tagebuches mit dem Titel *Ma'agal Tov* (»Der gute Pfad«), das sich mit Unterbrechungen über die Zeitspanne von 1753 bis 1794 erstreckt und bis zu diesem Zeitpunkt nur in Teilauszügen veröffentlicht worden war. Dem zweiten Band ist ein Gesamtregister beigefügt, das aus einem Register mit hebräischen Begriffen und einem Register mit lateinischen Namen besteht.[67] In

---

[63] Ebd., S. IX.

[64] Im Vorwort sind die Texte in sieben Gruppen eingeteilt und kurz erläutert, im Inhaltsverzeichnis auf S. 151 sind die Texte in neun Teile untergliedert.

[65] Vgl. Encyclopaedia Judaica (Anm. 16), Bd 3, Sp. 1019. Azulai, 1724 in Jerusalem geboren und 1806 in Livorno gestorben, war ein bedeutender Rabbiner, Schriftgelehrter und Kabbalist, dessen anhaltende Verehrung unter den Juden dazu führte, daß seine Gebeine 1960 nach Israel überführt wurden. Bis heute gilt seine Arbeit Schem ha-gedolim, in der er das Werk von Bass fortsetzte, als bibliographisches Standardwerk (vgl. S. 190 der Arbeit).

[66] Chajim Josef David Azulai: Ma'agal Tob has-salem, 1, 1921, 2, 1934. Das Wort hassalem, auf deutsch vollständig, wurde von Freimann hinzugefügt, um den erstmaligen Druck des Gesamtwerkes zu kennzeichnen (vgl. Aron Freimann: »Vorwort«, ebd., S. XI). Die Bandeinteilung des Neudruckes entsprach nicht der Einteilung der Hefte, Band 1 enthält bereits einen Teil des zweiten Heftes der Handschrift. Das Tagebuch enthält neben den Reisebeschreibungen im Anhang des 2. Bandes Erinnerungen von Azulai aus Livorno in den Jahren 1778–1794.

[67] Ebd., Bd 1, S. XI. Das Register wurde von seinem Neffen Alfred Freimann zusammengestellt, ebenso die Druckvorlage des 2. Bandes.

dem hebräischen Register sind Orts- und Personennamen sowie Sachbegriffe
in einem Alphabet verzeichnet, während im lateinischen Register lediglich die
Ortsnamen nochmals in lateinischer Form aufgezählt werden. Die Personennamen sind in den zahlreichen Anmerkungen zum Text am jeweiligen unteren
Rand auch in lateinischen Lettern verzeichnet.

Die Originalhandschrift enthält die Beschreibung zweier Reisen, die Azulai
im Auftrag der Jeschiwah in Hebron in den Jahren 1753 bis 1758 und 1773 bis
1779 unternahm, um in der jüdischen Diaspora Geld für den Unterhalt dieser
und anderer religiösen Lehranstalten im Heiligen Land zu sammeln. In seinen
Aufzeichnungen, die Azulai zum eigenen Vergnügen und ohne erklärte Veröf-
fentlichungsabsicht unternahm, beschrieb er die Erlebnisse seiner Reisen in
allen Einzelheiten und hinterließ einen genauen Bericht über die damaligen
Zustände in den verschiedenen jüdischen Gemeinden auf dem europäischen
Festland und in England, die er während seiner Mission besuchte. Mit der
Erstveröffentlichung der vollständigen Version der Reisebeschreibungen wurde
der Wissenschaft des Judentums ein Werk zugänglich gemacht, das eine wichtige Informationsquelle nicht nur der eigenen Erfahrungen eines jüdischen Rei-
senden in der zweiten Hälfte des 18. Jahrhundert darstellt, sondern ein kennt-
nisreiches Bild bezüglich der handelnden Persönlichkeiten und der politischen,
wirtschaftlichen und kulturellen Verhältnisse in den jüdischen Gemeinden in
dieser Epoche, insbesondere in Italien, Holland und Frankreich, vermittelt. Bis
heute hat das Werk nichts von seiner Bedeutung als wichtige historische Quelle
für die Forschung verloren, wie sich an den späteren Übersetzungen des Tagebuches in Auszügen oder als Gesamtwerk zeigt.[68]

6.3 Der Einsatz für die jüdische Bibliophilie

Zu Beginn der zwanziger Jahre wurde Freimann mit der Begründung, er zähle zu
den prominenten Persönlichkeiten, die im »intellektuellen jüdischen Leben einen
Namen hatten«, zum Mitglied des Ehrenausschusses der Soncino-Gesellschaft
gewählt, um bei der »Neubelebung der Druckkunst im Rahmen jüdischer Kul-
turarbeit«, welche die Gesellschaft in Gang setzen wollte, mitzuwirken.[69] Sein

---

[68] Vgl. die englische Kurzfassung in: Jewish Travellers. Ed. with an Introduction by
Elkan Nathan Adler. London: Routledge 1930 (The Broadways Travellers); die deutsche Übersetzung in Auszügen bei Leo Prijs: Das Reisetagebuch des Rabbi Ch. J. D.
Asulai. In: Zeitschrift für Bayerische Landesgeschichte 73 (1974), S. 878–916. Die erste vollständige englische Übersetzung ist von Benjamin Cymerman: The Diaries of
Rabbi Haim Yosef David Azulai (Ma'agal Tov – the Good Journey). Übers. und
bearb. von B. Cymerman. Jerusalem: Bnei Issakhar Institute 1997).

[69] Vgl. Abraham Horodisch: Ein Abenteuer im Geiste. Die Soncino-Gesellschaft der
Freunde des jüdischen Buches. In: Bibliotheca Docet. Festgabe für Carl Wehmer. Hg.
von Siegfried Joost. Amsterdam: Erasmus 1963, S. 181–208, hier S. 183, der mit Herrmann Meyer, und Moses Marx zu den Begründern zählte. Horodisch hatte 1920 den

jahrelanges Interesse an hebräischer Druckgeschichte, seine intensive Beschäftigung mit hebräischen Frühdrucken und insbesondere seine Arbeit an dem Thesaurus der hebräischen Inkunabeln, die er gemeinsam mit Moses Marx in jenen Jahren durchführte, prädestinierten ihn geradezu für dieses Amt. Der Ehrenausschuß der Gesellschaft, dem führende deutsche und ausländische jüdische Gelehrte wie Leo Baeck, Chaim Nachman Bialik, Martin Buber und andere angehörten, stellte ein rein repräsentatives Organ dar, dessen Mitglieder die Aufgabe hatten, mit ihrer Reputation und ihren persönlichen Beziehungen die Arbeit der neuen Gesellschaft zu fördern, indem sie für deren Vertrauenswürdigkeit bürgten, die Anwerbung neuer Mitglieder forcierten und eine gezielte Öffentlichkeitsarbeit betrieben.[70]

Die Soncino-Gesellschaft der Freunde des jüdischen Buches war 1924 als erste jüdische bibliophile Vereinigung von drei jungen Juden in Berlin gegründet worden. Ziel der Gesellschaft, die nach der bedeutenden italienisch-jüdischen Druckerfamilie des 16. Jahrhunderts benannt wurde, war es, die ästhetische Gestaltung deutscher und hebräischer Bücher jüdischen Inhalts zu verbessern und Bücher herzustellen, die sich durch eine vorbildliche Druckqualität sowie ein perfektes Äußere auszeichneten und ein hohes Maß an Formvollendung erreichten. Gemäß Artikel 2 der Satzung bezweckte die Soncino-Gesellschaft »die Herausgabe seltener Texte und wertvoller Drucke von Werken jüdischen Geistes unter besonderer Berücksichtigung von hebräischen Werken«.[71]

Die Publikationen, die ausschließlich für die Mitglieder als Privatdrucke hergestellt wurden, setzen sich vor allem aus charakteristischen Werken zeitgenössischer Wissenschaft und Literatur sowie Neuausgaben von typographisch oder inhaltlich bemerkenswerten, schwer zugänglichen alten Drucken zusammen. Die Mitglieder, deren Zahl satzungsmäßig ursprünglich auf 500 beschränkt war, in den nachfolgenden Jahren jedoch rasch auf 800 anstieg, stammten aus allen religiösen und politischen Richtungen und schlossen Orthodoxe wie Aron Freimann und Rabbiner Meier Hildesheimer, Liberale wie Rabbiner Leo Baeck und Zionisten wie Hermann Struck gleichermaßen ein.[72] Fast die Hälfte der

---

rein bibliophilen Euphorion Verlag mitbegründet und von 1923 bis 1926 gemeinsam mit Moses Marx den Verlag Marx & Co betrieben, der sich auf die Herausgabe jüdischer bibliophiler Drucke und bibliographisch-wissenschaftlicher Werke spezialisierte und dessen Hauptwerk die Veröffentlichung von Aron Freimanns Thesaurus Typographiae Hebraicae Saeculi XV (1924–1931) war.

[70] Horodisch, Ein Abenteuer im Geiste (letzte Anm.), S. 183 und S. 196, Anm. 6, dort die Liste der Mitglieder des Ehrenausschusses, ein Drittel waren Persönlichkeiten des deutschen Judentums.

[71] Ebd., S. 183.

[72] Vgl. Bericht über die 3. ordentliche Generalversammlung am 20.5.1928. In: Mitteilungen der Soncino-Gesellschaft 3 (1928), S. 1ff., für eine Auflistung der 1928 eingetragenen Mitglieder. Nach 1926 veröffentlichte die Gesellschaft ihre Drucke in jeweils 800 Exemplaren. Vgl. Brenner, Jüdische Kultur in der Weimarer Republik (Anm. 10), S. 190, mit der Feststellung, daß diese Zahl im Vergleich zur größten deut-

Mitglieder stammte aus Berlin, Frankfurt stellte die zweitgrößte Gruppe der Mitglieder, wobei sowohl Aron Freimann als Privatperson mit der Mitgliedsnummer 107 als auch die Stadtbibliothek Frankfurt als Institution zu den eingetragenen Mitgliedern zählten.[73]

Die eigentliche Arbeit und alle Aktivitäten lagen bei dem Vorstand der Gesellschaft, der sich fast ausschließlich aus Berliner Mitgliedern zusammensetzte. Die Gesellschaft veröffentlichte zwei Zeitschriften, und zwar die *Soncino-Blätter* als das offizielle Publikationsorgan der Gesellschaft sowie die *Mitteilungen der Soncino-Gesellschaft*, die als ein internes Nachrichtenblatt für die Mitglieder dienen sollten. Die *Soncino-Blätter*, die ursprünglich unter der Redaktion von Aron Freimann und Arnold Zweig erscheinen sollten, wurden von dem Schriftführer Herrmann Meyer erarbeitet und enthalten wichtige wissenschaftliche Beiträge anerkannter jüdischer Gelehrter auf dem Gebiet der jüdischen Buch- und Druckgeschichte sowie Bibliographien zu aktuellen jüdischen Themen. In der Meinung der Begründer entsprach die Zeitschrift in ihrer äußeren Aufmachung den höchsten Anforderungen der zeitgenössischen Buchkunst und »brauchte den Vergleich mit keiner anderen bibliophilen Zeitschrift der Welt zu scheuen«.[74]

In den vierzehn Jahren ihres Bestehens wurden von der Soncino-Gesellschaft 82 Bücher und Broschüren herausgegeben, die aus Faksimile-Reproduktionen historischer Texte der deutschen Juden, Nachdrucken wichtiger Werke der jüdischen Literatur sowie Neuausgaben und Übersetzungen hebräischer und jiddischer zeitgenössischer Literatur bestehen. Zu den bedeutendsten Leistungen der Gesellschaft gehörte die Erneuerung der hebräischen Buchkunst, die in den zwei wichtigsten Veröffentlichungen, dem Steinhardten Holzschnittbuch zum Text des Jeschu ben Sirach und dem neugesetzten hebräischen Pentateuch, für den eigens eine neue hebräische Buchtype hergestellt wurde, ihren Ausdruck fand.[75]

Aron Freimann war nicht nur in seiner repräsentativen Funktion, sondern auch wissenschaftlich für die Soncino-Gesellschaft tätig und zeichnete für die erste Publikation der Soncino-Gesellschaft, die ebenfalls einen hebräischen Druck

---

schen bibliophilen Gesellschaft mit 1.200 Mitgliedern beachtlich ist und das große Interesse der deutschen Juden an der Bibliophilie belegt.

[73] Vgl. Fritz Homeyer: Deutsche Juden als Bibliophile und Antiquare. Tübingen: Mohr 1963 (Schriftenreihe wissenschaftlicher Abhandlungen des Leo Baeck Instituts; 10), S. 129. Dort eine Liste aller Mitglieder der Soncino-Gesellschaft, Stand: 15. Oktober 1924.

[74] Horodisch, Ein Abenteuer im Geiste (Anm. 69), S. 185, sowie S. 195: »Uns ist keine andere jüdische Zeitschrift in welcher Sprache auch immer bekannt, die in der Qualität ihrer typographischen Gestaltung mit den Soncino-Blättern verglichen werden könnte, und im wissenschaftlichen Wert ihres Inhalts kann sie sich gleichfalls mit jeder beliebigen buchkundlichen Zeitschrift der alten wie der neuen Welt messen.«

[75] Vgl. ebd., S. 198–209, für eine fast vollständige Liste aller Veröffentlichungen der Soncino-Gesellschaft. Jakob Steinhardt: Neun Holzschnitte zu ausgewählten Versen aus dem Buche Jeschu ben Elieser ben Sirah. Mit einer Einleitung von Arnold Zweig. Berlin: Aldus 1929 (Publikation der Soncino-Gesellschaft; 9); Hamissa Humse Tora [Biblia Hebraica]. Berlin 1930–1933.

enthält, verantwortlich. Hierbei handelt es sich um die Faksimile-Reproduktion des Werkes *Sefer Meschalim*, das Buch der Fabeln, auch Kuhbuch genannt, eine Sammlung von Fabeln in jüdisch-deutscher Sprache in hebräischen Lettern aus dem 17. Jahrhundert.[76] Die Texte sind bekannte Fabeln und Parabeln, die von dem Verfasser des Werkes Moses Wallich aus Worms nach eigenen Angaben den zwei hebräischen Büchern, *Maschal ha-Kadmoni* und *Mischle Schualim* entnommen, in die jiddische Sprache übersetzt und in Reimform gebracht worden waren. Mit zahlreichen Holzschnitten versehen, war das Buch 1697 bei Johannes Wust in Frankfurt am Main gedruckt worden.[77] Die Veröffentlichung der Soncino-Gesellschaft erfolgte in zwei Lieferungen, 1925 erschien die Faksimile-Ausgabe der Kuhbuches als erster Teilband, ein Jahr darauf folgte als zweiter Teilband die Übersetzung der Texte ins Deutsche von R. Beatus mit einem Vorwort von Aron Freimann.[78] Des weiteren erschienen mehrere wissenschaftliche Aufsätze von Freimann in den *Soncino-Blättern* und die von ihm gemeinsam mit Ismar Elbogen, Hermann Pick und David Simonsen herausgegebene *Festschrift für Heinrich Brody*, die im Jahre 1930 als Teil des dritten Jahrganges der *Soncino-Blätter* publiziert wurde.[79]

---

[76] Mose Ben-Eliezer Wallich: Sefer meschalim genannt das Kuhbuch, das ist eine Sammlung von Fabeln und Parabeln aus den Büchern Maschal-ha-Kadmoni und Mischle Schualim ausgewählt und in jüdisch-deutsche Reime gebracht von Moses Wallich aus Worms. Berlin: Soncino-Gesellschaft 1924–1926 (Publikation der Soncino-Gesellschaft der Freunde des jüdischen Buches; 1). Im Widmungsblatt ist ausdrücklich festgehalten, daß dies die erste Publikation der Soncino-Gesellschaft ist, und nicht, wie irrtümlicherweise bei Brenner, Jüdische Kultur in der Weimarer Republik (Anm. 10), S. 192 der Steinhardtsche Holzschnittdruck.

[77] Vgl. Aron Freimann: Vorwort. In: Sefer meschalim (letzte Anm.), S. VIII. Dort ist festgehalten, daß nur drei Exemplare des Werkes von 1697 existierten, und zwar jeweils eines in der Bibliotheka Rosenthaliana in Amsterdam, in der Bodleiana, Oxford und in der Hamburger Stadtbibliothek.

[78] Die englische Übersetzung s. Moses Wallich: The Yiddish Fable Collection of Reb Moshe Wallich, Frankfurt am Main, 1697. Transl. and ed. by Eli Katz. Detroit: Wayne State University Press 1994 (Jewish Folklore and Anthropology Series).

[79] Aron Freimann: Die Familie Soncino. In: Soncino-Blätter 1 (1925/26), S. 9–12; ders., Die hebräischen Druckereien in Prag von 1733–1828. In: Festschrift für Heinrich Brody. Hg. von Ismar Ellbogen, Aron Freimann, Hermann Pick und David Simonsen. Berlin: Soncino-Gesellschaft der Freunde des jüdischen Buches 1930 (Soncino-Blätter; 3,2–4), S. 113–143. Die Festschrift ist innerhalb des Jahrganges durch eine getrennte Seitenzählung gekennzeichnet, dabei werden die Seiten 85–258 der Zeitschrift durch eine eigene Titelei und durch die Seiten I–VIII und 1–182 der Festschrift ersetzt.

7 Schlußbetrachtung

Eine Arbeit über das Leben und Werk von Aron Freimann kann nicht umhin, seine wissenschaftliche Leistung für die Entwicklung der Bibliographie des Judentums, wie sie durch seine zahlreichen Werke belegt ist, in den Mittelpunkt zu stellen. Die hebräische und jüdische Bibliographie bildete den Inhalt seines geistigen Lebens und war der Bezugspunkt, unter den sich fast alle seine gesellschaftlichen Aktivitäten und persönlichen Bindungen subsumieren lassen. In den zahlreichen handschriftlichen Dokumenten sind keine persönlichen Ausführungen zu finden, welche Aufschluß über seine jeweiligen Gefühle und Gedankengänge geben, und in den unzähligen, mit seinen Freunden und Kollegen gewechselten Karten und Briefen werden zwar regelmäßig persönliche Nachrichten ausgetauscht, doch gehen diese kaum über die kurze Mitteilung von Familienereignissen hinaus. Der Privatmensch Freimann mit seinen Gefühlen, persönlichen Reflexionen und Einstellungen ist nicht zu ergründen und tritt hinter die Persönlichkeit des Bibliographen und Wissenschaftlers zurück.

Unter den Vertretern der Wissenschaft des Judentums stellt Freimann insofern eine Ausnahme dar, als er keine Position als Rabbiner oder Dozent an einer der jüdischen Lehranstalten anstrebte, sondern sich früh der hebräischen Bibliographie zuwandte und diese nicht, wie die Mehrzahl seiner wissenschaftlichen Kollegen, nur als eine lästige, aber notwendige Hilfsdisziplin, sondern als eine der Grundlagen der Wissenschaft verstand. Sein besonderes Interesse für das hebräische Buch und dessen Entwicklung war bereits während seiner Studienzeit am Rabbinerseminar in Berlin geweckt worden, wo er unter der Anleitung seines Lehrers und Mentors Abraham Berliner in der dortigen Bibliothek gearbeitet hatte. Schon zu Beginn seines Studiums entschied sich Freimann ganz bewußt für den Beruf des Bibliographen und Bibliothekars, der ihm die Möglichkeit bot, sich auch späterhin hauptberuflich und professionell der Beschäftigung mit hebräischen und jüdischen Büchern zu widmen.

Durch seine bewußte und freie Entscheidung für diesen Beruf unterschied er sich von seinen Vorbildern Abraham Berliner und Moritz Steinschneider, die beide auch als Bibliothekare tätig waren, diese Tätigkeit jedoch lediglich als eine Nebenbeschäftigung betrieben und ihren eigentlichen wissenschaftlichen Schwerpunkt in der Forschung und Lehre des Judentums sahen.[1] Nach einer

---

[1] Vgl. Werner Schochow: Jüdische Bibliothekare aus dem deutschen Sprachraum. Eine erste Bestandsaufnahme. In: Antisemitismus und jüdische Geschichte. Studien zu Ehren von Herbert A. Strauss. Hg. von Rainer Erb. Berlin: Wissenschaftlicher Auto-

von Shelomo Goitein überlieferten Anekdote war Freimann schon als junger Student von dem einzigen Wunsch beseelt, sein zukünftiges Leben als Bibliograph zu führen, und hatte dieses Berufsziel auch seiner Mutter mitgeteilt.[2] Seine Bewerbung für die Stelle des Bibliothekars an der Frankfurter Bibliothek entsprang weder einem aus der finanziellen Not geborenen Entschluß, noch war sie das Resultat zufälliger Umstände, sondern stellte die konsequente Umsetzung eines lang gehegten Planes dar.

Freimanns Lebenswerk ist untrennbar mit der Hebraica- und Judaica-Sammlung der Frankfurter Stadt- und Universitätsbibliothek verbunden, die er zur größten Sammlung des europäischen Kontinents ausbaute und die unter seinem Namen als »Freimann-Sammlung« in aller Welt für ihre hervorragenden Bestände zur Wissenschaft des Judentums bekannt war.[3] In Frankfurt traf Freimanns Engagement auf eine besonders günstige Ausgangslage, da das kulturelle und gesellschaftliche Leben der Stadt vom Mäzenatentum der jüdischen Bürger geprägt war, die sich, bedingt durch einen ausgesprochenen Lokalpatriotismus, intensiv für die sozialen, wissenschaftlichen und kulturellen Belange der Stadt einsetzten und eine Vielzahl von kommunalen Institutionen in erheblichem Umfang förderten.

Lange vor der Ankunft Freimanns in Frankfurt im Januar 1898 hatten die Frankfurter Juden im Laufe der zweiten Hälfte des 19. Jahrhunderts den Grundstock für eine Hebraica- und Judaica-Sammlung gelegt und mit Schenkungen eigener Bücherschätze sowie einigen außerordentlich großzügigen Spenden zur

---

renverlag 1987, S. 515–544. Dort eine Auflistung aller, auch der nebenamtlichen jüdischen Bibliothekare. Berliner lehrte am Rabbinerseminar Jüdische Geschichte und betreute die Bibliothek nebenbei. Moritz Steinschneider, übernahm im Alter von 53 Jahren als »Hülfsarbeiter« in der Königlichen Bibliothek in Berlin eine Nebentätigkeit.

2　Shelomo Dov Goitein: Aron Freimann. A Personal Tribute. In: Aron Freimann: Union Catalog of Hebrew Manuscripts and their Location. New York: American Academy for Jewish Research, 1964–1973, Bd 1 (1973), S. VII–X, hier S. VII: »Freimann did not accidentally stumble into the field of Hebrew bibliography nor did he, like some bibliographers, blaze for himself a path into it while wandering and involving himself into other areas of Jewish scholarship. Ever since his early days he decided to dedicate his life to the Hebrew book and to all that is related to it; he never strayed from that determination throughout the long and fruitful years of his scholarly work. While still a student at the University of Berlin (where he also attended the Hildesheimer Seminary), he once declared to his old mother, during a holiday visit home, that he had no intention of becoming a rabbi or entering one of those typically ›Jewish‹ professions, his one and only desire was to be a bibliographer. The old lady, who had no idea what kind of occupation this was, asked him for an explanation. After listening to his enthusiastic outpouring, she mused for a while, then said: ›If I understood the matter correctly, a bibliographer is like a road sign: people follow it's directions, but the sign itself remains in the same place.‹ When relating the story (he repeated it to me more than once), Freimann wanted to emphasize his belief that the bibliographer must be content with his own role and, while dealing with a book, not be carried away by the desire to expand on the subject-matter itself.«

3　Alexander Marx / Boaz Cohen: Necrology. Aron Freimann. In: Proceedings of the American Academy for Jewish Research 17 (1947/48), S. XXIII–XXVIII, here S. XXVI.

Finanzierung der Ankäufe von Nachlässen von Rabbinern und jüdischen Gelehrten dafür gesorgt, daß in der Bibliothek ein umfangreicher Bestand an hebräischen, jiddischen, deutschen und anderssprachigen Büchern zusammengetragen worden war. Freimanns Erfolg im Ausbau der Sammlung beruhte auf seiner Fähigkeit, sich die Spendenbereitschaft der Frankfurter jüdischen Bürger zunutze zu machen und mit deren Hilfe gleich zu Beginn seiner Arbeit einige große und spektakuläre Sammlungen für die Bibliothek anzuwerben, für die hier nur als ein Beispiel nochmals die Stiftung der Freifrau Mathilde von Rothschild im Namen ihres verstorbenen Ehemannes Wilhelm Carl von Rothschild erwähnt werden soll. Seinen Erfolg bei der Initiierung der Spendenaktionen verdankte er zum Teil auch der Hilfe seines Schwiegervaters, des konservativen Rabbiners Markus Horovitz, der ihn in die einflußreichen Kreise der Frankfurter jüdischen Gesellschaft einführte und seine Beziehungen zu potentiellen Stiftern dazu nutzte, die Arbeit von Freimann organisatorisch und finanziell zu unterstützen.

Den Forderungen der Emanzipation nach der politischen Gleichstellung der Juden folgte im Laufe des 19. Jahrhundert von jüdischer Seite die Forderung nach der Akzeptanz ihrer kulturellen, religiösen und somit geistigen Identität und nach dem Recht, diese als Teil des allgemeinen Kulturgutes zu betrachten. Die Gründung und Entwicklung der Hebraica- und Judaica-Sammlung innerhalb der Frankfurter Stadtbibliothek war ein Zeichen dieses Anspruchs und gleichzeitig Ausdruck der festen Überzeugung der Frankfurter Juden, daß Judentum und deutsche Kultur für sie gleichwertige Komponenten ihres kulturellen Erbes ausmachten. Deshalb waren die ehemaligen Privatsammlungen der Frankfurter Gelehrten und Rabbiner von den Frankfurter Juden bewußt einer Universalbibliothek und kommunalen Einrichtung, wie es die Stadtbibliothek war, zugeführt worden und nicht innerhalb der Gemeinde in einer für die Allgemeinheit nur schwer zugänglichen Spezialbibliothek eingegliedert worden. Die Hebraica- und Judaica-Sammlung sollte nicht der religiösen Erziehung der jüdischen Bürger dienen oder dazu beitragen, das eigene jüdische Erbe zu bewahren, welches im Prozeß der Assimilation der jüdischen Minderheit an die sich zunehmend säkularisierende christliche Gesellschaft unterzugehen drohte. Im Gegenteil, die Absicht der Frankfurter jüdischen Mäzene hatte von vornherein darin bestanden, mit der Schaffung dieser Sammlung allen Frankfurtern Bürgern, ungeachtet ihrer Religionszugehörigkeit einen Zugang zur jüdischen Religion und Kultur zu ermöglichen und mit Hilfe der zahlreichen Bücher Informationsmöglichkeiten über das Judentum und seine vielfältigen Ausdrucksformen anzubieten. Die Hebraica- und Judaica-Sammlung sollte – gerade auch angesichts des Anwachsens des Antisemitismus zu Beginn des 20. Jahrhunderts – eine objektive Erforschung des Judentums auf der Grundlage der authentischen Quellen ermöglichen und damit zu einer vorurteilsfreien Betrachtungsweise der Juden, ihrer Geschichte und ihrer vielfältigen religiösen Ausformungen führen.

Mit der Einrichtung der Hebraica- und Judaica-Sammlung in der Stadtbibliothek war im bibliothekarischen Bereich gelungen, was der Wissenschaft des Judentums im akademischen Rahmen verwehrt blieb. Trotz mehrfach wiederhol-

ter Versuche gelang es jüdischen Gelehrten vor 1933 nicht, die Einrichtung von
Lehrstühlen für die Wissenschaft des Judentums an den deutschen Universitäten
durchzusetzen und damit die Anerkennung ihrer Forschungsarbeit als gleichwertig mit anderen wissenschaftlichen Disziplinen zu erlangen. Das Zusammenwir-
ken des städtischen Magistrats mit den jüdischen Stiftern und Financiers und
einem Gelehrten vom Rang eines Aron Freimann führte dazu, daß in Frankfurt
die Einbindung der Sammlung der Bücher über das Judentum in das allgemeine
Bildungsgut der Stadt im Rahmen der Bibliothek erfolgreich durchgesetzt werden konnte. Gleichzeitig stellt die Schaffung der Sammlung einen weiteren Beweis für die Bereitschaft der jüdischen Bürger dar, einen Beitrag zum kulturellen
und geistigen Leben der Stadt zu leisten.

Für Aron Freimann, der als orthodoxer Jude an dem religiösen Erbe seiner
Vorväter festhielt, stellte die Kenntnis des Judentums kein System von abstrak-
ten Werten und Ideen dar, sondern bildete einen untrennbaren Teil seines täglichen Lebens. Gleichzeitig war er durch sein Universitätsstudium und seine Tätigkeit als festangestellter Bibliothekar ein Vertreter des deutschen Bildungsbürgertums und war stolz darauf, in einer städtischen und nicht in einer jüdischen Institution zu arbeiten.[4] Die Arbeit im Rahmen einer großen Allgemeinbibliothek entsprach seinem Selbstverständnis der gesellschaftlichen Integration der deutschen
Juden ohne Aufgabe ihres Judentums und ermöglichte es ihm, einen Beitrag zum
besseren Verständnis des Judentums innerhalb der Gesellschaft zu leisten. Diese
Vermittlerrolle auch nach seiner Emigration in die USA beibehalten zu können,
indem er wieder eine Stelle an einer großen Allgemeinbibliothek, der New York
Public Library, einnehmen konnte, hat ihn besonders glücklich gemacht.

Freimanns Engagement hat sich nicht nur auf die Wissenschaft des Judentums
beschränkt, sondern er hat sich über Jahre auch als gewählter Gemeinderat, Vorsitzender diverser Kommissionen und stellvertretender Gemeindevorsitzender
aktiv im politischen Leben der Israelitischen Gemeinde betätigt, wobei er den
Schwerpunkt seiner Tätigkeit auf die kulturellen Belange legte. In der Zeit des
Nationalsozialismus ist Freimann auch nicht davor zurückgeschreckt, politische
Verpflichtungen in überregionalen jüdischen Vertretungsorganen wahrzuneh-
men. Seine Bereitschaft, das Amt des Vorsitzenden der Israelitischen Gemeinde
in einer Zeit zu übernehmen, in der die Gemeinde ihre Autonomie verlor, den Anordnungen der Gestapo zu gehorchen hatte und die Gemeindemitglieder schwer-
sten Repressalien ausgesetzt waren, zeugt von seinem Verantwortungsbewußt-
sein und seinem Pflichtgefühl, der Gemeinschaft auch in ihren schweren Stunden
zu dienen. Als letzter Vorsitzender der Jüdischen Gemeinde Frankfurt – vor ihrer
erzwungenen Liquidierung am 6. November 1942 – war es dann sein Los, die
von der Gestapo angeordneten Zwangsenteignungen der Gemeindeliegenschaf-
ten unterschreiben zu müssen.

In gewisser Weise ist Freimanns Leben paradigmatisch für das Schicksal
vieler jüdischer Wissenschaftler, die im Kaiserreich und der Weimarer Republik

---

4   Vgl. Goitein, Aron Freimann (Anm. 2), S. X.

in ihren jeweiligen Wissenschaftsdisziplinen hervorragende Arbeit leisteten und dann durch die Verfolgungen des Nationalsozialismus gezwungen waren, Deutschland zu verlassen und in der Emigration von vorne zu beginnen. Wie viele andere mußte er die Schikanen der nationalsozialistischen Auswanderungsprozedur sowie die Bürokratie der amerikanischen Konsulate erdulden, bevor er endlich sein Leben retten konnte. Gleichzeitig stellt sein Lebenslauf jedoch auch eine Ausnahme dar, da er im Gegensatz zu manch anderen Intellektuellen nach seiner Auswanderung in die USA trotz seines hohen Alters von 68 Jahren sofort eine adäquate berufliche Stellung fand und seine Arbeit direkt fortsetzen konnte. Dies war auf sein außerordentliches wissenschaftliches Renommee und seine internationale Anerkennung zurückzuführen.

Im Laufe seiner wissenschaftlichen Tätigkeit hat Freimann alle Bereiche der hebräischen Bibliographie bearbeitet und häufig in Spezialgebieten Pionierarbeit geleistet, wie die zahlreichen Nachdrucke, Übersetzungen und Ergänzungswerke zu seinen Arbeiten belegen. Mit der *Zeitschrift für Hebräische Bibliographie* hat er eine langjährige deutschsprachige Fachzeitschrift der Wissenschaft des Judentums begründet, die zugleich als eine periodische Bibliographie diente; sein posthum veröffentlichter *Union Catalog of Hebrew Manuscripts* war das Gesamtverzeichnis aller hebräischen Handschriften, und mit dem *Thesaurus Typographiae Saeculi XV* wurde zum ersten Mal ein Typenrepertorium der hebräischen Inkunabeln veröffentlicht.

Freimann war zudem ein erfolgreicher Organisator der Wissenschaft des Judentums, der bei der Durchführung mehrerer Großprojekte im Bereich der deutsch-jüdischen Geschichtswissenschaft, der hebräischen Handschriftenkunde und der jüdischen Bibliophilie einen entscheidenden Einfluß ausübte. Der Erfolg seiner Unternehmungen beruhte vor allem darauf, daß er im Rahmen eines Netzwerkes agierte, an dessen Aufbau er entscheidend mitgewirkt hatte und in dem er eine zentrale Position einnahm. Bei seinen zahlreichen Reisen zur Erforschung hebräischer Handschriften durch ganz Europa hatte er fast alle wichtigen Bibliotheken mit Judaica-Beständen besucht und viele seiner Kollegen kennengelernt. Über viele Jahre unterhielt er enge Kontakte zu seinen Kollegen in Berlin, Budapest, Kopenhagen, London, New York, Paris, Rom, Warschau und Wien und stand in einem fast täglichen Briefwechsel mit dem nach New York ausgewanderten Bibliothekar Alexander Marx und dem in Warschau lebenden Gelehrten Samuel Poznanski. Er war mit den Begründern der modernen hebräischen Literatur, Chaim Nachman Bialik und Samuel Josef Agnon, befreundet und hatte enge Beziehungen zu zahlreichen osteuropäischen Intellektuellen, die sich zeitweise in Deutschland aufgehalten hatten.

Geschickt setzte er seine vielfältigen Funktionen als Bibliothekar der Frankfurter Judaica-Sammlung, als Herausgeber der *Zeitschrift für Hebräische Bibliographie* und als Vorsitzender des Vereins Mekize Nirdamim sowie seine darauf basierenden engen Verbindungen, die er zu zahlreichen Vertretern der Wissenschaft des Judentums aufgebaut hatte, dazu ein, um seine diversen Projekte voranzubringen. Wissenschaftler, welche Freimann in der Bibliothek zu Forschungszwecken an den Judaica-Beständen aufsuchten, wurden von diesem für Artikel in der *Zeitschrift für Hebräische Bibliographie* und für Editionsarbeiten der Drucke des Vereins Mekize Nirdamim geworben und als Gegenleistung mit der Einräumung besonderer Vorzugsbedingungen in der Bibliothek belohnt.[5] Die Veröffentlichungen des Vereins Mekize Nirdamim wiederum wurden in der *Zeitschrift für Hebräische Bibliographie* rezensiert, und von allen wissenschaftlichen Neuerscheinungen seiner Bekannten forderte Freimann Exemplare für den Bestand der Bibliothek ein. Diese Arbeitsweise trug maßgeblich zum Gelingen der verschiedenen Projekte bei und war ausschlaggebend dafür, daß es Freimann möglich war, unter den jeweils vorgegebenen engen finanziellen Rahmenbedingungen der einzelnen Unternehmungen eine so große Anzahl von Forschungen und Veröffentlichungen zu initiieren.

Freimann hat für führende Persönlichkeiten der Wissenschaft des Judentums Festschriften herausgegeben oder sich mit einem wissenschaftlichen Beitrag daran beteiligt, was als ein weiterer Beleg für seine Präsenz, seine aktive Rolle und seine zahlreichen persönlichen Bekanntschaften im Wissenschaftsbetrieb dieser Disziplin anzusehen ist. Bei den von ihm herausgegebenen Festschriften handelt es sich um die Festschrift für seinen Lehrer Abraham Berliner 1903, seinen Kollegen an der Abteilung für jüdische Literatur und orientalischen Handschriften der Königlichen Bibliothek in St. Petersburg Albert Harkavy 1908, seinen Mitstreiter in der *Germania Judaica* Markus Brann 1919, den ersten Vorsitzenden des Vereins Mekize Nirdamim David Simonsen 1923, seinen Freund und Vorstandskollegen von Mekize Nirdamim Samuel Poznanski 1927 und für den Rabbiner Heinrich Brody, der ihm die Leitung der *Zeitschrift für Hebräische Bibliographie* übertragen hatte, im Jahr 1930.

Wissenschaftliche Beiträge lieferte er zu den Festschriften des hebräischen Schriftstellers, Journalisten und Präsidenten der zionistischen Weltorganisation Nahum Sokolov 1904, des Rabbiners und Talmudgelehrten Israel Lewy 1911, des Philosophen Hermann Cohen 1912, seines Lehrers am Rabbinerseminar, des Rabbiners David Hoffmann 1914, des Rabbiners und Religionsphilosophen Jakob Guttmann 1915, des Historikers und Gemeindepolitikers Martin Philippson 1916, des Talmudisten und Rektors der Israelitisch-Theologischen Lehranstalt in Wien Adolf Schwarz 1917, des Direktors des Theologischen Seminars Budapest Ludwig Blau 1926, seines Kollegen und ersten Leiters der Judaica-Sammlung der New York Public Library Abraham Salomon Freidus 1929, des Oberrabbiners von Wien Zwi Perez Chajes 1933, seines Kollegen und Leiters der Bibliothek der Jüdischen Gemeinde Wien Bernhard Wachstein 1939,

---

5   The Jewish National & University Library Jerusalem (JNUL), Manuscript Collection, Poznanski Arc 4:1180, Karten von Aron Freimann vom 6. März (Zitat) und 12. August 1900, in denen Freimann Poznanski um »baldige Übersendung von Recensionen und bibliographischen Beiträgen« für die Zeitschrift für Hebräische Bibliographie bittet und ihm dafür verspricht, »Ich bewahre Ihnen zum Lohne hierfür Tausende von Genisafragmenten auf, die Sie bei Ihrem Aufenthalt hier in Frankfurt, [...] als erster besichtigen sollen.«

des Oberrabbiners von Großbritannien Joseph Hermann Hertz 1943, des Begründers der American Academy for Jewish Research Louis Ginzberg 1945 sowie für seinen Kollegen und engsten Freund Alexander Marx 1943 und 1950.[6]

Die im einzelnen aufgeführten Namen verdeutlichen, daß es sich um einen heterogenen Kreis von international anerkannten Gelehrten handelte, die in Ost- und Westeuropa und den USA tätig waren und den verschiedenen religiösen und politischen Strömungen des Judentums angehörten. Zum engen wissenschaftlichen Umfeld von Freimann gehörten Zionisten, Orthodoxe und Vertreter der Reformbewegung, Professoren, Rabbiner und natürlich seine bibliothekarischen Kollegen. Miteinander verbunden waren sie durch ihr gemeinsames Interesse an der Wissenschaft des Judentums, auch wenn sie in verschiedenen Teilbereichen der Disziplin forschten oder andere Berufe ausübten. Wie die erhaltenen Briefe und Karten belegen, wurden ständig detaillierte Informationen über den Stand der wissenschaftlichen Arbeit ausgetauscht und ein offener und rege geführter Gedankenaustausch zwischen den Gelehrten aufrechterhalten. Die nicht oder nur mangelhaft vorhandenen institutionalisierten Organe für einen wissenschaftlichen Informationsfluß wie Fachkongresse und Referateblätter wurden durch das auf persönlichen Beziehungen aufgebaute Netzwerk ersetzt, welches gleichzeitig für eine effektive Kommunikation mit informellen Mitteln sorgte.

Die wechselseitigen Beziehungen der einzelnen waren durch eine Atmosphäre des gegenseitigen Vertrauens geprägt, das auf der Gewißheit basierte, in dem Gegenüber einen Gesprächspartner gefunden zu haben, welcher der Wissenschaft des Judentums ebenso verpflichtet war, wie man selbst.[7] Teilweise basierten die engen wissenschaftlichen Verbindungen von Freimann zusätzlich auf familiären Beziehungen, wie im Fall von Jakob und Alfred Freimann, teilweise auf einer durch die jahrelange gemeinsame Arbeit entstandenen persönlichen Freundschaft, wie im Fall von Alexander Marx, Samuel Josef Agnon und Samuel Poznanski.

Das umfassende Spektrum der Arbeiten von Freimann im Bereich der hebräischen und jüdischen Bibliographie wird deutlich, wenn man sich die Entwicklung der einzelnen Teilbereiche nach dem Krieg vergegenwärtigt und die bibliographischen Unternehmungen untersucht, die als Fortsetzung der Arbeit von Freimann zu werten sind. Diese Projekte wurden in den ersten Nachkriegsjahrzehnten ausschließlich im Ausland durchgeführt, da in Deutschland die Grundlagen der Wissenschaft des Judentums durch die nationalsozialistische Vernichtungspolitik noch für viele Jahre nach Ende des Zweiten Weltkrieges zerstört waren. Die Forschungs- und Studienzentren der Disziplin hatten sich mit der Emigration der Gelehrten in die USA und nach Israel verlagert, was auch insbesondere auf die hebräische und jüdische Bibliographie zutrifft, die nicht nur des nötigen Fachwissens und des gezielten Forschungsinteresses bedarf, sondern auch nur auf der Grundlage einer großen Bibliothek oder Sammlung betrieben werden kann.

---

6 Vgl. die genauen Titelangaben der von Freimann herausgegebenen Festschriften sowie seiner Beiträge in der Aron Freimann-Bibliographie im Anhang dieser Arbeit.

7 Brief von Samuel Dresner an Rachel Heuberger vom 19. Juli 1988.

Als erstes Großprojekt der Bibliographie des Judentums ist hier der Bestandskatalog der New York Public Library zu nennen, an dessen Erstellung Freimann während seiner dortigen Tätigkeit unter der Leitung von Joshua Bloch mitarbeiten und Erfahrungen aus der Bearbeitung des Frankfurter Kataloges beisteuern konnte.[8] Ähnlich wie die ehemalige Sammlung der Judaica- und Hebraica an der Frankfurter Bibliothek, handelt es sich bei der »Jewish Collection« in der New York Public Library ebenfalls um eine Sammlung, die Teil einer großen Allgemeinbibliothek ist und zu den größten jüdischen Fachbibliotheken in den USA zählt.[9] In den vierzehn großformatigen Katalogbänden sind auf insgesamt 12.000 Seiten und in 250.000 Eintragungen an die 100.000 Titel von Monographien und Separatdrucken vermerkt, die bis zum Jahre 1959 von der Bibliothek erworben wurden. Die Bücher, deren Aufnahmen aus dem Zettelkatalog in Form der Karteikärtchen unbearbeitet reproduziert wurden, werden innerhalb eines fortlaufenden Alphabets nach Verfassern, Titeln und Schlagworten aufgeführt. Die hebräischen und jiddischen Bücher sind in einem gesonderten Alphabet in den letzten drei Bänden, Nr 12–14, getrennt vermerkt. Der Hauptteil des Kataloges erfaßt den Bestand an Schriften in nichthebräischen Lettern und ähnelt daher dem Freimann-Katalog. Insgesamt ist der New Yorker Katalog wesentlich umfangreicher als der Freimann-Katalog, da er auch die hebräischen und jiddischen Bücher der New York Public Library verzeichnet und da der Bestand der »Jewish Collection«, der durch eine kontinuierliche großzügige Erwerbungspolitik ausgebaut wurde, Ende der fünfziger Jahre dreimal größer war als die Frankfurter Judaica-Sammlung. Ein Nachteil des New Yorker Kataloges ist jedoch, daß es sich hierbei ebenso wie bei den nachfolgenden Hebraica- und Judaica-Katalogen der anderen amerikanischen Bibliotheken um unveränderte Reproduktionen des Zettelkataloges der jeweiligen Institution handelt, während der Freimann-Katalog ein systematisch durchdachtes und neubearbeitetes Katalogwerk darstellt. Dem Beispiel der New York Public Library folgten in den sechziger Jahren weitere große amerikanische Bibliotheken, die einen umfangreichen Bestand an Hebraica und Judaica aufweisen konnten, so 1964 die Klau-Library des Hebrew Union College und 1968 die Harvard University Library sowie noch im Jahre 1990 das YIVO, das Yidisher Visenshaftlekher Institut in New York, das seinen Zettelkatalog als Abdruck veröffentlichte.[10]

---

[8] New York Public Library, Reference Department: Dictionary Catalog of the Jewish Collection. 14 Bde, Boston: Hall 1960.

[9] Vgl. Werner Schochow: Deutsch-jüdische Geschichtswissenschaft. Eine Geschichte ihrer Organisationsformen unter besonderer Berücksichtigung der Fachbibliographie. (Diss.) Berlin 1966, S. 260, der die Jewish Collection der New York Public Library als die am besten erschlossene Judaica-Sammlung der Zeit bewertete.

[10] Hebrew Union College / Jewish Institute of Religion: Dictionary Catalog of the Klau Library. 32 Bde, Boston: Hall 1964, Bde 1–27 enthalten die Judaica, Bde 28–32 die hebräischen Schriften. Harvard University Library: Catalogue of Hebrew Books. Boston: Harvard University Press 1968 (Bd 1–6), 1973 (Bd 7–9), Bde 1–4 enthalten die Judaica, Bde 5–6 die hebräischen Schriften, 1973 erschienen drei Ergänzungsbände.

Moderne bibliographische Großunternehmungen, die zusätzlich zu einer Reihe von spezifischen Fachbibliographien in den letzten Jahren betrieben wurden, haben sich alle, bedingt durch die kontinuierlich ansteigende Buchproduktion zum Thema der Wissenschaft des Judentums, formal auf die hebräische Sprache begrenzt und sind damit dem Bereich der hebräischen Bibliographie zuzurechnen. Als das umfassendste und beste Resultat in den USA ist hier der Bestandskatalog der hebräischen Werke der Hebrew College Library an der Harvard University zu nennen, der im Jahre 1995 von Charles Berlin herausgegeben wurde.[11] Der Katalog zeichnet sich zum einen dadurch aus, daß er der erste Hebraica-Katalog ist, dessen Bearbeiter sich der neuen technischen Möglichkeiten der EDV bedienten und der aus per EDV erstellten Einträgen besteht, die gemäß den ganz speziellen Anforderungen des Katalog-Papierausdruckes geordnet wurden. Zum anderen besteht das Besondere des Kataloges darin, daß die in ihm verzeichneten hebräischen Titel sich nicht auf die traditionellen Bereiche der rabbinischen Literatur beschränken, sondern auch das gesamte Spektrum der säkularen hebräischen Buchproduktion aus Israel umfassen.

Die Harvard College Library wurde unter der Leitung von Charles Berlin zu einer Sammlung der modernen israelischen Buchproduktion ausgebaut und enthält in ihrem Bestand heute neben den hebräischen Büchern zu kulturellen, religiösen und literarischen Themen auch Veröffentlichungen, welche wissenschaftliche, wirtschaftliche und andere Aspekte der israelischen Gesellschaft behandeln, die nichts mit dem Judentum zu tun haben. Damit sprengt der Katalog das traditionelle Merkmal der historischen Hebraica-Kataloge, die nicht nur formal auf die hebräische Sprache begrenzt waren, sondern sich stets inhaltlich auf das Judentum bezogen, und stellt formal gesehen eine hebräische Allgemeinbibliographie dar, in der hebräische Veröffentlichungen zu allen Themenbereichen enthalten sind. Der Katalog, dessen Berichtszeitraum bis zum Jahr 1990 reicht, verzeichnet in insgesamt elf Bänden Monographien in der hebräischen Sprache, deren Titelaufnahmen ins Englische transkribiert wurden. Im Hauptteil des Kataloges sind die Bücher nach Verfassern und Titeln geordnet in einem fortlaufenden Alphabet erfaßt, in zwei nachfolgenden Registerbänden werden die Titel nach Schlagworten und in zwei weiteren Registerbänden nach Druckorten vermerkt, in denen unter dem Druckort chronologisch alle Veröffentlichungen aufgelistet sind.

Nach Erlangen der Unabhängigkeit im Jahre 1948 schuf die israelische Regierung, die sich als Erbe der im Holocaust vernichteten Juden und ihrer Kultur verstand, eine Reihe von wissenschaftlichen Institutionen, darunter auch bibliographische Einrichtungen, welche die Wissenschaft des Judentums fördern und zu einer geistigen jüdischen Renaissance im neugegründeten Staat führen soll-

---

The Yiddish Catalogue and Authority File of the YIVO Library (Der jidiser katalog un oitoritetn-kartotek fun de Jiwo-bibliotek). 5 Bde, Boston: Hall 1990, Bde 1–4 enthalten die jiddischen Schriften, Bd 5 ein Register der genormten Namensansetzungen und das Mikrofilmverzeichnis.

[11] Catalog of the Hebrew Collection of the Harvard College Library. Ed. by Charles Berlin. 11 Bde, München u. a.: Saur 1995.

ten.[12] Hierzu zählt in erster Linie das im Jahre 1960 vom israelischen Ministerium für Bildung und Kultur gemeinsam mit der Hebräischen Universität in Jerusalem und dem Bialik-Institut gegründete Institute for Hebrew Bibliography, das eng mit der Jüdischen National- und Universitätsbibliothek zusammenarbeitet, auf dessen Gelände es angesiedelt ist. Nach der Vorgabe, eine Bibliographie aller in hebräischen Lettern gedruckten Bücher seit Beginn des hebräischen Buchdruckes bis zum Jahre 1960 zu erstellen, wurde die Arbeit als ein konventionelles Projekt der Erfassung der Titelaufnahmen auf Karteikärtchen begonnen und sollte als ein mehrbändiger gedruckter Katalog vorgelegt werden. Die Einführung der Datenverarbeitung ermöglichte es, die unzähligen Informationen in einer Datenbank zu sammeln und diese im Jahre 1992 als CD-ROM zu veröffentlichen, die sowohl in Englisch als auch in Hebräisch benutzt werden kann und in der mit der gezielten Suche nach einzelnen Komponenten der Titelaufnahme der Forschung und den Bibliotheken ganz neue Möglichkeiten der bibliographischen Recherche eröffnet werden. Als Grundlage sollte der Katalog der Jüdischen National- und Universitätsbibliothek dienen, alle Einträge wurden jedoch erst nach Durchsicht der Bücher selbst erstellt, so daß es sich hierbei um eine Primärbibliographie handelt, die zusätzlich zu den Angaben über das Buch auch biographische Angaben zu den Verfassern mit Quellenbezeichnung sowie im Buch enthaltene Widmungen oder Approbationen liefert.

In einem ersten Stadium wurden nur die Bücher in Hebräisch und Ladino erfaßt, es ist jedoch geplant, zukünftig auch die in hebräischen Lettern gedruckten Bücher anderer Sprachen, wie etwa die des Jiddischen, des Jüdisch-Arabischen und Bucharit, gemäß dem ursprünglichen Entwurf ebenfalls zu bearbeiten. Die Verantwortlichen sehen die elektronisch hergestellte Bibliographie nicht als ein abgeschlossenes Werk an, so wie es die in der Vergangenheit erstellten hebräischen Bibliographien waren, sondern verstehen ihre Arbeit als einen kontinuierlichen Prozeß der ständigen Datenerweiterung, -überprüfung und Verbesserung. Ihr Ziel ist es, eine ständig wachsende Datenbank über hebräische Bücher und deren Detailinformationen wie Verfasser, Drucker und Druckorte bereitzuhalten, die als das definitive Forschungsinstrument der hebräischen Bibliographie dienen kann.[13]

Eine weitere und bislang die neueste gedruckte Ausgabe einer umfassenden hebräischen Allgemeinbibliographie stellt das Werk mit dem Titel *Thesaurus for the Hebrew Book* dar, welches von Yeshayahu Vinograd und dem unter seiner

---

[12] Vgl. Israel Bartal: The Kinnus Project. Wissenschaft des Judentums and the Fashioning of a »National Culture« in Palestine. In: Transmitting Jewish Traditions. Orality, Textuality, and Cultural Diffusion. Ed. by Yaakov Elman and Israel Gershoni. New Haven, London: Yale University Press 2000 (Studies in Jewish Culture & Society), S. 310–323.

[13] The Bibliography of the Hebrew Book 1473–1960. A Bibliography of all Printed Hebrew Language Books before 1960. CD-ROM und User Manual. Jerusalem: EPI 1994, User Manual, o. pag. 2002 wurde die online Version im Internet zugänglich gemacht unter www.hebrew-bibliography.com (27.08.2004).

Leitung stehenden Institute for Computerized Bibliography in den Jahren 1993 bis 1995 in Jerusalem veröffentlicht wurde.[14] Die zwei Bände der Bibliographie, die ebenfalls mittels elektronischer Datenverarbeitung erstellt wurden, umfassen alle hebräischen Bücher, die von Beginn des hebräischen Druckes bis zum Jahr 1863 gedruckt worden sind.[15] Die Bibliographie, die ca. 32.000 Bücher verzeichnet, besteht aus zwei Bänden, Band eins enthält die alphabetisch geordneten hebräischen Titeln der Bücher sowie zahlreiche Register, Band zwei die alphabetische Auflistung der Druckorte, wobei dieser zweite Teil das Besondere der Bibliographie darstellt und ihr innovativstes Merkmal ausmacht.[16]

Das Institute of Microfilmed Hebrew Manuscripts, das bereits in den fünfziger Jahren von der israelischen Regierung ebenfalls im Rahmen der nationalen Rettungsaktion des jüdischen Kulturerbes gegründet wurde, stellt das zweite staatliche bibliographische Unternehmen dar, welches die Arbeit von Aron Freimann aufgegriffen hat, und zwar im Bereich der hebräischen Handschriftenkunde. Der Auftrag des Institutes besteht darin, ein Gesamtarchiv aller noch existierenden hebräischen Handschriften, welche den Zerstörungen des Zweiten Weltkrieges nicht zum Opfer gefallen sind, zu erstellen, indem Mikrofilme von allen in der Welt verstreuten hebräischen Handschriften angefertigt und in Jerusalem zentral archiviert und nachgewiesen werden.[17] Das Institut, das zur Zeit über 60.000 Filmrollen von über 90 Prozent der hebräischen Handschriften aus öffentlichen und privaten Sammlungen umfaßt und der Forschung zur Verfügung stellt, hat sich in den letzten Jahren verstärkt um das Auffinden einzelner hebräischer Blätter und Handschriftenstücke bemüht, die im Mittelalter häufig zum Einbinden nichthebräischer Bücher verwendet wurden und unverzeichnet in vielen europäischen Bibliotheken zu finden sind. Mit seinen Beständen unterstützt das Institut zahlreiche wissenschaftliche Editionsunternehmen der Wissenschaft des Judentums, die unter der Schirmherrschaft der israelischen Akademie der Künste und Wissenschaften ausgeführt werden.[18]

---

[14] Yesayahu Vinograd: Osar has-sefer ha-ivri [Thesaurus of the Hebrew Book, hebr.]. 2 Bde, Jerusalem: Institute for Computerized Bibliography 1993–1995. Vgl. Roger S. Kohn: Climbing Benjacob's Ladder. An Evaluation of Vinograd's Thesaurus of the Hebrew Book. In: Judaica Librarianship, 9 (1994/95), No. 1/2, S. 17–28. Dort eine ausführliche Besprechung des Werkes.

[15] Mit dem Titel Osar has-sefer ha-ivri und der Begrenzung auf das Jahr 1863 knüpft Vinograd ganz bewußt an das gleichnamige Werk von Isaac Benjacob an und versteht seine Bibliographie als dessen direkte Ergänzung.

[16] Vgl. Menaham Schmelzer: Guides to the Perplexed in the Wilderness of Hebraica. From Historical to Contemporary Bibliographies and Catalogs of Hebraica. In: Harvard Library Bulletin 6 (1995), No. 2, S. 9–23, hier S. 21.

[17] Vgl. The Institute of Microfilmed Hebrew Manuscripts / Jewish National and University Library ⟨http://jnul.huji.ac.il/imhm/imhm.htm⟩ (27.08.2004).

[18] Hierzu zählen geplante kritische Ausgaben der Mischna, der Pijjutim und das Projekt der Hebräischen Paläographie, außerdem wird ein Projekt der Katalogisierung der hebräischen Handschriften der Firkovich-Sammlung in Moskau durchgeführt.

In Deutschland dagegen hat die nationalsozialistische Politik, die die Unvereinbarkeit von Judentum und Deutschtum postulierte und mit der Vertreibung und Vernichtung der Juden auch das Wissen vom Judentum in der deutschen Gesellschaft ausgetrieben hat, noch viele Jahre nach Ende des Dritten Reiches zur Folge gehabt, daß das Thema Judentum tabuisiert war und eine Wiederaufnahme von Forschungsarbeiten im Bereich der Wissenschaft des Judentums im allgemeinen und der hebräischen und jüdischen Bibliographie im besonderen nur zögerlich in Gang kam. Erst in den sechziger Jahren wurde mit der Gründung verschiedener Bildungs- und Forschungseinrichtungen für die Geschichte und Kultur des Judentums und der Etablierung des Faches Judaistik als selbstständige Disziplin an einigen Universitäten der institutionelle Rahmen für eine Erneuerung der Wissenschaft des Judentums geschaffen.[19]

Wiederum waren es bibliothekarische Einrichtungen, die am Beginn des Prozesses der Wiederbelebung der Erforschung des Judentums standen, zum einen die Stadt- und Universitätsbibliothek Frankfurt am Main, der bereits im Jahre 1949 von der Deutschen Forschungsgemeinschaft das Sondersammelgebiet Wissenschaft des Judentums sowie 1964 als weiteres Sondersammelgebiet Landeskunde Israel zugewiesen wurde. Diese Einrichtung besitzt heute mit über 150.000 Bänden die größte Sammlung wissenschaftlicher Literatur zu den Themen Judentum und Israel in Deutschland und erwirbt weltweit die Neuerscheinungen in den verschiedensten Sprachen und Formen, und zwar als Monographien, Zeitschriften, Microfilm- und Microfichesammlungen sowie als CD-ROMs. Der jährliche Zuwachs beträgt an die 5.000 Bände; 460 ausländische und 40 deutsche Zeitschriften werden laufend gehalten.[20]

Zum anderen ist zu nennen die Germania Judaica in Köln, die Bibliothek zur Geschichte des deutschen Judentums, die auf Initiative einiger Kölner Bürger, unter ihnen der Schriftsteller Heinrich Böll, im Jahre 1959 als privater Verein als erste Nachkriegsneugründung zum Thema Judentum ins Leben gerufen wurde.[21] Mit einem Bestand von etwa 60.000 Bänden, ca. 500 deutsch-jüdischen Zeitungen und Zeitschriften und ca. 150 laufend gehaltenen Abonnements zur deutsch-

---

[19] Vgl. Christhard Hoffmann: Juden und Judentum in der bundesdeutschen Geschichtswissenschaft. In: Zeitschrift für Geschichtswissenschaft 43 (1995), Nr 8, S. 677–686; Anita Shapira: Reflections on the Rise and Fall of Judaic Studies in the Final Quarter of the Twentieth Century. In: Jewish Studies Quarterly 3 (1996), S. 112–122; Joseph Deih: Jüdische Studien in Deutschland. In: Juden in Deutschland nach 1945. Bürger oder »Mit«-Bürger? Hg. von Otto R. Romberg u. a. Frankfurt a. M.: Edition Tribüne 1999, S. 263–278.

[20] Rachel Heuberger: Bibliothek des Judentums. Die Hebraica- und Judaica-Sammlung der Stadt- und Universitätsbibliothek Frankfurt a. M. – Entstehung, Geschichte und heutige Aufgaben. Frankfurt a. M.: Klostermann 1996 (Frankfurter Bibliotheksschriften; 4), S. 185ff. ⟨http://www.stub.uni-frankfurt.de/ssg/judaica.htm⟩ (27.08.2004)

[21] Vgl. Alwin Müller-Jerina: Germania Judaica. Kölner Bibliothek zur Geschichte des deutschen Judentums. Die Entwicklung und Bedeutung einer wissenschaftlichen Spezialbibliothek. Köln: Greven 1986 (Kölner Arbeiten zum Bibliotheks- und Dokumentationswesen; 8).

jüdischen Geschichte zählt sie zu den größten Sammlungen ihrer Art in Deutschland.[22] Generell konzentrierten sich die ersten Anstrengungen auf die Erforschung der Geschichte der Juden in Deutschland und des Nationalsozialismus und basierten in überwiegendem Maße auf deutschsprachigen Quellen, da die notwendigen Spezialkenntnisse der hebräischen Sprache oftmals fehlten.[23]

In der Nachkriegszeit waren es nicht selten jüdische Wissenschaftler, die als Gastdozenten oder Rückkehrer aus der Emigration den Anstoß dazu gaben, daß Themen aus dem Bereich der Wissenschaft des Judentums wieder in der Forschung und Lehre in Deutschland aufgriffen wurden. Dies traf auch im Fall des Projektes der Germania Judaica zu, des von Freimann mitinitiierten historisch-topographischen Handbuches zur Geschichte der Juden, welches nach dem Krieg von früheren Mitarbeitern, die sich nach Israel hatten retten können, unter Leitung von Zvi Avneri fortgeführt wurde. Der Großteil der hebräischen Quellen wurde zunächst in Jerusalem bearbeitet; durch eine allmählich in Gang gesetzte Zusammenarbeit mit deutschen Historikern und Archivaren konnte im Jahr 1968 der zweite Band (in zwei Teilbänden) des Werkes für die Zeit von 1238 bis zur Mitte des 14. Jahrhunderts veröffentlicht werden.

Die weiteren Bände sind ebenfalls das Resultat einer deutsch-israelischen Zusammenarbeit, so sind in den Jahren 1987 bzw. 1995 die ersten zwei Teilbände und 2003 der dritte Teilband des dritten Bandes mit den Ortsartikeln für den Zeitraum von 1350 bis 1519 erschienen. Damit ist die dem Spätmittelalter gewidmete Sequenz abgeschlossen. Die Sicherung der Finanzierung des Projektes durch seine Aufnahme in das Langfristprogramm der Deutschen Forschungsgemeinschaft und die Festlegung einer geregelten Arbeitsstruktur durch die Einrichtung von Arbeitsstellen an den Universitäten in Jerusalem und Duisburg gewährleistet gegenwärtig die Kontinuität des Projektes und die Fortsetzung der Arbeit zur Veröffentlichung des geplanten vierten Bandes, der die Zeitspanne von 1520 bis 1650 umfassen soll.[24] So bleibt festzuhalten, daß die Germania Judaica, die als das einzige der Projekte von Aron Freimann in Deutschland weitergeführt wird, zwar ihre Fortsetzung vor allem der Kooperation mit israelischen Einrichtungen verdankt, daß sie mittlerweile jedoch zu einem der etablierten Projekte der Wissenschaft des Judentums in Deutschland zählt, in dem die deutschen Partner den israelischen gleichgestellt sind.

---

[22] ⟨http://www.stbib-koeln.de/judaica/⟩ (27.08.2004). Bereits seit 1963 werden von der Germania Judaica in regelmäßigen Mehrjahresabständen Arbeitsinformationen über Studienprojekte auf dem Gebiet der Geschichte des deutschen Judentums und des Antisemitismus herausgegeben, die letzte, mit der Nummer 18 im Jahre 2001.

[23] Vgl. Hebräische Beiträge zur Wissenschaft des Judentums deutsch angezeigt 1 (1985) – 6 (1990), hg. im Auftrag der Lessing-Akademie in Wolfenbüttel von Michael Graetz und Karlfried Gründer, ab 3 (1987) auch Friedrich Niewöhner, das als Referateorgan hebräische Beiträge und Rezensionen aus den wichtigsten Zeitschriften der Wissenschaft des Judentums in Israel, ins Deutsche übersetzt, veröffentlichte. Dies kann als ein Indiz für die Unkenntnis des Hebräischen bei den deutschen Forschern dienen.

[24] Germania Judaica IV. Historisch-topographisches Handbuch zur Geschichte der Juden im Alten Reich (1520–1650) ⟨http://www.germania-judaica.de/⟩ (27.08.2004).

Aron Freimann machte die bibliographische Disziplin der Wissenschaft des Judentums zu seinem Beruf und zu seiner Berufung, ganz im Sinne von Max Webers Idealtypus eines Wissenschaftlers in seinem bekannten Vortrag über »Wissenschaft als Beruf«, der seine selbstgestellte Aufgabe mit »Leidenschaft« und Hingabe erfüllt und ohne persönliche Vorteile zu erhoffen, die Wissenschaft »um ihrer selbst willen« betreibt.[25] Die Anstellung an der Bibliothek befreite Freimann von den äußeren Zwängen des modernen universitären Wissenschaftsbetriebes, welcher nach Weber die Arbeit des Wissenschaftlers Kriterien des Leistungsdruckes unterwarf, die den Prinzipien der freien Lehre und Forschung zuwiderliefen und zu Konkurrenzkampf und Mißgunst unter den Wissenschaftlern führte. Zufrieden mit seiner Arbeit als Bibliothekar, war Freimann frei von akademischen Karrierebestrebungen und ging ganz in der Konzentration auf seine bibliographischen Forschungen auf, die ihn berühmt machten. Seine internationale Reputation war das Resultat eines Lebenswerkes, das er stets auf eine Weise betrieben hatte, die mit Webers Worten »diesen seltsamen, von jedem Draußenstehenden belächelten Rausch, diese Leidenschaft«, zutreffend charakterisiert ist.[26]

Sein in jahrelanger Arbeit entstandener Katalog der Judaica-Bestände der Frankfurter Bibliothek, der sogenannte »Freimann-Katalog«, der mittels seiner Systematik sein innovativstes und zugleich international bekanntestes Werk darstellt, ist Ausdruck seines lebenslänglichen Engagements für ›seine Sammlung‹ und gilt bis heute zu Recht als die beste deutsche Fachbibliographie der Wissenschaft des Judentums. Gleichzeitig diente der Katalog, obwohl so von Freimann nicht intendiert, aber sicherlich in seinem Sinne, in zwei ganz unterschiedlichen historischen Kontexten als Garant dafür, daß die Sammlung nicht veräußert wurde und bis zum heutigen Tag zum Bestand der Bibliothek gehört. Das Argument, daß der von Freimann erstellte Judaica-Katalog in der ganzen Welt bekannt sei und deshalb eine Abgabe der Sammlung internationales Mißfallen erregen würde, wurde sowohl von dem nationalsozialistischen Oberbürgermeister Friedrich Krebs als auch von dem ersten Nachkriegsdirektor der Bibliothek Hans Wilhelm Eppelsheimer verwendet, um den Zugriff anderer Institutionen oder respektive den Verkauf der Sammlung zu verhindern.

---

[25] Max Weber: Wissenschaft als Beruf [1917/1918]. In: ders., Gesamtausgabe. Hg. von Wolfgang J. Mommsen und Wolfgang Schluchter. Tübingen: Mohr 1992, Bd 17, S. 71–111, hier S. 82–86.

[26] Ebd., S. 81. Vgl. zur Charakterisierung der Wissenschaft des Judentums nach den Weberschen Kategorien Paul R. Mendes-Flohr: Jewish Scholarship as a Vocation. In: Perspectives on Jewish Thought and Mysticism. Proceedings of the International Conference Held by the Institute of Jewish Studies, University College of London, 1994, in Celebration of its Fortieth Anniversary. Dedicated to the Memory and Academic Legacy of its Founder Alexander Altmann. Ed. by Alfred L. Ivry u. a. Amsterdam u. a: Harwood Academic Publishers 1998, S. 33–48; R. J. Zwi Werblowsky: Wissenschaft des Judentums als Beruf. In: Jewish Studies Quarterly 3 (1996), S. 105–111.

Auf diese Weise sicherte der Katalog, der mit seinem Bestand das Wirken des jüdischen Frankfurter Mäzenatentums widerspiegelt und ein Produkt des lebenslangen Arbeitseinsatzes von Freimann ist, über Freimanns Emigration und Tod hinaus den Bestand der Hebraica- und Judaica-Sammlung in der Frankfurter Universitätsbibliothek und hatte auf bibliothekspolitische Entscheidungen einen Einfluß, den sich die Urheber nicht hätten vorstellen können. Die Tatsache, daß die Stadt- und Universitätsbibliothek Frankfurt am Main die zwei Sondersammelgebiete Wissenschaft des Judentums und Landeskunde Israel betreut und für die Literaturversorgung der deutschen Studenten jährlich die Buchproduktion zu diesem Themenbereich weltweit so umfassend wie möglich erwirbt, kann in Folge dieser Entwicklung auf das Engagement von Freimann zurückgeführt werden, der zweifellos der bislang letzte große Bibliograph der Wissenschaft des Judentums in Deutschland gewesen ist.

Anhang

Aron Freimann-Bibliographie

Das nachfolgende Verzeichnis enthält alle Veröffentlichungen von Aron Freimann, soweit sie eruiert werden konnten, und ist bestrebt eine möglichst vollständige subjektive Personalbibliographie darzustellen. Es beruht auf der erstmals
von Hanna Emmrich zusammengestellten Bibliographie, die in der Festschrift
für Aron Freimann veröffentlicht wurde.[1] Im Verzeichnis sind die selbständigen
Werke, Aufsätze in Zeitschriften und Sammelbänden sowie Rezensionen chronologisch aufgelistet. Innerhalb eines jeden Jahres sind die Einträge getrennt nach
Monographien, Aufsätzen, Anmerkungen und Rezensionen alphabetisch angeordnet.[2] Über ein alphabetisches Register sind die rezensierten Werke nach Verfasser bzw. Sachtitel auffindbar.

Bei der Überprüfung der bibliographischen Einträge wurden Fehler im Verzeichnis von Emmrich korrigiert, fehlende Angaben ergänzt und Abkürzungen
aufgelöst.[3] Die Einträge selbst wurden wesentlich erweitert, es wurden die Vornamen der Verfasser und Angaben zum Titel mit Parallelsachtitel und Zusätzen
zum Titel ergänzt sowie die Verlage genannt. Hebräische Titel oder Titelbe-
standteile wurden generell transliteriert.

Das Verzeichnis enthält alle Veröffentlichungen von Freimann einschließlich
der Nachdrucke, die seine unverminderte Bedeutung für die Wissenschaft des
Judentums belegen.

Verwendete Abkürzungen

IM   Israelitische Monatsschrift. Wissenschaftliche Beilage zur Jüdischen
     Presse
ZHB Zeitschrift für Hebräische Bibliographie

---

[1] Hanna Emmrich: Aron Freimann-Bibliographie. In: Festschrift für Aron Freimann zum
     60. Geburtstage. Hg. von Alexander Marx und Herrmann Meyer. Berlin: Soncino-
     Gesellschaft der Freunde des jüdischen Buches e. V. 1935, S. 5–16. Das Verzeichnis
     umfasst die Jahre 1893 bis 1931.
[2] Die Aufsätze und Anmerkungen in der ZHB sind in der Druckreihenfolge des Jahr-
     gangs, die Artikel der Jewish Encyclopedia am Ende desselben angeordnet.
[3] Wichtige Hinweise liefert Robert Dan: Accumulated Index of Jewish Bibliographical
     Periodicals, Budapest: Akadémiai Kiadó 1979, S. 66–72. Bei Emmrich fehlen u. a.
     die Bibliographie der Schriften von Leopold Löwenstein (s. Nr 355) sowie die Re-
     zensionen Nr 81, 85, 106, 117, 212.

1893

Rezension

001 Abraham Berliner: Geschichte der Juden in Rom von der ältesten Zeit bis zur
     Gegenwart. Frankfurt a. M.: Kauffmann 1893.[4]

1894

002 [Bemerkungen zu dem Artikel »Deutsche, Juden und Polen«]. In: Mitteilungen
     aus dem Verein zur Abwehr des Antisemitismus 4, Nr 45, S. 360.

1896

003 Geschichte der israelitischen Gemeinde Ostrowo. Ostrowo: Haym 1896.

004 Entstehung und Verbreitung eines synagogalen Gebetes. In: Israelitischer Lehrer
     und Cantor. Organ für die Gesammtinteressen der israelitischen Kultusbeamten.
     Beilage zur Jüdischen Presse, Jg 27, Nr 12, S. 49.

005 Über einige Judenverfolgungen durch Jesuitenschüler in Polen. In: IM, Jg 27,
     Nr 7, S. 29–30

006 Dass. [gez. »Fromm«]. In: Israelitische Wochenschrift (Budapest), Jg 1896.

007 Eine Grabinschrift in Riva. In: IM, Jg 27, Nr 10, S. 41.

Rezensionen

008 Markus Brann: Geschichte der Juden und ihrer Litteratur. Teil 1: Vom Auszug
     aus Ägypten bis zum Abschluß des Talmuds. 2. durchges. Aufl., Breslau: Marcus
     1899. In: IM, Jg 27, Nr 6, S. 27.

009 Salomon Buber: Ansche Schem. Biographien und Leichensteininschriften von
     Rabbinen, Lehrhausvorstehern, Religionsweisern, Rabbinatsassesoren und Ge-
     meindevorstehern, die während eines Zeitraumes von vierhundert Jahren (1500–
     1890) in Lemberg lehrten und wirkten. In alphabetischer Reihenfolge nebst einem
     Beitrage zur Geschichte der Juden in Lemberg. Krakau: Selbstverlag 1895. In:
     IM, Jg 27, Nr 7, S. 31.

010 Adolf Frankl-Grün: Geschichte der Juden in Kremsier mit Rücksicht auf die
     Nachbargemeinden nach Original-Urkunden dargestellt. Bd 1, Breslau: Schott-
     laender 1896. In: ZHB, Jg 1, S. 156–175; Jg 4 (1900), S. 8–9.

011 Alfred Glaser: Geschichte der Juden in Straßburg von der Zeit Karls des Großen
     bis auf die Gegenwart. Straßburg: Riedel 1894. In: IM, Jg 27, Nr 5, S. 19.

---

[4] Bei Emmrich, Aron Freimann-Bibliographie (wie Anm. 1) ohne genauere Erschei-
     nungsmodalitäten.

012 Moses Lewin: Aramäische Sprichwörter und Volkssprüche. Ein Beitrag zur Kenntnis eines ostaramäischen Dialekts sowie zur vergleichenden Parömiologie. Berlin: Itzkowski 1895. In: IM, Jg 27, Nr 3, S. 15.

1897

013 Die Isagoge des Porphyrius in den syrischen Übersetzungen. Berlin: Itzkowski 1897; (Diss.) Erlangen 1896.

014 Heinrich von Valois und sein Verhältnis zu den Juden in Polen. In: IM, Jg 28, Nr 8, S. 30–31.

015 Journallese [ergänzt von H. Brody]. In: ZHB, Jg 2, S. 86–91, 143–146, 174–176.

016 Meschoullam Cusser de Riva et sa tombe. In: Revue des Études Juives, Jg 35, S. 111–112.

017 Purimgebräuche im Mittelalter. In: IM, Jg 28, Nr 2, S. 6.

018 Stephan Bathory's Edict gegen die Blutbeschuldigung (1576). In: IM, Jg 28, Nr 10, S. 37.

Rezensionen

019 Israel Abrahams: Jewish Life in the Middle Ages. London u. a.: Macmillan 1896 (The Jewish Library; 1). In: IM, Jg 28, Nr 6, S. 24.

020 Abu Hamid al Gazzali: Die Abhandlungen des Abu Hamid al Gazzali, Antworten und Fragen, die an ihn gerichtet wurden. Nach mehreren Handschriften ediert, mit Einleitung, Übersetzung nebst Anmerkungen von Heinrich Malter. Frankfurt a. M.: Kauffmann 1896. In: IM, Jg 28, Nr 12, S. 47.

021 Moses Löb Bamberger: Predigt zur hundertjährigen Geburtstagsfeier des höchstsel. Königs und Kaisers Wilhelm des Großen. Schildberg: Schettler's Bunchhandlung 1897. In: ZHB, Jg 2, S. 75.

022 Jacob Emden: Megillat Sefer. Jacob Israel Emdens Autobiographie. Hg. nach einem Ms. Oxford und mit Einleitung und Anmerkungen versehen von David Kohn (Kohana). Warschau: Achiasaf 1896. In: IM, Jg 28, Nr 12, S. 47.

023 Abraham Epstein: Jüdische Alterthümer in Worms und Speier. Breslau: Schottlaender 1896. In: ZHB, Jg 2, S. 6–7.

024 Bernhard Friedberg: Luchot Zikkaron. Epithapien von Grabsteinen des israelitischen Friedhofs zu Krakau nebst biographischen Skizzen [hebr.]. Drohobycz: Zupnik 1897. In: IM, Jg 28, Nr 10, S. 39.

025 Moritz Friedländer: Das Judenthum in der vorchristlichen griechischen Welt. Ein Beitrag zur Enstehungsgeschichte des Christenthums Wien, Leipzig: Breitenstein 1897. In: ZHB, Jg 2, S. 76.

026 Emil Hofmann: Eine brennende Frage des gegenwärtigen Israels. Reichenberg: Sollers 1896. In: IM, Jg 28, Nr 10, S. 39.

027 Honein ibn Ishak: Musre Haphilosophim. Aus dem Arabischen des Honein ibn Ishak ins Hebräische übersetzt von Jehuda ben Selomo Alcharisi. Nach Handschriften hg. Albert Löwenthal. Frankfurt a. M.: Kauffmann 1896; ders., Sinnsprüche der Philosophen. Nach der hebräischen Übersetzung Charisi's ins Deutsche übertragen und erläutert von Albert Löwenthal. Berlin: Calvary & Co. 1896. In: IM, Jg 28, Nr 10, S. 39.

028 Samuel Aba Horodecky: Schem mi-Schemuel. Biographie Samuel Eliéser b. Jehuda Edels genannt MHRSA. Drohobycz 1895; ders., Kerem Schelomo. Biographie und Psychologie des berühmten Rabbi Salomo Luria, genannt »Rschal«. Drohobycz 1896. In: IM, Jg 28, Nr 2, S. 7.

029 Heinrich Kornfeld: Moses Mendelssohn und die Aufgabe der Philosophie. Berlin: Duncker 1896. In: IM, Jg 28, Nr 10, S. 39.

030 Théodore Reinach: Textes d'auteurs grecs et romains relatifs au Judaisme. Réunis, traduits et annotés. Paris: Leroux 1895 (Publications de la société des études juives). In: ZHB, Jg 2, S. 16–17.

031 Hirsch Sachs: Die Partikeln der Mischna. Berlin 1897. In: ZHB, Jg 2, S. 173.

032 Michael Sachs / Moritz Veit: Briefwechsel. Hg. von Ludwig Geiger. Frankfurt a. M.: Kauffmann 1897. In: ZHB, Jg 2, S. 170–171.

033 Carl Theodor Weiss: Geschichte und rechtliche Stellung der Juden im Fürstenbistum Straßburg, besonders in dem jetzt badischen Teile. Nach Akten dargestellt. Bonn: Hanstein 1895 (zugl. Diss. Heidelberg). In: ZHB, Jg 2, S. 35–36.

1898

034 Le-korot ha-jehudim be-Pra'g bishnot 1742–1757. Beiträge zur Geschichte der Juden in Prag in den Jahren 1742–1757 [hebr.]. Mit Anmerkungen und Verbesserungen hg. von Aron Freimann. Berlin: Verein Mekize Nirdamim 1898 (Sammelband kleiner Beiträge aus Handschriften; Bd 7, Jg XIV).

035 Zur Geschichte der Juden in Griechenland. In: IM, Jg 29, Nr 3, S. 9–10, 22–23, 25–26, 29–30.[5]

036 Miscellen (jüd.-deutsche Schriften). In: ZHB, Jg 3, S. 62–63.

037 Zusätze und Berichtigungen zu Steinschneiders Handbuch. In: ZHB, Jg 3, S. 123–124.

038 Miscellen (Sefer Hamiddot). In: ZHB, Jg 3, S. 127.

039 Miscellen (Sefer Qevusat hag-geonim) [Das Buch der Gruppe der Geonim]. In: ZHB, Jg 3, S. 127.

040 Journallese für das Jahr 1897. In: ZHB, Jg 3, S. 139–151.

041 Berichtigung [Miscelle über die Gruppe der Geonim]. In: ZHB, Jg 3, S. 186.

---

[5] Fehlerhafte Paginierung des Jg 29 der Israelitischen Monatsschrift: Auf S. 18 folgt in diesem Jg S. 10; ferner werden S. 30–32 doppelt gezählt, wodurch zahlreiche Rezensionen auf S. 32 erscheinen.

042 Nachruf auf Elias Plessner. In: Jüdische Presse, Jg 29, Nr 16, S. 175.

Rezensionen

043 Aruch he-chadasch. Aramäisch-neuhebräisches Wörterbuch zu Targum, Talmud und Midrasch. Unter Mitwirkung von P. T. Scharf bearb. von Gustaf H. Dalman. Teil 1, Frankfurt a. M.: Kauffmann 1897. In: IM, Jg 29, Nr 5, S. 26.

044 Abraham Berliner: Aus meiner Bibliothek. Beiträge zur hebräischen Bibliographie und Typographie. Frankfurt a. M.: Kauffmann 1898. In: Frankfurter Zeitung, 14. Juni 1898, 2. Morgenblatt.

045 Adolf Eckstein: Geschichte der Juden im ehemaligen Fürstbistum Bamberg. Bearb. auf Grund von Archivalien, nebst urkundlichen Beilagen. Bamberg: Druck und Verlag der Handels-Druckerei 1898. In: ZHB, Jg 3, S. 40–41.

046 Bernhard Friedberg: Keter Kehuna enthaltend: Geschichte des Stammbaumes des berühmten Casuisten Sabbatai Kohen, Verfasser des »Sifse Kohen«, seine Biographie, nebst Biographien seiner Enkel und seiner ganzen Nachkommenschaft. Biala bei Bielitz: Selbstverlag 1898. In: IM, Jg 29, Nr 7, S. 32.

047 Max Grunwald: Spinoza in Deutschland. Gekrönte Preisschrift. Berlin: S. Calvary & Co. 1897. In: IM, Jg 29, Nr 7, S. 32.

048 Elias Kalischer: Predigten. Berlin: Katz 1898. In: IM, Jg 29, Nr 7, S. 32.

049 Theodor Kroner: Geschichte der Juden von Esra bis zur Jetztzeit. Für höhere Lehranstalten. Frankfurt a. M.: Kauffmann 1899; ders., Die Juden in Württemberg. Für Volksschulen und höhere Lehranstalten bearbeitet. (Anhang zu Kroners Geschichte der Juden) In: Israelitischer Lehrer und Cantor. Beilage zur Jüdischen Presse, Jg 29, Nr 9, S. 39.

050 Leopold Löwenstein: Beiträge zur Geschichte der Juden in Deutschland. Teil 2: Nathanael Weil. Oberrabbiner in Karlsruhe und seine Familie. Frankfurt a. M.: Kauffmann 1898. In: ZHB, Jg 3, S. 9–10.

051 Jakob Nacht: Mekor Chaiim. a) Ausführliche Biographie des Rabbi Chajim ibn Attar; b) Minhage Trefot der jüdischen Gemeinde in Fez von Rabbi Juda ibn Attar (nach Ms. Berlin) mit einer kritischen Einleitung und der Biographie des Verfassers. Frankfurt a. M.: Kauffmann 1898. In: ZHB, Jg 3, S. 103–104.

052 Meier Eliezer Rapaport-Hartstein: Toledot ha-Ramban ... Leben und Wirken des Moses ben Nachman [hebr.]. Krakau: Selbstverlag 1898. In: IM, Jg 29, Nr 6, S. 30.

053 Salomon Rubin: Hegjone Spinoza. Die Philosophie Spinoza's populär dargestellt. Krakau 1897. In: IM, Jg 29, Nr 2, S. 14–15.

1899

054 Le-korot ha-Jehudim be-Prag bishnot 460–465 Beiträge zur Geschichte der Juden in Prag in den Jahren 1700–1705 [hebr.]. Heft II: Eine Familienmegilla der Tausk. Mit Anmerkungen und Verbesserungen hg. von Aron Freimann. Berlin: Verein Mekize Nirdamim 1899.

055 Die Juden in Glogau während des ersten schlesischen Krieges. In: IM, Jg 30, Nr 11, S. 56.

056 Über die ersten hebräischen Drucke in Deutschland (1512–1519). In: IM, Jg 30, Nr 8, S. 45–46.

1900

057 Zeitschrift für Hebräische Bibliographie. Unter Mitwirkung namhafter Gelehrter, hg. von A. Freimann [4, 1900 – 9, 1905: und Dr. H. Brody]. Frankfurt a. M.: Kauffmann 1900–1921.

058 Die Abtheilung der israelitischen Ritualgegenstände im städtischen historischen Museum zu Frankfurt am Main. In: Druck des Frankfurter Intelligenzblattes 1900 [auch als Sonderdruck Frankfurt a. M. 1900].

059 An die Leser [Wiedererscheinen der ZHB unter Redaktion von A. Freimann und H. Brody]. In: ZHB, Jg 4, S. 1.

060 Zur Gutenbergfeier. In: ZHB, Jg 4, S. 65.

061 Nachruf auf A. Sedlitz. In: ZHB, Jg 4, S. 81–82.

062 [Anmerkung zu:] Aron Freimann: Beiträge zur Geschichte der Juden in Prag [s. 54]. In: ZHB, Jg 4, S. 101.

063 Anmerkung zu Berliners Aufsatz »Literarische Analysen«. In: ZHB, Jg 4, S. 149–150.

064 Miscelle [Levi Saul Fränkel]. In: ZHB, Jg 4, S. 159.

065 Aus der Frankfurter Stadtbibliothek. Musikalische Synagogenbibliothek. In: Frankfurter Zeitung, 6. August, Abendblatt.

Rezensionen

066 Abigedor Cohen Zedek: Perusch Schir Haschirim. Kommentar zu Schir haschirim [hebr.]. Zum ersten Male hg. nach einer Handschrift der Hamburger Stadtbibliothek und bearbeitet von Jacob Bamberger. Frankfurt a. M. 1899. In: ZHB, Jg 4, S. 33–34.

067 Abraham Berliner: Aus dem Leben der deutschen Juden im Mittelalter. Zugleich als Beitrag für deutsche Culturgeschichte nach gedruckten und ungedruckten Quellen. Berlin: Poppelauer 1900. In: IM, Jg 31, Nr 4, S. 16.

068 Erich Bischoff: Kritische Geschichte der Thalmud-Übersetzungen aller Zeiten und Zungen. Frankfurt a. M.: Kauffmann 1899. In: ZHB, Jg 4, S. 44–45.

069 L. Cohen: Maphteach Likboa Ittim. Schlüssel zur sofortigen Umwandlung jedes bürgerlichen Datums in das entsprechende jüdische und umgekehrt ohne irgendwelche Berechnung, sowie zur Bestimmung des Wochentages eines jeden Datums für die Jahre 1850–2000 (Unentbehrliches Handbuch bei Datenberechnungen für Rabbiner, Lehrer, Cultus- und Gemeindebeamte, Juristen, Geschäftsleute jeder Art undzuverlässiger Führer für Jedermann). Frankfurt a. M.: Kauffmann 1900. In: ZHB, Jg 4, S. 170.

070 Max Freudenthal: Aus der Heimat Mendelssohn's. Moses Benjamin Wulff und seine Familie, die Nachkommen des Moses Isserles. Berlin: Lederer 1900. In: ZHB, Jg 4, S. 108–109.

071 Bernhard Friedberg: Marganita Schapira. Biographie R. Natan Spira's, Rabbiner in Grodno, seine Schriften und seine Nachkommen [hebr.]. Drohobycz: Zupnik 1898. In: ZHB, Jg 4, S. 38.

072 Bernhard Friedberg: Hadefus haivri be-Krakau ... Geschichte der hebräischen Typographie in Krakau [hebr.]. Krakau: Selbstverlag 1900. In: ZHB, Jg 4, S. 135–136.

073 Bernhard Friedberg: Luchot Zikkaron. Epitaphien von Grabsteinen des israelitischen Friedhofes zu Krakau nebst biographischen Skizzen [hebr.]. Drohobycz: Zupnik 1897. In: ZHB, Jg 4, S. 163.

074 Bernhard Friedberg: Le-toledot hadefus haivri be-Lublin. Zur Geschichte der hebräischen Typographie in Lublin [hebr.]. Krakau: Selbstverlag 1900. In: ZHB, Jg 4, S. 163.

075 Alfred Friedmann: Die Geschichte der Juden in Ingolstadt (1300–1900). Ingolstadt: Selbstverlag 1900. In: ZHB, Jg 4, S. 171.

076 Salomon Goldschmidt: Mekadesch Meat ... Catalog der Handschriften und Druckwerke des Dr. H. B. Levy [hebr.]. Hamburg 1900. In: ZHB, Jg 4, S. 175–176.

077 Jacob Hamburger: Real-Encyclopädie des Judentums. Wörterbuch zum Handgebrauch für Bibelfreunde, Theologen, Juristen, Staatsmänner, Gemeinde- und Schulvorsteher, Lehrer, Schulinspektoren u. a. m. Ausgearb. von Jacob Hamburger. III. Abt., 5. Suppl., Leipzig: Koehler 1900. In: ZHB, Jg 4, S. 109–110.

078 Markus Horovitz: Die Frankfurter Rabbinerversammlung vom J. 1603 (Programm). Frankfurt a. M.: Kauffmann 1897. In: ZHB, Jg 4, S. 9.

079 A. Joesten: Zur Geschichte der Hexen und Juden in Bonn. Eine kulturgeschichtliche Studie. Bonn: Georgi 1900. In: ZHB, Jg 4, S. 110.

080 Ben-Zion Katz: Lekorot ha-jehudim ... Zur Geschichte der Juden in Rußland, Polen und Litauen im XVI. und XVII. Jahrhundert [hebr.]. Berlin / Warschau: Itzkowski / Achiasaf 1899. In: ZHB, Jg 4, S. 75.

081 Jakob Kohn: Predigten in zwanglosen Heften. Heft XI. Die ausgezeichneten Sabbathe. Frankfurt a. M.: Kauffmann 1899. In: ZHB, Jg 4, S. 172.

082 J. Levinstein: Dor dor we-dorschaw. Daten zur jüdischen Geschichte von Adam bis zur Neuzeit und Sterbetage [hebr.]. Warschau: Walden 1899. In: ZHB, Jg 4, S. 166.

083 David Maggid: Toledot mischpachat Ginzburg ... Zur Geschichte und Genealogie der Günzburge. Von den ältesten Stämmen dieser Familie in Deutschland ... bis zum Tode des ... Jacob Gabriel Günzburg aus Kamenetz in Russland (1853) [hebr.]. Mit Anhängen von vielen Gelehrten und mehreren Stammtafeln. St. Petersburg: Selbstverlag 1899. In: ZHB, Jg 4, S. 101–102.

084 Salomon Baruch Nissenbaum: Lekorot ha-jehudim be-Lublin ... Zur Geschichte der Juden von Lublin [hebr.]. Lublin: Selbstverlag 1899. In: ZHB, Jg 4, S. 102–103.

085 Josef Nobel: Thabor. Betrachtungen über die Haftoras im ganzen Jahre. Frankfurt a. M.: Kaufmann 1899. In: ZHB, Jg 4, S. 172.

086 Isaak Rülf: Zur Geschichte der Juden in Memel. Memel: Siebert 1900 [Beilage zu Erster Bericht der Israelitischen Religionsschule zu Memel]. In: ZHB, Jg 4, S. 172.

087 Leon Scheinhaus: Die alte Geschichte des russischen und polnischen Juden. Memel: Selbstverlag 1900. In: ZHB, Jg 4, S. 111.

088 Salomon Stein: Geschichte der Juden in Schweinfurt. Zwei Vorträge, gehalten im Verein für jüdische Geschichte und Literatur zu Schweinfurt. Frankfurt a. M.: Kauffmann 1899. In: ZHB, Jg 4, S. 48.

089 Jacob Tam ben Meir: Sefer Hajaschar ... Responsen des Rabbenu Tam im Sefer Hajaschar [hebr.]. Nach einer Handschrift von neuem hg. und mit kritischen Noten versehen von Ferdinand Rosenthal. Berlin: Verein Mekize Nirdamim, Itzkowski 1898 (Sepharim Mekize Nirdamim – Neue Serie; 21). In: ZHB, Jg 4, S. 3.

090 Josef Wohlgemuth: Zum Unterricht in der Bibel. Berlin 1899 [Beilage zum 30. Bericht der Religionsschule der Israelitischen Synagogengemeinde (Adass-Jisroel) zu Berlin]. Berlin 1899. In: ZHB, Jg 4, S. 173.

091 Josef Wohlgemuth: Zur Erinnerung an David Kaufmann. Berlin: Itzkowski 1899. In: ZHB, Jg 4, S. 173–174.

1901

092 David Kaufmann / Aron Freimann: Ergänzungen und Bemerkungen zu den Grabinschriften. In: Die Inschriften des alten Friedhofs der israelitischen Gemeinde zu Frankfurt a. M. Mit einer Einleitung von Markus Horovitz. Frankfurt a. M.: Kauffmann 1901, S. 754–768.

093 Anmerkungen zu Brodys Besprechung des Artikels »Almanac« in der Jewish Encyclopedia. In: ZHB, Jg 5, S. 116.

094 Miscellen und Notizen [Pergamentdruck Tefiloth (Gebete) nach römischem Ritus]. In: ZHB, Jg 5, S. 127.

095 Miscellen und Notizen [Chawaja de Rabannan ... Fulminum synagogicorum in sectam Schabbtai Zewi trias. Exhibita a Joanne Ludovico Christiano Pontoppidan. Typis regiae equestris academiae Soranae exendebat Jonas Lindgren]. In: ZHB, Jg 5, S. 159.

096 Miscellen und Notizen [Dyhernfurter Privilegierthe Zeitung]. In: ZHB, Jg 5, S. 159.

097 [Anmerkungen zu:] Lewinsky, Bemerkungen und Ergänzungen. In: ZHB, Jg 5, S. 171.

098 [Hinweis zu:] Catalog 29 (Frankfurt a. M.: Kauffmann): [Moritz] Steinschneider's Werke, Schriften und Abhandlungen. Frankfurt a. M.: Kauffmann 1899–1903. In: ZHB, Jg 5, S. 189.

099 Ahrweiler. In: The Jewish Encyclopedia. A Descriptive Record of the History, Religion, Literature, and Customs of the Jewish People from the Earliest Times to the Present Day. Complete in Twelve Volumes. Ed. by Isidore Singer. New Edition, New York u. a.: Funk and Wagnalls 1901, Bd 1, S. 297–298 [zu Freimanns Artikeln in den Folgebänden s. 129–157, 182–186 und 204–205].

100 Aix-la-Chapelle (Aachen). In: ebd., S. 301.

101 Almanac. In: ebd., S. 426–428.

102 Amberg. In: ebd., S. 488.

103 Andernach. In: ebd., S. 577–578.

104 Anhalt. In: ebd., S. 604.

105 Ansbach. In: ebd., S. 616.

Rezensionen

106 Armin Abeles: Reden (Exhorten) bei dem Jugendgottesdienste für Mittelschulen in den Synagogen der israelitischen Cultusgemeinde Wien gehalten, nebst Antrittsrede. Frankfurt a. M.: Kauffmann 1900. In: ZHB, Jg 5, S. 3–4.

107 Jacob Bamberger: Rabbi Abigedor Cohen Zedek. Eine litterar-historische Skizze. Mainz: Wirth 1900. In: ZHB, Jg 5, S. 109.

108 Jakob Cohn: Geschichte der Synagogen-Gemeinde Kattowitz O.-S. Festgabe anläßlich der Einweihung der neuen Synagoge am 12. September 1900. Kattowitz: Herlitz 1900. In: ZHB, Jg 5, S. 111.

109 Bernhard Friedberg: Toledot Mischpachat Schor ... Geschichte der Familie Schor, ihr Leben und literarisches Wirken von der Mitte des 15. Jahrhunderts bis auf die Gegenwart [hebr.]. Dargestellt und mit kritischen Anmerkungen versehen. Frankfurt a. M.: Kauffmann 1901. In: ZHB, Jg 5, S. 163–164.

110 Gedenkbuch zur Erinnerung an David Kaufmann. Hg. von Markus Braun und Ferdinand Rosenthal. 3 Bde, Breslau: Schottlaender 1900. In: ZHB, Jg 5, S. 167–171.

111 Ludwig Horwitz: Die Israeliten unter dem Königreich Westfalen. Ein aktenmäßiger Beitrag zur Geschichte der Regierung König Jérôme's. Berlin: Calvary 1900. In: ZHB, Jg 5, S. 113–114.

112 Die Inschriften des alten Friedhofs der israelitischen Gemeinde zu Frankfurt a. M. Mit einer Einleitung von Markus Horovitz. Frankfurt a. M.: Kauffmann 1901. In: Literarisches Zentralblatt, Jg 52, Nr 48, Sp. 1959.

113 The Jewish Encyclopedia. A Descriptive Record of the History, Religion, Literature, and Customs of the Jewish People from the Earliest Time to the Present Day. Ed. by Isidore Singer. Vol. 1, New York, London: Funk and Wagnalls 1901. In: Literarisches Zentralblatt, Jg 52, Nr 47, Sp. 1943–1944.

114 [Hinweis zu:] The Launching of a Great Work: The Jewish Encyclopedia. Publisher's Announcement on the Completion of the First Volume. New York, London: Funk & Wagnalls Co. 1901. In: ZHB, Jg 5, S. 142.

115 Joseph ben Ephraim Karo: Schulchan aruch, in deutscher Übersetzung. Die religiösen, Satzungen, Vorschriften, Sitten und Bräuche des Judenthums in Synagoge, Schule und Haus, nebst vollständigem System des synagogalen Kalenders. Zum Handgebrauche für Rabbiner, Lehrer, Cantoren, Synagogen-Vorsteher und alle, welche sich mit den Gesetzen und Normen der Religion vertraut machen wollen nach den Quellen bearbeitet von Ph. Lederer. Frankfurt a. M.: Kauffmann 1900. Teil 2, Pilsen: Selbstverlag 1900. In: ZHB, Jg 5, S. 117.

116 J. Kauffmann: Katalog Nr 34/35. Frankfurt a. M. 1901. In: ZHB, Jg 5 (1901), S. 177.

117 Kuttner, Bernhard: Sprüche zur israelitischen Glaubens- und Pflichtenlehre in konzentrischen Kreisen. 2. verbesserte Aufl., Frankfurt a. M.: Kauffmann 1899. In: ZHB, Jg 5 (1901), S. 8–9.

118 Mittheilungen der Gesellschaft zur Erforschung jüdischer Kunstdenkmäler zu Frankfurt am Main. I. Zweck und Ziel der Gesellschaft zur Erforschung jüdischer Kunstdenkmäler zu Frankfurt a. M. Frankfurt a. M. 1900. In: ZHB, Jg 5, S. 176.

119 Hillel Noach Maggid (genannt Steinschneider): Ir Wilna. Materialien zur Geschichte der jüdischen Gemeinde in Wilna, in kurzgefassten biographischen Skizzen ihrer ausgezeichneten Männer, mit verschiedenen genealogischen und biographischen Materialien [hebr.]. I. Teil, Wilna: Maggid 1900. In: ZHB, Jg 5, S. 108–109.

120 J. J. Weissberg: Mischle Kadmonim. Sprüche aus Talumd und Midrasch [hebr.]. 2. Aufl., Nischyn: Selbstverlag 1900. In: ZHB, Jg 5, S. 166.

1902

121 Ausstellung hebräischer Druckwerke. Stadtbibliothek zu Frankfurt am Main. 1. sowie 2. verm. Aufl., Frankfurt a. M.: Knauer 1902.

122 Wohlfahrtseinrichtungen für Israeliten in Frankfurt a. M. Frankfurt a. M. 1902.

123 Über hebräische Inkunabeln. Vortrag gehalten in der bibliothekarischen Sektion der 46. Versammlung deutscher Philologen und Schulmänner zu Straßburg im Elsaß am 3. Oktober 1901. In: Centralblatt für Bibliothekswesen 19, Nr 3, S. 108–117 [auch als Sonderdruck: Leipzig 1902].

124 Miscellen [Iggeret hateschuwa von Jona Gerondi, Frankfurt am Main 1717]. In: ZHB, Jg 6, S. 28–29.

125 Miscellen [Über die Verfolgung der Juden in Lissabon, 1506]. In: ZHB, Jg 6, S. 29–30.

126 Miscellen [Flugschriften über die Judenverfolgungen in Deggendorf (1337), Sternberg (1492), in der Mark (1510) und in Pösing (1529)]. In: ZHB, Jg 6, S. 94–95.

127 Die Ausstellung hebräischer Druckwerke in der Frankfurter Stadtbibliothek. In: Frankfurter Zeitung, 7. Juli, Morgenblatt.

128 Nachruf auf Salomon Cohn. In: Jüdische Presse, Jg 33, S. 381–382.

129 Arnstadt. In: The Jewish Encyclopedia [s. 99], Bd 2 (1902), S. 132–133.

130 Augsburg. In: ebd., S. 306–307.

131 Babenhausen. In: ebd., S. 398.

132 Bacharach. In: ebd., S. 417.

133 Baden, Grand Duchy of. In: ebd., S. 424–425.

134 Bak. In: ebd., S. 460–461.

135 Bamberg. In: ebd., S. 482.

136 Baruch, Jacob. In: ebd., S. 559.

137 Baschwitz. In: ebd., S. 566–567.

138 Bashuysen, Heinrich Jacob. In: ebd., S. 574.

139 Bassevi, Hendel. In: ebd., S. 585.

140 Bat-Sheba. In: ebd., S. 592.

141 Bauer, Marie-Bernard. In: ebd., S. 600–601.

142 Bayreuth [mit A. Eckstein]. In: ebd., S. 608–609.

143 Beer, Amalie. In: ebd., S. 631.

144 Behrends, Leffmann (Liepmann Cohen). In: ebd., S. 645–646.

145 Berg. In: ebd., Bd 3 (1902), S. 65–66.

146 Berlin. In: ebd., S. 69–77.

147 Beuthen. In: ebd., S. 133.

148 Binding. In: ebd., S. 214.

149 Bischofsheim-on-the-Tauber. In: ebd., S. 228.

150 Bonn. In: ebd., S. 308–309.

151 Borders. In: ebd., S. 320.

152 Bragadini. In: ebd., S. 346.

153 Brandenburg. In: ebd., S. 350.

154 Bremen. In: ebd., S. 370.

155 Budweis. In: ebd., S. 422.

156 Casal Maggiore. In: ebd., S. 596.

157 Cassel. In: ebd., S. 601–602.

Rezensionen

158 Aaron Ackermann: Vogelfrei! Ein Blick auf das erste Jahr des 20. Jahrhunderts. Brandenburg a. H.: Evenius 1901. In: ZHB, Jg 6, S. 6.

159 Isaac Bloch / Emile Lévy: Histoire de la littérature juive d'après G. Karpelès. Paris: Leroux 1901. In: Literarisches Zentralblatt, Jg 53, Nr 4, Sp. 135.

160 Abraham Epstein: Mischpachat Lurja ... Die Familie Luria von ihren Anfängen bis auf die Gegenwart nebst einer Abhandlung über Elia b. Mose Loanz [hebr.]. Wien: »Industrie« Buchdruckerei 1901. In: ZHB, Jg 6, S. 38.

161 Tobias Gutmann Feder: Zmir Oritzim. An Anonymous Controversy against the Sect of »Chassidim« [hebr.]. Ed. and historically treated by Ephraim Deinard. Newark: Natanzohn 1899. In: ZHB, Jg 6, S. 97.

162 Fragment eines Gebetbuches aus Yemen. Ein Beitrag zur Geschichte der jüdischen und jüdisch-arabischen Synagogalpoesie und zur Kenntnis des arabischen Vulgärdialects in Yemen. Bearb. und hg. von Pinkas Heinrich. Wien: »Industrie« Buchdruckerei 1902. In: Literarisches Zentralblatt, Jg 54, Nr 39, Sp. 1311–1312.

163 Markus H. Friedländer: Die Juden in Böhmen. Wien: Waizner & Sohn 1900. In: ZHB, Jg 6, S. 73.

164 Ernst Haller: Die rechtliche Stellung der Juden im Kanton Aargau. Aarau: Sauerländer 1901. In: ZHB, Jg 6, S. 9–10.

165 L. Kohn: Jom Leschana. 550 Sterbetage der im Kinat Soferim erwähnten Rabbiner und Gelehrten nebst Verzeichnis der in demselben Buche vorkommenden Abbreviaturen [hebr.]. Bottuschani 1901. In: ZHB, Jg 6, S. 43.

166 Samuel Krauss: David Kaufmann. Eine Biographie. Berlin: Calvary 1901. In: ZHB, Jg 6, S. 11.

167 Louis Lewin: Die Judenverfolgungen in zweiten schwedisch-polnischen Kriege 1655–1659. Posen: Jolowicz 1901. In: ZHB, Jg 6, S. 75–76.

168 Moritz Lewin: Wo wären die »Zehn Stämme Israels« zu suchen? Nach Quellen dargestellt. Preßburg: Alkalay & Sohn 1901. In: ZHB, Jg 6, S. 76.

169 Heinrich Loewe: Zur Kunde von den Juden im Kaukasus aus zwei alten deutschen Zeitungen. Charlottenburg: Barsdorf 1900. In: ZHB, Jg 6, S. 76.

170 Ludwig Müller: Aus fünf Jahrhunderten. Beiträge zur Geschichte der jüdischen Gemeinden im Riess. (Sonderdruck aus der Zeitschrift des historischen Vereins für Schwaben und Neuburg, 1899 und 1900). Nördlingen: Beck 1900. In: ZHB, Jg 6, S. 78–79.

171 Isaak Rosenberg: Argarizim. Lehrbuch der samaritanischen Sprache und Literatur. Mit Facsimile eines samaritanischen Briefes vom gegenwärtigen Hohenpriester der Samaritaner zu Nablus. Wien, Pest, Leipzig: Hartleben 1901 (Die Kunst der Polyglottie; 71). In: ZHB, Jg 6, S. 13.

172 Ludwig A. Rosenthal: Babel und Bibel oder Babel gegen Bibel? Ein Wort zur Klärung. Berlin: Poppelauer 1902. In: ZHB, Jg 6, S. 107.

173 Feivel Hirsch Wetstein: Dewarim Atikim ... Materialien zur Geschichte der Juden in Polen, insbesondere in Krakau [hebr.]. Krakau 1900. In: ZHB, Jg 6, S. 6.

1903

174 Festschrift zum siebzigsten Geburtstage A. Berliner's gewidmet von Freunden und Schülern. Hg. von Dr. A. Freimann und Dr. M. Hildesheimer. Frankfurt a. M.: Kauffmann 1903.

175 Annalen der hebräischen Druckerei in Wilhermsdorf. In: Festschrift zum siebzigsten Geburtstage A. Berliner's [s. 174], Bd 1, S. 100–115 [auch als Sonderdruck: Berlin 1903].

176 Bibliographie der Schriften und Aufsätze des Dr. A. Berliner. In: Festschrift zum siebzigsten Geburtstage A. Berliner's [s. 174], Teil 1, S. VII–XXXI [auch als Sonderdruck: Berlin 1903].

177 Brüll, Nehemias. In: Allgemeine deutsche Biographie. Hg. durch die Historische Commission bei der Königlichen Akademie der Wissenschaften. 56 Bde, Leipzig: Duncker & Humblot 1875–1912, Bd 47, S. 296–297.

178 Anmerkungen zu Miscellen und Notizen von Moritz Steinschneider. In: ZHB, Jg 7, S. 23.

179 Anmerkungen zu Miscellen von Siegmund Seeligmann. In: ZHB, Jg 7, S. 24–26.

180 Anmerkungen zu Porges' Besprechung der Berliner-Festschrift. In: ZHB, Jg 7, S. 138–139.

181 Nachtrag zu Miscellen und Notizen von Moritz Steinschneider. Zum Nekrolog seit 1890. In: ZHB, Jg 7, S. 191–192.

182 Coblenz. In: The Jewish Encyclopedia [s. 99], Bd 4 (1903), S. 133.

183 Cohn, Falk. In: ebd., S. 157.

184 Cohn Salomon. In: ebd., S. 161.

185 Constance, District of the Lake. In: ebd., S. 234–236.

186 Frankfort-on-the-Main. In: ebd., Bd 5 (1903), S. 484–491.

Rezensionen

187 The Ethical Treatises of Berachya Son of Rabbi Natronai Ha-Nakdan being the Compendium and the Masref. Now Edited for the First Time from Mss. at Parma & Munich with an English Translation, Introduction, Notes by Hermann Gollancz. London: Nutt 1902. In: Literarisches Zentralblatt, Jg 54 (1903), Nr 7, Sp. 236–237.

188 Aron Freimann: Ausstellung hebräischer Druckwerke. Stadtbibliothek zu Frankfurt am Main. 1. sowie 2. verm. Aufl., Frankfurt a. M.: Knauer 1902. In: ZHB, Jg 7, S. 76.

189 Jacob Guttmann: Die Scholastik des dreizehnten Jahrhunderts in ihren Beziehungen zum Judenthum und zur jüdischen Literatur. Breslau: Marcus 1902. In: Literarisches Zentralblatt, Jg 54, Nr 46, Sp. 1565.

190 The Jewish Encyclopedia. A Descriptive Record of the History, Religion, Literature, and Customs of the Jewish People from the Earliest Time to the Present

Day. Ed. by Isidore Singer. Vol. 2, New York, London: Funk and Wagnalls 1902.
In: Literarisches Zentralblatt, Jg 54, Nr 18, Sp. 623.

191 Jüdische Statistik. Systematische Bibliographie der jüdischen Statistik, statisti-
     sche Arbeiten jüdischer Organisationen, Beiträge zur Statistik der Juden in ein-
     zelnen Ländern, Beiträge zur Gesamtstatistik der Juden. Hg. vom Verein für Jüdi-
     sche Statistik unter der Redaktion von Alfred Nossig. Berlin: Jüdischer Verlag
     1903. In: Literarisches Zentralblatt, Jg 54, Nr 40, Sp. 1339–1340.

192 Heiman S. Kottek: Fortschritt oder Rückschritt in der jüdischen Wissenschaft. Frank-
     furt a. M.: Golde 1902. In: ZHB, Jg 7, S. 81.

193 Georg Liebe: Das Judentum in der deutschen Vergangenheit. Mit 106 Abbildun-
     gen und Beilagen, größtenteils aus dem 15. bis 18. Jahrhundert. Leipzig: Diede-
     richs 1903 (Monographien zur deutschen Kulturgeschichte; 11). In: ZHB, Jg 7,
     S. 140.

194 Siegmund Salfeld: Bilder aus der Vergangenheit der jüdischen Gemeinde Mainz.
     Festgabe zur Erinnerung an die 50jährige Wiederkehr des Einweihungstages
     (11. März 1853) der Hauptsynagoge. Mainz: Herzog 1903. In: ZHB, Jg 7, S. 53–54.

195 Simon Stern: Der Kampf des Rabbiners gegen den Talmud im 17. Jahrhundert.
     Vorher geht: Religion des Individuums und Religion des Volkes. Breslau: Schott-
     laender 1902. In: Literarisches Zentralblatt, Jg 54, Nr 3, Sp. 83.

196 Ignatz Ziegler: Die Königsgleichnisse des Midrasch beleuchtet durch die römi-
     sche Kaiserzeit. Breslau: Schottlaender 1903. In: Literarisches Zentralblatt, Jg 54,
     Nr 11, Sp. 381–382.

1904

197 Rabbi David Lida und seine Verteidigungsschrift Beer Esek [hebr.]. In: Sefer ha-
     yovel huval schai likvod Nahum Sokolov ... Festschrift für Nachum Sokolow
     [hebr.]. Hg. und eingel. von Dr. Aron Freimann, Warschau: Shuldberg 1904 [auch
     als Sonderdruck u .d. T.: Sefer beer esek me-et Rabi David Lida hotsyav le'or mi-
     chadasch im petach davar ve-hearot Aharon Fraimann (Verteidigungsschrift von
     Rabbi David Lida)].

198 Nekrolog. In: ZHB, Jg 8, S. VIII.

199 Typographisches. In: ZHB, Jg 8, S. 45–47, 143–144.

200 Judeneid. Ergänzungen und Berichtigungen zur Literatur ZfHB 1. In: ZHB, Jg 8,
     S. 52–53.

201 [Anmerkungen zu:] Samuel Krauss: Israel Davidson: Schalosch Halazot. Three
     Satires. The Physicians Aphorisms; A Widow' Vow; The Contentions of a Wife
     Ascribed to Joseph Zabara. Ed. anew from a Unique Copy in the Bodleian Li-
     brary at Oxford with Notes, Emendations an Introduction [Rez.]. In: ZHB, Jg 8,
     S. 66.

202 Anmerkung zu Notizen [Salomo Hanau's Widerruf]. In: ZHB, Jg 8, S. 93, 95.

203 Miscellen [Israel Nagara]. In: ZHB, Jg 8, S. 127.

204 Horovitz, Markus. In: The Jewish Encyclopedia [s. 99], Bd 6 (1904), S. 465.

205 Karlsruhe. In: ebd., Bd 7 (1904), S. 448–449 [mit Isaac Broydé].

Rezensionen

206 Ahron ben Josef ha-Levi: Chidusche Harah. Kommentar zum Talmudtraktat Kidduschin nebst Pesaqim von Schalom Schechna aus Lublin [hebr.]. Zum ersten Male nach Handschriften hg. vom Vereine »Dobhebe Sifthe Jeschenim« in Husiatyn [durch David Fränkel]. Husyatin: Selbstverlag 1904. In: ZHB, Jg 8, S. 129–130.

207 Erich Bischoff: Die Kabbalah. Einführung in die jüdische Mystik und Geheimwissenschaft. Leipzig: Grieben 1903. In: Literarisches Zentralblatt, Jg 55, Nr 24, Sp. 775.

208 Israel Chanino ben Mardochai: Schewa ha-kirot. Religionsdisputation zwischen Israel Chanina und Manuel Montoni [hebr.]. Hg. von David Fränkel. Husiatyn: Selbstverlag 1903. In: ZHB, Jg 8, S. 67.

209 Wilhelm Ebstein: Die Medizin im neuen Testament und im Talmud. Stuttgart: Enke 1903. In: Literarisches Zentralblatt, Jg 55, Nr 21, Sp. 684–685.

210 Moses Samuel Glasner: Schevive Esch. Homilien zum Pentateuch und Novellen zu den Traktaten Pesachim, Nedarim, Gittin, Chulin und einige halachische Themata [hebr.]. Dés: Goldstein 1903. In: ZHB, Jg 8, S. 4–5.

211 Kobez dewarim nechmadim. Sammelband kleiner Beiträge [hebr.]. Aus alten Handschriften. zum ersten mal [!] hg. vom Vereine »Dobhebe Sifthe Jeschenim« in Husiatyn [durch David Fränkel]. Husiatyn: Selbstverlag 1902. In: ZHB, Jg 8, S. 131.

212 Moritz Löwenthal: Ansprachen und Weiherede, gehalten bei der Einweihung der Zeremonienhalle und Gedenktafel für David Kaufmann s. A. auf dem israelitischen Friedhofe in Kojetein am 9. November 1902. Pressburg 1903. In: ZHB, Jg 8, S. 13.

213 Semir Arizim. Bannschriften gegen die Chasidim und ihre Führer, nebst einer Einleitung zur Geschichte des Chasidismus von E. Deinard. Kearny: Selbstverlag 1904. In: ZHB, Jg 8, S. 69.[6]

214 Sigmund Seeligmann: Catalog der reichhaltigen Sammlung hebräischer und jüdischer Bücher, Handschriften, Portraits etc. nachgelassen von N. H. van Biema. Amsterdam: Joachimsthal 1904. In: ZHB, Jg 8, S. VIII.

215 Paul Volz: Jüdische Eschatologie von Daniel bis Akiba. Tübingen, Leipzig: Mohr 1903. In: Literarisches Zentralblatt, Jg 55, Nr 24, Sp. 773–774.

216 Samuel Wiener: Reschimat Haggadot Pessach. Bibliographie der Oster-Haggadah 1500–1900. St. Petersburg: Voss [Leipziger Kommission Verlag] 1902. In: ZHB, Jg 8, S. 15–16.

---

[6] Derselbe Titel wurde in der Rezension in ZHB, Jg 6, S. 97 als »Zmir Oritzim« wiedergegeben (vgl. Nr 161).

1905

217 Juden (nach der Zerstörung Jerusalems) 1902/1904. In: Jahresberichte der Geschichtswissenschaft 28, Nr 1, S. 87–97 (auch als Sonderdruck).

218 Die Soncinaten-Drucke in Salonichi und Constantinopel (1526–1547). In: ZHB, Jg 9, S. 21–25.

219 Bibliographie der Flugschriften über Joseph Süß Oppenheimer. In: ZHB, Jg 9, S. 56–58, 79–81.

220 [Anmerkungen zu:] Miscellen und Notizen von M. Steinschneider. In: ZHB, Jg 9, S. 60, 119, 186.

221 [Anmerkungen zu:] Bibliographische Miscellen, von A. Marx. In: ZHB, Jg 9, S. 62, 125–126.

222 Bibliographische Miscellen (M. F. Becks Handschriften u. a.). In: ZHB, Jg 9, S. 127–128.

223 Typographisches. In: ZHB, Jg 9, S. 150–153, 184–185.

224 Miscellen Harkavy's Neues und Altes [hebr.]. In: ZHB, Jg 9, S. 159.

Rezensionen

225 Moses L. Bamberger: Ein Blick auf die Geschichte der Juden in Würzburg. Würzburg: Frank 1905. In: ZHB, Jg 9, S. 39.

226 Elieser ben Nathan: Even ha-Eser [hebr.]. Ritualien mit Anmerkungen, unter dem Titel Avne ha-Schem und einer Einleitung von Shalom Albek. Warschau: Selbstverlag 1904. In: ZHB, Jg 9, S. 66.

227 Bernhard Friedberg: Luchot Zikkaron. Epithapien von Grabsteinen des israelitischen Friedhofs zu Krakau nebst biographischen Skizzen [hebr.]. 2. Aufl., Frankfurt: a. M. 1904. In: Literarisches Zentralblatt, Jg 56, Nr 14, Sp. 471.

228 Lazarus Goldschmidt: Masekhet Avot. Sprüche der Väter [hebr.]. Berlin: S. Calvary & Co. 1904. In: Literarisches Zentralblatt, Jg 56, Nr 38, Sp. 1244.

229 Louis Lewin: Geschichte der Juden in Lissa. Pinne: Gundermann 1904. In: ZHB, Jg 9, S. 13–14.

230 Menachem ben Josef ben Jehuda Chazan aus Troyes: Seder Troysch. Ritus Troyes. Zum 1. Male hg. nach einer Handschrift der Bibliothek David Kaufmann's s. A. zu Budapest und mit Anmerkkungen versehen von Max Weiß. Frankfurt a. M.: Kauffmann 1905. In: ZHB, Jg 9, S. 66–67.

231 Adolf Posnanski: Schiloh. Ein Beitrag zur Geschichte der Messiaslehre. Teil 1 [mehr nicht erschienen], Leipzig: Hinrichs 1904. In: Literarisches Zentralblatt, Jg 56, Nr 26, Sp. 841.

232 Rivista israelitica. Periodico bimestrale per la scienza e la vita del Giudaismo. Firenze: Gallotti & Cassuto, anno 1 (1904) In: ZHB, Jg 9, S. 3–4.

233 Siegmund Salfeld: Die Judenpolitik Philipp's des Großmütigen [Aus: Philipp der Großmütige. Beiträge zur Geschichte seines Lebens und seiner Zeit. Hg. von dem

Historischen Verein für das Großherzogtum Hessen]. Frankfurt a. M.: Kauffmann 1904. In: ZHB, Jg 9, S. 17.

234 Moise Schwab: Le docteur J. M. Rabbinowicz. Paris: Lipschütz 1904. In: ZHB, Jg 9, S. 42.

235 Taschenwörterbuch der hebräischen und deutschen Sprache zu den gelesensten Teilen des Alten Testaments. Methode Touissant-Langenscheidt. Zusammengestellt von Karl Feyerabend. Berlin-Schöneberg: Langenscheidt 1905 (Langenscheidts Taschenwörterbücher). In: ZHB, Jg 9, S. 107–108.

236 Jacob Moses Toledano: Apiriyon. Zusammenstellung sämtlicher Superkommentare über den Pentateuchkommentar des R. Schlomo b. Isaak (Raschi), Druckwerke und Handschriften, nebst Ergänzungen zum Superkommentar Samuel Almosninos, sowie Proben aus dem Superkommentar des Jehuda ibn Chabib nach einer Handschrift aus dem Jahre 1598 [hebr.]. Zur Wiederkehr des 800jährigen Sterbetages Raschi's hg. von J. M. Toledano. Jerusalem: Selbstverlag 1905. In: ZHB, Jg 9, S. 137–138.

237 Magnus Weinberg: Die hebräischen Druckereien in Sulzbach (1669 –1851). Ihre Geschichte, ihre Drucke, ihr Personal. Frankfurt a. M.: Hofmann u. a. 1904. In: ZHB, Jg 9, S. 43–44.

238 Josef Weisse: Toledot R' Jedaya hapnini habadraschi. Biographie des Rabbi Jedaja Penini aus Beziers [aus der Zeitschrift Kochave Izhak] nebst Reaschim we-Reamim, Wetterprophezeiungen nach einer alten Handschrift auf Pergament geschrieben im Jahre 1425 [hebr.]. Husiaty: Schwager 1905. In: ZHB, Jg 9, S. 138.

1906

239 Stammtafeln der Freiherrlichen Familie von Rothschild. Frankfurt a. M.: Kumpf & Reis 1906.

240 [Ausarbeitung und Ergänzung zu:] Moritz Steinschneider: Die Geschichtsliteratur der Juden in Druckwerken und Handschriften. Bibliographie der hebräischen Schriften. Frankfurt a. M.: Kauffmann 1905.

241 Daniel Bomberg und seine hebräische Druckerei in Venedig. In: ZHB, Jg 10, S. 32–36, 79–88.

242 Daniel Bombergs Bücherverzeichnis. In: ZHB, Jg 10, S. 38–42.

243 Auszüge aus Handschriftenkatalogen, Amsterdam und Brüssel. In: ZHB, Jg 10, S. 63.

244 [Anmerkungen zu:] Miscellen und Notizen von M. Steinschneider. In: ZHB, Jg 10, S. 92, 124, 126, 158.

245 [Anmerkung zu:] R. Achitubs aus Palermo hebräische Übersetzung der Logica des Maimuni, von M. Chamizer. In: ZHB, Jg 10, S. 172.

246 Über Schicksale hebräischer Bücher. In: ZHB, Jg 10, S. 173–175.

247 Das Sefer Basar al gabe gechalim. In: ZHB, Jg 10, S. 178–182.

248 Nekrologe. In: ZHB, Jg 10, S. 192.

Rezensionen

249 Elkan Nathan Adler: About Hebrew Manuscripts. Oxford: Frowde 1905. In: ZHB, Jg 10, S. 132.

250 Die neuhebräische Dichterschule der spanisch-arabischen Epoche = Scha'ar ha-Schir. Ausgewählte Texte mit Einleitungen, Anmerkungen und Wörterverzeichnis. Hg. von Heinrich Brody und Karl Albrecht. Leipzig: Hinrichs 1905. In: Literarisches Zentralblatt, Jg 57, Nr 9, Sp. 319.

251 Moritz Steinschneider: Die Geschichtsliteratur der Juden in Druckwerken und Handschriften. Bd 1: Bibliographie der hebräischen Schriften [mehr nicht erschienen]. Frankfurt a. M.: Kauffmann 1905. In: Literarisches Zentralblatt, Jg 57, Nr 5, Sp. 165.

1907

252 Juden (nach der Zerstörung Jerusalems), 1905/1906. In: Jahresberichte der Geschichtswissenschaft 30, Nr 1, S. 24–35; auch als Sonderdruck.

253 Nekrologe. In: ZHB, Jg 11, S. VIII.

254 Die Druckereien in Konstantinopel und Salonichi bis zum Jahre 1548, mit Ausschluß der Soncinaten-Drucke. In: ZHB, Jg 11, S. 30–32, 49–53.

255 Deutsche Abschreiber und Punktatoren des Mittelalters. In: ZHB, Jg 11, S. 86–96.

256 Der Judenmeister Meiher von Erfurt wird vom Frankfurter Rat auf Verwendung des Königs Wenzel aus dem Gefängnis entlassen und schwört Urfehde, in die auch die Frankfurter Juden inbegriffen sind 19. März 1392. In: ZHB, Jg 11, S. 107–112.

257 [Anmerkungen zu:] Italienische Statuten, von A. Marx. In: ZHB, Jg 11, S. 121.

258 Elieser ben Isak und seine Drucke in Lublin, Konstantinopel und Safed. In: ZHB, Jg 11, S. 152–155.

Rezensionen

259 Baruch Choma: Mekor Baruch. Die Quellen der Gebete, deren Begründer und die Zeit ihrer Abfassung und Ordnung [hebr.] Jerusalem: Frumkin 1905. In: ZHB, Jg 11, S. 2–3.

260 Maurice Jacques Bènsasson: Los Israelitas españoles. España y sus hijos de Oriente. Alicante: Sirvent y Sanchez 1906. In: ZHB, Jg 11, S. 100.

261 Alexander Dietz: Stammbuch der Frankfurter Juden. Geschichtliche Mitteilungen über die Frankfurter jüdischen Familien von 1349–1849, nebst einem Plane der Judengasse. Frankfurt a. M.: St. Goar 1907. In: Literarisches Zentralblatt, Jg 58, Nr 27, Sp. 835–855.

262 F. Finfer: Masoret ha-Tanach. Massoretico Critical of the Hebrew Bible. Patuchot, Setumoth, Sedarim, Parashiot, Capitlen [hebr.]. Wilna 1906. In: ZHB, Jg 11, S. 3.

263 Handbuch der jüdischen Gemeindeverwaltung (Statistisches Jahrbuch), 18. Jg. Berlin: Deutsch-Israelischer Gemeindebund 1907. In: ZHB, Jg 11, S. 165.

1908

264   Sefer Teka schofar von R. Jecheskijah Jehoschua Feivel Teomim, mit einer Einleitung und Anmerkungen hg. von Aron Freimann [hebr.]. In: Festschrift zu Ehren des Dr. A. Harkavy aus Anlaß seines am 20. November 1905 vollendeten siebzigsten Lebensjahres. Gewidmet von Freunden und Verehrern. Hg. von David von Günzburg. St. Petersburg 1908, S. 414–442 (auch als Sonderdruck Frankfurt a. M. 1908).

265   Gürtel jüdischer Bräute in Frankfurt a. M.. In: Einzelforschungen über Kunst- und Altertumsgegenstände zu Frankfurt a. M., Bd 1, S. 143–144 (auch als Sonderdruck Frankfurt a. M. 1908).

266   Typographisches. In: ZHB, Jg 12, S. 14–15.

267   [Anmerkung zu:] Ein portugiesischer Talmuddruck, von Siegmund Seeligmann. In: ZHB, Jg 12, S. 16.

268   [Anmerkungen zu:] Miscellen, von J. Hirschinger. In: ZHB, Jg 12, S. 31.

269   [Anmerkungen zu:] Moses Auerbach: W. Wolff: Schir Haschirim. Das Lied der Lieder [hebr.]. Frankfurt a. M.: Sänger und Friedberg 1908 [Rez.]. In: ZHB, Jg 12, S. 107.

Rezensionen

270   Aus Israels Lehrhallen. Kleine Midraschim zur späteren legendarischen Literatur des Alten Testaments zum ersten Male übersetzt von August Wünsche. 2 Bde, Leipzig: Pfeiffer 1907. In: Deutsche Literaturzeitung 29, Nr 23, Sp. 1432–1433.

271   Jean-Pierre Brisset: Les prophéties accomplies (Daniel et l'Apocalypse). Paris: Leroux 1906. In: ZHB, Jg 12, S. 35.

272   Mitteilungen des Gesamtarchivs der Deutschen Juden. Hg. von Eugen Täubler. Jg 1, H. 1, Leipzig: Fock 1908. In: ZHB, Jg 12, S. 105.

273   Sifre Dabe Raw. Torat Kohanim mit Kommentaren Derek ha-kadosch von Rabbi Vidal Hazarfati [hebr.]. Zum ersten Male hg. nach einer alten Handschrift vom Vereine Dobhebhe Sifthe Jeschenim in Husiatyn. Husiatyn: Schwager und Fränkel 1908. In: ZHB, Jg 12, S. 132.

1909

274   Bibliothek der Israelitischen Religionsschule zu Frankfurt am Main. Katalog, Frankfurt a. M.: Slobotzky 1909.

275   Vorarbeiten zur Germania Judaica (Regensburg). In: Monatsschrift für Geschichte und Wissenschaft des Judentums, Jg 53, S. 589–615.

276   Nekrologe. In: ZHB, Jg 13, S. VIII.

277   Miscellen (Farissol). In: ZHB, Jg 13, S. 30–31.

278   [Anmerkungen zu:] Wetsteins Besprechung von Sefer Teka Schofar von J. J. F. Teomim, hg. von A. Freimann [s. Nr 264]. In: ZHB, Jg 13, S. 68.

Rezensionen

279 Josef Almosnino ben Abraham: Schorsche ha-mizwoth. Über die Zählung der Gebete. Hg. und mit Einleitung und Noten versehen von Jacob Moses Toledano. Jerusalem: Selbstverlag 1909. In: ZHB, Jg 13, S. 35.

280 Josef Kohler: Darstellung des talmudischen Rechtes. [Anhang zu:] Die rechtswissenschaftliche Sektion des Babylonischen Talmuds. Hg. nach der ersten, zensurfreien Bombergschen Ausgabe (Venedig 1520–21), nebst Varianten aus Druckwerken und Handschriften, möglichst sinn- und wortgetreu übersetzt und mit kurzen Erklärungen versehen von Lazarus Goldschmidt. Berlin: Rosenthal 1907. In: ZHB, Jg 13, S. 8.

281 Maximiano Lemos: Amato Lusitano. A sua vida e a sua obra. Porto: Martins 1907. In: ZHB, Jg 13, S. 9.

282 Leopold Löwenstein: Zur Geschichte der Juden in Fürth. Bd 1: Das Rabbinat. Frankfurt a. M.: Sänger & Friedberg 1909. In: ZHB, Jg 13, S. 176.

283 George Margoliouth: Catalogue of the Hebrew and Samaritan Manuscripts in the British Museum. Part 3, Sect. 1: Kabbalah. London: The British Museum 1909. In: ZHB, Jg 13, S. 177–178.

284 Samuel Poznanski: Un commentaire sur Job de la France septentrionale. Paris: Durlacher 1906. In: ZHB, Jg 13, S. 45.

1910

285 Briefwechsel eines Studenten der Medizin in Frankfurt a. d. Oder mit dem in Halle Medizin studierenden Isak Wallich im Jahre 1702. In: ZHB, Jg 14, S. 117–123.

286 Nekrologe. In: ZHB, Jg 14, S. IX.

287 Typographisches. In: ZHB, Jg 14, S. 43–44, 79–80.

288 Kopisten hebräischer Handschriften in Spanien und Portugal. In: ZHB, Jg 14, S. 105–112.

Rezensionen

289 Elkan Nathan Adler: Von Ghetto zu Ghetto. Reisen und Beobachtungen. Stuttgart: Strecker & Schröder 1909. In: ZHB, Jg 14, S. 4.

290 David Fresco: Le Sionisme. Konstantinopel: Selbstverlag 1909. In: ZHB, Jg 14, S. 40.

291 Jechiel Morawczik b. Jedidja: Seder Berachoth (Ordo benedictionum). Denuo edidit introductionemque adiecit L. Ph. Prins. Frankfurt a. M.: Sänger und Friedberg 1910. In: ZHB, Jg 14, S. 99.

292 Talmud Jeruschalmi [hebr.]. Der V. Teil des Jerusalemer Talmud (Kodaschim) mit Kommentar Cheschek Schlomo von S. J. Friedländer. Bd 2: Sebachim und Arachin. Szinevaralja: Selbstverlag 1909. In: ZHB, Jg 14, S. 4.

293 Magnus Weinberg: Geschichte der Juden in der Oberpfalz. Bd III: Der Bezirk Rothenberg. Sulzbürg: Selbstverlag 1909. In: ZHB, Jg 14, S. 11.

1911

294 Sefer Or Sarua, von Isak ben Moses aus Wien. Erklärungen zum Talmudtraktat Schebuot, mit einer Einleitung hg. von Aron Freimann [hebr.]. In: Festschrift zu Israel Lewy's siebzigstem Geburtstag. Hg. von Marcus Brann und Ismar Elbogen. Breslau: Marcus 1911, S. 10–32 (auch als Sonderdruck Breslau 1911).

295 Bibliographie der hygienischen Literatur der Juden, gesammelt von Aron Freimann. Ergänzt von Siegmund Seeligmann, William Zeitlin und Max Grunwald. In: Die Hygiene der Juden. Im Anschluß an die Internationale Hygiene-Ausstellung Dresden 1911. Hg. von Max Grunwald. Dresden: Internationale Hygiene-Ausstellung 1911, S. 18–29.

296 Die hebräischen PergamentdruckeIn: ZHB, Jg 15, S. 46–57, 82–92.

297 Israel ben Moses und die Druckerei in Neuwied. In: ZHB, Jg 15, S. 27–29.

298 Tadel der Kantoren. In: ZHB, Jg 15, S. 155–158.

299 Miscellen (Halachot Pesukot im Original aufgefunden). In: ZHB, Jg 15, S. 158.

300 Typographisches. In: ZHB, Jg 15, S. 180–182.

301 [Nachträge zu:] Die hebräischen Pergamentdrucke. In: ZHB, Jg 15, S. 186–187.

Rezensionen

302 Bibliothek der israelitischen Kultusgemeinde Wien. Zuwachsverzeichnis. Hebraica 1909–1911. Wien 1911. In: ZHB, Jg 15, S. 165.

303 Friedrich Blach: Die Juden in Deutschland. Von einem jüdischen Deutschen. Berlin: Curtius 1911. In: ZHB, Jg 15, S. 4.

304 Umberto Cassuto: La famiglia Da Pisa. Florenz 1910 [Sonderdruck aus Rivista israelitica 5–7 (1908–1910)]. Firenze: Galeth e Cassuto 1910. In: ZHB, Jg 15, S. 37.

305 L. Grünwald: Korot Hair Pressburg wegedoleha. Umfaßt die ausführliche historische Entwicklungsgeschichte der Stadt Pressburg seit dem Jahre 1235 bis zur gegenwärtigen Zeit. Auch eine Lebensbiographie der sämtlichen Rabbiner, die dort fungiert haben. Nebst Anhang einiger weisen und wissenschaftlichen Sätze. Alles aus neuesten Quellen geschöpft [hebr.]. Maramarosziget 1911. In: ZHB, Jg 15, S. 162.

306 M. Markowitsch: Schem hagedolim haschlischi [hebr.]. I. Abt.: Biographien von Rabbinen und Talmudgelehrten älterer und neuerer Zeit nach dem Vornamenalphabet geordnet. Wilna 1910. In: ZHB, Jg 15, S. 163.

307 Aaron Rosenfeld: Gan Scha'aschuim. Lustgarten für die israelitische Jugend, erstes Lehr- und Lesebuch der hebräischen Sprache, methodisch geordnet. Neue revidierte Ausgabe mit einem hebräisch-russisch-jargon Glossar. Warschau 1911. In: ZHB, Jg 15, S. 164.

1912

308 Injene Sabtai Sebi ... Sammelband kleiner Schriften über Sabbatai Zebi und dessen Anhänger [hebr.]. Mit Einleitung und Anmerkungen von Aron Freimann. Berlin: Itzkowski 1912. (Schriften des Vereins Mekize Nirdamim; 3. Folge, Nr 12).

309 Die Liste der Bücher, die gedruckt und übersetzt wurden zur Zeit der Sultane Suleiman und Salim, II. (1521–1600) [hebr.]. In: Salomon A. Rosanes: Divre yeme Yisrael be-Togarmah. Die Geschichte der Juden in der Türkei [hebr.]. Bd 2, Husiatyn 671 [1912], S. 195–200.

310 Meschullam ben Kalonymos' Polemik gegen die Karäer. In: Judaica. Festschrift zu Hermann Cohens siebzigstem Geburtstage. Berlin: Cassirer 1912, S. 569–578 (auch als Sonderdruck Berlin 1912).

1913

311 Die Liste der Bücher, die in der Türkei gedruckt wurden, bis zum Jahre 1640, mit Ergänzungen zur vorherigen Liste [hebr.]. In: In: Salomon A. Rosanes: Divre yeme Yisrael be-Togarmah. Die Geschichte der Juden in der Türkei [hebr.]. Bd 3, Husiatyn 674 [1913], S. 258.

312 Zum Machsor Ritus von Aleppo. In: ZHB, Jg 16, S. 59–65.

313 [Anmerkungen zu:] Die Memoiren Beer Bolechows von A. Marmorstein. In: ZHB, Jg 16, S. 85–85.

314 Zur Geschichte der Juden in Prag. In: ZHB, Jg 16, S. 97–100, 143–153, 186–190.

Rezensionen

315 S. J. Jolles: Hatora we-hachochma [hebr.]. Nachgelassene Schriften (Talmudisches, Wissenschaftlich-kritisches, Poetisches und Verschiedenes) gesammelt und hg. nebst Bildnis des Verfassers. Wilna 1913. In: ZHB, Jg 16, S. 109.

316 R. Margolies: Zeh sefer toledot adam. Biographie des R. Samuel Elieser Edels [ca. 1565–1632]. Lemberg 1912. In: ZHB, Jg 16, S. 72.

1914

317 Kontres Hamefaresch Haschalem. Bibliographie gedruckter und ungedruckter Talmudkommentare von Schriftstellern des Mittelalters [hebr.]. In: Festschrift zum siebzigsten Geburtstage David Hoffmann's. Gewidmet von Freunden und Schülern. Hg. von Simon Eppenstein u. a. Berlin: Lamm 1914, S. 106–129 (auch als Sonderdruck Berlin 1914).

318 Stadtbibliothek Frankfurt am Main. Literatur über die Juden in Frankfurt. Zusammengestellt von Arthur Richel und Aron Freimann. Frankfurt a. M.: Knauer 1914 [d. i. Sonderdruck aus: Katalog der Abteilung Frankfurt, Bd 1].

319 [Ergänzungen zu:] Jüdische Ärzte von M. Steinschneider. In: ZHB, Jg 17, S. 63–96, 121–167.

320 Miscelle. Eine Druckausgabe des »Otot Haschamaim«. In: ZHB, Jg 17, S. 184.

Rezensionen

321 Bibliothek der israelitischen Kultusgemeinde Wien. Zugangsverzeichnis. Hebraica 1911 Juli – 1913 Juli. Wien 1913. In: ZHB, Jg 17, S. 7.

322 Alexander Marx: Biblical Manuscripts and Books in the Library of the Jewish Theological Seminary (Mostly from the Sulzberger Collection). Exhibited at the Annual Meeting of the Society of Biblical Literature and Exegesis hold at the Seminary December 29–30, 1913. New York 1913. In: ZHB, Jg 17, S. 12.

323 Die Memoiren des Ascher Levy aus Reichshofen im Elsaß (1598–1635). Memoiren. Hg., übersetzt und mit Anmerkungen versehen von Moses Ginsburger. Berlin: Lamm 1913. In: ZHB, Jg 17, S. 4.

324 Otiot [hebr.]. Der vollständige Midrasch Otiot des R. Akiba in zwei Rezensionen, nach alten Handschriften und Druckwerken, nebst einem Midrasch alpha betot nach einer Handschrift aus Buchara aus dem Jahre 1496, hg. von bearb. Solomon Aaron Wertheimer. Jerusalem: Frumokin 1914. In: ZHB, Jg 17, S. 105.

325 Moïse Schwab: Rapport sur une mission de philologie en Grèce. Epigraphie et chirographie. Paris 1913 (Nouvelles archive des missions scientifiques et littéraires. N. S.; 10). In: ZHB, Jg 17, S. 117.

326 Ignaz Schwarz: Das Wiener Donaubrückenprojekt des Juden Mendel Isac von Krakau (1589). Wien: Jasper 1914 [Sonderabdruck aus Jahrbuch für Landeskunde von Niederösterreich 1913]. In: ZHB, Jg 17, S. 13.

1915

327 Paulus de Heredia als Verfasser der kabbalistischen Schriften Iggeret Hasodot und Galie Raze. In: Festschrift zum siebzigsten Geburtstage Jakob Guttmanns. Hg. vom Vorstande der Gesellschaft zur Förderung der Wissenschaft des Judentums. Leipzig: Fock 1915, S. 206–209 (auch als Sonderdruck Leipzig 1915).

328 Abraham Berliner, Nachruf. In: ZHB, Jg 18, S. 1.

329 [Ergänzungen zu:] Jüdische Ärzte von M. Steinschneider. In: ZHB, Jg 18, S. 25–57.

330 [Ergänzungen zu:] Abschreiber, Punktatoren, Korrektoren, Autographen von Leopold Zunz. In: ZHB, Jg 18, S. 58–64, 111–119.

331 Deutsche anonyme Schriften über Juden und Judentum. In: ZHB, Jg 18, S. 73–101.

332 Miscelle, Duchan Nigunim. In: ZHB, Jg 18, S. 126–127.

1916

333 Aus der Geschichte der Juden in Regensburg von der Mitte des 15. Jahrhunderts bis zur Vertreibung im Jahre 1519. In: Beiträge zur Geschichte der deutschen Juden. Festschrift zum siebzigsten Geburtstage Martin Philippsons. Hg. vom Vorstande der Gesellschaft zur Förderung der Wissenschaft des Judentums. Leipzig: Fock 1916 (Schriften hg. von der Gesellschaft zur Förderung der Wissenschaft des Judentums), S. 79–95; auch als Sonderdruck Breslau 1916.

334 Bibliographie der Stammbäume jüdischer Familien. In: Archiv für jüdische Familienforschung, Kunstgeschichte und Museumswesen, Jg 2, S. 29–31.

335 [Ergänzungen zu:] Sterbedaten neuhebräischer Schriftsteller, Gelehrten und Publizisten 1900–1915, gesammelt von William Zeitlin. In: ZHB, Jg 19, S. 37–48.

336 [Ergänzungen zu:] Mitteilungen aus hebräischen Handschriften von Leopold Zunz. In: ZHB, Jg 19, S. 49–64, 123–142.

Rezensionen

337 E. Kalmansohn: Hajedaut we-hazeirim. Das Judentum und die Juden [hebr.] Jerusalem 1915. In: ZHB, Jg 19, S. 66.

338 Arthur Zechariah Schwarz: Die hebräischen Handschriften der k. k. Hofbibliothek zu Wien (Erwerbungen seit 1851). Vorgelegt in der Sitzung am 4. Februar 1914. Wien: Hölder 1914 (Sitzungsbericht der kaiserlichen Akademie der Wissenschaften in Wien: Philosophisch-Historische Klasse; Bd 175, Abt. 5). In: ZHB, Jg 19, S. 18–19.

1917

339 Germania Judaica. Hg. im Auftrag der Gesellschaft zur Förderung der Wissenschaft des Judentums von Marcus Braun und Aron Freimann. Bd 1,1, Frankfurt a. M.: Kauffmann 1917 (Schriften hg. von der Gesellschaft zur Förderung der Wissenschaft des Judentums).

340 Friedberg. In: Germania Judaica, Bd 1,1, S. 110–111.

341 Geldern. In: Germania Judaica, Bd 1,1, S. 114.

342 Die hebräischen Kommentare zu den 13 Middot des Rabbi Ismael [hebr.]. In: Festschrift Adolf Schwarz zum siebzigsten Geburtstage 15. Juli 1916. Gewidmet von Freunden und Schülern. Unter Mitwirkung von V. Aptowitzer hg. von Samuel Krauss. Berlin, Wien: Löwit 1917, S. 109–119; auch als Sonderdruck Wien 1917.

343 Die hebräischen Druckereien in Mähren. In: ZHB, Jg 20, S. 33–44.

Rezension

344 Salomon Kassner: Die Juden in der Bukowina. Wien, Berlin: Löwit 1917. In: ZHB, Jg 20, S. 58.

1918

345 Die hebräischen Druckereien in Homburg v. d. H. und Rödelheim in den Jahren 1711–1757. In: ZHB, Jg 21, S. 14–18.

346 Zur Geschichte der jüdischen Buchillustration bis 1540. In: ZHB, Jg 21, S. 25–32.

347 Mitteilungen über den literarischen Nachlaß von Autoren, die über Juden und Judentum geschrieben haben. In: ZHB, Jg 21, S. 83–84.

Rezensionen

348 Elkan Nathan Adler: A Gazetteer of Hebrew Printing. London: Grafton 1917. In: ZHB, Jg 21, S. 5.

349 Almanach Zydowski na rok 5678 (1917–18), Redaktion Dr. Z. F. Finkelstein. Wien 1918. In: ZHB, Jg 21, S. 49–50.

350 Menorah 5678. Warschau 1918. In: ZHB, Jg 21, S. 63.

1919

351 Festnummer zum siebzigsten Geburtstage M. Branns. Hg. von Aron Freimann. In: Monatsschrift für Geschichte und Wissenschaft des Judentums, Jg 63, S. 81–208.

352 Der gegenwärtige Stand der jüdischen Bibliographie. In: Neue jüdische Monatshefte 4, Nr 2/4, S. 39–41.

353 Verzeichnis der von Markus Brann verfaßten Schriften und Abhandlungen. In: Monatsschrift für Geschichte und Wissenschaft des Judentums, Jg 63, S. 81–97.

354 Bibliographie der Schriften von Leopold Löwenstein. In: ZHB, Jg 22, S. 71–76.

355 [Anmerkungen zu:] Ein Bruchstück aus einer Tosafoth-Handschrift, von Samuel Landauer. In: ZHB, Jg 22, S. 27.

356 [Anmerkungen zu:] Nachträge und Bemerkungen zu Steinschneiders Verzeichnis der jüdische Ärzte, von Louis Lewin. In: ZHB, Jg 22, S. 76.

Rezension

357 Bär Ratner: Ahawat Zion we-Jeruschalaim. Varianten und Ergänzungen des Textes des Jerusalemischen Talmuds nach alten Quellen und handschriftlichen Fragmenten ediert, mit kritischen Noten und Erläuterungen versehen [hebr.]. Traktate: Pea, Demai, Masser Scheni, Orla und Bikkurim. Wilna 1917. In: ZHB, Jg 22, S. 2–3.

1920

358 Leopold Zunz: Die synagogale Poesie des Mittelalters. Hg. von Aron Freimann. 2., nach dem Handexemplar des Verfassers berichtigte und durch Quellennachweise und Register verm. Aufl., Frankfurt a. M.: Kauffmann 1920.

359 Die hebräischen Inkunabeln der Stadtbibliothek zu Frankfurt am Main. In: Festgabe für Friedrich Clemens Ebrard zur Vollendung seines 70. Lebensjahres gewidmet von seinen Freunden. Frankfurt a. M.: Baer 1920, S. 129–144; auch als Sonderdruck Frankfurt a. M. 1920.

360 Typographisches. In: ZHB, Jg 23, S. 28–29.

Rezension

361 Grundbuch des Kölner Judenviertels 1135–1425. Ein Beitrag zur mittelalterlichen Topographie, Rechtsgeschichte und Statistik der Stadt Köln. Bearb. von Adolf Kober. Bonn: Hanstein 1920 (Publikationen der Gesellschaft für Rheinische Geschichtskunde; 34). In: ZHB, Jg 23 (1920), S. 15.

1921

362 Ma'gal Tob Haschalem. Reisetagebuch des R. Chajim Josef David Asulai [hebr.]. Nach den Autographen des Verfassers zum 1. Male vollständig hg. und mit Einleitung und Anmerkungen versehen von Aron Freimann. Erstes Heft, Berlin: Itzkowski 1921 (Schriften des Vereins Mekize Nirdamim; 3. Folge, Nr 22.)

363 Einleitung und Anmerkungen. In: Ma'gal Tob Haschalem [s. 362], S. 1–48.

1922

364 Zusätze zum Leben des Schabtai Zwi und der Sekte Frank in Prag [hebr.]. In: Hazofe 6, S. 40–45.

1923

365 Festskrift i Anledning af Professor David Simonsens 70-aarige Fødselsdag. Hg. von Josef Fischer, Aron Freimann und Julius Guttmann. København: Hertz 1923.

366 Schlüssel zu den Responsen des Maimonides [hebr.]. In: Festskrift David Simonsen [s. 365], S. 21–36.

1924

367 Ha-Osar li-meleket had-defus ha-ivri ha-risona ad senat Ras / Thesaurus typographiae hebraicae saeculi XV. Ed. Aron Freimann, Berlin-Wilmersdorf: Marx 1924.

368 Pijut le-Bar Mizwah von David bar Aron ben Chasin [hebr.]. Hg. von Aron Freimann. Leipzig: Drugulin 1924.

1925

369   Aus dem Stammbaum der Familien Ettlinger – Freimann – Horowitz. Berlin: Marx 1925, Privatdruck.

370   Avraham Katz Rapoport Schrenziel: Naki Kappaim u-Bar Mizwah [hebr., Erstdruck Krakau 1568]. Nachdruck durch A. Freimann. Frankfurt a. M: Defus 1925.

371   Salomo de Rossi: Ha-Schirim ascher le-Schlomo [hebr.]. Nachwort von Aron Freimann. Frankfurt a. M.: Kauffmann 1925 (in 63 Exemplaren gedruckt).

372   Die Familie Soncino. In: Soncino-Blätter, Jg 1, S. 9–12 (auch als Sonderdruck Berlin 1925).

373   Die hebräischen Inkunabeln der Druckereien in Spanien und Portugal. In: Gutenberg-Festschrift zur Feier des 25-jährigen Bestehens des Gutenbergmuseums in Mainz. Hg. von Aloys Ruppel. Mainz: Verlag der Gutenberg-Gesellschaft 1925, S. 203–206 (auch als Sonderdruck Mainz 1925).

374   Aron Freimann / Eugen Mayer: Die Israelitische Gemeinde in Frankfurt am Main. In: Jahrbuch der Frankfurter Bürgerschaft, S. 99–100.

375   De oudste geschiedenis der Joden in Duitschland. Lezing door den Prof. Dr. A. Freimann (Frankfort a. M.) 26. Dezember 1922 gehouden. In: Bijdragen en mededelingen van het Genootschap voor de Joodsche Wetenschap in Nederland, gevestigd te Amsterdam, Jg 2, S. 68–69.

Rezension

376   Leo Fuchs: Die Juden Ägyptens in ptolomäischer und römischer Zeit. Wien: Israelitisches Blindeinstitut 1924 (Veröffentlichungen der Doktor A. S. Bettelheim Memorial Foundation). In: Literaturblatt der Frankfurter Zeitung, 11. September.

1926

377   [Vorwort zu:] Moses Wallich: Sefer meschalim genannt das Kuhbuch, das ist eine Sammlung von Fabeln und Prabeln aus den Büchern Maschal-ha-Kadmoni und Mischle Schualim. Ausgewählt und in jüdisch-deutsche Reime gebracht von Moses Wallich aus Worms. Berlin: Soncino-Gesellschaft 1926 (Publikation der Soncino-Gesellschaft der Freunde des jüdischen Buches; 1), S. VII–VIII.

378   Lajos Blau: Wesot Le-Jehuda. Der erste hebräische Buchdruck in Lublin [hebr.]. Dissertationes Hebraicae ... Wien: Union 1926, S. 282–285.

Rezension

379   Isidor Kracauer: Geschichte der Juden in Frankfurt a. M. (1150–1824). Bd 1, Frankfurt a. M.: Kauffmann 1925. In: Monatsschrift für Geschichte und Wissenschaft des Judentums, Jg 70, S. 132–134.

1927

380 Livre d'hommage à la mémoire du Dr. Samuel Poznanski 1864–1921. Offert par les amis et les compagnons du travail scientifique A. Freimann, M. Schorr, D. Simonsen. Warschau, Leipzig: Comité de la Grande Synagogue, Harrassowitz 1927.

381 Kommentar des Rabenu Hillel al Baraita deRabbi Ischmael [hebr.]. In: Livre d'hommage [...] S. Poznanski [s. 381], S. 170–180.

382 J. Kauffmann: Hebraica. Manuskripte – Inkunabeln – Erstdrucke – Karäische Literatur u. a. m. Mit Geleitwort von A. Freimann. Katalog 79, Frankfurt a. M. 1927.

383 Die Darmstädter Pessach-Haggadah. Codex orientalis 8 aus dem 14. Jahrhundert. Die Beschreibung der Handschrift. In: Die Darmstädter Pessach-Haggadah : Codex Orientalis 8 der Landesbibliothek zu Darmstadt aus dem 14. Jahrhundert. Hg. und erläutert von Bruno Italiener. Mit einer Gesamtbibliographie der ill. Haggadah. Leipzig: Hiersemann 1927 (Bilderhandschriften der Landesbibliothek zu Darmstadt), S. 42–44 (auch als Sonderdruck Leipzig 1927).

Rezension

384 Ermanno Loevinson: Roma Israelitica. Wanderungen eines Juden durch die Kunststätten Roms. Frankfurt a. M.: Kauffmann 1927. In: Gemeindeblatt der Israelitischen Gemeinde Frankfurt am Main, Nr 10, Juni, S. 19.

1928

385 A noi Klaglied oif a Mescharet fun Frankfurt [jidd.]. In: Filologise sriftn / Studies in Philology, Jg 2, Sp. 169–174.

1929

386 Aron Freimann / Isidor Kracauer: Frankfort. Translated from the German Manuscript by Bertha Szold Levin. Philadelphia: Jewish Publication Society of America 1929 (Jewish Community Series).

387 Zeitschrift für die Geschichte der Juden in Deutschland. Unter Mitwirkung von Guido Kisch, Richard Koebner, Wilhelm Levinson, Samuel Steinherz, Moritz Stern, Alfred Stern, Eugen Täubler, Adolf Warschauer u. a. hg. von Ismar Elbogen, Aron Freimann und Max Freudenthal. Berlin: Philo 1929–1937.

388 Das Einteilungssystem der Judaica in der Stadtbibliothek Frankfurt am Main. In: Studies in Jewish Bibliography and Related Subjects. In Memory of Abraham Solomon Freidus (1867–1923). Ed. by Louis Ginzberg. New York: Alexander Kohut Memorial Found 1929, S. 55–64 (auch als Sonderdruck New York 1929).

389 Hebräische Handschriften und Inkunabeln. In: Der Orden Bne Briss. Mitteilungen der Großloge für Deutschland 8, Oktober (Das jüdische Buch. Festnummer zum Ordenstage), S. 179–181.

390 Verbindungen von Juden in Deutschland mit denen in Babylonien und Palästina während des Mittelalters bis zum ersten Kreuzzuge. In: Zeitschrift für Geschichte der Juden in Deutschland, Jg 1, S. 165–167.

1930

391 Festschrift für Heinrich Brody. Hg. von Ismar Ellbogen, Aron Freimann, Hermann Pick und David Simonsen. Berlin: Soncino-Gesellschaft der Freunde des jüdischen Buches 1930 (Soncino-Blätter; 3,2–4).

392 Die hebräischen Druckereien in Prag von 1733–1828. In: Festschrift für Heinrich Brody [s. 391], S. 113–143.

393 Schriften und Aufsätze Friedrich Clemens Ebrards. In: Alt-Frankfurt 3, Nr 6, S. 68–71.

Rezension

394 Ebreo Leone: Dialoghi d'amore. Hebräische Gedichte. Hg. mit einer Darstellung des Lebens und des Werkes Leones, Bibliographie, Regesten zu den Dialoghi, Übertragung der hebräischen Texte, Regesten, Urkunden und Anmerkungen von Carl Gebhardt. Heidelberg: Winter u. a. 1929 (Bibliotheca Spinozana; 3). In: Literaturblatt zur Frankfurter Zeitung, 13. Juli.

1931

395 Maimonides, Moses: Regimen sanitatis des Maimonides für den Sultan El-Malik Al-Afdahl. Faksimile der Ausgabe Florenz nach dem Exemplar der Bayerischen Staatsbibliothek. Mit einem Vorwort von Aron Freimann. Heidelberg: Grossberger 1931.

396 Zwei Blätter aus Josef Albos Ikkarim. Zur Tagung der Soncino-Gesellschaft in Frankfurt am Main am 26. Mai 1931. Überreicht von Julius Werner. Vorwort von Aron Freimann. Frankfurt a. M. 1931 (in 200 Exemplaren).

397 Zwei Flugblätter den »Klever Getstreit« betreffend. Zur Tagung der Soncino-Gesellschaft in Frankfurt am Main am 26. Mai 1931. Überreicht von Aron Freimann und Abraham Horovitz. Vorwort von Aron Freimann. [Frankfurt a. M. 1931].

1932

398 Katalog der Judaica und Hebraica. Stadtbibliothek Frankfurt am Main. Band Judaica. Frankfurt a. M.: Lehrberger 1932.

1933

399   Kinah al gerush sefarad [Klagelied über die Verteibung aus Spanien, hebr.]. In:
      Abhandlungen zur Erinnerung an Hirsch Perez Chajes. Wien: Alexander Kohut
      Memorial Foundation 1933, hebr. Teil, S. 236–247.

400   Der Rechtsschutz für Dürers Schriften. In: Frankfurter Beiträge. Arthur Richel ge-
      widmet. Frankfurt a. M.: Verlag der Hauserpresse (Schaefer) 1933, S. 17–19.[7]

1934

401   Germania Judaica. Im Auftrag der Gesellschaft zur Förderung der Wissenschaft des
      Judentums nach dem Tode von Markus Brann hg. von Ismar Elbogen, Aron Freimann
      und Chaim Tykosinski. I,1/2: Von den ältesten Zeiten bis 1238. Breslau: Marcus 1934.

402   Germania Judaica. Bd 1: Von den ältesten Zeiten bis 1938. Nach dem Tode von
      Markus Brann hg. von Ismar Elbogen, Aron Freimann und Haim Tykocinski, Halb-
      band 1: A–L. Berlin: Kaufmann u. a. 1934 (Schriften hg. von der Gesellschaft zur
      Förderung der Wissenschaft des Judentums).

403   Ma'gal Tob Haschalem. Reisetagebuch des R. Chajim Josef David Asulai. Itine-
      rarium (1753–1794) [hebr.]. Nach den Autographen des Verfassers zum 1. Male
      vollständig hg. und mit Einleitung und Anmerkungen versehen von Aron Frei-
      mann. Zweites Heft, Jerusalem: Mekitse nirdamim 1934.

1935

404   Zwei hebräische Inkunabeln in der Vaticana [hebr.]. In: Alim. Blätter für Biblio-
      graphie und Geschichte des Judentums, Jg 1 (1934/35), S. 12–15.

1936

Rezension

405   Umberto Cassuto: I manoscritti Palatini ebraici della Bibliotheca Apostolica Vati-
      cana e la loro storia. Vatikanstadt: Biblioteca Apostolica Vaticana 1935 (Studi e
      testi; 66) In: Monatsschrift für Geschichte und Wissenschaft des Judentums, Jg 80
      (1936), S. 153.

---

[7]   Die Festschrift für seinen ehemaligen Kollegen Arthur Richel, aus Anlaß von dessen
      Ausscheiden aus der Bibliothek, wurde laut Vorwort im November 1933 veröffent-
      licht, Freimann war im März 1933 aus dem Dienst entfernt worden. Der Beitrag Frei-
      manns verblieb in der Festschrift und wurde zu einem Zeitpunkt veröffentlicht, an dem
      Freimann auf Grund des von den Nationalsozialisten erlassenen »Gesetz zur Wieder-
      herstellung des Berufsbeamtentums« nicht mehr in der Bibliothek tätig sein konnte.

1937

406 Germania Judaica, Bd 2 (1238–1350), Personenregister. In: Zeitschrift für Geschichte der Juden in Deutschland, Jg 7, S. 226–234.

407 Die hebräischen Drucke in Rom im 16. Jahrhundert. In: Festschrift Dr. Jakob Freimann zum 70. Geburtstag. Gewidmet von der Jüdischen Gemeinde zu Berlin und dem Rabbinerseminar zu Berlin, sowie einem Kreis seiner Freunde und Verehrer. Berlin: Selbstverlag 1937, S. 53–67.

408 Max Freudenthal. In: Zeitschrift für Geschichte der Juden in Deutschland, Jg 7, S. 129–130.

409 Rabbi Joseph Juspa Hahn zum 300. Todestag. In: Frankfurter Israelitisches Gemeindeblatt, Jg 15, Nr 7, S. 7–8.

1938

410 A Frankfurter Bachurimlied von 18. Jahrhundert [jidd.]. In: JIWO-Bleter 13, S. 345–353.

1939

411 A Frankfurter Bachurimlied von 18. Jahrhundert [jidd.]. In: Vakhshtayn-bukh. Sammlung zum Andenk von Bernhard Wachstein 1868–1935. Wilna 1939 (YIVO Institute for Jewish Research), S. 345–353 [Erstdruck s. 410].

412 Haben jüdische Flüchtlinge aus Mainz im 15. Jahrhundert den Buchdruck nach Italien gebracht? In: Journal of Jewish Bibliography, Vol. 1 (1938/39), S. 9–11.

1940

413 Johann Boeschenstein's Autograph. In: Journal of Jewish Bibliography, Vol. 2, S. 17–19.

Rezension

414 Abraham Yaari: Hadefus ha-ivri bearsot hamisrah. Der hebräische Buchdruck in den orientalischen Ländern [hebr.]. 2. Teil, Jerusalem: University Press 1940. In: Journal of Jewish Bibliography, Vol. 2, S. 107–108.

1941

415 Manuscript Supercommentaries on Rashi's Commentary on the Pentateuch. In: Rashi Anniversary Volume. Ed. by Harold Louis Ginsberg. New York: American Academy for Jewish Research 1941 (Text and Studies; 1), S. 43–114.

1943

416 Incunables about Jews and Judaism. In: Essays in Honour of the very Rev. Dr. J[oseph] H[erman] Hertz, Chief Rabbi of the United Hebrew Congregations of the British Empire, on the Occasion of his Seventieth Birthday, 25.9.1942. Ed. by Isidore Epstein. London: Goldston 1943, S. 159–186.

417 Moses Almosnino: Sepher Ma'ame'z Koah [hebr.]. In: Sepher ha-yovel. A Tribute to Alexander Marx by Colleagues, Disciples and Friends on completing Forty Years of Distinguished Service as Librarian of the Jewish Theological Seminary of New York [hebr.]. Ed. by David Frankel. New York: Alim 1943, S. 7–13.

418 Saadia Bibliography 1920–1942. In: Saadia Anniversary Volume. Ed. by Salo W. Baron. New York: American Academy for Jewish Research 1943 (Texts and Studies American Academy for Jewish Research; 2), S. 327–338.

1945

419 A Gazetteer of Hebrew Printing. In: Bulletin of the New York Public Library, Vol. 49 (1945), S. 355–390, 456–468, 530–540, 913–939.

420 Quntres hamefares has-salem. Der vollständige Exeget [hebr.]. Überarbeitete und erweiterte Fassung. In: Louis Ginzberg. Jubilee Volume on the Occasion of his Seventieth Birthday, Hebrew Section (Sefer ha-yovel Levi Ginzberg). New York: American Academy for Jewish Research 1945/46, S. 323–354 (Sonderdruck New York 1946).

1946

421 A Gazetteer of Hebrew Printing. With a Foreword by Joshua Bloch. Reprinted with Revisions and Additions from the Bulletin of the New York Public Library of May, June, July, December 1945, New York: The New York Public Library 1946.

1950

422 Jewish Scribes in Medieval Italy. In: Alexander Marx. Jubilee Volume, Engl. Section, New York: American Academy for Jewish Research 1950, S. 231–342.

1963

423 Germania Judaica, Bd 1: Von den ältesten Zeiten bis 1938. Nach dem Tode von Markus Brann hg. von Ismar Elbogen, Aron Freimann und Haim Tykocinski. Nachträge und Verbesserungen von Zvi Avneri, Tübingen: Mohr 1963 (Veröffentlichung des Leo-Baeck-Instituts) [Erstdruck s. 401]

1964

424 Union Catalog of Hebrew Manuscripts and their Location. Bd 2: Photodruck des handschriftlichen Kataloges von Aron Freimann. New York: American Academy for Jewish Research 1964.

1967

425 Leopold Zunz: Die synagogale Poesie des Mittelalters. Nach dem Handexemplar des Verfassers berichtigte und durch Quellennachweise und Register vermehrte Auflage. Hg. von Aron Freimann. Hildesheim: Olms 1967 [Erstdruck s. 358].

426 Über hebräische Inkunabeln. In: Wissenschaft des Judentums im deutschen Sprachbereich. Ein Querschnitt. Hg. von Kurt Wilhelm. 2 Bde, Tübingen: Mohr 1967 (Schriftenreihe wissenschaftlicher Abhandlungen des Leo-Baeck-Instituts; 16,1/2), Bd 2, S. 567–577 [Erstdruck s. 123].

1968

427 Injene Sabtai Sebi ... Sammelband kleiner Schriften über Sabbatai Zebi und dessen Anhänger [hebr.]. Mit Einleitung und Anmerkungen von Aron Freimann. Jerusalem 1967/68 [Erstdruck s. 308].

428 Katalog der Judaica und Hebraica. Stadtbibliothek Frankfurt am Main. Vorwort zur Neuaufl.: Annie Fraenkel. Neuauflage, Graz: Akademische Druck und Verlags-Anstalt 1968 [Erstdruck s. 398].

1969

429 Thesaurus typographiae Hebraicae saeculi XV / Osar li-meleket had-defus ha-ivri har-risona ad senat Ras / Hebrew Printing during the Fifteenth Century. Nachdruck nebst Concordances und Supplement to Part 1. Jerusalem: Universitas Booksellers 1967–1969 [Erstdruck s. 367].

1970

430   Birkat Avraham. Festschrift zum siebzigsten Geburtstage A. Berliner's gewidmet
      von Freunden und Schülern. Hg. von Dr. A. Freimann und Dr. M. Hildesheimer.
      Jerusalem: Makor 1973 [Erstdruck 1903, s. 174].

1973

431   Union Catalog of Hebrew Manuscripts and their Location. Bd 1 (1973): Index by
      Menahem Hayyim Schmelzer. With an Introduction by Salo Wittmayer Baron
      and Aron Freimann: A Personal Tribute by Shelomo Dov Goitein. New York:
      American Academy for Jewish Research 1973.

432   Zeitschrift für Hebräische Bibliographie. Hg. von Heinrich Brody und Aron
      Freimann. 24 Bde in 4 Bänden, Reprint der Ausgabe Berlin und Frankfurt 1896–
      1921. Hildesheim: Olms 1973.

433   Dass., Bd 24 (1921)[8]

1980

434   Festschrift zum siebzigsten Geburtstage A. Berliner's gewidmet von Freunden
      und Schülern. Hg. von Dr. A. Freimann und Dr. M. Hildesheimer. New York: Arno
      Press 1980 [Erstdruck 1903, s. 174].

1998

435   Regimen sanitatis des Maimonides für den Sultan el-Malik al-Afdhal. Faksimile der
      Ausgabe Florenz nach dem Exemplar der Bayerischen Staatsbibliothek. Mit einem
      Vorwort von Aron Freimann. In: Musa ibn Maymun (Maimonides) (601/1204).
      Texts and Studies. Collected and Reprinted by Fuat Sezgin. Frankfurt a. M.: Insti-
      tute for the History of Arabic-Islamic Science at the Johann Wolfgang Goethe Uni-
      versity 1998 (Publications of the Institute for the History of Arabic-Islamic Science:
      Islamic Mathematics and Astronomy; 67), S. 221–311 [Erstdruck s. 395].

---

[8]   Erstdruck des seinerzeit nicht zur Auslieferung gekommenen Bandes.

Register der von Aron Freimann rezensierten Werke

Ziffern verweisen als Ordnungszahlen auf die zugehörigen Einträge in der Freimann-Bibliographie, oben S. 329–362.

Tabellen

Subjektive Personalbibliographien

Verfasser	Berliner[1]	Brann	Löwenstein[3]	Kracauer	Ebrard
Jahr	1903	1919	1919	1926	1930
Berichts-zeitraum	1864–1903	1870–1918	1879–1913	1887–1919	1870–1929
Einträge	436	180	85	19	135
Ordnungs prinzip	Chrono-logisch	Chrono-logisch	Chrono-logisch	Chrono-logisch	Chrono-logisch
Gliederung	Monogra-phien und Aufsätze getrennt aufgelistet	In einer Zählung	Monogra-phien und Aufsätze getrennt aufgelistet	17 Aufsätze; 2 Monogra-phien in einer Zählung	In einer Zählung
Sprachen	Lateinisch, deutsch, italienisch, hebräisch	Deutsch	Deutsch, hebräisch	Deutsch	Deutsch
Typ	Titelbiblio-graphie[2]	Titelbiblio-graphie	Titelbiblio-graphie	Titelbiblio-graphie	Titelbiblio-graphie

---

[1] Die Zahl der Einträge enthält sowohl die in der bibliothekarischen Fachsprache als »selbstständige Literatur« bezeichneten Monographien als auch die »unselbständige Literatur«, zu der neben den Aufsätzen auch Buchbesprechungen, Notizen und gesondert veröffentliche Anmerkungen zählen. Dies erklärt die hohe Zahl an Veröffentlichungen, so z. B. bei Abraham Berliner.

[2] Nach der Art der Verzeichnung unterscheidet man zwischen einer rein anzeigenden oder Titelbibliographie und einer annotierten Bibliographie, die Anmerkungen, die sogenannten Annotationen, enthält. Nach dem Inhalt der Annotationen bezeichnet man die Bibliographie als referierend, wenn die Annotationen den Buchinhalt unbeurteilt wiedergeben und als kritische oder räsonnierende Bibliographie, wenn die Annotationen den Buchinhalt kritisch bewerten. Im Wissenschaftsbetrieb ist die annotierende Bibliographie die häufigste und informativste. Bei den ausgewählten Personalbibliographien handelt es sich in der überwiegenden Mehrzahl um reine Titelbibliographien, bei den thematischen Bibliographien um annotierte Bibliographien.

Objektive Personalbibliographien

Kurztitel	Oppenheimer[4]	Rashi	Saadia
Jahr	1905	1941	1943
Berichts-zeitraum	1737–1738	11.–18. Jh.	1920–1940
Einträge	22	134	88
Ordnungs prinzip	Nach Bibliographie von Wilhelm Heyd	Mehrere Ordnungen: alphabetisch, geogra-phisch	Mehrere Ordnugen: nach Erscheinungs-weise, alphabetisch
Gliederung	Antisemitische Pamphlete gegen Oppenheimer	Handschriftliche Superkommentare zu Raschis Kommentar des Pentateuchs	Werke über Saadia Gaon von 1920–1942
Sprachen	Deutsch	Hebräisch	Englisch, deutsch, französisch, hebräisch
Typ	Titelbibliographie	Annotierte Bibliogra-phie mit ausführlichen Anmerkungen	Überwiegend reine Titelbibliographie, gelegentlich Anmer-kungen

---

3   Die »Bibliographie der Schriften von Leopold Löwenstein« ist ohne Verfasseranga-
be in der Zeitschrift für Hebräische Bibliographie erschienen und deshalb im Verzeichnis von Hanna Emmrich nicht erwähnt. Da Freimann alleiniger Herausgeber
der Zeitschrift war und die bibliographischen Berichte zusammenstellte, die auch die
gesonderte Bibliographie von Löwenstein enthalten, wird Aron Freimann als Verfasser angesehen.

4   Die »Bibliographie der Flugschriften über Joseph Süß Oppenheimer« richtet sich
nach der Ordnungsstruktur der bereits veröffentlichten Bibliographie von Wilhelm
Heyd in dem Sammelband Bibliographie der Würtembergischen Geschichte (Bd 2,
S. 534–535.) Sie ist nicht alphabetisch.

Thematische Bibliographien

Kurztitel	Hygienische Literatur	Anonyme Schriften[5]	Vollständiger Exeget[6]	Kommentare zu Rabbi Ismael
Jahr	1911	1915	1914/1945	1917
Berichts-zeitraum	1679–1910	1535–1915	10.–16. Jh.	9.–20. Jh.
Einträge	271	403	225/338	51
Ordnungs prinzip	Alphabetisch nach Verfassern	Alphabetisch nach Titeln	Nach Ordnung der Talmudtrak-tate chronolo-gisch	Chronologisch
Gliederung	Hebraica und Judaica in ge-trennten Teilen Monographien und Aufsätze in einem Alphabet	Nur selbständige Schriften	Handschriften und Drucke getrennt geordnet	Handschriften und Drucke in einer Zählung
Sprachen	Hebräisch, lateinisch, deutsch, englisch, französisch, holländisch, italienisch, ungarisch	Deutsch	Hebräisch	Hebräisch
Typ	Titelbiblio-graphie	Titelbibliogra-phie; Eruierung der Verfasser	Annotierte referierende Bibliographie	Annotierte referierende Bibliographie

---

5   Als Grundlage der »Bibliographie der hygienischen Literatur der Juden« benennt Freimann zwei allgemeine medizinische Bibliographien: Ludwig Choulant: Biblio-theca medico-historica [...] Additamenta ed. Julius Rosenbaum, Leipzig 1842; Ju-lius L. Pagel: Historisch-medicinische Bibliographie für die Jahre 1875–1896, Berlin 1898, sowie drei Standardwerke zur Medizin der Juden: Ludwig Kotel-mann: Die Ophthalmologie bei den alten Hebräern, Hamburg, Leipzig 1910; Juli-us Preuss: Biblisch-talmudische Medizin, Berlin 1911 und Reuben J. Wunderbar: Biblisch-talmudische Medicin, Riga, Bd 2, 1851. Bei der Erstellung der Biblio-graphie wurde Freimann von drei weiteren Bearbeitern unterstützt, deren Zusätze gesondert gekennzeichnet sind.

6   Die hohe Zahl der Einträge in der »Bibliographie der vollständige Exeget« kommt dadurch zustande, daß Gesamtkommentare des Talmuds, wie z. B. der von Raschi, für jedes Traktat gesondert gezählt werden.

Literaturverzeichnis

1 Ungedruckte Materialien

Deutschland

Institut für Stadtgeschichte (ehemaliges Stadtarchiv, StA) Frankfurt a. M.
  Akten des Magistrats der Stadt Frankfurt a. M. S 1472/I; S 1476; S 1481/II; 6221.
  Akten der Stadtverordnetenversammlung 1.178.
  Personalakten: Aron Freimann, Richard Oehler.

Jüdisches Museum Frankfurt a. M. (JMF)
  Personenkartei: Therese Freimann, Menny Rapp.
  A 175, Ms., R. Bergel: Die Arbeit der jüdischen Fürsorge in Frankfurt a. M. 1919–
    1939, 1961.
  A 239, Ms., T. Freimann: Erinnerungen aus meiner sozialen Arbeit, 1963.

Stadt- und Universitätsbibliothek Frankfurt a. M.
  Freimann, Aron: Katalog der Dr. A. Berlinerischen Bibliothek, Berlin 1895.
  Informationen für die Mitarbeiter und Angehörigen des Hauses, 1971, Nr. 5.
  Kirchheim, Raphael: Katalog der Fuldschen Bücher.

Privatbesitz Familie de Jong.

Hessisches Hauptstaatsarchiv Wiesbaden (HHStA)
  Abt. 518/Nr. 9867.
  Abt. 519/A, Nr. Ffm 1772.
  Abt. 519/D, Nr. JS 2587 und 901/39.
  Abt. 519/N, 17624.

Israel

The Jewish National & University Library Jerusalem (JNUL), Manuscript
Collection
  Achad Haam Arc 803
  Agnon Arc 4:1270; 5:1323
  Aptowitzer Arc 4:1209

Löw Arc 4:794
Poznanski Arc 4:1180
Scholem Arc 4:1599
Schwadron-Collection

The Schocken Institute – Archives, Jerusalem
SchA 872/201.

Beit Bialik (Archiv), Tel Aviv, Briefe.

Italien

Bibliotheca Apostolica Vaticana, Archiv, Città del Vaticano, Briefe.

USA

Hebrew Union College, Cincinnati
Nachlaß Aron Freimann – Ms. ACQ. 1983–3 / 1229.

New York Public Library (NYPL)
Emergency Committee in Aid of Displaced Foreign Scholars Records, Box 9.

Archives of the Leo Baeck Institute (LBI), New York
AR 1184.

2 Nachschlagewerke

Allgemeine deutsche Biographie. Hg. durch die Historische Commission bei der Kö-
     niglichen Akademie der Wissenschaften. 56 Bde, Leipzig: Duncker & Humblot
     1875–1912.
Bader, Gershom: The Encyclopedia of Talmudic Sages. Northvale, London: Aronson 1988.
Bartsch, Eberhard: Die Bibliographie, 2., durchges. Aufl., München u. a.: Saur 1989.
Bibliographie zur Geschichte der Frankfurter Juden 1781–1945. Hg. von der Kommis-
     sion zur Erforschung der Geschichte der Frankfurter Juden. Bearb. von Hans-Otto
     Schembs mit Verw. der Vorarbeiten von Ernst Loewy und Rosel Andernacht. Frank-
     furt a. M.: Kramer 1978.
Biographisches Handbuch der deutschsprachigen Emigration nach 1933 / International
     Biographical Dictionary of Central European Emigrés 1933–1945. Hg. von Werner
     Roeder und Herbert A. Strauss. 3 Bde, München, New York: Saur 1980–1983.
Brisman, Shimeon: Jewish Research Literature. Bd 1: A History and Guide to Judaic
     Bibliography; Bd 2: A History and Guide to Judaic Encyclopedias and Lexicons;
     Bd 3,1: History and Guide to Judaic Dictionnaries and Concordances. Cincinnati:
     Hebrew Union College Press 1977, 1987, 2000.
Encyclopaedia hebraica [Ha-Ensiqlopedya ha-ivrit. Kelalit, yehudit we-eresyisrae'elit,
     hebr.]. Jerusalem u. a.: Hevra le-ho sa'at 1949ff.

Encyclopaedia Judaica. Das Judentum in Geschichte und Gegenwart. Hg. von Jakob Klatzkin und Ismar Elbogen, 10 Bde, Berlin: Eschkol 1928–1934.

Encyclopaedia Judaica. Begr. von Cecil Roth und Geoffrey Wigoder, 16 Bde, Jerusalem: Keter 1971.

Encyclopedia of Library and Information Science. Ed. by Allen Kent, Harold Lancour and John E. Daily. New York, Basel: Dekker 1978.

Ensiqlopedya le-hakme hat-talmud we-hag-ge'onim [Enzyklopädie der Talmudgelehrten und der Gaonen, hebr.]. Bearb. von Re'uven Margaliyyot. 2 Bde, Tel Aviv: Yavneh 1995.

Enzensberger, Horst: Buch- und Schriftwesen. Palaeography, Codicology, Epigraphy / Paleografia, epigrafia, codicologia / Paléographie, epigraphie, codicologie. ⟨http://www.uni-bamberg.de/ggeo/hilfswissenschaften/hilfswiss/palaeogr.html⟩ (23.08.2004).

Enzyklopädie des Holocaust. Die Verfolgung und Ermordung der europäischen Juden. Hg. von Israel Gutman. 3 Bde, Berlin: Argon 1993.

Freimann, Aron: Katalog der Judaica und Hebraica. Stadtbibliothek Frankfurt a. M., Band Judaica. Frankfurt a. M.: o. V. 1932 (Neudruck Graz 1968).

Gesamtkatalog der Wiegendrucke. Hg. von der Kommission für den Gesamtkatalog der Wiegendrucke, der Deutschen Staatsbibliothek zu Berlin, der Staatsbibliothek zu Berlin – Preußischer Kulturbesitz. 11 Bde, Leipzig, Stuttgart: Hiersemann u. a. 1925ff.

Der große Brockhaus. 16., völlig neubearb. Aufl., 12 Bde, (nebst Erg.-Bde. 1–2 u. Atlas). Wiesbaden: Brockhaus 1952–1963.

Der große Brockhaus. Handbuch des Wissens ins 20 Bänden, 15., völlig neubearb. Aufl. von Brockhaus Konversationslexikon (nebst. Ergänzungs-Band und Atlas). Leipzig: Brockhaus 1928–1937.

Habermann, Alexandra / Rainer Klemmt / Frauke Siefkes: Lexikon deutscher wissenschaftlicher Bibliothekare 1925–1980. Frankfurt a. M.: Klostermann 1985 (Zeitschrift für Bibliothekswesen und Bibliographie; Sonderheft 42).

Hacker, Rupert: Bibliothekarisches Grundwissen. 3., neubearb. Aufl., München u. a.: Verlag Dokumentation 1976 (Uni-Taschenbücher; 148: Bibliothekswesen).

Haller, Klaus: Katalogkunde. Formalkataloge und formale Ordnungsmethoden. 2. Aufl., München u. a.: Saur 1983.

Handbuch der bibliographischen Nachschlagewerke. Bearb. von Wilhelm Totok, Rolf Weitzel und Karl-Heinz Weimann. 3. erw., völlig neu bearb. Aufl., Frankfurt am Main: Klostermann 1966.

Handbuch der deutschsprachigen Emigration 1933–1945. Hg. von Claus Dieter Krohn, Darmstadt: Wissenschaftliche Buchgesellschaft 1998.

Index to Festschriften in Jewish Studies. Comp. and ed. by Charles Berlin. New York: Ktav Publishing House 1971.

Instruktionen für die alphabetischen Kataloge der preußischen Bibliotheken und für den preußischen Gesamtkatalog vom 10. Mai 1899. 2. Ausgabe in der Fassung vom 10. August 1908. Unveränd. Nachdruck, Wiesbaden: Harrassowitz 1966.

Internationaler Biographischer Index 7, 2000. ⟨http://www.biblio.tu-bs.de/acwww25u/wbi⟩ (15.07.2002).

The Jewish Encyclopedia. A Descriptive Record of the History, Religion, Literature, and Customs of the Jewish People from the Earliest Time to the Present Day. Ed. by Isidore Singer. 12 Bde, New York u. a.: Funk and Wagnalls 1901–1906.

Jüdisches Lexikon. Ein enzyklopädisches Handbuch des jüdischen Wissens in vier Bänden. Begr. von Georg Herlitz und Bruno Kirschner. 5 Bde, Berlin: Jüdischer Verlag 1927–1930 (Nachdruck Königstein 1987).

Katalog der Gemeindebibliothek. Israelitische Gemeinde Frankfurt. Frankfurt a. M.: Wartenberg 1932.

Kurzbiographien zur Geschichte der Juden 1918–1945. Hg. von Joseph Walk. München u. a.: Saur 1988.

The Oxford Dictionary of the Jewish Religion. Ed. by Raphael J. Zwi Werblowsky and Geoffrey Wigoder. New York u. a.: Oxford University Press 1997.

Shunami, Shlomo: Bibliography of Jewish Bibliographies. Bd 1: Hauptband; Bd 2: Supplement. 2 Bde, Jerusalem: Magnes 1965/1975.

The Universal Jewish Encyclopedia. An Authoritative and Popular Presentation of Jews and Judaism since the Earliest Times in Ten Volumes. Ed. by Isaac Landman. New York: Universal Jewish Encyclopedia 1939–1943.

Winninger, Salomon: Grosse juedische National-Biographie. Mit mehr als 8.000 Lebensbeschreibungen namhafter juedischer Maenner und Frauen aller Zeiten und Laender. Ein Nachschlagewerk fuer das juedische Volk und dessen Freunde. 6 Bde, Cernauti: Orient 1925–1933.

3 Gedruckte Quellen

Abraham Geiger and Liberal Judaism. The Challenge of the Nineteenth Century. Compiled with a Biographical Introduction by Max Wiener. Philadelphia: The Jewish Publication Society 1962.

Adler, Elkan Nathan: A Gazetteer of Hebrew Printing. London 1917.

Agnon, Samuel Josef: S. Y. Agnon – S. Z. Soqen. Hillufe iggerot (5676–5719) [Briefwechsel, 1916–1959, hebr.]. Tel Aviv u. a.: Schocken 1991.

– Esterlayn yeqirati. Miktavim 684–691 [Mein liebes Esterlein, 1924–1931, hebr.], Jerusalem: Schocken 1983.

– Sefer, sofer wesippur [Buch, Verfasser und Erzählung, hebr.], Tel Aviv u. a. Schocken 1938.

Allony, Nehemiah: »Ketav-yad sel Mose Rabbenu«. Yomane-massa le-gillui kitve yad ivriyyim [Eine Handschrift von Moses. Tagebücher zur Entdeckung hebräischer Handschriften, hebr.]. Jerusalem: Mass 1992.

Almanach des Schocken Verlags. Berlin: Schocken 5695 / 1934/35.

Ausstellung hebräischer Druckwerke. Hg. von der Stadtbibliothek Frankfurt a. M. 2., verm. Aufl., Frankfurt a. M. 1902.

Azulai, Chajim Josef David: The Diaries of Rabbi Haim Yosef David Azulai (Ma'agal Tov – the Good Journey). Übers. und bearb. von Benjamin Cymerman. Jerusalem: Bnei Issakhar Institute 1997.

– Sefer ma'agal tob has-salem. Hg. von Aron Freimann. Berlin: Itzkowski 1921 (Schriften des Vereins Mekize Nirdamim; 22).

– Sem hag-gedolim. Livorno 1786–1796.

Baerwald, Hermann / Salo Adler: Geschichte der Realschule der israelitischen Gemeinde (Philanthropin) zu Frankfurt a. M. 1804–1904. Frankfurt a. M.: Baer 1904 (Festschrift zur Jahrhundertfeier der Realschule der israelitischen Gemeinde [Philanthropin] zu Frankfurt am Main; 1).

Bartolocci, Giulio: Bibliotheca magna Rabbinica de scriptoribus et scriptis hebraicis ordine alphabetico hebraice & latine digestis. 5 Bde, Rom: Ex Typographia Sacræ Congregationis de Propaganda Fide 1675–1694 (Nachdruck Farnborough 1965–1968).

Bass, Sabbatai: Sifte Jesenim lifne ne'arim u qetannim. 2. Aufl., Teil 1 und 2, Zolkiew 1805/1806.

- Sifte Jesenim. Amsterdam 1680.
Beiträge zur Geschichte der deutschen Juden. Festschrift zum 70. Geburtstage Martin Philippsons. Hg. vom Vorstand der Gesellschaft zur Förderung der Wissenschaft des Judentums. Leipzig: Fock 1916 (Schriften hg. von der Gesellschaft zur Förderung der Wissenschaft des Judentums).
Ben-Chorin, Schalom: Interview mit Rafael Edelmann. In: Jediot Hadashot, 17. Mai 1957.
Ben-Menahem, Naftali: Miginze Yisrael bavatikan [Aus dem jüdischen Schatz im Vatikan, hebr.]. Jerusalem 1944.
Benjacob, Issac: Ozar Ha-Sepharim / Theasaurus Librorum Hebraicorum tam impressorum quam manu scriptorum / Bibliographie der gesammten hebraeischen Literatur mit Einschluss der Handschriften. Wilna 1880 (Nachdruck o. O. 1950).
Bericht über die am 13. Juni 1905 in Breslau stattgefundenen Sitzungen der Kommission zur Herausgabe der Germania Judaica. In: Monatsschrift für Geschichte und Wissenschaft des Judentums 49 (1905), S. 508–512.
Berliner, Abraham: Aus meiner Knabenzeit. In: Jahrbuch für Jüdische Geschichte und Literatur 16 (1913), S. 165–190.
- Raschi al hat-tora, Raschii (Salomonis Isaacidis) in Pentateuchum commentarius [hebr.]. Berlin 1866 (Nachdruck Berlin 1905).
Bialik, Hayyim N.: Iggerot Hayyim Nahman Bialik [Die Briefe von Chaim Nachman Bialik, hebr.]. Hg. von Pinhas Lahover. 5 Bde, Tel Aviv: Devir 1928–1934.
- Vorwort. In: Selomo Ben Gabirol: Sire Selomo Ben-Jehuda Ibn-Gabirol. 2 Bde, Berlin: Devir 1923/24.
- Kitve Hayyim Nahman Bialik [Bialiks Werke, hebr.]. 4 Bde, Tel Aviv: Devir 1922–1949 (Nachdruck Tel Aviv 1955–1957).
The Bibliography of the Hebrew Book 1473–1960. A Bibliography of all Printed Hebrew Language Books before 1960. CD-ROM und User Manual. Jerusalem: EPI 1994.
Bibliotheca Iudaica. Bibliographisches Handbuch der gesammten jüdischen Literatur mit Einschluss der Schriften über Juden und Judenthum und einer Geschichte der jüdischen Bibliographie nach alphetischer Ordnung der Verfasser bearb. von Julius Fürst. 3 Bde, Leipzig: Engelmann 1849/1851/1863.
Bibliothecae Apostolicae Vaticanae codicum manuscriptorum Catalogus in tres partes distributus, in quarum prima orientales, in altera graeci, in tertia Latini Italici aliorumque Europaeorum idiomatum codices. Stephanus Evodius Assemanus et Joseph Simonius Assemanus recensuerunt digesserunt animad. versionibusque illustrarunt. Rom: Rofilius 1756–1759, Bd 1: Complectens Codices Ebraicos et Samaritanos (1756).
Brann, Markus: Ein kurzer Gang durch die Geschichte der jüdischen Literatur. 2., verb. Aufl., Wien, Berlin: Löwit 1918 (Jüdische Handbücher, 1).
- Ein kurzer Gang durch die jüdische Geschichte. 3. Aufl., Wien, Berlin: Löwit 1918 (Jüdische Handbücher; 2).
- Geschichte der Juden und ihrer Literatur. Für Schule und Haus, 2 Bde., Breslau: Jacobsohn 1893–1894.
- / Aron Freimann: Vorwort, In: Germania Judaica. Hg. im Auftrag der Gesellschaft zur Förderung der Wissenschaft des Judentums von M. Braun und A. Freimann. Frankfurt a. M.: Kauffmann 1917, Bd I,1, S. VII–XII.
- / Aron Freimann: Vorarbeiten zur Germania Judaica. In: Monatsschrift für Geschichte und Wissenschaft des Judentums 51 (1907), S. 95–115.
Brody, Heinrich: Programm. In: Zeitschrift für Hebräische Bibliographie 1 (1896), S. 1–3.

Buber, Martin: Die jüdische Bewegung. Gesammelte Aufsätze und Ansprachen 1900–1915. Berlin: Jüdischer Verlag 1916.

– Jüdische Wissenschaft. In: ders., Die jüdische Bewegung. Gesammelte Aufsätze und Ansprachen 1900–1915. Berlin: Jüdischer Verlag 1916, S. 45–51.

Buxtorf, Johannes (d. Ä.): Appendix ad Bibliothecam rabbinicam. Basel 1640.

– Bibliotheca Rabbinica. In: ders., De Abbreviaturis Hebraicis liber novus & Copiosus. Basel 1613 (Nachdruck Franeker 1696, Herborn 1708, davon Reprintausgabe Hildesheim 1985).

– De Abbreviaturis Hebraicis liber novus & Copiosus. Basel 1613.

– Synagoga Judaica, das ist Jüden Schul, darinnen der gantz Jüdische Glaub [...] erkläret. Basel: Petri 1603.

Cassuto, Umberto: I Manoscritti palatini ebraici della Bibliotheca Apostolica Vaticana e la loro storia. Città del Vaticano 1935 (Studi e Testi; 66).

Catalog of the Hebrew Collection of the Harvard College Library. Ed. by Charles Berlin. 11 Bde, München u. a.: Saur 1995.

Codices Vaticani Hebraici. Bd 1: Codices 1–115. Hg. von Humbertus Cassuto. Rom: Bybliothecae Vaticana 1956 (Bybliothecae apostolicae Vaticanae Codices manu scripti recensiti).

Cowley, Arthur Ernst: A Concise Catalogue of the Hebrew Printed Books in the Bodleian Library. Oxford: Clarendon Press 1929.

Deutsches Judentum unter dem Nationalsozialismus. Hg., eingeleitet und erläutert von Otto Dov Kulka. Bd 1: Dokumente zur Geschichte der Reichsvertretung der deutschen Juden 1933–1939. Tübingen: Mohr 1997 (Schriftenreihe wissenschaftlicher Abhandlungen des Leo-Baeck-Instituts; 54).

Dokumente zur Geschichte der Frankfurter Juden 1933–1945. Hg. von der Kommission zur Erforschung der Geschichte der Frankfurter Juden. Frankfurt a. M.: Kramer 1963.

Elbogen, Ismar: Ein Jahrhundert Wissenschaft des Judentums. In: Festschrift zum 50jährigen Bestehen der Hochschule für die Wissenschaft des Judentums. Hg. von I. Elbogen. Berlin: Philo 1922, S. 101–144.

Ettlinger, Jakob: Binyan Siyyon [Responsen, hebr.]. Altona 1868 (Nachdruck Jerusalem 1988/89).

Festschrift Dr. Jakob Freimann zum 70. Geburtstag, gewidmet von der Jüdischen Gemeinde zu Berlin und dem Rabbinerseminar zu Berlin sowie einem Kreise seiner Freunde und Verehrer. Berlin: Selbstverlag 1937.

Festschrift für Aron Freimann zum 60. Geburtstage. Hg. von Alexander Marx und Herrmann Meyer. Berlin: Soncino-Gesellschaft der Freunde des jüdischen Buches e. V. 1935.

Festschrift zum Achtzigsten Geburtstage Moritz Steinschneiders. Leipzig: Drugulin 1896.

Festschrift zum 50jährigen Bestehen der Hochschule für die Wissenschaft des Judentums. Hg. von Ismar Elbogen. Berlin: Philo 1922.

Festschrift zum siebzigsten Geburtstage A. Berliners, gewidmet von Freunden und Schülern. Hg. von Aron Freimann und Meier Hildesheimer. Frankfurt a. M.: Kauffmann 1903.

Festschrift zum 70. Geburtstage David Hoffmanns, gewidmet von Freunden und Schülern. Hg. von Simon Eppenstein, Meier Hildesheimer und Joseph Wohlgemuth. Berlin: Lamm 1914.

Festschrift zur Hundertjahrfeier des Vereins für Geographie und Statistik zu Frankfurt a. M., 9. Dezember 1836 – 9. Dezember 1936. Hg. von Wolfgang Hartke. Frankfurt a. M.: Ravenstein 1936.

Festschrift zur Jahrhundertfeier der Realschule der israelitischen Gemeinde (Philanthropin) zu Frankfurt a. M. 1804–1904. Frankfurt a. M.: Baer 1904.

France, Anatole: Aufruhr der Engel. Berlin, Weimar: Aufbau 1986.

Frankel, Zacharias: Mavo ha-Jeruschalmi [Breslau 1870].

– Additamenta et Index. Leipzig 1867.

– Darke Ha-Mishna [Die Wege der Mischna, hebr.]. Leipzig: Hunger 1859.

– Einleitendes. In: Monatsschrift für Geschichte und Wissenschaft des Judentums 1 (1852), S. 1–6.

Frankfurter Jüdische Erinnerungen. Ein Lesebuch zur Sozialgeschichte 1864–1951. Hg. der Kommission zur Erforschung der Geschichte der Frankfurter Juden. Bearb. von Elfi Pracht. Sigmaringen: Thorbecke 1997.

Freimann, Alfred: Zur Bibliographie der hebräischen Responsen des Maimonides. In: Festschrift für Aron Freimann zum 60. Geburtstage. Hg. von Alexander Marx und Herrmann Meyer. Berlin: Soncino-Gesellschaft der Freunde des jüdischen Buches e. V. 1935, S. 121–124.

Freimann, Israel Meir: Wehishir. Bd 1, Leipzig 1873; Bd 2, Warschau 1880.

Fromm, Bella: Als Hitler mir die Hand küßte. Reinbek: Rowohlt 1994 (rororo; 9770: rororo-Sachbuch).

Gans, Eduard: Halbjähriger Bericht im Verein für Cultur und Wissenschaft der Juden. Am 28. April 1822 abgestattet. In: Norbert Waszek: Eduard Gans (1797–1839). Hegelianer – Jude – Europäer. Texte und Dokumente. Frankfurt a. M.: Lang 1991 (Hegeliana; 1), S. 62.

Geiger, Abraham: Über die Errichtung einer jüdisch-theologischen Facultät. Wiesbaden: Riedel 1838.

– Die Gründung einer jüdisch-theologischen Facultät, ein dringendes Bedürfniß unserer Zeit. In: Wissenschaftliche Zeitschrift für jüdische Theologie 2 (1836), S. 1–21.

Geiger, Ludwig: Zunz im Verkehr mit Behörden und Hochgestellten. In: Monatsschrift für Geschichte und Wissenschaft des Judentums 60 (1916), S. 245–262, 321–347.

Germania Judaica. Bd I,1–2: Von den ältesten Zeiten bis 1238. Hg. von Markus Brann. Frankfurt a. M. u. a.: Kauffmann u. a. 1917/1934 (Schriften hg. von der Gesellschaft zur Förderung der Wissenschaft des Judentums); Bd II: Von 1238 bis zur Mitte des 14. Jahrhunderts. Hg. von Zvi Avneri. Tübingen: Mohr 1968 (Veröffentlichung des Leo-Baeck-Instituts); Bd III,1–2: 1350–1519. Hg. von Ayre Maimon. Tübingen: Mohr 1987/1995 (Veröffentlichung des Leo-Baeck-Instituts).

Germania Judaica, Bd 2 (1238–1350), Register [und] Personen-Register. In: Zeitschrift für die Geschichte der Juden in Deutschland 7 (1937), S. 46–52, 226–234.

Gesner, Conrad: Bibliotheca Universalis […]. Zürich 1545–1555

Ghirondi, Mordekai Samuel / Hananel Nepi: Toledot Gedolei Israel. Triest 1853 (Nachdruck Jerusalem 1967/68).

Graetz, Heinrich: Die Konstruktion der jüdischen Geschichte. Hg. von Nils Roemer. Düsseldorf: Parerga 2000 (Jüdische Geistesgeschichte; 2).

– Geschichte der Juden von den ältesten Zeiten bis auf die Gegenwart. 11 Bde, 2. Aufl., Leipzig: Leiner 1900.

Grunwald, Max: Bericht über die Gruppe »Hygiene der Juden« in der Internationalen Hygiene-Ausstellung Dresden 1911. Wien 1911.

Gutmann, Julius / Sigmund Salfeld: Bericht über die am 13. Juni 1905 in Breslau stattgefundenen Sitzungen der Kommission zur Herausgabe der Germania Judaica. In: Monatsschrift für Geschichte und Wissenschaft des Judentums 49 (1905), S. 508–512.

Hain, Ludwig: Repertorium bibliographicum in quo libri omnes ab arte typographica inventa usque ad annum MD. typis expressi ordine alphabetico vel simpliciter enumerantur vel adcuratius recensentur. 2 Bde, Stuttgart: Cotta 1826–1838.

Hamissa Humse Tora [Biblia Hebraica]. Berlin 1930–1933.

Harvard University Library: Catalogue of Hebrew Books. Boston: Harvard University Press 1968 (Bd 1–6), 1973 (Bd 7–9).

Hebrew Union College / Jewish Institute of Religion: Dictionary Catalog of the Klau Library. 32 Bde, Boston: Hall 1964.

Heilprin, Jechiel: Seder ha-dorot. Karlsruhe: Lotter 1769 (Nachdruck Warschau 1878–1882).

Heyd, Wilhelm: Süss Oppenheimer Bibliographie. In: Zeitschrift für Bücherfreunde 8 (1904/05), S. 448–452.

Hirsch, Samson Raphael: Wie gewinnen wir das Leben für unsere Wissenschaft? In: Jeschurun 8 (1862), S. 73–91.

Hirsch, Samuel: Die Religionsphilosophie der Juden oder das Prinzip der jüdischen Religionsanschauung und sein Verhältniß zum Heidenthum, Christenthum und zur absoluten Philosophie dargestellt und mit den erläuterten Beweisstellen aus der heiligen Schrift, den Talmudim und Midraschim. Leipzig: Hunger 1842.

Hoffmann, David: Zur Einleitung in die halachischen Midraschim. Berlin: Driesner 1887 (Jahresbericht des Rabbiner-Seminars zu Berlin: Beilagen; 1887/5647).

Horovitz, Markus: Frankfurter Rabbinen. Ein Beitrag zur Geschichte der Israelitischen Gemeinde in Frankfurt a. M. Ergänzungen von Josef Unna. Jerusalem: Ahva 1969.

The Institute of Microfilmed Hebrew Manuscripts / Jewish National and University Library ⟨http://jnul.huji.ac.il/imhm/imhm.htm⟩ (15.10.2003).

Jahresbericht des Rabbinerseminars in Berlin vom Jahr 1893/94. Berlin 1896.

Jahresberichte = Bericht über die Verwaltung der Stadtbibliothek zu Frankfurt a. M. Separatabdruck aus dem Bericht des Magistrats über die Verwaltung und den Stand der Gemeinde-Angelegenheiten der Stadt Frankfurt a. M. 1 (1881) – 30 (1913/14); 36/40 (1919/24) – 45 (1928/29).

Jellinek, Adolf: Quntres ham-mefares [Der Exeget, hebr.]. Wien: Brag, Smolenskin 1877.

Jost, Isaac Marcus: Geschichte der Israeliten seit der Zeit der Maccabäer bis auf unsre Tage nach den Quellen bearbeitet. 9 Bde, Berlin: Schlesinger 1820–1847.

Die Judaica der Stadtbibliothek Frankfurt a. M. In: Mitteilungen der Soncino-Gesellschaft 6 (1930), S. 1–5.

Karpeles, Gustav: Geschichte der jüdischen Literatur. 2 Bde, Berlin: Oppenheim 1886 (Geschichte der Literatur der europäischen Völker).

Kirchheim, Raphael: Catalog der reichhaltigen Sammlung hebräischer und jüdischer Bücher und Handschriften aus dem Nachlass des seel. Herrn Dr. G. B. Carmoly [...] Frankfurt a. M.: Baer 1875.

Kisch, Guido: Der Lebensweg eines Rechtshistorikers. Erinnerungen. Sigmaringen: Thorbecke 1975.

– Zeitschriftenschau. In: Zeitschrift für die Geschichte der Juden in Deutschland 3 (1931), S. 225–226; 4 (1932), S. 59–63; 6 (1935), S. 60–63.

Kober, Adolf: Arbeiten zur Geschichte der Juden in Deutschland. In: Monatsschrift für Geschichte und Wissenschaft des Judentums 79 (1935), S. 11–20.

– Aron Freimann zum 70. Geburtstage. In: Aufbau 7 (1941), 24. August 1941, S. 20

– Die Geschichte der deutschen Juden in der historischen Forschung der letzten 35 Jahre. In: Zeitschrift für die Geschichte der Juden in Deutschland 1 (1929), S. 13–23.

Kracauer, Isidor: Geschichte der Juden in Frankfurt a. M. (1150–1824). 2 Bde, Frankfurt a. M.: Kauffmann 1925–1927.
– Urkundenbuch zur Geschichte der Juden in Frankfurt a. M. von 1150–1400. 2 Bde, Frankfurt a. M.: Kauffmann 1914.
– Geschichte der Frankfurter Juden im Mittelalter. 2 Bde, Frankfurt a. M.: Kauffmann 1911–1914.
– Urkundenbuch zur Geschichte der Juden in Frankfurt a. M. Frankfurt a. M.: Kauffmann 1911.
– Die Geschichte der Judengasse in Frankfurt a. M.. In: Festschrift zur Jahrhundertfeier der Realschule der israelitischen Gemeinde (Philanthropin) zu Frankfurt a. M. 1804–1904. Frankfurt a. M.: Baer 1904, S. 303–464.
Kruskal, Herbert N.: Erinnerungsbericht [1961]. In: Dokumente zur Geschichte der Frankfurter Juden 1933–1945. Hg. von der Kommission zur Erforschung der Geschichte der Frankfurter Juden. Frankfurt a. M.: Kramer 1963, S. 28–32.
Lazarus, Moritz: Aus meiner Jugend. Autobiographie. Mit Vorwort und Anhang hg. von Nahida Lazarus. Frankfurt a. M.: Kauffmann 1913.
– Treu und Frei. Gesammelte Reden und Vorträge über Juden und Judenthum. Leipzig: Winter 1887.
Loewe, Heinrich: Die Juden in Deutschland. Bibliographische Notizen (Neuerscheinungen). In: Zeitschrift für die Geschichte der Juden in Deutschland 1 (1929), S. 75–87, 337–360; 2 (1930), S. 310–332; 3 (1931), S. 151–170, 282–306; 4 (1932), S. 157–172.
Löwenstein, Leopold: Mafteah ha-haskamoth = Index Approbationum. Berlin: Marx 1923.
– Ein Jichus-Brief. In: Zeitschrift für Hebräische Bibliographie 20 (1917), S. 76–79.
– Register zu Nepi-Ghirondi Toledot Gedole Yisrael. In: Zeitschrift für Hebräische Bibliographie 17 (1914), S. 171–183.
– Beiträge zur Geschichte der Juden in Deutschland. Bd 1: Geschichte der Juden in der Kurpfalz; Bd 2: Nathanael Weil, Oberlandrabbiner in Karlsruhe und seine Familie. Frankfurt a. M.: Kauffmann 1895/1898.
– Geschichte der Juden am Bodensee und Umgebung. Nach gedruckten und ungedruckten Quellen dargestellt. Konstanz: Selbstverlag 1879.
Lucas, Leopold: Die Wissenschaft des Judentums und die Wege zu ihrer Förderung. Berlin: o. V. 1906 (Schriften der Gesellschaft zur Förderung der Wissenschaft des Judentums).
Mainz, Willy: Gemeinde in Not 1933–1938 [1946]. In: Dokumente zur Geschichte der Frankfurter Juden 1933–1945. Hg. von der Kommission zur Erforschung der Geschichte der Frankfurter Juden. Frankfurt a. M.: Kramer 1963, S. 239–255.
Marx, Alexander: Steinschneideriana II. In: Jewish Studies in Memory of George A. Kohut 1874–1933. Hg. von Salo W. Baron und Alexander Marx. New York: Alexander Kohut Memorial Foundation 1935, S. 492–527.
Maybaum, Siegmund: Die Wissenschaft des Judentums. In: Monatsschrift für Geschichte und Wissenschaft des Judentums 51 (1907), S. 643–645.
Mayer, Eugen: 5 Jahre Gemeindeverwaltung, 1919–1923. In: Gemeindeblatt der Israelitischen Gemeinde Frankfurt a. M. 2 (1924), Nr 10, S. 2.
Meyer, Herrmann: Bibliographische Notizen. In: Mitteilungen der Soncino-Gesellschaft 7/10 (1931), S. 90–93.
– Index Topo-Bibliographicus. Ein Beitrag zur Geschichte des hebräischen Buchdrucks. In: Soncino-Blätter 3,2/4 (1930), S. 243–258.
Meyer, Julius: November 1938 in Frankfurt/M. und Vorfälle in der Festhalle [1940]. In: Dokumente zur Geschichte der Frankfurter Juden 1933–1945. Hg. von der Kommis-

sion zur Erforschung der Geschichte der Frankfurter Juden. Frankfurt a. M.: Kramer 1963, S. 32–44.

Mose Ben-Eliezer Wallich: Sefer meschalim genannt das Kuhbuch, das ist eine Sammlung von Fabeln und Parabeln aus den Büchern Maschal-ha-Kadmoni und Mischle Schualim ausgewählt und in jüdisch-deutsche Reime gebracht von Moses Wallich aus Worms. Berlin: Soncino-Gesellschaft 1924–1926 (Publikation der Soncino-Gesellschaft der Freunde des jüdischen Buches; 1).

Neubauer; Adolf: Catalogue of the Hebrew Manuscripts in the Bodleian Library and the College Libraries of Oxford. Oxford: Clarendon Press 1886, Bd 1.

New York Public Library, Reference Department: Dictionary Catalog of the Jewish Collection. 14 Bde, Boston: Hall 1960.

Ohly, Kurt / Vera Sack: Inkunabelkatalog der Stadt- und Universitätsbibliothek und anderer öffentlicher Sammlungen in Frankfurt am Main. Frankfurt a. M.: Klostermann 1967 (Kataloge der Stadt- und Universitätsbibliothek Frankfurt am Main; 1).

Das Philanthropin zu Frankfurt a. M. Dokumentation und Erinnerung. Hg. von Albert Hirsch. Frankfurt a. M.: Kramer 1964.

Poznanski, Samuel: Einleitung zum Kommentar zu Ezechiel und den XII kleinen Propheten von Eliezer aus Beaugency [hebr.]. Warschau: Epfelberg 1909–1914.

Proctor, Robert: An Index to the Early Printed Books in the British Museum. Bd 1: From the Invention of Printing to the Year 1500. London: Paul, Trench, Trübner 1898.

Das Rabbiner-Seminar zu Berlin. Bericht über die ersten 25 Jahre seines Bestehens (1873–1898). Berlin 1898.

Rabinowitz, Raphael N.: Ohel Abraham. München: Huber 1888.

– Ma'amar al Hadpasat Ha-Talmud [Aufsatz über den Druck des Talmuds, hebr.]. Jerusalem: Mosad ha-Rav Quq 1952.

Rawidowicz, Simon: Sihotai im Bialiq [Meine Gespräche mit Bialik, hebr.]. Bearb. und hg. von Benjamin Ravid und Yehuda Friedlaender. Jerusalem, Tel Aviv 1983.

Reichsgesetzblatt (1933), I, S. 175–177.

Reißner, Hans: Zeitschrift für die Geschichte der Juden in Deutschland. In: Der Morgen 7 (1931), S. 458–459.

– Zeitschrift für die Geschichte der Juden in Deutschland. In: Monatsschrift für Geschichte und Wissenschaft des Judentums 73 (1929), S. 344.

Richel, Arthur: Katalog der Abteilung Frankfurt. Hg. von der Stadtbibliothek Frankfurt a. M. 2 Bde, Frankfurt a. M.: Knauer 1914/1929.

Richler, Benjamin: Guide to Hebrew Manuscript Collections. Jerusalem: Israel Academy of Sciences and Humanities 1994.

Rossi, Johann Bernhard de: Annales Hebraeo-Typographici, saeculi XV. Parma 1795.

– De Hebraicae Typographiae Origine et Primitiis. Parma 1776 / Erlangen 1778.

Saadja Gaon: Ha-Egron. Kitab Usul as-si'r al-'ibrani [The Egron. The Book of the Principles of Hebrew Poetry, hebr.]. Hg. und übersetzt von Nehemia Allony. Jerusalem: Leroux 1969.

– Œuvres Complètes de R. Saadia Ben Iosef al Fayyoumi. Ed. par Joseph Derenbourg. Bd 1: Version Arabe du Pentateuque. Paris: Leroux 1893.

– The Book of Beliefs and Opinions. Translated from the Arabic and the Hebrew by Samuel Rosenblatt. New Haven u. a.: Yale University Press 1948 (Yale Judaica Series; 1).

Saadyana. Geniza Fragments of Writings of R. Saadya Gaon and Others. Ed. by Salomon Schechter. Cambridge: Deighton and Bell 1903.

Satzung der Synagogengemeinde »Israelitische Religonsgesellschaft« Kehillat Jeschurun in Frankfurt a. M. Frankfurt a. M. 1927.

Schapiro, Israel: Parshane Rashi al ha-Torah. A Bibliography of Supercommentaries on Rashi's Pentateuch-Commentary [hebr.]. New York 1940; auch abgedruckt in: Bitsaron 2 (1940), S. 426–437.

Scholem, Gershom: Von Berlin nach Jerusalem, Frankfurt a. M.: Suhrkamp 1977 (Bibliothek Suhrkamp; 555).

Schorr, Moses: Aus einem Briefwechsel betreffend Benjacob's Otzar Hasefarim. In: Jewish Studies in Memory of George A. Kohut 1874–1933. Hg. von Salo W. Baron und Alexander Marx. New York: Alexander Kohut Memorial Foundation 1935, S. 528–548.

– Isaac Benjacob. In: Soncino-Blätter 2 (1927), S. 38–40.

Schwarz, Adolf: Die hermeneutische Induktion in der talmudischen Literatur. Ein Beitrag zur Geschichte der Logik. Wien u. a.: Hölder 1909.

– Der hermeneutische Syllogismus in der talmudischen Literatur. Ein Beitrag zur Geschichte der Logik im Morgenlande. Karlsruhe: Bielefeld 1901.

– Die hermeneutische Analogie in der talmudischen Literatur. Karlsruhe: Bielefeld 1897.

Schwarz, Arthur Zacharias: Die hebräischen Handschriften der Nationalbibliothek in Wien. Wien, Prag, Leipzig: Strache, 1925 (Museion. Abhandlungen; 2).

– Die hebräischen Handschriften der k. k. Hofbibliothek zu Wien (Erwerbungen seit 1851). Vorgelegt in der Sitzung am 4. Februar 1914. Wien: Hölder 1914 (Sitzungsberichte. Kaiserliche Akademie der Wissenschaften in Wien: Philosophisch-Historische Klasse; 175/5).

– Die illuminierten hebräischen Handschriften des Jesuitenkollegiums in Wien-Lainz. [Wien 1913]

Seligmann, Caesar: Die Renaissance des religiösen Liberalismus. In: Frankfurter Jüdische Erinnerungen. Ein Lesebuch zur Sozialgeschichte 1864–1951. Hg. von der Kommission zur Erforschung der Geschichte der Frankfurter Juden. Bearb. von Elfi Pracht. Sigmaringen: Thorbecke 1997, S. 191–200.

Selomo Ben Gabirol: Sire Selomo Ben-Jehuda Ibn-Gabirol, 2 Bde, Berlin: Devir 1923/24.

Siddur R. Saadja Gaon [hebr.]. Hg. von Simha Assaf, Israel Davidson und Issachar Joel. Jerusalem: Meqise Nirdamim 1941.

Simonsen, David: Meine Bibliothek. In: Mitteilungen der Soncino-Gesellschaft, N. F. 2 (1932), S. 34–39.

Slatkine, Menahem Mendel: Osar has-sefarim, heleq seni. Jerusalem: Kiryat Sefer 1965.

– Resit bikkure ha-bibliyyografya ba-sifrut ha-ivrit [Der Beginn der Erstlinge der Bibliographie in der hebräischen Literatur, hebr.]. Tel-Aviv 1958.

Societas Mekize Nirdamim 1864–1964 [hebr.]. Jerusalem: Nirdāmîm 1964.

Stadtbibliothek Frankfurt am Main. (Katalog der ständigen Ausstellung) Handschriften, Einbände, Formschnitte und Kupferstiche des 15. Jahrhunderts, Druckwerke und Einblattdrucke des 15.–20. Jahrhunderts. Frankfurt a. M. 1920.

Steinhardt, Jakob: Neun Holzschnitte zu ausgewählten Versen aus dem Buche Jeschu ben Elieser ben Sirah. Mit einer Einleitung von Arnold Zweig. Berlin: Aldus 1929 (Publikation der Soncino-Gesellschaft; 9).

Steinschneider, Moritz: Briefwechsel mit seiner Verlobten Auguste Auerbach 1845–1849. Ein Beitrag zu jüdischer Wissenschaft und Emanzipation. Hg. von Renate Heuer und Marie Louise Steinschneider. Frankfurt a. M. u. a.: Campus 1995 (Campus-Judaica; 1).

– Gesammelte Schriften. Hg. von Henry Malter und Alexander Marx. Bd 1: Gelehrten-Geschichte. Berlin: Poppelauer 1925.

– Ghirondi. In: ders., Gesammelte Schriften, Bd 1, S. 17–26.

– Die Geschichtsliteratur der Juden in Druckwerken und Handschriften. Bd 1: Bibliographie der hebräischen Schriften [mehr nicht erschienen]. Frankfurt a. M.: Kauffmann 1905.
– Judeneid. Nachtrag. In: Zeitschrift für Hebräische Bibliographie 8 (1904), S. 150.
– Die allgemeine Einleitung in die jüdische Literatur des Mittelalters. In: Jewish Quarterly Review 15 (1903), S. 302–329; 16 (1904), S. 373–395, 734–764; 17 (1905), S. 148–162, 354–369, 545–582 (Neudruck Jerusalem 1938).
– Die arabische Literatur der Juden. Ein Beitrag zur Literaturgeschichte der Araber, grossenteils aus handschriftlichen Quellen. Frankfurt a. M.: Kauffmann 1902 (Nachdruck Hildesheim 1964).
– Saadia Gaon's arabische Schriften. In: Gedenkbuch zur Erinnerung an David Kaufmann. Hg. von Markus Braun und Ferdinand Rosenthal. Breslau: Schottlaender 1900, S. 144–168.
– Vorlesungen zur Kunde hebräischer Handschriften, deren Sammlungen und Verzeichnisse. Leipzig: Harrassowitz 1897 (Beihefte zum Centralblatt für Bibliothekswesen; 19).
– Christliche Hebraisten. In: Zeitschrift für Hebräische Bibliographie 1 (1896), S. 50–54, 86–89, 111–114, 140–143; 2 (1897), S. 50–55, 93–97, 121–125, 147–151; 3 (1899), S. 13–18, 47–50, 86–88, 111–118, 152–157; 4 (1900), S. 13–17, 50–56, 84–87, 121–122.
– Literatur des Judeneides. In: Zeitschrift für Hebräische Bibliographie 1 (1896), S. 17–22.
– Die hebräischen Übersetzungen des Mittelalters und die Juden als Dolmetscher. Ein Beitrag zur Literaturgeschichte des Mittelalters, meist nach handschriftlichen Quellen. Gekrönte Preisschrift der Academie des Inscriptions. Berlin: Kommissionsverlag des Bibliographischen Bureaus 1893 (Nachdruck Graz 1956).
– Polemische und apologetische Literatur in arabischer Sprache, zwischen Muslimen, Christen und Juden nebst Anhängen verwandten Inhalts mit Benutzung handschriftlicher Quellen. Leipzig: Brockhaus 1877 (Abhandlungen zur Kunde des Morgenlandes; 6,3) (Nachdruck Nendeln 1966).
– Diwan des Jehuda ha-Levi. In: Hebraeische Bibliographie – Hamazkir 8 (1865), S. 50–51.
– Bibliographisches Handbuch über die theoretische und praktische Literatur für hebräische Sprachkunde. Ein selbständiger Anhang zu Gesenius' Geschichte der hebräischen Sprache und Le-Long-Masch's Bibliotheca Sacra für Lehrer, Theologen und Buchhändler. Leipzig: Vogel 1859.
– Programm. In: Hebraeische Bibliographie – Hamazkir 1 (1858), S. 1–3.
– Catalogus librorum hebraeorum in Bibliotheca Bodleiana. Berlin 1852–1860, (Nachdruck Berlin 1931, Hildesheim 1964).
– Jüdische Literatur. In: Allgemeine Encyklopädie der Wissenschaften und Künste in alphabetischer Folge von genannten Schriftstellern bearb. und hg. von Johann Samuel Ersch und Johann Gottfried Gruber. Leipzig: Gleditsch 1850, Sektion 2,27, S. 357–471; engl. Übersetzung: Jewish Literature from the Eighth to the Eighteenth Century. With an Introduction on Talmud and Midrasch, a Historical Essay with an Index of Authors. Reprographischer Nachdruck der Ausg. London, 1857. Hildesheim: Olms 1967; hebr. Übersetzung: Sifrut Yisrael, Warschau 1897–1900, Neuauflage Warschau 1923, Jerusalem 1970/71.
– / David Cassel: Jüdische Typographie und Jüdischer Buchhandel. In: Allgemeine Encyklopädie der Wissenschaften und Künste in alphabetischer Folge von genannten Schriftstellern bearb. und hg. von Johann Samuel Ersch und Johann Gottfried Gruber. Leipzig: Gleditsch 1851, Sektion 2,28, S. 21–94, Nachdruck Jerusalem 1938.
Straus, Raphael: Germania Judaica. In: Kiryat Sepher 13 (1937), S. 62–64.
– Neuere geschichtswissenschaftliche und zeitgeschichtliche Literatur. In: Zeitschrift für die Geschichte der Juden in Deutschland 2 (1930), S. 87–100, 218–227.

- Zur Forschungsmethode der jüdischen Geschichte. In: Zeitschrift für die Geschichte der Juden in Deutschland 1 (1929), S. 4–12.

Studies of the Research Institute for Hebrew Poetry in Jerusalem. Jerusalem: Schocken 1935ff.

Tentative List of Jewish Cultural Treasures in Axis-Occupied Countries. Ed. by the Commission on European Jewish Cultural Reconstruction. New York: o. V. 1946.

Tisserant, Eugène: Specimina codicum orientalium [Proben orientalischer Kodizes]. Bonn: Marcus & Weber 1914 (Tabulae in usum scholarum; 8).

Tolédano, Jakob Moise: Apiryon. Maareket Sifre Hap-Pirusim, ha-hiddusim ve-habe-urrim. Jerusalem 1905.

Unser Dibbuk. Eine Festgabe zu dem fünfundzwanzigjährigen Jubiläum des Rabbiner-Seminars und dem XX. Stiftungsfest des seminaristischen Vereins Dibbuk-Chawerim, Tewet 5659–1898 Dezember. Berlin 1898.

Vinograd, Yesayahu: Osar has-sefer ha-ivri [Thesaurus of the Hebrew Book, hebr.]. 2 Bde, Jerusalem: Ha-Makhon Le-bibliyografyah Memu hshevet 1993–1995.

Waszek, Norbert: Eduard Gans (1797–1839). Hegelianer – Jude – Europäer. Texte und Dokumente. Frankfurt a. M.: Lang 1991 (Hegeliana; 1).

Wischnitzer, M.: Germania Judaica. In: The Jewish Quarterly Review, N. F. 27 (1936/37), S. 169–170.

Wolf, Immanuel: Über den Begriff einer Wissenschaft des Judenthums. In: Zeitschrift für die Wissenschaft des Judenthums 1 (1822/23), S. 1–24.

Wolf, Johann Christoph: Bibliotheca Hebræa, Sive Notitia Tvm Avctorvm Hebr. Cvjvscvnqve Ætatis, Tvm Scriptorvm, Qvæ Vel Hebraice Primvm Exarata Vel Ab Aliis Conversa Svnt, Ad Nostram Ætatem Dedvcta. 4 Bde, Hamburg, Leipzig: Liebezeit 1715–1733.

Wohlgemuth, Joseph: Etwas über die Termini orthodoxes und gesetzestreues Judentum. In: Festschrift zum 70. Geburtstage David Hoffmanns, gewidmet von Freunden und Schülern. Hg. von Simon Eppenstein, Meier Hildesheimer und Joseph Wohlgemuth. Berlin: Lamm 1914, S. 435–453.

Wohlhaupter, E.: Germania Judaica. In: Historische Zeitschrift 154 (1936), S. 104–106.

The Yiddish Catalogue and Authority File of the YIVO Library (Der jidiser katalog un oitoritetn-kartotek fun de Jiwo-bibliotek). 5 Bde, Boston: Hall 1990.

Zeitlin, William: Sterbedaten neuhebräischer Schriftsteller, Gelehrter und Publizisten: 1900–1915. In: Zeitschrift für Hebräische Bibliographie 19 (1916), S. 37–48.

Zimmels, Hirsch Jakob: Zeitschrift für die Geschichte der Juden in Deutschland. In: Monatsschrift für Geschichte und Wissenschaft des Judentums 75 (1931), S. 151–152.

Zunz, Leopold: Gesammelte Schriften. 3 Bde, Berlin: Gerschel 1875/1876.

- Juden und jüdische Literatur. In: Zunz, Gesammelte Schriften, Bd 1 (1875), S. 41–59.
- Die Literaturgeschichte der synagogalen Poesie. Berlin: Gerschel 1865.
- Sterbetage. Berlin: Poppelauer 1864.
- Der Ritus des synagogalen Gottesdienstes, geschichtlich entwickelt. Berlin: Springer 1859.
- Die synagogale Poesie des Mittelalters. Berlin: Springer 1855.
- Zur Geschichte und Literatur. Bd 1 [mehr nicht erschienen], Berlin: Veit 1845.
- Namen der Juden. Eine geschichtliche Untersuchung. Berlin: Fort 1837.
- Die gottesdienstlichen Vorträge der Juden, historisch entwickelt. Ein Beitrag zur Alterthumskunde und biblischen Kritik, zur Literatur- und Religionsgeschichte. Berlin: Asher 1832.
- Etwas über die rabbinische Literatur. Nebst Nachrichten über ein altes bis jetzt ungedrucktes hebräisches Werk. In: Zunz, Gesammelte Schriften, Bd 1 (1875), S. 1–31 [zuerst erschienen als Monographie Berlin 1818].

– Jude, Deutscher, Europäer. Ein jüdisches Gelehrtenschicksal des 19. Jahrhunderts in
  Briefen an Freunde. Hg. und eingeleitet von Nahum N. Glatzer. Tübingen: Mohr 1964
  (Schriftenreihe wissenschaftlicher Abhandlungen des Leo Baeck Instituts; 11).

4 Literatur

Abenhaim, Aharon: Sefer Middot Aharon. We-hu Perus nifla u-matoq al Barayyta de-
Rabbi Yismael, 13 Middot se-hat-Tora nidreset [Das Buch der Maßstäbe Aharon,
ein wunderbarer und süßer Kommentar zu den 13 Middot des Rabbi Yismael, hebr.].
Jerusalem: Bne Issakhar Institute 1992.

Adam, Uwe-Dietrich: Judenpolitik im Dritten Reich. Düsseldorf: Droste 1972 (Tübinger Schriften zur Sozial- und Zeitgeschichte; 1).

Adunka, Evelyn: Der Raub der Bücher. Plünderung in der NS-Zeit und Restitution nach
1945. Wien: Czernin 2002 (Die Bibliothek des Raubes; 9).

Alexander Marx. Jubilee Volume on the Occasion of his Seventieth Birthday. Ed. by
Saul Lieberman. New York: The Jewish Theological Seminary of America 1950.

Anonym: Prof. Aron Freimann 60 Jahre. In: Gemeindeblatt der Israelitischen Religionsgemeinde zu Leipzig 7 (1931), Nr 31, S. 6.

– Prof. Aron Freimann 60 Jahre. In: Jüdische Wochenzeitung [Wiesbaden] 5 (1931),
  Nr 32, S. 4.

– 60. Geburtstag [von Aron Freimann]. In: Frankfurter Israelitisches Gemeindeblatt 9
  (1930/31), Nr 12, S. 375.

– Therese Freimann zum 50. Geburtstag. In: Frankfurter Israelitisches Gemeindeblatt
  11 (1932/33), Nr 4, S. 97.

– Würdigung zum 70. Geburtstag [von Therese Freimann]. In: Aufbau 18 (1952), Nr
  47, S. 7.

Das alte Hamburg (1500–1848/49). Vergleiche, Beziehungen. Hg. von Arno Herzig. Berlin, Hamburg: Reimer 1989 (Hamburger Beiträge zur öffentlichen Wissenschaft; 5).

Altmann, Alexander: The German Rabbi 1910–1939. Introductory Remarks. In: Leo
Baeck Institute Year Book 19 (1974), S. 31–47.

Anderson, Benedict: Die Erfindung der Nation. Zur Karriere eines folgenreichen Konzeptes, Frankfurt a. M.: Campus 1996.

Antisemitismus und jüdische Geschichte. Studien zu Ehren von Herbert A. Strauss. Hg.
von Rainer Erb. Berlin: Wissenschaftlicher Autorenverlag 1987.

Arbeitsinformationen über Studienprojekte auf dem Gebiet der Geschichte des deutschen Judentums und des Antisemitismus. Hg. von der Germania Judaica, Kölner
Bibliothek zur Geschichte des deutschen Judentums, Köln 1 (1963ff.).

Arnsberg, Paul: Die Geschichte der Frankfurter Juden seit der Französischen Revolution.
Bearb. und vollendet durch Hans-Otto Schembs. 3 Bde, Darmstadt: Roether 1983.

– Neunhundert Jahre »Muttergemeinde in Israel‹ Frankfurt a. M. 1074–1974. Chronik
  der Rabbiner, Frankfurt a. M.: Knecht 1974.

Artom, Menachem: Haraw Prof. Mosche David (Umberto) Cassuto [hebr.]. In: Eretz-
Israel. Archaeological, Historical and Geographical Studies 3 (1954), S. 1–2.

Avneri, Zvi: Germania Judaica. In: Bulletin of the Leo Baeck Institute 1 (1957/58),
S. 111–116.

– Vorwort. In: Germania Judaica. Bd II/1: Von 1238 bis zur Mitte des 14. Jahrhunderts. Hg. von Zvi Avneri. Tübingen: Mohr 1968 (Veröffentlichung des Leo-Baeck-
  Instituts), S. IX–XIII.

Banitt, Menahem: Rashi. Interpreter of the Biblical Letter. Tel Aviv: The Tel Aviv University 1985.

Barkai, Avraham: Vom Boykott zur »Entjudung«. Der wirtschaftliche Existenzkampf der Juden im Dritten Reich 1933–1943, Frankfurt a. M.: Fischer Taschenbuch-Verlag 1988 (Fischer-Taschenbücher; 4368).

Baron, Salo W.: A Social and Religious History of the Jews: 18 Bde; New York u. a.: Columbia Univ. Press u.a. 1952–1983.

– Introduction. In: Aron Freimann: Union Catalog of Hebrew Manuscripts and their Location. New York: American Academy for Jewish Research, 1964–1973, Bd 1 (1973), S. III–V.

– Graetzens Geschichtsschreibung. Eine methodologische Untersuchung. In: Wissenschaft des Judentums im deutschen Sprachbereich. Ein Querschnitt. Hg. von Kurt Wilhelm. 2 Bde, Tübingen: Mohr 1967 (Schriftenreihe wissenschaftlicher Abhandlungen des Leo-Baeck-Instituts; 16,1/2), S. 353–360.

– Some Recent Literature on the History of the Jews in the Pre-Emancipation Era (1300–1800). In: Cahiers d'Histoire Mondiale / Journal of World History / Cuadernos de Historia Mundial 7 (1962), S. 137–171.

– Moritz Steinschneider's Contribution to Jewish Historiography. In: Alexander Marx. Jubilee Volume on the Occasion of his Seventieth Birthday. Ed. by Saul Lieberman. New York: The Jewish Theological Seminary of America 1950, S. 83–148.

Bartal, Israel: The Kinnus Project. Wissenschaft des Judentums and the Fashioning of a »National Culture« in Palestine. In: Transmitting Jewish Traditions. Orality, Textuality, and Cultural Diffusion. Ed. by Yaakov Elman and Israel Gershoni. New Haven, London: Yale University Press 2000 (Studies in Jewish Culture & Society), S. 310–323.

Battenberg, Friedrich: Das europäische Zeitalter der Juden. Zur Entwicklung einer Minderheit in der nichtjüdischen Umwelt Europas. 2 Bde, Darmstadt: Wissenschaftliche Buchgesellschaft 1990 (Besondere wissenschaftliche Reihe).

Bay, J. C.: Conrad Gesner (1515–1565), the Father of Bibliography. An Appreciation. In: The Papers of the Bibliographical Society of America 10 (1916), No. 2, S. 53–86.

Be'er, Haim: Their Love and their Hate. H. N. Bialik, Y. H. Brenner, S. Y. Agnon – Relations [hebr.]. Tel-Aviv: Am Oved 1992.

Bein, Alex: Die Judenfrage. Biographie eines Weltproblems. 2 Bde, Stuttgart: Deutsche Verlags-Anstalt 1980.

Beit-Arie, Malachi: How Hebrew Manuscripts are made. In: A Sign and a Witness. 2.000 Years of Hebrew Books and Illuminated Manuscripts. Ed. with an Introduction by Leonard Singer Gold. New York, Oxford: New York Public Library 1988 (Studies in Jewish History), S. 35–47.

Benz, Wolfgang: Das Exil der kleinen Leute. Alltagserfahrungen deutscher Juden in der Emigration. München: Beck 1991.

Der Berliner Antisemitismusstreit. Hg. von Walter Boehlich. Frankfurt a. M.: Insel 1988 (Insel-Taschenbuch; 1098).

Bertheau, Carl: Wolf, Johann Christoph. In: Allgemeine deutsche Biographie 44 (1898), S. 545–548.

»Beseitigung des jüdischen Einflusses ...« Antisemitische Forschungen, Eliten und Karrieren im Nationalsozialismus. Hg. vom Fritz Bauer Institut. Frankfurt a. M. u. a.: New York 1999 (Jahrbuch zur Geschichte und Wirkung des Holocaust; 1998/99).

Between Sorrow and Strength. Women Refugees of the Nazi Period. Ed. by Sibylle Quack. Washington u. a.: Cambridge University Press 1995 (Publications of the German Historical Institute Washington, D. C.).

Bibliographie und Berichte. Festschrift für Werner Schochow, dem langjährigen Redakteur der Bibliographischen Berichte. Hg. von Hartmut Walravens. München u. a.: Saur 1990.

Bibliographie zur Geschichte der Frankfurter Juden 1781–1945. Hg. von der Kommission zur Erforschung der Geschichte der Frankfurter Juden. Bearb. von Hans-Otto Schembs mit Verwendung der Vorarbeiten von Ernst Loewy und Rosel Andernacht. Frankfurt a. M.: Kramer 1978.

Bibliotheca Docet. Festgabe für Carl Wehmer. Hg. von Siegfried Joost. Amsterdam: Erasmus 1963.

Bibliotheca Publica Francofurtensis. Fünfhundert Jahre Stadt- und Universitätsbibliothek Frankfurt a. M. Hg. von Klaus-Dieter Lehmann. 3 Bde, Frankfurt a. M.: Stadt- u. Universitätsbibliothek 1984.

Bibliotheken während des Nationalsozialismus. Hg. von Peter Vodosek/Manfred Komorowski. 2 Bde, Wiesbaden: Harrassowitz 1989–1992. (Wolfenbütteler Schriften zur Geschichte des Buchwesens, 16).

A Bicentennial Festschrift for Jacob Rader Marcus. Ed. by Bertram Wallace Korn. Waltham, New York: American Jewish Historical Society, Ktav Publishing House 1976.

Bleich, Judith: Jacob Ettlinger, his Life and Works. The Emergence of Modern Orthodoxy in Germany. (Diss.) New York 1974.

Boyarin, Daniel: Anna O(rthodox). Bertha Pappenheim and the Making of Jewish Feminism. In: Bulletin of the John Rylands University Library 80 (1998), Nr 3, S. 65–87.

Boyle, Leonard Eugene: The Vatican Library. In: Rome Reborn. The Vatican Library and Renaissance Culture. Ed. by Anthony Grafton, New Haven 1993, S. XI–XX.

Brammer, Annegret H.: Judenpolitik und Judengesetzgebung in Preußen 1812 bis 1847. Mit einem Ausblick auf das Gleichberechtigungsgesetz des Norddeutschen Bundes von 1869. Berlin: Schelzky & Jeep 1987.

Brann, Markus: Geschichte des Jüdisch-Theologischen Seminars (Fraenckel'sche Stiftung) in Breslau. Festschrift zum 50jährigen Jubiläum der Anstalt. Breslau: Schatzky 1904.

Brenner, Michael: Geschichte als Politik – Politik als Geschichte. Drei Wege jüdischer Geschichtsauffassung in der ersten Hälfte des 20. Jahrhunderts. In: Erinnerung als Gegenwart. Jüdische Gedenkkulturen. Hg. von Sabine Hödl und Eleonore Lappin. Berlin, Wien: Philo 2000, S. 55–78.

– Jüdische Kultur in der Weimarer Republik, München: Beck 2000.

– Jüdische Studien im internationalen Kontext. In: Wissenschaft vom Judentum. Annäherungen nach dem Holocaust. Hg. von Michael Brenner und Stefan Rohrbacher. Göttingen: Vandenhoeck & Ruprecht 2000, S. 42–57.

– Warum München nicht zur Hauptstadt des Zionismus wurde. Jüdische Religion und Politik um die Jahrhundertwende. In: Zionistische Utopie – Israelische Realität. Religion und Nation in Israel. Hg. von Michael Brenner und Yfaat Weiss. München: Beck 1999 (Beck'sche Reihe; 1339), S. 39–52.

Das Breslauer Seminar (Jüdisch-Theologisches Seminar Fraenckel'scher Stiftung) in Breslau 1854–1938. Hg. von Guido Kisch. Tübingen: Mohr 1963.

Breuer, Mordechai: Frühe Neuzeit und Beginn der Moderne. In: Deutsch-jüdische Geschichte in der Neuzeit. Bd 1: Tradition und Aufklärung 1600–1780. Hg. von Michael A. Meyer. München: Beck 1996, S. 85–243.

– Jüdische Orthodoxie im Deutschen Reich 1871–1918. Die Sozialgeschichte einer religiösen Minderheit. Frankfurt a. M.: Jüdischer Verlag bei Athenäum 1986.

Brock-Nannestad, Margrethe: »Wir deutschen Juden«. Deutsch-jüdische Kultur der Jahre 1871–1933 im Spiegel der Büchersammlung David Simonsens. Ausstellung der Königlichen Bibliothek Kopenhagen in der Schleswig-Holsteinischen Landesbibliothek, 13. Juni – 1. August 1993. Heide in Holstein: Boyens 1993 (Schriften der Schleswig-Holsteinischen Landesbibliothek; 17).

Brody, Robert: The Geonim of Babylonia and the Shaping of Medieval Jewish Culture. New Haven, London: Yale University Press 1998.

Brüll, Nehemias: Der vollständige Exeget. In: Jahrbücher für jüdische Geschichte und Literatur 3 (1877), S. 197–199.

Burnett, Stephen G.: From Christian Hebraism to Jewish Studies. Johannes Buxtorf (1564–1629) and Hebrew Learning in the Seventeenth Century. Leiden u. a.: Brill 1996 (Studies in the History of Christian Thought; 68).

Buzas, Ladislaus: Deutsche Bibliotheksgeschichte der neuesten Zeit (1800–1945), Wiesbaden: Reichert 1978. (Elemente des Buch- und Bibliothekswesens; 3).

Charles Hallgarten. Leben und Wirken eines Frankfurter Sozialreformers und Philanthropen. Hg. von Arno Lustiger. Frankfurt a. M.: Societäts-Verlag 2003.

Carlebach, Elisheva: S. G. Burnett, From Christian Hebraism to Jewish Studies [hebr.]. In: Zion 63 (1998), S. 351–353.

Carlebach, Julius: Hygiene im Judentum. in: Hygiene und Judentum. Hg. von Nora Goldbogen. Dresden: Verein für Regionale Politik und Geschichte 1995 (Historische Blätter. Sonderheft), S. 7–15.

Castle, Dovid: Rashi and the Tosafists. A Comprehensive Historical Biography of the Lives of Rashi, Tosafists and their Communities. Jerusalem: Feldheim 1996 (Living with the Sages; 1).

Colin, Amy D.: Metamorphosen einer Frau. Von Anna O. zu Bertha Pappenheim. In: Von einer Welt in die andere. Jüdinnen im 19. und 20. Jahrhundert. Hg. von Jutta Dick und Barbara Hahn. Wien: Brandstätter 1993, S. 197–215.

Dahan, Gilbert: Introduction. In: Rashi et la Culture Juive en France du Nord au Moyen Age. Ed. par Gilbert Dahan, Gérard Nahon et Elie Nicolas. Paris, Louvain: Peeters 1997 (Collection de la Revue des études juives; 16), S. 5–11.

Dahm, Volker: Das jüdische Buch im Dritten Reich. 2., überarb. Aufl., München: Beck 1993.

Dan, Robert: Aron Freimann. In: ders., Accumulated Index of Jewish Bibliographical Periodicals. Foreword by Alexander Scheiber. Budapest: Akadémiai Kiadó 1979, S. 66–72.

Deih, Joseph: Jüdische Studien in Deutschland. In: Juden in Deutschland nach 1945. Bürger oder »Mit«-Bürger? Hg. von Otto R. Romberg u. a. Frankfurt a. M.: Edition Tribüne 1999, S. 263–278.

Deutsch-jüdische Geschichte in der Neuzeit. Hg. von Michael A. Meyer. 4 Bde, München: Beck 1996–1997.

Deutsche – Polen – Juden. Ihre Beziehungen von den Anfängen bis ins 20. Jahrhundert. Beiträge zu einer Tagung. Hg. von Stefi Jersch-Wenzel. Berlin: Colloquium 1987 (Einzelveröffentlichungen der Historischen Kommission zu Berlin; 58).

Diamant, Adolf: Gestapo Frankfurt a. M. Zur Geschichte einer verbrecherischen Organisation in den Jahren 1933–1945. Frankfurt a. M.: Diamant 1988.

Dimension des Völkermords. Die Zahl der jüdischen Opfer des Nationalsozialismus. Hg. von Wolfgang Benz. München: Oldenbourg 1991 (Quellen und Darstellungen zur Zeitgeschichte; 33).

Dimensionen der Historik. Geschichtstheorie, Wissenschaftsgeschichte und Geschichtskultur heute. Jörn Rüsen zum 60. Geburtstag. Hg. von Horst Walter Blanke, Friedrich Jaeger und Thomas Sandkühler. Köln u. a.: Böhlau 1998.

Dippel, John Vanhouten: Die große Illusion. Warum deutsche Juden ihre Heimat nicht verlassen wollten. Mit einem Vorwort von Alfred Grosser. Weinheim, Berlin: Beltz Quadriga 1997.

Dokumentation zum 50. Todestag von Bertha Pappenheim. Veranstaltungsreihe im Auftrag des Magistrates der Stadt Neu-Isenburg 1986. Neu-Isenburg: o. V. 1986.

Dresner, Samuel: The Second Private Library of Aron Freimann. In: Studies in Bibliography and Booklore 10 (1973/74), Nr 3, S. 73–80.

Duckesz, Eduard: Iwoh Lemosaw. Enthaltend Biographien und Grabstein-Inschriften der Rabbiner der 3 Gemeinden Altona, Hamburg, Wandsbeck. Mit Anm. von Salomon Buber. Hg. von Eisig Gräber. Krakau: Gräber 1903.

Duggan, Stephen / Betty Drury: The Rescue of Science and Learning. The Story of the Emergency Committee in Aid of Displaced Foreign Scholars. New York: Macmillan 1948.

Dutch Jews as Perceived by Themselves and others. Proceedings of the Eighth International Symposium on the History of the Jews in the Netherlands. Ed. by Chaya Brasz and Yosef Kaplan. Leiden u. a.: Brill 2001 (Brill's Series in Jewish Studies; 24).

Edelmann, Raphael: David Simonsen. In: Hokmat Jisrael Be-ma'arab Eropa. Hg. von Simon Federbush. Jerusalem: Ogen 1958, S. 361–368.

Eisenbach, Arthur: Die Judenemanzipation in den polnischen Gebieten im 19. Jahrhundert vor europäischem Hintergrund. In: Deutsche – Polen – Juden. Ihre Beziehungen von den Anfängen bis ins 20. Jahrhundert. Beiträge zu einer Tagung. Hg. von Stefi Jersch-Wenzel. Berlin: Colloquium 1987 (Einzelveröffentlichungen der Historischen Kommission zu Berlin; 58), S. 169–190.

Eisner, Isi Jacob: Reminiscences of the Berlin Rabbinical Seminary. In: Leo Baeck Institute Year Book 12 (1967), S. 32–52.

Elbogen, Ismar: Saadia's Siddur. In: Saadia Anniversary Volume. Ed. by Salo W. Baron. New York: American Academy for Jewish Research 1943 (Texts and Studies American Academy for Jewish Research; 2), S. 247–261.

– Moritz Steinschneider, der Vater der hebräischen Bibliographie. In: Soncino-Blätter 1 (1925/26), S. 155–158, auch Sonderdruck: Leipzig 1926 (Gabe der Soncino-Gesellschaft).

– Marcus Brann. In: Monatsschrift für Geschichte und Wissenschaft des Judentums 64 (1920), S. 241–249.

Elias, Mordechai: Prof. Dr. Aharon Freimann. In: Hokmat Jisrael Be-ma'arab Eropa. Hg. von Simon Federbush. Jerusalem: Ogen 1958, S. 407–425.

Eliav, Mordechai: Das orthodoxe Rabbinerseminar in Berlin. Ziele, Probleme und geschichtliche Bedeutung. In: Wissenschaft des Judentums. Anfänge der Judaistik in Europa. Hg. von Julius Carlebach. Darmstadt: Wissenschaftliche Buchgesellschaft 1992, S. 59–73.

– / Esriel Hildesheimer: Bet Midras ler-Rabbanim be-Berlin 1873–1938 [Das Rabbinerseminar in Berlin 1873–1938, hebr.]. Jerusalem: Leo Baeck Institute 1996.

Ellenson, David: Rabbi Esriel Hildesheimer and the Creation of a Modern Jewish Orthodoxy. Tuscaloosa: University of Alabama Press 1990 (Judaic Studies Series).

Emmrich, Hanna: Aron Freimann-Bibliographie. In: Festschrift für Aron Freimann zum 60. Geburtstage. Hg. von Alexander Marx und Herrmann Meyer. Berlin: Soncino-Gesellschaft der Freunde des jüdischen Buches e. V. 1935, S. 5–16.

Eppstein, Jecheskel: Jakob Freimann. In: Hokmat Jisrael Be-ma'arab Eropa. Hg. von Simon Federbush. Jerusalem: Ogen 1958, S. 522.

Eppenstein, Simon: Abraham Berliners wissenschaftliche Wirksamkeit. In: Jeschurun 2 (1915), S. 457–475.

Die Erfahrung der Fremde. Kolloquium des Schwerpunktprogramms »Exilforschung« der Deutschen Forschungsgemeinschaft. Forschungsbericht. Hg. von Manfred Briegel und Wolfgang Frühwald. Weinheim: VCH 1988.

Der Erste Zionistenkongress von 1897. Ursachen, Bedeutung, Aktualität ... in Basel habe ich den Judenstaat gegründet. Hg. von Heiko Haumann in Zusammenarbeit mit Peter Haber. Basel u. a.: Karger 1997.

Essays in Jewish Historiography. Ed. by von Ada Rapoport-Albert. Atlanta: Scholars Press 1991 (South Florida Studies in the History of Judaism; 15).

The Expulsion of the Jews. 1492 and After. Ed. by Raymond B. Waddington and Arthur H. Williamson. New York: Garland 1994 (Garland Studies in the Renaissance; 2).

Festschrift Otto Schäfer zum 75. Geburtstag am 29. Juni 1987. Hg. von Manfred von Arnim. Stuttgart: Hauswedell 1987.

Fischer, Franz: Die Freiherrlich Carl von Rothschild'sche öffentliche Bibliothek (Bibliothek für neuere Sprachen und Musik) 1928–1945. In: Die Rothschild'sche Bibliothek in Frankfurt a. M. Hg. von der Gesellschaft der Freunde der Stadt- und Universitäts-Bibliothek Frankfurt am Main e. V. Red. Jochen Stollberg. Frankfurt a. M.: Klostermann 1988 (Frankfurter Bibliotheksschriften; 2), S. 68–100.

Flesch, Heinrich: Geschichte der Juden in Kanitz. In: Die Juden und Judengemeinden Mährens in Vergangenheit und Gegenwart. Ein Sammelwerk. Hg. von Hugo Gold. Brünn: Jüdischer Buch- und Kunstverlag 1929, S. 267–278.

Fraenkel, Annie: Vorwort zur Neuauflage. In: Aron Freimann: Katalog der Judaica und Hebraica. Stadtbibliothek Frankfurt a. M., Band Judaica. Frankfurt a. M.: o. V. 1932 (Neudruck Graz 1968), S. III–VI.

Frauen und Exil. Zwischen Anpassung und Selbstbehauptung. Hg. von Claus Dieter Krohn u. a. München: Edition Text + Kritik 1993 (Exilforschung; 11).

Freimann, Alfred / Daniel Lewin: Schriften und Aufsätze von Dr. Jakob Freimann. In: Festschrift Dr. Jakob Freimann zum 70. Geburtstag, gewidmet von der Jüdischen Gemeinde zu Berlin und dem Rabbinerseminar zu Berlin sowie einem Kreise seiner Freunde und Verehrer. Berlin: Selbstverlag 1937, S. XII–XVI.

Freimann, Jakob: Geschichte der Juden in Holleschau. In: Die Juden und Judengemeinden Mährens in Vergangenheit und Gegenwart. Ein Sammelwerk. Hg. von Hugo Gold. Brünn: Jüdischer Buch- und Kunstverlag 1929, S. 233–240.

Freimark, Peter: Das Oberrabbinat Altona – Hamburg – Wandsbek. In: Die Juden in Hamburg 1590–1990. Wissenschaftliche Beiträge der Universität in Hamburg zur Ausstellung »Vierhundert Jahre Juden in Hamburg«. Hg. von Arno Herzig. Hamburg: Dölling und Galitz 1991 (Die Geschichte der Juden in Hamburg ; 2), S. 177–185.

– Die Drei-Gemeinde Hamburg – Altona – Wandsbek im 18. Jahrhundert als jüdisches Zentrum in Deutschland. In: Das alte Hamburg (1500–1848/49). Vergleiche, Beziehungen. Hg. von Arno Herzig. Berlin, Hamburg: Reimer 1989 (Hamburger Beiträge zur öffentlichen Wissenschaft; 5), S. 191–208.

Friedberg, Chaim Dov: Toledot hadefus ha'ivri [Geschichte der hebräischen Typographie]. Antwerpen: Culture 1937.

Friedman, Saul S.: No Haven for the Oppressed. United States Policy toward Jewish Refugees 1938–1945. Detroit: Wayne State University Press 1973.

Geiger, Abraham: Parschandata. Die nordfranzösische Exegetenschule. Ein Beitrag zur Geschichte der Bibel-Exegese und der jüdischen Literatur. Leipzig: Schnauß 1855 (Schriften hg. vom Institute zur Förderung der israelitischen Literatur; 1,1855/56).

Geiger, Ludwig: Abraham Geiger. Leben und Lebenswerk. Berlin: Reimer 1910.

Gelles, Benjamin: Partnership of Peshat and Derash in Rashi's Exegesis. In: Rashi et la Culture Juive en France du Nord au Moyen Age. Ed. par Gilbert Dahan, Gérard Nahon et Elie Nicolas. Paris, Louvain: Peeters 1997 (Collection de la Revue des études juives; 16), S. 97–102.

Gerber, Barbara: Jud Süß. Aufstieg und Fall im frühen 18. Jahrhundert. Ein Beitrag zur Historischen Antisemitismus- und Rezeptionsforschung. Hamburg: Christians 1990 (Hamburger Beiträge zur Geschichte der deutschen Juden; 16).

Germania Judaica IV. Historisch-topographisches Handbuch zur Geschichte der Juden im Alten Reich (1520–1650) ⟨http://www.germania-judaica.de/⟩ (20.10.2003).

Ginzberg, Eli: Keeper of the Law. Louis Ginzberg. Philadelphia: The Jewish Publication Society of America 1966.

Glatzer, Nahum N.: Einleitung: Das Werk von L. Zunz. In: Leopold Zunz: Jude, Deutscher, Europäer. Ein jüdisches Gelehrtenschicksal des 19. Jahrhunderts in Briefen an Freunde. Hg. und eingeleitet von N. N. Glatzer. Tübingen: Mohr 1964 (Schriftenreihe wissenschaftlicher Abhandlungen des Leo Baeck Instituts; 11), S. 3–72.

Gley, Werner: Grundriß und Wachstum der Stadt Frankfurt a. M. Eine stadtgeographische und statistische Untersuchung. In: Festschrift zur Hundertjahrfeier des Vereins für Geographie und Statistik zu Frankfurt a. M., 9. Dezember 1836 – 9. Dezember 1936. Hg. von Wolfgang Hartke. Frankfurt a. M.: Ravenstein 1936, S. 53–110.

Goitein, Shelomo Dov: Aron Freimann. A Personal Tribute. In: Aron Freimann: Union Catalog of Hebrew Manuscripts and their Location. New York: American Academy for Jewish Research, 1964–1973, Bd 1 (1973), S. VII–X.

Goldschmidt, Salomo: Die Gründung und Bedeutung des Rabbinerseminars in Berlin. In: Jeschurun 7 (1920), S. 216–255.

Goshen-Gottstein, Moshe H.: The Revival of Hebraic Studies as Part of the Humanist Revival around 1500. In: Hebrew University Studies in Literature and the Arts 16 (1988), S. 185–191.

Gotzmann, Andreas: Eigenheit und Einheit. Modernisierungsdiskurse des deutschen Judentums der Emanzipatonszeit. Leiden u. a.: Brill 2002 (Studies in European Judaism; 2).

Graetz, Michael: Renaissance des Judentums im 19. Jahrhundert. ›Der Verein für Cultur und Wissenschaft der Juden‹ 1819–1824. In: Bild und Selbstbild der Juden Berlins zwischen Aufklärung und Romantik. Hg. von Marianne Awerbuch und Stefi Jersch-Wenzel. Berlin: Colloquium 1992 (Einzelveröffentlichungen der Historischen Kommission zu Berlin; 75), S. 211–227.

Graupe, Heinz Mosche: Die Entstehung des modernen Judentums. Geistesgeschichte der deutschen Juden 1650–1942. 2., rev. und erw. Aufl., Hamburg: Buske 1977.

Greenbaum, Alfred A.: The ›Verein für Cultur und Wissenschaft der Juden‹ in Jewish Historiography. An Analysis and some Observations. In: Texts and Responses. Studies presented to Nahum N. Glatzer on the Occasion of his Seventieth Birthday by his Students. Ed. by Michael A. Fishbane and Paul R. Mendes-Flohr. Leiden: Brill 1975, S. 173–185.

Grosche, Heinz: Geschichte der Juden in Bad Homburg vor der Höhe 1866–1945. Frankfurt a. M.: Kramer 1991 (Geschichte der Stadt Bad Homburg vor der Höhe; Sonderband).

Grossman, Jeffrey A.: The Discourse on Yiddish in Germany. From the Enlightenment to the Second Empire. Rochester u. a.: Camden House 2000 (Studies in German Literature, Linguistics, and Culture).

Grossmann, Kurt R.: Emigration. Geschichte der Hitlerflüchtlinge 1933–1945. Frankfurt a. M.: Europäische Verlags-Anstalt 1969.

Grund, Uwe / Armin Heinen: Wie benutze ich eine Bibliothek? Basiswissen – Strategien – Hilfsmittel. München: Fink 1995 (Uni-Taschenbücher; 1834)

Guardians of our Heritage. Ed. by Leo Jung. New York: Bloch 1958.

Gurock, Jeffrey S.: The Men and Women of Yeshiva. Higher Education, Orthodoxy and American Judaism. New York: Columbia University Press 1988.

Guttmann, Julius: Die Philosophie des Judentums. München: Reinhardt 1933 (Geschichte der Philosophie in Einzeldarstellungen; 3: Abt. 1: Das Weltbild der Primitiven und die Philosophie des Morgenlandes), Nachdruck Berlin 2000.

Habermann, Abraham Meir: Hayyim Brody, choker shirat sefarad [Heinrich Brody, der Erforscher des spanischen Liedes, hebr.]. In: Hokmat Jisrael Be-ma'arab Eropa. Hg. von Simon Federbush. Jerusalem: Ogen 1958, S. 92–97.

Haehner, Olaf: Historische Biographik. Die Entwicklung einer geschichtswissenschaftlichen Darstellung von der Antike bis ins 20. Jahrhundert. Frankfurt a. M.: Lang 1999 (Europäische Hochschulschriften – Reihe 3: Geschichte und ihre Hilfswissenschaften; 829).

Happel, Hans-Gerd: Das wissenschaftliche Bibliothekswesen im Nationalsozialismus. Unter besonderer Berücksichtigung der Universitätsbibliotheken. München: Saur 1989 (Beiträge zur Bibliothekstheorie und Bibliotheksgeschichte; 1).

Hebräische Beiträge zur Wissenschaft des Judentums deutsch angezeigt 1 (1985) – 6 (1990).

The Hebrew Book. An Historical Survey. Ed. by Raphael Posner and Israel Ta-Shma Jerusalem: Keter 1975.

Heiber, Helmut: Walter Frank und sein Reichsinstitut für Geschichte des neuen Deutschlands. Stuttgart: Deutsche Verlags-Anstalt 1966 (Quellen und Darstellungen zur Zeitgeschichte; 13).

Das Heim des Juedischen Frauenbundes in Neu-Isenburg, 1907–1942. Im Auftrag des Magistrats der Stadt Neu-Isenburg hg. von Helga Heubach. Neu-Isenburg: Kulturamt 1986.

Heppner, Aron / Isaac Herzberg: Aus Vergangenheit und Gegenwart der Juden und der jüdischen Gemeinden in den Posener Landen. Nach gedruckten und ungedruckten Quellen. 2 Bde, Koschmin: Luch 1909/1929.

Herz, Yitzhak Sophonie: Meine Erinnerung an Bad Homburg und seine 600-jährige Gemeinde (1335–1942). Rehovoth: Herz 1981.

Heschel, Susannah: Abraham Geiger and the Jewish Jesus. Chicago u. a.: University of Chicago Press 1998 (Chicago Studies in the History of Judaism).

Heuberger, Rachel: Bibliothek des Judentums. Die Hebraica- und Judaica-Sammlung der Stadt- und Universitätsbibliothek Frankfurt a. M. – Entstehung, Geschichte und heutige Aufgaben. Frankfurt a. M.: Klostermann 1996 (Frankfurter Bibliotheksschriften; 4).

– Nehemias Anton Nobel. Ein orthodoxer Rabbiner zwischen deutschem Patriotismus und religiösem Zionismus. In: Trumah 3 (1992), S. 151–174.

– / Salomon Korn: Die Synagoge am Frankfurter Börneplatz. Frankfurt a. M.: Jüdisches Museum 1996.

– / Helga Krohn: Hinaus aus dem Ghetto. Juden in Frankfurt a. M. 1800–1950. Frankfurt a. M.: Fischer 1988.

Heuer, Renate / Marie Louise Steinschneider: Vorwort. In: Moritz Steinschneider: Briefwechsel mit seiner Verlobten Auguste Auerbach 1845–1849. Ein Beitrag zu jüdischer Wissenschaft und Emanzipation. Hg. von Renate Heuer und Marie Louise Steinschneider. Frankfurt a. M. u. a.: Campus 1995 (Campus-Judaica; 1), S. 7–15.

Heuss, Anja: Kunst- und Kulturgutraub. Eine vergleichende Studie zur Besatzungspolitik der Nationalsozialisten in Frankreich und der Sowjetunion. Heidelberg: Winter 2000.

Hildesheimer, Esriel: Jüdische Selbstverwaltung unter dem NS-Regime. Der Existenzkampf der Reichsvertretung und Reichsvereinigung der Juden in Deutschland. Tübingen: Mohr 1994 (Schriftenreihe wissenschaftlicher Abhandlungen des Leo Baeck
Instituts; 50).

Hirschfeld, Gerhard: Niederlande. In: Dimension des Völkermords. Die Zahl der jüdischen Opfer des Nationalsozialismus. Hg. von Wolfgang Benz. München: Oldenbourg
1991 (Quellen und Darstellungen zur Zeitgeschichte; 33), S. 137–165.

Hoenig, Sidney Benjamin: Rabbinics and Research. The Scholarship of Dr. Bernard
Revel. New York: Yeshiva University Press 1968 (Studies in Judaica, 2).

Hoffmann, Christhard: Jüdische Geschichtswissenschaft in Deutschland 1918–1933.
Konzepte, Schwerpunkte, Ergebnisse. In: Wissenschaft des Judentums. Anfänge der
Judaistik in Europa. Hg. von Julius Carlebach. Darmstadt: Wissenschaftliche Buch-
gesellschaft 1992, S. 132–152.

– Juden und Judentum in der bundesdeutschen Geschichtswissenschaft. In: Zeitschrift
für Geschichtswissenschaft 43 (1995), Nr 8, S. 677–686.

Hokmat Jisrael Be-ma'arab Eropa. Hg. von Simon Federbush. Jerusalem: Ogen 1958.

Homeyer, Fritz: Deutsche Juden als Bibliophile und Antiquare. Tübingen: Mohr 1963
(Schriftenreihe wissenschaftlicher Abhandlungen des Leo Baeck Instituts; 10).

Hoogewoud, Frits J.: The Nazi Looting of Books and it's American ›Antithesis‹ –
Selected Pictures from Offenbach Archival Depot's Photographic History and it's
Supplement. In: Studia Rosenthaliana 26 (1992), No. 1/2, S. 158–192.

Horch, Hans Otto: Auf der Suche nach der jüdischen Erzählliteratur. Die Literaturkritik
der »Allgemeinen Zeitung des Judentums« (1837–1922). Frankfurt a. M. u. a.: Lang
1985 (Literarhistorische Untersuchungen; 1).

Horodisch, Abraham: Ein Abenteuer im Geiste. Die Soncino-Gesellschaft der Freunde
des jüdischen Buches. In: Bibliotheca Docet. Festgabe für Carl Wehmer. Hg. von
Siegfried Joost. Amsterdam: Erasmus 1963, S. 181–208.

Hsia, R. Po-chia: Christian Ethnographies of the Jews in Early Modern Germany. In:
The Expulsion of the Jews. 1492 and After. Ed. by Raymond B. Waddington and
Arthur H. Williamson. New York: Garland 1994 (Garland Studies in the Renais-
sance; 2), S. 223–235.

Huber, Raphael M.: Francis Cardinal Ehrle, S. J. 1845–1934. In memoriam. In: The
Catholic History Review 20 (1934), S. 175–184.

Humboldt-Universität zu Berlin. Hg. vom Rektor [Helmut Klein]. 2., durchges. und erg.
Aufl., Berlin: Deutscher Verlag der Wissenschaften 1976.

Hundsnurscher, Franz M. / Gerhard Taddey: Die jüdischen Gemeinden in Baden. Denkmale, Geschichte, Schicksale. Stuttgart: Kohlhammer 1968 (Veröffentlichungen der
Staatlichen Archivverwaltung Baden-Württemberg; 19).

Die Hygiene der Juden. Im Anschluß an die Internationale Hygiene-Ausstellung Dresden
1911. Hg. von Max Grunwald. Dresden: Internationale Hygiene-Ausstellung 1911.

Hygiene und Judentum. Hg. von Nora Goldbogen. Dresden: Verein für Regionale Politik
und Geschichte 1995 (Historische Blätter. Sonderheft).

Jarausch, Konrad H.: Deutsche Studenten 1800–1970. Frankfurt a. M.: Suhrkamp 1984
(Edition Suhrkamp; 1258 – Neue historische Bibliothek).

– Students, Society and Politics in Imperial Germany. The Rise of Academic Illiberalism, Princeton: Princeton University Press 1982.

Jersch-Wenzel, Stefi: Zur Geschichte der jüdischen Bevölkerung in der Provinz Posen
im 19. Jahrhundert. In: Juden in Ostmitteleuropa. Von der Emanzipation bis zum Ersten Weltkrieg. Hg. von Gotthold Rhode. Marburg: Herder-Institut 1989 (Historische
und landeskundliche Ostmitteleuropa-Studien; 3), S. 73–84.

Jewish Immigrants of the Nazi Period in the United States. Ed. by Herbert A. Strauss. 6 Bde, New York u. a.: Saur 1978–1987.

The Jewish Press that was. Accounts, Evaluations and Memories of Jewish Papers in pre-Holocaust Europe. Ed. by Arie Bar. Tel-Aviv: World Federation of Jewish Journalists 1980.

Jewish Studies in a New Europe. Proceedings of the Fifth Congress of Jewish Studies in Copenhagen 1994 under the Auspices of the European Association for Jewish Studies. Ed. by Ulf Haxen. Kopenhagen: Reitzel u. a. 1998.

Jewish Studies in Memory of George A. Kohut 1874–1933. Hg. von Salo W. Baron und Alexander Marx. New York: Alexander Kohut Memorial Foundation 1935.

Jewish Travellers. Ed. with an Introduction by Elkan Nathan Adler. London: Routledge 1930 (The Broadways Travellers).

The Jews of Medieval Islam. Community, Society and Identity. Proceedings of an International Conference Held by the Institute of Jewish Studies, University College London 1992. Ed. by Daniel Frank. Leiden u. a.: Brill 1995 (Etudes sur le judaïsme médiéval; 16).

Die Juden an der Frankfurter Universität. Hg. von Renate Heuer und Siegbert Wolf. Frankfurt a. M. u. a.: Campus 1997 (Campus Judaica; 6).

Juden, Bürger, Deutsche. Zur Geschichte von Vielfalt und Differenz 1800–1933. Hg. von Andreas Gotzmann, Rainer Liedtke und Till van Rahden. Tübingen: Mohr 2001 (Schriftenreihe wissenschaftlicher Abhandlungen des Leo Baeck Instituts; 63).

Die Juden in Deutschland 1933–1945. Leben unter nationalsozialistischer Herrschaft. Hg. von Wolfgang Benz. München: Beck 1988.

Die Juden in Hamburg 1590–1990. Wissenschaftliche Beiträge der Universität in Hamburg zur Ausstellung »Vierhundert Jahre Juden in Hamburg«. Hg. von Arno Herzig. Hamburg: Dölling und Galitz 1991 (Die Geschichte der Juden in Hamburg ; 2).

Juden in Ostmitteleuropa. Von der Emanzipation bis zum Ersten Weltkrieg. Hg. von Gotthold Rhode. Marburg: Herder-Institut 1989 (Historische und landeskundliche Ostmitteleuropa-Studien; 3).

Die Juden und Judengemeinden Mährens in Vergangenheit und Gegenwart. Ein Sammelwerk. Hg. von Hugo Gold. Brünn: Jüdischer Buch- und Kunstverlag 1929.

Die jüdische Emigration aus Deutschland 1933–1941. Die Geschichte einer Austreibung. Eine Ausstellung der Deutschen Bibliothek Frankfurt am Main unter Mitwirkung des Leo-Baeck-Instituts, New York. Ausstellung und Katalog: Brita Eckert. Frankfurt a. M.: Buchhändler-Vereinigung 1985 (Sonderveröffentlichungen der Deutschen Bibliothek; 15).

Kampe, Norbert: Studenten und »Judenfrage« im Deutschen Kaiserreich. Die Entstehung einer akademischen Trägerschicht des Antisemitismus. Göttingen: Vandenhoeck & Ruprecht 1988 (Kritische Studien zur Geschichtswissenschaft; 76).

Kaplan, Marion A.: The Jewish Feminist Movement in Germany. The Campaigns of the »Jüdischer Frauenbund«, 1904–1938. Westport: Greenwood Press 1979 (Contributions in Women's Studies; 8).

Kautzsch, Emil: Johannes Buxtorf der Ältere. Rectorats-Rede gehalten am 4. November 1879 in der Aula des Museums zu Basel. Basel: Detloff 1879.

Kemlein, Sophia: Die Posener Juden 1815–1848. Entwicklungsprozesse einer polnischen Judenheit unter preußischer Herrschaft. Hamburg: Dölling und Galitz 1997 (Hamburger Veröffentlichungen zur Geschichte Mittel- und Osteuropas; 3).

Kiessling, Edith: Die Stadt- und Universitätsbibliothek Frankfurt a. M. Blüte, Untergang und Wiederaufbau einer Bibliothek. Frankfurt a. M.: Schmitt 1969.

Kingreen, Monica: Von Frankfurt in das KZ Dachau. Die Namen der im November 1938 deportierten Männer. In: »Nach der Kristallnacht«. Jüdisches Leben und antijüdische Politik in Frankfurt a. M. 1938–1945. Hg. von M. Kingreen. Frankfurt a. M. u. a.: Campus 1999 (Schriftenreihe des Fritz-Bauer-Instituts; 17), S. 55–90.

– Zuflucht in Frankfurt. Zuzug hessischer Landjuden und städtische antijüdische Politik. In:»Nach der Kristallnacht«. Jüdisches Leben und antijüdische Politik in Frankfurt a. M. 1938–1945. Hg. von M. Kingreen. Frankfurt a. M. u. a.: Campus 1999 (Schriftenreihe des Fritz-Bauer-Instituts; 17), S. 119–155.

Kisch, Guido: Forschungen zur Rechts- und Sozialgeschichte der Juden in Deutschland während des Mittelalters. Stuttgart: Kohlhammer 1955.

Klaperman, Gilbert: The Story of Yeshiva University. In: American Jewish Historical Society Quarterly 54 (1964), S. 5–50.

Kober, Adolf: Aron Freimann. In: Aufbau 14 (1948), 11. Juni 1948, S. 8.

Kober, Uri: Mordechai Brann [hebr.]. In: Hokmat Jisrael Be-ma'arab Eropa. Hg. von Simon Federbush. Jerusalem: Ogen 1958, S. 98–100.

Kohn, Jacob P.: Osar Ha-Beurim weha-Perusim [Thesaurus of the Hebrew Halachic Literature, hebr.]. London: Ha-madpis 1952.

Kohn, Roger S.: Climbing Benjacob's Ladder. An Evaluation of Vinograd's Thesaurus of the Hebrew Book. In: Judaica Librarianship, 9 (1994/95), No. 1/2, S. 17–28.

Kohut, George Alexander: Bibliography of the Writings of Professor Dr. Moritz Steinschneider. In: Festschrift zum Achtzigsten Geburtstage Moritz Steinschneiders. Leipzig 1896, S. V–XXXIX.

Komorowski, Manfred: Die wissenschaftlichen Bibliotheken während des Nationalsozialismus. In: Bibliotheken während des Nationalsozialismus. Hg. von Peter Vodosek und Manfred Komorowski. Wiesbaden: Harrassowitz 1989 (Wolfenbütteler Schriften zur Geschichte des Buchwesens; 16), Bd 1, S. 1–23.

Krek, Miroslav: Some Additions and Corrections to Freimann's Gazetteer of Hebrew Printing. In: Studia Rosenthaliana 15 (1981), S. 238–244.

Kropat, Wolf-Arno:»Reichskristallnacht«. Der Judenpogrom vom 7.–10. November 1938 – Urheber, Täter, Hintergründe. Mit ausgewählten Dokumenten. Wiesbaden: Kommission für die Geschichte der Juden in Hessen 1997 (Schriften der Kommission für die Geschichte der Juden in Hessen; 15).

Krupp, Michael: Der Talmud. Eine Einführung in die Grundschrift des Judentums mit ausgewählten Texten, Gütersloh: Gütersloher Verlags-Haus 1959 (Gütersloher Taschenbücher; 772: Sachbuch).

Kühn-Ludewig, Marie: Johannes Pohl (1904–1960). Judaist und Bibliothekar im Dienste Rosenbergs. Eine biographische Dokumentation. Hannover: Laurentius-Verlag Dehmlow 2000 (Kleine historische Reihe der Zeitschrift Laurentius. Von Menschen, Büchern und Bibliotheken; 10).

Kwiet, Konrad: Nach dem Progrom. Stufen der Ausgrenzung. In: Die Juden in Deutschland 1933–1945. Leben unter nationalsozialistischer Herrschaft. Hg. von Wolfgang Benz. München: Beck 1988, S. 545–659.

Landesmann, Peter: Rabbiner aus Wien. Ihre Ausbildung, ihre religiösen und nationalen Konflikte.Wien u. a.: Böhlau 1997.

Laor, Dan: S. Y. Agnon. A Biography [hebr.]. Tel-Aviv u. a.: Schocken 1998.

– Agnon in Germany, 1912–1924. A Chapter of a Biography. In: AJS Review 18 (1993), S. 75–93.

Lasker, Daniel J.: Saadya Gaon on Christianity and Islam. In: The Jews of Medieval Islam. Community, Society and Identity. Proceedings of an International Conference Held by the Institute of Jewish Studies, University College London 1992. Ed. by Daniel Frank. Leiden u. a.: Brill 1995 (Etudes sur le judaïsme médiéval; 16), S. 165–177.

Leben im Exil. Probleme der Integration deutscher Flüchtlinge im Ausland 1933–1945. Hg. von Wolfgang Frühwald und Wolfgang Schieder. Hamburg: Hoffmann und Campe 1979 (Historische Perspektiven; 18).

Lederman, Yohanan: Sur l'influence du Shem ha-Gedolim du rabbin Haim Joseph Azoulai (Hida) dans la bio-bibliographie hebraique, de la fin du XVIIIe au XXe siècle. In: Bulletin du Centre Recherche Français de Jerusalem 2 (1998), S. 25–38, 101–113.

Lehmann, Israel: Katalog der Judaica und Hebraica. Band Judaica. By A. Freimann, Graz, 1968. In: Studies in Bibliography and Booklore 9 (1969/71), S. 113–115.

Lenz, Max: Geschichte der Königlichen Friedrich-Wilhelms-Universität zu Berlin. 4 Bde, Halle/Saale: Verlag der Buchhandlung des Waisenhauses 1910–1918.

Levy, Harry: Der Lebensweg. In: Festschrift Dr. Jakob Freimann zum 70. Geburtstag, gewidmet von der Jüdischen Gemeinde zu Berlin und dem Rabbinerseminar zu Berlin sowie einem Kreise seiner Freunde und Verehrer. Berlin: Selbstverlag 1937, S. VI–XI.

Liber, Maurice: Rashi. Philadelphia: The Jewish Publication Society of America 1906 (Nachdruck New York 1970).

Liberles, Robert: Salo Wittmayer Baron. Architect of Jewish History. New York, London: New York University Press 1995 (Modern Jewish Masters Series; 5).

– Religious Conflict in Social Context. The Resurgence of Orthodox Judaism in Frankfurt a. M., 1838–1877. Westport: Greenwood Press 1985 (Contributions to the Study of Religion; 13).

Livné-Freudenthal, Rachel: Der ›Verein für Cultur und Wissenschaft der Juden‹ (1819–1824). Zwischen Staatskonformismus und Staatskritik. In: Tel Aviver Jahrbuch für Deutsche Geschichte 20 (1991), S. 103–125.

Loentz, Elizabeth Ann: Negotiating Identity. Bertha Pappenheim (Anna O.) as German-Jewish Feminist, Social Worker, Activist and Author. Columbus: The Ohio State University 1999.

Löwenthal, Ernst G.: In seinen Hörern noch lebendig ... Das Rabbiner-Seminar zu Berlin. In: Emuna 9 (1974), S. 103–111.

Loewy, Ernst: Die Judaica-Sammlung der Frankfurter Stadt- und Universitätsbibliothek. In: Bulletin of the Leo Baeck Institute 8 (1965), S. 55–64.

– Die Judaica-Sammlung der Frankfurter Stadt- und Universitätsbibliothek. In: Germania Judaica. Kölner Bibliothek zur Geschichte des deutschen Judentums, N. F. 2 (1962), S. 13–14.

Lübbecke, Fried: Fünfhundert Jahre Buch und Druck in Frankfurt am Main. Frankfurt a. M.: Cobet 1948.

Lutz, Edith: Der »Verein für Cultur und Wissenschaft der Juden« und sein Mitglied H. Heine. Stuttgart, Weimar: Metzler 1997 (Heine-Studien).

Maierhof, Gudrun: Selbsthilfe nach dem Novemberpogrom. In: »Nach der Kristallnacht«. Jüdisches Leben und antijüdische Politik in Frankfurt a. M. 1938–1945. Hg. von M. Kingreen. Frankfurt a. M. u. a.: Campus 1999 (Schriftenreihe des Fritz-Bauer-Instituts; 17), S. 157–186.

Makowski, Krzysztof A.: Verzeichnis der israelitischen Absolventen von Gymnasien im Großherzogtum Posen in den Jahren 1815–1848. In: Bildung und Nationalismus. Die Schule in ethnischen Mischgebieten (19. und 20. Jahrhundert). Lüneburg: Institut Nordosteutsches Kulturwerk 1992 (Nordost-Archiv; N. F. 1,2), S. 457–460.

Malka, Victor: Rachi. Paris: Presses Universitaires de France 1993 (Que sais-je? 2778).

Malter, Henry: Einleitung. In: Moritz Steinschneider: Gesammelte Schriften. Hg. von Henry Malter und Alexander Marx, Bd 1: Gelehrten-Geschichte. Berlin: Poppelauer 1925, S. XIII–XXVII.

- Saadia Gaon, his Life and Works. Philadelphia: The Jewish Publication Society of America 1921 (The Morris Loeb Series), Nachdruck New York 1969.

Markon, Isaak: Zwei Freimann-Festschriften. In: Monatsschrift für Geschichte und Wissenschaft des Judentums 81 = N. F. 45 (1937), S. 449–452.

- Zum 60. Geburtstag von Prof. Dr. Aron Freimann, Frankfurt a. M. In: Der Israelit 72 (1931), Nr 31, S. 11.

Marmorstein, Abraham: Die Superkommentare zu Raschis Pentateuchkommentar. In: Zeitschrift für Hebräische Bibliographie 11 (1907), S. 156–157, 188–191; 12 (1908), S. 26–28.

Marx, Alexander: Essays in Jewish Biography. Philadelphia: The Jewish Publication Society of America 1947.

- Moritz Steinschneider. In: ders., Essays in Jewish Biography. Philadelphia: The Jewish Publication Society of America 1947, S. 112–184.

- Rashi. In: ders., Essays in Jewish Biography. Philadelphia: The Jewish Publication Society of America 1947, S. 61–86.

- The Literature of Hebrew Incunabula. In: ders., Studies in Jewish History and Booklore. New York: Jewish Theological Seminary of America 1944, S. 277–295.

- Rab Saadia Gaon. In: Rab Saadia Gaon. Studies in his Honor. Ed. by Louis Finkelstein. New York: Jewish Theological Seminary of America 1944, S. 53–95; Nachdruck (unter Weglassung der Anmerkungen). In: ders., Essays in Jewish Biography. Philadelphia: The Jewish Publication Society of America 1947, S. 3–38.

- Studies in Jewish History and Booklore. New York: Jewish Theological Seminary of America 1944.

- Literatur über hebräische Inkunabeln. In: Soncino-Blätter 1 (1925/26), S. 159–170.

- Adler's Gazetteer of Hebrew Printing. In: Jewish Quarterly Review 11 (1920/21), S. 265–276.

- / Boaz Cohen: Necrology. Aron Freimann. In: Proceedings of the American Academy for Jewish Research 17 (1947/48), S. XXIII–XXVIII.

Marx, Moses: A Catalogue of the Hebrew Books Printed in the Fifteenth Century Now in the Library of the Hebrew Union College. In: Studies in Bibliography and Booklore 10 (1973/74), No. 3, S. 21–47.

- A Bibliography of Hebrew printing in Dyhernfurth 1689–1718. Ed. by Herbert C. Zafren. In: Studies in Jewish Bibliography, History and Literature in Honor of I. Edward Kiev. Ed. by Charles Berlin. New York: Ktav Publishing House 1971, S. 217–236.

- Gershom (Hieronymus) Soncino's Wander Years in Italy, 1498–1527. Exemplar Judaica Vitae. In: Hebrew Union College Annual 11 (1926), S. 427–501, Sonderdruck Cincinnati 1926.

Mendes-Flohr, Paul R.: Jewish Scholarship as a Vocation. In: Perspectives on Jewish Thought and Mysticism. Proceedings of the International Conference Held by the Institute of Jewish Studies, University College of London, 1994, in Celebration of its Fortieth Anniversary. Dedicated to the Memory and Academic Legacy of its Founder Alexander Altmann. Ed. by Alfred L. Ivry u. a. Amsterdam u. a: Harwood Academic Publishers 1998, S. 33–48.

Meyer, Katharina: Keiner will sie haben. Die Exilpolitik in England, Frankreich und den USA zwischen 1933 und 1945. Frankfurt a. M. u. a.: Lang 1998 (Europäische Hochschulschriften: Reihe 31, Politikwissenschaft; 352).

Meyer, Michael A: Judentum und Christentum. In: Deutsch-jüdische Geschichte in der Neuzeit. Hg. von Michael A. Meyer. 4 Bde, München: Beck 1996–1997, Bd 2: Emanzipation und Akkulturation 1780–1871 (1996), S. 177–207.

- Jüdische Identität in den Jahrzehnten nach 1848. In: Deutsch-jüdische Geschichte in der Neuzeit. Hg. von Michael A. Meyer. 4 Bde, München: Beck 1996–1997, Bd 2: Emanzipation und Akkulturation 1780–1871 (1996), S. 326–355.
- Jüdisches Selbstverständnis. In: Deutsch-jüdische Geschichte in der Neuzeit. Hg. von Michael A. Meyer. 4 Bde, München: Beck 1996–1997, Bd 2: Emanzipation und Akkulturation 1780–1871 (1996), S. 135–176.
- Von Moses Mendelssohn zu Leopold Zunz. Jüdische Identität in Deutschland 1749–1824. München: Beck 1994.
- Jüdische Wissenschaft und jüdische Identität. In: Wissenschaft des Judentums. Anfänge der Judaistik in Europa. Hg. von Julius Carlebach. Darmstadt: Wissenschaftliche Buchgesellschaft 1992, S. 3–20.
- The Emergence of Modern Jewish Historiography. Motives and Motifs, in: Essays in Jewish Historiography. Ed. by von Ada Rapoport-Albert. Atlanta: Scholars Press 1991 (South Florida Studies in the History of Judaism; 15), S. 160–175.
- Response to Modernity. A History of the Reform Movement in Judaism. New York, Oxford: Oxford University Press 1988 (Studies in Jewish History); dt. Ausgabe: Antwort auf die Moderne. Geschichte der Reformbewegung im Judentum, Wien u. a.: Böhlau 2000.
- The Refugee Scholars Project of the Hebrew Union College. In: A Bicentennial Festschrift for Jacob Rader Marcus. Ed. by Bertram Wallace Korn. Waltham / New York: American Jewish Historical Society / Ktav Publishing House 1976, S. 359–375.
- Jewish Religious Reform and Wissenschaft des Judentums. The Position of Zunz, Geiger and Fränkel. In: Leo Baeck Institute Year Book 16 (1971), S. 19–41.
- Recent Historiography on the Jewish Religion. In: Leo Baeck Institute Year Book 35 (1990), S. 3–16.

Michael, Reuven: Jewish Historiography from the Renaissance to the Modern Time [hebr.]. Jerusalem: Bialik Institute 1993.

Michman, Dan: The Jewish Refugees from Germany in the Netherlands 1933–1940 [hebr.]. (Diss.) Jerusalem 1978.

Miranda, Salvador: The Cardinals of the Holy Roman Church. A Digital Resource. ⟨http://www.fiu.edu/~mirandas/cardinals.htm⟩ (20.10.2003).

Molik, Witold: Sozialer Aufstieg durch Bildung. Jüdische Abiturienten im Großherzogtum Posen und die Richtungen ihrer Berufskarrieren in der zweiten Hälfte des 19. und zu Beginn des 20. Jahrhunderts. In: Bildung und Nationalismus. Die Schule in ethnischen Mischgebieten (19. und 20. Jahrhundert). Lüneburg: Institut Nordostdeutsches Kulturwerk 1992 (Nordost-Archiv; N. F. 1,2), S. 461–485.

Moore, Bob: Victims and Survivors. The Nazi Persecution of the Jews in the Netherlands 1940–1945. London u. a.: Arnold 1997.

Morgenstern, Matthias: Von Frankfurt nach Jerusalem. Isaac Breuer und die Geschichte des »Austrittsstreits« in der deutsch-jüdischen Orthodoxie. Tübingen: Mohr 1995 (Schriftenreihe wissenschaftlicher Abhandlungen des Leo-Baeck-Instituts; 52)

Mosse, George L.: German Jews beyond Judaism. Bloomington: Indiana University Press 1985 (The Modern Jewish Experience).

Müller-Jerina, Alwin: Zwischen Ausgrenzung und Vernichtung. Jüdische Bibliothekare im Dritten Reich. In: Bibliotheken während des Nationalsozialismus. Hg. von Peter Vodosek und Manfred Komorowski. Wiesbaden: Harrassowitz 1992 (Wolfenbütteler Schriften zur Geschichte des Buchwesens; 16), Bd 2, S. 227–242.
- Jüdische Bibliothekare in Deutschland 1933 bis 1945, ein Projektbericht. In: Bibliotheken während des Nationalsozialismus. Hg. von Peter Vodosek und Manfred Ko-

morowski. Wiesbaden: Harrassowitz 1989 (Wolfenbütteler Schriften zur Geschichte des Buchwesens; 16), Bd 1, S., S. 549–554.

– Germania Judaica. Kölner Bibliothek zur Geschichte des deutschen Judentums. Die Entwicklung und Bedeutung einer wissenschaftlichen Spezialbibliothek. Köln: Greven 1986 (Kölner Arbeiten zum Bibliotheks- und Dokumentationswesen; 8).

Mutius, Hans Georg von: Rechtsentscheide Raschis aus Troyes (1040–1105). Quellen über die sozialen und wirtschaftlichen Beziehungen zwischen Juden und Christen. 2 Bde, Frankfurt a. M. u. a.: Lang 1986/1987 (Judentum und Umwelt; 15,1/2).

Myers, David N.: Reinventing the Jewish Past. European Jewish Intellectuals and the Zionist Return to History. New York u. a.: Oxford University Press 1995 (Studies in Jewish History).

»Nach der Kristallnacht«. Jüdisches Leben und antijüdische Politik in Frankfurt a. M. 1938–1945. Hg. von M. Kingreen. Frankfurt a. M. u. a.: Campus 1999 (Schriftenreihe des Fritz-Bauer-Instituts; 17).

Nahon, Gérard: Les Tosafistes. In: Rashi 1040–1990. Hommage à Ephraim E. Urbach. Ed. par Gabrielle Sed-Rajna. Paris: Éditions du Cerf 1993 (Patrimoines Judaïsme), S. 33–42.

New Perspectives on Abraham Geiger. An HUC-JIR Symposium. Ed. by Jacob J. Petuchowski. New York: Ktav Publishing House u. a. 1975.

Nottelmann, Matthias: Kulturpolitik in Frankfurt a. M. 1933–1945 am Beispiel der städtischen Museen und Bibliotheken. (Magisterarbeit) Frankfurt a. M. 1991.

Östreich, Cornelia: »Des rauhen Winters ungeachtet«. Die Auswanderung Posener Juden nach Amerika im 19. Jahrhundert. Hamburg: Dölling und Galitz 1997 (Hamburger Veröffentlichungen zur Geschichte Mittel- und Osteuropas; 4).

Offenberg, Adrian K.: The Earliest Printed Editions of Rashi's Commentary on the Pentateuch. On Some Rare and Partly Unique Hebrew Incunabula. In: Rashi 1040–1990. Hommage à Ephraim E. Urbach. Ed. par Gabrielle Sed-Rajna. Paris: Éditions du Cerf 1993 (Patrimoines Judaïsme), S. 493–505.

– A First International Census of Hebrew Incunabula in Public Collections. In: Hebrew Studies. Papers Presented at a Colloquium on Resources for Hebraica in Europe, Held at the School of Oriental and African Studies, University of London, 11–13 September 1989. Ed. by Diana Rowland Smith u. a. London: British Library 1991 (British Library Occasional Papers; 13), S. 81–87.

Paulsen, Friedrich: Die deutschen Universitäten und das Universitätsstudium. Berlin: Asher 1902.

Pickus, Keith H.: Constructing Modern Identities. Jewish University Students in Germany 1815–1914. Detroit: Wayne State University Press 1999.

Pilarczyk, Krzystof: Quellen zu einer Bibliographie hebräischer Drucke des 16.–18. Jahrhunderts aus Polen – Johannes Buxtorfs »Bibliotheca Rabbinica«. In: Judaica 51 (1995), Nr 4, S. 237–250.

Pinqas haq-qehillot. Das Register der Gemeinden. Holland [hebr.]. Jerusalem: Yad was-Sem 1985.

Plum, Günter: Deutsche Juden oder Juden in Deutschland. In: Die Juden in Deutschland 1933–1945. Leben unter nationalsozialistischer Herrschaft. Hg. von Wolfgang Benz. München: Beck 1988, S. 35–74.

Pogromnacht und Holocaust. Frankfurt, Weimar, Buchenwald ... Die schwierige Erinnerung an die Stationen der Vernichtung. Hg. von Thomas Hofmann u. a. Weimar, Köln: Böhlau 1994 (Schriftenreihe der Arbeitsstelle Fritz-Bauer-Institut, Studien- und Dokumentationszentrum zur Geschichte und Wirkung des Holocaust; 5).

Porges, Nathan: Festschrift zum siebzigsten Geburtstage A. Berliners [Rezension]. In: Zeitschrift für Hebräische Bibliographie 7 (1903), S. 136–139, 165–167.

Posner, Akiba / Ernest Freimann: Rabbi Jacob Ettlinger. In: Guardians of our Heritage. Ed. by Leo Jung. New York: Bloch 1958, S. 231–243.

Poste, Leslie: Books go Home from Wars. In: Library Journal 73 (1948), Sp. 1699–1704.

Presser, Jacob: Ashes in the Wind. The Destruction of Dutch Jewry. Detroit: Wayne State University Press 1988.

Prijs, Leo: Das Reisetagebuch des Rabbi Ch. J. D. Asulai. In: Zeitschrift für Bayerische Landesgeschichte 37 (1974), S. 878–916.

Pulzer, Peter: Jews and the German State. The Political History of a Minority 1848–1933, Oxford u. a.: Blackwell 1992 (Jewish Society and Culture).

Quack, Sibylle: Zuflucht Amerika. Zur Sozialgeschichte der Emigration deutsch-jüdischer Frauen in die USA 1933–1945. Bonn: Dietz 1995 (Politik- und Gesellschaftsgeschichte; 40).

Rabbinovicz, Raphael Nathan: Ma'amar al hadpasat ha-talmud [Aufsatz über den Druck des Talmuds, hebr.]. Jerusalem 1951/52.

Rahe, Thomas: Leopold Zunz und die Wissenschaft des Judentums. Zum hundertsten Geburtstag von Leopold Zunz. In: Judaica 42 (1986), Nr 3, S. 188–199.

Rapp Dresner, Ruth: The Work of Bertha Pappenheim; on Marion A. Kaplan »The Campaigns of the Jüdischer Frauenbund«, 1904–1938, 1979. In: Judaism 30 (1981), No. 2, S. 204–211.

Rapoport, S. J.: Toledot Rabenu Saadia Gaon we-qorot sefaraw [hebr.]. In: Bikkure Ha-Ittim 9 (1828), S. 20–37.

Rashi 1040–1990. Hommage à Ephraim E. Urbach. Ed. par Gabrielle Sed-Rajna. Paris: Éditions du Cerf 1993 (Patrimoines Judaïsme).

Rashi Anniversary Volume. [Ed. by H. L. Ginsberg.] New York: American Academy for Jewish Research 1941 (Text and Studies; 1).

Rashi et la Culture Juive en France du Nord au Moyen Age. Ed. par Gilbert Dahan, Gérard Nahon et Elie Nicolas. Paris, Louvain: Peeters 1997 (Collection de la Revue des études juives; 16).

Rashi Studies. Hg. von Zvi A. Steinfeld. Ramat Gan: Bar-Ilan University Press 1993.

Regneri, Günther: Salomon Neumann's Statistical Challenge to Treitschke. The Forgotten Episode that Marked the End of the »Berliner Antisemitismusstreit«. In: Leo Baeck Institute Year Book 43 (1998), S. 129–153.

Reif, Stefan C.: A Jewish Archive from Old Cairo. The History of Cambridge University's Genizah Collection. Richmond: Curzon 2000 (Culture and Civilisation in the Middle East).

Reissner, Hans Günther: Eduard Gans. Ein Leben im Vormärz. Tübingen: Mohr 1965 (Schriftenreihe wissenschaftlicher Abhandlungen des Leo Baeck Instituts; 14).

Richarz, Monika: Der Eintritt der Juden in die akademischen Berufe. Jüdische Studenten und Akademiker in Deutschland 1678–1848. Tübingen: Mohr 1974 (Schriftenreihe wissenschaftlicher Abhandlungen des Leo Baeck Instituts; 28).

Richler, Benjamin: Hebrew Manuscripts. A Treasured Legacy. Cleveland, Jerusalem Ofeq Institute 1990.

Ritterband, Paul / Harold S. Wechsler: Jewish Learning in American Universities. The First Century. Bloomington: Indiana University Press 1994 (The Modern Jewish Experience).

Roemer, Nils: Nachwort. In: Graetz, Heinrich: Die Konstruktion der jüdischen Geschichte. Hg. von Nils Roemer. Düsseldorf: Parerga 2000 (Jüdische Geistesgeschichte; 2), S. 79–90.

– The Emergence of the Wissenschaft des Judentums and the Question of Collective Memory. In: Jewish Studies in a New Europe. Proceedings of the Fifth Congress of

Jewish Studies in Copenhagen 1994 under the Auspices of the European Association for Jewish Studies. Ed. by Ulf Haxen. Kopenhagen: Reitzel u. a. 1998, S. 640–653.

Rohlfs, Sabine / Susanne Rockenbach: Auswahlbibliographie [Frauen und Exil]. In: Frauen und Exil. Zwischen Anpassung und Selbstbehauptung. Hg. von Claus Dieter Krohn u. a. München: Edition Text + Kritik 1993 (Exilforschung; 11), S. 239–277.

Rome Reborn. The Vatican Library and Renaissance Culture. Ed. by Anthony Grafton, New Haven 1993.

Die Rothschilds. Beiträge zur Geschichte einer europäischen Familie. Hg. von Georg Heuberger. 2 Bde, Sigmaringen: Thorbecke 1994.

Die Rothschild'sche Bibliothek in Frankfurt a. M. Hg. von der Gesellschaft der Freunde der Stadt- und Universitäts-Bibliothek Frankfurt am Main e. V. Red. Jochen Stollberg. Frankfurt a. M.: Klostermann 1988 (Frankfurter Bibliotheksschriften; 2).

Rubaschoff, Salman: Erstlinge der Entjudung. Einleitung zu den drei Reden von Eduard Gans im Kulturverein. In: Der jüdische Wille 1 (1918/19), S. 30–35.

Rürup, Reinhard: Jüdische Geschichte in Deutschland. Von der Emanzipation bis zur nationalsozialistischen Gewaltherrschaft. In: Zerbrochene Geschichte. Leben und Selbstverständnis der Juden in Deutschland. Hg. von Dirk Blasius. Frankfurt a. M.: Fischer Taschenbuch-Verlag 1991 (Fischer-Taschenbücher; 10524: Geschichte), S. 79–101.

– Emanzipation und Antisemitismus. Studien zur »Judenfrage« der bürgerlichen Gesellschaft. Göttingen: Vandenhoeck & Ruprecht 1975 (Kritische Studien zur Geschichtswissenschaft; 15).

Saadia Anniversary Volume. Ed. by Salo W. Baron. New York: American Academy for Jewish Research 1943 (Texts and Studies American Academy for Jewish Research; 2)

Sacks, Jonathan: Wohlstand und Armut. Eine jüdische Analyse. In: Zedaka – jüdische Sozialarbeit im Wandel der Zeit. 75 Jahre Zentralwohlfahrtsstelle der Juden in Deutschland 1917–1992. Hg. von Georg Heuberger. Frankfurt a. M.: Jüdisches Museum 1992, S. 14–27.

Samuel Josef Agnon. Eine Bibliographie seiner Werke. Hg. von Werner Martin. Hildesheim, New York: Olms 1980.

Sarna, Nahum N.: Studies in Biblical Interpretation. Philadephia: Jewish Publication Society, 2000 (JPS Scholar of Distinction Series).

Sarton, George: Introduction to the History of Science. 3 Bde, Baltimore: Williams & Wilkins 1927–1948 (Publication / Carnegie Institution of Washington; 376)

Schaefer, Hartmut: Die Stadtbibliothek 1884–1942. In: Bibliotheca Publica Francofurtensis. Fünfhundert Jahre Stadt- und Universitätsbibliothek Frankfurt a. M. Hg. von Klaus-Dieter Lehmann. Frankfurt a. M. 1985, Textband, S. 121–204.

Schäfer, Peter: Nachwort. In: Gershom Scholem: Judaica 6: Die Wissenschaft vom Judentum. Hg., übers. und mit einem Nachwort versehen von Peter Schäfer. Frankfurt a. M.: Suhrkamp 1997 (Bibliothek Suhrkamp; 1269), S. 69–110.

– Judaistik – jüdische Wissenschaft in Deutschland heute, historische Identität und Nationalität. In: Saeculum 42 (1991), Nr 2, S. 199–216.

Schaeper, Silke: Toledot osef has-sefarim sel Zalman Schocken (1877–1959) [Die Geschichte der Buchsammlung von Zalman Schocken, hebr.]. (Magisterarbeit) Jerusalem 1995.

– Bibliophilie als kultureller Auftrag. Die Geschichte der Schocken-Bibliothek bis 1939. In: Der Schocken-Verlag, Berlin. Jüdische Selbstbehauptung in Deutschland 1931–1938. Essayband zur Ausstellung »Dem Suchenden Leser Unserer Tage« der Nationalbibliothek Luxemburg. Hg. von Saskia Schreuder und Claude Weber. Berlin: Akademie-Verlag 1994, S. 347–361.

Schapiro, Israel: Parshane Rashi al ha-torah. A Bibliography of Supercommentaries on Rashi's Pentateuch-commentary. In: Bitsaron 2 (1940), S. 426–437.

Schidorsky, Dov: Das Schicksal jüdischer Bibliotheken im Dritten Reich. In: Bibliotheken während des Nationalsozialismus. Hg. von Peter Vodosek und Manfred Komorowski. Wiesbaden: Harrassowitz 1992 (Wolfenbütteler Schriften zur Geschichte des Buchwesens; 16), Bd 2, S., 189–217.

Schiebler, Gerhard: Jüdische Stiftungen in Frankfurt a. M. Stiftungen, Schenkungen, Organisationen und Vereine mit Kurzbiographien jüdischer Bürger. Frankfurt a. M.: Kramer 1988.

Schiefelbein, Dieter: Das Institut zur Erforschung der Judenfrage Frankfurt a. M.. Antisemitismus als Karrieresprungbrett im NS-Staat. In: »Beseitigung des jüdischen Einflusses ...« Antisemitische Forschungen, Eliten und Karrieren im Nationalsozialismus. Hg. vom Fritz Bauer Institut. Frankfurt a. M. u. a.: New York 1999 (Jahrbuch zur Geschichte und Wirkung des Holocaust; 1998/99), S. 43–71.

– Reichskristallnacht. In: Pogromnacht und Holocaust. Frankfurt, Weimar, Buchenwald ... Die schwierige Erinnerung an die Stationen der Vernichtung. Hg. von Thomas Hofmann u. a. Weimar, Köln: Böhlau 1994 (Schriftenreihe der Arbeitsstelle Fritz-Bauer-Institut – Studien- und Dokumentationszentrum zur Geschichte und Wirkung des Holocaust; 5), S. 32–57.

– Das »Institut zur Erforschung der Judenfrage in Frankfurt a. M.« Vorgeschichte und Gründung 1935–1939, Frankfurt a. M.: Arbeitsstelle zur Vorbereitung des Frankfurter Lern- und Dokumentationszentrums des Holocaust Fritz-Bauer-Instituts 1993 (Materialien / Arbeitsstelle zur Vorbereitung des Frankfurter Lern- und Dokumentationszentrum des Holocaust Fritz-Bauer-Institut in Gründung; 9).

Schlotzhauer, Inge: Das Philanthropin 1804–1942. Die Schule der Israelitischen Gemeinde in Frankfurt a. M. Frankfurt a. M.: Kramer 1990.

Schlüter, Margarete: Heinrich Graetzens ›Konstruktion der Jüdischen Geschichte‹. In: Frankfurter Judaistische Beiträge 24 (1997), S. 107–127.

– Jüdische Geschichtskonzeptionen der Neuzeit. Die Entwürfe von Nachmann Krochmal und Heinrich Graetz. In: Frankfurter Judaistische Beiträge 18 (1990), S. 175–205.

Schmelzer, Menahem: Guides to the Perplexed in the Wilderness of Hebraica. From Historical to Contemporary Bibliographies and Catalogs of Hebraica. In: Harvard Library Bulletin 6 (1995), No. 2, S. 9–23.

– The Aims of Hebrew Bibliography in Historical Perspective. In: Threescore and Ten. Essays in Honour of Rabbi Seymour J. Cohen on the Occasion of his Seventieth Birthday. Ed. by Abraham J. Karp. Hoboken: Ktav Publishing House 1991, S. 143–149.

– The Hebrew Manuscript as Source for the Study of History and Literature. In: A Sign and a Witness. 2.000 Years of Hebrew Books and Illuminated Manuscripts. Ed. with an Introduction by Leonard Singer Gold. New York, Oxford: New York Public Library 1988 (Studies in Jewish History), S. 61–70.

– Preliminary Remarks. In: Aron Freimann: Aron Freimann: Union Catalog of Hebrew Manuscripts and their Location. New York: American Academy for Jewish Research, 1964–1973, Bd 1 (1973), S. XI–XIII.

Schochow, Werner: Jüdische Bibliothekare aus dem deutschen Sprachraum. Eine erste Bestandsaufnahme. In: Antisemitismus und jüdische Geschichte. Studien zu Ehren von Herbert A. Strauss. Hg. von Rainer Erb. Berlin: Wissenschaftlicher Autorenverlag 1987, S. 515–544.

– Deutsch-jüdische Geschichtswissenschaft. Eine Geschichte ihrer Organisationsformen unter besonderer Berücksichtigung der Fachbibliographie. (Diss.) Berlin 1966.

Der Schocken-Verlag, Berlin. Jüdische Selbstbehauptung in Deutschland 1931–1938. Essayband zur Ausstellung »Dem Suchenden Leser Unserer Tage« der Nationalbibliothek Luxemburg. Hg. von Saskia Schreuder und Claude Weber. Berlin: Akademie-Verlag 1994.

Schoeps, Julius H.: Das Gewaltsyndrom. Verformungen und Brüche im deutsch-jüdischen Verhältnis. Berlin: Argon 1998.

Scholem, Gershom: Judaica 6: Die Wissenschaft vom Judentum. Hg., übers. und mit einem Nachwort versehen von Peter Schäfer. Frankfurt a. M.: Suhrkamp 1997 (Bibliothek Suhrkamp; 1269).

– Überlegungen zur Wissenschaft vom Judentum. In: ders., Judaica 6: Die Wissenschaft vom Judentum. Hg., übers. und mit einem Nachwort versehen von Peter Schäfer. Frankfurt a. M.: Suhrkamp 1997 (Bibliothek Suhrkamp; 1269), S. 9–52.

– Judaica [Bd 1]. Frankfurt a. M: Suhrkamp 1963 (Bibliothek Suhrkamp; 106).

– Wissenschaft vom Judentum einst und jetzt. In: ders., Judaica [Bd 1]. Frankfurt a. M: Suhrkamp 1963 (Bibliothek Suhrkamp; 106), S. 147–163.

– Mitok hirhurim al hokmat Yisrael [hebr.]. In: Luah Ha-Ares 4 (1944/45), S. 94–112.

Schorsch, Ismar: Das erste Jahrhundert der Wissenschaft des Judentums (1818–1919). In: Wissenschaft vom Judentum. Annäherungen nach dem Holocaust. Hg. von Michael Brenner und Stefan Rohrbacher. Göttingen: Vandenhoeck & Ruprecht 2000, S. 11–24.

– From Text to Context. The Turn of History in Modern Judaism. Hanover: Brandeis University 1994 (The Tauber Institute for the Study of European Jewry Series; 18).

– The Ethos of Modern Jewish Scholarship. In: Leo Baeck Institute Year Book 35 (1990), S. 55–71, und in: ders., From Text to Context. The Turn of History in Modern Judaism. Hanover: Brandeis University 1994 (The Tauber Institute for the Study of European Jewry Series; 18), S. 158–176.

– Breakthrough into the Past. The Verein für Cultur und Wissenschaft der Juden. In: Leo Baeck Institute Year Book 33 (1988), S. 2–28.

Schubert, Ursula / Kurt Schubert: Jüdische Buchkunst. Graz: Akademische Druck- und Verlagsanstalt 1983, Bd 1.

Schulte, Christoph: Über den Begriff einer Wissenschaft des Judentums. Die ursprüngliche Konzeption der Wissenschaft des Judentums und ihre Aktualität nach 175 Jahren. In: Aschkenas 7 (1997), S. 277–303.

Schwarz, Christina: Tschaikowsky für die Seele, Brote für den Hunger. Die Jüdische Winterhilfe – ihre materielle und ideelle Bedeutung für die jüdische Bevölkerung im Deutschland des Nationalsozialismus. In: Zedaka – jüdische Sozialarbeit im Wandel der Zeit. 75 Jahre Zentralwohlfahrtsstelle der Juden in Deutschland 1917–1992. Hg. von Georg Heuberger. Frankfurt a. M.: Jüdisches Museum 1992, S. 114–123.

Schwarzfuchs, Simon: Rachi de Troyes. Avec un glossaire d'ancien français établi par Moch é Catane. Paris: Michel 1991 (Présences du Judaïsme; 3).

Sefer Qraqa [Das Buch Krakau. Muttergemeinde in Israel, hebr.]. Hg. von Arieh Bauminger, Meir Bosak und Natan Michael Gelber. Jerusalem 1959.

Shapira, Anita: Reflections on the Rise and Fall of Judaic Studies in the Final Quarter of the Twentieth Century. In: Jewish Studies Quarterly 3 (1996), S. 112–122.

Shunami, Shlomo: Frankfort on Main. Stadtbibliothek. Katalog der Judaica und Hebraica. Bd. I. Judaica ([Comp. by] A[ron] Freimann.) Frankfurt a. M., typ. M. Lehrberger, 1932, XII, 646 p. 19:25 [hebr.]. In: Kiryat Sepher 9 (1932/33), S. 298–301.

Siegfried, K.: Buxtorf, Johannes. In: Allgemeine deutsche Biographie 3 (1876), S. 668–676.

A Sign and a Witness. 2.000 Years of Hebrew Books and Illuminated Manuscripts. Ed. with an Introduction by Leonard Singer Gold. New York, Oxford: New York Public Library 1988 (Studies in Jewish History).

Signer, Michael A.: Rashi as narrator. In: Rashi et la Culture Juive en France du Nord au Moyen Age. Ed. par Gilbert Dahan, Gérard Nahon et Elie Nicolas. Paris, Louvain: Peeters 1997 (Collection de la Revue des études juives; 16), S. 103–110.

Simon, Heinrich: Wissenschaft vom Judentum in der Geschichte der Berliner Universität. In: Wissenschaft des Judentums. Anfänge der Judaistik in Europa. Hg. von Julius Carlebach. Darmstadt: Wissenschaftliche Buchgesellschaft 1992, S. 153–164.

Simon, Marie: Zunz als Begründer der Onomastik im Rahmen der Wissenschaft des Judentums. In: Wissenschaft des Judentums. Anfänge der Judaistik in Europa. Hg. von Julius Carlebach. Darmstadt: Wissenschaftliche Buchgesellschaft 1992, S. 165–179.

Sincerus, Oscar: Professor A. Freimann. Zu seinem 60. Geburtstag. In: Frankfurter Zeitung, 6. August 1931, Stadtblatt, S. 3.

Skoss, Solomon L.: Saadia Gaon, the Earliest Hebrew Grammarian. In: Proceedings of the American Academy for Jewish Research 21 (1952), S. 75–100; 22 (1953), S. 65–90; 23 (1954), S. 59–73.

Smend, Rudolf: Der ältere Buxtorf in: Theologische Zeitschrift 53 (1997), Nr 1/2, S. 109–117.

Das Sonderrecht für die Juden im NS-Staat. Eine Sammlung der gesetzlichen Maßnahmen und Richtlinien – Inhalt und Bedeutung. Hg. von Joseph Walk, Heidelberg: Müller u. a. 1996 (Uni-Taschenbücher; 1889).

Soussan, Henri: The Gesellschaft zur Förderung der Wissenschaft des Judentums, 1902–1915. In: Leo Baeck Institute Year Book 66 (2001), S. 175–194.

Sparks, C. Glenn: Doyen of Librarians. A Biography of William Warner Bishop. Metuchen, London: Scarecrow 1993.

Stein, Harry: Das Sonderlager im Konzentrationslager Buchenwald nach den Pogromen 1938. In: »Nach der Kristallnacht«. Jüdisches Leben und antijüdische Politik in Frankfurt a. M. 1938–1945. Hg. von M. Kingreen. Frankfurt a. M. u. a.: Campus 1999 (Schriftenreihe des Fritz-Bauer-Instituts; 17), S. 19–54.

Steinsaltz, Adin: Talmud für Jedermann. Basel, Zürich: Morascha 1995.

Strack, Hermann L. / Günter Stemberger: Einleitung in Talmud und Midrasch. 7., völlig neu bearb. Aufl., München: Beck 1982 (Beck'sche Elementarbücher).

Strauss, Herbert A.: Das Ende der Wissenschaft des Judentums in Deutschland. Ismar Elbogen und Eugen Täubler. In: Bibliographie und Berichte. Festschrift für Werner Schochow, dem langjährigen Redakteur der Bibliographischen Berichte. Hg. von Hartmut Walravens. München u. a.: Saur 1990, S. 280–298.

– Jüdische Emigrantenverbände in den USA. Perioden ihrer Akkulturation. In: Die Erfahrung der Fremde. Kolloquium des Schwerpunktprogramms »Exilforschung« der Deutschen Forschungsgemeinschaft. Forschungsbericht. Hg. von Manfred Briegel und Wolfgang Frühwald. Weinheim: VCH 1988, S. 121–140.

– Deutsch-jüdische Geschichtswissenschaft und Antisemitismusforschung heute. Festvortrag aus Anlass der 22. Jahrestagung der Historischen Kommission zu Berlin am 28. November 1980. Berlin: Historische Kommission, Pressestelle 1981 (Informationen / Historische Kommission zu Berlin: Beiheft; 2).

– Jewish Emigration from Germany. Nazi Policies and Jewish Responses. In: Leo Baeck Institute Year Book 25 (1980), S. 313–359; 26 (1981), S. 343–409.

– The Jewish Press in Germany, 1918–1939 [1943]. In: The Jewish Press that was. Accounts, Evaluations and Memories of Jewish Papers in pre-Holocaust Europe. Ed. by Arie Bar. Tel-Aviv: World Federation of Jewish Journalists 1980, S. 321–353.

- Zur sozialen und organisatorischen Akkulturation deutsch-jüdischer Einwanderer der NS-Zeit in die USA. In: Leben im Exil. Probleme der Integration deutscher Flüchtlinge im Ausland 1933–1945. Hg. von Wolfgang Frühwald und Wolfgang Schieder. Hamburg: Hoffmann und Campe 1979 (Historische Perspektiven; 18), S. 235–259.
- The Emergence of the Modern Rabbinate. A Comment. In: Leo Baeck Institute Year Book 19 (1974), S. 249–253.
- The Immigration and Acculturation of the German Jew in the United States of America. In: Leo Baeck Institute Year Book 16 (1971), S. 63–94.

Striedl, Hans: Hebräische Anreize und Versuche in nichthebräischen Inkunabeln aufgezeigt an Beispielen der Bibliothek Otto Schäfer, Schweinfurt. In: Festschrift Otto Schäfer zum 75. Geburtstag am 29. Juni 1987. Hg. von Manfred von Arnim. Stuttgart: Hauswedell 1987, S. 213–236.

Strodtmann, Adolf: H. Heine's Leben und Werke. Berlin: Duncker 1867, Bd 1.

Studies in Jewish Bibliography, History and Literature in Honor of I. Edward Kiev. Ed. by Charles Berlin. New York: Ktav Publishing House 1971.

Suchy, Barbara: Die jüdischen wissenschaftlichen Zeitschriften in Deutschland von den Anfängen bis zum Ersten Weltkrieg. In: Wissenschaft des Judentums. Anfänge der Judaistik in Europa. Hg. von Julius Carlebach. Darmstadt: Wissenschaftliche Buchgesellschaft 1992, S. 180–198.

Tauber, Alon: Die Entstehung der Jüdischen Nachkriegsgemeinde 1945–1949. In: Wer ein Haus baut, will bleiben. 50 Jahre Jüdische Gemeinde Frankfurt am Main. Anfänge und Gegenwart. Frankfurt a. M.: Societäts-Verlag 1998, S. 98–108.

Texts and Responses. Studies presented to Nahum N. Glatzer on the Occasion of his Seventieth Birthday by his Students. Ed. by Michael A. Fishbane and Paul R. Mendes-Flohr. Leiden: Brill 1975.

Threescore and Ten. Essays in Honour of Rabbi Seymour J. Cohen on the Occasion of his Seventieth Birthday. Ed. by Abraham J. Karp. Hoboken: Ktav Publishing House 1991.

Tolédano, Jakob Moise: Apiryon. Maareket Sifre Hap-Pirusim, ha-hiddusim vehabeurrim. Jerusalem 1905.

Toury, Jacob: Soziale und politische Geschichte der Juden in Deutschland 1847–1871. Zwischen Revolution, Reaktion und Emanzipation. Düsseldorf: Droste 1977 (Schriftenreihe des Instituts für Deutsche Geschichte, Universität Tel Aviv; 2 – Veröffentlichungen des Diaspora Research Institute; 20).

Traut, Hermann: Friedrich Clemens Ebrard. In: Alt-Frankfurt 3 (1930), Nr 6, S. 62–63.

Trautmann-Waller, Celine: Philologie allemande et tradition juive. Le parcours intellectuel de Leopold Zunz. Paris: Éditions du Cerf 1998 (Bibliothèque franco-allemande).

Ucko, Siegfried: Geistesgeschichtliche Grundlagen der Wissenschaft des Judentums (Motive des Kulturvereins vom Jahre 1819). In: Zeitschrift für die Geschichte der Juden in Deutschland 5 (1934/35), S. 1–34. Wieder in: Wissenschaft des Judentums im deutschen Sprachbereich. Ein Querschnitt. Hg. von Kurt Wilhelm. 2 Bde, Tübingen: Mohr 1967 (Schriftenreihe wissenschaftlicher Abhandlungen des Leo-Baeck-Instituts; 16,1/2), Bd 1, S. 315–353.

Unna, Mosche: Die Anfänge der religiösen Kibbutzbewegung in Deutschland. In: Bulletin of the Leo Baeck Institute 78 (1987), S. 71–122.

Urbach, Ephraim E.: Dr. Abraham Hayyim Freimann – Kawim ledmuto [Linien zu seiner Persönlichkeit, hebr.]. In: ders., Studies in Judaica [hebr.]. Hg. von Moshe D. Herr und Jonah Fraenkel. 2 Bde, Jerusalem: Magnes Press 1998, Bd 2, S. 870–871.
- Hevrat ›Mekize Nirdamim‹ 1864–1964. In: ders., Studies in Judaica [hebr.]. Hg. von Moshe D. Herr und Jonah Fraenkel. 2 Bde, Jerusalem: Magnes Press 1998, Bd 2, S. 816–826.

– Studies in Judaica [hebr.]. Hg. von Moshe D. Herr und Jonah Fraenkel. 2 Bde, Jerusalem: Magnes Press 1998.
– How did Rashi Merit the Title Parshandata? In: Rashi 1040–1990. Hommage à Ephraim E. Urbach. Ed. par Gabriele Sed-Rajna. Paris: Éditions du Cerf 1993 (Patrimoines Judaïsme), S. 387–398.
– Dr. Abraham Hayyim Freimann. In: Kiryat Sepher 25 (1948/49), S. 105–108.
Völker, Heinz Hermann: Die Wissenschaft des Judentums. Ihre Entwicklung in Deutschland von 1821 bis 1933. In: Tribüne 25 (1986), Nr 100, S. 251–262.
Volkov, Shulamit: Die Juden in Deutschland 1780–1918. München: Oldenbourg 1994 (Enzyklopädie deutscher Geschichte; 16).
– Die Erfindung einer Tradition. In: Historische Zeitschrift 253 (1991), S. 603–628.
Von einer Welt in die andere. Jüdinnen im 19. und 20. Jahrhundert. Hg. von Jutta Dick und Barbara Hahn. Wien: Brandstätter 1993.
Walter, Hans-Albert: Deutsche Exilliteratur 1933–1950. Bd 2: Europäisches Appeasement und überseeische Exilpraxis. Stuttgart: Metzler 1984.
Waszek, Norbert: Hegel, Mendelssohn, Spinoza. Beiträge der Philosophie zur ›Wissenschaft des Judentums‹? Eduard Gans und die philosophischen Optionen des ›Vereins für Kultur und Wissenschaft der Juden‹. In: Menora 10 (1999), S. 187–215.
– Eduard Gans (1797–1839). Hegelianer – Jude – Europäer. Texte und Dokumente. Frankfurt a. M.: Lang 1991 (Hegeliana; 1).
Waxman, Max: Prof. Aryeh Schwarz. In: Hokmat Jisrael Be-ma'arab Eropa. Hg. von Simon Federbush. Jerusalem: Ogen 1958, S. 482–490.
Weber, Max: Wissenschaft als Beruf [1917/1918]. In: ders., Gesamtausgabe. Hg. von Wolfgang J. Mommsen und Wolfgang Schluchter. Tübingen: Mohr 1992, Bd 17, S. 71–111.
Weimann, Birgitt: Die mittelalterlichen Handschriften der Gruppe Manuscripta Germanica, Frankfurt a. M.: Klostermann 1980 (Kataloge der Stadt- und Universitätsbibliothek Frankfurt am Main; 4).
Wer ein Haus baut, will bleiben. 50 Jahre Jüdische Gemeinde Frankfurt am Main. Anfänge und Gegenwart. Frankfurt a. M.: Societäts-Verlag 1998.
Werblowsky, R. J. Zwi: Wissenschaft des Judentums als Beruf. In Jewish Studies Quarterly 3 (1996), S. 105–111.
Wetzel, Juliane: Auswanderung aus Deutschland. In: Die Juden in Deutschland 1933–1945. Leben unter nationalsozialistischer Herrschaft. Hg. von Wolfgang Benz. München: Beck 1988, S. 413–498.
Wiedebach, Hartwig: Die Hermann-Cohen-Bibliothek (Hermann Cohen: Werke, Supplementa; 2). Hildesheim u. a.: Olms 2000
Wiener, Max: The Ideology of the Founders of Jewish Scientific Research. In: YIVO Annual of Jewish Social Science 5 (1950), S. 184–196.
Wiese, Christian: Wissenschaft des Judentums und protestantische Theologie im wilhelminischen Deutschland. Ein Schrei ins Leere? Tübingen: Mohr 1999 (Schriftenreihe wissenschaftlicher Abhandlungen des Leo-Baeck-Instituts; 61).
Wiesemann, Falk: Die Präsentation der »Hygiene der Juden« auf Hygiene-Ausstellungen in Deutschland. In: Hygiene und Judentum. Hg. von Nora Goldbogen. Dresden: Verein für Regionale Politik und Geschichte 1995 (Historische Blätter. Sonderheft), S. 16–22.
Wilhelm, Kurt: Zur Einführung in die Wissenschaft des Judentums. In: Wissenschaft des Judentums im deutschen Sprachbereich. Ein Querschnitt. Hg. von Kurt Wilhelm. 2 Bde, Tübingen: Mohr 1967 (Schriftenreihe wissenschaftlicher Abhandlungen des Leo-Baeck-Instituts; 16,1/2), Bd 1, S. 1–58.

- The Jewish Community in the Post-Emancipation Period. In: Leo Baeck Institute Year Book 2 (1959), S. 47–75.
- Moritz Steinschneider. Versuch einer Würdigung zu seinem 50. Todestag. In: Bulletin of the Leo Baeck Institute 1 (1957/58), S. 35–43.
Wippermann, Wolfgang: Das Leben in Frankfurt zur NS-Zeit. Darstellungen, Dokumente, didaktische Hinweise. Bd 1: Die nationalsozialistische Judenverfolgung. Frankfurt a. M. Kramer 1986.
Wissenschaft des Judentums. Anfänge der Judaistik in Europa. Hg. von Julius Carlebach. Darmstadt: Wissenschaftliche Buchgesellschaft 1992.
Wissenschaft des Judentums im deutschen Sprachbereich. Ein Querschnitt. Hg. von Kurt Wilhelm. 2 Bde, Tübingen: Mohr 1967 (Schriftenreihe wissenschaftlicher Abhandlungen des Leo-Baeck-Instituts; 16,1/2).
Wissenschaft vom Judentum. Annäherungen nach dem Holocaust. Hg. von Michael Brenner und Stefan Rohrbacher. Göttingen: Vandenhoeck & Ruprecht 2000.
Wittenberg, Jonathan: Undressing our Scroll Story. In: Manna 62 (1999), o. pag. ⟨http://www.refsyn.org.uk/manna/manna62/m062-31.htm⟩ (12.07.2002).
Wohlgemuth, Josef: Nachbemerkung. In: Jeschurun 2 (1915), S. 475–480.
Wolfsberg, Yeshayahu: Professor Abraham Berliner [hebr.]. In: Hokmat Jisrael Bema'arab Eropa. Hg. von Simon Federbush. Jerusalem: Ogen 1958, S. 101–108.
Wolfsberg-Aviad, Oskar (Yeshayahu) u. a.: Die Drei-Gemeinde. Aus der Geschichte der jüdischen Gemeinden Altona – Hamburg – Wandsbek. München: Ner-Tamid 1960.
- David Hoffmann. In: Guardians of our Heritage. Ed. by Leo Jung. New York: Bloch 1958, S. 361–420.
Wollstein, Hermann: Heinrich Brody. In: Yediot ham-makon le-heqer has-sira ha-ivrit b-Irusalayim / Studies of the Research Institute for Hebrew Poetry in Jerusalem 5 (1939), S. XI–XVI.
Wollstein-Brody, Minna / Hermann Wollstein: Das literarische Schaffen Heinrich Brodys. Eine bibliographische Zusammenstellung. In: Festschrift für Heinrich Brody. Hg. von Ismar Ellbogen und Aron Freimann u. a. Berlin 1930 (Soncino-Blätter 3,2/4, 1929/1930), S. 9–36, S. 85–112.
Wurm, Siegfried: Die finanzielle Vernichtung der Juden im Dritten Reich. Wie vollzog sich der Griff der Nationalsozialisten nach dem jüdischen Vermögen. Eine dokumentarische Skizze. Berlin: Kronen-Verlag 1999.
Wyman, David S.: Das unerwünschte Volk. Amerika und die Vernichtung der europäischen Juden. Frankfurt a. M.: Fischer Taschenbuch-Verlag 2000 (Fischer-Taschenbücher; 14607: Die Zeit des Nationalsozialismus).
- Paper Walls. America and the Refugee Crisis. Amherst: The University of Massachusetts Press 1968.
Yahil, Leni: Die Shoah. Überlebenskampf und Vernichtung der europäischen Juden. München: Luchterhand 1998.
Yerushalmi, Yosef Hayim: Zachor. Erinnere Dich! Jüdische Geschichte und jüdisches Gedächtnis. Berlin: Wagenbach 1988.
Zafren, Herbert C.: Dyhernfurth and Shabtai Bass. A Typographic Profile. In: Studies in Jewish Bibliography, History and Literature in Honor of I. Edward Kiev. Ed. by Charles Berlin. New York: Ktav Publishing House 1971, S. 543–580.
Zedaka – jüdische Sozialarbeit im Wandel der Zeit. 75 Jahre Zentralwohlfahrtsstelle der Juden in Deutschland 1917–1992. Hg. von Georg Heuberger. Frankfurt a. M.: Jüdisches Museum 1992.

Zedelmaier, Helmut: Bibliotheca Universalis und Bibliotheca Selecta. Das Problem der Ordnung des gelehrten Wissens in der frühen Neuzeit. Köln, Weimar, Wien: Böhlau 1992 (Beihefte zum Archiv für Kulturgeschichte; 33).

Zerbrochene Geschichte. Leben und Selbstverständnis der Juden in Deutschland. Hg. von Dirk Blasius. Frankfurt a. M.: Fischer Taschenbuch-Verlag 1991 (Fischer-Taschenbücher; 10524: Geschichte).

Ziegler, Joseph: Steinschneider (1816–1907) Revised: On the Translation of Medical Writings from Latin to Hebrew. In: Medieval Encounters 3 (1997), No. 1, S. 94–102.

Zinberg, Israel: A History of Jewish Literature. Translated and ed. by Bernard Martin. Cleveland / Cincinnati u. a.: Press of Case Western Reserve University / Hebrew Union College Press u. a. 1972-1978, Bd 6: The German-Polish Cultural Center (1975).

Zionistische Utopie – Israelische Realität. Religion und Nation in Israel. Hg. von Michael Brenner und Yfaat Weiss. München: Beck 1999 (Beck'sche Reihe; 1339).

Zucker, Bat-Ami: In Search of Refuge. Jews and US Consuls in Nazi Germany 1933–1941, London u. a.: Vallentine Mitchell 2001 (Parkes-Wiener Series on Jewish Studies).

Zunz, Leopold: Salomon ben Isaac, genannt Raschi. In: Zeitschrift für die Wissenschaft des Judenthums 2 (1823), S. 277–384.

– Dreifaches Verzeichnis, Abschriften und Ausgaben des (Rashi) Commentars betreffend. In: Zeitschrift für die Wissenschaft des Judenthums 1 (1822), S. 349–366.

– Liste der Superkommentare zu Raschi. In: Zeitschrift für die Wissenschaft des Judenthums 1 (1822), S. 340–343.

Zur, Yaakov: Rabbi Dr. Jacob Hoffman. The Man and His Era [hebr. und engl.]. Ramat Gan: Bar-Ilan University 1999.

– Die Protestrabbiner. In: Der Erste Zionistenkongress von 1897. Ursachen, Bedeutung, Aktualität ... in Basel habe ich den Judenstaat gegründet. Hg. von Heiko Haumann in Zusammenarbeit mit Peter Haber. Basel u. a.: Karger 1997, S. 128–130.

Personenregister